이주의 시대
THE AGE OF MIGRATION

이주의 시대

THE AGE OF MIGRATION

스티븐 카슬 · 마크 J. 밀러 지음
한국이민학회 옮김

일조각

한국은 1950년대 이래 급속한 변동을 경험해 왔다. 한국전쟁으로 인한 황폐와 빈곤을 벗어나, 오늘날에는 역동적이고 첨단기술이 넘쳐나는 민주사회를 놀라울 만큼 빠른 속도로 만들어 내었다. 물론 정치·경제적 모순이 여전히 남아 있기도 하다. 특히 기업 경영진들이 누리는 부와 새로운 번영에서 배제된 많은 사람들이 겪는 빈곤과 고립 사이의 간극이 그러하다. 고령자의 높은 자살률은 현재 한국사회가 포용적 근대 사회로 간주되기 위해서 가야 할 길이 아직 남아 있음을 보여 준다.

고숙련 및 저숙련 노동력 수요가 급속히 증가하고 있는 현실은 한국의 경제 도약에서 매우 중요한 특징이다. 이러한 현실은 극도로 낮은 출산율과 인구 고령화로 특징되는 인구학적 변천과 밀접한 관련이 있다. 동시에 젊은 한국인과 그들의 가족은 교육에 높은 가치를 부여하고 있다. 노동시장으로 들어오는 젊은이의 수가 줄어들고 있으며, 그중 거의 대부분이 3D 직종에서 일하지 않으려 한다. 한국이 급속히 주요 이민국 중 하나가 된 까닭이다. 1950~1980년대에 한국인들은 생계와 학업을 위해 북미, 호주 및 기타 나라로 이주했다. 예컨대 독일은 1960년대에 한국인 남성을 광원으로, 여성을 간호사로 충원했다. 1970~1980년대에 한국 기업들은 걸프 산유국에서 대규모 건설공사를 수주했고, 한국인 노동자와 동반 진출했다. 오늘날 전 세계 곳곳에 대규모의 한국인 디아스포라가 존재한다. 한국 정부 기관들은 '전 지구적 인재 확보 경쟁'의 일환으로 그들을 한국으로 유치하기 위한 여러 가지 노력을 경주하고 있다.

한국의 여론에서 이민은 중요한 주제 중 하나가 되어 왔다. 1990년대 한국은 이주노동자에게 '산업연수생'의 지위를 부여하는 일본의 모델을 따랐다. 이 모델은 실패했다. 노동력 부족에 시달리는 상황에서, 이주노동자는 최저임금 이하의 낮은 산업연수 수당에서 벗어나기 위해 중소기업에서 일하는 서류미비 이주노동자가 되었기 때문이다. 한국의 정책 결정자들이 그 상황을 재빨리 이해하고 외국인 산업연수제를 외국인 고용허가제로 대체한 것은 칭찬을 들을 만하다. 외국인 고용허가제에서 이주노동자는 동일 직종의 한국인 노동자와 동등한 근로조건과 최저임금을 보장받고 있다. 고용허가제는 의미 있는 개선을 이루었다. 그러나 이주노동자의 취업허가 기간이 만료된 후에도 사용자가 그를 계속 고용하고자 할 때에는 어떤 일이 발생할까? 이주노동자의 최장 취업허가 기간이 이미 3년에서 4년 10개월로 연장되었고, 2012년부터는 '성실근로자 재취업제도'에 따라 사용자가 다시 4년 10개월 동안 초청할 수 있게 되었다. 확실히 장기 체류 압박이 가해지고 있다.

외국인의 한국 이주는 노동력 수요뿐 아니라 재외동포의 귀환과 국제결혼을 통해서도 이루어지고 있다. 과거 중국 등 해외 각지로 이주한 역사의 결과인 외국 국적 재외동포들이 한국으로 돌아오고 있다. 결혼이주자는 한국인 남성과 결혼하기 위해 결혼 중개업자를 통해 입국한 동남아시아 나라 출신 여성들이 대부분이다. 한국의 국제결혼은 농촌에서 시작되었으나 지금은 도시에까지 확산되어 있다.

이러한 변동은 한국인에게 진퇴양난의 상황을 만들었다. 전통적으로 동질적이었던 한국사회가 전 세계를 향해 자신을 경제적·사회적으로 개방할 수 있을까? 이런 상황에서 한국의 정책 결정자와 여론 주도층이 "한국사회에서 다문화주의란 무엇을 의미하는가?"에 대한 토론을 시작한 것은 환영할 만한 일이다. 혁신적 아이디어와 새로운 정책 모델을 자발적으로 제시하는 것은 동북아시아의 다른 국가들과 비교하면 크게 주목할 만하다. 그 상징 중 하나가 2009년 IOM이민정책연구원의 설립이다. 한국의 법무부, 경기도, 고양시가 국제이주기구International Organization for Migration; IOM와 특별 협력 사업을 추진한 것이다.

이러한 상황은 한국 정부뿐 아니라 사회과학자들에게도 중요한 새로운 과제를 부여했다. 대학과 연구자들은 이주와 그 사회적 영향에 대해 수많은 연구 사업을 수행함으로써 신속히 대응해 왔다. 한국의 사회과학자들은 1995년 설립된 아시아·태평양이주연구네트워크Asia Pacific Migration Research Network; APMRN에서 적극적 역할을 수행했고, 2007년 한국이민학회Korea International Migration Studies Association; KIMSA를 창립했다. 국제이주 또는 넓은 의미의 인간 이동은 한국에서 세계의 다른 나라에서와 마찬가지로 학문적 이론과 분석의 중심 주제가 되었다.

『이주의 시대』에 기술된 전 지구적 추세 중 많은 것이 한국에 중요한 의미가 있다. 한 국가가 전 지구 경제에 참여하며 높은 생활수준을 기대한다면, 세계 다른 지역에서 벌어지는 사회적·문화적 발전으로부터 스스로를 고립시킬 수 없다. 강력한 시민사회를 가진 민주사회의 정부는 이민자의 정착을 차단하거나, 이민자의 사회적·문화적 욕구를 무시할 수 없다. 변동을 위한 압력이 축적되고 있고, 그러한 압력은 다문화주의에 관한 토론을 통해 인정되고 있다.

현재 한국에는 거의 150만 명의 외국인이 거주하고 있다. 총인구의

2.8퍼센트에 해당하는데, 북미나 서유럽 또는 호주와 비교하면 훨씬 낮은 비율이다. 게다가 그 가운데 영주권을 가진 이주민은 전체 외국인의 5.8퍼센트에 불과하다. 전 지구적 경제위기는 일시적으로 외국인 노동력 수요를 감소시키기도 했지만, 장기 구조적 추세는 외국인력 수요가 더 늘어나는 것이다. 낮은 출산율과 인구 고령화는 미래에 이민 유입이 증가할 것을 뜻한다. 정부 정책은 생산성 향상을 위해 신기술에 투자하는 것을 권장하고 있다. 반면에 많은 기업들은 노동집약적 생산시설을 저임금 국가로 이전하고 있다. 그러나 건설과 서비스 직종은 해외로 이전하기 어렵고, 상당수 제조업 직종, 예를 들면 자동차 부품 제조업의 일자리는 쉽게 지리적으로 분할할 수 없는 복합적 공급사슬에 자리 매겨져 있다.

한국은 이민을 필요로 한다. 이민은 급변하는 사회의 중요한 특징이 되었다. 그러나 전 지구적 연구는 또한 이주가 새로운 특징을 지니고 있음을 보여 준다. 이주민은 새로운 통신 기술을 빠르게 받아들이고 있다. 그들은 출신국의 공동체, 가족들과 연결되어 있다. 단기이주와 순환이주가 점점 더 늘어나고 있으며, 많은 이주자들은 초국적 의식transnational consciousness을 지니고 있다. 그들은 둘 또는 그 이상의 사회들에서 고향에 있는 듯한 느낌을 가지고, 국경을 가로지르는 경제적·사회적·문화적 연출을 갖고 있다. 이러한 모든 현상은 다른 곳에서와 마찬가지로 한국사회에 중요한 도전을 던져 준다. 오늘날 이민정책은 이주노동자를 마르지 않는 저수지로 간주할 수 없다. 송출국, 도착국, 이주자, 이주의 영향을 받은 공동체 등 모든 당사자들이 이주를 통해 혜택을 얻기 위해서는 전 지구적 협력이 필수적이다.

우리는 이 책을 한국어로 번역하고 출판하는 수고를 아끼지 않은 한국이민학회 관계자들께 감사드린다. 한국의 저명 학자들이 번역을 맡았으므로 최고 수준의 번역이 이루어졌을 것이라고 확신한다. 우리는 이

책이 이주와 그 사회적 결과에 대한 전 지구적 관점을 제공함으로써 한국에서의 학문적 토론에 기여할 수 있기를 기대한다.

2013년 8월
스티븐 카슬, 마크 J. 밀러

제4판 서문

『이주의 시대The Age of Migration』는 전 지구적인 이주와 이주가 사회에 미치는 영향에 대한 연구를 소개하기 위한 목적으로 1993년 처음으로 출간되었다. 이 책은 이주의 흐름과, 이주가 전 세계의 국가와 사람들에게 미치는 영향에 관한 그간의 이론적 연구 및 최신 정보를 함께 제공하고자 했다. 국제이주는 그간 공개토론의 중요한 주제가 되어 왔고, 이 책은 정책 입안자, 학자, 언론인 들에게 널리 사용되어 왔다. 또한 전 세계적으로 이 책은 정치학 및 사회과학 강의 교과서로 읽혀 왔다.

이전 개정판들과 마찬가지로 제4판도 본질적으로는 새로운 책이라고 할 수 있다. 내용을 철저하게 수정하고 보강했기 때문이다. 제4판에는 이주와 송출국의 발전을 다루는 제3장을 새롭게 추가했다. 그리고 과거의 개정판 제5장에서 부분적으로만 다루었던 내용인 이주와 국가 안보를 본격적으로 다루는 제9장을 새롭게 추가했다. 또 다른 주요 변화는 제4판을 위한 웹사이트를 개설했다는 것이다. 이 웹사이트는 학생 및 일반 독자들에게 유용한 자원이 될 것이다. 여기에서는 관련 웹사이트를 링크하고, 이 책의 내용을 보완할 수 있는 추가 정보와 사례들을 소개했다. (더 자세한 내용을 보려면 19쪽과 각 장의 끝에 있는 '심화 연구를 위한 안내'를 참조하시오.)

제4판에는 최근의 사건과 새로운 경향을 추가했다. 한편에서는 폭력적 갈등으로 특히 후진국에서 많은 난민이 발생했고, 다른 한편에서는 신흥공업국으로 향하는 노동이주가 빠르게 증가했다. 교통과 통신의 발달로 임시이주, 순환이주 및 반복이주가 용이해졌다. 많은 사람들이 교육, 결혼, 은퇴 또는 새로운 생활을 찾아 이동하게 되면서 새로운 유형의 이동이 나타나고 있다.

이번 개정판에서는 이주가 2004년과 2007년 유럽연합European Union; EU의 확대에 미친 영향, 그리고 고도로 발전한 선진국의 '신경제new economies'에서 차지하는 이주노동력의 역할을 다룬다. 인구 변화에 직면한 유입국들은 향후 이민노동자에 대한 수요가 더 높아질 것이라는 인식과 함께 종족 다양성ethnic diversity 증가에 대한 우려 때문에 '통합계약'과 시민권 취득 시험 등을 통해서 사회융합social cohesion을 향상시키려는 조치들을 잇달아 취하고 있다. 우리는 2005년과 2007년 사이에 프랑스에서 발생한 폭동과 2006년 미국에서 일어난 서류미비 이주노동자의 합법화를 지원하는 대규모 시위를 비교한다. 동시에 전 세계에서 일어나고 있는 비시민의 정치 참여에 대한 자료도 제공할 것이다.

이 책의 초판이 출간된 이후 전 세계적으로 많은 변화가 있었으나, 이 책의 주요 주장은 그대로 유지되었다. 국제 인구이동은 양자 간·지역 간 관계나 안보, 국민 정체성national identity, 그리고 주권에 영향을 미치면서 전 세계의 국가와 사회를 변화시키고 있다. 사람들은 항상 새로운 기회를 찾고자 또는 갈등과 박해를 피하고자 이동해 왔다. 그러나 오늘날 국제이주의 규모는 더욱 커졌다. 전 지구화의 주요 동력으로서 이주는 경제적·사회적 변화의 필수적인 부분이며, 국제 정치질서의 근본적인 변화에 기여하고 있다. 그러나 주권 국가가 이민정책 영역에서 무엇을 할 수 있는가는 계속해서 제기되는 중요한 문제이다. 국경 개방이란 유럽 시민들이 유럽연합 내에서 자유롭게 이동할 수 있는 것을 제외하고는, 지역 내 통합체제에서도 매우 어려운 문제이다.

새로운 천년의 시작에, 즉 2001년 9월 11일에 발생한 테러리스트의 공격은 국제이주에 대한 대중의 인식을 크게 바꾸어 놓았다. 그러나 우리는 이 사건으로 인해 작금의 이주를 정의하는 여러 요소가 기본적으로 변하는 것은 아니라고 주장한다. 실제로 9·11 테러를 통해 국제 인구이동이 세계에서 가장 강력한 국가의 안보 문제(딜레마)를 어떻게 변화시켰는지를 이해하게 되었다. 전 세계 정부들은 변화된 상황에 적응하기 위해 노력하고 있다. 종래의 안보 개념으로는 전 지구화와 인구이동의 증가라는 지금까지 없었던 특이한 상황을 이해할 수 없다. 이민을 좀 더 효율적으로 통제하고자 하는 국가 간의 협조 의지는 강해지는 경향이지만 아직 이민자의 권리를 향상시키기 위해 협력하고자 하는 의지는 약하다.

저자들은 다양한 버전의 원고를 준비하고 편집하는 데 도움을 준 다음 사람들에게 감사를 표한다. 우선 델라웨어Delaware 대학교의 글로리아 파리시Gloria Parisi, 데바니 바치Debjani Bagchi, 에런 밀러Aaron C. Miller, 제임스 밀러James O. Miller, 스테파노 네메스Stefano Nemeth, 메리 맥글린Mary McGlynn, 울런공Wollongong 대학교의 콜린 미첼Colleen Mitchell, 킴 매콜Kim McCall, 린달 맨턴Lyndal Manton, 그리고 옥스퍼드Oxford에 있는 마거릿 하우저Margaret Hauser와 브라이오니 트러스컷Briony Truscott에게 감사를 전한다.

옥스퍼드 대학의 국제이주연구소International Migration Institute; IMI의 시모나 베졸리Simona Vezzoli는 제4판의 참고문헌을 준비하는 복잡한 업무를 수행해 주었다. 이전 개정판의 지도는 울런공의 캐드마트 제도사Cadmart Drafting의 데이비드 마틴David Martin이 그려 주었고, 제4판에 새로 추가된 지역의 지도는 국제이주연구소의 하인 드하스Hein de Hass가 준비해 주었다.

제4판에 기여한 델라웨어 대학교 학생들은 로라 앤더슨Laura Andersen, 크리스토퍼 쿠니한Christopher Counihan, 케이트 깁슨Kate Gibson, 로빈 멜로 Robyn Mello, 표트르 플레와Piotr Plewa, 주리스 펍체녹스Juris Pupcenoks, 세드 릭 세이지Cedric Sage와 줄리엣 톨레이Juliette Tolay이다. 또한 마크 밀러는 지속적으로 도움을 준 델라웨어 대학교의 정치외교학과 사무직원들과 뉴욕 스테이튼 아일랜드의 이주연구소Center for Migration Studies 사무직원들 에게도 감사를 표한다.

옥스퍼드 대학교 학생인 안네마리 헐버트Annemarie Hulbert와 누라인 칸 Noorain Khan은 연구보조원으로 수고해 주었다. 스티븐 카슬은 옥스퍼드 대학교 국제이주연구소의 동료들, 특히 이주 문제에 관해 많은 토론을 함께한 올리버 베이크웰Oliver Bakewell과 하인 드하스에게 감사를 표한다. 또한 제임스 마틴 21세기 학교James Martin 21st Century School의 동료들(특히 소장인 아이언 골딘Ian Goldin)과 난민연구센터Refugee Studies Centre 및 이민 · 정책 · 사회연구소Centre on Migration, Policy and Society의 동료들이 제공해준 아이디어와 지원에도 감사를 표한다.

우리는 책 편집에 대해 조언해 주고, 무엇보다도 인내심을 가지고 기 다려준 발행인 스티븐 케네디Steven Kennedy에게 감사를 전한다. 폴그레이 브Palgrave 출판사의 스티븐 웨넘Stephen Wenham 역시 제4판에 크게 기여했 다. 수 클레먼츠Sue Clements의 철저하고 신속한 편집에도 감사를 전한다.

우리는 존 솔로모스John Solomos, 프레드 핼리데이Fred Halliday, 엘리 바 스타Ellie Vasta, 마틴 루스Martin Ruhs와 저크 콜린스Jock Collins의 건설적 논 평에 빚을 졌다. 저자들은 비록 일일이 다 답하지는 못하지만, 여러 비 평가와 동료들이 이전 개정판에 보여준 가치 있는 비판에 대해서 감사 를 전하고 싶다.

스티븐 카슬, 마크 J. 밀러

차례

표, 박스, 지도 차례

표

박스

지도

『이주의 시대』 웹사이트 안내

이 책을 위해 특별한 웹사이트(www.age-of-migration.com)를 만들었다. 이 웹사이트는 누구나 자유롭게 이용할 수 있으며, 학생들과 독자들에게 여러 자료를 제공하기 위해 만들어졌다. 이 웹사이트에는 이 책의 분석을 확장할 수 있도록 관련 웹사이트를 링크하고 참고할 만한 사례 연구를 소개했다. 또한 웹상에서만 열람할 수 있는 장인 '이주 과정: 호주와 독일의 비교'도 제공한다. 이 장은 제3판의 제9장을 개선하고 수정한 것이다. 이 책에 영향을 미치는 중요한 발전들을 반영하도록 웹사이트의 내용을 정기적으로 업데이트할 것이다.

  각 장 마지막 부분에 있는 '심화 연구를 위한 안내'에서 웹사이트에 실린 해당 장과 관련된 구체적인 사례 자료들을 안내할 것이다. 웹사이트에서 쉽게 찾아볼 수 있도록 각 자료들에는 번호를 매겨 놓았다. 예를 들어 제4장의 사례 자료는 4.1, 4.2 등으로 표기했다.

이주 통계에 관한 안내

이주와 소수자 연구에서 통계자료의 활용은 중요하지만 그 자료의 한계를 인식하는 것 또한 매우 중요하다. 통계는 국가에 따라서 서로 다른 방법과 다른 정의를 사용하여 여러 가지 방식으로 수집되고 있다. 심지어 한 나라 내에서도 기관에 따라 결과가 다를 수 있다.

주의할 것은 유량flow과 저량stock 수치의 차이이다. 이민자의 유량이란 특정 기간(통상적으로 한 해)에 특정 국가로 들어오거나(유입, 입국), 특정 국가를 떠난 사람(유출, 출국)의 수이다. 이 수치 사이의 차이는 순이주net migration를 의미한다. 이민자의 저량은 특정 날짜에 그 국가에 있는 이민자의 수이다. 유량 수치는 이동의 경향을 파악하는 데 유용하고, 저량 수치는 이주가 인구에 미치는 장기적인 영향을 검토하는 데 도움이 된다.

최근까지, 전통적인 이민 국가(미국, 캐나다, 호주 및 뉴질랜드)의 이민자에 대한 자료는 주로 외국 출생자를 기준으로 작성되었고, 유럽에서는 국적이 다른 경우(즉 외국인 주민 또는 외국인)를 기준으로 작성되었다. 외국 출생자에는 유입국에 귀화한 사람, 즉 유입국의 국적(또는 시민권)을 취득한 사람(이는 전통적인 이민 국가에서는 대부분의 이민자에 적용됨)도 포함된다. 이때 유입국에서 태어난 이민자 2세는 이미 그 유입국의 시민이므로 외국 출생자 범주에 포함되지 않는다. 한편 외국 국적자 범주에 유입국에 귀화한 사람은 포함되지 않지만, 부모의 국적을 따르는 이민자의 자녀는 포함된다(국적법상 출생지주의를 채택하지 않는 나라에서 태어난 대부분의 이민자 2세 및 3세가 이에 해당한다.)(OECD, 2006:260-261 참조).

이민자에 대한 두 가지 방식의 개념은 이민 국가의 유형에 따라 각기 다른 관점과 법을 반영한다. 그러나 장기 정착과 장기 거주 이민자와 그들의 후손을 통합할 필요성에 대한 인식이 높아지면서 국적법과 이에 대한 생각도 변하고 있다. 많은 국가들은 이제 외국 출생자와 외국 국적자에 대한 통계를 함께 제공한다. 이 수치는 합쳐질 수 없으며, 각각 다른 맥락에서 유용하다. 그래서 우리는 이 책에서 두 자료를 적절하게 활용할 것이다. 또한 일부 국가는 이제 이민자 부모를 둔 또는 특정 종족이나 인종으로 태어난 자녀에 대한 자료도 제공한다. 통계를 사용할 때에는 반드시 각 용어의 정의(항상 자료를 제시할 때 개념 정의를 명확하게 제시해야 함)와 다른 개념의 중요성과 특정 통계를 사용하는 목적을 잘 알아야 함은 두말할 나위가 없다〔더 자세한 논의를 보려면 OECD(2006)의 통계부록을 참조〕.

제1장

서 론

2005년 프랑스의 소요사태와 2006년 미국 이민법 개정 반대 시위라는 두 가지 국제적인 사건은 표면적으로는 관계가 없어 보인다. 프랑스에서 일어난 이민자 폭동은 이주민의 권리를 지지하기 위한 미국의 평화로운 대규모 집회와는 매우 다르다. 프랑스에서는 경찰에 쫓기던 두 청년이 사망하자 젊은이들이 차량을 불태우고 경찰에 대항했다. 미국에서는 시위대의 규모가 주최 측이 꿈도 꾸지 못한 규모로 확대되었다.

 그렇지만 이 두 사건에 참여한 대다수의 사람들은 시민권자 그리고 비시민권자 모두를 포함하여 이민 배경을 가진 젊은이들이었다. 프랑스에서의 폭동은 아프리카나 북아프리카 출신 젊은이들이 경험한 경찰에 대한 분노와 그간의 차별, 그리고 높은 실업률에 대한 불만이 표출된 것이었다. 한편 미국의 시위는 당시 하원에서 이민자에게 적대적인 법안이 처리되는 데 대한 우려를 반영한 것이었다. 동시에 그것은 서류미비 이민자를 합법화하자는 상원의 법안을 지지하는 시위이기도 했다. 그러나 상원의 법안은 결국 통과되지 못했다.

프랑스의 소요사태와 미국의 이민법 개악 반대 시위는 모두 최근 10 여 년 동안 국제이주가 사회를 어떻게 변화시켰는지를 보여 준다. 대부분의 선진국과 마찬가지로 프랑스와 미국의 신세대는 구세대와 매우 다르다. 국제이주로 인하여 젊은 세대들은 매우 다양해졌다. 이 두 사건의 공통점은 이민자 유입국에서 종족적·문화적 다양성이 급증했다는 것이며, 따라서 국가와 지역공동체가 이러한 변화에 대처할 수 있는 방안을 모색해야 하는 딜레마가 생겼다는 점이다. 프랑스의 소요사태와 관련된 젊은이들의 대다수는 이주자이거나 이주자의 자녀 또는 손자들이었다. 미국의 시위에는 합법적이건 서류미비 체류자이건 주로 라틴아메리카 출신의 젊은이들이 참여했다. 이 두 사건의 공통점은 이주자 출신의 젊은이들이 자신이 자란 (그리고 때로는 태어나기도 한) 사회에서 배제되고 있다고 인식하고 이에 항의한 것이다. 반대로 일부 정치인과 언론들은 이들이 자신들의 고유한 문화와 종교를 유지하려고 했기 때문에 통합에 실패했으며, 결국 안보와 사회통합에 위협이 될 것이라고 주장했다.

이와 유사한 사건들은 여러 곳에서 발견된다. 2004년 네덜란드에서는 무슬림과 이슬람교에 대해 비판적인 영화를 만들어 온 테오 반 고흐 Theo Van Gogh 감독이 모로코 출신의 네덜란드 무슬림 드라마 제작자에게 살해당하는 사건이 일어났다. 네덜란드에서는 다문화 정책에 대한 반발로 인해 귀화요건에 네덜란드어와 '네덜란드 가치관'에 대한 통합시험이 추가되었다.

2005년 말 호주에서는 시드니 교외 해변가에 있는 크로눌라Cronulla란 지역에서 중동인들이 지역 여성을 희롱했다는 이유로 젊은 백인 '서퍼'들이 '중동인 외모를 가진' 젊은이들을 공격했다. 다음 날에는 레바논 출신의 젊은이 수백 명이 크로눌라에 몰려와 다시 보복을 감행했다. 이에 보수적인 라디오 토크쇼가 백인 젊은이들을 선동하자 지난 몇 년간 보지 못했던 큰 소요가 일어났다. 그간 호주의 정치적인 중립 정책은 높은 실업률과 상당한 인종차별을 경험한 호주의 레바논 무슬림들을 더욱 고립시켰다(Collins et al., 2001). 크로눌라 사건은 당시 보수적인 하워드 Howard 정부에 그간의 다문화주의 정책을 수정하는 빌미를 제공했다.

후발 이민 국가에서도 이러한 예상하지 못한 사건들이 발생할 수 있다. 2006년 3월 두바이에서는 세계에서 가장 높은 고층건물 공사와 관련된 외국인 노동자들이 저임금과 낡고 지저분한 숙소, 위험한 근로조건에 항의하는 시위를 했다. 그들의 주된 불만은 사용자가 임금 지급을 거절하는 경우가 비일비재하다는 것이었다. 두바이는 석유 자원이 풍부한 아랍에미리트 연방의 한 왕국으로, 주로 인도, 파키스탄, 방글라데시 등에서 온 외국인 노동자의 수가 두바이 주민 수보다 훨씬 많다. 노동자의 권리가 보장되지 않고 노동조합 결성이 금지되어 있으며, 추방당할 수 있다는 두려움 때문에 이주노동자들은 어쩔 수 없이 착취적인 근로조건을 받아들여 왔다. 특히 가정부로 일하는 여성 이주자의 상황은 더욱 취약하다. 두바이 정부는 실태를 조사하고, 사용자가 의무를 다할 것을 요구했다(DeParle, 2007).

전 지구적 이주의 도전

전 세계의 중요한 사건들은 점점 더 국제이주와 관련되어 가고 있다. 그래서 우리는 이 책의 제목을 '이주의 시대'로 정하였다. 물론 이주가 새롭게 나타난 현상은 아니다. 인간은 언제나 새로운 기회를 찾기 위해, 또는 빈곤과 갈등, 환경재해에서 벗어나기 위해 이동해 왔다. 그러나 16세기 이후 유럽의 확장이 시작되면서 이주 현상은 크게 변했다(제4장 참조). 이주의 규모가 가장 컸던 시기는 유럽에서 북아메리카로 대규모 이주가 이루어진 19세기 중반부터 제1차 세계대전 사이이다. 일부 학자들은 이를 '대량 이주의 시기age of mass migration'라 불렀고(Hatton and Williamson, 1998), 당시의 이주 규모는 오늘날보다 훨씬 더 컸다고 주장한다. 그러나 1850~1914년에 주로 '대서양 횡단 이주transatlantic migration'가 이루어졌다면, 1945년 이후에 시작되어 1980년대 이후 급격히 확대된 최근의 이주 현상은 전 세계의 거의 모든 지역을 포괄한다. 이는 새로운 교통수단과 통신 기술의 발달은 물론이고, 최근의 정치적·문화적 변화의 결과로 국가 간 이동이 예전보다 훨씬 쉬워졌기 때문에 발생했다. 그 결과 국제이주는 전 지구화globalization의 중요한 동력이 되고 있다.

근대 국가의 중요한 특징은 주권을 가진다는 것으로 이는 한 국민국가nation-state의 정부는 그 사회에서 최종적이고 절대적인 권위를 가지며 어떠한 외부 권력도 이를 침해할 수 없다는 원칙에 근거한 것이다. 이러한 국민국가 체제는 과거 유럽을 황폐하게 만든 30년 전쟁을 종료시킨 1648년 베스트팔렌 조약treaties of Westfalen에 근거한다. 베스트팔렌 체제는 유럽에서 시작해 유럽의 식민지 지역으로 확산되었고, 나아가 이러한 지역들이 해방되어 국민국가를 형성하면서 유럽식 국민국가 모델이 전 세계로 널리 확산되었다.

이주의 시대를 정의하는 명확한 특징은 국가의 주권에 대해, 특히 국경을 넘나드는 사람들의 이동을 통제할 수 있는 능력에 대해 국제이주가 제기하는 도전이다. 불법체류자(서류미비 또는 비합법 이주자)가 오늘날같이 전 세계적으로 확대된 적은 없었다. 역설적인 점은, 이주를 통제하기 위해 각국 정부는 과거 어느 때보다도 더 노력하고 있으며 이런 노력은 양자 간, 다자간, 지역 간 외교에 의존하고 있다는 것이다. 두 번째 도전은 '초국가주의transnationalism'에 의한 것으로, 이주가 점점 더 용이해지고 사람들이 점차 더 쉽게 이동하게 되면서 많은 사람들이 둘 이상의 사회와 동시에 정치적·경제적·사회적 또는 문화적 관계를 지속하는 현상이 생겼다는 것이다. 이는 주권국가의 가장 중요한 기반인 온전한 충성undivided loyalty을 해치는 것으로 보이기도 한다.

아득한 옛날부터 경계를 넘나드는 인구의 이동이 국가와 사회를 형성해 왔지만, 오늘날의 이주는 이주의 국제적 규모, 지역 및 국제 정치에서의 중요성, 그리고 엄청난 경제적·사회적 여파의 측면에서 변별성을 띤다. 이주 과정이 확고하고 정부의 통제에 저항하는 형태로 발전함으로써 새로운 정치 형태가 출현할 수도 있다. 그것이 반드시 국민국가의 소멸을 수반할 필요는 없으며, 실제로 그럴 가능성은 희박하다. 그러나 새로운 상호의존의 형태들과 초국가적인 사회들, 그리고 양국 및 지역 연합은 수백만 명의 삶을 급속하게 변화시키고 있으며, 국가와 사회의 운명을 불가분의 관계로 엮어 가고 있다.

대부분의 경우 초국가적인 사회와 정치가 성장한다는 것은 긍정적인 변화이다. 그것은 민족주의nationalism 시대의 특징인 폭력과 파괴를 극복하는 데 도움이 될 수 있기 때문이다. 그러나 이러한 변화 역시 필연적이거나 본질적인 것은 아니다. 실제로 국제이주는 종종 갈등과 연결되기도 한다. 역사적 변화를 결정하는 주요한 요인들이 어떤 단일한 사건으로 완전하게 변화되는 경우는 거의 없다. 예를 들어 9·11 테러(2001년 뉴욕 세계무역센터와 워싱턴 국방부 청사에 대한 테러 공격) 같은 단일 사건도 당시의 중요한 여러 역학과 요인들을 반영하고 있다. 그러나 이주가 테러 공격을 야기한 연쇄적인 사건의 고리 한가운데에 위치한다는 사실은 결코 우연이 아니다.

9·11 테러에 대한 대응으로 미국의 부시 대통령은 2001년 '테러와의 전쟁war on terror'를 선포했고 아프가니스탄과 이라크를 공격했다. 그러나 이는 오히려 폭력적인 근본주의fundamentalism에 근거한 이데올로기를 더욱 강화했다. 이후 이슬람 과격파는 2004년 스페인에서, 2005년과 2007년에는 영국에서 기차와 버스, 공항을 공격하여 폭력의 소용돌

이를 일으켰다. 그리고 이에 가담한 무장세력 중 일부는 이민자와 제2차 세계대전 이후 이주자의 후손들이었다. 처음에는 이러한 공격들이 '그 나라 내부에서 스스로 발생한 것', 즉 알카에다$^{Al-Qaeda}$를 대항의 모델로 삼아 서구에 성공적으로 정착한 것이라고 여겼다. 그러나 수사가 진행될수록 이 사건과 관련 있는 이슬람 과격파들이 파키스탄이나 아프가니스탄에 있는 알카에다와 연관이 있음이 밝혀졌다. 그러므로 이러한 사건들은 국가 안보에 대한 위협이 국제이주와 관련되어 있고, 나아가 한 사회 내에서 문화적 · 사회적으로 다양한 종족집단이 함께 살아야 하는 문제와 관계가 있다는 인식이 생겨났다.

이러한 변화는 오늘날의 세계를 형성하는 근본적인 경제적 · 사회적 · 정치적 전환과 관련이 있다. 수백만 명의 사람들이 그들이 태어난 나라가 아닌 곳에서 새로운 직장과 가정, 안전한 거주지를 찾고 있다. 많은 저발전 국가에서 이민이란 이 국가들이 세계시장과 현대화에 통합되는 과정에서 나타나는 사회적 위기의 한 측면이다. 즉 농촌 지역의 인구 증가와 '녹색혁명〔새로운 기술의 도입과 품종 개량을 통한 식량 생산의 비약적 증대를 의미한다.—옮긴이〕'으로 인구과잉 현상이 일어나면 초과된 인구는 새로이 성장하는 도시로 이주하는데, 그 도시들에서는 고용 기회가 부족하고 사회 환경이 비참하다. 그 이유는, 대규모 도시화 현상으로 인해 주민의 규모가 신생 도시가 초기 산업화 단계에서 제공할 수 있는 일자리의 수를 초과하기 때문이다. 따라서 농촌에서 도시로 이주한 사람들의 일부는 삶을 개선하기 위해 남반구의 신흥공업국이나 북반구의 고도 산업국으로 다시 이차 이주를 하게 된다.

이러한 이주는 단순노동자, 우수한 전문 인력, 기업가, 난민 또는 먼저 이주한 사람이 초청해 이루어진 가족 이민 등 다양한 유형으로 나타난다. 이때 계급은 중요한 역할을 한다. 많은 유입국들이 입국과 거주에 대하여 특권적인 정책을 펼치기 때문에 고급 기술 인력은 적극적으로 받아들이려고 경쟁하지만 단순노동자나 난민은 배제하거나 차별하기 때문이다. 최근에는 은퇴 이주, 보다 나은 (또는 다른) 생활방식을 찾기 위한 이주, 반복 이주, 순환이주 같은 새로운 유형의 이주가 생겨나고 있다. 점차 이주와 여행의 경계가 모호해지면서 어떤 사람들은 잠재적인 이주 대상국을 조사하기 위해 관광여행을 하기도 한다. 원래의 의도가 임시 이주였든 아니면 영구 이주였든 많은 이주자들은 정착민이 되고 있다. 이주 연결망은 발전하여 모국과 유입국을 서로 연결하고 두 나라 모두에 중요한 변동을 유발하고 있다. 이주는 인구학적·경제적·사회적 구조를 변화시킬 수 있다. 또한 새로운 문화적 다양성을 야기할 수도 있는데, 이는 종종 국민 정체성에 대한 의문으로 이어진다.

이 책은 오늘날의 국제이주와 그로 인해 사회가 변화되는 방식에 관한 것이다. 이 책은 국제적인 관점을 취하고 있다. 즉 점점 가속화되는 전 지구적 통합 과정으로 인해 사람들의 대규모 이동이 발생한다고 보는 것이다. 상품과 자본의 이동은 거의 언제나 사람의 움직임을 유발한다는 점에서 이주는 결코 고립된 현상이 아니다. 교통의 발달 및 인쇄 및 전자 매체의 확산으로 인해 전 지구적 문화 교류가 촉진되고 이는 다시 이주로 이어진다. 이주는 전 지구적 변화를 이끄는 주요 요인 중 하나이다.

이주의 시대가 지속될 것이라는 예측이 가능한 이유는 다음과 같다. 첫째, 빈국과 부국〔원문의 the North와 the South를 관행적 번역어인 북반구 국가와 남반구 국가 대신 의미를 살려 부국과 빈국으로 번역한다.—옮긴이〕 간에 부의 불평등이 더욱 확대되어 많은 사람들이 더 나은 생활수준을 찾아 계속해서 이동할 것이고, 둘째, 정치적 환경과 인구학적 압력 때문에 많은 사람들이 자신의 모국 밖에서 피난처를 찾을 것이며, 셋째, 많은 지역의 정치적 또는 종족 갈등은 향후 대규모 이주 사태로 이어질 수 있으며, 넷째, 새로운 자유무역 지역이 생성되어 관련 국가들의 의도와 무관하게 노동의 이동이 촉진될 것이다. 그러나 이주란 모국에서의 어려운 상황에 대한 반응뿐만 아니라 다른 국가에서 더 나은 기회와 생활양식을 찾으려는 동기 때문에 일어나기도 한다. 이주자가 다 가난한 나라 출신은 아니며 부유한 나라들 사이의 이동도 증가하고 있다. 가난한 나라의 경제발전은 그 국민들이 이동하는 데 필요한 자원을 제공하며, 결국 더 큰 규모의 이주로 이어질 수 있다. 일부 이주자들은 학대와 착취를 경험하지만 대부분의 사람들은 이주를 통해 이익을 얻거나 자신의 삶을 향상시킨다. 이주자가 직면하는 조건들은 고될지도 모르지만 대개 이러한 고난은 모국에서의 빈곤과 불안정, 부족한 기회에 비하면 양호한 것이다. 그렇지 않다면 이주는 지속되지 않았을 것이다.

현재 이민자의 규모가 정확히 얼마인지는 아무도 모른다. 그러나 유엔 인구국United Nations Population Division; UNPD에 따르면 2005년 중반 전 세계 이주자의 수는 약 1.91억 명 정도이고, 2007년에는 약 2억 명에 도달할 것으로 추정되는데 이는 전 세계 65억 인구의 약 3퍼센트에 해당한다(UNDESA, 2005).

최근 전 세계 인구 중 이주자가 차지하는 비율은 2~3퍼센트 정도로 매우 안정적이다. 그러나 실제 이주자의 절대 수는 지난 25년 동안 두 배나 증가했다. 왜냐하면 대규모 이주의 시대를 직전에 겪었기 때문이다. 즉 1846년과 1939년 사이에 약 5,900만 명이 유럽을 떠나 주로 북미와 남미, 호주와 뉴질랜드, 그리고 남아프리카에 정착했다(Stalker, 2009: 9). 제1차 세계대전 이전의 국제이주 자료와 최근의 이주 인구 통계를 비교해 보면 두 시기 사이에 놀라울 정도의 유사성이 발견된다(Zlotnik, 1999). 물론 세계적으로 몇몇 지역의 경우 국제이주에 대하여 신뢰할 만한 통계가 없다. 집계에 잡히지 않는 수치는 거의 대부분 불법이주와 관련된 것이다. 대부분의 지역에 대해서도 믿을 만한 추정치가 없다. 그러나 미국은 2006년에 3억 명의 인구 가운데 약 1,200만 명이

표 1.1 **지역별 이주자 규모: 1960~2005** (단위: 백만 명)

지역	1960	1970	1980	1990	2000	2005
세계	76	81	99	155	177	191
선진 개발 지역	32	38	48	82	105	115
저개발 지역	43	43	52	73	72	75
아프리카	9	10	14	16	17	17
아시아	29	28	32	50	50	53
유럽	14	19	22	49	58	64
라틴아메리카와 카리브 해 지역	6	6	6	7	6	7
북아메리카	13	13	18	28	40	45
오세아니아	2	3	4	5	5	5

주: UN의 정의에 따르면 '이주자'는 출생국이 아닌 지역에서 12개월 이상 거주한 사람임.
자료: UNDESA, 2005.

서류미비 이주자라는 추정치를 내놓았다(Passel, 2006).

사실 대부분의 이주자들은 어쩔 수 없이 고국을 떠나 다른 곳에서 피난처를 찾아야만 하는 사람들, 즉 '강제이주자forced migrants'이다. 이들이 모국을 탈출하는 이유로는 정치적·종족적 폭력이나 박해, 대규모 댐 건설, 2004년 아시아에서 발생한 쓰나미 같은 자연재해 등이 있다. 2006년 공식적으로 인정된 난민의 규모는 약 1천 만 명이었는데, 이는 1990년대 초의 최고치보다는 상당히 감소한 수치이다. 난민 수가 이렇게 감소한 이유는 부분적으로는 유입국들이 난민을 받아들이기를 꺼렸기 때문이다. 피난처를 찾아 국경을 넘는 것이 불가능하여 모국에 어쩔 수 없이 남은 사람들, 즉 국내실향민internally displaced person; IDP의 규모는 약 2,600만 명에 달한다.

사실, 대부분의 이들은 자신이 출생한 모국에 남아 있다. 이주는 예외적인 현상이지 보편적 원칙은 아니다. 그러나 이주의 영향력은 유엔 추정치 같은 통계가 보여 주는 것보다 훨씬 더 크다. 사람들은 개별적으로가 아니라 집단적으로 이동하는 경향이 있다. 그들의 출국은 모국에 상당한 영향을 미친다. 이주자의 송금(고향으로 돈을 보내는 것)은 남은 가족

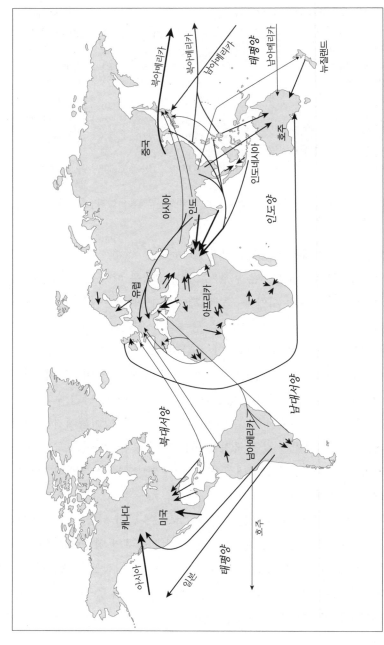

지도 1.1 1973년 이후 전 지구적 이주의 흐름 주: 화살표의 크기는 이주 흐름의 대략적인 규모를 나타낸다. 정확한 수치는 알 수 없다.

들의 생활수준을 향상시키거나 모국의 경제발전을 촉진한다. 유입국에서는 이주자의 정주가 고용 기회와 연계되며 이들은 거의 언제나 공단 지역이나 도시에 집중됨으로써 지역 공동체에 지대한 영향을 끼친다. 따라서 이민은 이민자 자신뿐 아니라 송출국과 유입국에도 영향을 미친다. 오늘날 선진국에서나 개발도상국에서나 개인적인 이주 경험도 없고 이주의 영향에서도 자유로운 사람은 거의 찾아볼 수 없다.

현대의 이주: 일반적인 경향

국제이주는 전 세계의 사회와 정치를 재편하는 초국가적 혁명의 한 부분이다. 국가를 이주자 송출국과 유입국으로 나누던 예전의 이분법은 이제 의미가 없어졌다. 현재 대부분의 국가는 이입移入, immigration과 이출移出, emigration을 동시에(물론 둘 중 어느 하나가 더 지배적인 경우가 많지만) 겪고 있으며, 일부 국가는 이주자가 잠시 머무르는 경유지 역할을 맡고 있다. 이러한 경향이 세계 여러 지역에 영향을 미치는 다양한 방식이 이 책의 핵심 주제이다. 미국, 캐나다, 호주, 뉴질랜드, 아르헨티나는 '고전적인 이민 국가'이다. 이 국가들의 현재 국민들은 대규모의 이민으로 —그리고 종종 원주민을 희생시키면서— 형성된 역사의 산물이다. 오늘날 이주는 새로운 형태로 지속되고 있다. 사실상 모든 북·서유럽 국가는 1945년 이후 외국 출신 노동자가 이민 와서 정착하는 지역이 되었다. 1980년대 이후에는 과거 이주자 송출국이었던 그리스, 이탈리아, 스페인 등 남유럽 국가들도 이주자 유입국이 되었다. 오늘날에 이르러서는 헝가리, 폴란드, 체코 등 중앙·동유럽 국가들도 이민자들을 수용하는 지역이 되어 가고 있다.

모로코에서 파키스탄에 이르는 광대한 지역인 중동·북아프리카Middle

1.1 미국과 멕시코 간 '이민정책 밀월기간immigration honeymoon'

2000년 미국에서 조지 W. 부시George W. Bush, Jr.가, 멕시코에서 빈센트 폭스 Vincente Fox가 대통령으로 당선되자 두 나라 간의 관계에 큰 변화가 예견되었다. 양국의 대통령은 모두 관계 개선을 희망했는데, 특히 이민을 둘러싼 긴밀한 협조를 바랐다. 부시 대통령은 텍사스 주지사였을 때에도 멕시코인 단기취업 노동자의 입국 확대를 지지했다. 멕시코 대통령은 당시 400~500만 명으로 추정되는 규모의 미국 체류 중인 멕시코인 서류미비 이주노동자의 합법화 프로그램을 지지했다. 부시 대통령의 첫 외국 방문지는 폭스 대통령의 목장이었고, 그곳에서 미국과 멕시코 간의 이민 법안이 중요한 의제로 다루어졌다. 두 대통령은 발의된 법안의 내용을 확정하기 위해 정기적으로 모임을 갖도록 양국 간 고위 공무원 협의체를 결성한다고 발표했다.

이 과정에서 당시 멕시코 외무장관이었던 호르헤 카스타네다Jorge Castaneda는 "멕시코는 엔칠라다enchilada[멕시코 요리—옮긴이] 한 접시 전부를 원한다."라고 말했는데, 이는 미국의 멕시코인 서류미비 이주노동자에 대한 합법화 프로그램이 멕시코인 단기취업 노동자의 입국을 확대하고, 미국과 멕시코 국경에서 밀입국하려다 발생하는 사상자의 수를 줄이고, 미국에 거주 중인 멕시코인의 가족들의 합법적인 입국 확대로까지 이어지기를 원한다는 의미로 이해되었다.

2001년 9월 초, 폭스 대통령은 입법을 촉구하기 위해 미국을 방문했으며, 방문 중 미국 상·하원 합동회의에서 연설할 계획이었다. 그러나 법안 의결에 대한 미국 의회의 반대가 심하여 결국 빈손으로 돌아갔다. 9·11 테러 이후 입법을 추진하는 움직임은 역풍을 맞게 되었다. 대부분의 미국 공무원들은 9·11 테러에 대한 멕시코 정부의 반응에 서운함을 느꼈다. 이라크에 대한 멕시코와 미국의 서로 다른 의견은 양국의 긴장관계를 더욱 악화시켰다. 결국 조지 W. 부시 대통령의 첫 번째

East and North Africa; MENA 지역은 복잡한 인구이동의 영향을 받고 있다. 터키, 요르단, 모로코 같은 일부 국가는 이주노동자를 내보내는 주요 송출국이다. 한편 걸프 산유국들은 단기취업 이주노동자의 대량 유입을 겪고 있다. 이 지역의 정치적 혼란은 대규모의 난민 흐름을 야기했다. 최근 이란과 파키스탄이 난민을 받아들이는 주요 국가가 되었다면 아프가니스탄은 난민을 발생시키는 주요 국가가 되었다. 아프리카에서는 식민

임기가 끝날 때까지 그 발의안은 전혀 진전되지 못했다.

부시 대통령이 재선되자 그 법안은 다시 주목받았다. 포괄적 이민개혁은 그의 두 번째 임기 중 최우선 과제가 되었다. 2006년에 상·하원에서는 각각 이민법안을 발의했다. 그러나 하원의 법안은 합법화를 거부하고 미국과 멕시코 국경의 장벽 설치 추가를 비롯한 억제 조치를 요구했다. 한편 상원은 불법적으로 체류 중인 수백만 명의 외국인에게 합법적 지위를 부여할 수 있는 통로를 열어 주는 법안을 채택했다. 그러나 이 두 법안은 차이가 너무 커서 의회 위원회에서 조정되지 못했다.

2006년 중간선거 결과, 민주당이 새로운 의회의 상·하원을 모두 장악하게 되었다. 부시 대통령은 상원의 법안과 유사한 이민개혁을 지지한다고 발표했고, 어떠한 형태의 합법화 조치도 반대하는 (대부분 공화당인) 세력을 날카롭게 비난했다.

2007년 봄, 일군의 상원 의원들이 초당적인 '타협 법안'을 발표했다. 법안의 주요 내용은 '획득한 합법화earned legalization' 조항을 포함하는 것으로, 이는 부시 대통령이 주장한 1986년에 실시된 사면조치를 통한 합법화 같은 것이 아니라, 신청자에게 외국인 영주권자 지위를 얻으려면 6년간 단기취업 외국인 노동자로 일할 것을 요구했다. 이 법안에는 매년 40만 명의 초청 노동자를 수용한다는 내용도 포함되었다. 그러나 뒤이은 개정안에서 초청노동자의 수는 연간 20만 명으로 축소되었다. 그 결과 상원의 법안은 지지자를 잃어 투표에서 패배했고 반대한 사람들이 승리를 선언했다.

그 후 멕시코의 새로운 대통령으로 당선된 칼데론Felipe Calderón은 미국과 멕시코의 관계가 지나치게 이민에 집중되는 것을 피하려고 노력했다. 부시 대통령의 인기가 떨어지면서 재임 중 주요 유산이었던 포괄적 이민개혁에 대한 전망도 불투명해졌다. 즉 2001년에 모아진 모든 기대에도 불구하고, 2008년이 될 때까지 미국과 멕시코 간의 이민 관계는 거의 변하지 않았다.

주의와 백인의 정착이 농장 및 광산에서 일하기 위해 이동하는 이주노동 체계를 만들었다. 1950년대 이후 탈식민지화는 남아프리카로의 광산노동자 흐름 같은 오래된 이주 유형을 유지시키는 한편, 케냐, 가봉, 나이지리아로 가는 새로운 이주자 흐름도 발생시켰다. 아프리카는 인구 규모 대비 난민 및 국내실향민 수가 세계에서 가장 많다. 아시아와 라틴아메리카는 다른 지역으로의 이주 흐름과 함께 지역 내에서의 복잡한

1.2 중앙아프리카의 종족학살 및 종족갈등

냉전이 종식되면서 동유럽과 중앙아시아 및 사하라 이남의 아프리카의 많은 지역
에서 그간 억눌려 왔던 종족 간의 긴장이 폭력으로 대두되었다. 일반 시민에게 직
접적인 폭력을 행사함으로써 그들을 말살하거나 특정 지역에서 내쫓은 종족학살
은 특히 구 유고슬라비아와 르완다에서 심각했다. 서구는 보스니아와 코소보 사태
에는 개입했지만 르완다 사태에는 개입하려 하지 않았다.

유럽에 의해 그어진 국경선과 분할통치 전략에 기초하여 운영되던 식민주의는
아프리카의 많은 국가에 종족 간의 긴장을 야기할 조건을 만들었다. 인구밀도가 높
은 르완다에서 식민지 시대의 권력(처음에는 독일, 제1차 세계대전 이후에는 벨기
에)은 당시 소수종족이었던 투치Tutsi족을 선호했고 다수종족이었던 후투Hutu족을
그 아래에 종속시켰다. 독립이 되자 투치족의 엘리트가 권력을 이양받았지만 수적
열세로 인해 권력을 유지할 수 없었다. 따라서 투치족은 주로 이웃한 자이레, 우간
다, 부룬디로 망명했다.

후투족이 지배하는 르완다 정부를 전복하기 위해, 당시 우간다 정부의 지원을
받은 투치 망명객들은 우간다 영토 내에서 반군활동을 시작했다. 협상이 이어져
1993년 8월 아루샤Arusha 평화협정이 체결되었다. 그러나 1994년 르완다 대통령
이 탄 비행기가 로켓에 맞아 추락해 대통령이 사망하는 사건이 발생하자 투치족에
반대하는 인테라함베Interahamwe 후투족 민병대의 폭력이 즉각적으로 온건한 후투
족을 대체했다. 이에 대한 국제사회의 대응은 너무 약했고 너무 늦었다. 수십만 명
의 르완다인이 겨우 석 달이라는 기간 동안 마체트Machete 칼〔정글도—옮긴이〕과
각종 무기로 살해당했다. 이 기간 동안 투치족이 이끄는 반군 세력은 끊임없이 진
군하고 통제권을 장악하기도 했지만 산발적인 폭력이 르완다 내에서 그리고 르완
다 국경을 넘어 계속되었다. 2004년 르완다 정부는 종족학살의 규모가 총 93만
7,000명이라고 집계했다(UN, 2004).

지속되는 불안정의 불가피한 원인인 종족갈등의 가장 비참한 결과는 이로 인해
대규모의 강제이주가 발생했다는 것이다. 르완다에 주둔하고 있는 유엔지원단
United Nations Assistance Mission in Rwanda; UNAMIR에 따르면, 1994년 말엽 르완다에
1,800만 명의 국내실향민이 있었고 자이레, 우간다와 부룬디에는 약 175만 명의
난민이 있었다.

르완다에서 벌어진 대량학살은 꼭 필요한 국제적 개입이나 마땅히 주어졌어야
할 언론의 관심을 받지 못했지만, 르완다 근처 다른 지역의 갈등은 그보다도 더 관
심을 받지 못했다. 르완다의 이웃 국가이고 아프리카에서 가장 인구밀도가 높은 나

라 중 하나인 부룬디에서도 1993년부터 후투족과 투치족 간의 갈등과 매우 유사한 갈등이 일어났다. 그 과정에서 살인과 영양실조 및 질병으로 30만 명 이상이 목숨을 잃었다. 부룬디의 국내실향민 규모는 최대치를 기록했던 1999년에 90만 명에 달했고(이는 전체 인구의 12퍼센트에 해당하는 규모이다), 최근의 추정에 따르면 적어도 40만 명의 난민과 아직도 돌아가기를 바라는 11만 7,000명의 국내실향민이 존재한다(Delrue, 2006). 그러나 최근 부룬디에서 진행되고 있는 화해의 과정은 변화에 대한 희망을 보여 주고 있다.

가장 규모가 큰 종족갈등은 아프리카에서 세 번째로 큰 국가인 콩고민주공화국 Democratic Republic of Congo; DRC(구 자이르 공화국)에서 발생했다. 1997년 자이르 정부는 자이르 동부에 있는 반정부 저항세력을 진압하기 위한 광범위한 노력의 일환으로 르완다 후투 난민을 무장시켰다. 얼마 지나지 않아 자이르 정부가 붕괴하자 우간다와 르완다의 지지를 받는 저항세력이 추진력을 얻었다. 콩고민주공화국의 폭력사태는 앙골라, 부룬디, 짐바브웨, 나미비아, 우간다, 르완다, 에리트레아 등 7개 국가와의 전쟁이 되었다. 콩고민주공화국은 풍부하고 다양한 천연자원을 보유했기 때문에 정부, 다국적기업, 외국 정부, 여러 반군 세력들이 모두 이 자원의 통제권을 가지고 싶어 했다.

2002년 공식적으로 종료된 콩고 내전의 여파는 심각했다. 2006년 추정된 바에 따르면 400만 명이 사망한 상태에서 추가로 매일 1,200명이 더 사망함으로써 제2차 세계대전 이후 최다 사망자를 내었다(UNICEF, 2007). 국제구조위원회Inter-national Rescue Committee; IRC의 조사에 따르면 사망자의 98퍼센트는 예방과 치료가 가능한 질병 때문에 사망한 것으로 나타났다. 2006년에 이르러서도 콩고에 170만 명의 국내실향민이 있고 45만 800명의 난민이 근처 지역에 두루 있는 것으로 알려졌다(USCRI, 2006). 2006년 7월 콩고의 대통령을 선출하기 위한 민주적 선거가 실시되어 조제프 카빌라Joseph Kabila가 당선되었다. 대통령 선거 그리고 1만 8,357명의 군인이 주둔하는 강력한 유엔의 평화유지 임무에도 불구하고 2007년까지 폭력사태가 지속되었다(MONUC, 2007).

중앙아프리카의 위기는 북미자유무역협정North American Free Trade Agreement; NAFTA 또는 전 세계적인 '테러와의 전쟁'으로 대표되는 탈냉전 시대에 세계적인 사건의 상징이 되었다. 종족갈등은 수백만 명의 사망자를 낳았고, 대규모의 이민을 야기했다. 다른 국가로 이주한 사람들이 주도한 폭동이 중앙아프리카에서 두 개의 정부를 무너뜨렸고 여러 다른 정부들을 위협했다. 통제하기 어려운 난민의 물결로 전 지역이 불안정해지자 유엔군은 미래의 폭력을 진압하는 거의 영속적인 임무를 담당하게 되었다.

이주 유형을 가지고 있다. 부국과 빈국 모두에서 일어나고 있는 이주의 복잡한 파급효과를 보여 주기 위해 최근의 변화와 관련한 두 가지 예를 박스 1.1과 1.2에서 다루었다.

전 세계적으로, 오래된 이민 유형과 경제적·정치적·문화적 변화와 폭력적 갈등에 대한 대응으로서 발달된 새로운 이민 흐름이 함께 지속되고 있다. 그러나 이러한 다양성 속에서도 발견되는 일반적인 경향은 아래와 같다.

1. 이주의 전 지구화: 점점 더 많은 국가들이 이주 흐름에 의해 동시에 결정적인 영향을 받는 경향이 나타나고 있다. 나아가 이민 유입국들은 경제적·사회적·문화적 배경이 매우 다른 국가에서 온 다양한 이주자를 받아들이는 경향이 있다.

2. 이주의 가속화: 현재 거의 모든 주요 지역에서 국제이동의 규모가 커지고 있다. 이러한 이주의 양적 팽창은 정부 정책의 시급성과 어려움을 심화했다. 그러나 1993년 이래로 전 세계 총 난민의 규모가 감소한 사실이 보여 주듯이, 국제이주가 다루기 불가능한 과정은 아니다. 정부 정책은 국제이주를 막거나 감소시킬 수 있으며 이주자를 송환시킬 수도 있다.

3. 이주의 차별화: 대부분의 국가들은 노동이주, 난민이주, 영주이주 등과 같은 이주 유형 중 어느 하나에 치우치지 않고 여러 유형을 동시에 겪고 있다. 전형적으로 어떤 이주 흐름을 막거나 통제하려는 정부의 노력에도 불구하고 (또는 그렇기 때문에) 하나의 이주 유형에서 시작된 연쇄 이주는 여러 다른 이민 유형으로 이어진다. 이주의 차별화는 국내 및 국제 정책 수립의 주요 장애물로 작용하고 있다.

4. 이주의 여성화: 모든 이주 지역에서, 그리고 모든 이주 유형에서 여성은 중요한 역할을 한다. 과거 대부분의 노동이주와 난민이동

은 남성이 주도했고, 여성은 단지 가족 재결합의 범주에서 다루어 졌을 뿐이다. 1960년대 이후 여성은 노동이주에서 중요한 역할을 해왔다. 오늘날 카보베르데^{Cape Verde} 주민은 이탈리아로, 필리핀인 은 중동으로, 태국인은 일본으로 가는 것 같은 다양한 이주 유형에 서 여성 이주노동자가 다수를 차지하고 있다. 인신매매의 일부 연 결망에서도 그리고 일부 난민이동에서도 여성이 다수를 차지한다. 젠더 변수는 세계 이주 역사에서 중요했지만, 현대의 이주에서 여 성의 특수성은 점점 더 부각되고 있다.

5. 이주의 정치화: 국내정치, 양국관계, 지역관계, 전 세계 많은 국가 의 안보정책이 국제이주의 영향을 점점 더 많이 받고 있다. 이주 정책 문제를 해결하기 위하여 전 지구적 거버넌스^{global governance}는 물론, 유입국과 경유국 그리고 송출국의 협력이 필요하다는 인식 이 더욱 높아지고 있다.

6. 이주변천의 확산: 이는 전통적인 이민 송출국이 경유국이나 이민 유입국으로 전환될 때 나타나는 현상이다. 이는 대개 한 나라가 확 실한 이민 유입국이 되어 갈 때 나타난다. 폴란드, 스페인, 모로코, 멕시코, 도미니카 공화국, 터키, 한국 등 다양한 국가들이 이주변 천의 다양한 단계를 겪고 있다.

전 지구적 거버넌스 속의 국제이주

전 지구화는 위로부터 그리고 아래로부터 국가 정부의 권위에 도전해 왔다. 초국가적 사회가 성장하면서 새로운 쟁점과 문제를 야기했고, 과 거에는 권위와 의사결정의 확실한 영역이었던 것의 경계를 점차 흐릿하 게 만들고 있다. 그 결과 정부의 권위적인 의사결정은 점점 전 지구적 거버넌스global governance로 개념화되었다(Rosenau, 1997). 전 지구화로 야기된 권력과 권위의 복잡함과 파편화로 인하여 정부(국가, 지역, 지방 정부)는 원하는 목표를 달성하려면 공공 및 민간 그리고 외국 및 국내의 다른 조직이나 기관과 함께 상호작용해야 하는 상황에 놓였다. 전 지구적 거버넌스의 중요한 징후로서 국제이주에 초점을 맞춘 지역 단위 국제적 협의들이 늘어나고 있다.

최근까지 각국 정부는 국제이주를 가장 중요한 정치적 쟁점으로 파악하지 않았다. 대신 이주자들을 영구 정착민, 외국인 노동자, 난민 등의 유형으로 나누어 이민부처, 노동부처, 외국인 담당 경찰, 복지기관 및 교육부처 등 정부 내 다양한 부처에서 각각 다루었다. 그러나 이러한 상황은 1980년대 중반부터 변하기 시작했다. 파리에 있는 경제협력개발기구Organization for Economic Cooperation and Development; OECD는 1986년 국제이주를 주제로 한 최초의 국제학술대회를 개최했다(OECD, 1987). 그 결과 OECD는 여러 회원 국가들이 직면한 이주정책의 관심사와 문제가 서로 매우 유사하다는 사실을 알게 되었다. 그러나 미국은 부국과 빈국 간의 대화에 반대했고, 달성한 것은 거의 없었다. 유럽연합European Union; EU 회원국들은 1980년대 말부터 내부의 장벽들을 제거하면서 점차 남반구와 동양에서 오는 이주자의 유입을 막기 위해 유럽연합 외부의 경계를 강화하고자 하였다. 클린턴 행정부는 국무부와 CIA의 직무 분담에 국제이주를 포함하라고 명령했다. 1990년대까지 유럽에서는 이민에 대해 극도로 보수적인 집단들이 조직되면서, 이민 문제가 정치 무대의 중심 의제가 되었다.

유엔 총회가 1990년 '모든 이주노동자와 그 가족의 권리 보호에 관한 국제협약International Convention on the Protection of the Rights of All Migrant Workers and Members of Their Families'을 채택하자 국제이주를 둘러싼 세계적인 긴장과 이견이 극명하게 드러났다. 이민 국가들이 서명하기를 거부하여 이 협약은 2003년까지 효력을 발휘하지 못했다. 2006년이 될 때까지 유엔의 192개 회원국 가운데 주로 송출국에 해당하는 34개 국가만이 협약에 서명했다(UNDESA, 2006a). 부국과 빈국 간 의견 차이는 1994년 유엔의 카이로 인구회의에서도 분명히 드러났다. 세계에서 가장 강력한 국가들이 국제이주에 대한 정부 간 회의를 소집하자는 송출국들의 요청을 거부했던 것이다.

전 지구화는 무역 분야의 세계무역기구World Trade Organization; WTO, 금융 분야의 국제통화기금International Monetary Fund; IMF, 경제개발 분야의 세계은행World Bank 같은 국제기구를 더욱 강화했다. 그러나 이주 분야에서는 국가들의 협력의 의지가 그리 강하지 않았다. 현재 난민을 위한 유엔난민기구UN High Commissioner for Refugees; UNHCR나 이주노동자를 위한 국제노동기구International Labour Organization; ILO같이 특별한 업무를 담당하는 국제기구들은 있으나, 전 지구적인 협력과 이주자의 권리를 도모하고 보호하는 활동을 전반적으로 책임지는 기관은 아직 없다. 국제이주기구International Organization for Migration; IOM는 폭넓은 자문을 담당할 수는 있지만 유엔 기구가 아니므로 중요한 변화를 이끌 만한 힘이 부족하다. 핵심 쟁점은 이주노동자를 고용하는 데 드는 비용이 증가할 것이라는 우려 때문에, 부유한 이민 유입국들이 이민자의 권리를 강화하거나 이민 송출국의 상황을 개선할 수 있는 안을 받아들이는 것을 아직까지 꺼린다는 사실이다.

그러나 변화의 조짐은 보인다. 2003년 유엔 사무총장인 코피 아난Kofi Annan의 자문에 따라 이민 전문가들의 추천을 받은 저명한 인사들로 구성된 글로벌국제이주위원회Global Commission on International Migration; GCIM가 만들어졌다. 이 위원회의 보고서(GCIM, 2005)는 발전을 위한 이주의 잠재적 이점을 강조했다(제3장 참조). 2003년 유엔총회는 2006년에 '국제이주와 발전에 관한 고위급 대화'를 개최하기로 결정했다. 유엔 사무총장은 이 회의에 대한 보고서에서 유엔 회원국들이 참여하여 이주와 발전을 논의하는 포럼 개최를 권장했다. 그러나 이 포럼은 순수하게 자문을 위한 것이지, 협상을 촉진할 목적은 없었다. 이주와 발전에 관한 최초의 글로벌 포럼은 2007년 7월 벨기에 정부 주최로 개최되었고, 두 번째 포럼은 2008년 10월 마닐라에서 개최되었다.

종족 다양성, 인종차별주의, 다문화주의

현대의 인구이동에 따르는 두 가지 중요한 쟁점 중 하나는 국제이주를 어떻게 통제하는가라는 문제이다. 그리고 다른 하나는 종족 다양성의 증대가 유입국 사회에 미치는 영향에 관한 것이다. 대개 정착민들은 유입국 사람들과 다르다. 즉 그들은 다른 전통과 종교, 정치적 기구를 가진 다른 유형의 사회(예를 들면 도시·공업사회가 아닌 농촌·농업사회)에서 온다. 그들은 종종 다른 언어를 구사하고 다른 문화적 관행을 따른다. 그들은 외모(피부색, 용모, 모발 형태)나 복장 스타일이 눈에 띄게 다를 수 있다. 일부 이주자 집단은 주로 사회적 지위가 낮은 특정 직종에 집중되거나 저소득층 주거지역에 격리되어 살기도 한다. 이민자의 지위는 종종 외국인 또는 비시민이라는 특정 법적 지위로 표시되기도 한다. 이러한 차이는 흔히 '종족^{ethnicity}'이나 '인종^{race}'이라는 개념으로 요약되어 이해되곤 한다. 대부분의 경우 이민은 그 사회에 뿌리 깊은 종족적 소수자와의 갈등 또는 분열을 더욱 복잡하게 만든다.

　종족 다양성의 사회적 의미는 대부분 유입국 시민과 정부가 이를 얼마나 중요하게 여기는지에 달려 있다. 고전적인 이민 국가들은 일반적으로 이민자를 곧 동화되거나 통합될 정착민으로 여긴다. 그러나 모든 잠재 이민자가 다 적합하다고 여겨지지는 않았다. 미국, 캐나다, 호주는

1960년대까지 비유럽인은 물론이고 심지어 일부 유럽인들도 받아들이지 않는 정책을 유지했다. 단기취업 이주노동자를 수용하는 것이 중요한 여러 나라들 중에는 노동자들이 가족과 재결합하고 영구히 정착하는 것을 막으려고 노력했던 곳도 있다. 1960년대와 1970년대 초반까지의 서유럽 국가들이 그러했고, 최근 들어서는 걸프 지역 산유국들과 빠르게 성장하는 일부 아시아 나라들이 그러했다. 이러한 나라들은 영구 정착 인구가 증가해도 자국은 이민 국가가 아니라고 선언하고 정착민에게 시민권을 비롯한 권리를 보장하는 것을 거부해 왔다. 이 두 극단 사이에는 다양한 차이가 있는데 이는 다음 여러 장들에서 논의할 것이다.

문화적으로 차이가 뚜렷한 정착민 집단은 대부분 적어도 몇 세대 동안은 모국의 언어와 일부 문화적 요소를 유지한다. 정부가 정착민을 인정하는 국가에서는 개인적 동화를 추구하는 정책에서 장기적 문화 차이를 어느 정도 용인하는 정책으로 변화하는 경향을 발견할 수 있다. 그 결과가 1970년대 이래 캐나다, 호주, 스웨덴에서 소개된 다문화주의 정책에 구현된 바와 같이 소수자의 문화적·정치적 권리를 인정하는 것이었다. 그러나 앞에서 살펴본 바와 같이, 9·11 테러 이후 이러한 정책은 1970년대나 1980년대에 다문화주의 정책을 채택한 많은 민주주의 국가에서 후퇴하고 있다. 이민자의 영구 정착을 반대하는 국가들은 다원주의도 반대하는데, 다원주의가 국가의 통일성unity과 국민 정체성에 위협이 된다고 생각하기 때문이다. 이러한 국가에서는 이민자들이 소외된 종족적 소수자가 되는 경향이 있다. 한편 프랑스의 경우에는 정부가 이민자의 정착이라는 현실을 받아들이나, 이민자에게 권리와 시민권을 부여하는 조건으로 이민자에게 개인적인 문화적 동화를 요구한다.

정부 정책이 무엇이든 상관없이 일부 시민은 이민에 대해 격렬하게 반응한다. 이민은 종종 경제구조의 재조정 및 광범위한 사회변화와 동시에 일어난다. 삶의 조건이 예측 불가능한 방식으로 변화된 사람들은 종종 이러한 불안정이 이민자 때문이라고 생각한다. 오늘날 고도로 발전한 선진국에서 발견되는 지배적인 이미지 가운데 하나는 가난한 남반구와 사나운 동양에서 이주자들이 대거 몰려와 직장을 빼앗고 주택 가격을 높이고 사회서비스 부담을 증가시킨다는 것이다. 이와 유사하게 말레이시아와 남아프리카공화국 같은 남반구에 있는 이민 국가에서도 이민자들은 범죄, 질병, 그리고 실업의 원인이라는 비난을 받는다. 극우 정당들은 이러한 반反이민 캠페인을 통해 성장하고 번성한다. 인종차별주의는 이민자뿐만 아니라 민주적 기관과 사회질서에도 위협을 가하고 있다. 그러므로 인종차별주의의 원인과 결과에 대한 분석은 국제이주에 관한 토론과 이주가 사회에 미치는 영향을 논의할 때 중점적으로 다루어져야 한다.

국제이주가 언제나 다양성을 야기하지는 않는다. 호주 내 영국인 또는 독일 내 오스트리아인은 사실상 수용국의 인구와 잘 구별되지 않는다. 북미에 정착한 서유럽인은 그 사회에 빠르게 동화되었다. 특정 노동 시장 내에서 일시적으로 이동하는 고급 기술 인력 같은 '단기체류 전문직professional transients'은 사회 통합에 문제로 여겨지지 않는다. 그러나 이들은 예외일 뿐이며, 대부분의 경우 국제이주는 사회 내 다양성을 증가시킨다. 그 결과 이는 국가에 여러 가지 문제를 야기한다. 가장 눈에 띄는 것은 사회정책이다. 사회복지와 교육은 사회 구성원의 서로 다른 삶의 방식과 문화적 관행에 맞춰 새로운 방식으로 계획되고 실행되어야 한다.

더 심각한 것은 국민 정체성에 대한 도전이다. 18세기 이후 발달된 국민국가는 문화적 통일성과 정치적 통일성을 전제로 한다. 많은 국가에서 공통적인 언어, 문화, 전통, 역사로 규정되는 종족적 단일성은 국민국가의 기반으로 여겨져 왔다. 물론 이러한 통일성은 많은 경우 지배 엘리트가 만들어낸 허구이기는 하지만 강력한 국민적 신화를 제공해 왔다. 이민과 종족 다양성은 공통의 종족적 기원을 공유하지 않는 국민을 만들기 때문에 국가에 대한 생각을 위협한다. 이민자 흡수가 국민 만들기 신화의 일부인 고전적인 이민 국가들은 이러한 상황에 쉽게 대처해 왔다. 그러나 국민 만들기 과정에서 공통된 문화를 중요시하는 국가들은 이러한 모순을 해결하기가 어렵다. 이민을 반대하는 움직임은 곧 다문화주의 자체를 반대하는 움직임이 되어 많은 나라에서 다문화 정책의 후퇴를 가져왔다.

국민과 국가가 연결되는 핵심적인 방법은 시민권과 귀화정책을 통해 드러난다. 공통된 종족성이나 문화적 동화를 요구하지 않고 이민자에게 시민권을 부여해 온 국가들은 종족 다양성에 쉽게 대처하고 있는 것으로 보인다. 반면에 시민권을 문화적 소속감과 연결하는 국가들은 이민자를 소외시키거나 불이익을 주는 배제정책을 고수하는 경향이 있다. 이민이 지속되면서 점점 더 많은 나라에서 종족 다양성이 증가한다는 것이 이 책의 중심 주제 중 하나이다. 그것은 이미 국민국가와 시민권에 대한 기존의 개념에 의문을 제기했다. 다양성에 새롭게 접근하는 방법을 둘러싼 논쟁은 향후 많은 나라의 정치를 좌우할 것이다.

이 책의 목적과 구성

『이주의 시대』는 최근 일어나는 이주의 전 지구적 역동성^{dynamics}, 그리고 세계 도처에 존재하는 이주민과 비이주민의 중요성을 이해하는 데 출발점이 되고자 한다. 이는 한 권의 책에서 다루기에는 너무 큰 주제이다. 이 책은 여러 지역의 이민 송출국과 경유국에 관한 문제도 다루지만 (특히 이 책의 제3장, 제6장, 제7장) 그보다는 이민 유입국이 직면한 중요한 도전에 더 큰 비중을 두고 있다. 우리는 이 책에서 다양한 이주의 흐름을 매우 간결한 방식으로 다룰 수밖에 없었지만 이를 통해 이주에 대해 전 지구적 관점을 가지는 것은 각각의 구체적인 이주 흐름을 이해하는 데에 꼭 필요하다. 이 책의 핵심 목표는 국제이주라는 주제와 점점 더 다양해지는 사회들의 등장을 소개하는 데에 있다. 이는 독자들이 특정한 이주 과정의 더욱 구체적인 맥락을 파악하는 데 도움을 줄 것이다.

우리의 첫 번째 목표는 오늘날의 국제이주를 묘사하고 설명하는 것이다. 우리는 국제이주의 거대한 복잡성을 보여 주어 점점 더 세계의 많은 곳에 영향을 미치고 있는 국제적 인구이동의 차이와 공통 요인을 동시에 보여 주고자 한다.

두 번째 목표는 이주자의 정착이 많은 사회에서 종족 다양성을 증가시키는 방식을 보여 주고, 이것이 더 광범위한 사회적 · 문화적 · 정치적 발전과 어떤 관계에 있는지를 설명하는 것이다. 이러한 변화를 이해해야만 이민과 종족 다양성에 관련된 문제와 갈등을 다루는 정치적 행위로 나아갈 수 있다.

세 번째 목표는 이주와 종족 다양성 사이의 복잡한 상호작용을 살펴보면서 각각에 대한 담론을 연관시키는 것이다. 이 두 가지 주제에 대해서는 그간 많은 경험적 · 이론적 연구들이 축적되어 왔다. 그러나 두 주제는 자주 부적절한 방식으로 연결된다. 현실에서 이민과 종족 관계는 다양한 방식으로 아주 밀접하게 연관되어 있다. 따라서 총체적인 이주 과정을 분석해야만 이 두 주제의 관련성을 가장 잘 이해할 수 있다.

이 책의 구성은 다음과 같다. 우선 초반의 장들은 현대의 전 지구적 경향을 이해하는 데 필요한 이론적 · 역사적 배경을 제공할 것이다. 제2장에서는 이주와 종족적 소수자 형성을 이해하는 데 필요한 이론과 개념을 검토하고, 이주 과정을 총체적으로 연구해야 하는 필요성을 강조한다. 이번에 새롭게 쓴 제3장에서는 전 지구화, 이주, 발전의 관계에 초점을 맞춘다. 제4장에서는 근대 초기부터 1945년까지 국제이주의 역사를 다룬다.

이 책의 중간 부분에서는 세계 각 지역 내에서, 그리고 지역 간에 벌어지고 있는 현대의 이주에 대한 설명과 자료를 보여 준다. 제5장에서는 고도로 발전한 선진국으로의 이주를 다룬다. 이를 위해 1945년 이후의 경제호황 기간 중 노동이주 유형을 살펴보고, 1973년 '석유위기' 이후 이주 유형이 어떻게 변화했는지를 논의할 것이다. 또한 2004년과 2007년 유럽연합^{EU}의 확대가 미친 영향을 포함하여, 1980년대 말 이후 더욱 커지고 복잡해진 이주의 규모를 다룰 것이다. 제6장에서는 아시아−태평양 지역을, 제7장에서는 중동·북아프리카, 사하라 사막 이남의 아프리카와 라틴아메리카를 다룬다. 이 지역들은 고도로 발전한 선진국으로 이주자를 보내는 주요 송출지역이다. 그러나 신흥공업국들이 출현하면서 지역 내 경제적·인구학적 불균형이 야기되어 지역 내에서의 이동이 지역 간 장거리 이동보다 더 많아지는 경우도 나타나고 있다. 이 장들은 현대 경제발전과 사회변혁의 과정에서 이주의 역할이 지대하다는 제3장의 분석을 뒷받침할 것이다.

그다음으로 우리는 이주의 국제정치를 살펴볼 것이다. 제8장에서는 공업국가가 국제이주를 통제하는 능력을 다룬다. 이를 위해 불법적인 이주, 인신매매, 그리고 이를 막기 위한 정책들을 검토할 것이다. 또한 동시에 이주를 통제하기 위한 유럽연합과 북미자유무역협정^{NAFTA} 같은 지역통합 체제의 중요성을 비교할 것이다. 제9장에서는 이주와 안보를 다룬다. 이러한 주제들이 새로운 것은 아니지만, 미국의 9·11 테러 사건과 그 이후 유럽에서 발생한 여러 공격들로 인하여 이주자나 이주자 후손이 폭력적인 극단적 사건에 동원되는 데 대한 우려가 커지고 있다.

그다음의 세 장에서는 이민이 고도로 발전한 선진국에 미치는 영향을 분석할 것이다. 제10장에서는 노동이주자의 경제적 위치와 이민이 경제에 미치는 영향을 다룬다. 나아가 하청, 임시고용, 비공식 부문의 노동 등 새로운 고용관행에 근거한 '신경제new economy'의 발전에 이주가 미치는 핵심적인 역할을 논의할 것이다. 제11장에서는 이민자의 법적 지위, 사회정책, 종족 공동체의 형성, 인종차별주의, 시민권과 국민 정체성을 다루면서 고도로 발전한 선진국 내에서 이민자가 차지하는 지위를 살펴본다. 제12장에서는 이민자와 소수자의 정치 참여와 이민자의 정착에 따라 주류 정치가 어떻게 변화하는가를 함께 살펴봄으로써 종족 다양성의 정치적 영향력을 검토할 것이다.

마지막으로 제13장에서는 이 책의 주요 주장들을 요약하고, 21세기 초에 나타나고 있는 전 지구적 이주의 경향을 정리한다. 향후 국제이주는 더욱 증가할 것이고 이는 유입국의 종족 다양성을 더욱 확대하고 새로운 초국가적 연결 형태를 출현시킬 것이다. 우리는 이주가 더욱 보편화되는 세계에서 이러한 도전에 가장 적절한 대응 방법을 찾으려는 정부와 인간이 부딪히는 딜레마에 대해 논하면서, 더 나은 국가 간 협력을 방해하는 요인들도 지적할 것이다.

심화 연구를 위한 안내

국제이주에 대한 책은 너무나 많기 때문에 여기에서 다 열거할 수는 없다. 다수의 중요한 문헌들은 다른 장의 '심화 연구를 위한 안내'에서 소개할 것이다. 관련된 문헌자료에 관한 광범한 정보는 참고문헌에 정리해 두었다.

국제이주의 전 측면에 관한 중요한 정보들을 제공하는 여러 전문 저널 중 몇 가지를 선택해서 소개하고자 한다. 1964년부터 발간된 저널 『International Migration Review』(New York: Center for Migration Studies)에는 이민에 대한 훌륭한 비교연구들이 실려 있다. 『International Migration』(Geneva: IOM)에서도 중요한 비교자료들을 볼 수 있다. 『Social Identities』는 1995년부터 발행되기 시작했으며 '인종, 국가, 문화에 관한 연구'를 주로 다룬다. 『Global Networks』(Oxford: Blackwells)는 주로 초국가적인 주제를 다룬다. 유럽에 초점을 맞춘 저널로는 『Journal of Ethnic and Migration Studies』(Brighton: Sussex Centre for Migration Research, University of Sussex)와 『Revue Européenne des Migrations Internationales』(Paris, in French and English)가 있다. 영국에는 『Race and Class』(London: Institute for Race Relations)와 『Ethnic and Racial Studies』(New York and London: Routledge)라는 저널이 있다. 호주에는 『Journal of Intercultural Studies』(Melbourne: Monash University)가 있다. 『Asian and Pacific Migration Journal』(Quezon City, Philippines: Scalabrini Migration Center)은 세계에서 인구가 가장 많은 아시아 지역에 관한 정보를 제공하고 이주를 분석한다. 『Frontera Norte』(Mexico: El Colegio de la Frontera Norte)와 『Migración y Desarrollo』(University of Zacatecas)에는 스페인어와 영어로 된 논문들이 실려 있다.

'소식지' 형식으로 최신 정보와 짤막한 논평을 제공하는 간행물로는 『Asian Migrant』(Quezon City, Philippines: Scalabrini Migration Center)와 『Hommes et Migrations』(Paris)이 있다.

몇몇 국제기구들도 이주에 대한 비교 정보를 제공한다. 가장 유용한 것은 OECD가 매년 발간하는 『International Migration Outlook』인데, 1991년부터 2004년까지 『Trends in International Migration』이란 제목으로 발간되었다. 1973년부터 1990년까지 발간된 OECD 회원국의 국제이주에 관한 초기 연례 보고서는 SOPEMI 보고서라고 불린다(SOPEMI는 프랑스어로 '이주에 대한 지속적 보고서 체계'의 머리글자를 따서 만든 것이다.) 국제이주기구IOM에서는 2000년에 『World Migration Report』를 처음 간행했고, 가장 최근호는 2008년에 발간했다.

이민과 종족 다양성을 다루는 많은 인터넷 사이트 중에서 가장 중요한 몇 가지만 나열하겠다. 이 사이트들은 '이주의 시대' 웹사이트에도 링크되어 있다. 이 사이트들은 다른 많은 사이트들과 링크되어 있으므로 이 목록은 독자들이 더 넓게 탐색해 나가는 데 출발점이 되어 줄 것이다.

Asia Pacific Migration Research Network (APMRN):
　http://apmrn.anu.edu.au/
Center for Migration Studies, New York: http://cmsny.org/
Centre on Migration, Policy and Society, University of Oxford:
　http://www.compas.ox.ac.uk/
European Council on Refugees and Exiles: http://www.ecre.org/
European Research Centre on Migration and Ethnic Relations
　(ERCOMER): http://www.ercomer.eu/
Federation of Centers for Migration Studies, G. B. Scalabrini:
　http://www.scalabrini.org/fcms/
Forced Migration Online: http://www.forcedmigration.org/
Immigration History Research Center, Minnesota:
　http://www.ihrc.umn.edu/
Institute for Migration and Ethnic Studies (IMES), Amsterdam:
　http://imes.uva.nl/
Institute for Migration Research and Intercultural Studies (IMIS),
　Osnabrück: http://www.imis.uni-osnabrueck.de/
International Centre for Migration and Health: http://www.icmh.ch/
International Metropolis Project: http://www6.carleton.ca/metropolis/
International Migration Institute, University of Oxford:
　http://www.imi.ox.ac.uk/
International Organization for Migration: http://www.iom.int/
Inter-University Committee on International Migration:
　http://web.mit.edu/cis/www/migration/
Migration Information Source:
　http://www.migrationinformation.org/index.cfm/
Migration News: http://migration.ucdavis.edu/
Refugee Studies Centre, University of Oxford: http://www.rsc.ox.ac.uk/
Southern African Migration Project: http://www.queensu.ca/samp/

Swiss Forum for Migration and Population Studies:
  http://www.migration-population.ch/Home.506.0.html/
United Nations High Commission for Refugees (UNHCR):
  http://www.unhcr.org/cgi-bin/texis/vtx/home
US Committee for Refugees and Immigrants (USCRI):
  http://www.refugees.org/

제2장

이주 이론

국제이주는 한 개인이 보다 나은 삶의 기회를 찾아서 이동하기로 결심하고 자신의 출신지에서 뿌리를 거두었다가 새로운 나라에서 신속하게 동화하는 것 같은 단순한 개인적 행동이 아니다. 이주와 정주는 대개 이주자의 생애 전체에 걸쳐 전개되며 후속 세대에까지 영향을 미치는 장기적인 과정이다. 이주는 때때로 당사자의 죽음도 초월한다. 어떤 이주민 집단의 구성원들은 자신이 죽은 후 사체가 태어난 곳에 묻힐 수 있도록 준비해 놓기도 한다(Tribalat 1995:109-111 참조). 이주는 사회변동에서 비롯되며 이주민을 보내는 지역과 받아들이는 지역의 사회 전체에 영향을 미치는 집합적인 행동이다. 게다가 이주와 다른 나라에서의 생활 경험으로 인해 때때로 원래의 계획을 수정하게 되므로 이주자들의 출발 당시 의도를 안다고 하더라도 이들의 실제 행동을 예측하기는 어렵다. 마찬가지로 그 어느 국가의 정부도 이민을 받아들임으로써 국민적 구성이 다양한 사회를 형성하려고 시도한 경우는 없다. 다만 노동력 모집 정책이 종종 종족적 소수자ethnic minorities[이 책에서 ethnic group을 종족집단으로 번역했기에 관례상 소수민족으로 번역되는 ethnic minority를 종족적 소수자로 번역했다.—옮긴이) 집단의 형성을 야기하며, 그 결과 사회적 관계, 공공정책, 국민 정체성, 그리고 국제관계에 심대한 영향을 초래하게 되는 것이다.

국제이주에 대한 연구는 종종 두 개의 사회과학적 탐구의 범주로 구분된다. 첫째는 이주의 결정요인, 과정, 그리고 유형에 대한 연구이며, 둘째는 이주자들이 어떻게 이민을 받아들인 사회에 통합되는가에 관한 연구이다(Massey et al., 1998:3과 비교). 우리는 이러한 구분은 인위적인 것이며 이주 과정을 완전히 이해하는 데 오히려 장애가 된다고 생각한다. 우리는 '이주 연구migration studies'라는 용어를 매우 넓은 의미에서 사용하여 이 두 가지 연구 범주를 모두 포괄하려 한다. 나아가 두 번째 연구 영역이 이주가 송출 사회와 수용 사회 모두에 변화를 야기하는 방식에 대한 연구로서 더 폭넓게 이해되어야 한다고 믿는다.

이 장은 이후의 장들에서 시도할 이주, 정주, 그리고 종족적 소수자 집단 형성에 대한 기술적記述的인 설명을 이해하는 데 필요한 이론적 틀을 제공할 것이다. 물론 독자들은 뒤의 장들을 먼저 읽고 나서 나중에 이론 부분을 읽을 수도 있다. 이 책의 여러 곳에서 우리는 국내이주와 국제이주의 연계에 주목할 것이다. 중국이나 인도, 브라질 또는 나이지리아처럼 엄청난 인구를 가진 국가에서는 국제이주보다 국내이주의 규모가 훨씬 더 크다. 이 둘은 종종 서로 긴밀히 연계되며 농촌에서 도시로의 국내이주가 국경을 넘는 이동의 전초가 될 수도 있다(Skeldon, 1997). 그러나 이 책은 국내이주에 대해서는 체계적으로 다루지 않을 것이다.

이주 과정에 대한 설명

이주 과정이란 국제이주를 유도하고 그 방향에 영향을 미치는 복합적인 요인과 상호작용의 집합이 요약된 개념이다. 이주는 사회적 존재의 모든 차원에 영향을 미치는 과정이며 그 자체의 복잡한 동태를 발전시킨다. 세계 대다수의 사람들(2000년도에는 97%, UNDESA 2005)은 국제적 이주자가 아니지만 이들의 공동체와 삶의 방식은 이주로 인해 변화를 겪고 있다. 이러한 변화는 일반적으로 이주자들에게 훨씬 더 심대하며, 이주의 출발지이든 경유지이든 목적지이든 이주 과정의 모든 단계에서 목격할 수 있다.

그러므로 이주에 대한 연구는 본질적으로 학제적이다. 사회학, 정치학, 역사학, 경제학, 지리학, 인구학, 심리학, 문화연구, 법학 등이 모두 관련된다(Brettell and Hollifield, 2007). 이 학문들은 인구이동의 상이한 측면들에 주목하며, 이주를 온전히 이해하려면 이 모든 분과학문들의 성과를 알아야 한다. 개별 사회과학의 학문 내에는 상이한 이론과 방법론에 기반을 둔 다양한 접근이 존재한다. 예를 들면 대규모 자료 집합(센서스 또는 표본조사)에 대한 계량적 분석을 기반으로 연구하는 사람들은 소규모 집단에 대한 질적 연구를 수행하는 사람들과는 상이한 질문을 던질 것이며, 다른 결과를 얻을 것이다. 역사적 접근이나 제도적 접근을 사용하여 세계 경제 속에서 이주노동의 역할을 검토하는 사람들은 역시 상이한 결과를 발견할 것이다.

이들 각각의 방법은 스스로 유일하게 올바른 방법이라고 주장하지 않는 한, 각기 저마다 유용성을 가지고 있다. 최근 이주 연구에 대한 관심이 커지면서 이론적 접근들이 급증하고 상호작용하고 있다. 그 결과 이주 현상, 그리고 광범위한 변화 과정과 이주의 관련성에 대하여 훨씬 더 복합적으로 이해할 수 있게 되었다. 그 가운데 특히 중요한 것은 전 지구화 이론과 초국가주의transnationalism 이론을 이주 연구에 적용한 것이다. 여기에서 이주 이론에 대해 상세히 설명하기는 불가능하지만(Massey et al., 1993, 1994, 1998; Portes and DeWind, 2004; Brettell and Hollifield, 2007 등 참조) 우리는 몇몇 중요한 쟁점들을 개관하고 심화 연구에 대한 지침을 제공할 것이다.

이주에 대한 경제학적 이론들

경제학 분야에서는 신고전학파 이론이 아직까지 지배적인 패러다임으로 남아 있으며 이주 연구에서 중요한 역할을 해왔다. 그러나 대안적 접근들이 신고전학파 이론의 핵심 가정과 발견에 대해 계속 의문을 제기해 왔다. 신고전학파의 관점은 이주의 통계적 법칙들을 정립한 19세기의 지리학자 레이븐스타인E. G. Ravenstein이 주창한 이주에 대한 초창기의 체계 이론systematic theory에 기초한다(Ravenstein, 1885, 1889). 이 이론은 실제 이주 과정과는 직접적 관련성이 전혀 없는 일반적인 진술이었을 뿐이다(Cohen, 1987:34-35; Zolberg, Suhrke and Aguao, 1989:403-405). 이러한 '일반 이론들'은 인구밀도가 높은 곳에서 인구밀도가 낮은 곳으로, 또는 소득이 낮은 곳에서 소득이 높은 곳으로 사람들이 이동하는 경향을 강조하거나 경기 사이클의 변동과 이주를 연계했다. 이러한 접근은 '배출-흡인push-pull' 이론이라고도 알려져 있는데, 사람들을 자신들의 출생지에서 떠나게 만드는 '배출 요인'과 이들을 특정한 수용 국가로 끌어들이는 '흡인 요인'이 결합된 것이 이주의 요인이라고 보기 때문이다. '배출 요인'은 인구의 증가, 낮은 생활수준, 경제적 기회의 부족과 정치적 억압 등이며, '흡인 요인'은 노동에 대한 수요, 토지의 이용 가능성, 좋은 경제적 기회 및 정치적 자유 등이다.

오늘날 이 모델은 주로 경제학자들의 연구에서 발견되지만 일부 사회학자와 인구학자, 지리학자들도 이 모델을 사용한다. 이 모델은 개인적이며 비역사적이다. 이 모델은 고향에 남는 것과 이주하는 것 간의 상대적 비용과 편익에 대한 합리적 비교에 기반을 둔 개인의 이주 결정을 강조한다. 신고전학파 이론은 잠재적 이주자들이 이주 목적지역의 임금 수준과 고용 기회에 대해 완벽한 지식을 가지고 있으며, 이주하겠다는 결정이 압도적으로 이러한 경제적 요인에 기반한다고 가정한다. 정부의 규제 같은 제한 요인들은 주로 합리적 시장의 왜곡으로 취급된다. 핵심 개념은 '인적 자본human capital'으로서, 사람들은 교육이나 직업훈련에 투자하듯이 이주에 투자하겠다는 결정을 내리며, 만일 목적지 나라에서 더 높은 임금으로 얻는 기대수익이 이주 과정에서 발생하는 비용보다 크다면 그들은 실제로 이주를 떠날 것이라고 본다(Chiswick, 2000). 보하스는 '이민시장immigration market'이라는 모델을 제시한다.

신고전학파 이론은 개인들이 효용을 극대화한다고 가정한다. 개인들은 자신들의 복지를 극대화하는 거주 국가를 '탐색한다'는 것이다. …… 이러한 탐색은 개인의 재정적 자원의, 경쟁적인 이민 수용국가들이 강제하는 이입 법규immigration regulation의, 그리고 이민 송출국가의 이출 법규emigration regulation의 제한을 받는다. 이민시장에서는 다양한 정보의 편린들이 교환되고 다양한 선택지들이 비교된다. 어떤 의미로는, 경쟁하고 있는 이민 수용국가들은 개인들이 비교하고 선택할 수 있는 '이주 제안'을 제시한다고도 할 수 있다. 이러한 이민시장에서 수집된 정보들에 따라 많은 개인들이 자신들이 태어난 곳에 머무르는 것이 '유익하다'는 결론을 내리기도 하고, 반대로 다른 나라에서 더 잘 살 수 있을 것이라는 결론을 내리기도 한다. 이민시장은 이러한 개인들을 섬세하게 가려내어 이민 수용국으로 보낸다. (Borjas, 1989:461)

보하스는 "이는 개인들이 '최선의' 국가를 탐색하는 세계에서 발생하는 이주 흐름의 유형들을 명료하게(경험적으로 검증 가능하게) 범주화할 수 있는 접근 방법이다."(Borjas, 1989:461)라고 주장한다. 여러 지역들 간에 경제적 불균형이 존재하는 것 자체가 이주 흐름을 생성하기에 충분하다는 것이다. 장기적으로 그러한 이주 흐름은 저개발 지역과 개발 지역 간의 임금과 조건을 균등하게 하는 데 기여하여 경제적 균형 상태를 이룰 것이다. 보하스는 이것이 이민 수용국의 기술 수준의 평균을 낮추고 미숙련 현지 출신 노동자의 임금이 저하되는 등의 부정적 영향도 있다고 주장했다(Borjas, 1990; Borjas, 2001). 그러나 이러한 연구 결과는 신고전학파 학자들 내에서도 논란이 되고 있다. 치즈윅은 이주자들은 적극적이고 자기 선택적이라고 주장한다. 숙련도가 높은 사람들은 이동에 인적 자본을 투자할 경우 더 높은 수익을 기대할 수 있기 때문에 이동할 가능성이 더 크다. 이는 '두뇌유출'을 야기함으로써 이민 송출국에 부정적인 영향을 미치게 된다(Chiswick, 2000).

그러나 구체적인 이주 경험에 대한 연구들은 신고전학파 이론에 의문을 제기한다. 가장 낙후된 국가의 극도로 빈곤한 사람들이 가장 부유한 국가로 이동하는 경우는 드물다. 그보다 경제적·사회적 변동을 겪고 있는 지역의 중간적인 사회적 지위에 있는 사람들이 더 흔히 이주한다. 마찬가지로 '배출-흡인' 이론은 인구밀도가 높은 곳에서 인구밀도가 낮은 곳으로 사람들이 이동할 것이라 예측하지만, 실제로 네덜란드나 독일 같은 이민 유입국가는 세계적으로 인구밀도가 높은 지역에 속한다. 마지막으로, 배출-흡인 모델은 왜 특정한 집단의 사람들이 다른 국가가 아니라 특정한 국가로 이주하는지를 설명하지 못한다. 예를 들어 왜 알제리 사람들은 대부분 독일이 아니라 프랑스로 이주하고, 터키 사람들은 왜 그 반대로 프랑스가 아닌 독일로 이주하는가?

그러므로 신고전학파의 이주 이론들은 실제 이동을 설명하지 못할 뿐만 아니라 미래의 이동도 예측하지 못한다는 비난을 받아 왔다(Sassen, 1988; Boyd, 1989; Portes and Rumbaut, 2006:16-17 등 참조). 이주자들을 마치 선택 가능한 지역에 대하여 완벽한 정보를 갖춘 채 합리적 선택을 할 수 있는 자유를 가지고 시장원리에 따라 행동하는 개인처럼 간주하는 것은 어리석어 보인다. 오히려 이주자들이 가진 정보는 제한되어 있고 때로는 상호 모순적이며, 이주자들에게는 다양한 제약(특히 사용자나 정부에 대항할 힘이 없다는 점)이 존재한다. 이주자들은 이러한 한계에 대하여 문화자본과 사회자본을 발전시키는 방법(이하 참조)으로 대응하고 있다. 게다가 역사학자, 인류학자, 사회학자, 그리고 지리학자들은 이주자들의 행동이 가족과 공동체의 동태는 물론 역사적 경험에서도 강한 영향을 받는다는 사실을 보여 주어 왔다(Portes and Böröcz, 1989).

경제학적 연구에는 광범위한 요인들을 도입하는 것이 필수적이다. 그러한 시도 중 하나가 이중노동시장 이론(또는 노동시장분절 이론)으로서, 이는 노동시장의 분절을 초래하는 데 인종이나 젠더는 물론 제도적 요인도 중요하다는 것을 보여 준다. 피오레(Piore, 1979)는 선진국의 경제가 생산과업(예를 들면 조립 라인의 작업이나 의류 제조)의 수행과 서비스업(출장요리, 세탁, 노인 돌보기 등)의 충원을 위하여 고숙련 기술노동자와 저숙련 육체노동자에 대한 구조적 수요를 가지고 있기 때문에 국제이주가 발생한다고 주장했다. 그리하여 제1차 노동시장과 제2차 노동시장의 분화가 발생하며(Piore, 1979), 대부분의 역동적인 '글로벌 도시'는 경제적 양극화를 특징으로 하게 된다. 즉 금융, 경영, 연구 부문에 종사하며 높은 급료를 받는 핵심 노동자와 이들의 욕구를 만족시키는 서비스 부문에 종사하는 저임금 노동자 간의 간극이 점점 더 커진다는 것이다 (Sassen 1991). 제1차 노동시장의 노동자들은 인적 자본을 기초로 적극적으로 선택되지만, 때로는 다수를 점하는 종족집단의 성원이라는 사실, 남성이라는 사실, 그리고 이주자의 경우에는 체류 지위의 합법성 등도 중요하다. 그 반대로 제2차 노동시장에 있는 사람들은 교육과 직업 훈련의 부족은 물론 젠더, 인종, 소수자 지위, 법적 지위의 문제 등으로 불리한 처지에 놓여 있다.

다른 학자들은 인종과 종족성, 그리고 젠더에 기초한 구분이 노동시장을 단순히 이분하는 데 그치는 것이 아니라, 예를 들면 고립지 경제 enclave economies(Portes and Bach, 1985) 또는 종족적 소수자 기업가들의 적소niches(Light and Bonacich, 1988; Waldinger et al., 1990) 등에 기초한 좀 더 복잡한 분절화를 초래한다고 주장해 왔다. 노동시장분절론은 국제이주에서 사용자와 정부가 수행하는 중요한 역할과 국제적 임금 차이가 감소할 때에도 이주가 지속된다는 사실을 설명하는 데에 도움이 된다(Massey et al., 1998:28-34).

노동이주에 대한 신경제학파의 접근은 1980년대에 등장했다(Taylor, 1987; Stark, 1991). 이 접근은 이주 결정이 고립된 개인이 아니라 가족, 가구, 심지어 공동체에 의해 내려진다고 주장한다. 이러한 집단들이 하나 또는 그 이상의 구성원이 이주를 가야 한다고 결정하는 것은 단지 더 높은 임금을 받기 위해서가 아니라 수입의 원천을 다원화하고 가족 농장 등 기존의 경제활동에 대한 투자 재원을 마련하기 위해서이기도 하다. 노동이주는 단순히 두 나라 사이의 소득 격차만으로는 충분히 설명할 수 없다. 안정적인 고용의 기회, 투자 자본의 획득 가능성, 장기적으로 위험을 관리할 필요 등도 고려되어야 한다. 예를 들면 매시 등이 지적했듯이(Massey et al., 1987), 멕시코 농민들이 미국으로 이주하는 것은 이들이 비록 토지를 충분히 가지고 있다 하더라도 토지의 생산성을 높여 주는 자본이 없기 때문이다. 마찬가지로, 모국으로의 송금 역시 이주자 자신들의 행동을 연구하는 것만으로는 제대로 이해할 수 없다. 오히려 투자, 일, 그리고 공동체 전체에 걸친 사회적 관계에 송금이 미치는 장기적 영향을 검토하는 작업이 필요하다(Taylor, 1999).

그러므로 노동이주에 대한 신경제학파의 분석 단위는 개인이 아니라 사회집단이며, 연구자들은 이주 결정을 이해하기 위해 가구 조사나 질

적 인터뷰 같은 사회학과 인류학에서 비롯된 방법을 사용한다. 그럼에
도 불구하고 이민 송출 지역의 자본과 신용 시장에 초점을 맞춘다는 점
에서, 그리고 보험 체계가 결여된 상황에서 흉작 및 실업이 발생할 경우
이에 대한 보호대책으로서 또는 노후를 위한 방편으로서 이주에 초점을
맞춘다는 점에서 경제적 요인은 여전히 중요하게 간주되고 있다(Massey
et al., 1998:21-28).

이처럼 상이한 경제학적 접근법은 역시 다양한 이주정책에 대한 구상
으로 이어진다. 신고전학파 경제학자들은 때때로 '국경의 개방'과 '이
주의 자유'를 옹호하며, 이러한 조치들이 장기적으로는 임금 수준을 전
지구적으로 균등하게 만들 것이라 믿고 있다. 보하스는 초기의 저작에
서 미국 정부가 가장 높은 금액을 제시하는 사람에게 입국사증을 판매
함으로써 '이민시장의 규제 철폐'를 해야 한다고 주장하기도 했다
(Borjas, 1990:225-228). 그러나 이에 대해 비판자들은 임금 수준이 —특
히 저숙련 노동의 경우— 이민을 송출하는 국가 가운데 가장 빈곤한 국가
의 수준까지 하락할 수 있으며, 따라서 선진국에서 엄청난 사회적 혼란
이 야기될 것이라는 비판을 제기했다. 보하스는 최근에 출판한 저작에
서는 국가가 이민정책을 보다 강력하게 이끌어야 한다고 주장했다. 즉
미국이 이민자의 수를 연간 50만 명으로 제한하고, 숙련 노동자를 선호
하는 점수 제도를 도입해야 한다는 것이다(Borjas, 2001:chapter 11).

신경제학파의 접근은 이주의 공급 측면, 즉 사람들로 하여금 일거리
를 찾아 국경을 넘도록 재촉하는 요인에 초점을 맞춘다는 점에서 신고
전학파의 이론과 유사하다. 그러나 신고전학파 이론이 개인의 임금 극
대화에 집중하는 반면, 신경제학파의 접근은 훨씬 더 광범위한 요인들
이 포함된 집단적인 결정에 초점을 맞춘다. 단순히 입국 통제에 중점을
둔 정책은 성공하기 어려우며, 이주를 받아들이는 국가의 정부는 이민
송출국의 보험과 신용 시장은 물론 투자 기회도 형성하도록 도움을 주

는 정책들을 통해서 이주 결정에 영향을 미칠 수 있다(Massey et al., 1998:27). 이러한 조치는 현재 존재하는 것보다 이주 관련 정책, 국제 무역, 그리고 발전 사이에 훨씬 더 강력한 관련성이 있음을 의미한다.

이와 대조적으로 노동시장분절론은 수요의 측면에 주목하면서 이주가 현대 자본주의 경제의 구조적 요인에 의해 추동된다고 주장한다. 통제와 착취가 용이한 저숙련 노동력(불법체류 노동자 등)을 필요로 하는 힘 있는 사용자는 국경 통제 정책을 약화할 가능성이 있으며, 이주노동자 암시장 형성과 함께 인간 밀수업자와 인력 모집업자가 준동할 기회를 만들어 낸다. 정부의 불법이주자 대책은 오로지 노동시장을 근본적으로 변화시키고, 이러한 종류의 노동자들을 고용하는 데 따르는 인센티브를 제거하는 방법뿐이다. 그런데 이러한 조치는 농업, 식품 가공 및 노동 집약적 서비스업 등 중요한 기업 활동 부문을 위축시킬 수 있다.

매시 등(Massey et al, 1998:50-59)은 다양한 경제학적 이론들이 상이한 분석 수준에서 작용하면서 이주의 상이한 측면들에 주목하고 있으며, 이들 모두 다 이주를 이해하는 데 중요한 통찰력을 제공한다고 주장했다. 그러나 경제학적 접근법 사이의 차이점과 그 정책적 함의를 통해 또 하나의 결론을 도출할 수 있다. 즉 이주는 단순히 경제학적 분석만으로는 이해할 수 없으며 보다 광범위한 연구가 필요하다는 점이다. 과거와 현대의 모든 이주 현상을 검토해 보면(제4~7장 참조) 국가(특히 이민을 받아들이는 국가)가 이동을 개시하고 형성하고 통제하는 과정에서 중요한 역할을 한다는 것을 알 수 있다. 정부가 입국을 허용하는 가장 흔한 이유는 노동자에 대한 수요이지만 인구학적 고려나 인도적 고려도 중요할 수 있다. 국민 형성의 한 부분으로서의 이민은 미국, 캐나다, 아르헨티나, 브라질, 호주 등의 신대륙 국가들에서 중요한 역할을 했다. 난민 및 망명 신청에 관한 정책들 또한 현대의 인구이동을 결정하는 주요 요소로 작용하고 있다.

그러므로 이주를 경제적, 정치적, 사회적, 문화적 요인들이 모두 함께 작용하는 하나의 복잡한 과정으로 재개념화하는 작업이 매우 중요해 보인다. 배출과 흡인 요인에만 주목하는 것은 너무 단순하며, 사실을 오도할 우려가 있다. 이주 결정은 송출 지역과 수용 지역 양자의 여러 다양한 조건들의 영향을 받는다. 이러한 조건들은 정태적이지 않고 항상 변화하고 있으며, 전 지구적 요인 및 이러한 요인들이 현지의 역사적·문화적 패턴과 상호작용하는 방식과도 연계된다. 졸버그 등(Zolberg, Suhrke and Aguao, 1989:407)은 노동이주를 "'배출'과 '흡인' 요인 양자 모두를 동시에 결정하는 초국가적 자본주의 경제의 역동성에 추동되는 노동자들의 이동"으로서 분석하는 것이 중요하다고 제안했다. 이주는 전 지구화가 급속히 진전되고 있는 경제적·정치적 체계의 하위체계로서 검토되어야 하는 집단적 현상이다.

역사구조적 접근과 세계체계 이론

1970년대와 1980년대에 등장한 역사제도적 접근은 국제이주를 다른 관점에서 설명했다. 세계경제에서 경제력과 정치력의 불균등한 분배라는 맥락에서 볼 때 이주는 주로 자본을 위해 값싼 노동력을 동원하는 방식 중 하나로 간주되었다. 이주는 빈곤한 국가들의 자원을 착취하여 부유한 국가들을 더욱 부유하게 만듦으로써 불평등한 발전을 영속화해 왔다(Castles and Kosack, 1973; Cohen, 1987; Sassen, 1988). 경제학 이론들은 1914년 이전에 유럽에서 미국으로 이주한 것 같은 개인들의 자발적 이주에 주목했으나, 역사구조적 설명은 독일의 공장이든, 캘리포니아의 기업농이든, 또는 호주의 스노위Snowy 산 수력발전 계획 같은 사회간접자본 건설 프로젝트든, 그 종류에 상관없이 대규모의 노동력 모집에 주목했다. 노동력의 획득 가능성은 식민지배의 유산인 동시에 전쟁의 결과이며, 유럽 내 지역적 불평등의 소산이기도 했다.

이러한 분석의 지적 뿌리는 마르크스주의 정치경제학, 특히 1960년 대에 라틴아메리카에서 영향력을 떨친 종속이론이다. 이는 제3세계 국가들의 저발전은 강대국이 식민지배를 통해 이 국가들의 자원(노동력 포함)을 착취한 결과이며, 식민지배 이후에는 불공정한 무역 조건하에서 강력한 선진국 경제 체제에 종속되는 현상이 더욱 심화되었다고 설명한다(Frank, 1969; Baeck, 1993). 이보다 포괄적인 세계체계 이론은 1970년 대와 1980년대에 발전했다(Amin, 1974; Wallerstein, 1984). 이 이론은 '중심부' 자본주의 국가들이 통제하고 있는 세계경제에 저발전된 '주변부' 지역들이 편입되는 방식에 주목했다. 다국적기업들이 저발전 국가 경제에 침투하여 촌락의 변화를 가속화하면서 빈곤, 노동자의 이동, 급속한 도시화, 그리고 비공식 경제의 성장을 초래했다.

종속이론과 세계체계 이론은 처음에는 주로 국내이주에 주목했으나(Massey et al., 1998:35), 북반구 선진국 경제에서 이주노동자들이 차지하는 핵심적 역할이 자명해짐에 따라 1970년대 중반부터 세계체계 이론가들은 자본주의의 중심부 경제와 저발전 주변부 경제 사이에 지배관계가 형성되는 방식의 하나로 국제 노동이주를 분석하기 시작했다. 이주는 제1세계에 제3세계가 계속 종속되도록 군사적 헤게모니의 영향과 세계 무역과 투자 통제를 강화했다. 이러한 이론들은 1990년대에 등장한 전 지구화 이론의 선구자라고 볼 수 있다(제3장 참조).

그러나 역사구조적 접근은 1980년대 들어 이주를 연구하는 일부 학자들에게 비판받기 시작했다. 만일 자본의 논리와 서구 국가들의 이해관계가 그렇게도 압도적이었다면, 일부 국가에서 나타나는 일시적 노동이주가 영구적 이주로 바뀌는 것 같은 예기치 않은 변화, 그리고 이로 인한 이주정책의 붕괴는 어떻게 설명할 것인가? 신고전학파의 접근과 역사구조적 접근은 모두 현대의 이루 말할 수 없이 복잡한 이주를 충분히 분석하기에는 너무나 단편적인 관점으로 보인다. 신고전학파의 접근은 이동을 초래하는 역사적 요인들을 간과하고 국가의 역할을 과소평가했다. 한편 역사구조적〔원문에는 historical-functional approach로 표기되어 있으나 내용상 historical-structural의 오기로 판단되어 역사구조적 접근으로 번역한다.—옮긴이〕 접근은 경제적 및 사회적 구조를 강조했으며, 자본의 이해관계가 모든 것을 결정한다고 보면서 인간의 행위주체성(관련된 개인들과 집단들의 동기와 행동)에 충분한 주의를 기울이지 않았다.

이주체계와 이주 네트워크: 학제적 접근의 경향

이러한 비판적 논의들 가운데 일련의 새로운 접근이 등장했다. 이주체계 이론은 지리학에 뿌리를 두며, 이주 네트워크 이론은 사회학과 인류학에서 비롯되었다. 그런데 이 두 이론은 모두 사회과학의 여러 학문들을 넘나드는 대화의 기초를 마련하려고 시도하고 있다. 1990년대 이래 이주 연구의 급속한 성장과 더불어서 이러한 선도적인 노력은 이주를 이해하는 데 있어 보다 포괄적인 개념의 틀을 마련하는 데 도움을 주고 있다.

하나의 이주체계는 서로 이주자들을 교환하는 둘 또는 그 이상의 국가들로 구성된다. 여기에서 주목하는 것은 남태평양, 서아프리카, 또는 라틴아메리카의 남부 원뿔 지역〔브라질, 파라과이, 우루과이, 아르헨티나, 칠레로 이루어진 지역—옮긴이〕 같은 지역적 이주체계이다(Kritz et al., 1992). 물론 멀리 떨어진 지역들도 서로 연계될 수 있다. 예를 들어 카리브 해 지역, 서유럽, 북아메리카를 포괄하는 이주체계나 북서아프리카와 프랑스를 연결하는 이주체계도 가능하다. 하나의 국가가 다수의 이주체계의 일부가 될 수도 있다. 이주체계 접근은 이주 흐름의 양쪽 끝을 모두 검토하는 것이며 관련된 장소들 간의 모든 연계들을 연구한다는 것을 의미한다. 이러한 연계들은 "국가 대 국가 관계와 비교, 대중문화의 관계, 그리고 가족 및 사회적 네트워크"(Fawcett and Arnold, 1987:456-457) 등의 범주로 나누어질 수 있다.

이주체계 이론은 이주의 흐름이 일반적으로 식민지배, 정치적 영향, 무역, 투자 또는 문화적 유대 등에 기초한 이민 송출국가와 이민 수용국가 간에 이전부터 존재하던 연계에서 비롯된다고 주장한다. 이에 따르면 멕시코인의 미국 이주는 19세기 미국의 남서쪽으로의 팽창과 20세기 미국 사용자들의 멕시코 노동자 모집에서 연유한다(Portes and Rumbaut, 2006:354-355). 도미니카 공화국에서 미국으로의 이주는 1960년대 미국이 도미니카를 군사적으로 점령한 데에서 시작되었다. 이와 마찬가지로 한국인과 베트남인의 미국 이주는 미국의 군사적 개입이 낳은 장기적 결과였다(Sassen, 1988:6-9). 인도, 파키스탄, 방글라데시에서 영국으로의 이주는 영국의 인도아대륙印度亞大陸 식민지배와 연계되어 있다. 마찬가지로 카리브 해 지역 사람들은 자메이카에서 영국으로, 마르티니크에서 프랑스로, 수리남에서 네덜란드로 등 각기 과거에 자신들을 지배했던 식민 종주국으로 이주하는 경향이 있다. 알제리인의 프랑스 이주(독일이 아니라)는 프랑스가 알제리를 식민지배했다는 사실로써 설명되며, 터키인의 독일 이주는 1960년대와 1970년대 독일의 노동력 모집의 결과였다.

이주체계 접근의 기본 원리는 모든 이민의 흐름은 거시적 구조와 미시적 구조가 상호작용한 결과로 볼 수 있다는 것이다. 거시적 구조는 대규모의 제도적 요인들을 지칭하며, 미시적 구조는 이주자 자신들의 네트워크 그리고 관행과 신념 등을 포괄한다. 두 층위는 '중위구조meso-structures'라고 지칭하는 일련의 중간단계의 메커니즘에 의해 연결된다.

거시적 구조는 세계시장이라는 정치경제, 국가 간의 관계, 그리고 이민 송출국가와 이민 수용국가가 이민의 정주화를 통제하기 위해 확립한 법률, 구조, 관행 등을 포함한 개념으로서, 이들은 역사제도적 접근의 핵심 주제이다. 지난 500년간에 걸쳐 통합이 진행되어 온 세계경제 내의 생산, 분배 및 교환의 진화가 이주를 결정하는 주요 요인이라는 것은 명확하다. 한편 사람의 이동을 조직하거나 촉진하는 과정에서 국제관계 및 국가들의 역할 또한 중요하다(Dohse, 1981; Böhning, 1984; Cohen, 1987; Mitchell, 1989; Hollifield, 2000, 2004a).

미시적 구조는 이주자 자신들이 이주 및 정주에 대처하는 과정에서 발전시킨 비공식적 사회 네트워크들을 말한다. 초기의 연구자들은 이러한 맥락에서 '연쇄이주chain migration' 라는 개념을 사용했다(Price, 1963:108-110). 1970년대의 멕시코 이주자들에 대한 연구는 조사대상이 된 이주자들 가운데 90퍼센트가 가족 또는 사용자 연고관계를 통해서 미국에서 적법한 체류허가를 획득했다는 사실을 보여 주었다(Portes and Bach, 1985). 오늘날 많은 연구자들은 이주를 시작하고 유지하는 과정에서 문화자본(정보, 다른 국가에 대한 지식, 여행을 준비하고 일자리를 발견하며 새로운 환경에 적응하는 능력)의 역할을 강조한다. 비공식적 네트워크는 개인과 집단에게 살아남는 데 필요한 중요 자원을 제공하며, 이는 사회자본(Bourdieu and Wacquant, 1992:119)으로 분석될 수 있다. 개인적 관계, 가족과 가구의 유형, 친교 및 공동체 유대, 그리고 경제적·사회적 문제와 관련된 상호부조 등이 여기에 속한다. 비공식적 네트워크는 "이주민과 비이주민 모두를 복잡한 사회적 역할과 상호적 인적 관계"(Boyd, 1989:639)로 묶어 준다.

가족과 공동체는 이주 네트워크에서 매우 중요하다(여기에서 우리는 노동이주에 대한 신경제학파적 접근과의 유사성을 엿볼 수 있다). 아시아인의 이주에 관한 연구를 통해 이주 결정이 대부분 개인보다는 가족에 의해 이루어진다는 사실을 알 수 있다. 급격한 변화의 시기에 가족의 입장에서는 수입을 극대화하는 동시에 생존 가능성을 가장 높이기 위해 한 명이나 그 이상의 가족 구성원을 다른 지역이나 다른 나라에서 일하도록 보낼 수 있다. 많은 경우 연장자들(특히 남성들)이 이주를 결정하며 젊은이나 여성은 가부장적 권위에 따를 것으로 기대된다. 가족은 농사를 짓는데에 젊은 남성의 노동이 더 필요하기 때문에 젊은 여성을 도시나 해외로 보내기로 결정하기도 한다. 또한 젊은 여성은 집으로 송금할 가능성이 더 높다. 이러한 동기들은 국제적으로 여성 노동의 수요 증가와 상응하며 이주의 여성화를 더욱 촉진하는 데 기여하고 있다(이는 노동시장분절론과 관련된다).

가족이라는 연계가 종종 이주 자체를 가능하게 해주는 금융자본, 문화자본, 사회자본을 제공하기도 한다. 전형적인 연쇄이주는 노동력 충원이나 군복무 같은 외부적 요인으로 인해, 또는 젊은 개척자(대개 남성)의 선도적 이동으로 인해 시작된다. 일단 이동이 확립되면 이주자들은 "이미 지나간 경로beaten paths"(Stahl, 1993)를 답습하며, 이주할 지역에 이미 살고 있는 친척이나 친구들의 도움을 받게 된다. 가족이나 같은 지역 출신이라는 사실에 기반을 둔 네트워크는 머무를 곳, 일자리, 행정 수속과 관련된 도움, 개인적 어려움에 대한 지원 등을 제공한다. 이러한 사회적 네트워크는 이민자 및 그 가족에게 이주 과정을 보다 안전하고도 대응하기 용이한 것으로 만들어 준다. 이주의 움직임은 일단 시작되면 자급자족하는 사회적 과정이 된다. 매시 등(Massey et al., 1998:45-46)은 이러한 경향을 누적적 인과cumulative causation라고 지칭할 것을 제안했다. "각각의 이주 행위가 그 후에 이주가 결정되는 사회적 맥락을 변화시킨다는 점에서, 특히 미래의 이주 가능성을 높이는 경향이 있다는 점에서 인과 작용은 누적적이다."

이주 네트워크는 이민 지역의 정주 및 공동체 형성 과정을 촉진한다. 이주자 집단은 그들의 고유한 사회적·경제적 하부구조, 즉 종교기관,

결사체, 상점, 카페, 전문가(변호사 및 의사 등), 기타 서비스 등을 발전시킨다. 이는 가족의 재결합과도 연계된다. 체류 기간이 길어질수록 처음에 도착한 이주자들(노동자로 왔건 난민으로 왔건)은 점차 배우자와 아이들을 데려오거나 새로운 가족을 일구기 시작한다. 사람들은 새로운 나라에서 자신들의 삶을 조망해 보기 시작한다. 이 과정은 특히 이주자 자녀들의 상황과 관련된다. 일단 새로운 나라에서 학교에 다니고 언어를 배우며 또래 집단과의 관계를 형성하면서 이중문화 또는 삼중문화적인 정체성을 발전시키기 시작하면 부모들로서는 자신의 출신 국가로 돌아가기가 점점 더 어려워지게 된다. 이러한 사회적 과정은 비이주자들에게도 영향을 끼친다. 사용자들은 유능한 노동자를 붙잡아 두기를 원하며, 따라서 이들의 장기 체류를 지원하게 된다. 현지의 지역 공동체가 문화적으로 다양해질수록 이주자들이 현지의 사회적·문화적·정치적 집단에서 역할을 맡는 일이 점차 늘어날 것이다.

거시적 구조와 미시적 구조 사이의 중위구조meso-structures가 최근에 주목을 끌기 시작했다. 특정한 개인이나 집단이나 제도는 이주자와 정치적·경제적 제도 간의 조정 역할을 떠맡기 시작했다. 이주자 모집 조직, 변호사, 에이전트, 밀수업자 및 기타 중개자들로 구성되는 일종의 '이주 산업'이 등장하기 시작한 것이다(Harris, 1996:132-136). 이주 산업 종사자들은 이주자에게 도움을 줄 수도 있고 동시에 이들을 착취할 수도 있다. 불법이주나 잠재적 이주자의 과다공급 상황에서는 착취적 역할이 압도적일 수도 있다. 많은 이주자들이 저축한 돈을 사기당해 털리거나, 일자리 또는 아무런 자원도 없이 낯선 나라에 방치되었다. 이주의 지속과 강력한 이해관계를 가진 이주 산업의 등장은 이주를 통제하거나 중지시키려는 정부의 노력을 종종 좌절시켰다(Castles, 2004a). 킹(King, 2002:95)이 지적한 바와 같이 "이주의 민영화privatisation of migration"는 전지구적 경제에서 자유화와 규제 철폐라는 지배적인 경향과 전적으로 부합한다.

거시적 구조, 중위구조, 미시적 구조는 이주 과정 안에 뒤얽혀 있으며 이들을 나누는 명확한 구분선은 존재하지 않는다. 사람들이 왜 자신의 나라를 떠나서 다른 나라에 정주하는지를 한 가지 원인으로만 설명하는 것은 불가능하다. 그러므로 다음과 같은 질문들을 제기함으로써 이주 과정의 모든 측면을 이해하고자 노력하는 자세가 반드시 필요하다.

1. 어떤 경제적, 사회적, 인구적, 환경적, 정치적 요인들이 얼마나 심하게 변했기에 사람들이 자신의 출신 지역을 떠날 필요성을 느끼게 되는가?

2. 어떠한 요인들이 이주자들에게 이주 목적지에서 기회를 제공하는가?

3. 장차 이주하려는 사람들에게 정보, 여행의 수단과 방법, 입국 가능성 등을 제공하는 두 지역 간의 사회적 네트워크와 그 외의 연계들은 어떻게 발전하는가?

4. 이주와 정주를 규제하기 위해 어떠한 법률적, 정치적, 경제적, 사회적 구조와 관행들이 존재하며 또한 등장하고 있는가?

5. 이주자들은 어떻게 정착민으로 전환되는가? 이러한 전환이 차별과 갈등 그리고 인종차별주의를 야기할 때도 있고, 다원주의 또는 다문화주의 사회를 만들어 낼 때도 있는데, 그 차이는 무엇인가?

6. 이주자의 정착이 이민 수용 사회의 사회구조, 문화, 그리고 국민 정체성에 미치는 영향은 무엇인가?

7. 해외 이주emigration와 이주자의 귀환은 송출 지역을 어떻게 변화시키는가?

8. 이주가 송출 사회와 수용 사회 사이에 구축하는 새로운 연계는 어느 정도인가?

마지막으로 최근 들어 많은 관심을 끈 것은 초국가주의와 초국가적 공동체에 관한 일련의 새로운 이론들의 등장이다. 전 지구화의 한 측면인 교통수단과 통신 기술의 급속한 성장을 통해 이주자들은 좀 더 쉽게 출신지역과 긴밀한 연계를 유지할 수 있게 되었다. 이는 순환적 또는 일시적 이동성의 증가를 촉진하며, 사람들은 자신들이 경제적, 사회적, 또는 문화적으로 연계된 두 군데 이상의 장소들 사이를 반복적으로 이동하게 된다. 초국가주의에 대한 논쟁은 바슈 등(Basch et al., 1994)의 연구로 촉발되었는데, 이들은 국민 정체성과 국제 정치에 중요한 결과를 야기하는 "탈영토화된 국민국가들"이 등장하고 있다고 주장했다. 이러한 접근은 이주 네트워크 이론에 기반을 두고 있지만, 이주 네트워크가 미시적 구조를 훨씬 뛰어넘는 중요성을 가지고 있다고 주장한다. 포르테스(Portes, 1999)는 초국가적 행위를 다음과 같이 정의한다.

> 국가의 경계를 넘어서 지속적으로 발생하는 것으로서 이에 참여하는 사람들에게 정기적이면서 또한 상당한 시간의 투입을 요구하는 행위이다. 이러한 행위는 국가 정부 및 다국적기업의 대표 같은 상대적으로 강력한 행위자들에 의해 수행될 수도 있고, 이민자 및 본국의 친척들 같은 평범한 개인들에 의해서도 시작될 수 있다. 이러한 행위는 경제적 기획에만 국한되지 않으며 정치적, 문화적, 종교적 시도도 포함한다. (Portes, 1999:464)

초국가적 공동체라는 개념은 인간이라는 행위자를 강조한다. 전 지구화라는 맥락에서 초국가주의는 친족관계, 이웃관계, 또는 작업장에 기반을 둔 과거의 면대면 공동체들을 훨씬 더 규모가 크며 원거리에 떨어져서도 의사소통이 가능한 훨씬 더 광범위한 가상 공동체로 확장할 수 있다. 포르테스와 그의 동료들은 초국가적 기업 공동체(대규모 기업이든 소규모의 종족 기업가로 이루어졌든)를 강조하나 그와 함께 정치적 및 문화적 공동체의 중요성도 인식하고 있다. 이들은 위로부터의 초국가주의, 즉 '다국적기업과 국가들 같은 강력한 제도적 행위자들이 수행하는 행동'과 아래로부터의 초국가주의, 즉 '이민자들 및 이들의 본국 국민들에 의한 풀뿌리 수준에서의 여러 시도의 결과'를 구별한다.

초국가주의 공동체를 의미하는 보다 오래된 용어는 디아스포라^{diaspora}이다. 이 개념은 고대 그리스로 거슬러 올라간다. 원래 의미는 '이산^{離散}'으로, 도시국가의 식민 관행을 지칭했다. 또한 디아스포라는 강제로 이주되거나 이산된 사람들(예를 들자면 유대인, 신대륙의 아프리카 노예들)을 가리키는 데 사용된다. 이는 서아시아와 아프리카의 그리스인들 같은 특정한 무역상인 집단이나 동남아시아에 이슬람 종교를 전파했던 아랍 상인들, 그리고 이주노동자들(대영제국령의 인도인, 1860년대 이후의 이탈리아인 등)에게도 사용되었다(Cohen, 1997; Van Hear, 1998). 디아스포라라는 용어는 이보다 중립적이라 할 수 있는 초국가적 공동체라는 용어와는 대조적으로 매우 강력한 감정적인 의미를 가지고 있다.

오늘날 많은 연구자들은 전 지구화가 초국가적 공동체의 급속한 증식을 야기했다고 주장하고 있다(Vertovec, 1999:447). 둘 이상의 국가와 유대를 가진 사람들이 증가하는 가운데 초국가적 공동체는 그들이 자신들의 행동, 관계, 정체성을 조직하는 중요한 수단으로서 중요성을 더해 가고 있다. 글릭-실러(Glick-Schiller, 1999:203)는 이주에 기반을 둔 초국가적 공동체에 참여하는 사람들을 특별히 구분하기 위하여 '초이주자^{transmigrant}'[국경을 넘나드는 이주자—옮긴이]라는 용어를 제안했다. 버토벡(Vertovec, 2004:971)은 이주자들 사이의 초국가적 실천은 사회문화적 영역, 정치적 영역, 경제적 영역 등 "최소한 세 개의 기본적 영역에서 인식 가능한 근본적인 변형 양식을 포함한다."라고 주장한다. 레빗과 글릭-실러(Levitt and Glick-Schiller 2004:1003)는 "국경 내에서 일어나는 일을 관찰하는 것만으로 사람들의 삶을 전부 이해하기가 점점 더 어려워 지고 있다."라고 주장한다. 즉 가족, 시민권과 국민국가 등의 사회제도 에 관한 기본 가정들을 재고하고, 진정으로 "사회라는 개념을 재구성" 할 것을 요청하고 있다.

이와 대조적으로 과니조 등(Guarnizo et al., 2003:1212)은 초국가적이 라는 용어를 많이 사용하게 되면서 "이론적 애매함과 분석적 혼란이 증 가"하고 있다고 지적한다. 이들은 '초이주자' 같은 개념은 엄밀하게 정 의하기가 불가능하며, 초국가적 연구에서 널리 유행하고 있는 민족지적 방법 때문에 초국가적 의식과 행동의 진정한 범위를 확정하기가 불가능 하다고 주장한다. 과니조 등은 미국의 네 개 대도시 지역에 거주하는 세 개의 라틴아메리카 이민자 집단들(콜롬비아인, 도미니카인, 엘살바도르인)에 대한 조사를 통해서 초국가적 정치적 참여의 규모, 상대적 강도, 사회적 결정요인 등을 검토했다. 이들은 국경을 넘나드는 활동에 정기적으로 참여하는 이민자들의 수가 상대적으로 적다고 결론 내렸다. 초국가적 참여는 젠더에 따라 크게 다르며 연령, 인적 자본, 사회자본과 관련된 다. 초국가적 정치 행동은 사회발전에 뒤처지거나 교육을 제대로 받지 못한 이주자들의 도피처가 아니며 종종 상대적으로 사회적 지위가 높은 사람들도 포함한다. 이러한 행동은 미국에 오래 거주한다고 하여 사라 지는 것도 아니다.

중요한 것은 과니조 등이 초국가적 정치적 행동을 '탈영토화' 되거나 국민국가의 토대를 잠식하는 것과 아예 상관없다고 본다는 점이다. 오 히려 이는 미국 국내와 이민자의 본국 양쪽 다 특정하게 영토화된 지역 들과 관련이 있으며, 기존의 정치 체계와 강력하게 연계되어 있고, 라틴 아메리카 정치의 전형적인 가부장적 구조에 기반을 둔 권력 관계와 종 종 일치한다고 본다. 그리하여 이들은 초국가적 행동과 이민자들이 미 국 정치 제도로 통합되는 현상이 모순적이지 않다는 점을 깨달았다

(Guarnizo et al., 2003:1239). 이는 초국가적 연계가 이민 수용국가의 통합을 약화할 수 있다고 주장하는 정치인들과 학자들의 잦은 논쟁을 생각하면 매우 중요한 논의이다(제11장 참조).

초국가적 이론의 급속한 성장은 우리가 현재 입수할 수 있는 연구 성과로는 답변할 수 없을 정도로 많은 질문을 제기하고 있다. 이주자들이 실제로 어느 정도나 초국가적 행동에 참여하는가는 충분히 확실하게 알 수 없는 상황이다. 그렇다고 하여 그러한 행동이 이민 수용국 사회나 송출국 사회에서, 또한 이들 간의 관계에서 얼마나 두드러진 특징인지도 우리는 알 수 없다(디아스포라 또는 초국가적 공동체가 송출국의 발전에서 수행하는 역할에 대한 논의를 보려면 제3장을 참고할 것). 초국가주의는 장래의 중요한 연구 분야이기는 하지만 '초국가적 공동체'나 '초이주자' 같은 용어의 사용을 남발하면 안 된다. 대다수의 이주자들은 아마도 초국가적 유형에 어울리지 않을 것이다. 몇 년 동안 해외에 머무르면서 번 돈을 송금하고 고향의 가족들과 연락을 주고받으면서 가끔 이들을 방문하는 단기취업 이주노동자들을 '초이주자'라고 하기는 어렵다. 고향과 느슨한 접촉만을 유지하고 있는 영구 이주자들 역시 마찬가지이다. 초이주자에게 나타나는 핵심적인 특징은 그의 삶에서 초국가적 행동이 중심적인 부분을 차지한다는 것이다. 일단의 이민자 집단에서 이러한 특징이 나타나는 것을 경험적으로 보여줄 수 있다면 그 집단에 초국가적 공동체라는 표현을 사용할 수 있을 것이다.

이주에서 정주定住로

비록 각각의 이주 행동이 나름의 독특한 역사적 패턴을 가지고 있더라도 이주 과정의 사회적 역동성을 일반화할 수는 있다. 그럼에도 불구하고 경제적 동기로 인한 이주와 강제적 이주는 반드시 구분해야 한다. 대부분의 경제적 이주는 젊고 경제적으로 활동적인 사람들에 의해 시작된다. 이들은 '목표 획득자target-earners'라고 할 수 있는데, 대개 땅을 사거나 집을 짓거나 사업을 시작하거나 학자금 또는 결혼 자금을 마련하는 등 고향에서의 경제적 조건을 향상시키기에 충분한 돈을 고임금 경제에 진출하여 모으려고 하기 때문이다. 이 '최초 이주자들' 가운데 상당수는 이민 수용국가에서 어느 정도의 기간을 보낸 뒤에 고향으로 돌아가지만, 나머지는 체류 기간을 연장하거나 일단 귀환했다가 다시 이주하기도 한다. 시간이 지남에 따라 처음에는 일시 이주자였던 사람들이 배우자를 초빙하거나 새로운 나라에서 결혼 상대자를 발견하기도 한다. 아이들이 태어나면서 정주는 보다 영구적인 성격을 갖게 된다.

이주 과정에 참여하는 사람들의 기대와 이민 송출국가 및 수용국가의 정책 입안자들의 목표는 이주 과정의 강력한 내부 역동성으로 인해 종종 좌절된다(Böhning, 1984; Castles, 2004a). 많은 경우 이주가 처음부터 가족의 재결합이나 영구적인 정주를 의도하는 것은 아니다. 그렇지만, 예를 들면 노동력 수요가 감소함에 따라 정부가 이러한 흐름을 중단시키려 해도 이미 이러한 움직임이 계속 유지될 수 있을 정도로 자립적이 되어 버린 경우를 발견할 수 있다. 노동력의 일시적인 흐름이 가족의 재결합, 불법이주, 심지어 피난처를 찾는 흐름으로 변형되기도 한다. 이는 모두 이주 흐름이 성숙되고 이민자들이 생애주기의 단계들을 거쳐 나가면서 생겨난 결과이다. 또한 이는 특정 부문에서 나타나는 이주노동자에 대한 의존이 경제의 구조적 특성이 되어 버렸기 때문에 발생한 결과이기도 하다.

정책 입안자와 분석가들이 국제이주를 역동적인 사회적 과정으로 파악하지 못하는 것이 많은 정치적·사회적 문제의 근본적인 원인이다. 이는 이주가 시장 요인에 대한 개인적 반응이라고 주장하는 경제학적 이주 모델의 편향된 시각 때문에 발생한다. 이러한 시각은 이주자의 이동의 비용과 편익에 영향을 미치는 정책 환경을 바꾸면 마치 수도꼭지에서 흘러나오는 수돗물처럼 이주 흐름을 마음대로 열거나 잠글 수 있다는 믿음을 낳았다. 그러나 이주는 처음에 그러한 이동의 움직임이 시작되도록 만들었던 경제적 요인들이 완전히 변화한 이후에도 사회적 요인들 때문에 지속될 수 있다.

그러한 전개는 1945년에서 1973년에 이르는 기간 동안 '초청노동자 guestworker' 유형의 이주가 정주로 전환된 서유럽의 경험을 통해 잘 알 수 있다. 이와 비슷한 결과는 구식민지에서 영국, 프랑스, 네덜란드로의 이동, 유럽, 라틴아메리카, 그리고 아시아에서 미국, 호주, 캐나다로의 이주 등에서도 나타났다(제5장 참조). 지난 반세기 동안의 경험에서 터득한 것은 민주주의적 권리와 견실한 법체계를 가진 국가일수록 이주가 정주로 변화하는 것을 막기가 극히 어렵다는 점이다. 걸프 만 지역 국가들이나 일부 동아시아 및 동남아시아 국가들처럼 인권 보장이 고도로 확립되지 않은 노동력 수입 국가들에서는 상황이 조금 다른데, 이곳에서는 수용국 정부의 제한 조치를 통해 가족의 재결합과 영구적 정주를 막을 수 있기 때문이다(제6장 및 제7장).

난민들이나 피난처를 찾는 사람들의 경우에는 전개되는 양상이 다르다. 이들은 박해, 인권 유린, 폭력의 만연 등으로 삶을 지속할 수 없기 때문에 고국을 떠난다. 대부분의 비자발적 이주자들은 최초 피난처가 되는 이웃 나라에 머물게 되는데, 이 국가들 역시 가난하며 대개 정치적으로 불안정하다. 이후에 좀 더 나은 경제적·사회적 기회를 제공하는 다른 국가들로 다시 이주하는 것은 극소수에게나 가능한 일이다. 그러나 여기에는 선택 selection 이라는 요인이 작용한다. 또다시 이주를 할 수 있는 이들은 대부분 목적지 국가에 금전적 자원, 인적 자본(특히 교육), 사회적 네트워크를 가진 사람들이다(Zolberg and Benda, 2001). 폭력을 피한다는 절박한 이유와 함께 새로운 곳에서 보다 나은 삶을 마련하려는 희망이 또다시 이주하는 행위의 동기가 된다. 경제적 이주와 비자발적 이주를 명확히 구분하려는 정책 입안자들의 시도는 바로 이러한 '복합적 동기' 때문에 난관에 부딪힌다.

이러한 상황은 이주-피난 연계migration-asylum nexus라는 개념을 등장시켰다. 이주노동자와 영구적 정주자, 그리고 난민은 각각 상이한 조건과 법적 규정하에서 이주하게 된다. 그럼에도 불구하고 이들의 이동은 모두 근대화와 전 지구화의 징후이기도 하다. 식민통치, 공업화, 그리고 세계경제로의 통합은 전통적인 생산과 사회적 관계를 파괴하며 그 결과 국민과 국가의 모습이 다시 만들어지고 있다. 저발전, 빈곤화, 통치의 실패, 갈등의 만연, 인권 유린 등은 서로 밀접히 연계되어 있다. 이러한 조건들은 경제적 동기를 가진 이주와 함께 정치적 이유에 따른 피난의 원인도 된다. 수많은 이주의 움직임에는 경제적 이주자와 난민이 함께 포함되기 때문에 유엔난민기구UNHCR는 '복합적 흐름mixed flows' 이라는 표현을 사용하고 있다.

종족적 소수자의 형성

이민이 사회에 미치는 장기적 영향은 이주자들이 영구히 정주하기 시작하는 이주 과정의 후기 단계에 나타난다. 그 결과는 수용 국가와 사회의 행동에 따라서 매우 상이하게 나타날 수 있다. 그 결과의 한 극단은 정주에 개방적 태도를 견지하여 이주자들에게 시민권을 부여하고 문화적 다양성을 점진적으로 수용함으로써 다문화 사회를 구성하여 종족 공동체가 형성되는 것을 허용하는 것이다. 또 다른 극단은 정주라는 현실을 인정하지 않고 시민권과 제반 권리를 정주자에게 부여하는 것을 거절하며 문화적 다양성을 거부함으로써 그 존재 자체가 바람직하지 않고 갈

등을 일으킨다고 널리 간주되는 종족적 소수자ethnic minorities를 만들어
내는 것이다. 대부분의 이민 수용국가는 이러한 양 극단 사이 어딘가에
있다고 보면 된다.

이민에 대해 비판적인 사람들은 종족적 소수자들이 경제적 행복과 공
공의 질서와 국민 정체성을 위협한다고 주장한다. 그러나 종족적 소수
자라는 개념은 사실 이들을 두려워하는 사람들 자신이 창조해낸 것이기
도 하다. 종족적 소수자는 다음과 같은 집단이라 정의할 수 있다.

1. 사회적으로 구성된 표현형의 특징들(즉, 신체적 용모 또는 '인종')을
   기반으로 하여 지배적인 집단에 의해 사회 내에서 종속적 지위를
   부여받은 사람들.
2. 언어, 전통, 종교, 역사 및 경험을 공유한다는 믿음을 기반으로 어느
   정도의 집단적 의식(또는 공동체를 이루고 있다는 느낌)을 가진 사람들.

그러므로 종족적 소수자란 '타자에 대한 정의other-definition' 인 동시에
'자기에 대한 정의self-definition' 의 산물이기도 하다. 타자에 대한 정의란
지배집단이 바람직하지 않은 특질들을 다른 집단의 특성으로 돌리면서
이들에게 열등한 사회적 지위를 부여하는 것이다. 자기에 대한 정의란
공유된 문화적·사회적 특질들을 토대로 자신들이 하나의 집단에 속해
있다는 구성원들의 의식을 말한다. 이러한 과정은 상대적으로 강하기도
하고 약하기도 하다. 어떤 종족적 소수자들은 주로 다수에 의한 배제의
과정(인종차별주의racism나 외국인혐오증xenophobia 등이라 말할 수 있는)을 통하
여 구성된다. 또 어떤 종족적 소수자들은 주로 그 구성원들의 문화적·
역사적 의식(또는 종족 정체성ethnic identity)을 기반으로 형성된다. 종족 정체
성이라는 개념은 항상 일정한 수준의 주변화 또는 배제를 함축하며, 현
실적 또는 잠재적 갈등 상황을 야기한다. 종족성이 단지 상이한 집단의

문화적 실천 문제를 지칭할 때는 정치적 의미가 큰 주제가 되는 경우가
드물다.

종족성

일반적으로 사용될 경우 종족성ethnicity이란 대개 소수집단이 지닌 특질
로 간주되지만, 대부분의 사회과학자들은 기원, 역사, 문화, 경험과 가
치 등을 공유하는 집단에 속한다는 의미에서 모든 사람이 종족성을 가
지고 있다고 주장한다(Fishman, 1985:4; Smith, 1986:27 등 참조). 이러한
생각들은 매우 서서히 변화하기 때문에 종족성은 세대를 넘어서, 때로
는 수백 년 이상 지속되기도 한다. 그러나 이러한 사실이 한 집단 내의
종족의식이나 문화가 동질적이고 정태적임을 의미하지는 않는다. 코헨
과 베인스는 종족성은 인종과 달리 "역사적 개별화라는 현실적 과정,
즉 집합적 정체성 또는 '뿌리roots'라는 감각이 만들어지고 세대를 넘어
서 전달되며 또한 그러한 과정에서 변화하는 언어적·문화적 실천을 지
칭하는 것"(Cohen and Bains, 1988:24-25, 강조 표시는 원문의 것임)이라고
주장했다.

　종족성의 기원에 대한 설명은 학자들마다 다른데, 크게 원초주의적
primordialist 접근, 상황적situational 접근 또는 도구적instrumental 접근으로 나
눌 수 있다. 예를 들면 기어츠는 종족성을 "특정한 종교 공동체에서 태
어났다거나 특정한 언어를 말한다거나 심지어 어느 사투리를 사용한다
거나 특정한 사회적 관습을 준수한다."라는 사실에서 비롯되는 원초적
유대라고 본다. "이러한 혈통, 언어, 습관 등의 일치는 말로는 표현할
수 없으며 때로는 그 자체가 압도적 강제력을 띤다"(Geertz, 1963; Rex,
1986:26-27에서 재인용). 이러한 접근에서 종족성은 선택의 문제가 아니
다. 이는 사회 이전의 것이며, 거의 본능적이고 생래적인 것이다.

이와 대조적으로 많은 인류학자들은 상황적 종족성이라는 개념을 사용하고 있다. 특정한 집단의 구성원들이 자신의 정체성을 확증하는 기준으로 종족성을 '불러내며invoke', 이러한 결정은 정체성의 확증이 유용한 상황에서 이루어진다는 것이다. 이러한 견해는 때에 따라서 종족의 경계가 달라지거나 종족성이 두드러지게 강조될 때도 있고 그렇지 않을 때도 있다는 사실을 설명해 준다. 경계를 위해 선택되는 요인들 또한 가변적인데, 대개 언어, 공유된 역사, 습관, 종교 등의 문화적 특징들을 강조하지만 때로는 형질적 특성도 포함된다(Wallman, 1986:229). 이러한 견해에 따르면, 문화적 차이에 기반을 둔 경계 만들기와 표현형질적 유형에 따른 경계 만들기 사이에 근본적인 차이는 없다. 표현형의 가시적인 표식(피부색, 생김새, 머리색 등)은 흔히 대중적으로 '인종'이라 알려진 것과 상응한다. 그러나 우리는 가능한 한 '인종'이라는 용어를 사용하지 않을 것이다. 어떤 인구집단 내에서나 유전자의 '집단 내 분산'은 '집단 간 분산'에 비해 크기 때문에 인간을 '인종'으로 분류하는 것은 근거가 없다는 의견에 동조하는 과학자들이 점점 더 늘어나고 있기 때문이다. 그러므로 '인종'이란 인종차별주의라고 부르는 과정에서 만들어진 사회적 구성물이라 할 수 있다(Miles, 1989).

이와 유사하게, 일부 사회학자들은 종족적 일체화identification나 동원mobilization을 시장 경쟁이라는 상황에서 특정 집단의 힘을 극대화하려는 합리적 또는 도구적 행위라고 본다. 이러한 이론들은 막스 베버의 '사회적 폐쇄social closure' 개념에 뿌리를 두고 있는데, 이는 하나의 지위 집단이 경쟁에서 우위를 차지하기 위해 다른 집단들을 배제하려는 목적으로 규정과 관행들을 확립하는 것을 의미한다(Weber, 1968:342). 베버는 (이는 마르크스도 마찬가지지만), '정서적 기준'(종교, 종족적 일체화 또는 공동체적 의식 같은 것들)을 따르는 조직은 장기적으로는 경제적 이해를 따르는 조직(즉 계급)이나 관료제적 합리성을 따르는 조직으로 대치될 것이라고 보았다. 그럼에도 불구하고 만일 정서적 관계를 성공적으로 동원할 수 있다면 그것들을 도구적으로 사용하는 행위는 합리적일 수 있다.

다른 사회학자들은 종족성이 대규모 공업사회의 경제적·사회적 통합이라는 합리적 힘을 견디지 못할 것이라고 보고, 종족성이라는 개념을 '신화' 또는 '노스탤지어'로 간주하며 그 개념 자체를 아예 배척한다(Steinberg, 1981). 그러나 종족성의 동원이 갖는 중요성이 점점 커지고 있다는 사실을 무시할 수는 없기 때문에 종족성과 권력 간의 연계를 보여 주려는 여러 가지 시도가 행해졌다. 미국의 사회학자인 글레이저와 모이니한(Glazer and Moynihan, 1975)과 벨(Bell, 1975) 등이 시도한 '종족성의 재생ethnic revival'에 대한 연구는 종족 정체성 부여의 도구적 역할을 강조한다. 표현형질이나 문화적 특질은 집단의 연대를 강화하기 위해 사용되는데 이는 시장에서 우위를 점하려는 투쟁을 보다 효과적으로 수행하거나, 국가에 의한 자원 배분 몫을 증대하기 위한 것이다. 이 연구는 피부색, 언어, 종교, 공유된 역사와 관습 등의 표식이 실제가 아님을 보여 주려는 것이 아니라, 종족집단을 정의하는 데 이러한 표식의 사용 여부를 결정하는 행위가 매우 자의적인 '전략적 선택'임을 말하려는 것이다.

종족성을 '원초적'으로 보든 '상황적'으로 보든 아니면 '도구적'으로 보든, 핵심은 종족성이 특정한 집단과의 일체화를 가능케 하는 동시에, 표현형질, 언어, 문화, 관습, 종교, 행위 등과 같은 종족성의 가시적인 표식이 다른 집단들을 배제하는 기준으로도 사용된다는 것이다. 종족성은 오직 지배적 집단과 소수자 집단 사이의 경계를 긋는 과정과 연계될 때에만 사회적 및 정치적 의미를 띤다. 종족집단은 이민의 자동적 결과가 아니라 상이한 집단에 상이한 방식으로 영향을 미치는 특정한 주변화 메커니즘의 결과인 것이다.

인종차별주의

특정한 집단에 대한 인종차별주의는 실질적으로 거의 모든 이민 수용
국가에서 발견된다. 인종차별주의racism는 사회집단이 표현형질적 표식
이나 문화적 표식을 기반으로 어떤 집단을 다르거나 열등한 존재로 범
주화하는 과정이라 정의할 수 있다. 일반적으로 이렇게 정의된 집단을
정당하게 착취하거나 배제하기 위하여 경제적, 사회적 또는 정치적 권
력까지도 사용한다.

　인종차별주의는 사회적으로 구성된 차이의 표식에 기초하여 사람들
의 성격, 능력, 또는 행위를 예측하는 것을 의미한다. 지배집단의 힘은
피지배집단을 배제하거나 차별하는 구조들(법률, 정책, 행정적 관행 등)을
발전시킴으로써 유지된다. 인종차별주의의 이러한 측면은 일반적으로
제도적 또는 구조적 인종차별주의라 알려져 있다. 지배집단 구성원들의
인종차별적 태도와 차별적 행위는 비공식적 인종차별주의라 부른다. 일
부 사회과학자들은 일련의 사회적 또는 정치적 문제를 소수자 집단에
귀속된 표현형질적 또는 문화적 특질들의 '자연스러운' 결과라고 생각
하는 공적 담론을 지칭하는 데 인종화racialization라는 용어를 사용한다.
인종화라는 용어는 특정 집단을 문제시하는 사회적 구성에 적용되거나
'정치의 인종화racialization of politics' 또는 '도시 공간의 인종화' 같은 넓은
의미로 사용될 수 있다(Murji and Solomos, 2005).

　특히 독일과 프랑스 등의 일부 나라에서는 인종차별주의에 대해 말하
기를 꺼리는 경향이 있다. 그 대신 '외국인에 대한 적대감'이라거나 '자
민족중심주의' 또는 '외국인혐오증' 등의 용어를 사용한다. 그러나 이
름을 어떻게 붙이는가라는 논쟁은 무의미하며, 현상과 그 원인을 이해
하는 것이 중요하다. 인종차별주의는 사회의 구체적인 역사에 따라 상
이한 방식으로 작동한다. 이른바 생물학적 차이는 종종 주요 표식이 아

닐 수도 있다. 문화, 종교, 언어 또는 다른 요인들이 표현형질적 차이를 가리키는 표식으로 사용되기도 한다. 예를 들면 유럽의 반反무슬림 인종 차별주의(종종 이슬람 공포라 불린다)는 표현형질적 표식(아랍인이나 아프리카인의 생김새 등)과 연계된 문화적 상징에 기반을 두고 있다.

서유럽과 탈식민주의 이후의 이주정착민 사회들(미국이나 호주 같은)에서 나타나는 인종차별주의에 관한 역사적 설명은 국민 형성 및 식민지 팽창과 관련된 종족갈등을 거치면서 발전한 전통, 이데올로기, 문화적 실천 등에 기반을 두고 있다(Miles, 1989와 비교할 것). 우리가 보기에 최근 들어 나타나는 인종차별주의의 증가는 서구 사상에 체화된 진보라는 낙관적 견해에 의문을 제기하는 근본적인 경제적·사회적 변화 때문인 것으로 보인다. 많은 사람들이 1970년대 초 이후의 경제적 구조조정과 국제적 문화 교류의 증가를 그들의 생활과 사회적 조건, 정체성에 대한 직접적인 위협으로 인식하고 있다. 또한 이 같은 변화는 과거 특권을 누려온 집단의 지배에 의문을 제기하면서 민족주의와 그 상징들을 반동적으로 재강조하는 결과를 낳았다(Hage, 1998). 이러한 변화가 마침 새로운 종족적 소수자의 출현과 때를 같이했기 때문에 새로이 도착한 이주자들을 위협적인 변화의 원인으로 인식하는 경향이 나타났다. 이러한 해석은 극우파가 열심히 조장하고 있지만 동시에 많은 주류 정치인들도 부추기고 있다.

2001년 9월 11일의 테러 사건과 그에 따른 '테러에 대한 전 지구적 전쟁'의 선포 이래 인종차별주의는 점점 더 서구 국가들 내에 있는 '인종적으로 형상화된' 무슬림 소수집단, 그리고 서구의 안보를 위협하는 존재로 간주된 '종족적·인종적으로 형상화된 국가들' 양자를 향하게 되었다. 그 결과 세계적 규모에서 '인종적 미국화'가 확산되거나 (Goldberg, 2005:98-101) '초국가적 인종차별주의'가 등장하게 되었다 (Castles, 2005:216-218). 게다가 인구집단 가운데 불리한 처지에 있는 부문을 위협하는 바로 그러한 변화들이, 다른 때 같으면 어느 정도 보호막이 되어 주었을 노동운동과 노동자 계급 문화를 약화시켰다. 노동자 계급 정당과 노동조합의 몰락, 그리고 지역 수준의 소통 네트워크의 침식은 인종차별주의가 창궐하는 사회적 공간을 만들어 냈다(Wieviorka, 1995; Vasta and Castles, 1996).

종족성, 계급, 젠더, 생애주기

인종적 구분과 종족적 구분은 사회적 분화의 한 측면에 불과하다. 사회 계급, 젠더, 생애주기상의 위치 등도 사회적 분화의 구분 기준이다. 이와 같은 구분들은 어느 하나도 다른 것으로 환원할 수 없으며, 항상 서로 교차하고 상호작용하면서 삶의 기회, 생활 양식, 문화, 그리고 사회의식에 영향을 미친다. 이민자 집단들과 종족적 소수자들은 인구 집단의 다른 부분에 비해 특별히 더 이질적이지 않다. 이주자들은 젠더화된 주체들이며 광범위한 사회적 관계에 뿌리를 내리고 있다.

　제2차 세계대전 이후 도래한 국제 노동력 이동 시대의 초창기에 이주와 계급 사이에 긴밀한 연결고리가 있다는 사실이 드러났다. 이주는 노동과 자본의 여러 다양한 부문의 이해관계가 얽히는 현상이라는 측면에서(Castles and Kosack, 1973), 또는 여러 상이한 유형의 노동자들이 분절적 노동시장으로 통합되는 현상이라는 측면에서(Piore, 1979) 분석되었다. 오늘날에도 국제이주는 노동력의 동학 및 사회계급과 밀접하게 연계되어 있으며, 이는 사람들의 이주 기회와 이동 및 일자리 발견의 조건에 영향을 미치고 있다(제10장을 볼 것). 그와 동시에 계급, 종족성, 젠더 사이에도 중대한 연계가 있다는 인식 역시 커지고 있다.

　국제이주 시대 초기부터 고국에서 가족을 유지하고 노동자를 재생산하는 여성의 역할은 노동이주의 경제적 편익에 결정적인 요소였다. 더구나 이주노동자의 상당수는 여성이었다. 피자클리(Phizacklea, 1983)가 지적한 바와 같이, 여성 이주노동자는 쉽게 열등한 존재로 간주되었는데, 이는 가부장적 사회에서 여성의 일차적 역할이 남성 생계부양자에게 의존하는 아내이자 엄마로 정의되기 때문이다. 그렇기 때문에 여성은 더 낮은 임금을 받았고 남성보다 더 쉽게 통제될 수 있었다.

오늘날에도 이주 여성들은 사람들이 가장 원하지 않는 직업, 예를 들면 반복적인 공장 노동이나 개인 및 공동체 서비스 부문의 미숙련 직업 등에 집중되는 경향이 있다. 그러나 최근에는 대개 전통적 돌봄 역할과 관련된 것이기는 하지만 화이트칼라 직업으로 이동하는 여성들이 생겨나기 시작했다. 소수집단 여성들은 잘 고용되지 않거나 고용되더라도 임시로 고용될 뿐이다('피부양인'이라는 지위 때문에 여성의 실업은 종종 통계에도 잡히지 않는다). 종족과 젠더의 구분선에 따라 복잡한 분업의 유형이 만들어졌다(제10장을 볼 것). 이러한 분업의 결과로 선진국(Anderson, 2000)에서는 물론 신흥공업국(Wong, 1996)에서 가사노동이 중요한 고용 분야의 하나로 다시 등장했다.

한편, 젠더는 차별에 대한 이주 여성들의 저항을 살펴보는 초점이 될 수도 있다(Vasta, 1993). 피자클리(Phizacklea, 1998)의 연구 같은 최근의 여성주의 연구들은 여성 이주에 대한 전환적transformatory 해석을 제안하고 있다. 여성 이주는 여성에 대한 착취를 강화할 수도 있지만, 다른 한편으로는 가부장적 사회 출신 여성들이 자신들의 삶에 대한 통제권을 갖도록 도와줄 수도 있다. 이로 인해 여성들은 자신들의 출신국으로 돌아가기 싫어질 수도 있다. 왜냐하면 이는 새로이 획득한 자유의 상실을 의미하기 때문이다(King et al., 2006:250-251). 초국가적 이론 또한 여성 이주자들의 독특한 경험을 간과했다는 이유로 비판을 받았다(Pessar and Mahler, 2003). 젠더와 종족성 사이의 연관성을 더욱 깊이 있게 분석할 필요성이 유럽과 북미 지역에서 새로이 관심을 끌고 있다(Lutz et al.,

1995; Stasiulis and Yuval-Davis, 1995; Andall, 2003).

안시아스와 유발-데이비스(Anthias and Yuval-Davis, 1989)는 젠더 관계와 국가 및 종족 공동체 구성 간의 연계를 분석했다. 여성들은 종족집단의 생물학적 재생산을 담당할 뿐만 아니라 젊은 세대에게 언어와 문화적 상징을 전수하는 핵심적 역할을 담당하는 '문화 운반자cultural carriers'이다(Vasta, 1990, 1992 참조). 인종차별주의, 성차별주의, 계급 지배는 자본주의와 근대성에 내재된 '사회적 정상화와 배제'의 세 가지 구체적 형태로서, 이들은 서로 밀접한 관계를 맺으며 발전해 왔다(Balibar, 1991:49). 인종차별주의와 성차별주의는 모두 불변적인 생물학적 또는 문화적 특질이라 주장되는 것들을 근거로 사회적 행위를 예측한다. 에시드(Essed, 1991:31, 아래의 강조는 원저자의 것)에 따르면, 인종차별주의와 성차별주의는 "특정한 상황에서 하나의 혼종적인 현상으로 긴밀하게 서로 얽히면서 결합된다. 그러므로 젠더 역할에 대한 인종차별적이며 종족적인 인식에 의해 구성된 흑인 여성에 대한 인종주의적 억압을 가리키는 데에는 젠더화된 인종주의라는 표현이 유용하다."

종족적 폐쇄에서 젠더의 역할은 아직도 남성들을 주요 이민자로 취급하는 동시에 여성과 아이들을 단순한 '피부양자'로 취급하는 이민 규정들에서 명백하게 나타난다. 영국은 흑인 인구의 증가를 제한하기 위해 여성을 대상으로 젠더적 특정 조치를 취했다. 1970년대에 남편이나 약혼자와 결합하기 위해 인도아대륙에서 건너오는 여성들은 히드로 공항에서 '처녀성 검사'를 받아야 했다. 또한 당국은 가족의 '자연스러운 거주 장소'는 남편의 주거지라는 이유로 아프리카계 카리브 지역 출신 여성과 아시아인 여성들이 남편을 데려오는 것을 금지했다(Klug, 1989:27-29). 오늘날 많은 국가에서 피부양자 자격으로 입국하는 여성들은 독자적인 거주의 권리가 없으며, 만일 이혼할 경우에는 본국으로 퇴거당할 수 있다.

생애주기의 각 단계, 즉 아동기, 청소년기, 장년기, 중년기, 노년기 등은 경제적·사회적 지위, 문화, 의식을 결정하는 주요 요인이다(King et al., 2006). 이주자 세대 그리고 새로 살게 된 나라에서 성장하고 학교를 다닌 자녀 세대의 경험 사이에는 종종 커다란 간극이 존재한다. 젊은 사람들은 기회의 평등이라는 이데올로기와 일상생활에서 경험하는 차별과 인종차별주의라는 현실 사이의 모순을 인식하고 있다. 이러한 인식은 대항문화counter-culture와 정치적 급진화의 등장으로 이어지기도 한다. 한편으로 종족적 소수자인 청소년들은 경찰, 학교, 사회복지 기구 등의 사회 통제 제도를 통해 견제되고 봉쇄되어야 하는 존재, 즉 '사회적 시한폭탄' 또는 공공질서에 대한 위협으로 인식되기도 한다(제11장 참조).

문화, 정체성, 공동체

전 지구화라는 맥락 속에서 문화, 정체성, 공동체는 종종 중앙집권화와 동질화를 꾀하는 힘에 대한 저항의 중심이 되기도 한다(Castells, 1997). 이것은 새로운 종족적 소수자에 대한 논란에서 중요한 주제가 되었다. 첫째, 이미 앞에서 대강 서술한 바와 같이 문화적 차이는 종족적 경계를 표시하는 기능을 한다. 둘째, 종족 문화는 공동체 형성에 중심적 역할을 한다. 종족집단들이 뭉치면 도시 내에서 사적 공간과 공적 공간을 구분하여 사용하는 것이 특징인 자신들만의 집거지역을 형성하게 된다. 셋째, 이러한 도시 내의 종족 집거지역ethnic neighborhood들은 지배집단의 일부 구성원들이 지닌 '외국인의 탈취'라는 두려움을 확인시켜 주는 것으로 보이기도 한다. 넷째, 지배집단은 이주자 문화를 정적이며 퇴보적인 것으로 볼 수 있다. 고유한 언어와 문화를 유지하는 모습은 후진성과 선진 공업사회에 적응하지 못하는 능력 부재의 증거로 간주된다. 동화되지 않은 사람들이 주변적 지위에 머무는 것은 '전적으로 그들의 책임'으로 여겨진다.

종족적 소수자에게 문화는 정체성의 원천으로서 그리고 배제와 차별에 대한 저항의 중심으로서 핵심적 역할을 한다. 출신지의 문화는 사람들로 하여금 자신들의 능력과 경험이 제대로 대접받지 못하는 상황에서 자존감을 유지하게 도와준다. 그러나 정적이며 원초적인 문화는 적대적인 환경에서 방향을 제시해 주지 못하므로 이러한 과제를 완수할 수 없다. 문화의 동태적 성격은 집단의 역사와 전통을 이주 과정에서 직면하게 되는 실제 상황과 연계해 주는 능력에 달려 있다. 이주자나 소수자의 문화는 집단의 필요와 경험, 그리고 그것과 실제의 사회적 환경과의 상호작용에 기반하여 지속적으로 재창조된다(Schierup and Ålund, 1987; Vasta et al., 1992). 예를 들어 종교적 근본주의같이 겉으로는 퇴행처럼 보이는 것도 사실은 정체성을 차별당하고 착취당하고 파괴당하면서 형성된, 근대화의 결과물일 수도 있다.

그러므로 종족 문화의 발전, 개인 및 집단 정체성의 안정화, 그리고 종족 공동체의 형성 등은 모두 단일한 과정의 여러 측면으로 이해할 필요가 있다. 이러한 과정은 독자적이지 않으며 이민 수용국 정부와 여러 다양한 제도 및 집단, 그리고 출신국 사회와의 항시적인 상호작용에 의해 형성된다. 이민자와 그 자손들은 정태적이고 폐쇄적이며 동질적인 종족 정체성을 가지고 있다기보다는 오히려 다양한 문화적·사회적 요인과 기타 요인의 영향을 받아 형성된 역동적인 다중 정체성을 가지고 있다.

문화는 모든 이민 수용국에서 점점 더 정치화되고 있다. 인종적 우월성에 대한 관념이 이데올로기적인 힘을 상실하면서 소수자 배제는 더욱더 문화적 차이라는 쟁점에 초점을 맞추어 실천되고 있다. 이와 동시에 종족적 소수자의 저항 정치는 프랑스, 영국, 네덜란드를 비롯한 여러 이민 수용국에서 이슬람 복장에 정치적 의미를 부여하는 움직임으로 나타나듯이, 더욱더 문화적 상징을 중심으로 구체화되고 있다. 그러나 그러한 문화적 상징은 수입된 종족성의 일부 형태에 부분적으로 기반을 두고 있을 뿐이다. 공동체와 정체성의 정의자라는 문화적 상징의 주요 힘은 종족적 소수자의 새로운 경험들이 이민 수용국에 병합됨으로써 생겨난다.

국가와 국민

대규모 이주와 다양성의 증가는 정치 제도와 국민 정체성에 심대한 영향을 미칠 수 있다. 오늘날 세계에서 약 200개에 달하는 국민국가들은 명확한 정치적 조직의 형태를 띠고 있다. 이 국민국가들은 안전과 질서를 제공하며 국민(또는 시민)의 열망을 대변한다는 주장을 통해 스스로를 정당화한다. 국민의 열망을 대변한다는 것은 나아가 두 가지 주장을 더 함축한다. 첫째는 국민의 가치와 이해관계에 관한 동의를 가능하게 하는 문화적 합의가 근저에 존재한다는 것이며, 둘째는 시민의 의지가 표현될 수 있는 민주적 절차가 존재한다는 것이다. 이러한 주장은 종종 의심을 사곤 한다. 왜냐하면 대부분의 나라들은 종족성, 계급, 그리고 다른 균열에 기반을 둔 이질성을 특징으로 삼고 있으며, 단지 소수의 나라들만이 가치와 이해관계 갈등을 해결하기 위해 지속적으로 민주주의적 메커니즘을 사용하고 있기 때문이다. 그럼에도 불구하고 민주주의적 국민국가는 이제 전 지구적인 규범이 되었다(Habermas and Pensky, 2001; Shaw, 2000; Giddens, 2002).

문화적으로 다양한 사람들의 이민은 국민국가에 딜레마를 제기한다. 새로이 이주한 사람들을 시민으로 받아들여 통합하게 된다면 문화적 동질성이라는 신화가 훼손될 수 있다. 그러나 통합하지 않는다면 심각한 불평등과 갈등으로 점철된 사회분열이 초래될지도 모른다. 전근대적 국가들의 권위는 특정한 영토에 대한 군주의 절대적 권력에 근거했다. 이러한 영토 내에서 모든 주민들은 군주의 (시민이 아니라) 신민이었다. 지배층인 귀족과 농민 간의 커다란 간격을 초월하는 국민문화라는 개념은 존재하지 않았다. 이와 대조적으로 근대화, 공업화, 식민주의를 맥락으로 발전한 서유럽과 북미의 근대 국민국가는 문화적 귀속과 정치적 정체성이 밀접하게 연계되어 있음을 암시한다(Castles and Davidson, 2000).

시턴-왓슨(Seton-Watson, 1977:1)에 따르면 국가state는 "시민들에게 복종과 충성을 요구하는 권력을 가진 법적·정치적 조직"이다. 국가는 국경이라는 범위 내의 영토에서 정치적·경제적·사회적 관계를 규율한다. 대부분의 근대적 국민국가들은 헌법과 법률에 의해 공식적으로 명확히 정해지는데, 이에 따르면 모든 권력은 주민(또는 국민)으로부터 나온다. 그러므로 누가 주민에 속하는가를 명확히 정의하는 것이 매우 중요하다. 자신이 구성원인지 아닌지는 권리와 의무를 규정한 시민의 지위로 나타난다. 시민이 아닌 사람들은 적어도 일부 권리와 의무에서 배제된다. 시민권은 국가와 국민을 이어 주는 가장 중요한 연계이며 시민권을 획득한다는 것은 국가에 새로 이주한 사람들에게 가장 중요한 일이다.

시턴-왓슨은 국민nation이란 "우리가 하나라는 느낌, 공통의 문화, 국민의식 등으로 결속된 사람들로 구성된 공동체"(Seton-Watson, 1977:1)라고 기술했다. 이러한 주관적 현상은 측정하기 어려우며, 이와 유사한 방식으로 정의할 수 있는 종족집단과 국민을 어떻게 구분할 수 있는지도 불명확하다. 앤더슨의 국민 개념은 이에 대한 답변이다. "국민이란 하나의 상상된 정치적 공동체이며, 본질적으로 범위가 한정된 동시에 주권을 가지고 있다고 상상된 것이다"(Anderson, 1983:15). 이는 일정한 범위의 영토에 대하여 주권을 획득한 종족집단은 국민이 되며 또한 국민국가를 형성한다는 뜻이다. 스미스에 따르면 "국민이란 역사적 영토,

공동의 신화와 역사적 기억, 대중, 공공의 문화, 모든 구성원을 위한 공동의 경제와 공동의 법적 권리 및 의무를 공유하는 지정된 인간 집단이라 정의할 수 있다"(Smith, 1991:14).

앤더슨(Anderson, 1983)은 국민국가nation-state를 근대적 현상의 하나로 보며, 그 탄생일을 1787년 미합중국 헌법이 등장한 때로 본다. 겔너(Gellner, 1983)는 엘리트와 농민 사이에 존재하는 문화적 격차 때문에 전근대사회에서는 국민이 존재할 수 없었으나, 현대의 산업사회는 제대로 기능하기 위해 문화적 동질성이 필요하며 그 때문에 국민을 창조하는 데 필요한 이데올로기들을 생성한다고 주장한다. 그러나 시턴-왓슨(Seton-Watson, 1977)과 스미스(Smith, 1986)는 국민이 동아시아와 중동과 유럽의 고대 문명까지 거슬러 올라갈 정도로 역사가 깊은 개념이라고 주장한다. 이 학자들은 모두 국민이란 기본적으로 집합적인 문화적 유대와 감정에 기반을 둔 일종의 신념 체계라는 점에 동의한다. 문화적 유대와 감정은 사람들에게 정체성과 귀속감을 주는데, 이를 국민의식이라고 부를 수 있을 것이다.

근대 국민국가가 독특한 것은 국민의식과 민주주의 원칙이 연계되어 있다는 점이다. 국민이라는 공동체의 구성원으로 분류된 모든 사람은 정치적 의지의 형성에 참여할 평등한 권리를 갖는다. 이러한 국적과 시민권의 연계는 매우 뿌리 깊은 모순을 가지고 있다. 자유주의 이론에 따르면, 모든 시민은 정치적 영역에서는 동일하게 취급되는 자유롭고 평등한 사람이어야 한다. 이는 사람들의 정치적 권리와 의무를 종족성, 종교, 사회계급, 지역적 장소 등에 기반을 둔 특정 집단의 성원권과 분리하여 생각할 것을 요구한다. 정치적 영역은 보편주의가 지배하는 곳으로 보편주의란 문화적 특수성과 차이를 제거했다는 것을 의미한다. 차이는 '비非공공적 정체성'에 국한되어야 하는 것이다(Rawls, 1985:232-241).

그러나 보편주의는 국민국가 형성의 현실과 갈등을 일으키는데, 시민이 된다는 것이 하나의 영토 내에서 지배적 종족집단에 기반을 둔 특정 국민 공동체의 성원권을 근거로 하기 때문이다. 그러므로 시민^{citizen}은 언제나 특정 국가의 구성원, 즉 국민^{a national}이 된다. 민족주의 이데올로기는 종족집단, 국민, 그리고 국가가 동일한 공동체의 상이한 측면이어야 하며 경계도 동일해야 한다고 주장한다. 즉 모든 종족집단은 각기 하나의 국민을 형성하면서 고유한 국가를 가져야 하며 또한 국기, 군대, 올림픽 팀, 우표 등 모든 적절한 장식물도 가져야 한다는 것이다. 사실상 이러한 여러 가지가 합치된 사례는 극히 적다. 민족주의는 현실의 실제 상황이라기보다는 이러한 조건을 성취하고자 노력하는 이데올로기인 것이다.

국민국가 건설의 역사를 통해 국가 권력은 공간적으로 확대됨과 동시에 지금까지 독자적으로 존재하던 다수의 종족집단들을 영토 내에 편입시켜 왔다. 이들은 시간이 경과하면서 하나의 국민으로 합체할 수도 있고 그렇지 않을 수도 있다. 국민국가를 공고히 하려는 시도는 소수자 집단에게는 배제, 동화, 심지어 집단학살을 의미할 수도 있다. 소위 '상상의 공동체'에서 상대적으로 작은 집단들을 영구적으로 예속하거나 배제하는 상황을 유지하는 것도 가능했다. 예를 들어 유럽 여러 국가들에서 유대인과 집시의 경우에 그러했고, 유럽의 식민지가 된 일부 지역의 토착민의 상황이나 노예 및 계약 노동자들의 자손들의 상황이 그러했다. 영국의 스코틀랜드인, 웨일스인, 아일랜드인 또는 스페인의 바스크족처럼 예속된 국민들이 영토적 기반을 가진 경우에는 정치적 지배와 문화적 배제가 훨씬 더 어려웠다.

'역사적 소수자'의 경험은 새로운 이민자 집단의 조건에 영향을 미치는 구조나 태도를 형성하는 데 기여했다. '게토'나 '종족 거주지'에 대한 두려움의 만연은 소수자들이 별도의 지역에 뚜렷하게 집중될 때 가장 위협적으로 보인다는 것을 의미한다. 민족주의자^{nationalists}에게 종족 집단은 (아직까지는) 영토에 대한 통제권을 확립하지 못하거나 독자적으로 고유의 국가를 갖지 못한 잠재적 국민이다. 대부분의 근대 국가들은 소수민족 집단의 문화적·정치적 통합을 달성하기 위하여 의식적으로 노력해 왔다. 이를 위한 메커니즘으로는 시민권 자체는 물론 중앙집권적 정치제도, 국민언어의 보급, 보편적 교육체계, 군대 같은 국민적 조직의 창설 또는 국교 등이 있다(Schnapper, 1991, 1994). 소수자들이 '오래전부터' 있어 온 이들이건 '새롭게' 나타난 이들이건, 문제는 어느 곳에서나 유사하다. 공유된 또는 단일한 종족 정체성이 아니라면 도대체 무엇을 가지고 국민을 정의할 수 있을까? 만일 문화나 전통이 국가 내에 복수로 존재한다면 핵심적 가치와 행위 규범은 어떻게 확정할 수 있을까?

시민권

이민 수용국 정부들은 종족 다양성의 증대라는 문제에 대응하여 정책과 제도를 개발해야만 했다(Aleinikoff and Klusmeyer, 2000, 2001 참조). 여기에서 핵심적인 쟁점은 다음과 같다. 누가 시민인가, 어떻게 새로운 이민자들이 시민이 될 수 있으며, 시민권^{citizenship}의 의미는 무엇인가 등이다. 원칙적으로 국민국가는 하나의 성원권만을 허용하는데 이민자와 그 자손들은 하나 이상의 국가와 관계를 갖고 있다. 그리하여 그들은 이중국적을 갖거나 한 국가의 국적을 가지면서 다른 국가에 거주하기도 한다. 그 결과 '초국가적 의식' 또는 '분열된 충성'이 발생하며, 민족주의자의 이상인 문화적 동질성이 훼손된다. 그리하여 대규모의 이주자 정착은 필연적으로 시민권에 대한 논란을 야기하기 마련이다.

시민권이란 하나의 정치적 공동체 내의 모든 시민들이 동등한 권리를 가지며 또한 이러한 권리를 보장하기 위해 이에 상응한 일련의 제도가 존재한다는 것을 의미한다(Bauböck, 1991:28). 그러나 형식적 평등이 실질적 평등으로 이어지는 경우는 드물다. 시민권의 의미는 남성과 여성에게 각기 항상 달랐다. 왜냐하면 시민권이라는 개념 자체가 가족 내의 여성과 아이들을 대변하는 남성 가장의 존재를 전제하기 때문이다(Anthias and Yuval-Davis, 1989). 또한 시민은 일반적으로 지배적인 종족 집단의 문화, 가치, 이해관계를 통하여 정의되어 왔다. 마지막으로 시민은 대개 명시적으로 또는 묵시적으로 계급 관계로도 정의되어 왔다. 그렇기 때문에 노동자 계급의 구성원들이 진정한 참여의 권리를 획득하는 것이 노동운동의 역사에서 중심적 과제 중 하나였던 것이다. 그러므로 시민권의 역사는 시민적·정치적·사회적 권리와 관련된 범주들의 실질적 내용을 둘러싼 갈등의 역사였다(Marshall, 1964).

그러나 이민자 집단의 일차적 관심사는 시민권의 상세한 내용이 아니라, 다른 주민들과 형식적으로 평등한 법적 지위에 도달하기 위해 시민권을 획득하려면 어떻게 해야 하는가이다. 시민권에 대한 접근은 당대에 우세한 국민의 개념에 따라 각국에서 무척 상황이 다르다. 우리는 적어도 다음과 같이 시민권의 이념형을 구분할 수 있다.

1. 제국 모델: 동일한 권력이나 지배자에게 복종한다는 사실에 근거하여 국민 여부를 정의한다. 이러한 관점은 프랑스와 미국의 혁명에 선행한다. 이 모델로 다종족적 제국(대영제국, 오스트리아-헝가리제국, 오토만제국 등)에서 여러 다양한 주민들을 통합할 수 있었다. 이 모델은 1981년에 국적법The Nationality Act이 성립되어 처음으로 근대적 유형의 시민권이 탄생하기 전까지 영국에서 공식적으로 통용되었다. 구소련의 경우에도 어느 정도 타당했다. 이 개념은 특정한

종족집단이나 민족이 다른 주민들을 실제적으로 지배하는 현실을 은폐하는 데 기여한다는 의미에서 거의 항상 이데올로기적인 성격을 띤다고 할 수 있다.

2. 민속 또는 종족 모델: 종족성(공동의 조상, 언어, 그리고 문화)에 근거하여 국민 여부를 규정하는 모델로서, 이는 소수자들을 시민권 및 국민 공동체에서 배제함을 의미한다(독일은 2000년에 새로운 시민권 법규를 도입할 때까지 이 모델에 속했다고 할 수 있다).

3. 공화주의 모델: 헌법, 법률과 시민권 등을 기반으로 하는 정치적 공동체로서 국민을 정의하며, 새로운 이주자들이 이민 수용국가의 정치적 법규를 준수하고 국민 문화를 흔쾌히 수용할 경우 이들을 공동체에 받아들일 수 있다는 가능성을 열어 놓는다. 공화주의적 접근의 기원은 프랑스와 미국의 혁명까지 거슬러 올라간다. 프랑스는 현재 이 모델을 따르는 가장 명확한 사례이다.

4. 다문화주의 모델: 공화주의 모델과 마찬가지로 국민은 새로운 이민자들을 받아들일 수 있는 헌법, 법률, 시민권에 기반을 둔 정치적 공동체로 정의된다. 그러나 이 모델에서는 이민자들이 국법을 준수하기만 한다면 자신들의 독자적인 문화를 유지하고 종족 공동체를 형성할 수도 있다. 이러한 다원적 또는 다문화적 접근은 호주, 캐나다, 스웨덴에서 1970년대와 1980년대에 지배적인 모델이 되었으며, 다른 서구 국가들에서도 영향력을 발휘했다. 그러나 1990년대와 21세기 초반에 여러 지역에서 다문화주의를 벗어나려는 움직임도 있었다.

모든 이념형은 하나의 공통 요소를 가지고 있다. 즉 이들은 모두 시민이란 오직 하나의 국민국가에 속한다는 것을 전제한다. 이주자의 정착은 출신 국가에서 새로이 거주하게 된 국가로 일차적 충성을 이전하는 과정으로 간주된다. 이러한 과정은 때로는 매우 오래 걸리고 심지어 몇 세대에 걸쳐 진행되는데, 새로운 국가에서의 귀화 및 시민권 취득 등으로 상징적으로 표시된다. 초국가적 이론(아래 내용 참조)은 새로이 증가하는 이주자 집단을 이러한 방식으로 이해하는 것은 더 이상 불가능하다고 주장한다. 그리하여 새로운 시민권의 이념형이 등장하고 있는지도 모른다.

5. 초국가적 모델: 초국가적 공동체의 사회적·문화적 정체성은 국민의 경계를 초월하여 다층적이며 분화된 귀속의 형태를 야기한다. 초국가주의는 미래의 정치적 귀속과 민주주의 제도에 중요한 영향을 미칠 수도 있다. 이는 상당한 규모의 정치적 권력과 경제적 권력이 전 지구화를 통하여 민주주의적 통제를 받지 않는 초국적 기업과 국제적 조직들로 이전되고 있다는 사실과 상응한다(Castles and Davidson, 2000). 민주주의의 생존은 다층적 정체성을 가진 사람들을 한 범위의 정치적 공동체에 포함시키는 방법을 찾을 수 있는가에 달려 있다. 또한 이는 시민들이 국민의 경계를 넘든 안 넘든, 공적이건 또는 사적이건 간에 상관없이 시민이 새로운 권력의 위치에 참여할 수 있도록 보장하는 것을 의미한다.

이러한 모델들을 특정한 나라에 적용할 수 있는가는 제11장에서 더 상세히 다룰 것이다. 이러한 모델들은 심지어 한 나라 안에서도 보편적으로 받아들여지지 않고 있으며, 정태적이지도 않다(Bauböck and Rundell, 1998:1273). 게다가 시민과 비시민의 구분은 점점 더 불분명해지고 있다. 오랜 기간 한 국가에서 합법적으로 체류해 온 이민자들은 종종 '의사擬似 시민권'에 해당하는 특별한 자격을 획득하기도 한다. 의사 시민권은 확실한 체류 자격, 일하고 직장을 찾고 사업을 영위할 권리,

사회보장 혜택과 의료 서비스를 받을 자격, 교육과 훈련에 대한 접근, 집회와 결사의 권리 등의 제한된 정치적 권리 등을 의미한다. 몇몇 국가에서는 장기간 체류한 외국인에게 지방선거 투표권을 부여한다. 이러한 제도는 외국인보다는 권리가 많지만 시민보다는 권리가 적은 새로운 법적 지위를 만들어 낸다. 해머(Hammar, 1990: 15-23)는 '합법적이며 영구적인 체류 자격을 가진 외국 시민'에 대하여 데니즌denizen이라는 용어를 사용하자고 주장했다. 이 용어는 현재 체류하는 국가에서 태어난 사람이 상당수인 서유럽의 장기 체류 외국인 수백만 명에게 적용될 수 있다.

의사 시민권이 등장한 또 하나의 요인은 유엔, 국제노동기구International Labour Organization; ILO, 세계무역기구World Trade Organization; WTO 등의 국제조직이 규정한 국제 인권 규범의 발전이다. 이 국제 규범들을 채택한 국가들에서는 시민이든 시민이 아니든 모든 사람에게 일련의 시민적·사회적 권리를 합법적으로 보장한다(Soysal, 1994). 그러나 국제 협약이 제공하는 법적 보호는 해당 국가가 그 국제 협약을 비준하지 않았거나 그 국제규범을 국내법으로 구체화하는 조치를 취하지 않았을 경우에는 불충분하게 되는데, 특히 이주자의 권리를 보호하는 국제적 조치의 경우에 이러한 상황이 종종 발생한다(제1장과 제13장 참조).

유럽연합European Union; EU은 새로운 유형의 시민권과 관련하여 가장 진보적인 사례를 보여 준다(제8장 참조). 1994년에 체결된 마스트리흐트Maastricht Treaty 조약은 유럽연합 시민권을 확정했는데, 이는 회원국 영토 내에서의 거주 및 이주의 자유, 거주국가의 지방선거 및 유럽 의회 선거에서 투표하고 입후보할 수 있는 권리, 제3국에서 유럽연합 회원국 외교관의 외교적 보호를 받을 권리, 유럽의회에 청원하고 옴부즈맨에게 호소할 권리 등을 포함한다(Martiniello, 1994:31). 그러나 자국이 아닌 유럽연합의 다른 나라에 거주하는 시민은 그 나라의 의회 선거에서 투표권을 행사하지 못한다. 또한 사회보장에 의존하여 사는 사람은 다른 회원국에 정착할 권리를 갖지 못한다. 그리고 공무원이 되거나 공직을 담임할 권리는 아직도 일반적으로 자국민에게만 허용된다(Martiniello, 1994:41). 유럽은 아직도 '솅겐 지역Schengen Zone'(자유로운 여행을 허용하지만 일부 비유럽연합 국가들은 포함하면서 일부 유럽연합 국가들은 제외한다)과 그 이외의 지역으로 나뉘어 있다. 아직까지 유럽연합 외부에서 입국하는 대부분의 이민자들은 유럽연합의 시민권을 획득하지 못하고 있다.

유럽의 통합 과정은 아직도 계속되고 있다. 1997년의 암스테르담 조약(제63조)은 이주와 정치적 망명 분야에 대하여 유럽연합이라는 공동체의 권능을 확립했다. 새로운 정책은 2004년 5월 1일, 10개 신규 회원 국가들(주로 중부 및 동부 유럽)이 가입함으로써 유럽연합을 확대하려는 사전 준비 작업의 일환으로 발효되었다. 루마니아와 불가리아 등 2개 국가는 2007년 1월 1일에 유럽연합에 가입했다. 유럽연합의 규정에는 정치적 망명 신청자와 이주자들의 처우에 대한 공동 기준이 마련되어 있지만, 구체적인 법규 제정과 수행에 필요한 조치는 아직도 각 회원 국가의 주권 사항이다. 유럽연합 집행위원회European Commission는 2005년에 경제적 이주와 관련하여 공동의 정책을 제안했으나 이는 주요 회원 국가들에 의해 거부당했다(Castles, 2006b).

길게 보았을 때, 문제는 민주주의 국가가 완전한 시민, 의사擬似 시민, 외국인 등으로 분화된 주민으로 이루어진 상황에서 성공적으로 작동할 수 있을 것인가이다. 이주는 앞으로도 계속될 것으로 예상되며, 하나 이상의 사회와 연계된 사람들의 수는 점점 더 늘어날 것이다. 이중국적 또는 복수 시민권은 점점 더 흔해지고 있다. 거의 대부분의 이민 수용국가들은 지난 40~50년 사이에 시민권에 관한 규정을 수정했으며 일부는 여러 차례 바꾸었다. 멕시코, 인도, 터키 등의 이민 송출국가들 또한 해외에 거주하는 자국민과의 연계를 유지하기 위해 시민권과 국적에 관한 법규를 수정했다. 이중 시민권은 아직까지도 논란의 대상이지만(Faist et al., 2004), 많은 수의 국가들이 (적어도 어느 수준까지는) 이중 시민권을 인정하고 있다. 개혁의 주요 초점은 출생에 의한 시민권 부여나 귀화의 간소화를 통하여 제2세대를 정치적 공동체로 통합하는 조치의 도입이었다(Aleinikoff and Klusmeyer, 2000; Castles and Davidson, 2000:chapter 4 등 참조). 그 결과 시민권의 의미가 바뀔 가능성이 있으며, 오로지 하나의 국민국가와 배타적으로 연계되는 경우는 점점 드물어질 것이다. 이는 바우뵉(Bauböck, 1994b)이 주장한 바와 같이 일종의 '초국가적 시민권'을 탄생시킬 것이다. 그러나 이는 만일 시민권이 보편적인 것이 된다면 국가들이 어떻게 이주를 조절할 수 있을 것인가라는 문제를 제기한다.

결론

이 장에서는 이주와 종족적 소수자의 형성에 대한 이론적 설명을 일부 검토했다. 핵심적 주장 중 하나는, 이주와 정착이 전 지구화가 급속하게 진행되는 가운데 여러 나라들 간에 형성되고 있는 상이한 경제적·정치적·문화적 연계와 밀접하게 관련되어 있다는 것이다. 국제이주는 그 형태가 어떻든 간에 현대 세계의 발전과 떼려야 뗄 수 없는 중요한 구성 요소로 간주되어야 한다. 지속적으로 가해지는 전 지구적 통합에의 강력한 압력 때문에 국제이주의 규모는 향후 수년간 계속 커질 것이다.

두 번째 주장은 이주 과정이 그 핵심에 존재하는 사회적 네트워크에 기반을 둔 특정한 내적 역동성을 가지고 있다는 것이다. 이러한 역동성은 이주자 자신이나 관련 국가에 의해 처음에는 의도하지 않았던 사태를 전개시킬 수도 있다. 초기의 성격이 어떠하든 이주 움직임에서 가장 흔한 결과는 이주자들의 상당수가 새로운 나라에 정착하여 종족 공동체나 소수자 집단을 형성하는 것이다. 따라서 종족적·문화적으로 다양한 사회의 등장은 외국인 노동자를 모집하거나 이주를 허가하는 초기 결정의 필연적인 결과로 간주되어야 한다.

세 번째 주장은 점차 증가하고 있는 국제이주자들이 단순히 한 사회에서 다른 사회로 이동하는 것이 아니라 둘 이상의 장소에서 반복되는 중요한 연계를 유지하고 있다는 것이다. 이들은 국경을 넘나드는 초국가적 공동체를 형성하고 있다. 이러한 경향은 운송과 의사소통 기술의 향상 및 전 지구적 문화 가치의 확산을 통해 진전되고 있는 전 지구화에 의해 촉진되고 있다. 초국가적 공동체들은 현재 이주자들 가운데 단지 소수만을 수용하고 있지만 장기적으로는 수용국가와 송출국가 양쪽 모두에서 사회적 정체성과 정치적 제도에 엄청난 영향을 미칠 수 있다.

네 번째 주장은 종족적 소수자의 본질과 이들이 형성되는 과정에 관한 것이다. 대부분의 소수자들은 타자에 의한 정의와 자기에 의한 정의의 조합으로 형성된다. 타자에 의한 정의는 다양한 형태의 배제와 차별(또는 인종차별주의)을 지칭한다. 자기에 의한 정의는 이중적 성격을 가지고 있다. 이는 이주 이전의 문화적 상징과 실천을 중심으로 한 종족 정체성의 주장과 재창조를 포함한다. 또한 문화적 상징과 실천을 도구적인 방식으로 사용하여 배제와 차별에 대항하는 정치적 동원을 포함한다. 정착과 종족적 소수자의 형성이 경제적·사회적 위기의 시기에 이루어질 때에는 고도로 정치화될 수도 있다. 문화, 정체성, 공동체라는 쟁점은 이민 수용 사회 전반에서 매우 중요해질 수 있다.

다섯 번째 주장은 국민국가에서 이주의 중요성에 초점을 맞추고 있다. 종족 다양성의 증가는 시민권 등 중심적 정치 제도의 변화에 기여하고, 국민국가의 본질 자체에 영향을 줄 것이다.

이러한 결론들은 이주 및 종족적 소수자와 관련된 쟁점들이 점점 더 정치적으로 부각되고 있다는 사실을 설명하는 데 도움이 된다. 지난 60년 동안 일어난 이주자 이동의 결과, 많은 국가들에서 돌이킬 수 없는 변화가 발생해 왔다. 이주의 증가는 이미 영향을 받은 사회들은 물론 국제이주라는 장에 이제 막 진입한 국가들에까지 새로운 변화를 야기하게 될 것이다. 현상에 대하여 보다 자세하게 기술한 이 책 후반부 장들은 이러한 생각들을 더 논의할 수 있는 기반을 제공할 것이다.

심화 연구를 위한 안내

최근에 출판된 다음의 두 저서는 국제이주에 대한 이론을 개관한 문헌이다. Massey et al.(1998)은 국제이주 이론을 체계적으로 논의하고 비판했으며, Brettell and Hollifield(2007)는 몇몇 주류 사회과학 학문이 국제이주 이론에 기여한 바를 논의했다. 이주에 대한 이론과 연구 방법론을 수집한 중요한 선집 중 하나는 『International Migration Review』의 특별판(Portes and DeWind, 2004)이며, 이보다 오래전에 출간되었지만 아직도 가치 있는 중요한 책은 『International Migration Review』의 1989년도 특별판(1989, 23(3))이다. Sassen(1988)은 이주의 정치경제학에 대해 독창적인 관점을 제공하며, Borjas(1990; 2001)는 신고전의 관점을 제시한다. 유럽과 미국의 이주 및 정착에 관한 최근의 두 연구(Portes and Rumbaut, 2006)는 소중한 이론적 배경을 제시해 주며, Boyle et al., (1998)은 지리학자가 쓴 훌륭한 입문서이다. Kritz et al.,(1992)은 이주체계 이론에 관한 뛰어난 선집이다.

젠더와 이주에 관한 초기의 저술로는 Phizacklea(1983), Morokvasic (1984), Lutz et al.(1995)이 있으며, 최근의 관점을 제시한 것으로는 Andall(2003), Pessar and Mahler(2003), Phizacklea(1998) 등이 있다. Goldberg and Solomos(2002)는 인종차별주의와 종족 연구에 관한 논문들을 널리 수집한 저술이다. Rex and Mason(1986)은 이론적 접근들

에 대하여 상세하게 해설한 저서이다. CCCS(1982), Mosse(1985), Cohen and Bains(1988), Miles(1989), Balibar and Wallerstein(1991), Essed(1991), Wieviorka(1991; 1992; 1995), Solomos(2003), Murji and Solomos(2005)는 인종차별주의에 대한 훌륭한 저술이다. Anderson (1983), Gellner(1983), Ignatieff(1994)는 민족주의에 대한 흥미로운 분석이며, Smith(1986; 1991)는 종족성과 국민 간의 관계를 논의한다.

이주와 시민권 간의 관계에 대한 분석을 보려면 Bauböck(1991; 1994a; 1994b), Bauböck and Rundell(1998), Bauböck et al.(2006a; 2006b), Aleinikoff and Klusmeyer(2000; 2001), Castles and Davidson(2000) 등을 참고하기 바란다. Gutmann(1994), Schnapper(1994), Soysal(1994), Kymlicka(1995) 등은 같은 주제에 대하여 다양한 관점들을 제시한다. DeWind et al.(1997)은 미국 이주민 통합의 성격 변화에 관한 논문 선집이다. 초국가적 커뮤니티에 관한 훌륭한 입문서로는 Basch et al.(1994), Cohen(1997), Portes et al.(1999), Vertovec(1999; 2004), Faist(2000) 등이 있다. Van Hear(1998)는 난민 운동의 시점에서 초국가적 이론을 논의한 저서이다. Zolberg and Benda(2001)는 경제적 이주와 난민 운동 간의 연계를 이해하는 데 유용하다.

제3장

전 지구화, 발전, 이주

이주가 송출국의 발전을 촉진하는가 아니면 저해하는가는 오늘날 학자와 정책 입안자들이 직면한 중요한 질문 중 하나이다. 이런 질문에 대한 관심은 과거에도 있었으나 최근에 훨씬 더 중요한 주제로 다루어지기 시작했다. 이 장에서는 이주와 발전에 관한 논쟁과 관련한 주요 의제를 검토하고, 이를 전 지구화에 관한 광범위한 사회과학 연구와 연결하고자 한다. 이 장에서 분석을 통해 주장하는 핵심 요지는 전 지구화로 인해 남반구와 북반구 모두에 중대한 사회변동이 일어나고 있고, 이것이 오늘날 전 지구적 이주가 확장되고 재설정되는 전제조건이라는 것이다. 이 장은 제2장에서 다룬 이론과 제4장에서 다룰 1945년까지의 전 지구적 이주의 역사 사이의 개념적 연결고리이자, 제5, 6, 7장에서 다룰 세계 각 지역에서 발생하는 현대의 이주현상에 대한 설명이다.

이주와 발전에 관한 논쟁에서 주로 주목받는 분야는 빈국에서 부국으로의 이주South-North migration, 즉 아프리카, 아시아, 라틴아메리카에서 유럽, 북아메리카, 오세아니아 등 선진국으로의 이동이다. 또한 동남아시아, 라틴아메리카, 중동지역 같은 신흥 공업경제 지역으로의 이동에 대한 관심도 증가하고 있다. 유엔에 따르면(표 1.1 참조) 전 세계 이주민(출신국을 떠나 1년 이상 거주하는 사람으로 정의)의 수는 1980년 당시 약 1억 명이었으며, 이 가운데 선진국에 거주하는 사람은 4,800만 명이었고 개발도상국에는 5,200만 명이 거주했다. 2006년에 이르러서는 약 1억 9,100만 명의 전 세계 이주민 가운데 남→남(개발도상국에서 다른 개발도상국으로) 이동을 한 사람이 6,100만 명, 북→북 이동을 한 사람이 5,300만 명, 북→남 이동을 한 사람이 1,400만 명, 남→북 이동을 한 사람이 6,200만 명이었다(UNDESA, 2006b). 다시 말해 최근 가장 많이 증가한 부분은 남→북 이동이라 할 수 있다. 사실 구소련권 국가나 신흥공업국의 경우 부국에 속하는지 아니면 빈국에 속하는지를 쉽게 구분할 수 없다는 점을 고려하면 이 같은 설명은 지나친 단순화라고 할 수도 있지만, 하나의 중요한 경향을 보여 주고 있는 것만은 분명하다.

1950~1960년대 개발경제학자들은 노동이주가 근대화에 필수적인 요소 중 하나라고 주장했다. 이들은 발전이 이주에 미치는 영향을 중요하게 여기고 연구하다가 이후에는 역으로 이주가 발전에 미치는 영향에 관해서도 연구했다. 이들에 따르면, 출신지역의 잉여노동 감소(그리고 그로 인한 실업 감소)와 이주자의 송금(이주자들이 본국에 있는 가족이나 공동체에 보내는 돈)을 통한 자본의 유입이 생산성과 소득을 증대할 수도 있다 (Massey et al., 1998:223).

1960~1970년대 모로코, 터키, 필리핀 같은 나라의 정부들은 이러한 관점을 공유하면서 자국민에게 서유럽이나 미국(이후에는 중동 산유국)으로 이주할 것을 장려했다. 이 나라들의 정부는 노동력 수출이 자국의 경제발전을 도울 것이라 주장했으나, 장기적으로 보았을 때 이러한 노동고용정책의 결과는 실망스러웠다. 터키에 관한 여러 연구(Paine, 1974; Abadan-Unat, 1988; Martin, 1991)에서 볼 수 있듯이 송출국이 얻는 경제적

이익은 미미한 수준이었다. 그 결과 "이주는 지역경제 발전의 전망을 해치고 경기 침체 및 종속 상태를 발생시킨다."(Massey et al., 1998:272)라는 부정적인 관점이 지배하게 되었다.

그렇다면 이주와 발전에 관한 "새로운 관심의 급증"(Newland, 2007)은 왜 발생하게 된 것일까? 국제기구와 이주민을 송출 또는 도입하는 국가의 정부들은 왜 모두 이주가 빈곤국의 발전에 중요하게 기여할 것이라는 믿음을 갖게 되었을까? 이것들이 이 장에서 다룰 주요 질문이다. 한편 이러한 논쟁이 어떠한 맥락에서 진행되고 있는지를 검토하는 것 역시 중요하다. 따라서 오늘날 진행되고 있는 전 지구화 및 사회변혁의 과정과 그것이 인구이동에 미치는 결과를 먼저 검토하기로 한다.

전 지구화

제2장에서 다룬 이주체계, 이주 네트워크, 초국가주의에 관한 이론들은 모두 이주가 여러 사회들이 맺고 있는 보다 폭넓은 관계망의 일부임을 이해할 필요가 있다고 강조했다. 이 이론들에는 세계체계 이론에 내포된 전 지구적 정치경제에 대한 관심이 반영되어 있었다. 그러나 1970년대 들어 전 지구화globalization 이론이라는 새로운 패러다임이 등장했으며, 이는 곧 국제이주에 관한 논쟁의 틀로 널리 받아들여지기 시작했다.

전 지구화에 대한 엄청난 양의 문헌들을 여기서 다 요약할 수는 없을 것이다. 심지어 정의를 제시하기조차 어렵다. 한 가지 방법은, 전 지구화의 특징을 "현대 사회생활의 모든 측면에서 이루어지는 전 세계적 상호연관성의 확장, 심화 및 가속화"(Held et al., 1999:2)로 규정하는 것이다. 따라서 전 지구화의 중요한 척도 중 하나는 금융과 무역에서부터 시작하여, 민주주의와 우수한 거버넌스good governance, 문화와 미디어 제작물, 환경오염과 (이 책의 맥락에서 가장 중요한) 사람 등을 포함하는 모든 종류의 국경을 넘는 이동이 급격하게 증가하는 것이라 할 수 있다. 이러한 이동을 조직하는 중요한 구조는 다국적기업, 국제기구 또는 (이미 언급한 바와 같이) 초국가적 공동체에서 발견할 수 있는 초국가적 네트워크이다. 또한 전 지구화를 작동시키는 주요한 메커니즘은 새로운 정보통신 기술과 저렴한 항공료이다(Castells, 1996). 컴퓨터의 보급에 힘입어 달성된 과학기술의 혁명이라는 개념은 전 지구화가 새롭고 불가피한 것이라는 생각의 구심점이 되고 있다.

전 지구화는 주로 경제 과정으로 묘사되는 경향이 있다. 과거 국가경제에 집중되었던 경제활동이 오늘날 국경을 넘어 넘쳐나는 현상을 설명하기 위한 것이다.

'전 지구화'는 가장 일반적인 관점에서 직접투자의 급증, 국경을 넘나드는 자본, 기술, 서비스 이동의 자유화 및 탈규제화, 그리고 전 지구적 생산체계—즉 새로운 전 지구적 경제—의 창출을 의미한다. (Petras and Veltmayer, 2000:2)

이러한 새로운 경제 세계의 주요 행위자는 다국적기업multinational corporations; MNCs—여러 국가에서 활동하는 대기업—과 전 지구적 금융 및 상품 시장이다. 전 지구화는 "기업의 수익성 논리에 이끌려 진행되고 있다"(Bello and Malig, 2004:85). 시장은 전자거래를 통해 꾸준히 국경을 넘어 작동하며, 어떤 국가의 통제도 받지 않는 것처럼 보인다. 전 지구화의 강력한 지지자들은 국민국가는 더 이상 쓸모없는 구시대적인 것이며, 시장과 소비자의 선택이라는 권력으로 대체될 것이라고 생각한다(Ohmae, 1995). 이러한 관점은 '작은 국가', 공공부문과 서비스의 민영화, 경제의 탈규제화, 전 지구적 경쟁을 위한 시장(특히 개발도상국 시장)의 개방 등 같은 신자유주의 원칙들과 연결되어 있다. 그러나 반대론자들은 전 지구화가 국가 복지 체계, 노동자의 권리, 민주주의에 초래하는 부정적인 결과를 강조한다(Martin and Schumann, 1997). 분명한 것은 전 지구화는 경제학적일 뿐만 아니라 규범적 또는 이념적 용어로 이해되는 정치적 과정이기도 하다는 점이다.

이 과정을 다루는 이론가들과 수많은 옹호자들이 보기에 이러한 흐름은 경제통합 및 사회변혁을 발생시키고, 그와 함께 새로운 세계질서를 만들어 냈다. 이 세계질서는 그 자체의 기관을 가지고 권력을 구성하며, 국민국가와 연계된 과거의 구조를 대체하고, 전 세계 모든 사람을 대상으로 새로운 삶의 조건을 창출해 왔다(Petras and Veltmayer, 2000:2).

페트라스와 벨트마이어(Petras and Veltmayer, 2000)는 다른 전 지구화 비판론자들과 마찬가지로 전 지구화란 완전히 새로운 세계질서가 아니라 15세기부터 지구 곳곳에 침투해 온 자본주의 세계경제 진화의 최신 단계일 뿐이라고 주장한다. 사실 경제가 통합되는 속도를 볼 때 1870년경부터 1914년까지 진행된 과거의 마지막 자본주의 거대팽창 시기와 비교해서 오늘날의 속도가 더 빠른 것은 아니다(Hirst and Thompson, 1996). 전 지구화 패러다임은 미국의 레이건Reagan 행정부와 영국의 대처Thatcher 정부가 주도한 신자유주의 전략의 맥락에서 등장한 것으로, 전후 호황기의 비교적 높은 임금수준과 복지국가를 후퇴시키고자 고안된 것이었다.

시장이 개방되고 조직화를 통한 노동의 보호가 제거되자 전통적 공업국가에서는 엄청난 사회변화가 발생했다. 생산이 멕시코의 마킬라도라maquiladoras[멕시코 북부의 미국 국경지대에 설립된 공업단지로 면세 부품과 원료를 수입하여 조립한 후 완제품을 미국으로 수출한다. 아시아 국가를 비롯한 많은 국가의 기업들이 미국으로 수출하는 제품을 값싼 노동력으로 제조하기 위해 설립했다.—옮긴이]나 동남아시아의 역외 생산지역 같은 저임금 경제로 이동한 결과 공업국에서는 좌파가 약화되었고, 빈국에서는 권위주의 정권이 성장하여 정치가 재편되었다(Froebel et al., 1980). 결국 전 지구화는 국민국가를 약화하는 것이 아니라 오히려 부국과 그 지배계급의 권력을 강화하기 위해 고안된 사실상 새로운 형태의 제국주의라 할 수 있다(Weiss, 1997; Hardt and Negri, 2000; Petras and Veltmayer, 2000). 이러한 사실은 2000년대 초반 미국의 신보수주의자들이 전 지구적 지배를 다시 행사하기 위해 세계에서 가장 강력한 군사조직의 지배권을 활용한 사실을 보면 더욱 명확해진다(Bello and Malig, 2004; Bello, 2006).

신자유주의적 세계경제 역시 통제 메커니즘이 필요한데, 이를 정하는 것은 개별 국가의 정부가 아니라 국제기구이다. 특히 국제통화기금International Monetary Fund; IMF, 세계은행World Bank, 세계무역기구World Trade Organization; WTO 같은 기구가 그 역할을 수행하고 있다. 이들의 임무는 허약한 경제나 사회적 취약계층을 보호하는 것이라기보다는 모든 경제와 사회가 냉혹한 경쟁에 개방되도록 ―특히 '구조조정 프로그램'을 사용해서― 하는 것이다. 이 기구들은 미국 재무부와 긴밀하게 연계되어 있으며 이들의 정책은 미국과 유럽의 이해관계에 강한 영향을 받는다. 그 결과는 여러 차례 엄청난 정책 실패로 나타났다. 특히 1990년대 러시아 경제의 구조조정과 아시아 금융위기 때 그러했는데, IMF의 처방을 따른 국가들은 극도로 부정적인 결과를 맞이했으며, 오히려 말레이시아처럼 IMF의 의견을 거부한 국가들이 더 나은 결과를 얻을 수 있었다(Stiglitz, 2002).

신자유주의적 전 지구화를 지지하는 핵심적인 주장 가운데 하나는 전 지구화가 빈곤국의 경제성장을 가속화할 수 있으며 따라서 장기적으로 빈곤이 감소하고 부유한 국가로 수렴될 수 있다는 것이다(Milanovic, 2007:34). 불평등을 측정하는 방법은 여러 가지가 있지만, 어디까지가 불평등이냐에 대해서는 논란이 많다(자세한 내용을 보려면 Held and Kaya, 2007 참조). 세계은행 빈곤연구부 선임경제학자인 밀라노비치는 한 연구를 통해 지난 20~25년간의 경향을 다음과 같이 요약했다.

중국과 인도가 선도적이었다. 라틴아메리카와 동유럽(중소득 국가들)은 쇠락했으며, 아프리카의 위상은 더욱더 약화되었다. 부국들(서유럽, 북아메리카, 오세아니아)은 비교적 빠르게 성장했다. 한편 국내 불평등은 거의 모든 국가에서 증대되었다. 또한 우리는 빈곤의 아프리카화를 목격하고 있다. 대부분의 아프리카의 국민들은 현재 극도의 빈곤상태에 처해 있으며, 이들 중 상당수는 실제로 1960년에 비해 더 가난해졌다. (Milanovic, 2007:33, 강조 표시는 원문의 것임)

밀라노비치는 전 지구적 불평등이 "아마 유사 이래 최대일 것"(Milanovic, 2007:39)이라고 지적했다. 따라서 전 지구화는 중대한 전 지구적 변화를 설명하는 패러다임으로는 흠이 있어 보인다. 전 지구화는 사실 세계가 어떻게 재편되어야 하는가에 관한 이데올로기이며 시장의 자유, 민영화와 탈규제에 관한 '워싱턴 컨센서스Washington consensus'로 요약될 수 있다(Stiglitz, 2002:67). 여기서 기본 전제는 "경제가 뒷받침된 문명의 지도력"(Saul, 2006:xi)이며, 이는 전 지구화는 필연적이며 이에 대한 저항은 의미도 없고 반동적인 것이라는 견해와 연결되어 있다. 일부 비판가들은 이 같은 이데올로기적 특징을 강조하기 위해 전 지구화globalization 대신 '전 지구주의globalism'라는 용어를 쓰기도 한다(Cohen and Kennedy, 2000; Petras and Veltmayer, 2000; Saul, 2006). 2005년에 이르러 일부 분석가들은 전 지구주의가 붕괴했으며 전 지구적 질서에 근본적인 변화가 일어나기 시작했다는 주장을 내놓았다(예를 들어 Saul, 2006).

그러나 정치적 기획으로서의 전 지구화와 경제적 과정으로서의 전 지구화를 구분하는 것은 중요한 일이다. 정치적 차원에서 볼 때, 현대 세계를 이해하는 방식으로서 전 지구화가 이념적인 지배를 하던 시기는 끝난 것 같다. 불평등의 증대, 분쟁의 증가, 더 빈곤한 국가를 위한 더 공정한 무역 기준 확보의 실패 등은 지구화가 원래의 약속을 저버렸다는 사실을 명백히 보여 준다. 신흥강국의 등장—특히 중국, 인도, 일본, 브라질, 남아프리카공화국—으로 인해 서구의 세계정치에 대한 지배력이 도전받고 있다. 세계는 사회적 행위자이자 경제적 규제자로서의 의미를 갖는 국민국가의 중요성을 재강조하는 시대로 접어들고 있는 것 같다.

한편 경제적 차원에서 볼 때, 세계 자본시장은 더욱더 통합되어 가고 있으며, 그 지배력이 쇠퇴할 조짐은 보이지 않는다. 쉬지 않고 실시간으로 운영되는 전자 증권거래소에서는 기존의 상품시장 및 금융시장에 더해 새로운 투기 상품(파생상품, 선물, 헤지펀드, 사모펀드 등)을 내놓고 있다. 민영화, 탈규제, 자유화의 흐름은 조금도 수그러들지 않고 있다. 지역경제와 국가경제는 국제적 생산과 무역 순환구조에 편입되어 거기에 맞게 완전히 변화되었다. 중국이나 인도 같은 신흥 경제대국들이 기존 공업강국들을 견제할 수도 있겠으나, 이들 역시 똑같은 경제법칙에 따라 작동하고, 자국의 이익을 위해 안정과 체제의 균형을 가장 중요하게 여긴다(Zhao, 2007).

21세기의 이주를 이해하는 데 있어 전 지구화는 중요한 배경이 된다. 한편으로 전 지구화는 이주를 유발하고, 이주의 방향과 형태를 변화시킨다. 다른 한편으로 이주는 전 지구화에 내재적인 한 부분이면서 공동체와 사회를 재편하는 주요한 동력이기도 하다. 전 지구화는 전 세계에 걸쳐 널리 퍼지고 있는 사회변혁의 과정을 주도하고 있다.

사회변혁

변혁transformation[폴라니의 transformation 개념은 '변환' 또는 '전환'으로 번역되어 왔으나 근본적 변화를 의미하기에 변혁이라고 옮겼다.―옮긴이]이란 사회가 조직되는 방식의 근본적인 변화를 뜻하는 것으로, 일상적으로 일어나는 지속적인 사회변동 과정을 넘어서는 개념이다(Polanyi, 1944와 비교). 변혁은 지배적인 권력관계에 중요한 변화가 생겼을 때 발생한다.

최근 경제, 정치, 군사 분야에서 일어나는 엄청난 변동이 이런 근본적인 변화에 해당한다. 전 지구화가 미치는 영향은 균질적이지 않다. 실제로 전 지구화는 세계 자본주의시장과 관계있는 특정 지역과 사회집단만을 포섭하고 나머지를 배제하는 과정으로 간주되기도 한다(Castells, 1996). 부국의 투자와 다국적기업이 빈국 경제에 침투함으로써 경제적 구조조정이 이루어지고, 이로 인해 일부 생산집단은 신경제에 포섭되는 반면, 나머지 집단은 자신들의 일자리가 사라지고 능력이 가치절하되는 상황을 겪게 된다. 따라서 경제적 전 지구화는 모든 지역에서 일어나는 심대한 사회의 변혁이라 할 수 있다. IMF를 비롯하여 여러 국제금융기구들이 이러한 연결성을 간과하여 "사회의 가장 기본이 되는 구조를 불필요하게 부식시킴으로써 개발계획을 지연시키는" 실패를 저지르고 말았다 (Stiglitz, 2002:76-77).

'선진국'과 '나머지 국가' 사이에 불평등이 급속히 확대되는 현상을 흔히 부국과 빈국 간 불평등North-South inequality이라 한다. 그러나 이 같은 일반적인 용어는 중요한 차이를 감추고 있다. 첫째, 많은 국가와 지역들은 이러한 이분법에 들어맞지 않는다. 구소련 지역의 '이행 경제transitional economy'나 아시아와 라틴아메리카의 '신흥공업경제'는 모두 중간적인 위치에 있기 때문이다. 둘째, 불평등의 확대는 주요 지역의 내부에서도 일어나고 있다. 빈국의 신흥 엘리트들이 초국가적 자본축적 회로 내에서 일정 역할을 하면서 이익을 얻는 반면, 과거 부국에서 공업 중심부에 있던 노동자들은 생계수단을 잃어버리고 있다. 유럽에서는 이러한 변화가 복지국가의 쇠퇴와 소수자 집단을 향한 인종차별의 증가라는 형태로 나타나고 있다(Schierup et al., 2006). 따라서 전체적으로 볼 때, 전 지구화는 부국과 빈국 간의 간극을 확대할 뿐만 아니라 각 지역 내에서도 불평등을 증대시키고 있다.

사회의 변혁은 흔히 농업에서 시작된다. 1980년대의 '녹색혁명'은 쌀 같은 작물에 신품종이 도입되면서 시작되었다. 새로운 작물은 더 많은 수확량을 보장해 주었지만 다른 한편 비료, 농약, 기계화 등과 관련해 큰 투자를 필요로 했다. 그 결과 생산성은 높아졌지만(최소한 일정 기간 동안만큼은 그러했으나, 때때로 토양이 고갈되면서 생산성도 하락했다.) 부농에게만 소유가 집중되는 현상도 발생했다. 빈농은 생계수단을 잃고 농지를 떠나야 하기도 했다. 오늘날에는 유전자 조작 종자의 도입까지 더해 이러한 현상이 계속되고 있다. 부유한 국가에서 농업 보조금을 지급하자 (특히 미국의 면화 생산 지원과 유럽의 공동농업정책) 빈곤국의 농민에게 가해지는 압력은 더욱 커졌으며(Oxfam, 2002), 그 결과 세계시장 가격은 침체에 빠져들게 되었다. 이러한 현상에 따른 결과 중 하나는 농민의 자살 증가로, 인도 정부의 기록에 따르면 지난 10년간 농민의 자살 건수는 15만 건에 달했다고 한다(Swift, 2007).

중국, 인도, 브라질 같은 신흥 공업강국들에서는 성장과 함께 도농 간 소득불평등이 엄청나게 확대되었다(Milanovic, 2007:35-39). 농토를 잃은 농부들은 상파울루, 상하이, 캘커타, 자카르타 등 같은 급성장 중인 대도시로 이주하고 있다. 2005년 현재 남부 아프리카의 판자촌이나 브라질의 파벨라스favelas[브라질의 빈민가인 파벨라favela는 19세기에 살 곳이 없던 군인들이 아프리카계 노예들이 살던 곳에 정착하며 시작되었다. 최근에는 도시로 이주한 농촌 출신 이주자들이 형성한 빈민가를 통칭하는 용어로 사용되고 있다.—옮긴이] 같은 빈민가 지역에 거주하는 인구는 약 10억 명으로 추정되며, 2030년에는 그 수가 두 배까지 증가할 것으로 추정된다(New Internationalist, 2006).

그러나 도시지역 일자리의 증가가 이를 쫓아가지 못하기 때문에 수백만 명의 신규 이주자들이 일할 수 있는 일자리는 소수에 지나지 않는다. 많은 사람들이 비공식 부문에서 비합법 또는 불안정 노동을 통해 간신히 생계를 유지하고 있다. 주거, 건강, 교육 수준은 매우 낮은 반면, 범죄, 폭력, 인권침해는 만연해 있다. 이러한 상황으로 인해 빈국 내의 성장 지역이나 부국으로 떠나 좀 더 나은 생활수준을 누리고자 하는 강력한 동기가 발생하게 된다. 그러나 국제이주는 선별적이다. 이동에 드는 높은 비용을 감당할 수 있는 재정적 자본과 해외에 있는 기회와 연결할 수 있는 사회자본을 가진 사람만이 이주에 성공할 수 있다.

전 지구화에 내재하는 사회변혁이 경제적으로 잘 사는 데에만 영향을 미치는 것이 아니라는 점은 명백하다. 저개발국가에서 전 지구화는 폭력의 증가와 인간안보의 부재를 야기하기 때문이다. 더 많은 사람들이 난민이나 국내실향민이 되어 고향을 떠날 수밖에 없게 되었다(제8장 참조). 빈국에서는 1960년대부터 탈식민 독립과 국가 건설을 위한 투쟁이라는 맥락에서 분쟁, 일반화된 폭력, 그리고 대량탈출 상황이 나타나기 시작했다(Zolberg et al., 1989). 지역분쟁은 강대국들이 자신들이 후견하는 국가에 현대적 무기를 제공하면서 동서대립의 대리전이 되었다.

또한 빈국의 많은 지역에서 지속 가능한 경제성장과 안정적인 국가 건설이 실패하면서 1980년대부터 이러한 분쟁은 더욱 가속화되었다. 국제전보다는 종족 분할, 국가 건설 문제, 경제적 자산을 다투는 경쟁 등과 관련한 내전이 증가했다. 이러한 분쟁으로 인해 살해당하는 사람들의 90퍼센트는 민간인이다. 전략적 목적을 이루고자 인구의 대량축출이 벌어지기도 하는 등 '새로운 전쟁'으로 인해 강제이주가 급증했다(Kaldor, 1999). 폭력에 영향을 받은 사람들 대다수는 고향에서 도피하여 자국 내 또는 지역 내의 다른 국가(보통 똑같이 가난한)에서 피난처를 구한다. 그러나 일부는 북반구에 위치한 보다 잘 사는 국가에서 더 많은 안전과 자유(그리고 더 나은 생계)를 찾을 수 있기를 희망하며 비호를 구하기도 한다. 이러한 현실을 놓고 글로벌국제이주위원회Global Commission on International Migration; GCIM는 국제이주는 '개발, 인구문제, 민주주의'로 인해 발생한다고 논평했다(GCIM, 2005:12).

한편 전 지구화는 이동을 쉽게 만드는 신기술의 발명에 도움을 주기도 한다. 항공수단을 훨씬 더 값싸고 쉽게 이용할 수 있게 되었으며, 전자매체를 통해 세계에서 가장 부유한 곳의 모습들이 가장 외딴 마을까지 퍼져 나가게 되었다. 전 지구화는 이동에 필요한 문화자본을 창출해 내기도 한다. 전자통신을 통해 이주경로와 취업 기회에 관한 정보가 더 쉽게 확산되고 있다. 전 세계의 많은 소외집단이 이주를 통해 잘살 수 있는 기회를 얻게 될 것이라 믿고 필사적으로 이주하려고 한다. 또한 전 지구화는 이주에 필요한 사회자본을 창출해 낸다. 공식적 정책을 통해 이주를 막으려 해도 비공식적 네트워크를 통해 이주가 이루어질 수 있으며, 이를 가능케 하는 '이주 산업'은 가장 빨리 성장하고 있는 국제 산업 가운데 하나이다. 빈국의 많은 지역들이 경제적으로 전 지구화된 경제에 적응하지 못하고 있지만, 이주 네트워크는 빈국과 부국을 다시 연결하는 데 도움을 주고 있다(Duffield, 2001).

이주가 사회변혁의 한 결과일 뿐만 아니라 그 자체로 해당 사회에 피드백 효과를 주는 사회변혁의 한 형태라는 점은 명백하다. 이 흐름과 네트워크는 국제지역the regional, 전국the national, 지역the local 등 서로 다른 공간적 차원에서 각기 다른 형태를 띠면서 전 지구화를 구성한다. 이 차원들은 서로 대립되는 것이 아닌 복잡하고 역동적인 관계를 이루는 제 요소들로 이해되어야 한다. 그 관계 속에서 전 지구화의 동력들은 서로 다른 구조적·문화적 요인에 기초하여 다양한 영향력을 행사하며 서로 다른 차원에서 상호 반응한다(Held et al., 1999:14-16 참조). 역사적 경험, 문화적 가치, 종교적 신념, 제도, 사회구조는 모두 외부의 힘의 영향을 전달하고 형성하며, 또한 각각의 공동체와 사회마다 다른 결과를 발생시키는 다양한 형태의 변화와 저항을 만들어 낸다.

대부분의 사람들이 이주와 그 영향을 현저하게 경험하는 차원은 지역이다. 이는 사회변혁으로 인해 사람들이 자신의 공동체를 떠나 다른 곳으로 이동해야 할 때 특히 더 그러하다. 예를 들어 농경방식이나 토지소유관계의 변화, 다국적기업에 의한 생산의 변화, 개발계획(댐, 공항, 공장 등) 등과 같은 변화는 사람들을 물리적으로 이주하게 만드는 원인이 될 수 있다. 활동력 있는 청년들의 이향, 젠더 불균형, 재정적 또는 사회적 송금 등은 모두 지역공동체의 환경을 변혁시킨다. 마찬가지로 이주를 받아들이는 지역에서도 이주는 지역사회의 경제 구조조정과 사회적 관계에 영향을 끼치는 방식으로 그 힘을 내보인다.

국가의 차원도 간과해서는 안 된다. 전 지구화 옹호자globalist들은 국민국가가 약화되고 있다고 주장하지만, 1945년 유엔이 설립될 당시 50개 국에 지나지 않던 국민국가 회원국은 현재 192개까지 늘어났다. 국민국가는 여전히 중요하며 앞으로도 한동안은 그러할 것이다. 국민국가는 국경을 넘는 이동, 시민권, 공공질서, 사회복지, 보건서비스, 교육 등에 관한 정책이 집행되는 곳이다. 국민국가는 상당한 정치적 중요성을 지니고 있으며 중요한 상징적·문화적 기능을 갖고 있다. 그러나 의사결정이나 계획 수립에 있어 국경을 넘나드는 요소를 더 이상 무시할 수도 없다. 그 결과 가운데 하나로 유럽연합EU, 북미자유무역협정North American Free Trade Agreements; NAFTA, 서아프리카경제공동체Economic Community of West African States; ECOWAS 등과 같은 기구를 통한 국제지역 협력의 중요성은 점점 더 증대되어 가고 있다.

이주와 관련해 보았을 때 전 지구화와 사회변혁으로 인해 초래된 불평등은 특히 더 명확히 드러난다. 차별화된 이주체계는 고급 기술인력의 이동을 장려하는 반면, 미숙련노동자와 박해를 피해 오는 사람들은 배제한다. 바우만이 주장한 것처럼 전 지구화된 세계에서는 "이동이야말로 가장 강력하고 가장 갈구되는 계층화 요인이다"(Bauman, 1998:9). "부자는 전 세계를 다니지만 가난한 자는 사는 곳을 떠나지 못한다"(Bauman, 1998:74). 이주 통제와 다양한 범주의 이주자들에 대한 차등적 처우는 새로운 형태의 초국가적 계급구조의 기반이 되었다. 전 지구화는 자본과 자본의 수익성 창출에 가장 큰 영향을 미치는 전문가들의 자유로운 이동을 위한 것일 뿐이며, 미숙련 노동자 앞에는 매우 엄격한 제한적 법체계가 놓여 있다.

이주와 발전

이제 이 장의 주된 질문으로 돌아와 보자. 이주는 송출국의 발전을 촉진하는가 아니면 저해하는가? 과거에는 활동력 있는 노동자들이 —특히 전문 기술을 가진 이들이— 떠나서 생기는 손실, 즉 두뇌유출로 인한 손실보다 송금으로 얻는 이익이 더 큰가 하는 것이 주된 의제였다(Newland, 2003). 보통 이주를 떠나는 사람들은 그가 생산직 노동자든 대학교육을 받은 전문직이든 '가장 우수하고 명석한' 사람들이라는 공통점을 가지고 있다(Ellerman, 2003:17). 타국으로의 이민 때문에 발전에 필요한 젊고 활동력 있는 노동자가 부족해질 수 있다. 사실 일부 국가의 지도자들은 이민을 떠나는 사람들을 '국가적 탈영자'로 간주하기도 했다(Khadria, 2008).

그러나 요즘 들어서는 이주가 발전에 미치는 긍정적인 영향이 정책 입안 시 중점적으로 다루어지고 있다. 이 주제에 대한 공식 회의와 보고서의 수는 어마어마하게 많다(예를 들어 GCIM, 2005; World Bank, 2006; DFID, 2007). 2006년 9월에 열린 유엔총회에서는 이주와 발전을 주제로 장관 및 고위관료들이 참여한 고위급 회담이 개최되었다. 그 결과로 이주와 발전에 관한 글로벌 포럼이 구성되었으며 이 포럼은 2007년 브뤼셀, 2008년 마닐라에서 개최되었다. 인도 같은 송출국에서 이주자들이 '천사' 또는 '개발영웅'으로 재정의되는 현상과 궤를 같이 하여(Khadria,

2008), 저개발국으로 유입되는 송금의 빠른 성장이 주된 관심사가 되어 왔다(Ghosh, 2006; World Bank, 2006). 최근 들어서는 디아스포라 이주자들이 본국의 발전에 기여할 수 있는 잠재적 역할에 대한 쪽으로 관심이 옮겨지고 있다(IOM, 2005; Newland, 2007).

카푸르(Kapur, 2004)는 송금이 새로운 '발전 주문'이 되었다고 지적하면서, 이주자가 고향으로 보내는 돈이 지역, 국제지역, 국가적 개발을 촉진할 것이라 여겨지고 있다고 하였다. 또는 덜 긍정적인 관점에서 본다면, 이러한 견해는 공식원조 프로그램이 실패한 지역의 개발을 위해 세계에서 가장 착취당하는 노동자들이 자본을 제공해야 한다는 것을 뜻한다고 할 수도 있다. 이 '새로운 주문'이라는 인식을 확장하여 이주가 개발에 가져올 수 있는 모든 종류의 이익을 생각해 보는 것도 유용하다. 다음은 그러한 예이다.

- 이주자의 송금은 송출국의 경제개발에 중대한 긍정적 효과를 가져 올 수 있다.
- 이주자들은 고향으로 기술과 태도를 이전한다. 이를 가리켜서 '사회적 송금'이라고 한다.
- '두뇌유출'은 '두뇌순환'으로 대체되고 있으며, 따라서 송출국과 수용국 모두에 이로움을 제공한다.
- 단기취업 (또는 순환) 노동이주는 발전을 자극할 수 있다.
- 이주민 디아스포라는 자원이나 사상의 이전을 통해 발전의 강력한 동력을 제공할 수 있다.
- 경제발전은 밖으로의 이주를 감소시킬 것이다.

1990년대에 매시 등(Massey et al., 1998:272)은 이주와 발전 간의 관계에 대하여 이루어진 이론적 해석과 자료 수집 모두에 결함이 있었다고 지적했다. 비록 최근 들어 노력을 기울이고 있기는 하지만, 여전히 부족한 부분이 많다. 세계은행 정책연구 조사보고서World Bank Policy Research Working Paper에 따르면 이주와 발전 간의 관계는 "정착되지도 않았고 해결되지도 않았다"(Ellerman, 2003). 한편 뉴랜드(Newland, 2007)는 "이주와 발전 간의 연관성에 대한 근거가 여전히 매우 약하다."라고 주장했다. 위에 나열한 모든 요소들은 여전히 복잡하고 논쟁적이다. 이제 이들을 차례로 논의해 보자.

경제적 송금

이주자가 고향으로 보내는 돈은 많은 저개발국가에서 중요한 경제적 요소가 되고 있다. 유엔개발계획United Nations Development Programme; UNDP의 추산에 따르면 5억 명(전 세계 인구의 8%)이 송금을 받고 있다고 한다. 송금은 저소득 가계에 직접 흘러가기 때문에 빈곤 감소에 직접적인 효과를 보인다(Newland, 2007). 세계은행은 이주자들이 공식경로를 통해 개발도상국으로 이전하는 액수의 총액이 2006년 기준으로 1,990억 달러에 달한다고 추산했으며, 이는 2001년보다 107퍼센트가 증가한 수치이다(World Bank, 2007). 한편 비공식 경로를 통하여 송금되어 집계에서 누락된 금액은 집계된 금액의 50퍼센트 이상을 차지한다.

> 이러한 미집계 금액을 포함한 송금액의 실질규모는 외국인 직접투자 액수보다 더 크며 개발도상국이 받는 공식원조의 두 배 이상에 달한다. 송금은 많은 개발도상국의 국외 자금조달 부문에서 가장 큰 부분을 차지하고 있다. (World Bank, 2007)

이렇게 많은 이주자들이 비공식 경로를 통해 돈을 보내는 주된 이유는 보통 은행이나 송금기관(웨스턴유니언Western Union이나 머니그램MoneyGram

등)의 송금수수료가 비싸기 때문이다. 최근 여러 정부들은 이주자들이 합법적인 송금으로 실질적인 혜택을 누릴 수 있도록 관련 비용을 줄이고 보다 편리하게 송금할 수 있는 조치들을 내놓고 있다. 글로벌국제이주위원회 역시 다양한 방안들을 제시하였다(GCIM, 2005:27-28). 영국 정부의 국제개발부Department for International Development; DFID는 '고국 송금' (www.sendmoneyhome.org)이라는 웹사이트를 만들어서 "가장 저렴하고 효율적인 송금방식에 대한 정보를 확인하여 선택할 수 있도록" 돕고 있다(DFID, 2007:17).

모든 송금의 흐름이 부국에서 빈국으로 향하는 것은 아니다. 개발도상국 출신 이주자 가운데 거의 절반은 다른 개발도상국에서 일하고 있으며, 빈국에서 빈국으로 향하는 송금은 전체 송금 흐름의 10~29퍼센트에 달하는 것으로 추정된다(Ratha and Shaw, 2007).

표 3.1은 일부 개발도상국이 받는 송금에 관한 자료이다. 송금액이 가장 많은 국가는 인도와 중국인데, 이 두 국가는 인구 규모에 비해 상대적으로 국제이주가 적다. 그다음으로 멕시코, 필리핀, 모로코 순이며, 이들은 이주를 떠난 인구의 비율이 높은 국가들이다. 그러나 송금이 국

표 3.1 **2004년 10대 송금 수령국과 국내총생산GDP 대비 송금액 비율이 높은 10개국**

국가	송금액 (단위: 미화 10억 달러)	국가	GDP 대비 송금액 비율 (단위: %)
인도	21.7	통가	31.1
중국	21.3	몰도바	27.1
멕시코	18.1	레소토	25.8
필리핀	11.6	아이티	24.8
모로코	4.2	보스니아-헤르체고비나	22.5
파키스탄	3.9	요르단	20.4
브라질	3.6	자메이카	17.4
방글라데시	3.4	세르비아-몬테네그로	17.2
이집트	3.3	엘살바도르	16.2
베트남	3.2	온두라스	15.5

출처: 세계은행, 2006.

내총생산GDP에서 차지하는 부분에 대한 자료를 보면 여러 소국들이 이주자 송금에 경제적으로 극심하게 의존하는 것으로 나타난다. 통가, 몰도바, 레소토, 아이티 등지에서는 본국의 일자리가 매우 부족해서 노동시장에 신규 진입하는 청년들이 일자리를 가지려면 해외로 이주하는 것이 당연시되고 있다. 송금은 송출국의 거시경제에 중요한 영향을 줄 수 있다. 2005년에 인도로 보내진 송금액은 인도 정부가 교육과 보건에 지출한 금액의 두 배 이상에 달하는 것으로 나타났다. 해외 거주 인도인들에 의한 투자 역시 주식시장과 부동산 시장이 성장하는 데 중요한 역할을 하였다(Chishti, 2007).

그러나 송금의 흐름은 이주 과정이 성숙함에 따라 감소할 수 있다. 예를 들어 1990년대 터키로 보내진 송금액은 1998년 540억 달러로 최고조에 이르렀다가 2003년에 이르러서는 170억 달러로 감소했다. 이것은 타국으로 향하는 이민이 감소하고 서유럽에 거주하는 기존 이주자들이 영구 정착을 하게 되면서 발생한 결과 중 하나이다(Avci and Kirişci, 2008). 그러나 송금이 항상 감소하는 것은 아니다. 일부 연구에 따르면 장기적인 초국가적 연계가 발달하기도 하고, 정착한 이주자들—심지어 수용국의 시민권을 취득한 경우에도— 역시 장기간 계속해서 고국에 있는 가족들을 지원하기도 한다. 이들의 직업 상황이 더 나아지면 고향으로 송금할 수 있는 능력은 더 커지기 마련이다(Guarnizo et al., 2003).

송금은 이주자의 사유 재산이다. 그들의 고된 노동의 산물이며 때로는 위험을 무릅쓰고 일한 대가이다. 이주자들이 고향으로 돈을 보내는 것은 주로 가족의 생활수준을 향상하기 위해서이다. 송금은 예를 들어 더 나은 영양 상태를 만들어 주는 식품 구입이나 주거, 소비재 구입 등에 쓰이기도 하고 결혼식, 장례식 등의 행사를 치르는 데 쓰이기도 한다. 송금은 이주자의 가계에 도움을 주고 빈곤 감소에 기여한다. 예를 들어 인도 케랄라Kerala 주의 경우 국내총생산에서 송금액이 차지하는 비율이 22퍼센트나 되는데, 그 대부분은 중동 산유국에서 일하는 인도 노동자들이 보낸 것이다(Chishti, 2007). 그러나 송금이 항상 발전에 기여하는 것은 아니다. 송금은 이주자와 비이주자 간의 불평등을 증대하거나 토지나 다른 부족한 자원의 가격 인플레이션을 유발하는 등 부정적인 효과를 불러올 수도 있다(Massey et al., 1998:257-262 참조).

이러한 부정적인 관점에 반대되는 연구 결과도 있는데, 이주자의 가족이 송금받은 돈을 건강과 교육 수준의 향상에 사용함으로써 노동력의 생산성을 높인다는 것이다. 그뿐만 아니라 이주자와 그 가족들은 농업과 농촌 산업에 직접 투자하기도 하며, 이는 기술과 소득을 향상하는 데 공헌한다(de Haas, 2006a). 또한 이주자 가족의 소비는 공동체 내에서의 수요와 고용을 창출한다. 심지어 자동차의 구매나 호화로운 결혼식도 경제적으로 유익한 '파급효과'를 가지고 있다. 노동이주에 관한 새로운 경제학(제2장 참조)은 이러한 효과를 강조하면서 송금이 투자, 소득 다양화를 촉진하며, 사회보험제도가 부재한 국가에서 보험의 역할을 할 수 있다고 주장한다.

비교적 고소득 국가에 거주하는 난민들도 직업을 구하면 고향으로 송금을 한다. 이 금액은 무기나 전투병에게 필요한 물자를 구입하는 데 쓰여서 분쟁 유발을 부추길 수도 있지만, 전후 상황에서 재건(과 장기적 개발)의 소중한 자원이 될 수도 있다(Nyberg-Sørensen et al., 2002).

최근에는 '집단송금'의 성장에 주목하는 연구가 많다. 집단송금은 이주자 단체들이 회원들의 자원을 한데 모아 출신지역에 도로를 건설하고, 학교, 교회, 의료시설 등의 시설을 개선하는 등 지역 향상을 위해 사용하는 것을 말한다. 미국에 거주하는 멕시코인들의 향우회가 널리 알려진 사례이며, 유럽과 미국에 거주하는 아프리카인, 일본 등 아시아 국가에 거주하는 필리핀인, 말레이시아인, 인도네시아인도 이러한 단체를 운영하는 것으로 알려져 있다. 향우회에서 주도적인 역할을 맡고, 집단

송금을 하는 이들은 장기거주 이주자인 경우가 많다(Orozco and Rouse, 2007). 한편 멕시코 정부는 향우회를 통해 고향으로 오는 돈에 1달러를 더 보태 주는 방식의 집단송금 장려책을 내놓았다. 멕시코의 사카테카스Zacatecas 주 같은 일부 주에서는 주정부가 추가로 1달러를 보태고 시(군)정부municipality가 1달러를 더 보태서 '트레스 포르 우노Tres por Uno'(1달러를 3달러로) 시책을 운영하기도 한다(Ellerman, 2003:22-23). 그럼에도 불구하고 집단송금은 개별적으로 가족들에게 보내는 돈의 극히 일부에 지나지 않는다. 오로스코와 라우스(Orozco and Rouse, 2007)에 따르면 2005년에 멕시코 출신 향우회들이 개발 프로젝트를 위해 모은 돈은 약 2,000만 달러였고 거기에 공공기금 6,000만 달러가 보태어졌다. 그러나 이 액수는 2006년 멕시코로 보내어진 전체 송금액 약 20억 달러와 비교하면 매우 적다.

많은 연구들이 송금 그 자체로는 경제적·사회적으로 지속 가능한 발전이 자동적으로 발생하지 않는다는 것을 확인시켜 주고 있다. 또 많은 이주자들이 목적지 나라로 자본을 가지고 나간다는 점 역시 잊어서는 안 된다. 특히 교육비 목적으로 말이다. 빈국에서 부국으로 흐르는 이러한 '조용한 역류'에 대해서는 현재 자료가 거의 없다(Khadria, 2008). 2006년 세계은행 보고서는 송금에 대해 좀 더 조심스럽게 접근해야 한다고 주장하면서, 송금의 효과가 과대평가된 반면, 이와 관련한 개발도상국에서의 사회적 및 경제적 비용은 고려되지 않았다고 지적했다(Lapper, 2006). 송금과 경제성장 간의 관계가 긍정적이라는 주장은 출신국의 통치방식과 경제정책을 개선하는 적절한 정책이 존재할 때만 적용될 수 있다. 건전한 재정 시스템, 안정적인 통화, 유리한 투자환경, 투명한 행정은 필수적이다(GCIM, 2005). 다시 말해, 송금이 생산적으로 이용될 수 있도록 유도하고, 그 반대 방향으로 가지 않게 하기 위해서는 개발계획이 필요하다.

사회적 송금

'사회적 송금'이라는 용어는 비교적 최근에 등장했다. 그러나 사람들의 태도와 행위형태가 선진국에서 저개발국으로 이전됨으로써 발전에 영향을 줄 수도 있다는 믿음은 이미 오래전부터 있어 왔다. 최근 영국 정부의 정책문서에서 이에 대하여 매우 긍정적인 평가가 발견된다(DFID, 2007:18).

레비트는 사회적 송금을 "수용국 사회에서 송출국 사회로 흐르는 사고방식, 행위형태, 정체성, 사회자본"이라고 정의했다(Levitt, 1995:926). 레비트는 도미니카공화국의 한 마을에서 주민의 65퍼센트가 미국 보스턴 등지로 이민을 떠난 후 이 마을에 생긴 변화에 대해서 연구한 바 있다. 그는 초국가적 공동체의 형성에 사회적 송금이 중요한 역할을 한다는 점을 밝히면서, 사회적 송금이 지역 단위의 행동 및 태도와 글로벌 경제를 연결하는 문화전파의 한 형태라고 주장했다. 그러나 레비트에 따르면 사회적 송금이 미치는 영향은 "긍정적일 수도 부정적일 수도 있다. 수용국 사회에서 배운 것들이 건설적인 것일지, 송출국에 긍정적인 효과를 가져다줄 것인지는 보장할 수가 없다"(Levitt, 1995:944).

최근 실시된 이민의 효과에 대한 5개국 사례연구에 따르면 사회적 송금에 대하여 서로 엇갈리는 경향을 발견할 수 있다(Castles and Delgado Wise, 2008). 긍정적인 측면으로는 인도, 모로코, 터키에 대한 연구결과가 모두 이주를 통해 태도와 기술이 전달되어 변화를 일으키고 발전에 긍정적인 영향을 주었다는 사실을 보고하고 있다는 점을 들 수 있다. 그러나 부정적인 측면을 보면, 바로 그 성공적인 이주가 발전에 장애가 되는 것으로 드러나기도 한다. 희망적인 사례들이 고향 마을로 전파되어 고임금경제 지역으로 이주하는 것이 위험하지도 않고 많은 이익을 얻을 수 있는 일이라고 알려진다면, 이주를 더욱 부추기는 결과를 낳을 수 있다. 그 결과 젊은이들이 외국에 나가 일하는 시간을 보내는 것을 당연한 '통과의례'로 여기게 되는 '(밖으로의) 이민 문화'가 생겨나게 된다. 이러한 현상은 멕시코, 모로코, 필리핀의 사례연구에서 발견할 수 있다. 이처럼 가장 생산적인 시기의 젊은이들의 부재는 사회변동과 경제성장에 부정적인 영향을 가져올 것이 명백하다.

사회적 송금은 이주자들이 일시적으로 또는 영구적으로 귀환했을 때, 비이주자가 외국에 있는 친지를 방문했을 때 이루어지기도 하고 또는 전화, 편지, 비디오 등을 통해서 이루어지기도 한다(Levitt, 1998). 그러나 외국에 거주하는 이주자의 상황에 따라 많은 부분들이 달라진다는 점 역시 분명하다. 노동착취, 열악한 주거, 차별 등을 겪은 사람들은 긍정적인 가치를 고향에 이전하지 않는 경향이 많다. 이는 특히 범죄적 하위 문화에 끌려들어가 있는 사람의 경우에 더욱 그러하다. 라틴아메리카 국가들에 대한 연구에 따르면, 미국에 거주하는 이주자 청소년 중 일부는 폭력조직에 가입한다. 이들이 강제추방되면 지금껏 그런 것이 없던 곳에 마약, 폭력, 불법성 등을 가지고 돌아온다.

긍정적인 사회적 송금이 이루어졌다고 해서 곧바로 개혁이 달성되는 것은 아니다. 개혁을 이루려면 현금 송금과 마찬가지로 새로운 태도와 행위형태, 능력을 발전 친화적인 경제사회적 개혁과 연계할 수 있는 정책적 접근이 송출국에 마련되어 있어야만 한다. 의도적으로 특정한 종류의 사회적 송금의 흐름을 활성화할 수도 있으나(Levitt, 1998:944), 이는 이주의 이익을 극대화하여 발전에 기여하고자 하는 총체적 정책의 틀 안에서만 실행될 수 있을 것이다.

선진국에서 저개발국으로 '옳은'(다시 말해 서구적인) 태도와 행위형태를 이전하면 긍정적인 변화가 생길 것이라고 생각하는 것은 19세기 유럽이 식민지에서 행했던 '문명화 사명civilizing mission'의 사고방식으로 되돌아가는 것이다. 또한 이는 1950년대와 1960년대 근대화 이론(Rostow,

1960)의 핵심 명제이기도 했다. 근대화 이론에 따르면 "발전은 '옳은' 방향(즉 가치와 규범)이 비서구 세계의 문화에 스며들게 하여 사람들이 서구의 선진화된 부를 창출하는 근대적 정치경제 제도에 참여할 수 있게 하는 것에 대한 문제이다"(Portes, 1997:230). 이러한 정책은 개발을 촉진하고 가난한 사람들의 생활수준을 향상하는 데 실패했다. 오늘날에는 이와 비슷하게 신자유주의 전 지구화 이론이 서구의 민영화 및 기업 중심 모델이 개발에 핵심적이라는 주장을 하고 있지만, 이러한 방식은 지금까지 불평등만 키워 왔다. 서구적 태도와 행태를 빈국이 수입하는 것이 유용한지에 대해서는 일정 정도 회의적인 태도를 취하는 것이 바람직해 보인다.

두뇌유출 또는 두뇌순환?

1950년대에 대학교육을 받은 인도인들의 이민이 점차 증가하자 (초기에는 주로 영국으로 갔다.) 인적 자본의 손실에 대한 우려가 생기기 시작했고 두뇌유출brain drain이라는 용어가 생겨났다. 개울 같던 작은 흐름은 1965년 미국 이민·국적법이 개정되자 홍수 같은 흐름이 되었다. 1975년까지 인도에서 미국으로 이주해 간 엔지니어, 의사, 과학자, 교수, 교사와 그 가족들의 수는 10만 명에 달한다(Khadria, 2008). 호주와 캐나다 역시 유럽인만 받아들이던 차별적 법률을 개정하고 기술이민을 장려하기 시작했다. 라틴아메리카, 아시아, 아프리카에서 탈식민화와 교육제도 개선이 이루어지면서 고급 전문인력의 유출은 더욱 증가했다. 한 연구에 따르면 1990년대 말 현재 산업국의 연구개발 분야에서 일하고 있는 개발도상국 출신 엔지니어와 과학자의 수는 40여만 명에 이른다. 참고로 개발도상국의 같은 분야에서 일하고 있는 사람은 120만 명 정도이다 (IOM, 2005:173).

최근에는 인적 자본을 유치하기 위한 전 지구적 경쟁이 격화되고 있으며, 그에 따라 많은 이민국가들은 경영, 엔지니어, 정보통신 기술, 교육, 의료 분야의 기술을 가진 사람들이 효과적으로 자유롭게 이동할 수 있도록 하는 선별적 입국제도를 시행하기 시작했다. 고급기술 인력의 순환은 대부분 선진국 사이에서 일어나지만 상당한 부분은 남반구에서 북반구 쪽을 향해 이루어진다. 이러한 현상으로 인해 빈곤국은 필수 서비스 제공 및 경제사회적 개발을 위해 필수적인 인력을 박탈당할 수도 있다(GCIM, 2005:23-25).

이는 의료인력과 관련된 문제에서 특히 잘 드러난다. 2000년 기준으로 경제협력개발기구OECD 국가들에 고용된 간호사의 11퍼센트와 의사의 18퍼센트는 외국에서 출생한 사람이었다(OECD, 2007:162). OECD의 연구에 따르면 2000년 이후에 선진국으로의 의료이주가 크게 급증했다(OECD, 2007:181-182). 2005년에 미국에서 일하는 외국 출신의 보건의료 노동자 수는 150만 명에 달했는데, 이는 이 분야에 고용된 모든 인력의 15퍼센트에 해당한다(Clearfield and Batalova, 2007). 미국의 의사 가운데 4분의 1, 영국의 의사 가운데 3분의 1은 외국에서 교육을 받은 사람이다(OECD, 2007:181). 영국의 국민의료보험제도National Health Service의 경우, 2002년 기준으로 산하에 있는 간호사 가운데 외국 출신이 3만 명 이상에 달했으며, 특히 아프리카와 아시아에서 교육받은 인력에 크게 의존했다(Alkire and Chen, 2006:104-105). 이주자 보건노동자들은 유연한 노동력을 제공하기 때문에 야간이나 주말에 계속해서 서비스를 제공하기 위해서는 필수적이다(OECD, 2007:164).

반면 송출국은 중요한 인적 자원을 빼앗기고 있다. 2000년 당시 OECD 국가들에 간호사를 가장 많이 공급한 국가는 필리핀(11만 명)이었으며, 의사의 경우는 인도(5만 6,000명)였다. 작은 국가들의 경우 그로 인해 받는 영향이 더 심각한 경우가 많은데, 특히 카리브 해, 태평양, 아프리카 지역 국가들이 그러하다. 의사의 해외거주 비율이 50퍼센트가 넘는, 다시 말해 자국에서 출생했으나 출신국보다 OECD 국가에서 일하는 의사가 더 많은 나라는 아이티, 피지, 모잠비크, 앙골라, 라이베리아, 시에라리온, 탄자니아 등이다. 자국 출신 의사 중 해외거주 비율이 40퍼센트가 넘는 나라는 자메이카, 기니비사우, 세네갈, 카보베르데, 콩고, 베냉, 토고 등이며, 30퍼센트가 넘는 나라는 가나, 케냐, 우간다, 말라위 등이다. 아이티와 자메이카의 경우 자국 출신 간호사의 약 90퍼센트가 OECD 국가에서 일하고 있으며, 필리핀, 멕시코, 사모아, 모리셔스 역시 상당한 수의 간호사를 부유한 나라에 공급하고 있다(OECD, 2007:176-177).

이러한 손실은 인구에 비해 의료기술 인력이 매우 적은 국가의 경우에 심각한데, 세네갈 같은 프랑스어권 아프리카 국가들이 특히 그러하다. 말라위의 경우는 특히 관심의 대상이 되고 있는데, 국가 전체가 에이즈와 싸우고 있지만 이 나라 출신의 수많은 의사와 간호사들은 더 높은 수준의 임금과 환경을 좇아 영국으로 떠나고 있다(GCIM, 2005:24). 필리핀이나 카리브 해 지역 국가들의 경우에는 타국으로 이주하고자 하는 의료인력을 전문적으로 교육하는 기관이 운영되고 있다. 이런 나라들의 상황은 앞선 나라들의 상황보다 덜 심각한 편이지만, 그럼에도 불구하고 손실에 대한 우려는 존재한다. 그런 우려는 이주하기에 용이하다는 이유로 의사들이 간호사가 되기 위해 재훈련을 받는 일이 빈번하게 일어나는 경우—필리핀의 경우가 그러하다—에 특히 심하다(Asis, 2008).

일부 이주자들은 자격증을 인정받지 못하거나 자신이 가진 기술에 걸맞은 일자리를 찾는 데 실패한다. 웨이터로 일하는 외과의사라든가 공사장에서 일하는 엔지니어 같은 이야기는 일부 사람들에게 실제로 벌어지고 있는 일이다. 이주에 대한 계획을 세울 여유가 없었거나 피난할 때 자격증을 챙기지 못한 난민들은 그 가운데서도 가장 열악한 경우이다.

영국에서는 난민학자지원위원회Council for Assisting Refugee Academics; CARA[정치적 박해나 갈등 때문에 본국에 귀환하여 연구를 지속하지 못하는 학자들을 지원하는 단체이다. 이 단체는 인종적 탄압이나 정치적 박해로 귀환하지 못한 독일 출신 학자들을 지원하기 위해 1933년에 설립되었다.—옮긴이]가 이러한 난민들을 지원하고 있다(www.academic-refugees.org). 경제적 이주자들 역시 유사한 영향을 받는데, 고등교육을 받은 남반구 출신 간호사들이 미국이나 유럽에 가서는 노인들의 입주 간병인으로 일하게 되는 것이 그러한 예이다. 해외에 나가 있는 동안 자신의 기술을 활용하지 못한 이주자들은 (만일) 고국으로 돌아왔을 때도 기술의 북→남 이전에 기여하지 못할 것이다.

빈곤국에서 선진국으로 향하는 인적 자본의 이동은 '취업의 경로'를 통해서만이 아니라 '학문적 경로'를 통해서도 일어나는데, 남반구에서 대학을 졸업하고 대학원 과정을 밟기 위해 북반구로 이동하는 사람이 증가하고 있는 현상이 그것이다. 외국인 대학원생들은 비싼 수업료를 내면서 선진국들의 고등교육 체계 유지에 도움을 주고 있다(Khadria, 2008). 최근 미국, 영국, 캐나다, 호주, 독일은 외국인 대학원생들이 졸업 후에도 자국에 계속 머무르도록 장려하기 위해 이주 관련 규정을 개정했으며, 이는 특히 전자, 공학, 자연과학 분야에서 두드러지게 나타난다. 인도와 중국 출신 박사들은 실리콘밸리를 비롯한 여러 첨단기술 생산지역의 과학적 중추를 담당하고 있다.

저개발국가의 전문인력 손실은 경제 침체, 고등교육에 투자된 공공자금의 낭비, 조세수입 고갈 등의 문제를 낳을 수 있다. 부유한 국가의 인력 부족 및 불충분한 교육 공급 문제를 보완하기 위해 빈곤국에서 귀한 인적 자원을 빼내 가는 것은 전 지구적 불평등을 심화하는 데 일조한다(IOM, 2005:175). 그 결과 두뇌유출은 송출국 정부의 중요한 정책 문제가 되어 가고 있다.

그러나 수용국 정부와 국제기구들은 고급기술자의 이주가 수용국과 송출국 모두에게 이익을 가져다줄 수 있다고 주장한다. 두뇌유출이라는 개념을 두뇌획득brain gain 또는 두뇌순환brain circulation이라는 개념으로 대체하려는 것이다(Findlay, 2002; Lowell et al., 2002). 한편 어떤 분석에 따르면, 대만의 경우 1960∼1970년대에 상당한 수의 전문인력을 잃었지만 이후 대만의 첨단산업이 성장하면서 대만 정부는 미국에서 경력을 쌓은 자국민들의 귀국을 유인할 수 있었다. 이는 1980년대 이후 대만의 급속한 경제성장을 가능케 한 중요한 요인이었다(Newland, 2007 참조). 비슷한 예로 인도는 1950년대부터 국가발전을 지원하기 위해 공과대학Institute of Technology을 설립하기 시작했지만 많은 수의 졸업생들이 미국 같은 부유한 국가로 이주해 갔다. 그러나 이후 많은 수의 IT 전문가들이 되돌아와 급성장하는 인도의 IT 산업에 기여했다(Khadria, 2008).

두뇌순환을 옹호하는 사람들의 주장은 이렇다. 만일 고급기술을 가진 사람들이 자국 내에서 취직할 수 없다면, 이들이 떠난다고 해서 경제에 해가 되지는 않는다. 전문인력이 이민을 떠나는 것은 단지 부국의 임금이 더 높기 때문만이 아니다. 그것은 빈국의 경우 근로조건과 생활여건이 열악하고, 자신의 전문성을 계발할 수 있는 기회가 충분히 제공되지 않기 때문이다. 사실, 해외에서 일할 수 있도록 인력을 훈련하는 것은 합리적인 전략으로 간주될 수도 있다. 그로 인해 단기적으로는 송금액이 증가할 것이며, 장기적으로는 경험을 쌓은 인력의 귀국과 과학기술의 이전을 유도할 수 있기 때문이다. 어찌 되었건 해외로 이민을 가는 것은 인간이 가진 권리이며, 사람들이 이민을 떠나는 것을 막기란 극도로 어려운 일이다. 이민을 막으려는 노력(예를 들어 이민을 떠나는 사람에게서 교육비용을 회수하는 것)은 역효과를 낳을지도 모른다. 이는 비합법적인 방식으로 이민을 떠나는 상황을 부추기고, 해외로 나간 전문인력들이 원할 때 귀국하기도 어려워질 것이기 때문이다. 또한 이민을 받아들인 국가가 전문인력의 유출로 인해 손해를 입은 국가에 보상하게 한다는 발상은 비현실적인 것으로 드러났다(GCIM, 2005:25).

그러므로 개발기구와 국제기구들은 전문인력의 이주를 축소하려고 노력하기보다는 이를 긍정적인 방식으로 전환하려고 노력하는 편이 더 낫다고 제안한다. 다음은 그러한 정책 제안의 예이다.

- 개발도상국의 의료체계를 지원하거나 근로조건을 개선하는 프로그램(DFID, 2007:29)
- 노동력이 풍부한 국가의 교육·훈련 시설을 개선하기 위해 노동력이 부족한 국가와의 공동투자 프로그램 실시(GCIM, 2005:25)
- 선진국에서 기술을 수입할 필요성을 줄이기 위한 자국민 대상 교육·훈련 투자 증대(GCIM, 2005:26)
- 해외에서 일하는 자국 출신의 전문인력을 특정 활동이나 프로젝트를 위해 일시적으로 귀국시키는 제도를 마련하는 데 필요한 데이터베이스 구축. 유엔개발계획United Nations Development Programme; UNDP 과 국제이주기구International Organization for Migration; IOM는 전문인력 일시귀국 프로그램을 운영하고 있음(IOM, 2005:177).
- 해외동포의 기술과 재능을 활용하기 위한 초국적 네트워크 구축

이러한 대책들은 송출국과 수용국 모두에 기술이주의 이익을 주기 위해 고안되었다. 그러나 반드시 기억해야 할 사실은, 선진국은 빈국에서 인적 자원을 끌어 모을 만한 시장 지배력을 가지고 있으며, 선진국이 지금까지 그렇게 해온 것은 그 인적 자원이 수익성이 있기 때문이라는 점이다. 이들의 생각이 크게 바뀔 가능성이 있을까?

이 질문과 관련하여 한 줄기 빛 같은 흥미로운 정책문서가 발표되었는데, 유럽연합이 2005년 12월에 발간한『합법이주 정책계획Policy Plan on Legal Migration』이 바로 그것이다(CEC, 2005b). 이 정책계획이 주로 강조하는 부분은 고급기술 노동자 유치에 관한 것으로, 이에 따르면 고급기술 노동자에게는 입국 시 우대조건이 적용되고 쉽게 영주권을 취득할 수 있는 기회가 제공될 예정이다. 이는 이미 여러 유럽연합 회원국들이 실시하고 있는 정책에도 부합한다. 또한 여기에 더해 이주자와 관련국 모두가 '윈-윈win-win할 수 있는 기회'를 발전시키기 위해 '제3국'(즉, 송출국 및 경유국)과의 협력 강화의 필요성을 강조하고 있다. 이러한 계획은 두뇌유출의 일부 사례가 수반하는 부정적인 영향을 인정하고 해결하려는 노력의 한 측면이라 할 수 있다. 그러나 유럽연합 회원국들이 이 분야에 실질적인 변화를 일으킬 준비가 되어 있는지는 아직 분명하지 않다(Castles, 2006a ; 2006b).

기술이주는 빈곤국에서 선진국으로 인적 자본이 이동하는 것을 의미하며, 노동 수입국에는 이롭지만 출신국의 발전은 가로막는 경향이 있다. 그러나 최근 들어 개발기구나 국제기구들은 기술이주를 인재의 전 지구적 순환으로 전환할 수 있는 방법을 제안하고 있으며, 이러한 전환은 수용국과 이주자, 송출국의 이익을 증대해 줄 것이다. 이러한 시도가 성공할 것인가는 관련국들이 개발을 위해 협력할 의지가 있느냐에 달려 있다. 수용국은 현재의 경제적 이득을 일부 포기해야 할 것이며, 송출국은 고급 전문인력이 국내에 머물거나 귀국하도록 근로조건과 생활조건을 향상할 방법을 찾아야 할 것이다. 최근 일부 긍정적인 조짐도 보이지만, 양쪽 국가들이 단기적 이익을 극복할 만큼 강한 의지를 가지고 있는지는 여전히 지켜봐야 할 문제이다.

순환이주

이주와 개발에 관한 정책 논의의 핵심 주제 중 하나는 순환이주circular

migration이다. 이 용어 자체는 새로운 것이지만 의미하는 바는 단기이주 temporary migration라는 오래전부터 있어 온 현상이다. 단기이주란 이주자가 도입지역으로 와서 몇 개월 또는 몇 년간 머물다가 본국으로 귀국하는 현상을 뜻한다. 이와 관련된 중요한 질문은, 첫째, 과거에 대개 실패로 귀결된 단기이주가 현재에 와서 제대로 작동할 수 있을 것인가, 둘째, 그것이 송출국에 실제로 이득을 가져다줄 것인가이다.

1960년대에 단기이주는 가족 동반과 영구 정착이 허용되지 않는 단기취업 노동자를 확보하기 위해 독일과 네덜란드 등의 유럽 국가가 시행한 '초청노동자guestworker' 고용제도의 기반이 되었다(제5장 참조). 그러나 1970년대 중반에 경기 하락과 함께 이전에 초청노동자였던 많은 사람들이 수용국에 정착하고 본국에서 부양가족을 데려오면서 결국 새로운 종족적 소수자 집단을 형성하게 되었다. 초청노동자 제도는 헌법과 법체계로써 모든 사람의 기본권이 보장되는 민주주의 국가에서는 유지되기 어렵다는 것이 입증되었다. 그러나 이러한 단기 고용은 중동 산유국과 일부 아시아 국가에서 계약노동 체계를 통해 계속 이어지고 있다. 인권 규정이 상대적으로 취약한 국가에서는 가족 재결합 및 정착을 금지하기가 더 쉽기 때문이다.

유럽과 북미에서는 최근 단기이주가 '윈-윈-윈 상황'을 만들어 낼 수 있다고 여겨지면서 이에 대한 관심이 부활하고 있다(CEC, 2005a; IDC, 2004 참조). 글로벌국제이주위원회GCIM는 "국가와 민간 부문은 송출국과 도입국 모두의 경제적 필요를 해소하는 수단의 하나로 신중하게 고안된 단기이주 프로그램의 도입을 고려해야 한다."라고 제언했다(GCIM, 2005:16). 수용국은 통합이나 지역사회와의 관계 등과 관련된 문제를 신경 쓸 필요 없이 노동자를 확보할 수 있기 때문에 이익을 얻을 것으로 예상되며, 송출국은 송금과 기술 및 지식 이전을 통해 이익을 얻을 것으로 기대된다. 세 번째 이득은 이주자들에게 돌아갈 것인데, 단기

이주를 통해 직업과 소득, 경험을 얻을 수 있기 때문이다.

몇몇 공업국은 주로 농업, 음식업, 건설업 등과 같은 특정 분야를 대상으로 임시노동 및 계절노동 제도를 재도입하고 있다. 1990년대 말까지 독일은 '신규 초청노동자 프로그램'(Rudolph, 1996)을 통해 매년 약 35만 명에 달하는 외국인을 단기 고용했다(Martin, 2004:239). 단기노동이주 제도는 네덜란드, 노르웨이, 영국, 아일랜드, 벨기에, 스웨덴, 그리스, 이탈리아, 스페인 등지에서도 시도되고 있다(Plewa and Miller, 2005; OECD, 2005:103-105 참조). 단기이주를 가능케 하는 중요한 기제 중 하나는 유럽연합 같은 지역경제공동체 내에서의 자유로운 이동이다(제8장 참조). 유럽연합 내에서의 자유로운 이동은 (초기 우려에도 불구하고) 정주인구의 대규모 이동을 야기하지 않았다. 유럽연합이 장기적으로 회원국들의 경제적·사회적 수준을 균등하게 만들겠다고 약속했기 때문이다. 그뿐만 아니라 자유롭게 이동할 수 있는 권리로 인해 이주자들은 귀국을 더 쉽게 선택할 수 있게 되었는데, 본국에 돌아간 후 설사 적절한 생활을 할 수 있을 만큼 돈을 벌 수 없게 되더라도 다시 다른 나라로 이주할 수 있기 때문이다.

그러나 "전 세계 이주노동자들 중 많은 수는, 아니 아마도 거의 대부분은 합법적인 입국경로의 바깥에 있다"(Martin, 2005). 일부 사용자들은 착취하기 쉽기 때문에 서류미비 노동자를 선호하며, 정부는 아마도 어렵게 합법적 이주정책에 관한 정치적 결정을 할 필요 없이 노동 수요를 충족시킬 수 있기 때문에 이들을 좋아할 것이다. 미국과 일본은 대규모의 서류미비 이주노동력을 보유하고 있다. 남유럽 국가들은 서류미비 이주자들을 고용체계의 일부로서 합법화하여 체계적으로 활용해 왔으며, 아시아의 여러 신흥경제국들 역시 대규모의 서류미비 노동력을 보유하고 있다. 심지어 이주 관련 규정들을 엄격하게 시행한다고 주장하는 서유럽 국가들(독일, 영국 등)조차 과일 수확, 음식업, 청소 등의 분야에서는 불법이주자들에게 의존하고 있다. 따라서 이를 합법적인 순환이주 정책으로 전환하려면 태도와 정책 면에서 대대적인 변화가 선행되어야 할 것이다.

선진국에서 국경 통제만으로는 노동이주를 막을 수 없으며 오히려 지하화가 촉진될 뿐이라는 인식이 커지면서, 실제 서류미비 이주가 발생할 조짐이 조금씩 나타나고 있다. 2001년 9월 11일 이후 정부들은 서류미비 이주가 안보 문제가 될 수 있다고 믿기 시작했고, 어떤 식으로든 이주가 발생할 것 같으면 입국부터 감시·통제하는 편이 더 낫다고 생각하게 되었다. 그러나 그와 동시에 적절한 정책을 수립하면 과거와 같은 오류를 피할 수 있을 것이라는 믿음 또한 커지고 있다. 글로벌국제이주위원회 보고서는 단기이주 제도가 노동자의 착취와 계획되지 않은 정착을 유발할 위험이 있다고 지적하면서도, 체재 중인 이주노동자에 대한 동등한 대우 보장, 규정사항을 위반한 사용자와 이주노동자에 대한 제재, 이주자의 본국 귀환 장려, 귀환 이주자의 재통합 지원 등을 골자로 하는 적절한 정책을 고안하면 그러한 위험을 막을 수 있을 것이라고 주장한다(GCIM, 2005:17-18).

그렇다면 단기노동자들의 귀국을 어떻게 강제할 수 있을까? 루스는 모든 단기노동자 제도는 "이주자들이 해외에서 고용된 기간 동안 경제적 이익과 …… 개인의 권리를 일정 정도 맞바꾸는 데" 영향을 끼칠 것이라고 주장했다(Ruhs, 2005:14). 한 가지 가능한 강제 방식은 정해진 기간이 끝나면 취업허가와 체류허가를 종료하는 것이다(아마도 그 뒤에도 떠날 의사가 없는 사람들에게는 강제퇴거가 뒤따를 것이다). 다른 방식은 사용자가 이주자의 임금 중 일부를 저축계좌에 예치하고, 이주자가 귀국했을 때만 그 금액을 찾을 수 있게 하는 것이다. 또 다른 방식은 노동자나 사용자에게 특별채권을 사게 하고, 그 돈을 귀국강제나 통합지원에 사용하는 것이다(Agunias, 2007). 그러나 강제적인 저축은 이주노동자의 권리를 침해하는 것이기 때문에 법적 문제를 야기할 수 있다. 또한 다음과 같은 실질적 문제도 제기할 수 있다. 이주자들이 비공식 부문으로 미끄러져 내려가 서류미비 노동자로 취업하는 것을 어떻게 막을 수 있을까?

다른 방식으로 질문할 수도 있다. 완전히 자발적인 귀국을 이끌어 내려면 이주자에게 어떤 인센티브를 주어야 할까? 영국 의회에 제출된 한 보고서는 '이주자가 귀국을 결정할 때 다시는 돌아오지 못할 것이라고 느끼지 않는다면 귀국 결정을 내리기가 더 쉬울 것'이라고 제안했다. 이는 '유연한 시민권 또는 체류권의 도입'을 통해 이루어질 수 있을 것이다. 이를 통해 이주자들은 반복적인 단기 해외노동에 종사할 수 있게 될 것이고, 그 결과 노동시장의 유연성은 더 높아지고 영구 정착은 감소하게 될 것이다(IDC, 2004:48). 다른 가능한 인센티브로는 지정된 본국의 계좌에 저축할 경우 우대이율을 부여하거나, 연금이나 기타 사회보장에 관한 권리를 이전할 수 있게 하는 것 등을 들 수 있다(Agunias, 2007). 순환이주는 본국 상황에 맞는 직업훈련이나 사업·투자 자문 등과도 연계될 수 있을 것이다.

단기이주를 증가시키는 한 가지 아이디어는 세계무역기구^{WTO}의 서비스무역에 관한 일반협정General Agreement on Trade in Services; GATS 가운데 모드Mode 4를 활용하는 것이다. 이는 타국에서 서비스를 제공하는 '자연인의 이동'을 다루고 있다. 이들 서비스 공급자는 피고용인이라기보다는 독립된 계약자로 간주되므로 이주 관련 규제를 똑같이 적용받지만 노동법에서 자유로울 수 있다. 이는 애초에 단기간 동안 전문적 서비스를 제공하는 전문직(회계사, 건축가 등)을 위해 고안되었지만, 일부 송출국(인도 등)은 모든 서비스 분야 노동자에게 이러한 방식의 이동을 허용해야 한다고 주장한다. 선진국 경제에서는 고용의 80퍼센트가 서비스 분야에서 이루어지기 때문에, 서비스 공급자의 자유로운 이동이 허용될 경우 이주가 크게 확장될 수 있으며, 이는 송출국과 수용국 모두에 이득을 가져다줄 수 있다(DRC Sussex, 2005). 그러나 이를 비판하는 사람들은 이러한 결정이 이주자에게 착취 상황을 조성하고 내국인 노동자들의 임금과 근로조건을 약화하는 결과만을 불러일으킬 것이라 주장한다. 이와 관련하여 세계무역기구에서 여전히 협상이 진행 중이다.

각국 정부가 순환이주에 열광하는 움직임이 이주를 발전과 연결하려는 진정한 바람에서 나온 것인지, 아니면 송출국들의 정부를 이주 관리 전략에 포섭하겠다는 바람에서 나온 것인지는 분명하지 않다. 1990년 대 말 프랑스가 시작하고 뒤따라 스페인, 이탈리아가 시행한 자발적 귀환 지원 프로그램과 관련하여 등장한 공동발전 codevelopment 의 개념을 살펴보면 이러한 모호성이 확실히 드러난다(Nyberg-Sørensen et al., 2002).

이 프로그램의 주된 목적은 발전에 필요한 재원을 제공하는 프로젝트를 시행하여 도입국이 원치 않는 이주자들의 자진 귀국을 유도하는 것이었는데, 이때의 발전은 그 자체가 목적이라기보다는 이주정책의 도구로 보인다(de Haas, 2006b). 최근 유럽연합은 송출국들과의 이주 파트너십 mobility partnership을 선호하고 있다(Schrank, 2007). 예를 들어, 2006년 아프리카 말리에 세워진 유럽연합 구직센터는 젊은 노동자들을 채용함으로써 불법이주의 동기를 감소시키고 있다. 좀 더 전형적인 방식으로는 이탈리아 정부가 15개국으로 하여금 강제추방당한 사람들의 입국 수락을 보장하는 재입국 협정에 서명하게 하고 해당 국가들에 합법적인 입국 쿼터를 주는 제도를 도입한 것을 들 수 있다.

영국의 경제주간지 『이코노미스트 The Economist』는 유럽연합의 순환이주 정책을 가리켜 "마침내 알게 되었다. 이것은 과거 초청노동자 Gastarbeiter 프로그램과 거리를 두려고 새로 지은 세련된 이름이다."라고 언급한 적이 있는데, 아마도 이것이 진실에 가장 근접한 표현일 것이다. 『이코노미스트』는 우대비자를 활용하거나, 국경경비대 운영 비용을 확충하고, 한층 더 기능이 강화된 여권 제작 비용을 유럽이 지원하거나,

재입국 협정을 체결하는 것같이 당근과 채찍을 같이 사용하는 방법을 호의적으로 평가하고 있다. 『이코노미스트』는 "만일 아프리카 몇 개 국가들이 이 같은 거래에 서명한다면 유럽에서 강제추방이 크게 증가할 것이다."(Schrank, 2007)라고 열광했다. 이러한 사실들은 순환이주가 결국 더 엄격한 국경 통제를 정당화하기 위한 도구라는 것을 암시한다. 순환이주는 과거 단기노동자 프로그램의 문제점을 그대로 가지고 있으며, 이주를 출신국 개발의 강력한 동력으로 전환하는 데에 필요한 중요한 변동을 일으키지 못할 것으로 보인다.

발전을 위한 디아스포라의 동원

이주와 발전에 관한 최근 논의에서 핵심적인 내용 가운데 하나는 정부와 국제기구가 디아스포라diaspora와 함께 일해야 한다는 것이다(IDC, 2004; GCIM, 2005 참조). 디아스포라는 경제적 송금과 사회적 송금, 과학기술의 이전, 기술 순환의 경로가 될 잠재력을 가지고 있다고 여겨진다. 제2장에서 우리는 초국가주의 이론의 주장을 살펴보았는데, 이에 따르면 전 지구화와 연계된 과학기술 및 문화의 변화로 인해 이주자들은 출신지역과 밀접하고 지속적인 연계를 유지할 수 있게 되었다. 최근 많은 연구와 보고서들은 이 문제를 다루면서 초국가적 공동체보다 디아스포라라는 용어를 더 흔히 사용하고 있다. 반헤어 등에 따르면,

> 디아스포라는 이주자 배경을 가지고 두 개 이상의 이주 목적지에 흩어져 살고 있는 인구로서 출신국과 체류국 또는 서로 다른 체류국들 사이에서 다양한 연계를 개발하여 사람 및 자원의 흐름과 교환을 만들어 낸다. (Van Hear et al., 2004:3)

과거에 디아스포라는 대개 부정적인 것으로 여겨졌다. 수용국은 이들

을 장거리 민족주의의 한 형태로 간주했으며, 따라서 이들이 위험한 정치적·종교적 이념을 파급할지도 모른다고 생각했다. 이들의 본국은 디아스포라를 국가를 전복하거나 무력분쟁을 지원할 잠재성을 지닌 세력으로 여겼다(DFID, 2007). 예를 들어, 1960년대에 모로코 정부와 터키 정부는 서유럽에서 일하는 자국 출신 노동자들 내에 정권친화적인 노동자협회를 세워 좌익과 노동조합의 영향을 막으려고 하였다. 디아스포라들이 정치적 망명이나 내전을 피해 간 경우에는 더 심하게 의심받았다(Van Hear, 1998; Nyberg-Sørensen et al., 2002). 일부 반란조직들은 (예를 들어 에리트레아, 스리랑카 등지의) 디아스포라에게 지배력을 행사하고 정치·군사 활동 자금을 조달하기 위해 세금을 부과했다. 그러나 이주의 흐름이 점차 복잡해지면서 오늘날 디아스포라는 대체로 다양한 사회계층이 혼재해 있고, 경제이주자와 강제이주자가 뒤섞인 구성 형태를 취하고 있다. 또한 여성들도 소득을 송금하고, 사회적 네트워크를 조정하고, 문화적 연계를 유지하는 데 점차 더 중요한 역할을 수행하고 있다(Nyberg-Sørensen et al., 2002:13).

최근까지도 디아스포라의 개발 관련 활동은 이주자들이 스스로 시작한 것들이었다. 그러나 요즈음 "이주와 발전에 관한 문제의 갑작스런 '재발견'과 비관적인 관점에서 낙관적인 관점으로의 급속한 이동"과 더불어(de Haas, 2006b:11-12), 국가들이 디아스포라 단체에 관심을 가지는 경향을 보이고 있다. 그것은 아마도 개별 이주자보다 디아스포라 단체에 더 쉽게 영향력을 행사할 수 있기 때문일 것이다. 이주자 단체는 이주자가 체류국에서 법적·물질적 문제를 잘 해결할 수 있도록 돕고, 사회적·문화적 활동의 구심점을 제공하기 위해 설립되었다. 일부 단체들은 공공연히 정치적 역할을 하는데, 이들은 대개 초기에는 본국의 문제에 관심을 갖다가 점차 체류국에서 이주자의 권리, 사회적 여건, 시민권 등의 문제로 관심을 옮긴다(Wihtol de Wenden, 1995; Wihtol de

Wenden and Leveau, 2001). 이들이 발전 문제에 직접적으로 관여하게 된 것은 대부분 최근의 일이다. 예를 들어 영국에서 이루어진 한 연구에 따르면, "6,000개에서 1만 5,000개에 달하는 흑인 및 종족적 소수자 단체 가운데 스스로를 국제개발을 위해 일한다고 정의하는 단체는 극소수에 불과하다"(de Haas, 2006b:62).

지난 10~20년 동안 주목할 만한 변화가 일어났는데, 그것은 바로 출신국에서 이주자를 '발전의 영웅'으로 칭하면서 새롭게 바라보며, '디아스포라의 환심을 사려고' 노력하기 시작했다는 것이다. 디아스포라의 환심을 산다는 것은 다시 말하자면 송금, 기술, 비즈니스 지식 등을 본국으로 이전하고자 한다는 것을 의미한다. 인도의 재외동포부Ministry for Indians Overseas는 디아스포라 지식 네트워크Diaspora Knowledge Network를 지원함으로써 해외의 고급기술 이주자들에게 본국의 기회를 알선하기 위해 노력하고 있다. 멕시코 정부는 향우회hometown associations; HTAs를 통해 지역 투자를 지원하고 있다. 모로코는 합법적인 송금이전을 장려하고 이주자들의 사업계획을 지원하기 위해 1989년 알아말 은행Banque Al Amal을 설립한 바 있다. 필리핀에서는 재외동포위원회Commission on Filipinos Overseas; CFO가 필리핀 개발 링크Link for Philippine Development; LINKAPIL를 지원함으로써 재외동포들이 가진 자원의 동원을 유도하고 있다. 그러나 이와 대조적으로 터키 정부는 주로 민족 정체성 유지라는 관점에서 디아스포라에 접근하고 있으며, 이를 위해 이들의 종교·문화·사회 활동을 지원하고 있다(Castles and Delgado Wise, 2008).

디아스포라에게 이중국적을 허용하고 투표권을 부여함으로써 국내 정치과정에 참여시키는 것은 아마 송출국 정부가 취할 수 있는 가장 진보적인 조치일 것이다. 인도의 경우 해외에 거주하는 인도인들을 위해 그러한 조치를 도입하여 시행하고 있다(단, 1947년 인도에서 분리 독립한 파키스탄과 방글라데시 거주자는 제외). 멕시코도 1996년에 해외에 거주하는 멕시코인들을 위한 이중국적 제도를 신설했고, 2005년 대통령선거부터는 투표권도 도입했다. 모로코 출신 이주자들은 2005년부터 투표권뿐만 아니라 국회의원 피선거권까지도 행사하고 있다. 필리핀 정부는 2003년에 해외 거주 필리핀인들에게 이중국적을 허용하고 투표권을 부여하는 정책을 도입했다(Castles and Delgado Wise, 2008). 세계의 주요 이민 송출국들이 이러한 시도를 하는 것은 주목할 만한 경향이다(Portes et al., 2007 또한 참조).

극히 최근에 수용국 정부와 국제기구 역시 '발전에 디아스포라를 동원'하고자 노력하기 시작했다. 아마도 그와 관련된 최초의 의미 있는 언급은 1997년 영국 노동당 정부가 새로이 선출되면서 상정한 『세계빈곤 종식Eliminating World Poverty』백서에서 찾아볼 수 있을 것이다(DFID, 1997). 이 백서에 따라 국제개발부DFID는 "영국에 거주하는 이주자 및 소수민족의 재능을 계발함으로써 출신국의 발전을 증진하는 데 기여할 것"을 위임받았다(de Haas, 2006b:61에서 인용). 이러한 접근방식은 이후 하원의회와 국제개발부의 문서들(IDC, 2004; DFID, 2007)에서 재차 강조되었으며, 몇몇 유럽 정부들도 뒤따라 언급한 바 있다(de Haas, 2006b 참조).

국제기구들의 이주자 귀국지원 프로그램은 이미 수년 전부터 진행되어 왔으나(위 참조), 이를 디아스포라의 잠재적인 역할과 연계하기 시작한 것은 아주 최근의 일이다. 2001년 국제이주기구IOM와 아프리카단결기구Organization for African Unity; OAU는 아프리카 출신 디아스포라들이 본국으로 기술과 자원을 이전하는 것을 지원하기 위하여 아프리카 발전을 위한 이주Migration for Development in Africa; MIDA 프로그램을 도입했다. 이 프로젝트는 아직까지 비교적 작은 규모로 진행되고 있는데, 그 결과에 대해서는 평가가 엇갈린다(de Haas, 2006b:18-21). 유럽연합 집행위원회European Commission는 『이주와 발전Migration and Development』이라는 서신에서 디아스포라를 잠재적인 발전동력으로 인정했다(CEC, 2005c). 여기에서

유럽연합 집행위원회가 제안한 대책은 적절한 디아스포라 단체의 데이터베이스를 구축하고 이들이 유럽연합의 수준에서 대표성을 획득할 수 있도록 도움을 주는 데에 초점이 맞추어져 있다.

글로벌국제이주위원회GCIM는 "디아스포라가 본국에 저축과 투자를 하고 초국가적 지식 네트워크에 참여함으로써 발전 촉진에 기여할 수 있도록 그들을 장려해야 한다."라고 권고한 바 있다(GCIM, 2005:2/32). 글로벌국제이주위원회는 향우회, 디아스포라 지식 네트워크, 기타 단체들의 역할에 주목하면서도, 디아스포라가 지닌 발전 잠재력에 과도하게 기대해서는 안 된다고 경고했다. 발전을 위해서는 "건실한 법제도, 효과적인 금융 체계, 정직한 공무행정, 제대로 작동하는 물리적·재정적 인프라 같은 건전한 비즈니스 환경"이 먼저 조성되어야 한다(GCIM, 2005:2/38). "발전은 본국에서 시작되어야 하며" 출신국에 남아 있는 사람들의 재능에 기초하여 시행되어야 한다(GCIM, 2005:2/40).

각국 정부와 국제기구들은 디아스포라와 협업하는 다양한 정책들을 도입해 왔지만, 옥스팜Oxfam은 한 보고서를 통해 "구체적인 정책의 입안과 집행에 관해서는 국제적인 수준의 성과가 놀랄 만큼 적다."라고 지적했다(de Haas, 2006b:31, 강조 표시는 원문의 것임). 정부와 NGO가 내놓은 대책들은 규모가 작고 접근방식이 단편적이며 비교적 초기 단계에 머물러 있기 때문에 아직 평가를 내놓기에는 이르다. 그러나 이러한 프로그램들이 정부가 이주를 관리할 목적으로 행한 시도에서 출발했다는 점은 매우 심각한 문제임이 분명하다. 정부의 노력과 자원이 대부분 국경 통제 및 송출국과의 재입국 협정에 사용되는 상황에서 디아스포라를 지원하기 위해 만들어진 프로그램들이 정말 그런 의도를 가지고 있는지에 대해 이주자 단체들이 회의적인 것은 어쩌면 당연할 것이다.

발전은 이주를 감소시키는가?

지금까지는 주로 이주가 출신국의 발전을 유도할 수 있는가 없는가라는 문제에 초점을 맞추어 논의를 전개해 왔다. 그러나 또 다른 근본적인 문제가 있다. 발전(그리고 발전정책)이 빈곤국에서 발생하는 해외이민을 감소시키는 데 기여할 수 있을까? 이것은 새로운 문제 제기가 아니다. 1970년대에 서유럽 국가들이 노동이주를 중단시켰을 때 정부와 국제기구들은 세계교역의 확대로 인해 발전 속도가 더 빨라지고 있기 때문에 앞으로는 더 이상 이주가 필요 없을 것이라고 주장했다(Hiemenz and Schatz, 1979). 이러한 주장은 대량생산 공업을 저임금경제 지역으로 이전하는 전략과 연계되어 있었다(Froebel et al., 1980).

이 같은 접근방식은 최근 유럽 내에서 확산되는 이주에 대한 혐오와 맥을 같이하여 부활하고 있다. 1994년 유럽개발협력장관회의European Ministers for Development Cooperation는 이주 압력을 낮추는 데에 개발원조를 이용할 수 있는지에 대해 유럽연합 집행위원회가 조사할 것을 요청한 바 있다. 1995년 라스무센P. N. Rasmussen 전 덴마크 수상이 한 연설에서 "제3세계를 돕지 않으면 …… 이 가난한 사람들을 우리 사회가 데리고 있어야 할 것이다."(de Haas, 2006c)라고 한 말은 이러한 접근방식을 함축적으로 표현한 것이다. 2002년 세비야에서 열린 유럽연합 정상회의 European Council에서도 이러한 연계가 강조되었다. 정상회의에서 영국 정부와 스페인 정부는 발전 원조를 조건으로 내걸고 난민 지위를 받지 못한 비호 희망자들을 출신국이 데려가는 것을 의무화하는 재입국 협정을 체결하자고 제안했다(Castles et al., 2003).

발전을 이주의 감소에 이용하려는 계획은 빈곤, 저개발, 실업 등 이주의 '근본원인'을 해결하면 사람들이 본국에 머무를 것이라는 생각에 기반을 둔 것이다. 이러한 발상은 이주와 발전의 '선순환' 개념으로 이어지는데, 다시 말해 순환이주가 발전을 지원하는 데에 활용되면 결국 그것이 해외이주를 감소시킬 것이라는 주장이다(Bakewell, 2007). 그러나 이주 연구자들은 그 같은 간단한 연계성에 오랫동안 의구심을 표명해 왔으며, 초기 단계에서 발전은 해외이민을 감소시키기보다는 증가시키는 경향이 있다고 지적한 바 있다(예컨대 Tapinos, 1990).

그 같은 경향이 나타나는 이유는 사람들이 이주하려면 자원이 필요하기 때문이다. 대부분의 주요 이민 송출국은 세계에서 가장 빈곤한 국가들에 포함되지 않는다. 예를 들어, 세계은행에 따르면 멕시코는 '중상위' 소득집단으로, 터키, 모로코, 필리핀은 중하위 소득국가로 분류된다(World Bank, 2006). 아프리카나 남아시아에 속한 빈곤국 출신 이주자들은 대부분 가족이 본국에서 평균 이상의 소득을 올려서 이동에 필요한 자원을 모을 수 있는 이들이다. 극심하게 빈곤한 이들은 보통 분쟁이나 재해로 인해 강제로 내몰렸을 경우에만 이주를 단행하며, 이들이 목적지로 삼는 곳은 주로 인접국이다. 대부분의 이주자들은 경제·사회적 전환 과정이 상당히 진행된 지역 출신이다. 발전은 사실 이주에 필요한 자원을 제공하는 데에 도움을 준다.

이는 이론적으로는 '이주변천migration transition'이라는 개념으로 설명될 수 있다(Abella, 1994). 젤린스키에 따르면, 근대화 및 공업화 초기에는 인구증가, 향촌 일자리의 감소, 낮은 임금수준 등으로 인해 해외이주가 증가하는 경우가 많다(Zelinsky, 1971). 이는 19세기 초 영국에서 벌어진 일이며, 19세기 말 일본과 1970년대 한국에서도 똑같은 현상이 나타났다. 이후 공업화가 진행됨에 따라 노동 공급이 감소하고 국내 임금 수준이 상승하면 그 결과로 해외이주의 감소와 노동이주의 유입이 나타나기 시작했다. 이러한 과정은 공공보건과 공공위생의 향상과 함께 인구가 급속히 증가하고 이후 출산율이 공업국 수준으로 떨어지면서 인구가 안정화되는 '출산율 변천fertility transition'과 동시에 진행되었다. 따라서 공업화의

도상에 있는 국가들은 초기 해외이주 단계를 거쳐 이입과 이출이 동시에 진행되는 단계를 지난 뒤 결국 대부분 이입국country of immigration으로 변모한다(Martin et al., 1996:171-172). 이러한 경향을 묘사하기 위해 최근에는 '이주의 포물선migration hump[한 나라에서 경제가 어느 정도 발전하면서, 다시 말해 국민 1인당 국내총생산이 증가하면 송출 규모가 늘어나다가 특정 수준을 지나면서 줄어드는 것을 시각적으로 표현하여 이주의 포물선이라 한다.—옮긴이]' 이라는 개념이 사용되고 있는데, 이는 해외이주의 곡선이 경제성장과 함께 상승하다가 완만한 곡선이 된 후 장기적으로는 공업경제의 성숙과 함께 하강하는 형태를 그린다는 뜻이다(Martin and Taylor, 2001).

그러나 구체적인 송출국 사례연구를 보면 이러한 진화론적 단계 이론의 유효성에 의문을 가지게 된다(Castles and Delgado Wise, 2008). 변화는 더 복잡한 경로를 따라 진행되며, 그 효과는 일정하지 않기 때문이다. 예를 들어, 인도의 경제적 변화는 이중성을 띤다고 알려져 있다. 즉, 첨단기술 분야의 등장이 궁핍한 시골의 대다수 사람들에게는 거의 영향을 미치지 않는다고 나타난 것이다. 전반적인 발전 수준에 유의미한 영향을 끼치는 데 필요한 인구수에 비하면 해외 이주자의 수는 너무 적다. 필리핀의 경우, 지난 수년간 전체 인구 대비 이주자 비율이 아주 높은 상태로 유지되었지만(제6장 참조), 지속적인 경제발전의 조짐은 거의 발견할 수 없었으며, 그럼에도 해외이주는 계속해서 성장하고 있다. 멕시코의 사례는 대규모의 노동이주가 경제발전에 전혀 기여하지 못할 수도 있다는 것을 보여 준다. 마킬라도라(멕시코 내에서 미국 시장을 상대로 제품을 생산하는 공장들) 산업의 성장과 송금은 멕시코 경제의 진정한 발전을 유도하기보다 미국에 대한 의존도만을 심화하는 것으로 보인다(Delgado Wise and Guarnizo, 2007). 분명히 이민 송출국의 개별 사례는 더 자세하게 들여다볼 필요가 있다.

여기서 핵심은 이주와 발전 간의 관계가 매우 복잡하기 때문에 쉽게 일반화할 수 없다는 것이다. 단기적으로는 여러 정책 입안자들이 생각하는 것과 반대로 발전이 더 많은 이주를 발생시키는 것으로 보인다. 장기적으로는 발전을 통해 '이주변천'이 일어날 수도 있지만 항상 그러하지는 않으며 이는 여러 가지 요인의 영향을 받는다(Nayar, 1994). 오히려 실제 인과관계의 방향은 그 반대로 보인다. 이주가 발전으로 이어지는 것이 아니라 정치개혁, 제도의 현대화, 인구학적 변동, 사회변화 등이 지속적인 경제성장의 조건을 조성한다는 것이다. 결국에는 발전으로 인해 사람들이 적절한 생계를 찾아 이주할 필요가 줄어들 수도 있다. 그렇다고 해서 해외이주가 반드시 감소하리라고 볼 수는 없다. 선진국 간에 높은 수준의 전문직 이주가 일어나는 현상이 보여 주듯이, 사람들은 자원과 선택권을 가지면 상당히 유동적이 되는 경향을 띠기 때문이다.

결론

최근까지도 이주와 발전의 관계에 대한 시각은 대체로 비관적이었다. 1990년대에 국제노동기구[ILO]의 한 직원은 인터뷰에서 "이주와 발전이 함께 갈 것이라고 믿는 사람은 아무도 없다."라고 말하기까지 했다(Massey et al., 1998:260). 그러나 21세기 초부터 눈에 띄는 변화가 나타나고 있다. 오랫동안 빈국에서 부국으로 간 이주자들은 국민 정체성이나 사회통합 면에서 문제로 여겨졌고, 최근에는 심지어 국가안보를 위협하는 존재로 여겨지기도 했다. 그러나 이제는 권력 있는 정치인과 관료들이 나서서 국제이주가 출신국의 경제적·사회적 발전을 촉발하는 잠재력을 가지고 있다고 강조하고 있다.

이러한 변화가 일어난 이유는, 오늘날 여러 국가들에서 송금이 해외원조나 외국인 직접투자 금액보다 규모가 큰 해외소득의 주요 재원이 되었다는 사실이 널리 알려졌기 때문이라고 흔히 설명된다. 그뿐만 아니라 송금은 가족에게 직접 전달되어 빈곤 감소에 기여하며, 투자와 생산성 향상에 공헌하는 잠재성도 지닌 신뢰할 만한 자금 출처이다. 그리하여 이른바 '송금 열풍', 즉 송금이 저발전을 극복하게 해주는 경제적 투자로 이전될 수 있다는 발상이 나타나게 되었다.

그러나 이러한 열풍 뒤에는 또 다른 요소들도 존재한다. 선진국들은 의사, IT 전문가 같은 고급기술 인력뿐만 아니라 과일이나 야채를 수확하거나, 병원을 청소하거나, 식당에서 일하거나, 노인들을 돌봐줄 저숙련 인력도 절실히 필요로 한다. 그러나 동시에 부국에 거주하는 빈국 출신 이주자들(특히 저숙련 노동자와 비호신청자들)은 골칫거리로 여겨지며, 심지어 위협적인 존재로 간주되기도 한다. 정책 입안자들은 이주를 막을 수 없다는 사실을 깨달은 뒤부터 이주를 통제하여 그 이익을 극대화하려 하고 있다. 그러나 이주를 성공적으로 관리하려면 출신국과 경유국 정부의 협력이 필요하다. 그리고 이 국가들은 이주가 자국에 이익이 될 때에만 그러한 이주 관리책을 마련하려 할 것이다. 이주를 발전과 연계하는 문제는 이러한 딜레마를 해결하는 하나의 방법이다.

이주와 발전에 관한 새로운 담론은 경제적 송금 이상의 것들에 주목하고 있다. 다시 말해 사회적 송금, 즉 이주자가 본국에 태도와 역량을 이전하는 현상이 점점 더 강조되고 있는 것이다. 그러나 현실은 다소 애매하다. 사회적 송금은 긍정적 영향을 끼치지만 부정적 영향도 끼치기 때문이다. 그뿐만 아니라 이 담론들이 1950~1960년대에 등장한 근대화 이론, 즉 '옳은'(다시 말해 서구적인) 가치와 태도를 이전함으로써 탈식민 국가들의 후진성을 극복할 수 있다는 주장을 반복하고 있다는 측면도 고려할 필요가 있다.

또한 각국 정부와 국제기구들은 과거에 해롭다고 여겨졌던 두뇌유출을 두뇌순환 또는 두뇌획득이라는 보다 긍정적인 형태로 변화시키는 데에도 노력을 집중하고 있다. 그러나 공언과 현실 사이에는 크나큰 간극이 존재한다. 현실에서는 부유한 국가들이 여전히 개발도상국 출신의 전문인력(특히 의료, 교육, 정보통신 분야)을 유치하고 보유하기 위해 많은 노력을 기울이고 있기 때문이다. 이뿐만 아니라 두뇌순환은 귀환이주의 중요성에 관한 생각과 밀접하게 연계되어 있다. 여기에는 아직 상당한 애매함이 존재한다. 선진국 정부는 저숙련 이주자들이 궁극적으로 본국으로 돌아가기를 원하지만, 고급기술 인력은 계속 보유하고 싶어 하기 때문이다. 일시적 '인재 귀환' 프로그램은 빈곤국들의 전문인력에 대한 장기적인 수요를 충족시키지 못하고 있다.

이주정책과 발전정책의 양면성이 가장 명확하게 드러나는 지점은 아마도 순환이주라는 긍정적인 이름으로 단기이주에 대한 열망이 부활하고 있는 현상일 것이다. 순환이주가 송출국을 이롭게 하기 위한 것이라고는 하지만, 사실 송출국들은 과잉된 저숙련 노동자는 외국에 정주이주시키고 고급기술 인력은 단기이주시키는 데에 관심이 있을 것이다. 노동 수입국들의 관심은 그 반대이며, 현재 국제적인 논의에서는 이들의 관점이 우세하게 받아들여지고 있다. 저숙련 이주자들은 유럽, 북아메리카, 신흥공업국 등지에서 단기 '초청노동자'로서만 환영받는다. 정치적으로 이들을 받아들이기 어려운 곳에서는 사용자들이 서류미비 노동자에게 의존한다. 저숙련 노동력이 전 지구적으로 과잉되어 언제든 이용 가능한 상황에서는 모든 시장의 권력이 수요 쪽으로 넘어가기 마련이다.

끝으로, 이 장에서는 송출국의 발전이 해외이주 압력의 감소를 유도할 것이라는 노동 수입국들의 바람에 대해서도 살펴보았다. 이러한 발상은 이론적으로뿐만 아니라 경험적으로도 결함이 있으며, 발전은 이주를 감소시키기보다 증가시키는 경향이 있어 보인다. '이주를 대신하는 발전'을 위한 정책이 실패할 수밖에 없다면(de Haas, 2006c), 이는 정책적으로 어떠한 함의가 있는가? 이러한 문제는 최근 몇몇 공식문서에서 설득력 있게 설명되고 있다. 글로벌국제이주위원회 보고서는 저발전과 불평등을 해결하기 위해 고안된 매우 광범위한 정책들을 이주정책이 대체하는 것은 불가능하다고 지적한다. 세계의 최강대국들은 자국의 정책이 국제이주의 동학에 영향을 미친다는 사실을 인정해야 한다. 예를 들어, 최강대국들은 개발도상국이 전 지구적 시장에 공정하게 접근할 수 있도록 보장하는 무역개혁 같은 정책을 통해 국제이주에 영향력을 행사할 수 있다(GCIM, 2005:1/49). 또한 원조나 무역협정에 분쟁지역 무기 수출을 금지하거나 인권기준을 포함시키는 것 같은 조치를 추가할 수 있을 것이다.

송출국이 이주자의 송금에 의존해서 발전에 필요한 자금을 마련하고자 하는 것은 잘못된 판단일 수 있다. 이주만으로는 발전을 이루어낼 수 없다. 정치적·경제적 개혁이 부재한 상태에서 이루어지는 송금은 긍정적인 변화를 유도하기보다 인플레이션과 불평등을 심화하는 경향이 더 강하다. 반면 통치방식의 개선, 효과적인 제도의 구축, 인프라의 건설, 투자친화적 환경의 조성 등이 이주와 동시에 이루어지는 경우에는 송금이 해결책의 일부가 될 수 있다. 따라서 송출국이 이주로 인한 이익을 극대화하기 위해 수립하는 정책은 빈곤 감소와 발전 달성을 위해 계획된 훨씬 더 광범위한 전략의 일부분이 되어야 한다(DFID, 2007:37-40).

이것이 바로 이주와 발전을 전 지구적 권력, 부, 불평등 같은 보다 거시적인 문제와 동떨어진 것으로 보는 시각이 잘못되었다고 평가할 수 있는 이유이다. 인간의 이동은 오늘날 전 세계 모든 지역에 영향을 끼치고 있는 중대한 전환을 구성하는 필수적인 요소이다. 경제적·정치적 통합의 증가로 인해 자본, 상품, 사상, 인간이 국경을 넘어 이동하고 있다. 최근 들어 환경문제가 점차 심각해지면서 우리가 모두 하나의 세계에 살고 있으며 각국의 환경문제에 대한 국가의 개별적인 접근은 적절하지 않다는 인식이 확산되기 시작했다. 이 같은 원칙은 이주에도 적용된다. 반드시 전 지구적 협력이 이루어져야 하며, 이를 위하여 단기적인 국익을 버리고 부국과 빈국 간의 장기적 협력을 추구하는 새로운 접근방식이 수립되어야 한다. 그리고 더 공정한 형태의 이주가 전 지구적 불평등을 감소시키기 위한 종합적인 전략에 필수적인 부분이 되어야 한다.

심화 연구를 위한 안내

전 지구화와 사회변혁에 관한 여러 저작 가운데 소개서로 유용한 것으로는 Castells(1996; 1997; 1998), Held et al.(1999), Bauman(1998), Cohen and Kennedy(2000) 등이 있다. Held and Kaya(2007)는 전 지구적 불평등에 관한 주요 저작이다. Freeman and Kagarlitsky(2004)의 비판도 유용하다. 그 밖에 여러 학술지에서 전 지구화에 관한 논의들을 찾을 수 있으며, 일부는 이 장에서 인용했다.

이주와 발전에 관한 종합적인 저작은 찾기 어려운데, 아마도 이에 관한 논의가 최근 들어서야 중요하게 간주되고 있기 때문일 것이다. Massey et al.(1998)의 제8장과 제9장은 경제이론과 관련된 좋은 글이다. Migration Information Source의 2007년 2월 특별판(http://www.migrationinformation.org/issue_feb07.cfm)에도 매우 유용한 소개글이 수록되어 있다(Newland(2007) 및 위에 인용한 다른 자료들도 참조). Castles and Delgado Wise(2008)는 주요 5개 이민 송출국의 경험을 검토한 문헌이다. GCIM(2005)은 많은 시사점을 제시해 주며, 해당 문서는 http://www.gcim.org/en/finalreport.html에서(현재 이 주소로는 검색되지 않고, http://www.queensu.ca/samp/migrationresources/reports/ gcim-complete-report-2005.pdf에서 이 문서를 내려받을 수 있다. 2013. 7. 24. 검

색—옮긴이) 열람할 수 있다. 이 웹사이트에는 유용한 문건들이 많이 올라와 있다. World Bank(2006)와 Ghosh(2006)는 송금 문제를 잘 분석했으며 IOM의 『World Migration Reports』는 큰 그림을 잘 보여 준다(예를 들어 IOM, 2005). 세계은행 웹사이트(http://www.worldbank.org/)에도 Ellerman(2003), Kapur(2004), Ratha and Shaw(2007) 같은 유용한 문서들이 많다.

제4장

1945년 이전의 국제이주

1945년 이후의 이주는 규모와 범위의 측면에서 새로울지 모른다. 그러나 인구 증가, 기후 변화, 생산과 교역의 발전에 대응하는 인구이동은 늘 인류 역사의 일부로서 존재해 왔다. 전쟁, 정복, 국민의 형성 및 국가와 제국의 등장은 모두 자발적인 것이든 강요된 것이든 이주를 불러일으켰다. 피정복 인민의 노예화와 축출은 초기 이주에서 빈번하게 나타난 형태였다. 중세가 끝난 뒤에 시작된 유럽의 발전과 세계 여러 지역의 식민지화는 다양한 종류의 국제이주에 새로운 동력을 부여했다.

1650년경 이후로 서유럽에서 "이주는 사회적 삶과 정치경제의 지속적이고 중요한 측면"이었으며, 근대화와 공업화에서 중대한 역할을 수행해 왔다(Moch, 1995:126; Moch, 1992; Bade, 2003 참조). 그러나 과거를 바라보는 지배적인 관점에는 이주의 중요성이 충분히 반영되어 있지 않다. 누아리엘(Noiriel 1988:15-67)이 지적한 대로, 이민의 역사는 프랑스 역사 연구에서 '맹점'으로 남아 있었다. 다른 곳에서도 마찬가지이다. "중세부터 유럽 사회에서 이민이 어느 정도의 규모로 일어났고 어떤 영향을 미쳤는지에 대해 역사가들은 계속 무관심했다"(Lucassen et al., 2006:7). 국민 형성에서 이민자가 수행한 역할을 부정한 것은 동질적 국민이라는 신화를 만들어 내는 데 중요하게 작용했다. 새로운 세대의 유럽 역사가들(예컨대 바데Bade, 누아리엘, 얀 루카센Jan Lucassen과 레오 루카센 Leo Lucassen)이 과거를 바라보는 전통적인 민족주의적 관점에 의문을 제기한 것은 최근에 이르러서이다. 그런 접근은 미국과 호주 같은 고전적 이민국가에서는 불가능했다(Archdeacon, 1983; Jupp, 2001; 2002).

전통적 속박과 예속으로 인해 자유가 제한되었던 이전 사회와 대조적으로, 개인적 자유는 자본주의가 낳은 위대한 도덕적 성과의 하나로 묘사된다. 신고전학파 이론가들은 자본주의 경제를 자유시장에 기반을 둔 것으로 그린다. 자유시장에는 노동시장도 포함된다. 노동시장에서 사용자와 노동자는 자유로운 법적 주체로 대면하며 계약을 체결할 동등한 권리를 가진다. 국제이주는 노동자가 더 높은 임금을 받을 수 있는 곳을 자유롭게 선택하여 이동하는 시장으로 묘사된다(Borjas, 1990:9-18 참조). 그러나 이런 조화로운 그림은 때때로 현실과 맞지 않는다. 코언(Cohen, 1987)이 보여 주었듯이, 자본주의는 발전의 어떤 국면에서든 자유로운 노동자와 자유롭지 않은 노동자 모두를 활용해 왔다. 노동이주자들은 많은 경우 자유롭지 않은 노동자이다. 그것은 노동이주자들이 그들의 노동을 필요로 하는 장소에 강제로 옮겨졌기 때문이기도 하고, 다른 노동자가 향유하는 것과 같은 권리를 인정받지 못하여 동등한 조건에서 경쟁할 수 없기 때문이기도 하다. 이주가 자발적으로 이루어지고 규제받지 않더라도 제도적 · 비공식적 차별은 노동자의 현실적 자유와 평등을 제한한다.

경제권력은 통상 정치권력과 연관되기 때문에 노동의 동원은 억압의 요소를 지니는 경우가 흔하다. 여기에는 때때로 폭력, 군사력, 관료적 통제가 수반된다. 아메리카 대륙의 노예 경제, 아시아 · 아프리카 · 아메리카 대륙의 부자유계약 식민노동indentured colonial labour〔부자유계약노동은 인력 충원 브로커가 노동자를 이주하게 한 후, 그 노동자가 일정 기간 사용자에게 노역을 제공하면 자유를 얻을 수 있도록 한 고용 형태이다. 노동자는 사용자가 부담한 이주비용과 전도금을 상환하기 위해 자유롭지 못한 계약노동을 해야 했다. 노동자는 매우 낮은 수준의 급여를 받았고, 생활수준은 매우 열악했다. 그렇지만 계약기간이 종료되면 자유롭게 취업할 수 있는 신분이 되었다는 점이 노예와 다르다.—옮긴이〕, 19세기와 20세기 남아프리카의 광산 노동자, 제2차 세계대전 이전 독일과 프랑스의 외국인 노동자, 나치 전시경제하의 강제노동자, 1945년 이후 유럽의 '초청노동자guestworkers,' 오늘날 많은 나라에서 법적 보호를 부정당하고 있는 '불법체류자'가 바로 그 예이다. 이주자의 인신매매, 특히 성적 착취를 목적으로 한 여성과 아동의 인신매매는 흔히 근대적 노예제의 형태를 취하며, 세계 도처에서 발견되고 있다.

이 책에서는 식민화된 나라에서 국제이주가 토착민에게 가한 파괴적 영향에 관한 내용은 다루지 않는다. 이는 중요한 주제이지만, 이 책에서 감당할 수 없을 정도로 심층적인 작업을 요구하기 때문이다. 아프리카, 아시아, 아메리카, 오세아니아에서 이루어진 유럽인의 정복 활동은 현지인에 대한 지배와 착취, 물리적·문화적 측면의 집단학살을 낳았다. 국민은 새로운 인구의 유입에 기초하여 형성되었으며, 특히 아메리카와 오세아니아의 경우에 그러했다. 이민은 그렇게 토착 원주민의 배제와 주변화에 기여했다. 새로운 국민 정체성 구축의 시발점은 토착사회 파괴를 이상화하는 것이었다. '어떻게 서양이 승리했는가'라든가 토착민에 대한 호주 개척자의 투쟁과 같은 이미지는 강력한 신화가 되었다. 오늘날 종종 새로운 이민 집단에 덧씌워지곤 하는 인종주의적 선입견은 식민화된 주민에 대한 역사적 취급에 뿌리를 둔 경우가 많다. 최근 들어서는 집단 간 관계의 바람직한 모델은 이민 집단과 더불어 토착민 집단의 요구에도 부응하는 것이어야 한다는 인식이 점차 확대되고 있다.

식민주의

유럽의 식민주의는 여러 종류의 이주를 낳았다(지도 4.1 참조). 그중 하나는 처음에는 아프리카와 아시아로, 나중에는 아메리카와 오세아니아로 향한 유럽인의 거대한 이동이었다. 유럽인들은 선원, 군인, 농부, 장사꾼, 성직자, 행정가가 되어 영구적으로든 일시적으로든 이주했다. 일부는 이미 유럽 내부에서 이주한 상태였다. 얀 루카센(Jan Lucassen, 1995)은 17, 18세기 네덜란드 동인도회사의 군인과 선원 중 절반가량은 네덜란드인이 아니라 주로 독일의 가난한 지역에서 온 '초이주자transmigrants'였음을 보여 주었다.

이주노동자가 난파, 전쟁, 열대성 질병으로 죽을 확률은 매우 높았지만, 식민지에서의 활동은 그들이 빈곤에서 벗어날 수 있는 유일한 기회였다. 해외이주는 유럽의 송출국과 식민지 모두에서 경제구조와 문화에 중대한 변화를 가져왔다.

현대적 노동이주의 중요한 선행 형태는 동산 노예제chattel slavery이다. 이는 17세기 후반부터 19세기 중엽까지 신대륙의 플랜테이션과 광산에서 상품 생산의 토대를 이루었다. 노예 노동에 의한 설탕, 담배, 커피, 면화, 금의 생산은 18세기를 지배한 영국과 프랑스의 경제력과 정치력을 강화하는 데 결정적으로 중요했으며, 스페인, 포르투갈, 네덜란드의 경우에도 중대한 역할을 수행했다. 1770년에 아메리카 대륙에는 거의 250만 명의 노예가 있었는데, 이들은 유럽인의 상업 총량의 3분의 1을 생산했다(Blackburn, 1988:5). 노예제는 악명 높은 '삼각무역'으로 운영되었다. 총기나 가사용품 같은 제조물을 가득 실은 배가 브리스틀, 리버풀, 보르도와 르아브르 등의 항구를 떠나 서아프리카 연안에 도착했다. 여기에서 아프리카인은 강제로 납치되거나 상품의 대가로 현지의 추장에 의해 넘겨졌다. 배는 다시 카리브 해나 남북 아메리카 연안으로 항해

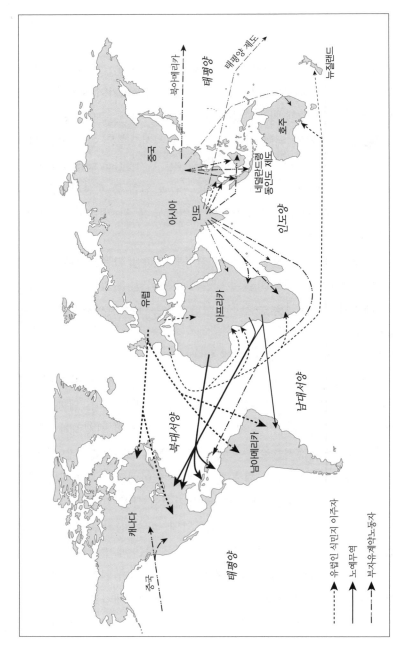

지도 4.1 17~19세기의 식민지 이주 주: 화살표의 크기는 이주 흐름의 대략적인 규모를 나타낸다. 정확한 수치는 알 수 없다.

북아메리카
태평양
태평양 제도
뉴질랜드
중국
호주
인도
아시아
네덜란드령 동인도 제도
인도양
유럽
아프리카
남대서양
북대서양
남아메리카
캐나다
중국
태평양

유럽인 식민지 이주자
노예무역
부자유계약노동자

했고, 그곳에서 노예는 현금을 받고 팔렸다. 이 돈은 플랜테이션의 산물을 매입하는 데 쓰였으며, 배는 그렇게 매입한 산물을 유럽에서 되팔기 위해 가져왔다.

1850년 이전에 아메리카 대륙으로 끌려간 노예는 1,500만 명에 달했다고 추산된다(Appleyard, 1991:11). 여성은 광산, 플랜테이션, 집안에서 중노동을 담당했을 뿐만 아니라 빈번하게 성적으로 착취되었다. 노예가 낳은 아동은 소유주의 동산動産으로 남았다. 윌리엄 윌버포스William Wilberforce가 주도한 인도주의 캠페인에 따라 1807년 대영제국에서 노예매매가 폐지되었다(2007년에 폐지 200주년 기념행사가 성대하게 거행되었다). 1815년에 이르기까지 다른 유럽 국가도 그 뒤를 따라 노예 매매를 폐지했다. 생도맹그Saint Domingue(나중에 아이티가 됨)를 비롯해 몇 군데에서 노예 반란이 일어났다(Schama, 2006). 그러나 노예제 자체는 영국 식민지에서는 1834년, 네덜란드 식민지에서는 1863년, 미국 남부에서는 1865년에 이르러서야 폐지되었다(Cohen, 1991:9). 노예제는 규모와 경제적 중요성의 측면에서 크게 성장했다. 아메리카 대륙에서 노예의 수는 1800년에 300만 명이었던 것이 1860년에는 600만 명으로 증가했으며, 이에 상응하여 미국 남서부, 쿠바, 브라질에서 플랜테이션 농업이 성장했다(Blackburn, 1988:544).

노예제는 많은 전前 자본주의 사회에 존재했으나 식민지 노예제는 전혀 새로운 성격의 것이었다. 그것을 추동한 힘은 상인자본에 지배되어 세계 시장을 구축하기 시작한 전 지구적 제국의 등장에서 비롯되었다. 노예들은 전문화된 상인에 의해 엄청나게 먼 곳으로 수송되어 상품으로 매매되었다. 노예는 경제적 재산으로 간주되었으며, 산출의 극대화를 위해 가혹하게 통제당했다. 그들의 대다수는 수출 작물을 생산하는 플랜테이션에서 착취당했으며, 이는 국제적으로 통합된 농업 및 제조업 체제의 일부를 구성하는 것이었다(Fox-Genovese and Genovese, 1983;

Blackburn, 1988).

19세기 후반 플랜테이션 노동의 주된 원천으로서 노예는 부자유계약노동자indentured workers로 대체되었다. 부자유계약노동제(또는 '쿨리coolie제도')는 대규모 노동자 집단의 모집을 필요로 하는데, 여기에는 때때로 강제력이 동원되었으며, 그렇게 모집된 노동자는 노동을 위해 다른 지역으로 수송되었다. 영국 식민 당국은 트리니다드, 영국령 기아나Guiana 및 기타 카리브 해 국가들의 사탕수수 플랜테이션에서 일할 노동자를 인도에서 충원했다. 말레이 반도, 동아프리카, 피지의 플랜테이션, 광산, 철도 건설에 고용된 자들도 있었다. 영국인들은 말레이 반도와 기타 식민지에서 일할 중국인 '쿨리'도 모집했다. 네덜란드 식민 당국은 네덜란드령 동인도 제도를 건설하는 데 중국인 노동력을 활용했다. 일본에서도 100만 명에 달하는 부자유계약노동자가 모집되었으며, 이들은 주로 하와이, 미국, 브라질, 페루로 이주하여 노동했다(Shimpo, 1995).

포츠(Potts, 1990:63-103)에 따르면, 모든 주요 식민지 경영 국가들이 부자유계약노동자들을 사용했으며, 그들이 파견된 국가는 40개국에 이른다. 포츠는 1834년부터 네덜란드 식민지에서 부자유계약노동제가 폐지된 1941년 사이에 1,200만 명에서 3,700만 명에 달하는 노동자가 이 제도에 동원되었을 것으로 추산했다. 부자유계약노동자는 단위기간이 수년인 엄격한 노동계약에 구속되었다. 임금과 근로조건은 대체로 대단히 열악했고, 노동자는 경직된 규율에 복속되었으며, 계약을 위반했을 때에는 혹독하게 처벌되었다. 사용자의 입장에서는 부자유계약노동자가 노예보다 더 저렴한 경우도 흔했다(Cohen, 1991:9-11). 반면 해외에서 일하는 것은 노동자들에게 인도의 카스트 제도 같은 억압적 상황이나 빈곤에서 탈출하는 기회를 제공하기도 하였다. 많은 노동자들이 동아프리카, 카리브 해 지역, 피지 등지에서 자유로운 정착민이 되었으며, 그곳에서 그들은 토지를 취득하거나 사업을 차릴 수도 있었다(Cohen,

1995:46).

부자유계약노동제는 분할지배의 원리를 상징하며, 탈식민 시대의 몇몇 갈등(예를 들어 아프리카와 피지에서 나타나는 인도인에 대한 적대감이나 동남아시아에서 발견되는 중국인에 대한 적대감)은 그러한 분할에 뿌리를 두고 있다. 카리브 해 지역이 겪은 경험은 변화하는 식민 노동이 피지배 민족에게 끼친 영향을 보여 준다. 원래의 주민들, 카리브인Caribs과 아라와인Arawaks은 유럽인이 가져온 질병과 폭력으로 절멸했으며, 18세기부터는 설탕 산업의 발전과 함께 아프리카인들이 노예로 도입되었다. 19세기에 해방을 맞은 뒤 그들은 대부분 소규모 자작농이 되었고, 인도 출신의 부자유계약노동자들이 그 빈자리를 메꿨다. 많은 인도인은 부자유계약노동이 끝난 후 정착했으며 피부양인을 데려왔다. 일부는 대규모 경작지에 노동자로 남았고, 다른 일부는 상인 계급으로 자리를 잡아 백인 및 혼혈 지배계급과 인구의 대다수를 차지하는 흑인 사이에서 중간자적 역할을 수행했다.

1914년 이전의 공업화와 북미 및 오세아니아로의 이주

식민지 착취를 통해 서유럽에 축적된 부는 18세기와 19세기의 산업혁명 견인에 사용된 자본의 상당량을 차지했다. 영국에서는 식민지에서 거둔 이윤이 상업적 농업을 고무하고 경지를 목축지로 전환하는 인클로저 운동을 촉진했으며, 새로운 형태의 제조업에 투자되기도 하였다. 소작농들이 축출된 결과, 새로운 공장에 노동을 공급하는 궁핍한 도시 대중의 규모가 크게 늘어났다. 새로운 제조업과의 경쟁 때문에 생계를 잃은 수제 직물업자처럼 곤경에 빠진 수공업자들이 이렇게 등장한 임노동자 계급에 가세했다. 영국 공업경제에 긴요했던 새로운 계급의 토대가 여기에 있었다. 그것은 전통적 속박으로부터 자유로웠지만 생산수단의 소유에서는 배제된 '자유로운 프롤레타리아'였다.

부자유 노동력unfree labour은 처음부터 중요한 역할을 수행했다. 유럽 전역에 걸쳐 축출된 농민과 수공업자, 즉 치안을 위협하는 '거지떼'를 통제하기 위해 무지막지한 구빈법poor laws이 도입되었다. 노동수용소와 빈민수용소는 제조업의 첫 형태인 경우가 많았으며, 향후 공장제 아래의 규율 도구들이 여기에서 개발, 실험되었다(Marx, 1976:chapter 28). 영국에서는 '교구 도제parish apprentices', 즉 지방자치단체의 보호를 받는 고아가 값싼 미숙련 노동으로 공장에 고용되었다. 이는 강제노동의 한 형태로서, 만약 말을 듣지 않거나 일을 거부하면 이들은 가혹한 처벌을 받았다.

산업혁명의 절정기는 영국인의 미국 이주가 이루어진 중심적 시기이기도 했다. 1800년에서 1860년에 이르는 기간에 미국으로 이주한 사람 중 66퍼센트가 영국 출신이었으며 22퍼센트는 독일 출신이었다. 1850~1914년에는 이주자의 대부분이 후발 공업화 지역인 아일랜드, 이탈리아, 스페인, 동유럽에서 왔다. 미국은 이들에게 새로운 기회의 땅에서 독립 자작농 또는 상인이 될 수 있다는 꿈을 심어 주었다. 이러한 꿈은 종종 실망으로 이어졌다. 이주자들은 신대륙의 광활한 대지에서 도로와 철도를 놓는 임노동자, 큰 목장의 '카우보이,' 가우초gaucho(남미의 카우보이—옮긴이), 목동, 미국 북동부 신흥 제조업체의 공장 노동자가 되었다. 그러나 많은 정착민들은 궁극적으로 꿈을 이루어, 자작농, 화이트칼라 노동자 또는 사업 경영자가 되었으며, 최소한 자녀들이 교육을 받고 상승 이동하는 모습을 볼 수 있었다.

미국은 통상 가장 중요한 이민 국가로 여겨지며, 자유로운 이주를 상징한다. 미국에는 1820년에서 1987년까지 약 5,400만 명이 입국한 것으로 추산된다(Borjas, 1990:3). 절정기는 1861년에서 1920년까지로, 이

기간에만 3,000만 명이 들어왔다. 일부 경제사가들은 대규모 이주가 '범대서양 경제greater Atlantic economy'의 중요한 모습이었다고 본다(Hatton and Williamson, 1998). 1880년대까지 이주는 규제되지 않았다. 대양을 건널 돈만 있으면 누구라도 미국에 와서 새로운 삶을 추구할 수 있었다. 1849년에 미국 연방대법원US Supreme Court은 한 중요한 판결문에서 국제 이주의 규제에 관한 연방정부의 '전권plenary power'을 확인함으로써 아일랜드 출신 이주자의 입국을 막으려는 동부 연안 자치정부들의 시도를 무산시켰다(Daniels, 2004). 한편, 미국의 사용자들은 잠재적인 노동자들을 끌어들이기 위한 캠페인을 조직했으며, 수많은 대행사들과 선박 회사들이 이에 가세했다. 이주자들의 대다수는 미혼의 젊은 남성으로, 충분한 돈을 저축해서 본국으로 돌아가 가정을 꾸리려는 희망을 가지고 있었다. 하지만 이주자들 중에는 미혼 여성이나 부부, 또는 가족도 있었다. 1880년대에 시작된 인종차별주의 캠페인은 중국인을 위시한 아시아인의 입국을 불허하는 배제법exclusionary law을 낳았다. 대조적으로 유럽인과 남미인에게는 1920년까지 자유로운 입국이 허용되었다(Borjas, 1990:77). 1920년에 행해진 인구조사에 따르면, 당시 미국에는 1,390만 명의 외국 출신 인구가 거주했으며, 이는 총인구의 13.2퍼센트에 해당했다(Briggs, 1984:77).

　초창기 미국의 자본 축적을 가능케 한 중요한 원천은 노예제였지만, 남북전쟁(1861~1865) 후에 시작된 공업의 본격적 발전은 유럽에서 시작된 대규모 이민에 의해 추동된 것이었다. 동시에 명목상의 자유만을 가진 아프리카계 미국인을 남부 주의 플랜테이션에 가두어 두기 위해서 인종차별적인 '짐 크로Jim Crow' 제도[에이브러햄 링컨 미국 대통령이 1863년 노예해방을 선언한 이후에도 100년간 미국 남부 흑인들은 극심한 차별을 받았다. 특히 1877년 미국 남부의 여러 주와 도시들이 흑백 분리를 골자로 하는 법을 제정했다. 그것을 짐 크로 법이라 한다. 짐 크로는 19세기 초 미국에서 유행한 노

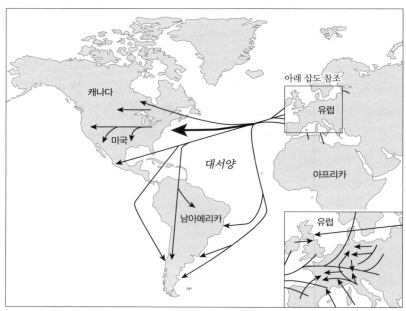

지도 4.2 **공업화와 연관된 노동이주(1850~1920)** 주: 화살표의 크기는 이주 흐름의 대략적인 규모를 나타낸다. 정확한 수치는 알 수 없다.

래 가사에 나오는 가상인물로 1928년부터 순회극단 노래극의 주인공이 되었다. 백인 가수들이 얼굴을 검게 칠하고 흑인 역할을 했다. 그 후 짐 크로는 흑인을 경멸하는 명칭으로 전락했다.—옮긴이])가 활용되었다. 값싼 면화 등의 농산물이 공업화에 긴요했기 때문이었다. 1860년부터 1920년까지 아일랜드인, 이탈리아인, 동유럽 출신의 유대인들이 가장 규모가 큰 이민 집단을 형성했지만, 그 외의 다른 유럽 국가들과 멕시코 출신 이민자들도 제법 있었다. 정착 패턴은 성장하는 공업경제와 긴밀하게 연관되었다. 운하와 철도 회사에서 노동자를 모집함에 따라 아일랜드인과 이탈리아인이 건설 루트를 따라 정착했다. 아일랜드인, 이탈리아인, 유대인 집단 중 일부는 동부 연안에 위치한 입국항에 정착했다. 그곳에서 그들은 건설업, 운송업과 관련된 일을 하거나 공장에서 일자리를 찾았다. 중국인 이민자들은 처음에는 서부 해안에 정착했으나 철도 건설 회사에 고용된 이후로는 점차 내륙으로 이동했다. 그와 비슷하게, 초기 멕시코 이주자들은 남서부 멕시코 국경 근처에 집중적으로 거주했으나, 많은 사람이 철도 공사에 충원되어 북쪽으로 이동했다. 중부와 동부 유럽 출신 집단은 중서부에 집중되었는데, 19세기에서 20세기로 넘어갈 무렵 중서부에서 중공업이 발전함에 따라 고용 기회가 생겨났다(Portes and Rumbaut, 2006:38-40). 이처럼 미국의 노동계급은 연쇄이주chain migration의 과정을 통해 형성되었으며, 그 과정은 종족적 분절ethnic segmentation 유형을 초래했다.

캐나다는 미국 혁명 후 영국계 왕당파를 많이 받아들였다. 18세기 말부터는 영국, 프랑스, 독일, 기타 북유럽 나라에서 캐나다로 이민 오는 사람들이 생겨났다. 많은 아프리카계 미국인이 노예제에서 탈출하기 위해 긴 국경을 넘어 캐나다로 들어왔다. 1860년에 이르렀을 때 캐나다의 흑인은 4만 명에 달했다. 19세기에는 골드러시가 이민을 자극했으며 농촌 이민자들은 고무되어 대평원 지역에 정착했다. 1871~1931년에 캐나다 인구는 360만 명에서 1,030만 명으로 증가했다. 19세기 말에는 중국, 일본, 인도에서 오는 이민도 시작되었다. 중국인은 서부 연안, 특히 브리티시컬럼비아British Columbia에 와서 캐나다-태평양 철도Canadian Pacific Railway를 건설하는 데 이바지했다. 1886년부터는 아시아 이민자들을 막기 위한 일련의 조치들이 채택되었다(Kubat, 1987:229-235). 1895년부터 1914년에 이르는 시기에 캐나다는 남부와 동부 유럽에서 온 많은 유입 인구들을 수용했다. 한편, 1931년에는 4개의 우대 이민계급이 지정되었다. 영국과 아일랜드 및 기타 4개 영국 국왕의 영토로부터 충분한 재정적 수단을 가지고 오는 사람, 미국 시민, 캐나다 영주권자의 피부양자, 농업 경영인이 바로 그들이었다. 캐나다는 남부 및 동부 유럽에서 오는 이민자들을 억제했으며, 1923년에서 1947년까지는 아시아에서 오는 이민을 불허했다.

호주에서는 1788년 영국의 식민화가 시작된 뒤부터 이민이 경제발전과 국민 형성의 핵심적인 요인을 담당해 왔다. 호주 식민지는 모직, 밀, 금 등과 같은 원자재의 공급지로서 대영제국에 편입되었다. 제국은 죄수를 보내고(부자유 노동의 또 다른 형태), 자유로운 정착을 격려함으로써 확장에 필요한 노동자를 공급하는 데에 적극적 역할을 수행했다. 초기에는 심각한 남성 과잉 상태가 이어졌다. 특히 개척지대가 그러했는데, 그런 지역들은 '여자 없는 남자'의 세상이었다. 그러나 많은 여성 죄수들이 호주로 보내졌으며, 정착민을 위해 가정부나 아내로서 미혼 여성을 들여오는 특별한 프로그램도 만들어졌다.

19세기 중엽, 영국의 잉여 인구가 호주의 노동 수요를 충족시키지 못하자 영국은 제국의 다른 곳, 즉 중국, 인도, 남태평양 제도 지역에서 값싼 노동력을 데려오게 해달라는 호주 사용자들의 요청에 따르기 시작했다. 영국의 경제적 이해관계는 갓 태어난 호주 노동운동의 요구와 갈등을 빚게 되었다. 양호한 임금을 요구하는 움직임은 '백인 남성에 적합한' 임금을 달라는 식의 인종차별적인 (그리고 성차별적인) 표현을 띠게 되었다. 중국을 위시한 아시아 출신 노동자에 대한 적대감은 점점 폭력적으로 변해 갔다. 새로 등장한 호주 국민의 배타적 경계는 인종 구분선을 기준으로 하게 되었고, 1901년 연방의회가 수립한 첫 법안 중 하나는 백호주의 정책White Australia Policy을 도입하는 것이었다(de Lepervanche, 1975).

뉴질랜드에는 1830년대부터 영국인 이주자가 정착했다. 1840년 영국 국왕과 토착 마오리족의 추장 540여 명 간에 체결된 와이탕기Waitangi 조약은 마오리족의 재산 박탈 및 주변화를 알리는 서곡이었다. (제국 다른 곳에서 오는 백인 영국 신민을 포함하여) 뉴질랜드에 정착하고자 하는 영국인은 1974년까지 어떤 제한도 받지 않고 입국할 수 있었다. 정부는 영국인의 입국은 지원하는 한편, 비영국인에게는 특별 허가를 얻어야 입국할 수 있도록 조치했다. 1860년대부터 소수의 중국인이 광원과 노동자로 고용되자 여론 선동에 의해 엄격한 통제 조치가 취해졌고, "백인의 뉴질랜드^{white New Zealand}" 정책이 도입되었다. 인구의 대다수는 자신들을 뉴질랜드인이 아닌 영국인으로 표상했다. 영국인 이주자는 '친족^{kin}'으로 간주되었고, '친족'과 '외국인'이 명확히 구별되었다. 물론 마오리족은 '외국인'이 아니었다. 와이탕기 조약에 따라 그들은 영국 신민이 되었기 때문이다(McKinnon, 1996).

유럽 내에서의 노동이주

유럽에서는 해외이주와 유럽 내 이주가 병행하여 이루어졌다. 1876∼1920년에 이주한 1,500만 명의 이탈리아인 중 절반에 달하는 680만 명이 유럽 내의 다른 나라로 향했다(주 행선지는 프랑스, 스위스, 독일이었다)(Cinanni, 1968:29 참조). 서유럽인이 프롤레타리아로 전락하는 것을 피하기 위해(종종 헛수고가 되었지만) 해외로 이주하자, 폴란드, 아일랜드, 이탈리아 같은 주변 지역의 노동자들이 대규모 농업과 공업을 위한 대체 노동력으로 고용되었다.

　가장 먼저 공업화를 이룬 나라인 영국은 대규모 노동이민을 받아들인 첫 번째 나라였다. 새로운 공장 도시들은 농촌의 잉여 노동력을 재빨리 흡수했다. 형편없는 근로조건과 생활조건은 나쁜 건강, 높은 영아사망률, 짧은 기대수명의 원인이 되었다. 낮은 임금 수준은 여성과 아동을 일터로 내몰았고 이는 가족의 재앙을 가져왔다. 영국에서 가장 가까운 식민지였던 아일랜드는 노동의 원천이었다. 부재지주제와 인클로저 운동으로 인해 농민경제가 파괴되고, 영국과의 경쟁으로 인해 국내 산업이 쇠퇴하자 아일랜드에서는 빈곤이 만연하게 되었다. 1822년과 1846 ~1847년의 아일랜드 대기근은 영국, 미국, 호주로의 대대적인 이주를 촉발했다.

1851년에 이르자 영국 내 아일랜드인 인구는 70만 명에 달했다. 이들은 잉글랜드와 웨일스 인구의 3퍼센트, 스코틀랜드 인구의 7퍼센트를 차지했다(Jackson, 1963). 이들은 공업 도시, 특히 섬유 공장과 건설업에 집중되었다. 아일랜드 '내비navvies'(항해사라는 뜻의 속어)들은 영국에서 운하를 파고 철도를 놓았다. 엥겔스(Engels, 1962)는 아일랜드 노동자들의 참담한 상황을 묘사하면서, 아일랜드에서 온 이민이 영국 노동자의 임금과 생활조건에 위협이 된다고 주장했다(Castles and Kosack, 1973:16- 17; Lucassen, 2005 참조). 아일랜드인에 대한 적대감과 차별은 20세기에 들어서도 현저하게 나타났다. 이는 영국인과 아일랜드인의 이민이 초창기부터 함께 이루어진 호주에서도 마찬가지였다. 양국 모두에서 노동계급 내의 분열은 아일랜드 노동자가 노동운동에서 적극적인 역할을 수행함에 따라 겨우 극복될 수 있었다. 1945년 이후에는 영국에 흑인 노동자가 들어오고 호주에 남유럽인이 들어옴으로써 과거의 분열을 대체하는 새로운 분열이 나타나기 시작했다.

영국을 향한 이주 흐름 중에서 그다음으로 중요한 것은 1875~1914년에 이루어진 12만 명에 달하는 유대인의 이주였다. 이들은 당시 러시아에서 박해를 피해 난민으로서 영국에 들어왔다. 초기에는 그들 대부분이 런던의 이스트엔드East End에 정착해 섬유 공장 노동자가 되었다. 유대인의 정착은 인종주의 캠페인의 중요한 관심대상이 되었으며, 이는 최초의 이민 규제법인 1905년 외국인법Aliens Act과 1914년 외국인억제법Aliens Restriction Act의 제정을 가져왔다(Foot, 1965; Garrard, 1971). 유대인이 이루어낸 사회이동은 이주자의 성공 사례로 꼽힌다. 많은 1세대 유대인 이주자는 임노동에서 시작하여 '옷 장사'(즉, 섬유 제조업)나 소매업과 관련된 소기업을 경영하는 쪽으로 옮겨 갔다. 그들은 자녀 교육을 매우 중요하게 생각했다. 많은 수의 2세대 이주자는 기업 경영이나 화이트칼라 직업으로 이동할 수 있었고, 3세대가 전문직에 종사할 수 있도록 길을 열어 주었다. 흥미롭게도 근래 영국으로 이주한 벵갈인과 방글라데시인 이민자 집단도 이스트엔드에 거주하면서 유사한 저임금 공장에서 일하고 같은 건물에서 종교 활동을 한다(다시 말해 유대교회당이 모스크로 바뀐 것이다). 그러나 현재 그들은 인종주의와 폭력에 의해 고립된 채, 유대인이 걸었던 행로를 좇아가는 모습을 보이지 않고 있다. 영국의 인종주의는 1세기 전보다 오늘날 더 굳건해 보인다.

아일랜드인과 유대인 이주노동자를 '부자유 노동자'라 범주화하는 것은 온당하지 않다. 아일랜드인은 영국 신민으로서 다른 노동자와 동일한 형식적 권리를 가졌으며, 유대인도 빠른 속도로 영국 신민이 되었기 때문이다. 노동시장에서 그들이 누리는 자유에 대한 제한은 법적인 것이 아니라 경제적(빈곤과 자원의 부족으로 인해 저급한 직업과 조건을 받아들임)이고 사회적(차별과 인종주의로 인해 이동의 자유를 제한받음)인 것이었다. 처음으로 외국인의 신분에 따라 노동자 권리를 대대적으로 제한한 국가는 독일과 프랑스였다.

독일에서는 19세기에 등장한 루르Ruhr의 중공업이 동프러시아의 대영지大領地의 농업노동자들을 흡수했다. 탄광의 조건은 열악했지만 융커Junkers(대지주)의 반봉건적 억압보다는 나았다. 서쪽으로 이동한 이 노동자들은 종족적으로 폴란드계였지만 프러시아(후에는 독일) 국적을 가진 이들이었다. 당시 폴란드는 프러시아와 오스트리아-헝가리 제국, 러시아 사이에 분할된 상태였기 때문이다. 1913년에 이르러서는 루르 탄광에 고용된 41만 명의 광원 중 16만 4,000명이 폴란드계였을 것으로 추정된다(Stirn, 1964:27). 융커들은 이들의 이탈로 인한 노동력 부족을 보충하기 위해 '외국 국적의 폴란드인'과 우크라이나인을 농업노동자로 고용했다. 노동자는 짝을 맞춰 고용되기도 했다. 남자는 곡식을 절삭하고 여자는 짚단을 묶는 일을 하는 식이었다. 이는 소위 '추수 결혼'으로 이어지기도 했다. 그러나 폴란드인의 정착은 동부 지방에 대한 독일 정부의 통제력을 약화할 것이라는 우려를 낳기도 했다. 1885년 프러시아 정부는 4만 명의 폴란드인을 강제퇴거하고 국경을 폐쇄했다. 지주들은 많게는 노동력의 3분의 2를 상실하게 된 데에 대해 항의했다(Dohse, 1981:29-32). 그런 조치가 자신들의 경제적 생존을 위협한다는 것이었다(Lucassen, 2005:50-73도 참조).

1890년에 이르러 엄격한 통제 체제라는 모습으로 정치적 이익과 경제적 이익 간의 타협이 이루어졌다. '외국 국적의 폴란드인'은 일시적인 계절노동자로만 고용될 수 있었고 피부양자를 데리고 올 수 없었으며 매년 몇 개월씩 독일 영토를 떠났다가 돌아와야만 했다. 그들은 처음에는 농업 노동만 할 수 있었으나, 후에 슐레지엔Schlesien과 튀링겐Thuringia 지역에 한하여 공업 노동에 종사하는 것이 허용되었다(그러나 루르 같은 서부 지역에서는 허용되지 않았다). 그들이 맺은 노동계약은 독일인 노동자에 비해 급여와 조건 면에서 열악했다. '계약 위반'(즉 더 나은 직업을 위해 작업장을 떠나는 것)에 대처하기 위해 특별 경찰 부서가 창설되었다. 계약을 위반한 자는 사용자에게 돌려보내지거나 구금 또는 강제 퇴거를 당했다. 이처럼 외국인에 대한 경찰의 조치는 임금을 낮추고 분절 노동시장을 만들려는 의도로 활용되었다(Dohse, 1981:33-93).

외국인 노동은 독일 공업화에서 중요한 역할을 수행했다. 이탈리아, 벨기에, 네덜란드 노동자가 폴란드인과 함께 일했다. 1907년 당시 독일 제국 내 외국인 노동자 수는 95만 명에 달했는데, 그중 30만은 농업에, 50만은 공업에, 86만은 상업과 운송업에 종사했다(Dohse, 1981:50). 당국은 가족 재결합과 영구 정착을 막기 위해 총력을 기울였다. 그럼에도 불구하고 가족 재결합과 영구 정착이 이루어지고 있었으나 그 규모는 분명치 않다. 외국인 노동을 통제하고 착취하기 위해 개발된 이 제도는 나치 전시경제하의 강제노동과 1955년 이후 독일연방공화국의 '초청노동자 제도'의 선행 형태였다.

프랑스의 외국인 수는 1851년에 38만 1,000명(전 인구의 1.1%)이었던 것이 1881년에는 100만 명(2.7%)까지 급증했고, 그 뒤로 점증하여 1911년에는 120만 명(3%)이 되었다(Weil, 1991b:Appendix, Table 4). 그들 중 다수는 인접국 출신이었다. 대부분은 이탈리아, 벨기에, 독일, 스위스에서 왔으며, 나중에는 스페인과 포르투갈 등에서도 오기 시작했다. 농민 협회와 탄광에서 모집한 이들도 있었으나, 노동자들은 비교적 자발적으로 이동한 편이었다(Cross, 1983:chapter 2). 외국인 노동자들은 주로 농업, 광업, 제철 산업의 미숙련 육체노동직(중노동이고 힘든 일이어서 프랑스 노동자들이 기피하는 직업)에 종사했다(Rosenberg, 2006 참조).

프랑스 사례의 특이한 점은 공업화 시기에 노동력이 부족했던 이유에서 찾을 수 있다. 1860년 이후 출산율이 급격히 감소했으며, 농민, 소매상인, 수공업자가 '맬서스적Malthusian' 산아제한을 행함으로써 다른 어느 나라보다도 이른 시기에 소가족이 출현했다(Cross, 1983:5-7). 누아리엘(Noiriel, 1988:297-312)에 따르면, 이러한 출산파업grève des ventres(belly strike)은 프롤레타리아로 전락하지 않으려는 저항의 움직임이었다. 가족을 작은 규모로 유지한다는 것은 재산이 줄지 않고 상속된다는 것, 자녀에게 양질의 교육을 제공하기에 충분한 재원을 가질 수 있다는 것을 의미했다. 그리하여 프랑스에서는 영국이나 독일과 달리 공업화시대에 해외이민이 상대적으로 적게 나타났다. 프랑스가 1830년에 침공한 알제리로의 정착 이주만이 중요한 예외였다. 농촌에서 도시로 이주하는 것도 상당히 제한적이었다. 당시에 많았던 '농민 노동자peasant worker'는 자급적 농업만으로 부족한 부분을 지방 제조업체에서 가끔 일하며 보충하는 소농을 가리킨다. 농촌을 떠나는 사람 중에는 19세기 후반에 번성하기 시작한 새로운 정부 관련 직업을 얻고자 하는 이들이 많았다. 즉, 1차 산업에서 3차 산업으로 곧장 이동한 것이다.

이러한 상황에서 1880년대 이후 국제경쟁으로 인해 필연적이 된 소기업에서 대기업으로의 이행은 외국인 노동자의 고용을 통해서만 가능해졌다. 이처럼 프랑스에서는 근대 산업이 형성되고 노동계급이 구축되는 데 노동이민이 중대한 역할을 수행했다. 이민은 군사적 이유에서도 중요한 것으로 간주되었다. 1889년에 제정된 국적법은 다가오는 독일과의 분쟁에 대비해 이민과 그 아들들을 징집하는 것이 목적이었다(Schnapper, 1994:66). 19세기 중엽부터 현재까지 프랑스 노동시장은 외국으로부터 이민자들을 정기적으로 공급받았으며, 이들은 평균적으로 노동계급의 10~15퍼센트를 차지해 왔다. 누아리엘의 추정에 따르면, 이민이 없었다면 1980년대 중엽의 프랑스 인구는 5,000만 명이 아니라 3,500만 명에 불과했을 것이다(Noiriel, 1988:308-318).

제1차 세계대전에서 제2차 세계대전에 이르는 시기

제1차 세계대전이 시작되자 많은 이주자들은 병역을 수행하거나 군수산업에 종사하기 위해 고국으로 돌아갔다. 그러나 전쟁 당사국들은 곧 노동력 부족 상태를 맞이했다. 독일 당국은 '외국 국적 폴란드인' 노동자가 독일을 떠날 수 없도록 했고, 러시아와 벨기에의 점령 지대에서 노동자들을 강제로 모집했다(Dohse, 1981:77-81). 프랑스 정부는 북아프리카, 서아프리카, 인도차이나 식민지, 중국에서 노동자와 군인을 모집하는 체계를 구축했다(총 22만 5,000명을 모집). 그들은 병영에 기거해야 했고 최소의 임금을 받았으며 구식민지 감독관들에 의해 통제되었다. 프랑스는 포르투갈, 스페인, 이탈리아, 그리스 등지에서도 노동자들을 모집했으며, 이들은 주로 프랑스의 공장과 농장에 투입되었다(Cross, 1983:34-42). 그보다 수는 적었지만 영국도 전시에 아프리카와 남아시아 식민지에서 군인과 노동자를 모집하여 유럽으로 데려왔다. 또한 모든 전쟁 당사국들은 전쟁 포로의 강제노동을 활용했다. 많은 아프리카인들이 독일, 영국 및 기타 유럽 국가들에 의해 아프리카 땅에서 군인이나 '짐꾼carriers'으로 사역되었다. 영국의 공식 통계에 따르면, 동아프리카에서 전사한 군인의 수는 1만 1,189명이었으나 짐꾼으로 죽은 사람의 수는 9만 5,000명에 달했다. 민간인 사망자 추정치는 이보다 훨씬 더 높다. 예를 들어, 독일의 동아프리카 식민지에서는 최소 65만 명이 사망한 것으로 추정된다(Paice, 2006).

1918~1945년에는 국제 노동력 이동이 감소했다. 이는 경제 침체와 공황 때문이기도 했고, 많은 나라들에서 이민에 대한 적대감이 증대했기 때문이기도 했다. 예를 들어, 호주로 향하는 이주 흐름은 1891년에 이미 낮은 수준으로 감소했으며, 그 뒤로도 1945년이 지나갈 때까지는 크게 증가하지 않았다. 1920년대에 남부 이탈리아에서 퀸즐랜드Queens-land로 향하는 이주가 촉진되었던 것이 하나의 예외였을 뿐이다. 남부 이탈리아의 시실리인Sicilians과 칼라브리아인Calabrians은 백호주의 정책 때문에 강제퇴거당한 남태평양 제도 출신 사람들을 대신하여 사탕수수 플랜테이션에서 허리가 부러질 만큼 일할 수 있을 것으로 여겨졌다. 그러나 남유럽인들은 곧 의심과 위협을 받기 시작했다. 1930년대가 되자 이민을 실은 선박이 정박을 허락받지 못하는 일이 벌어졌고 '반反다고anti-Dago'[Dago는 이탈리아인을 굉장히 모욕적으로 지칭하는 말이다.―옮긴이] 폭동이 일어났다. 퀸즐랜드는 특별 입법을 통해 외국인의 토지 소유를 금지하고 외국인이 특정 산업에만 종사하도록 제한했다.

미국의 '이민 배척주의자nativist' 집단은 남부 및 동부 유럽인이 '동화 불가능'하며 치안과 미국적 가치를 위협한다고 주장했다. 1920년대에 연방의회는 북서유럽 외의 지역에서 오는 이민을 획기적으로 제한하는 일련의 법들을 제정했다(Borjas, 1990:28-29). 1960년대까지 이러한 출신 국별 쿼터제는 미국으로 향하는 대규모 이민 흐름을 중지시켰으나, 미국은 포드주의Fordist 시대의 새로운 대량생산 산업을 위한 대체 노동력을 가지고 있었다. 그들은 바로 남부 출신의 흑인 노동자들이었다. 1914년에서 1950년대까지의 시기는 대이주Great Migration 시기로서, 아프리카계 미국인들이 남부 주들의 분리정책과 착취를 피하기 위해서, 그리고 더 높은 임금과 희망컨대 동등한 권리를 얻기 위해서 북동부, 중서부, 서부로 이주했다. 그러나 그들은 뉴욕이나 시카고의 게토ghettoes에서 때때로 새로운 형태의 분리정책에 직면하게 되었고, 미국노동총연맹American Federation of Labor에서 배제되는 것 같은 새로운 형태의 차별에 처하게 되었다.

그사이에 이민자들에게 영어를 가르치고 그들을 충성스런 미국 시민으로 만들기 위한 미국화 캠페인이 시작되었다. 대공황기에는 멕시코 정부 및 미국 정부의 협조를 얻은 지방정부와 시민사회단체에 의해 멕시코 이민자들의 송환이 이루어졌다(Kiser and Kiser, 1979:33-66). 50만 명에 달하는 피송환 멕시코인이 강제로 고향으로 떠났으며, 여기에 포함되지 않은 이들도 일자리가 없었기 때문에 미국을 떠날 수밖에 없었다. 이런 상황이 계속되었기에, 히틀러의 등장을 피해 도망치는 유대인을 돕는 조치는 거의 이루어지지 않았다. 당시 미국법에는 난민이라는 개념이 없었으며, 수많은 미국 시민이 일자리를 얻지 못하는 와중에 유대인 난민을 받아들이자는 주장은 지지를 얻기 어려웠던 것이다. 반유대주의는 또 다른 원인이었다. 제2차 세계대전 전에 유럽의 수많은 유대인들이 안전한 도피처를 찾는 것은 불가능했다.

프랑스는 양차 대전 사이의 기간 중에 상당한 이민 유입을 경험한 유일한 서유럽 국가였다. 140만 명이 사망하고 150만 명이 영구 장애인이

된 전쟁으로 인해 '인구학적 결핍demographic deficit'이 악화되었다(Prost, 1966:538). 그러나 전전戰前의 자유이동 정책으로의 회귀는 없었다. 그 대신 정부와 사용자는 전시에 확립된 외국인 노동 제도를 다듬었다. 이민 일반회사Societe generale d'immigration; SGI가 조직적으로 노동력을 충원했는데, 이는 농업과 광업 분야에서 이해관계가 얽힌 사람들이 만든 사적 단체였다. 북아프리카에서 프랑스로 향하는 이주도 성장했다. 더욱이 1914년에 입안된 법률은 알제리의 이슬람교도들이 프랑스 본토로 이주하는 것을 가로막는 장벽을 없앴다. 그들은 여전히 국민이 아니었지만, 1912년 당시 600명이던 인원은 1928년에 6~8만 명으로 증가했다(Rosenberg, 2006:130-131).

외국인 노동자는 신분증과 근로계약 제도로 통제되었고 농업, 건설업, 중공업 직종으로 유도되었다. 그러나 대부분의 외국인 노동자는 충원제도 밖에서 자발적으로 입국했을 것으로 추정된다. 비공산주의 계열의 노동조합 운동은 프랑스 노동자를 축출이나 임금 삭감으로부터 보호해 주는 조치를 제공받는 조건으로 이민에 협조했다(Cross, 1983:51-63; Weil, 1991b:24-27).

1920~1930년에 프랑스에 입국한 외국인 노동자 수는 200만 명에 조금 못 미쳤는데 그중 약 56만 7,000명이 SGI를 통해 모집된 이들이었다(Cross, 1983:60). 1921~1931년에 증가한 프랑스 인구의 75퍼센트는 이민이 원인으로 추산된다(Decloîtres, 1967:23). 프랑스에 여성 인구가 더 많다는 점을 고려해서 주로 남성이 충원되었으며, 국제결혼이 상당히 빈번하게 이루어졌다. 1931년에 이르러서는 270만 명의 외국인이 프랑스에 거주하게 되었다(전 인구의 6.6%). 가장 규모가 큰 이민자 집단은 이탈리아인(80만 8,000명)이었고, 폴란드인(50만 8,000명), 스페인인(35만 2,000명), 벨기에인(25만 4,000명)이 그 뒤를 이었다(Weil, 1991b:Appendix, Table 4).

4.1 나치 전시경제하의 외국인 강제노동

나치 체제는 징집된 1,100만 명의 독일 노동자를 대체하기 위해 엄청난 수의 외국인 노동자를 강제로 모집했다. 독일이 전통적 노동력 공급지인 폴란드를 점령한 데에는 노동력을 얻으려는 동기도 일부 작용했다. 노동력 동원을 담당하는 부서가 점령 후 단 몇 주 안에 설치되었고, 경찰과 군이 수천 명에 달하는 젊은 남녀의 신병을 확보했다(Dohse, 1981:121). 이탈리아, 크로아티아, 스페인 등을 비롯한 '우호적이거나 중립적인 국가'에서 자발적 노동력을 어느 정도 확보할 수 있었지만, 강제충원은 독일이 침략한 모든 나라에서 이루어졌다. 전쟁이 끝날 무렵 독일제국은 750만 명의 외국인 노동자를 보유했는데, 그중 180만 명은 전쟁포로였다. 1944년의 공업 생산량 중 4분의 1을 외국인 노동자가 생산한 것으로 추정된다(Pfahlmann, 1968:232). 외국인 노동력이 없었다면 나치의 전쟁 기계는 훨씬 일찍 무너졌을 것이다.

노동전권위원Plenipotentiary for Labour 자우켈Fritz Sauckel이 선언한 외국인 노동자 처우의 기본원칙은 다음과 같다. "모든 이에게 먹을 것과 잘 곳을 제공해야 한다. 그리고 가능한 한 최소의 지출로 이들을 최대한 활용할 수 있도록 다루어야 한다"(Homze, 1967:113). 이는 노동자를 군사적 통제 아래 병영에 기거하게 하고, 최소의 임금을 주며(또는 아예 주지 않으며), 참담한 사회적 조건과 위생 조건에 놓아두고, 시민적 권리를 완전히 박탈하는 것을 의미했다. 폴란드인과 러시아인은 유대인과 마찬가지로 그들의 출신을 보여 주는 특별한 배지를 달도록 강제되었다. 많은 외국인 노동자가 혹독한 처우와 잔혹한 형벌로 인해 목숨을 잃었다. 이 모든 조치가 조직적으로 이루어졌다. 사용자들을 상대로 한 연설에서 자우켈은 엄격한 규율의 필요성을 강조했다. "나는 그들[외국인 노동자]이 어떻게 되든 상관하지 않는다. 그들이 가장 사소한 죄를 범할 경우에도 경찰에 즉시 알리고, 목을 매달고, 쏘아 죽여라. 나는 상관 않겠다. 그들이 위험하다면 절멸해야 한다"(Dohse, 1981: 127).

나치는 권리 없는 이주자를 극단적으로 착취했으며, 오직 노예제만이 이에 비견될 수 있을 것이다. 그러나 그것의 법적 핵심, 즉 국민과 외국인의 엄격한 구별은 그 이전과 이후의 외국인 노동자 제도에서 공히 발견된다.

1930년대의 공황기에는 외국인에 대한 반감이 커졌으며, 이는 프랑스 노동자에게 유리한 차별적 정책으로 이어졌다. 1932년에는 기업이 고용할 수 있는 외국인 노동자의 최대 쿼터가 고정되었다. 이어 실업이 있는 부문의 경우에 한해 외국인 노동자를 해고할 수 있게 하는 법이 제정되었다. 많은 이주자가 해고되어 강제퇴거당했으며, 그 결과 1936년에 이르자 외국인 인구가 50만 명으로 감소했다(Weil, 1991b:27-30). 크로스는 다음과 같이 결론짓는다. 1920년대에는 외국인 노동자가 "자본 축적과 경제성장에 필요한 값싸고 유연한 노동력을 제공했고, 동시에 외국인이 있음으로써 프랑스 노동자는 어느 정도 경제적 이동 가능성을 누릴 수 있었다." 반면 1930년대에는 이민이 "속죄양으로 둔갑하여 경제 위기를 완화하는 데에 기여했다"(Cross, 1983:218).

　독일의 경우, 위기에 시달린 바이마르 공화국은 외국인 노동자를 거의 필요로 하지 않았다. 1907년에 100만 명이던 외국인 노동자는 1932년에 10만 명으로 줄어들었다(Dohse, 1981:112). 그럼에도 불구하고 새로운 외국인 노동자 규제 체계가 개발되었다. 새로운 체계는 노동 충원의 철저한 국가 통제, 국민의 고용 선호, 불법이주자에 대한 사용자의 제재, 불필요한 외국인을 강제퇴거하기 위한 무제한의 경찰 권력이라는 원칙을 가지고 있었다(Dohse, 1981:114-117). 이 체계는 강력한 노동운동의 영향에 어느 정도 기인한 것이기도 했다. 이 노동운동은 독일 노동자를 보호하는 조치의 수립을 요구하는 것이었으나, 이주노동자의 취약한 법적 위치를 확고히 하는 결과를 낳았다. 박스 4.1은 제2차 세계대전 중에 외국인 노동자를 강제로 이용한 사례를 보여 준다.

결론

오늘날의 이주이동 및 이주정책은 역사적 선례에서 깊은 영향을 받은 경우가 많다. 이 장에서는 식민주의와 공업화에서 노동이주가 수행한 중대한 역할을 살펴보았다. 노동이주는 자본주의 세계시장이 구축되는

데 언제나 중요한 요인으로 작용해 왔다. 미국, 캐나다, 호주, 영국, 독일, 프랑스에서 이주노동자가 수행한 역할은 경제적, 사회적, 정치적 조건에 따라 그 성격을 달리했다(이는 여기에서 논의하지 않은 다른 나라들의 경우도 마찬가지이다). 그러나 어떤 경우든지, 공업화와 인구 형성에 미친 이주의 영향은 중대했으며 때로는 결정적이었다.

제2장에서 제시한 이주 과정의 이론적 모델은 주어진 역사적 사례들에 어느 정도까지 적용될 수 있을까? 노예나 부자유계약노동자의 비자발적 이동은 모델에 잘 들어맞지 않는다. 참여자의 의도가 거의 작용하지 않기 때문이다. 그렇지만 최초 동력으로서의 노동 충원, 초기 단계에서 젊은 남성이 가지는 지배적 지위, 가족의 형성, 종족적 소수자 집단의 장기적 정착과 등장 등의 일부 측면에는 모델이 적용될 수 있을 것이다. 19세기와 20세기에 영국, 독일, 프랑스로 향한 노동자 이주 흐름은 모델에 잘 들어맞는다. 그 이주는 원래 단기이주로 계획되었지만, 결국 가족 재결합과 정착을 가져왔다. 19세기와 20세기 초에 나타난 아메리카와 오세아니아로의 이주를 보면, 일반적으로 대부분의 이주자는 영구 정착하기 위하여 이동한 것으로 여겨진다. 그러나 많은 젊은 남녀들은 몇 년 동안만 일하고 돌아올 생각으로 이동했다. 일부는 귀환했으나, 길게 보아 다수는 신세계에 정착했으며, 때로는 새로운 종족 공동체를 형성했다. 이 부분에도 모델이 잘 들어맞는 것처럼 보인다.

앞에서 보았듯이, 많은 이주자는 어렵고 위험한 조건 속에서 이동했다. 보다 나은 삶에 대한 그들의 희망은 종종 좌절되었다. 그러나 그들은 그런 위험을 감수하기에 충분한 이유를 가지고 있었다. 출신지의 상황은 대부분 그만도 못했기 때문이다. 빈곤, 지주의 지배, 전제적 폭력에의 노출은 그들이 떠나야만 하는 강력한 이유였다. 많은 —사실 대부분의— 이주자들이 새 나라에서 더 나은 삶을 찾았다. 자신들이 그리하지 못했다면 자식들이 그리할 수 있었다. 이 지점에서 우리는 오늘날 이루어지고 있는 이주와의 중대한 유사점을 발견할 수 있다. 오늘날에도 이주자는 여전히 크고 작은 어려움을 겪고 있지만, 많은 경우 출신지에서 겪는 빈곤과 절망을 탈출하고 다른 곳에서 새 기회를 찾는 데 성공한다. 이주자가 되면 큰 어려움을 겪어야 하지만, 그냥 머물러 있는 것은 그만도 못하다.

이주노동 연구가 이주의 역사를 보는 유일한 방식이 아님은 분명하다. 정치적 또는 종교적 박해로 인한 이동은 항상 중요했으며, 미국과 독일처럼 상이한 나라들에서 발전을 견인하는 중대한 역할을 수행해 왔다. 다양한 이주 유형 사이에 뚜렷한 구분선을 긋는 것은 불가능하다. 정착민과 난민의 이동은 자본주의의 발전을 위한 정치경제와 항상 결합되어 있었으며, 이주노동 제도들은 언제나 일정 빈도의 정착으로 이어졌다.

1850년에서 1914년까지의 기간은 유럽과 북미에서 이주가 대규모로 일어난 시기였다. 공업화는 이출과 이입 모두의 원인으로 작용했다(영국의 사례가 보여 주듯이 이 두 현상은 때로는 같은 나라 안에서 일어났다). 1914년 이후 나타나기 시작한 외국인 혐오와 경제적 정체는 이주를 현저히 쇠퇴시켰고, 그에 선행하는 시기에 보인 대규모 이동은 특이하고 반복되지 않는 요인들이 결합해 일어난 것으로 보인다. 그리고 제2차 세계대전 이후 급속하고도 지속적으로 경제성장이 진행됨에 따라, 세계는 갑작스럽게 새로운 이주의 시대를 맞이하게 되었다.

심화 연구를 위한 안내

본문에서는 다루지 않았지만, 추가 읽을거리로 '프랑스사에서의 이주와 국민'(4.1), '아프리카의 역사를 형성한 이주들'(4.2)은 『이주의 시대』

웹사이트(www.age-of-migration.com)에서 볼 수 있다.

Cohen(1987)에는 국제분업 내 이주노동에 대한 귀중한 개관이 담겨 있으며, Potts(1990)는 노예제와 부자유계약노동에서 시작해서 현대의 초청노동자 제도에 이르는 이주의 역사를 조망했다. Blackburn(1988)과 Fox-Genovese and Genovese(1983)는 노예제와 그것이 자본주의 발전에서 수행한 역할을 분석했으며, Schama(2006)는 노예제 폐지의 역사와 영국과 미국 정치에서 노예제의 의미를 추적했다.

Archdeacon(1983)은 미국사에서의 이민을 검토하면서, 연이어 입국한 이민자들이 어떻게 '미국인이 되었는가'를 보여 준다. Hatton and Williamson(1998)은 미국으로의 '대량 이주'를 경제적으로 분석한 저서이며, 몇 년 후 출간된 Hatton and Williamson(2005)은 1920년 이전 이주를 근래의 유형들과 비교했다. Portes and Rumbaut(2006)는 이입의 역사적 유형과 장기적 결과를 분석했다.

Bade(2003)와 Lucassen(2005)은 유럽사에서 이주가 수행한 역할을 분석했다. Moch(1992)는 초기 유럽의 이주 경험을 훌륭하게 보여 주며, Cohen(1995)에 실린 여러 편의 논문은 이주의 역사를 잘 보여 준다. Lucassen et al.(2006)은 서유럽 사회에서 이민 통합의 역사를 검토했다. Homze(1967)는 나치 전쟁 기제에 의해 실시된 이주노동의 극단적 착취를 묘사했다. Cross(1983)는 프랑스 공업화에서 이주노동자가 수행한 역할을 상세하게 서술했다. 프랑스어를 읽을 수 있는 독자들은 Noiriel(1988; 2007)의 뛰어난 저술을 보기 바란다. Jupp(2001, 2002)는 호주의 경험에 대해 상세하게 서술했다.

제5장

1945년 이후 유럽, 북미, 오세아니아로의 이주

제2차 세계대전 이후 국제이주는 그 규모가 커졌으며 특성도 달라졌다. 전후 국제이주는 두 시기로 구분해 볼 수 있다. 전반기는 1945년부터 1970년대 초반까지로, 이 시기 선진국의 대규모 자본은 투자 집중과 생산의 확대를 주요 경제전략으로 삼았다. 그 결과, 많은 수의 이주노동자들이 개발도상국에서 서유럽, 북미, 오세아니아의 빠르게 팽창하는 공업 부문으로 이주하게 되었다. 이 시기는 1973~1974년의 '석유위기 oil crisis'로 끝나게 된다. 연이은 경제불황은 세계경제의 재구조화를 촉발했으며, 새로운 산업 분야에 자본이 투자되었고, 세계무역 패턴이 변화되었으며 새로운 기술이 도입되었다. 그 결과로 나타난 것이 1970년대 중반에 시작되어 20세기 말과 21세기 초에 걸쳐 지속된 국제이주의 2단계 국면이다. 이 시기에는 복잡하면서도 새로운 이주 유형이 나타났다. 예를 들어, 남유럽같이 종전에 이민자를 송출하던 나라들이 대규모의 이민자 유입을 경험하게 된 반면, 다른 유럽 지역과 오랫동안 단절되었던 동유럽과 중부유럽은 이민자의 송출과 경유 및 유입을 동시에 경험하게 되었다.

이 장에서는 1945년 이후 유럽, 북미와 오세아니아(호주와 뉴질랜드)의 선진국을 향한 이주현상을 논의할 것이다. 일본으로의 노동이주는 1980년대 중반까지도 중요하지 않았는데, 이는 제6장 아시아 지역에서의 이주현상을 논의하면서 살펴볼 것이다. 이 장에서는 국제이주가 이민자 유입국 사회에 미치는 장기적 영향을 논의하지는 않을 것이며, 이 문제는 뒤에 나올 장들, 특히 10, 11, 12장에서 다룰 것이다. 이 장에서 제시한 자료를 더 잘 이해하려면 이 책의 서두에 제시한 「이주 통계에 관한 안내」를 보라.

고도성장기의 이민

1945년부터 1970년대 초반 사이에 선진국에서 다음과 같은 세 가지 유형의 이민이 종족적으로 구분되는 새로운 인구집단을 형성했다.

- 유럽의 주변국 노동자들이 서유럽으로 들어오는 이주: 이들은 주로 '초청노동자 제도'를 통해 입국했다.
- 구식민지 종주국으로 이주한 '식민지 노동자들'의 이주.
- 북미와 오세아니아로의 영구이주: 초기 이민자들은 유럽 출신이었으며, 후기 이민자들은 아시아와 라틴아메리카 출신이었다.

이러한 이주가 이루어진 상세한 시점은 나라마다 다양하다. 독일에서는 늦게 시작되었고, 영국에서는 일찍 종료되었다. 반면 서유럽과 호주로의 이주와 달리 미국으로의 이주는 1965년 이민법 개정 이후 급속히 증가했으며, 1970년대 중반까지도 전혀 줄어들지 않았다. 여기서 다루게 될 세 가지 유형의 이주는 모두 가족 재결합과 그 밖의 다른 유형의 연쇄이주로 연결된다. 다른 이주 유형들도 있으나 이들은 종족적 소수자ethnic minorities 집단을 형성하는 데 결정적인 역할을 하지 않기 때문에 여기서 다루지 않을 것이다.

- 제2차 세계대전 말에 진행된 유럽 난민의 대규모 이동(1945년 이후 난민 이동은 독일에서 가장 두드러진다).
- 식민지가 독립하면서 본국으로 돌아가는 식민지 관련자들의 귀환 이주.

다음의 또 다른 이주 유형은 1968년 이후에 점차 중요해졌다.

- 유럽 공동체 내에서 이루어지는 노동자들의 자유이동: 1993년부터 유럽연합European Union; EU 국가 국민들이 EU 공동체 내에서 자유롭게 이동할 수 있게 되면서 노동자들의 이동이 활발해졌다.

위에서 언급한 이주 유형은 제8장에서 다룰 것이다(Schierup et al., 2006: Chapter 3 참조). 이 장의 서술은 말미에 제시한 '심화 연구를 위한 안내'에서 소개한 문헌들에 주로 근거한다. 인용 표시가 필요한 곳에는 정확한 참고문헌을 제시해 두었으며, 해당 시기의 주요 이주 흐름을 한눈에 볼 수 있도록 지도 5.1을 실었다.

외국인 노동자와 '초청노동자' 제도

1945~1973년에 고도로 공업화된 모든 서유럽 국가들이 단기취업 이주노동자 충원제도temporary labour recruitment를 활용했다. 하지만 이 제도는

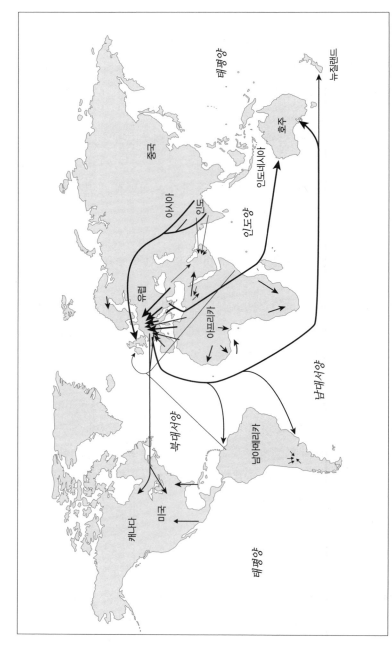

지도 5.1 **1945~1973년의 국제이주** 주: 화살표의 크기는 이주 흐름의 대략적인 규모를 나타낸다. 정확한 수치는 알 수 없다.

대개 외국인 노동자의 자발적인 입국보다 그 역할이 미미했다. 경제가 급속도로 성장하는 국가들은 아직 덜 발전된 유럽 주변국—지중해 연안 국가들, 아일랜드, 핀란드—의 예비 산업자원을 활용할 수 있었다. 아일랜드, 핀란드, 북아프리카 같은 일부 지역의 경우, 과거 피식민지 경험에서 비롯된 경제적 후진성을 겪고 있었다. 남부유럽의 경우에는 시대에 뒤떨어진 정치적·사회적 구조 때문에 저발전을 경험하게 되었으며, 전쟁의 폐허가 이를 더 강화했다.

제2차 세계대전 직후, 영국 정부는 자발적 유럽노동자European Voluntary Worker; EVW 계획을 통하여 난민수용소와 이탈리아에서 주로 남성으로 구성된 9만 명의 노동자를 데려왔다. 이 계획으로 들어온 노동자들은 지정된 일만을 해야 했고, 가족을 데려올 수 없었으며, 규칙을 어기면 국외로 추방될 수도 있었다. 이 계획은 비교적 소규모였으며, 1951년까지만 운영되었다. 그 이유는 식민지 노동자들을 활용하는 쪽이 더 쉬웠기 때문이다(아래 참조). 1946~1951년에 추가로 10만 명의 유럽인들이 취업허가work permits를 받고 영국에 들어왔으며, 이후에도 영국을 향한 유럽인의 이주는 비록 주요 흐름을 구성하지는 않았지만 계속되었다(Kay and Miles, 1992).

벨기에 또한 전쟁 직후부터 외국인 노동자를 고용하기 시작했다. 이때 고용된 노동자들은 주로 이탈리아인이었으며, 탄광이나 철강 산업에 종사했다. 이 제도는 1963년까지만 운영되었고, 그 후에는 외국인 구직자들이 자발적으로 입국하는 것이 허용되었다. 많은 노동자들이 가족을 동반하고, 영주하게 되면서 벨기에 공업지대의 종족 구성이 변화했다.

프랑스는 남유럽에서 온 노동자들을 채용하는 것을 조직화하기 위하여 1945년에 이민청Office National d' Immigration; ONI을 설립했다. 이민은 제2차 세계대전 후 발생한 노동력 부족과 프랑스인들이 '인구부족demographic insufficiency'이라고 부른 현상에 대한 해결책으로 여겨졌다. 저출산과 전쟁으로 인한 손실이 관건이었기 때문에 대규모 가족정착 계획이 구상되었다. 또한 이민청에서는 주로 스페인 출신인 계절농업 노동자들의 고용을 조직하기도 했는데, 그 수가 연간 최대 15만 명에 달했다. 1970년이 되자 프랑스에는 200만 명의 외국인 노동자와 69만 명의 피부양자들이 거주하게 되었다. 많은 사람들이 '관광객'으로 입국해 직장을 구한 뒤에 체류자격 변경을 신청하는 방법이 더 쉽다는 점을 알아차렸다. 특히 독재체제를 피해서 온, 그래서 대개 여권이 없는 포르투갈과 스페인 노동자들이 이 방법을 잘 이용했다. 이민청의 통계 자료는 1968년까지 이민청이 허용한 외국인 가운데 82퍼센트가 '비밀리에 들어온 자들'임을 보여 준다. 이민청은 어떤 경우에도 해외 프랑스령 지역overseas departments and territories에서 왔거나 이전 식민지에서 들어오는 프랑스 국민을 통제할 수 있는 사법권을 전혀 가지지 못했다(아래의 설명 참조).

스위스는 1945년부터 1974년까지 대규모 노동력 충원 정책을 펼쳤다. 사용자가 해외에서 외국인 노동자들을 채용하면 정부는 이들의 입국허가와 체류를 통제했다. 1960년대 중반까지도 계절노동자들의 직업변경이나 영주, 가족 재결합은 금지되었다. 국경을 넘어서 통근하는 노동자들도 상당히 많이 활용되었다. 스위스의 통계 자료는 이 두 집단을 특별히 '초청노동자'로 분류하여 노동력의 일부로는 포함시켰지만 인구에는 포함시키지 않았다. 스위스 산업은 외국인 노동자에게 크게 의존하게 되었으며, 이들은 1970년대 초반까지 스위스 노동력의 거의 3분의 1을 차지했다. 외국인 노동자들을 끌어들이고 유지해야 할 필요성이 존재하고, 이탈리아에서 외교적 압력이 들어오면서 스위스 정부는 외국인 노동자의 가족 재결합과 영주에 대한 통제를 완화했고, 그 결과 스위스에서도 이민자들이 정착하면서 공동체를 형성하는 현상이 나타났다.

이러한 사례는 그 밖에도 많이 발견된다. 네덜란드도 1960년대와

1970년대 초에 '초청노동자들'을 들여왔고, 룩셈부르크의 공업도 외국 인력에 크게 의존했다. 스웨덴은 핀란드와 남유럽 국가들의 노동자들을 고용했다. 여기서 언급할 가치가 있는 또 다른 사례는 이탈리아의 경우이다. 이탈리아에서는 덜 개발된 남부지역에서 이주한 노동력이 1960년대 밀라노, 토리노와 제노바를 잇는 북부 산업지대의 경제가 도약하는 데 중요한 역할을 했다. 이것은 국내이주이기는 하지만 경제적·사회적 성격 면에서 다른 유럽 국가들에서 나타난 외국인 노동자 이동과 매우 유사하다. '초청노동자 제도'를 이해하는 데 도움이 되는 핵심 사례는 독일연방공화국(구 서독)이다. 독일은 고도로 조직화된 외국인력 충원 국가기구를 설치했다(박스 5.1 참조).

독일연방공화국의 사례에서 우리는 단기취업 이주노동자 고용제도가 공유하는 기본 원리의 —그리고 모순점의— 가장 발전된 형태를 살펴볼 수 있다. 단기체류에 대한 확신, 노동시장과 시민권 제한, 독신 노동자의 고용(처음에는 남성이 대다수이지만 시간이 지남에 따라 여성 수 증가), 가족 재결합을 완벽하게 막기는 불가능하다는 점, 점차 장기체류로 이행하는 현상, 정주와 공동체 형성을 유도하는 불가항력적 압력 등이 바로 그것이다. 독일연방공화국이 이 제도를 가장 철저하게 운영했지만, 그 핵심 요소, 즉 정치적·사회적 권리를 결정하는 기준으로서 국민과 외국인 간의 지위를 법적으로 구분하는 태도는 유럽 전역에 걸쳐서 발견된다(Hammar, 1985).

다자간 협정도 노동이주를 촉진하는 데에 이용되었다. 1968년부터 유럽공동체European Community; EC 내 나라들 간에 자유로운 이동이 허용됨에 따라 이탈리아 노동자들이 독일로 이주하기가 좀 더 수월해졌고, 북유럽 노동시장에서는 스웨덴으로 이주하는 핀란드 노동자들이 이 조치의 도움을 받았다. 유럽공동체의 결정은 '유럽 노동시장' 구축의 첫걸음이었고, 이는 1993년에 실현되었다. 그럼에도 불구하고 1960년대와 1970년

5.1 독일의 '초청노동자 제도'

1950년대 중반, 독일(구 서독) 정부는 외국인 노동자들을 채용하기 시작했다. 연방고용청Bundesanstalt für Arbeit; BfA은 지중해 연안 국가들에 노동자 모집 사무소를 설치했다. 외국인 노동자를 필요로 하는 사용자가 연방고용청에 수수료를 지불하면 연방고용청이 직업 숙련도 확인, 의료검사, 경찰기록 조회 등의 절차를 거쳐 노동자를 선별했다. 노동자들은 단체로 독일에 들어왔으며, 사용자들은 이들에게 초기 정착에 필요한 거처를 제공해야 했다. 채용과 근로조건, 사회보장은 독일연방공화국과 송출국—초기에는 이탈리아, 이후 스페인, 그리스, 터키, 모로코, 포르투갈, 튀니지, 유고슬라비아— 간의 양자협정에 따라 조정되었다.

독일에 체류하는 외국인 주민 노동자 수는 1956년에 9만 5,000명이었던 것이 1966년에는 130만 명, 1973년에 이르러서는 260만 명으로 증가했다. 이러한 대규모 이주는 새로운 대량생산 방식으로의 전환과 급속한 공업 팽창으로 말미암아 많은 수의 저숙련 노동자가 필요해진 결과로 이해될 수 있다. 여성 외국인 노동자의 역할은 상당히 중요했으며, 이들의 역할은 특히 제도 시행 후기에 더욱 강조되었다. 방직과 의류, 전자제품 등의 제조업 부문에서 여성 외국인 노동자 수요가 아주 높았다.

독일의 정책은 이주노동자를 사용자의 필요에 따라 채용하고 활용하다가 언제든 다시 돌려보낼 수 있는 단기 노동력으로 간주했다. 이주자들이 독일에 입국하여 거주하려면 체류허가와 취업허가를 받아야만 했다. 이런 허가는 기간 제한이 있었으며, 대개 특정한 직업과 지역에서 한해서만 유효했다. 피부양가족의 입국은 억지되었으며, 노동자들은 종종 다양한 이유로 허가를 박탈당하고 강제 출국되었다.

그러나 가족 재결합이나 정주를 막는 것은 불가능했다. 공식적으로 채용된 노동자들은 종종 사용자에게 부인이나 남편을 노동자로 채용해 달라고 요청했다. 1960년대 들어 다른 노동력 수입 국가들과 노동력 확보 경쟁을 하게 되자 부양가족 동반 입국 규제가 완화되었다. 노동자들은 가족을 꾸렸고, 아이들이 태어났다. 외국인 노동자들은 점차 이동성을 잃어 갔고, 그들과 관련된 (주거, 교육, 의료 등에 따르는) 사회적 비용은 더 이상 피할 수 없는 문제가 되었다. 결국 외국인 노동자의 영구 정착이 이미 진행되고 있다는 뒤늦은 인식과 불쑥 터져 버린 '석유위기'의 영향으로 인해 연방정부는 1973년 11월 초청노동자 모집을 중단했다.

표 5.1 주요 서유럽 이민 유입국의 소수자 집단 인구(1950~1970)　　　(단위: 천 명)

국가	1950	1960	1970	1975	1975년 총인구 중 비율(%)
벨기에	354	444	716	835	8.5
프랑스	2,128	2,663	3,339	4,196	7.9
독일(서독)	548	686	2,977	4,090	6.6
네덜란드	77	101	236	370	2.6
스웨덴	124	191	411	410	5.0
스위스	279	585	983	1,012	16.0
영국	1,573	2,205	3,968	4,153	7.8

주: 영국을 제외한 모든 국가의 수치는 외국인 주민 수를 의미하며, 국적 취득자와 네덜란드 및 프랑스 식민지 출신 이민자들은 제외함. 영국 자료는 1951, 1961, 1971년은 센서스 수치이며, 1975년은 추정치임. 1951년과 1961년 자료에는 해외 출생자만 포함되어 있고 이민자가 영국에서 출산한 자녀들은 제외됨. 1971년과 1975년 자료의 경우 영국 출생자이더라도 양친이 모두 해외 출생자면 수치에 포함함.

출처: Castles et al., 1984:87-88(원자료에 더 자세한 정보가 제시되어 있음).

대 초기에 유럽공동체 내에서의 노동력 이동은 감소했는데, 이는 유럽공동체 국가들 간의 임금과 생활수준이 점차 비슷해져 갔기 때문이다. 반면, 외부 지역에서 유럽공동체를 향한 이주는 증가했다. 표 5.1은 1975년까지 주요 서유럽 국가에서 이민으로 인해 소수자 집단이 성장했음을 보여 준다.

식민지 노동자

구식민지로부터의 이주가 중요한 의미를 지니는 나라로는 영국, 프랑스, 네덜란드가 있다. 영국은 1946~1959년에 전통적인 노동력 공급처인 아일랜드로부터 약 35만 명의 순 이주자를 받아들였다. 아일랜드 노동자들은 주로 제조업과 건설업 부문에서 단순노동에 종사했으며, 많은 이들이 가족을 데려와 영구히 정착했다. 영국에 거주한 아일랜드인들은 투표권을 비롯해 모든 시민으로서의 권리를 행사할 수 있었다. 카리브해 지역의 구 영국 식민지와 인도대륙 및 아프리카의 신新영연방 국가들에서 유입된 노동이민은 1945년 이후 시작되었으며, 1950년대를 거치며 성장했다. 일부 노동자들은 런던운수회사London Transport에 의해 모집되었으나, 대부분은 노동 수요에 반응하여 자발적으로 입국한 이들이었다. 1951년에는 21만 8,000명의 신영연방 국가 출신 노동자(이후 영연방에서 탈퇴한 파키스탄의 노동자까지 포함)가 영국에 체류했으며, 1961년에 이르러서는 54만 1,000명까지 증가했다. 신영연방 국가들에서 이주노동자가 유입되는 현상은 1962년 이후 거의 중단되었는데, 이는 한편으로는 1962년 영연방이민자법Commonwealth Immigrants Act of 1962에 따라 엄격한 규제가 실시되었기 때문이기도 하고, 다른 한편으로는 영국에서 경제불황이 시작되었기 때문이기도 하다.

그러나 대부분의 영연방 이민자들은 그 후에도 계속 영국에 거주하면서 고향에서 가족들을 데려왔으며, 이런 현상은 1971년 이민법에 의해 규제가 이루어질 때까지 계속되었다. 신영연방 국가 출신 인구는 1971년 120만 명에서 1981년 150만 명으로 증가했다. 대부분의 아프리카계 카리브인 및 아시아인 이민자와 그들의 자녀는 영국에서 공식적인 시민권을 누렸다(그러나 1981년 국적법Nationality Act이 시행된 이후 들어온 이민자들에게는 이런 혜택이 더 이상 적용되지 않는다). 이민자들에게 부여된 소수자로서의 지위는 그들이 외국인이라는 사실로써 규정되는 것이 아니라, 사회에 널리 퍼져 있는 제도화된 비공식적 차별로써 규정되었다. 대부분의 흑인 및 아시아인 노동자들은 제조업이나 서비스업 분야에서 비숙련 육체노동직에 종사했으며, 도시 내에서 이들의 거주 지역은 뚜렷하게 분리되었다. 교육적·사회적 불리함 때문에 이들은 이민 초기의 낮은 사회적 지위를 벗어나기가 더욱 힘들었다. 1970년대 이후로 종족적 소수자 집단의 출현은 불가피한 현상이 되고 말았다.

프랑스에는 남유럽뿐만 아니라 구식민지에서도 대규모의 자발적인 이민자들이 유입되었다. 1970년에는 알제리인 60만 명, 모로코인 14만 명, 튀니지인 9만 명 이상이 프랑스에 거주하고 있었다. 많은 흑인 노동자들이 세네갈, 말리, 모리타니 등의 서아프리카 구식민지에서 이주해왔다. 이들 중 일부는 모국이 독립하기 전 그들이 아직 프랑스 시민일 때 이주했으며, 나머지는 이후에 우선선발 이주 제도를 통해 들어오거나 불법적으로 들어온 이들이었다. 알제리인의 이주는 양국 간 협정에 따라 조절되었는데, 이 때문에 알제리 출신 이주자들은 독특한 지위를 부여받았다. 반면 모로코인과 튀니지인은 이민청을 거쳐야 입국허가를 받을 수 있었다. 또한 과들루프Guadeloupe 섬, 마르티니크Martinique 섬, 레위니옹Reunion 섬 같은 해외 프랑스령에서도 많은 사람들이 들어왔다. 이들은 프랑스 시민이기 때문에 이민통계에 잡히지 않으나, 1972년 기준으로 한 해에 대략 25만~30만 명이 입국했던 것으로 추산된다. 이주자들은 처음에는 거의 모두가 남성이었지만, 이주 과정이 성숙해 가면서 여성 비율이 점차 높아졌다. 비유럽 지역에서 온 이민자들은 프랑스 노동시장에서 최하층으로 분류되었으며 종종 심각하게 착취적인 환경에서 일했다. 또한 주거지가 격리되고 주거여건도 매우 열악해서, 1960년대 들어서는 '비동빌레bidonvilles'라 불리는 빈민촌이 만들어지기도 했다. 극우파는 비유럽계 이민자들을 인종차별적 폭력 행위의 대상으로 지목하기 시작했고, 그 결과 1973년에 32명의 북아프리카인들이 살해당하는 사건이 일어나기도 했다.

네덜란드에는 두 가지 주요 경로를 통해 구식민지 이민자들이 유입되었다. 1945년부터 1960년대 초반까지는 구 네덜란드 동인도(현재 인도네시아)로부터 최대 30만 명으로 추산되는 '본국귀환자repatriate'들이 들어왔다. 이들은 대부분이 해외에서 태어났고, 부모가 네덜란드-인도네시아 혼혈인 경우가 많았지만 엄연한 네덜란드 시민이었다. 이들에게는 공식적인 동화정책이 잘 작동하는 것처럼 보였으며, 이 집단에 대한 인종차별의 징후는 거의 발견되지 않았다. 3만 2,000명 정도 되는 말루쿠

제도 원주민^{Moluccans}이 유일한 예외였는데, 이들은 고국이 인도네시아로부터 독립하면 다시 돌아가기를 원했다. 그들은 캠프에 격리되어 살면서 네덜란드 사회에 통합되는 것을 거부했다. 1970년대 후반에는 이들의 불만이 몇 차례 폭력 사건으로 번지기도 하였다. 한편, 1965년 이후부터는 카리브 해 지역의 식민지였던 수리남에서 네덜란드로 이주해 오는 흑인 노동자들의 수가 증가했다. 이들의 이주 규모는 수리남이 독립한 1975년 직전의 2년 동안 최고조에 달했으며, 독립과 동시에 수리남인은 네덜란드 시민권을 상실했다(단, 이미 네덜란드에 살고 있던 수리남인은 예외였다). 1970년대 후반에는 약 16만 명의 수리남인이 네덜란드에 살았던 것으로 보인다.

북미와 오세아니아로의 영구 이주

미국으로의 대규모 이주는 1920년대에 만들어진 이민 규제법의 영향으로 서유럽의 경우보다 늦게 전개되었다. 1951~1960년에 연간 25만 명이 들어왔고 1961~1970년에는 연간 33만 명이 들어왔으나, 이는 1901년부터 1910년까지 연평균 88만 명의 이민자가 들어왔던 것에 비하면 턱없이 적은 규모이다. 1970년 인구조사에 따르면 해외에서 출생한 사람의 수는 960만 명으로 감소했는데, 이는 총인구의 4.7퍼센트에 지나지 않는 규모이다(Briggs, 1984:7). 당대에 이루어진 민권 입법활동 중 하나로서 1965년에 이민 · 국적법^{Immigration and Nationality Act}이 개정됨에 따라 차별적인 출신국별 할당제도는 폐지되었다. 당시에는 이 법안이 비유럽계인의 대규모 이민을 야기할 것이라 기대되지 않았으며, 그런 의도로 법안이 개정된 것도 아니었다(Borjas, 1990:29-33). 그러나 이 개정법으로 인해 실제로는 전 세계에서 이민자들이 유입되는 체계가 구축되었다. 이 체계에서는 미국 시민 또는 거주자와의 혈연관계가 가장 중요한 이민 허용 기준이었다. 그리고 그 결과, 아시아와 라틴아메리카의 이민 유입이 급격하게 증가하는 현상이 나타났다.

　미국의 사용자들 역시 단기취업 이주노동자들을 채용했는데, 이는 특히 농업 부문에서 두드러졌다. 이들은 주로 멕시코와 카리브 지역 출신의 남성들이었다. 노동자 조직은 이에 대해 굉장히 비판적이었으며, 그로 인해 국내 노동자들의 일자리가 잠식되고 임금이 낮아질지도 모른다고 주장했다. 정부 정책은 계속해서 달라졌다. 어떤 시기에는 1940년대 멕시코에서 실시된 브라세로Bracero 프로그램〔미국과 멕시코가 1942년 외교적 협상을 통해 멕시코 저숙련 노동자들이 단기취업을 위해 미국으로 입국할 수 있도록 한 프로그램이다. 루스벨트 대통령은 제2차 세계대전 당시 멕시코와 동맹 관계를 맺기 위해 이 프로그램을 도입했으며, 1947년 프로그램이 종료된 후에는 농업 노동자들에 한정하여 프로그램을 지속하다가 1964년 종료했다.—옮긴이〕과 같은 단기취업 이주노동자 고용제도를 시행했다가, 또 다른 시기에는 단기취업 이주노동자 모집을 공식적으로는 금지했으나 암묵적으로는 용인하여 결국 대규모 불법이주노동자들을 양산하는 결과를 낳기도 하였다. 그런 가운데 나타난 한 가지 중대한 변화는 1952년 미국 이민법 개정에 소위 '텍사스 조건Texas Proviso'〔서류미비 이주노동자에게 '피난처'(일자리)를 제공하지 못하게 함.—옮긴이〕이 포함되었다는 것이다. 텍사스 조건은 서류미비 외국인 노동자를 채용한 사용자를 처벌하는 것을 금지하는 의미로 받아들여졌다.

　캐나다는 1945년 이후부터 대규모 이민자 충원 정책을 실시했다. 처음에는 유럽인에 한해서만 입국을 허용했다. 대부분은 영국인이었으나 곧 동유럽인과 남유럽인도 상당한 비중을 차지하기 시작했다. 1950년대와 1960년대에 유입된 이민자 중에는 독일, 이탈리아, 네덜란드 출신이 가장 많았다. 1966년 백서 발표 이후 이주 지원자를 선별하기 위한 비차별적인 '점수제도points system'가 도입되면서 비유럽계 이주자에게도 문호가 개방되었다. 1970년대에 캐나다로 이주자를 송출한 주요 나라들은 자메이카, 인도, 포르투갈, 필리핀, 그리스, 이탈리아, 트리니다드였다(Breton et al, 1990:14-16). 이 기간 동안 가족 입국은 장려되었고 이주자들은 정주자이자 미래의 시민으로 간주되었다.

호주는 1945년부터 대규모 이민자 도입 프로그램을 시행했다. 정책 입안자들이 경제적 · 전략적 이유에서 인구를 750만 명 정도 증가시킬 필요가 있다고 판단했기 때문이다(Collins, 1991; Castles et al., 1992 참조). "인구증가냐 멸망이냐populate or perish"라는 유명한 슬로건이 상징적으로 보여 주듯이 호주의 이민정책은 영주이민, 가족이민 정책 중심이었다. 초기 목표는 영국인 10명 대 '외국인' 1명의 비율로 연간 7만 명의 이주자를 수용하는 것이었다. 그러나 충분한 수의 영국인 이주자를 유인하기가 불가능하다는 것이 입증되었다. 이민부the Department of Immigration는 '인종적으로 받아들일 수 있으면서' 반공주의자로 여겨진 발칸 반도 및 슬라브족 국가 출신 난민을 받아들이기 시작했다. '받아들일 수 있는 유럽인'의 개념은 점차 북유럽인까지 확장되었다가 그다음에는 남유럽인까지로 넓어졌다. 1950년대까지 호주에 가장 많이 이주자를 보낸 국가는 이탈리아와 그리스, 몰타였다. 당시는 백호주의 정책이 시행되던 때라 비유럽계 이주자의 입국은 전혀 허용되지 않았다. 이민 유입 인구 내에서 남초 현상이 발생했기 때문에 영국 등지에서 독신여성을 받아들이고자 하는 장려책이 시행되었다. 여성이 가장으로서 가족을 이끌고 이민 오는 것은 1975년까지 전혀 허용되지 않았다.

이민은 전후 경제성장의 원동력으로 간주되었다. 1947년부터 1973년까지 이민은 호주 노동력 증가분의 50퍼센트를 차지했다. 1960년대 후반부터는 남유럽인 이민자를 끌어들이기가 어려워졌으며, 이들은 본국의 경제가 발전함에 따라 고향으로 귀환했다. 이에 대한 반응으로 가족 재결합의 자유화가 진전되었고, 유고슬로비아와 라틴아메리카 출신 노

동자를 채용하게 되었으며, 백호주의 정책도 약간 완화되었다. 1970년
대까지도 호주의 제조업은 이주노동자에게 크게 의존했으며, 공장일은
'이주자가 하는 일'로 받아들여졌다.

　뉴질랜드는 1945년부터 영국에서 '친족 이민kin immigration'을 받아들이
는 정책을 시행해 왔으며, 이를 통해 1950~1960년대에 매년 적게는
9,000명에서 많게는 1만 6,000명에 이르는 이주자들을 유치했다. 영국
인은 뉴질랜드에 자유롭게 입국할 수 있었으며 일 년 뒤에는 뉴질랜드
시민권(1949년에 만들어짐)을 획득할 수 있었다(그러나 대부분의 사람들은 귀
찮아서 그렇게 하려고 하지 않았다). 일부 백인 외국인에게도 이주가 허용되
었는데, 그들은 주로 네덜란드 출신이거나 원래 동유럽 출신 실향민
displaced persons이었다. 또한 태평양섬 사람들의 유입도 점차 늘어났다.
그러나 이들 중 많은 수는 뉴질랜드 자치령에서 온 사람들이었기에 외
국인으로 간주되지 않았다. 1966년 센서스에 따르면 인구의 6분의 1이
해외에서 출생한 사람들로 이들 중 60퍼센트는 영국 출신이었고 15퍼
센트가 아일랜드나 호주 출신이었다. 1970년대 초반에 경제가 부흥하
자 정부는 이민자 수를 증가시키고자 노력하기 시작했고, 그 결과 1973
~1974년에 7만 명의 이민자가 유입되는 기록이 세워졌다.

비교적 관점

1945~1973년의 이주 흐름에서 발견되는 한 가지 공통된 특징은 경제
적 동기가 지배적이라는 것이다. 서유럽을 향한 외국인 노동자들의 이
주는 주로 이주자, 사용자, 정부의 경제적 고려에 의해 추동되었다. 미
국의 농업 부문에서 이루어진 단기취업 이주노동자의 채용도 마찬가지
였다. 호주의 전후 이민 프로그램의 경우에도 인구 증가가 고려되기는
했으나 경제적 동기가 핵심적인 이유였다. 영국과 프랑스, 네덜란드 정

부의 (구식민지와 연결고리를 유지하려는 욕구와 같은) 정치적 고려가 일부 작용하긴 했지만, 이 나라들로 이주한 식민지 노동자들 역시 근본적으로는 경제적 동기를 가진 자들이었다. 미국으로의 영주이민은 아마도 경제적 요인이 가장 적게 작용한 이동일 것이다. 그럼에도 불구하고 이주자들은 종종 경제적 동기를 갖고 있었으며, 그들의 노동력은 미국이 경제적으로 성장하는 데 중요한 역할을 하였다. 물론 난민이주의 경우에도 경제적 동기는 부차적이었다. 경제적 동기가 압도적인 이민은 1973년 이후부터는 이전보다 약해졌다.

노동이주는 유입국 경제에 얼마나 중요한가? 일부 경제학자들은 경제 규모가 확대되는 데 노동이주가 결정적인 역할을 수행한다고 주장한다. 경기 활황 때에 이주자들은 내국인 노동자를 대체하게 되고, 그에 따라 내국인 노동자들이 고숙련 직종에 취업할 수 있게 된다는 것이다. 또한 이민자들이 제공하는 유연성이 없다면 생산 부문에서 병목현상이나 인플레이션 경향이 나타날 수도 있다. 하지만 일군의 경제학자들은 이민이 산업을 합리화하는 유인을 낮추고 생산성이 낮은 회사들을 계속 살아남게 함으로써 좀 더 자본집약적인 생산체계로 전환할 기회를 줄인다고 본다. 또한 이들은 이민자를 위한 주택 및 사회복지 사업에 들어가는 사회자본 지출이 생산적 투자에 사용될 수 있는 자본을 잠식한다고 주장한다. 그러나 1945~1973년의 기록을 보면 서독, 스위스, 프랑스, 호주와 같이 실질 이민자 수가 많았던 나라가 의심할 여지 없이 가장 높은 경제성장률을 달성한 반면, (당시의 영국이나 미국과 같이) 실질 이민자 수가 상대적으로 적었던 나라들은 경제성장률이 훨씬 낮았다(Castles and Kosack, 1973:chapter 9; Castles et al., 1984:chapter 2 참조). 따라서 이 시기 동안만큼은 이민이 경제적 이득을 가져다주었다는 주장이 설득력을 가진다고 할 수 있다.

1945~1973년의 이민 흐름에서 발견되는 또 다른 일반적 특징은 이

주자의 출신지역이 갈수록 다양해지고 이주자와 수용국 주민 간의 문화적 차이가 점점 더 벌어졌다는 것이다. 이 시기 초에는 모든 주요 이민국가로 향하는 이주자들 중 대다수가 유럽 지역 출신이었다. 그러나 시간이 흐름에 따라 아시아, 아프리카, 라틴아메리카 출신 이주자의 비율이 점차 증가했다. 이런 경향은 그다음 시기에 훨씬 더 뚜렷해졌다.

식민노동자와 초청노동자의 상황을 비교해 보면 큰 도움이 된다. 두 집단 간의 차이는 명확하다. 식민노동자들은 과거 식민지를 경영했던 국가의 시민이거나 해당국에 입국하고 체류하는 데에 우선권을 가진 자들이었다. 이들은 보통 자발적으로 이주했고, 식민시기에 형성된 통신 네트워크를 따르기도 하였다. 또한 입국한 뒤에 일반적으로 시민적·정치적 권리를 부여받았으며, (결코 모든 이들이 그렇지는 않았지만) 대부분은 영주할 의사가 있었다. 반면 초청노동자를 비롯한 외국인 노동자들은 시민이 아니었다. 그들의 권리는 매우 제한적이었다. 그들 중 대부분은 모집되어 이주한 자들이었으며, 일부는 자발적으로 이주하여 자신들의 체류 상황을 합법화할 수 있는 이들이었고, 나머지는 불법적으로 입국해서 일하는 자들이었다. 일반적으로 그들은 몇 년 안에 떠날 단기취업 이주노동자로 간주되었다.

그러나 이 두 집단 간에는 유사성도 발견되는데, 특히 경제적 상황과 사회적 상황의 측면에서 그러하다. 두 집단 모두 제조업과 건설업의 저숙련 육체노동직에 지나치게 집중되었다. 둘 다 기준 이하의 주거 환경과 열악한 생활 여건, 교육상의 불이익에 노출될 가능성이 컸다. 시간이 지남에 따라 외국인 이주노동자들은 사회적 권리와 가족 재결합의 권리를 획득한 반면, 식민노동자들은 그들이 가진 특권 중 많은 것을 잃어버리면서 두 집단 간의 법적 지위는 점차 수렴하게 되었다. 마지막으로, 두 집단 모두 유사한 주변화 과정을 겪으면서 지역 주민들과 어느 정도 분리되었고 종족적 소수자 집단으로서의 지위를 얻게 되었다.

세계경제 재편기의 이주

1970년대 초 선진국이 외국인 육체노동자를 조직적으로 채용하는 정책을 그만둔 것은 세계경제의 근본적인 재편에 대한 반응이었다. 앞서 논의한 고도성장기 이후 시기—이 시기는 종종 전 지구화globalization의 시대로 묘사된다(제3장 참조)—의 특징은 다음과 같다.

① 전 지구적 투자 패턴의 변화: 1970~1980년대에 선진국의 자본 수출이 증가하면서 종전의 개발도상 지역에 제조업이 자리 잡게 되었다. 1990년대에 이르러서는 아시아와 라틴아메리카의 일부 국가들 및 중동 산유국들에서 경제적 활력의 새로운 중심지가 출현했다.
② 제조업 분야의 육체노동자 수요를 감소시킨 마이크로 전자혁명.
③ 고도성장 국가들에서 일어난 전통적 육체노동 직업의 붕괴.
④ 고숙련 노동자와 저숙련 노동자를 동시에 필요로 하는 서비스 부문의 확장.
⑤ 선진국 경제에서 나타난 비공식 부문의 발달.
⑥ 고용의 비합법직화, 시간제 노동의 성장, 고용의 불안정성 증가.
⑦ 여성과 청년, 소수자 집단 성원들에게 비합법 또는 비공식 부문 노동을 담당시키는 기제로 인해 젠더, 연령, 종족에 따라 노동력을 차별 대우하는 움직임이 확대되고, 이에 따라 시대에 뒤떨어진 기술을 가진 노동자들에게 조기 퇴직이 강요됨.

제3장에서 지적했듯이 이러한 전환은 아프리카와 아시아, 라틴아메리카에 극적인 영향을 끼쳤다. 어떤 지역에서는 급속한 산업화와 사회 변화가 이루어졌다. 그러나 많은 지역에서 탈식민 발전 전략은 실패로 끝났다. 다수의 국가들에서 급속한 인구성장, 천연자원의 남용과 파괴,

통제되지 않은 도시화, 정치적 불안, 삶의 질 하락, 빈곤과 기아가 발생했다. 결과적으로 지역 내와 지역 간의 불평등이 심화되었다. 전 지구화는 빈국과 부국 양쪽 모두에 상호보완적인 사회변동을 불러일으켰으며, 이러한 사회변동은 이주 압력을 높이고 새로운 형태의 이동을 만들어냈다. 그에 따른 주요 동향을 정리하면 다음과 같다.

① 서유럽을 향한 정부 주도의 노동이주 감소 및 뒤이어 출현한 1990년대의 2세대 단기취업 외국인 노동자 정책.
② 기존 외국인 노동자 및 식민지 노동자들의 가족 재결합과 새로운 종족적 소수자 집단의 형성.
③ 남부 및 중부유럽의 많은 나라들에서 나타난 이민 송출국에서 이민 경유국 또는 이민 수용국으로의 전환.
④ 북미와 오세아니아에서 '전통적인 이민국가'를 향한 지속적인 이주와 그 가운데에서 나타난 이민자 출신지역 및 이민 유형의 변화.
⑤ 신흥공업국의 경제적·사회적 변동과 연결되어 (국내적 측면과 국제적 측면 모두에서) 발생한 새로운 이주 흐름.
⑥ 산유국들의 (주로 저개발국가 출신인) 외국인 노동자 채용.
⑦ 주로 빈국에서 부국으로, (특히 구소련의 붕괴 이후) 동구에서 서구를 향한 난민 및 비호신청자asylum seekers의 대규모 이동 발생.
⑧ 일시적 이주와 영구이주 모두에서 발견되는 전문인력의 국제이동 증가세.
⑨ 불법이민과 합법화 정책의 확산.

이에 대해서는 앞으로 나올 장들에서 좀 더 자세히 분석할 것이다. 1973년 이후의 주요 인구이동 흐름은 제1장의 지도 1.1에서 확인할 수 있다.

서유럽의 이주민과 소수자

1974~1985년의 확립기

1973년 이후 시기의 초반은 서유럽의 이민인구 구성이 확립되고 인구학적으로 정형화되는 기간이었다. 외국인 노동자와 식민지 노동자의 고용은 거의 중단되었다. 영국과 프랑스, 네덜란드에 거주한 식민지 출신 노동자들에게서는 가족 재결합과 영구 정착 경향이 계속해서 나타났다. 정착 과정이 진행되면서, 그리고 서유럽에서 태어난 2, 3세대가 출현하면서 내부 분화가 일어나고 공동체 구조와 공동체 의식이 발달했다. 1980년대가 되자 식민지 출신 노동자와 그들의 후손은 뚜렷하게 가시적인 사회적 집단으로 성장해 있었다.

1973년 독일 정부가 외국인 노동자 고용을 중단하고 다른 나라 정부들도 이와 유사한 조치를 취하기 시작하면서, 그들은 더 이상 달갑지 않은 '손님들guests'이 이제 그만 떠나기를 희망했다. 그리고 많은 서유럽 국가들은 자신의 국가가 '이민자 없는 나라'임을 공포했다. 그로 인해 실제 일부 외국인 노동자들이 고향으로 돌아가기도 했지만, 많은 이들은 그대로 남아 있었다. 떠나간 외국인 노동자들은 주로 발전된 나라에서 온 이들로, 그들의 고향에는 귀환자를 위한 일자리가 존재할 가능성이 어느 정도 있었다. 돌아가지 않고 남은 외국인 노동자들은 저개발 지역, 특히 터키와 북아프리카에서 온 사람들이었다. 구식민지 출신 노동자 집단의 경우와 마찬가지로, 인종주의 및 사회적 차별로 인해 사회경제적 고립을 경험한 이들은 결국 비유럽계 사람들이었다. 이 나라들의 정부는 처음에는 가족 재결합을 막아 보고자 했으나 거의 성공하지 못했다. 몇몇 나라에서는 헌법에 보장된 가족보호 원칙에 위배되는 정책들의 집행을 막는 데 법원이 핵심적인 역할을 수행했다.

외국인 인구는 구조적 변화를 겪었다. 예를 들어, 독일에서는 1974년에서 1981년에 이르는 기간 동안 외국인 남성의 수는 약간 감소했으나 외국인 여성의 수는 12퍼센트 증가했고, 15세 이하 아동의 수는 52퍼센트 증가했다(Castles, Booth and Wallace, 1984:102). 외국인 인구가 감소할 것이라는 정책 입안자들의 예상과 달리 독일의 총 외국인 주민 수는 1970년대에 약 400만 명 선에서 비교적 안정적으로 유지되었고, 1980년 초에는 다시 450만 명으로 증가했다.

1980~1990년대의 신규 이주민

짧은 확립기는 급속한 변화와 다양화로 가득 찬 새로운 시대의 서곡에 불과했다. 한 세기가 넘는 동안 서유럽과 북미, 남아메리카, 호주에 노동력을 제공해 왔던 남유럽 국가들은 1980년대 중반에 이르러 이주변천migration transition을 경험하게 되었다. 출산율의 급격한 감소와 경제성장이 심각한 노동력 부족을 야기하면서, 이탈리아, 스페인, 포르투갈, 그리스는 모두 북아프리카, 라틴아메리카, 아시아, ―나중에는― 동유럽 출신의 저숙련 노동자를 사용하는 이민 유입국이 되었다(King et al., 2000)(아래 참조).

1989년에 베를린 장벽이 무너진 뒤로 이러한 변화는 훨씬 더 빠르게 진행되었다. 구소련과 동유럽의 사회주의 국가들이 붕괴되면서 중부유럽에 불안정이 초래되었고 인구이동을 저지했던 많은 장애물들이 사라졌다. 인기에 영합한 정치인들과 선동적인 매체들은 "이주로 인한 위기"(Baldwin-Edwards and Schain, 1994)를 말하면서, 절박한 상황에 있는 이주자들의 유입 '홍수'가 서유럽의 복지체계를 삼켜 버리고 생활수준도 끌어내릴 것이라고 경고했다(Thränhardt, 1996).

그러나 1990년대 중반이 되자 그런 '침략'은 일어나지 않으리라는 것이 분명해졌다. 유럽의 OECD 회원국들을 향한 망명 신청자 수는 유고슬라비아 내전의 영향으로 1992년에 최고치인 69만 5,000명에 달했으며, 그 후로는 감소했다(2000년경에 다시 증가하기는 했다). 동구에서 서구로의 이동은 증가했지만, 대부분의 이주자는 소위 말하는 조상의 고향을 찾아 떠나는 종족적 소수자들이었으며, 이들은 해당 국가에 입국할 권리와 시민권을 갖고 있었다. 다시 말해, 독일 종족집단ethnic German(Aussiedler) 〔이 책에서는 ethnic group을 종족집단으로, ethnic minority를 종족적 소수자로 번역했으므로 ethnic German 역시 독일 민족 대신 독일 종족으로 번역했다. Aussiedler란 과거 독일 땅이었던 동프로이센이나 그 밖의 동유럽 지역에 살던 독일 혈통의 후손을 말한다. —옮긴이〕은 독일로(Levy, 1999; Thränhardt, 1996:237), 유대계 러시아인은 이스라엘로, 터키계 불가리아인은 터키로, 흑해 연안의 그리스계 사람들은 그리스로 이동했다. 수백만 명의 사람들이 과거 소련에 속해 있던 나라들 사이를 이동했다(UNHCR, 1995:24-25). 그로 인해 러시아는 주요 이민 수용국이 되었다. 발칸 반도 국가나 새롭게 생긴 중앙아시아 국가 등과 같은 구소련의 여러 지역에 살던 약 200만 명의 러시아계 사람들이 살던 곳을 떠나거나 그곳에서 추방당해 러시아로 들어왔다(Münz, 1996:206). 1990년대 들어 폴란드인, 러시아인을 비롯한 동유럽인들이 일자리를 찾아 서유럽으로 이동하는 현상 역시 증가했으나 애초에 예상했던 것만큼 극적인 수준에 도달하지는 않았다.

냉전의 종식이 이주 유형에 변화를 가져온 유일한 요인이 아니라는 사실은 곧 분명해졌다. 이와 같은 지정학적 변화는 경제적 전 지구화의 가속 및 아프리카, 중동, 아시아, 라틴아메리카에서 나타난 폭력과 인권 침해의 증가와 궤를 같이하는 현상이었다. 경제변동, 사회변혁, 정치적 격변은 모두 이주를 촉발하는 원인이었다. 서유럽과 남유럽을 찾아오는 신규 이주자들은 학력 측면에서나 경제적·정치적·문화적 자원의 측면에서나 폭넓은 다양성을 지니고 있었다. 많은 이들이 난민이거나 서류미비 노동자였지만, 높은 임금이나 보다 나은 기회를 좇아온 수준 높은 인재들도 있었다. 결과적으로 이주민 집단의 지역적 · 종족적 · 사회적 · 문화적 배경은 과거 어느 때보다도 다양해졌다.

1973년 이후 과거 초청노동자로 들어온 이들과 그들의 가족이 예상치 않게 정착하기 시작하고 여기에 1990년대 들어 신규 이주자들의 유입이 더해지면서 이주의 정치화가 강화되었다. 1990년대에 매체들이 망명 신청자를 실제로는 경제적 이주자이면서 난민인 것처럼 가장한 사람으로 묘사하면서 이들은 사회적으로 반감의 대상이 되었다. 각국 정부는 앞다투어 더욱 엄격한 난민 신청 절차를 도입했다. 또한 정부 당국자들 사이에서는 이주노동자들을 수용하면 결국 이들이 정착하는 것을 막을 수 없고 이는 예상치 못한 사회적 충격을 가져올 것이기 때문에 그들을 받아들여서는 안 된다는 믿음이 생겨났다. 정책 입안자들은 자국의 이민 규제를 강화하고, 국경 통제를 위한 유럽 국가들 간 협력을 확대했다(제8장과 제9장 참조).

새천년의 이주 경향

이주로 촉발된 사람들의 이동은 엄격한 규제가 시행되고 동유럽의 경제적 · 정치적 상황이 안정됨에 따라 1990년 중반 들어 한동안 안정세를 유지했다. 그러나 새천년이 시작된 뒤부터 이주 규모는 다시 급격하게 증가했다. 여기에는 몇 가지 이유가 있다. 경제적 전 지구화로 인해 영리활동의 기회와 고용 기회가 계속해서 증가했으며, 고숙련 노동자의 경우에 그러한 경향은 특히 두드러졌다. 많은 정부들이 고숙련 노동자에 한하여 입국 시 특혜를 주는 제도를 도입했다. 반면, 저숙련 이주노동자에 대한 수요는 계속 부정하면서도 제한적인 단기이주 및 계절이주 노동자 고용계획이나, 차츰 더 빈번하게는, 서류미비 이주자를 활용함으로써 그런 수요를 충족시키고자 했다. 2004년 유럽연합이 확대되어 10개 신규 회원국이 추가되었으며, 2007년에는 루마니아와 불가리아가 새롭게 가입했다. 신규 회원국 국민들 중 많은 수가 일자리를 찾아 이동 했는데, 특히 영국과 아일랜드로 향하는 이들이 많았다(뒤에 나올 중부유 럽과 동유럽 참조).

한편, 경제이주에 우선권을 준다는 공식적인 수사에도 불구하고 대부 분의 유럽 나라에서 가장 큰 규모를 차지하는 이민의 범주는 사실 가족 재결합이다. 예를 들어, 2004년에 프랑스, 이탈리아, 스웨덴에 유입된 합법적인 장기 이민자 중 가족 재결합으로 인한 인구의 비율은 60퍼센 트 이상이었으며, 네덜란드와 독일에서는 50퍼센트 정도였다(OECD, 2006:Part IV). 이와 대조적으로, 대부분의 나라에서 비호신청자를 포함한 인도주의적 입국은 2004년에 발생한 전체 이민의 10퍼센트 이하만을 차 지했고, 스웨덴, 영국, 네덜란드의 경우가 그나마 그보다 높은 비율(15~ 23%)을 나타냈을 뿐이다. 비호 신청 입국은 1990년대 후반부터 증가했 으며, 서유럽의 경우 2001년에 최고치인 47만 1,000명을 기록했으나 2005년에는 그 수가 24만 3,000명으로 감소했다(OECD, 2006:253)(제8장 참조).

유럽 OECD 회원국들(즉, 유럽연합의 25개 회원국과 스위스, 노르웨이)로 유입된 총 이민자 수는 2000년 이후로 연 200만 명을 넘어섰다. 이민 유입 흐름은 상향세였다. 가장 많은 이민자를 받아들인 해는 2004년으 로 280만 명의 신규 유입이 발생했다(OECD, 2006:233). 그러나 과거의 주요 이민 유입국 가운데 독일과 프랑스 같은 일부 나라들에서는 신규 유입이 부진해지거나 심지어 감소하는 현상이 나타났다. 오늘날 독일은 상당한 이민자 유출을 겪고 있으며, 그 영향으로 2004년의 순 이주 인 구net migration는 불과 8만 2,000명에 지나지 않았다. 영국은 2004년에 사 상 최대의 유입 인구—49만 4,000명(OECD, 2006:30)—를 받아들였고 순

이주 인구는 20만 2,000명을 기록했다. 한편, 합법적인 이민자 수가 가장 많이 증가한 곳은 남유럽으로, 스페인에서 64만 5,800명, 이탈리아에서 31만 9,300명이 증가했다(OECD, 2006:233). 그러나 이렇게 집계된 신규 유입자 중 대부분은 아마도 그 나라에서 예전부터 살다가 체류 합법화 제도의 도입으로 인해 적법 체류자로 분류된 사람들일 것이다.

오늘날 유럽의 이주와 관련된 가장 큰 사회적 관심사 가운데 하나는 서류미비 이주 및 취업이다. 서류미비 이주는 노동시장의 저숙련 노동자 수요와 동유럽, 아프리카, 아시아의 빈곤한 이주자 송출국과의 잠재적인 소득 차이라는 두 가지 원인 때문에 발생한다. 서류미비 이주자의 규모는 알려져 있지 않다. 뒤벨은 독일에만 50만~110만 명에 이르는 서류미비 이주자들이 살고 있으며, 영국의 경우에는 그 수가 5만 명에서 50만 명 사이이고 다른 지역도 그와 유사한 규모일 것이라고 추정한다. 그의 추산에 따르면 유럽연합 25개국에 거주하는 서류미비 이주자 인구의 전체 규모는 410만~730만 명에 달한다(Düvell, 2005:table 2.1).

남유럽

냉전 종식 후 첫 10년은 남유럽 사회를 바꾸어 놓았다. 이탈리아와 스페인, 포르투갈, 그리스는 유럽연합 국가들 사이에서 뚜렷한 하위집단을 형성했다. 1973년까지 이 나라들은 이민 송출국으로 간주되었다. 그 다음으로 이 국가들은 각기 조금씩 다른 시점에 이주변천을 경험하고 이민 송출과 이민 유입의 두 측면에서 모두 중요한 나라가 되었다. 냉전이 종식된 뒤로 이 나라들이 담당한 이민 송출지로서의 역할은 약화되었으며, 반면에 이민 유입지로서의 역할은 더욱 확실해졌다. 이 나라들은 북쪽의 다른 유럽연합 동맹국들과 많은 관심사와 특징을 공유하게 되었지만, 그럼에도 불구하고 이 나라들은 이민자 유입에 있어서 지하경제가 핵심적인 역할을 담당하고, 전체 이민에서 불법이민이 지배적인 위치를 차지하며, 국제이주를 규제하는 정부의 역량이 부족하다는 점에서 여전히 다른 나라들과 구별된다(Reyneri, 2001).

1981~1991년에 이탈리아에서 체류허가를 받은 외국인의 수는 30만 명에서 60만 명으로 두 배가 되었다. 2001년에는 이탈리아에 합법적으로 체류하는 외국인 주민의 수가 체류허가가 필요 없는 외국인, 즉 부모와 함께 사는 18세 미만의 외국인을 포함하여 150만 명에 이른다고 추산되었는데, 이는 이탈리아 전체 주민 수의 2.6퍼센트에 해당하는 규모였다(Strozza and Venturini, 2002:265). 2004년에 처음으로 체류허가를 받은 32만 명 중에는 주요 수혜자로 루마니아인, 알바니아인, 모로코인이 포함되었다. 이탈리아의 전체 외국인 수는 240만 명까지 증가했으며, 루마니아인이 가장 큰 순증가율을 보였다(OECD, 2006:190).

대부분의 체류 외국인들은 불법적으로 들어왔거나 비자 조건을 위반했으나 차후에 합법화된 이들이었다. 가장 최근에 있었던 정기적인 합법화 조치는 2002년에 시작해서 2004년에 종료되었으며, 그 결과 65만 명이 합법적 주민이 되었다(OECD, 2006). 이민자 유입의 갑작스런 증가는 지속적으로 높게 유지된 전 국가적 실업률, 출산율의 급격한 하락, 보스니아, 코소보, 알바니아 같은 이웃지역에서 발생한 심각한 위기 등과 연결되어 나타난 현상이었다. 그럼에도 불구하고 지배적인 이주 유형은 지하경제에서 만들어지는 사용자의 수요에 기반을 두었으며, 이런 지하경제는 북유럽보다 이탈리아를 비롯한 남유럽에서 훨씬 더 만연했던 것으로 추정된다. 이탈리아 내에서 대부분의 이민자들은 실업률이 높은 지역이 아닌, 일자리를 얻을 수 있는 지역으로 이동한다(Reyneri, 2001).

이주는 이탈리아의 외국인 정책과 국가안보 정책에서 매우 커다란 비중을 차지하고 있다. 지중해를 건너 머나먼 이탈리아의 해안으로 들어오려는 이주자들의 밀입국 시도는 1990년 이래 수많은 사망 사고를 야기해 왔다. 이탈리아는 유럽연합 및 NATO의 협력 국가들과 함께 지중해 연안 국가의 정부와 사회에 구체적인 지원 대책을 제시함으로써 이와 같은 이주를 막기 위한 협력체계를 구축하는 데 핵심적 역할을 수행해 왔다. 특히 알바니아와 이집트, 터키와 협력함으로써 해안으로 들어오는 불법 입국자 수를 현저히 줄여 밀입국 도중에 잡힌 외국인 수가 2002년 2만 4,000명에서 2004년 1만 4,000명으로 감소했다(OECD, 2006; Pastore, 2006:118-119). 그러나 리비아에서 들어오는 밀입국은 여전히 매우 심각한 문제로 남아 있다.

스페인도 외국인 정책과 국가안보 정책의 측면에서 중대한 함의를 지니는 유사한 이주변천을 경험했다. 1980년 이전까지 스페인은 이민 송출국이자 아프리카에서 북유럽으로 향하는 이민자들의 경유지였다. 이런 상태는 프랑코 사후 민주화가 이루어지고 유럽공동체와의 외교관계가 회복되면서 변하기 시작했다. 스페인의 외국인 수는 1990년에 27만 9,000명이었던 것이 1999년에 이르러서는 80만 1,000명으로 증가했다. 2005년에는 그 수가 260만 명에 달했는데 이는 스페인의 국외거주자 규모와 거의 같다(OECD, 2006).

스페인에 합법적으로 거주하고 있는 거의 모든 외국인은 불법적으로 입국했거나 비자 유효 기간을 넘긴 사람들이다. 스페인은 1985년부터 2005년까지 12회의 합법화 조치를 시행했으며(Plewa, 2006:247), 2005년에는 56만 명이 합법적인 주민이 되었다(OECD, 2006:216). 스페인을 비롯한 남유럽 지역에서 정기적으로 실시되는 합법화는 다른 유럽연합 회원국들의 비판을 받았다(Kreienbrink, 2006:216). 특이하게도, 스페인의 자치도시들에서는 불법체류자도 (교육이나 복지 목적으로) 주민으로 등록할 수 있다. 스페인의 자치도시 자료는 합법적으로 체류하는 외국인 주민과 불법적으로 체류하는 외국인을 모두 다루고 있는데, 이에 따르면 2000~2004년에 35만 명의 에콰도르인과 20만 명의 루마니아인이 등록을 마쳤다. 아프리카인은 농업에, 라틴아메리카인은 건설업에, 유럽인은 제조업에 종사하는 경향이 있다(OECD, 2006).

다른 남유럽 국가들처럼 스페인도 단기취업 이주노동자 고용정책을 실시하는 국가들의 대열에 새롭게 합류했다. 연간 고용 외국인 수는 2만 명에서 3만 명 사이를 왔다 갔다 했으며, 약간의 불확정성은 이른바 뒷문을 통한 합법화backdoor legalization를 가능하게 해주었다. 다시 말해, 외국인 노동자를 해외에서 채용하는 대신 이미 스페인 땅에 살고 있는 불법체류자를 고용하고 그들에게 체류허가를 내어 주었던 것이다(Plewa and Miller, 2005).

아프리카에서 유입되는 불법이주와 인신매매를 막기 위한 스페인의 노력은 외국인 정책과 국가안보 정책에서 중요한 부분을 차지해 왔다. 2004년에 일어난 마드리드 폭발사건에 수십 명의 이주자와 이주 배경을 가진 사람들이 관여된 사실은 중요한 계기가 되었다(Benjamin and Simon, 2005). 스페인의 카나리아 군도는 인신매매범들의 주요 표적이 되었는데, 모로코 당국이 스페인과 유럽연합의 요청을 받아 파테라스pateras(이민자들을 실어 나르는 조그만 배)의 출항을 어렵게 만든 후에 특히 그러했다. 스페인은 광범위한 노력의 일환으로 아프리카 국가들과 일련의 양자협정을 체결했다. 이 협정들은 아프리카 국가들의 노동자들을 합법적으로 고용하겠다는 조항을 포함한 것이 특징이다(제7장 참조).

포르투갈의 이주 역사는 세 단계에 걸쳐서 전개되었다. 19세기부터 1970년대 중반까지 포르투갈은 이민자들을 떠나보냈으며, 이는 해외에 거주하는 500만 명의 포르투갈인과 그 자손들이라는 유산을 만들어 냈다(OECD, 2004:254). 1974년의 혁명 이후로는 과거 포르투갈의 소유였던 아프리카 땅으로부터 상당수의 이민자들이 몰려들기 시작했다. 현

단계는 1980년대 후반, 포르투갈이 유럽연합에 가입할 수 있다는 기대가 형성되면서 시작되었다(Cordeiro, 2006:235-237). 최근에 유입된 이민자들은 대부분 불법적으로 입국했거나 비자 유효 기간보다 오래 체류한 사람들이다. 다른 나라들과 마찬가지로, 포르투갈은 1992년에 3만 8,000명의 외국인에게 체류허가를 내준 이래 꾸준히 정기적인 체류 합법화 조치를 실시해 왔다(Cordeiro, 2006:242). 2001년에 시작된 합법화 조치는 2004년 초반에 종료되었고, 이로 인해 18만 4,000명의 외국인이 '일시체류허가stay permit'를 획득했다. 일시체류허가는 체류허가residence permit에 비해 행사할 수 있는 권리가 제한된 것으로, 포르투갈에 합법적으로 거주하는 외국인 주민 중 약 40퍼센트가 일시체류허가를 가지고 있다. 2004~2005년에는 또 다른 합법화 조치가 시행되었는데, 이는 2003년 3월 이전에 고용된 비유럽연합 회원국 출신 외국인 노동자를 위한 것이었다. 이 조치로 인해 합법화된 이들 중 다수는 브라질인이었다(OECD, 2007:276).

포르투갈 외국인 인구의 대부분은 동유럽, 브라질, 아프리카에서 온 이민자들이 차지하고 있다. 2005년 기준으로 포르투갈에는 브라질인과 카보베르데Cape Verde(과거 포르투갈의 식민지였던 북대서양의 섬나라―옮긴이)인 인구를 합친 것만큼이나 많은 수의 우크라이나인이 사는 것으로 조사되었다(OECD, 2006:210). 이들 중 상당수는 밀입국한 사람들이다. 이탈리아나 스페인같이 포르투갈 정부도 이민 통제를 위해 많은 노력을 기울여 왔다. 코르데이로에 따르면, "다른 유럽연합 국가들처럼 이민자 유입을 규제하고 국경 통제 정책을 강화했으나 기대했던 것만큼의 성공을 거두지는 못했다. 이는 그런 복잡한 현상에 대처하는 데 필요한 국력이 약하다는 사실을 증명한다"(Cordeiro, 2006:243).

1990년 이전까지 그리스를 향한 국제이주는 해외에 거주했던 그리스인의 귀환 및 그리스를 경유하려는 난민의 입국과 관련되었다. 냉전이 종식된 후 이민자의 유입이 급증하여, 2001년에 이르러서는 외국인이 총인구 1,100만 명 중 8퍼센트를 차지하고 노동력의 13퍼센트를 차지했다(Fakiolas, 2002:281). 2005년에는 외국 출생 인구가 110만 명에 달했는데, 이들 중 65만 6,000명은 외국인이었고 10만 5,000명은 그리스에서 태어난 외국인이었다. 2004년의 체류허가 자료에 따르면, 합법적으로 체류하는 외국인 주민 수는 68만 6,000명이었으며, 이들 중 60퍼센트가 알바니아인이었다(OECD, 2006). 그리스의 이민자 통계 자료는 부실하기 때문에 그대로 믿기는 어렵다(Baldwin-Edwards, 2005). 지난 20년 사이에, 높은 실업률과 이민자에 대한 대중적인 적대감에도 불구하고, 그리스는 주로 불법적으로 자행되어 온 국제이주의 영향을 가장 많이 받는 유럽연합 국가 중 하나가 되었다.

중부유럽과 동유럽

광대하면서도 이질적인 이 지역은 독일과 폴란드를 가르는 오데르나이세Oder-Neisse 선부터 러시아 연방의 유라시아 초원지대까지, 발트 해 국가들부터 남동쪽의 지중해와 흑해까지를 아우른다. 이 지역은 과거 광대한 바르샤바 동맹Warsaw Bloc이 구성되었던 곳으로, 공산주의 통치에서 민주주의와 시장경제로 이행되면서 이 지역의 국가와 사회는 큰 변화를 겪었다. 공산주의 정권이 위기를 맞이하고 붕괴되는 과정에서 이주는 매우 중요한 선택으로 고려되었으며, 그 결과 1990년대 초반에 상당한 유출 이주가 발생했다. 볼가 강 유역을 비롯한 독일인 정착지의 독일계 사람들은 재통일된 독일로 이주했으며, 소위 소련 유대인Soviet Jews이라 불린 100만 명에 가까운 사람들은 주로 이스라엘로, 일부는 미국으로 떠났다. 그러나 대부분의 사람들은 이러한 소수자 집단에게 제공되는 이주의 기회를 누릴 수 없었다.

그 대신에 이들은 민주주의와 시장경제로 이행하는 과정을 견뎌내야
만 했다. 그와 같은 이행 과정은 종종 높은 실업률과 사회경제적 고충,
종족 간의 긴장을 유발했다. 유럽연합이 최근 제안한 유럽연합의 공동
외교 안보정책Common Foreign and Security Policy of the EU의 주요 목표는 중부
유럽과 동유럽에서의 민주주의 제도 확립 및 경제개혁 지원과 관련이
있다. 서방으로의 불법이주 방지는 우선순위 가운데에서도 특히 상위에
위치해 있다. 독일은 단기취업 이주노동자 고용을 재개했고 주로 폴란
드에서 노동자를 충원했다. 조약 참여국 간에는 불법입국자의 본국 귀
환을 허용한다는 재입국 조약readmission treaties 같은 이민 통제 문제에 협
력한 대가로 폴란드, 체코, 헝가리 국민의 무비자 유럽연합 입국이 허용
되었다. 단기취업 이주노동자와 유럽연합 국가들에서 임시 일자리를 얻
은 '관광객' 같은 이민 유출이 아직 상당하지만, 1993년 이후 중부유럽
과 동유럽에서 유럽연합 국가들을 향한 이주는 감소세로 돌아섰다. 공
식 허가를 받고 독일로 이주한 중부유럽과 동유럽 출신의 단기취업 이
주노동자 수는 매년 20만~30만 명을 오가고 있다(Hönekopp, 1999:22).

그와 더불어, 경제적으로 좀 더 발전된 국가인 폴란드와 헝가리, 체코
공화국은 하룻밤 사이에 이민 유입국이 되었다. 그러나 대체적으로 이
나라들은 국제이주를 통제할 준비가 되어 있지 않았으며, 그에 맞는 법
체계와 행정기관도 제대로 갖추지 못했다. 공식 통계에는 비공식경제
부문에서 일하는 '관광객'의 서류미비 이주가 반영되지 않았다. 폴란드
는 1995년까지 80만 명의 우크라이나인 노동자를 수용한 것으로 보인
다(Okólski, 2001:115). 우크라이나인은 주로 농업과 건설업 부문에 고용
되었으며 무역활동에도 종사했다. 경제발전 수준, 임금, 기회의 차이는
지역 간 이주에서 중요한 요인으로 작용했다. 벨로루시와 우크라이나
같은 나라들의 실업률은 매우 높았다. 우크라이나의 경우 노동력의 50

퍼센트가 실직 상태였던 것으로 추정된다(Bedzir, 2001). 벨로루시와 루마니아에서 취업한 노동자들 가운데 다수는 그들이 받는 임금으로 생활을 이어나갈 수가 없었다. 그래서 그들은 해외 단기취업을 통해 임금을 보충하려고 했다(Wallace and Stola, 2001:8).

이 지역에 위치한 대부분의 나라들에서 국경을 넘나드는 사람의 규모는 1990년대 들어 기록적으로 증가했다. 중부유럽과 동유럽을 통과하여 서방으로 가고자 하는 제3국 국민들의 경유이주도 빠르게 성장했다. 이 시기에 나타난 세 가지 주요 이주 흐름은 다음과 같다.

1. 구 바르샤바 동맹국의 국민들. 이들은 최근까지도 비자 없이 유럽연합 국가에 합법적으로 입국했으며, 입국이 힘들어진 뒤로는 불법이주를 시도하고 있다. 루마니아 같은 나라에서 온 많은 수의 집시Gypsies 또는 로마Roma인[집시라는 용어는 차별적 용어이기 때문에 로마인이라고 부른다.—옮긴이]도 그 대열에 합류했다.
2. 서부 발칸 반도, 특히 보스니아와 크로아티아(1991~1993) 그리고 코소보(1999)에서의 갈등으로 인해 발생한 난민들. 헝가리와 체코 공화국이 폴란드보다 더 많은 난민들을 수용했다.
3. 아프리카인과 아시아인. 과거 소련은 장애물이었으나, 소련이 무너진 뒤에 세워진 나라들은 경제적 불평등의 양 극단을 쉽게 건널 수 있도록 도와주는 다리가 되었다(Stola, 2001:89). 이런 환경에서 밀입국과 인신매매가 성행하기 시작했으며, 이를 막으려는 조치에도 불구하고 밀입국과 인신매매는 결국 뿌리 깊게 자리 잡았다.

구소련 지역에서는 후속국가들 간에 상당한 인구이동이 이루어졌다. 1996년까지 420만 명이 본국으로 귀환했으며, 대부분은 러시아 연방으로 돌아가는 러시아계 사람들이었다. 이에 더하여 여러 갈등으로 인해 거의 100만 명에 달하는 난민이 생겨났고 약 70만 명의 환경난민ecological displaces〔실향민〕displaces은 전쟁이나 내전, 기근 등 여러 조건 때문에 생활 근거지를 떠나야 하는 상황에 처한 사람들을 의미한다. 여기서는 생태적 환경문제로 고향을 떠나야 하는 사람들로, 환경난민이라 번역했다.―옮긴이〕도 발생했는데 이들은 주로 체르노빌 원자력발전소 재해 피해지역을 떠난 사람들이었다(Wallace and Stola, 2001:15).

전반적으로, 냉전이 종식된 이후 첫 15년 동안 극히 복잡한 이주 유형들이 나타났다. 대부분의 이주 흐름은 본질적으로 단기적이거나 '주기적인pendular' 것으로 간주되었는데, 이러한 판단은 이주 과정의 초기 단계에서는 흔히 있는 일이다. 이런 상황에서 가장 중요하게 다루어져야 할 질문은 '유럽연합이 확대된 후 이주에 어떤 변화가 일어났는가'이다.

2004년 5월 1일, 10개의 신규 회원국이 유럽연합에 가입했다. A10으로 알려진 이들 신규 회원국은 체코공화국, 키프로스, 에스토니아, 헝가리, 라트비아, 리투아니아, 몰타, 폴란드, 슬로바키아, 슬로베니아이다. 대부분의 기존 회원국(EU15)은 과도기 동안 동유럽과 중부유럽의 신규 회원국(A8)에서 유입되는 이주를 규제하기로 했으나 아일랜드, 영국, 스웨덴은 규제를 하지 않는 쪽을 택했다. 이로 인하여 영국과 아일랜드를 향한 폴란드인과 발트 해 연안 국가의 사람들, 특히 리투아니아인의 대규모 이주 흐름이 형성되었다. 스웨덴의 경우 노동시장 조건 문제로 이주 유입은 발생하지 않았다. 2006년 6월 30일까지 총 44만 7,000명의 A8 국가의 시민들이 영국 내 취업을 허가해 주는 노동자 등록제도Worker Registration Scheme; WRS에 지원했다(Home Office, 2006:1). 신규 노동자는 거의 대부분 젊은 사람들이었으며 함께 사는 피부양인이 없었다.

아일랜드에서는 2006년 비국적 노동자가 전체 노동력의 8퍼센트에 달하는 것으로 조사되었다. 이들 중 31퍼센트는 A8 국가 출신이었다. 건설업 부문의 경우에는 전체 노동력의 9퍼센트가 비국적자였으며, 이들 중 절반 이상이 A8 국가 출신이었다(Beggs and Pollock, 2006). 역사적 관점에서 보았을 때, 현재 유럽연합이라고 불리는 공동체의 확대가 신규 회원국의 노동력이 기존 회원국으로 대규모로 유입되는 현상을 낳지는 않았다. 그러한 패턴은 자본이동이 노동자의 이동을 대체하고 있음을 말한다(Koslowski, 2000:117). 하지만 2004년의 유럽연합 확대가 야기한 결과를 본다면, 이런 지혜를 재검토해야 할까? 분명히 말하건대, 그렇지 않다. 유럽공동체 보고서에 따르면, 신규 회원국 출신 노동자의 비율은 오스트리아와 아일랜드를 제외한 모든 회원국에서 근로연령층 인구의 1퍼센트보다 낮은 것으로 나타났다(OECD, 2006:107–108).

그럼에도 불구하고 유럽연합의 확대는 2004년 5월 1일 이전에 유럽연합의 15개 회원국에서 불법적으로 취업한 A8 국가 출신 노동자들의 합법화에 중대한 영향을 끼친 것으로 보이며, 그 결과 수십만 명이 실질적 합법화의 혜택을 받았다(Tomas and Münz, 2006). 뮌츠는 2007년 1월 1일에 이루어진 불가리아와 루마니아의 유럽연합 가입 역시 유사한 효과가 있었다고 주장했다(Münz et al., 2007). 그러나 영국 정부는 부정적인 언론 보도의 압박을 받음에 따라 2007년 불가리아와 루마니아 출신 노동자의 자유이동을 허가하는 협약에서 탈퇴하기로 결정했다.

이 기간에 대한 폴란드의 평가는 그다지 밝지 않았다. 2004년 5월 1일부터 2007년 4월까지 100만 명의 폴란드인이 이민을 떠났으며, 그들의 주 행선지는 영국, 아일랜드, 독일이었다. 이와 같은 이주 규모는 포괄적인 정부 대응을 이끌어냈고, 여기에는 신규 영사관을 설치하는 방안도 포함되었다. 2007년 중반, 유럽연합 가입과 이민의 가능성이 만들어낸 희열은 점차 커져 가는 이주에 대한 걱정에 자리를 내주었다. 임금 인상을 요구하는 의료종사자들의 파업은 기술인력의 지위조차 위태롭다는 현실을 보여 주었다. 폴란드 노동자들이 해외에서, 특히 이탈리아에서 혹사당하는 상황에 대한 우려도 심해졌다. 폴란드 외교부는 나가는 이민의 잠재적 위험성에 대해 폴란드 국민들에게 경고하기 시작했다.

A8 국가 가운데 인구가 가장 많은 폴란드는 이주변천의 복잡함을 보여 주는 전형적인 사례이다. 1997년에 도입된 새로운 외국인법Aliens Law 으로 우크라이나인과 러시아인, 그 밖의 사람들이 폴란드 동쪽 국경을 넘어 왕래하기가 더욱 어려워졌으며, 결국 이주자들은 농업과 건축업 부문에 몰리게 되었다. 2003년 폴란드가 우크라이나, 벨로루시, 러시아 연방의 시민들에게 비자요건을 부과하자 일부 폴란드 사용자들은 이주노동자에게 의존하기 시작했다. 2004년 5월 1일 이후부터 발생한 폴란드 노동자들의 대규모 이동은 노동력 부족에 대한 사용자들의 두려움을 증폭시켰다. 당시 폴란드는 다른 동유럽과 중부유럽 국가들과 마찬가지로 출산율 저하와 인구고령화를 겪고 있었다. 2007년 들어 동유럽 및 중부유럽 나라 정부들은 자국을 미래의 이민 유입국으로 바라보게 되었고, 그에 필요한 법적·제도적 장치를 도입하기 위한 계획을 세우기 시작했다.

기업들이 더 낮은 임금을 지급하여 이득을 얻기 위해 독일이나 프랑스에서 동쪽으로 이전하자, 대부분의 다른 A8 국가들과 나란히 폴란드도 제조업 부문 위주로 막대한 외국인 직접투자FDI를 유치했다. 2007년 폴란드 실업률이 13.8퍼센트로 떨어지면서 숙련 노동력의 부족이 걱정거리로 떠올랐다. 지역 전체를 놓고 보았을 때, 2006년 들어 8개 국가 중 5개 국가에서 인구 순손실이 발생했다(Perry and Power, 2007). 폴란드가 벨로루시, 우크라이나의 단기취업 이주노동자 도입 제한 조치를 철폐한 것도 이러한 맥락에서 이해할 수 있다. 2007년에는 우즈베키스탄과 타지키스탄에서 수백 명의 노동자들이 유입되었다(Perry and Power, 2007).

2000년 이후로는 우크라이나와 러시아 연방이 OECD 회원국에 이주자를 보내는 주요 송출국으로 부상했다(OECD, 2006:34). 그러나 그들 역시 미래에는 급격한 인구 감소에 직면하게 될 것이다. 이 지역을 유럽연합 회원국과 그 밖의 국가들로 양분하는 시각은 상당 기간 지속될 것으로 보이며, 이러한 시각은 2005년 유럽연합 헌법에 대한 회원국의 국민투표가 부결로 끝난 뒤 더욱 강화되었다. 이 국민투표는 이주 자체와 관련되지는 않았으나, 터키와 A8 국가들에서 더 많은 이주노동자들이 유입되는 데 대한 유권자들의 두려움이 투표 결과에 반영되었다. 국제이주가 양자 간 협력 및 지역적 협력 증진의 주제가 될 수 있는가라는 문제에 대한 답은 분명해 보인다. 예를 들어 우크라이나와 유럽연합 관계의 주요 쟁점 중 하나는, 우크라이나가 유럽연합 지역에서 붙잡힌 불법입국자들의 '폐기장'이 되는 것을 두려워하여 재입국 조약에 서명하기를 주저하고 있다는 것이다(Pankevych, 2006:205-206). 1997년 암스테르담 조약에서 제안되었으나 여전히 보류 상태에 놓인 유럽 이주정책을 유럽연합이 도입할 수 있는가에 많은 것들이 달려 있는 것 같다(Straubhaar, 2006).

변화하는 유럽 인구

반세기가 넘도록 진행된 이민은 유럽의 인구를 크게 변화시켰다. (동독의 붕괴 이후 1990년에 재통일된) 독일은 좋은 사례이다. 1996년 독일의 전체 외국인 주민 인구는 730만 명이었다. 이 수치는 2003년까지 비교적 안정적으로 유지되었으나 2004년에 들어 670만 명으로 크게 감소했다(OECD, 2006:274). 이와 같은 변화는 여러 요인들이 결합되어 만들어진 것으로, 2000년에 도입된 독일 국적법을 필두로, 독일을 떠난 외국인을 중앙 외국인 등록부Central Aliens Register에서 삭제한 행정조치, 독일의 순이주 감소, 외국인의 자녀출산율 감소 등이 그 요인들에 포함된다(OECD, 2006:182). 이와 대조적으로 (국적을 취득한 이민자는 포함하되, 외국

국적을 보유하고 있더라도 독일에서 태어난 아동은 제외한) 외국 출생 인구는 1995년에 940만 명이었던 것이 2003년에는 1,600만 명으로 증가했다 (OECD, 2006:262). 따라서 외국인 주민 인구는 독일 총인구의 8.9퍼센트를 차지하는 반면, 외국 출생 인구는 12.9퍼센트를 차지하고 있다.

이와 같은 복잡함은 이주통계가 행정 규칙과 관행에 매우 많이 의존한다는 사실에서 비롯된다. 표 5.2는 유럽 이민국가들의 외국인 주민 인구 성장세를 보여 주는 자료이며, 표 5.3은 외국 출생 인구에 관한 자료이다.

1995년 유럽 OECD 회원국의 외국인 주민 인구는 총 1,940만 명이었다(OECD, 1997:30). 2005년에는 이 수가 2,400만 명으로 늘어났다. 그러나 이 국가들의 외국 출생 인구는 3,900만 명이었다. 유럽 OECD 회원국에서 외국인 주민 인구는 전체 인구의 약 5퍼센트인 반면, 외국 출생 인구는 8퍼센트 이상을 차지한다. 만일 표 5.3에 (미국, 호주, 캐나다, 뉴질랜드와 같은) 비유럽 OECD 회원국들을 추가한다면 OECD는 8,900만 명에 달하는 외국 출생자들의 고향이 되는데, 이는 전 세계 이민자의 절반에 가까운 수치이다. 중요한 사실은, 많은 유럽 나라들이 역사적으로 가장 중요한 이민국으로 여겨졌던 미국과 이제 거의 같은 몫의 이민자 인구를 가지고 있다는 것이다(IOM 2005:139-144 참조).

이와 같은 추세는 중요한 인구학적·경제적 함의를 가진다. 낮은 총 출산율은 유럽연합 국가의 특징으로, 한 여성이 일생 동안 낳는 자녀수는 평균 1.5명에 지나지 않는데 이는 인구대체율인 2.1에 한참 못 미친다. 기대수명이 증가하고 인구가 고령화되고 있기 때문에 앞으로 더욱 적은 수의 근로연령대 사람들이 더욱 많은 수의 노인들을 부양해야 할 것이다(UN, 2000). 유럽연합통계청 Eurostat의 추계자료에 따르면, 유럽연합 25개 회원국 전체 인구는 2004년 4억 5,700만 명에서 2050년 4억 5,000만 명으로 약간 줄어들 것으로 보인다(약 1.5% 감소). 그러나 독일

표 5.2 **유럽 OECD 회원국의 외국인 주민 인구**   (단위: 천 명)

국가	1980	1985	1990	1995	2000	2005	2005년 기준 총인구 대비 백분율
오스트리아	283	272	413	724	702	801	9.7
벨기에	–	845	905	910	862	901	8.6
체코공화국	–	–	–	159	201	278	2.7
덴마크	102	117	161	223	259	270	5.0
핀란드	–	–	–	69	91	114	2.2
프랑스	3,714[a]	–	3,597	–	3,263[b]	–	5.6[b]
독일	4,453	4,379	5,242	7,174	7,297	6,756	8.8
그리스	–	–	–	–	305	553	5.2
헝가리	–	–	–	140	110	154	1.5
아일랜드	–	79	80	94	126	259	6.3
이탈리아	299	423	781	991	1,380	2,670	4.6
룩셈부르크	94	98	–	138	165	189	40.0
네덜란드	521	553	692	757	668	691	4.2
노르웨이	83	102	143	161	184	223	4.8
폴란드	–	–	–	–	49[c]	–	0.1[c]
포르투갈	–	–	108	168	208	432	4.1
슬로바키아	–	–	–	22	29	26	0.5
스페인	–	242	279	500	896	2,739	6.2
스웨덴	422	389	484	532	477	480	5.3
스위스	893	940	1,100	1,331	1,384	1,512	20.3
영국	–	1,731	1,875	2,060	2,342	3,035	5.2

주: 외국인 주민 인구와 외국 출생 인구의 차이점에 대해서는 이 책 서두의 「이주 통계에 관한 안
내」를 참조할 것.

영국의 수치를 표 5.1에서 제시한 출생지 수치와 비교하는 것은 불가능함.

독일의 수치는 1990년 것까지는 서독 지역의 자료를 사용하고, 그 이후의 것은 통일독일 전체
자료를 사용하여 산출한 것임.

–: 자료 없음.

a: 1982년 수치

b: 프랑스의 대도시에 한하여 1999년 수치

c: 2002년 수치

출처: OECD(1992:131, 1997:29; 2000; 2001; 2007:343).

표 5.3 **OECD 회원국의 외국 출생 인구** (단위: 천 명)

국가	1995	2000	2005	2005년 기준 총인구 대비 백분율
호주	4,164	4,417	4,826	23.8
오스트리아	–	843	1,101	13.5
벨기에	983	1,059	1,269	12.1
캐나다	4,867	5,327	5,896	19.1
체코공화국	–	434	523	5.1
덴마크	250	309	350	6.5
핀란드	106	136	177	3.4
프랑스	–	4,306[a]	4,926	8.1
독일	9,378	10,256	10,621[b]	12.9[b]
그리스	–	–	1,122[c]	10.3[c]
헝가리	284	295	332	3.3
아일랜드	–	329	487	11.0
이탈리아	–	–	1,147[c]	2.5[c]
룩셈부르크	128	145	152	33.4
네덜란드	1,407	1,615	1,735	10.6
뉴질랜드	–	663	796	19.4
노르웨이	240	305	380	8.2
폴란드	–	–	776[d]	1.6[d]
포르투갈	533	523	661	6.3
슬로바키아	–	119[c]	249	3.9[e]
스페인	–	–	2,172[c]	5.3[c]
스웨덴	936	1,004	1,126	12.4
스위스	1,503	1,571	1,773	23.8
영국	4,031	4,667	5,842	9.7
미국	24,648	31,108	38,343	12.9

주: 외국인 주민 인구와 외국 출생 인구의 차이점에 대해서는 이 책 서두의 「이주 통계에 관한 안
내」를 참조할 것.

a: 1999년 수치

b: 2003년 수치

c: 2001년 수치

d: 2002년 수치

e: 2004년 수치

출처: OECD(2006:262; 2007:330).

(9.6%), 이탈리아(8.9%), 그리고 2004년에 유럽연합에 가입한 동유럽과 중부유럽 나라들(11.7%)의 인구 감소폭은 훨씬 더 클 것이다. 더 심각한 문제는 근로연령 인구(15~64세)의 감소에 있다. 현재 유럽연합 25개 회원국에서 근로연령 인구는 전체 인구의 67퍼센트를 차지하며, 65세 이상 인구는 16퍼센트를 차지한다. 그러나 2050년이 되면 57퍼센트의 근로연령 인구가 30퍼센트의 65세 이상 인구를 부양해야 할 것이다(CED, 2005a:Annexe Tables 1 & 2; Holzmann and Münz, 2006도 참조).

결과적으로 현재의 거의 모든 인구성장은 이민을 통해 이루어지고 있다. 뮌츠 등(Münz et al., 2007)에 따르면, 2005년 유럽연합 27개 회원국에서 190만 명의 인구가 증가했는데, 이 가운데 160만 명은 이민으로 증가했고 30만 명은 자연증가에 따른 것이었다. 오늘날 만약 이민이 없었다면 많은 유럽 국가들에서 이미 인구가 감소했을 것이다. 2006년 유럽연합 27개 회원국의 총인구는 4억 9,100만 명이며, 이 중 4,060만 명이 합법적으로 거주하고 있는 외국 출생 인구이다. 이들 가운데 1,320만 명(EU 총인구의 2.7%)은 다른 유럽연합 국가에서 왔고, 2,730만 명(5.6%)은 비유럽연합 국가에서 왔다(Münz et al., 2007:2-4).

이것은 중대한 역사적 이주변천이 일어나고 있음을 알려 준다. 즉, 유럽은 19세기와 20세기 초에는 대량 이민유출 지역이었으나 1945~1974년에는 유럽 내에서의 노동이동이 주가 되는 지역으로 변모했다. 그리고 오늘날, 유럽은 전 세계에서 대규모의 이민자들이 모여드는 지역이 되었다. 이런 이민 유입의 흐름은 과거에는 북서유럽의 구 공업지역에서만 발견되었지만 이제는 점차 유럽의 모든 지역으로 확대되어 가고 있다. 이러한 사실은 유럽의 사회와 정치에 관하여 막대한 함의를 담고 있는데, 이에 대해서는 다음 장에서 논의할 것이다.

북미와 오세아니아

미국으로의 이민은 1970년 이후로 꾸준히 증가해 왔다. 총 이민자, 즉 합법적으로 영주권을 취득한 외국인은 1971~1980년에는 450만 명이었으나 1981~1990년에는 730만 명이 되었고, 1991~2000년에는 910만 명으로 증가했다. 2006년에는 130만 명의 외국인이 영주권을 획득했다. 가장 큰 집단을 형성한 이들은 멕시코인, 중국인, 필리핀인이었다. 대부분의 신규 영주권자들은 영주권을 획득하기 전부터 미국에 거주해 왔고, 미국에 친척이 살고 있었다. 국적 취득 건수는 2006년에 60만 4,280건에서 70만 2,587건으로 증가했다. 신규 미국시민 가운데에는 멕시코인, 인도인, 필리핀인의 수가 가장 많았다(DHS, 2006a and 2006b).

난민과 관련해서는, 종전의 법무부 이민·귀화국Immigration and Natural-ization Service; INS을 통합한 국토안보부Department of Homeland Security; DHS의 보고에 따르면, 2005년에는 5만 3,813명이 입국 허가를 받았으나 2006년에는 그 수가 4만 1,150명이 되었다. 9·11 테러로 인해 난민 심사과정에서 안보요건이 더 엄격해지면서 난민의 입국은 급격히 줄어들었다. 특히 중동과 아프리카 출신 난민들이 심각한 영향을 받았다. 2006년에는 추가적으로 2만 6,113명이 비호 자격을 획득했으며, 이는 2005년의 2만 5,257명에 비해 증가한 숫자이다. 이 가운데에서 가장 큰 집단을 형성한 이들은 중국인, 아이티인, 콜롬비아인이었다.

단기취업 이주노동자/연수생과 그 가족에 대한 허가는 최근 들어 뚜렷하게 증가했다(Martin, 2006). 2005년에는 88만 3,706명을 받아들였는데, 이들 가운데 7,011명만이 H-2A 외국인 농업 노동자였다. 이 수치는 2004년의 2만 2,141명, 2003년의 1만 4,094명과 비교된다(DHS, 2006b). 노동자 수 감소는 이 프로그램에 대한 사용자들의 불만과 서류미비 농업

노동자들의 폭넓은 가용성이 반영된 결과이다. 농장 노동자들은 미국 경제에서 임금이 가장 낮은 집단이며 대부분 멕시코인이다.

캐나다는 적극적이며 개방적인 영주이민 정책을 가진 세계에서 몇 안 되는 나라들 중 하나로, 이 정책은 매년 약 3,000만 명, 즉 총인구의 1퍼센트에 해당하는 이민자를 받아들이는 것을 목표로 하고 있다. 2001년 센서스에서는 540만 명의 외국 출생 거주자가 캐나다 인구의 18.4퍼센트를 구성하는 것으로 조사되었다(Statistics Canada, 2007). 이 비율은 어떤 선진국보다도 높은 것이다. 이러한 정책은 폭넓은 정치적 합의에 기초하여 만들어진 것으로, 이민정책에 대한 합의가 불충분한 미국과 뚜렷한 대조를 이룬다.

2006년에 캐나다에는 25만 1,649명이, 그들의 용어를 빌리자면, 상륙^{landings}했으며 이들 중 절반은 온타리오 주로 갔다. 아시아, 아프리카, 중동에서 온 입국자는 증가한 반면, 유럽에서 온 입국자는 감소했다. 2004년에 가장 많은 영주이민자를 배출한 상위 4개 국가는 중국, 인도, 필리핀, 파키스탄이었으며, 미국, 이란, 영국이 그 뒤를 이었다(OECD, 2006:236). 기술수준을 확인할 수 있는 6만 975명의 신규 이민자 중 3만 1,214명은 전문직이었고 2만 3,214명은 숙련기술직이었다. 이는 고학력자와 기술숙련자에게 더 높은 점수를 주는 캐나다의 이민지원자 평가 시스템의 변화가 반영된 수치이다. 그러나 캐나다에서는 이민자들의 인상적인 자격조건에도 불구하고, 이러한 변화가 실업과 불완전고용의 증대에 영향을 끼쳤을지도 모른다는 우려가 부상했다(Reitz, 2007a, 2007b).

1993년 이래로 캐나다에서는 단기취업 이주노동자가 꾸준히 증가해왔다. 1993년에는 6만 4,871명이었고, 2006년에는 11만 2,658명이었다. 그중 멕시코인은 1997년에 6,133명이었던 것이 2006년에 이르러서는 1만 3,933명이 되었다(CIC, 2006). 멕시코와 캐나다 정부는 1974년부터 멕시코인을 캐나다로 데려와 농업 부문, 특히 온타리오의 온실 토마토 산업에 종사토록 하는 협력 프로그램을 운영하고 있다. 처음에는 기혼 남성만 채용되었으나 최근 들어서는 여성도 채용되고 있다. 이들이 캐나다에 머무는 기간은 평균 5개월이며, 최소한 6주 동안 머물러야 한다. 이들 가운데 2분의 1~3분의 2 정도는 매년 일감이 생기는 철이 되면 같은 사용자에게로 돌아온다.

이민은 호주의 인구와 사회를 만들어낸 주요 요소 중 하나였다. 장기간에 걸친 이민은 주로 영국인 정체성을 가진 백인들 위주로 구성되었던 인구를 전 세계에서 가장 다양한 종족들이 혼합된 인구 중 하나로 변환시키는 결과를 가져왔다. 1973년에 이루어진 백호주의 정책의 폐기는 호주를 전 세계에서 모여든 이민자들로 구성된 다문화 사회로 재정의한 새로운 공식 구호와 일맥상통하는 결정이었다. 또한 호주는 인도주의 프로그램을 운영함으로써 난민들이 재정착하는 나라라는 전통적인 역할을 계속해서 지켜 오고 있다. 1970년대 후반에는 상당한 규모의 아시아계 이민자들과 함께 인도차이나 반도의 난민들이 호주를 찾아왔다. (노동자와 난민 모두를 포함한) 라틴아메리카인과 (아주 적은 수의) 아프리카인도 호주에 유입되었으며, (자유로운 입국이 가능한) 뉴질랜드인의 규모는 점점 더 커졌다. 1990년대에 발생한 경제적·정치적 위기로 인해 구소련, 구유고슬라비아, 중동, 남아프리카로부터 새로운 이민자들이 몰려들어 왔다. (난민을 포함한) 모든 적법한 이민자들은 가족을 데려와 재결합할 수 있는 권리를 가지며, 가족 재결합은 이민허가 사유 가운데에서 가장 큰 비중을 차지하고 있다.

1996년, 이민과 다문화주의에 회의적인 중도우파 연합정부가 선거에서 이기면서 분위기가 반전되었다. 하워드 정부는 이민정책이 경제적 필요와 더욱 강하게 연동되어야 한다고 주장했다. '보트피플boat people'의 불법입국에 대한 대중의 우려는 (비록 실제 규모는 연간 4,000명을 넘긴 적이 없음에도) 엄격한 국경 통제 조치로 이어졌으며, 여기에는 비호신청자들을 (종종 멀리 떨어뜨려 놓은 캠프에) 강제로 구금하는 안도 포함되었다. 그러나 경제가 활기를 띠고 많은 산업 부문에서 노동력 부족 현상이 나타남에 따라 정부가 제시한 21세기 초의 이민 유입 규모는 상향 조정되었다(Castles and Vasta, 2004).

2005~2006년에 집계된 인도주의적 사유를 제외한 영주이민의 유입 규모는 14만 2,930명이었는데, 이는 지난 10년 동안의 기록 중 최고치였다(호주 이민통계는 회계연도를 기준으로 작성되기 때문에 전년 7월부터 당해 6월까지가 한 단위임)(DIAC, 2007c). 한편 같은 해에 인도주의 프로그램을 통해 입국한 이들의 수는 1만 4,144명이었으며, 이 또한 최근 들어 가장 높은 수치였다(DIAC, 2007b). 단기이주 역시 증가해서 2004~2005년에는 9만 3,513건의 단기취업 비자가 발급되었다. 1만 6,716건의 비자를 발급받은 해외유학생들도 중요하다. 해외유학생은 공부를 하는 가운데 파트타임 노동을 제공하며, 기술을 가진 경우에는 졸업 후 장기취업permanent employment 허가를 받을 수도 있다. 또 다른 중요한 임시노동력 공급처는 워킹홀리데이working holiday 비자 입국자들이다. 이들은 일반적으로 선진국 출신 젊은이들이며, 이들을 위해 2004~2005년에 10만 4,353건의 비자가 발급되었다(DIAC, 2007a). 이제 2007년 11월에 치러진 선거로 새롭게 구성된 호주 노동당 정부가 새로운 유형의 이민이라는 시험에 어떻게 대처할 것인지를 지켜볼 일만 남았다.

뉴질랜드 역시 지속적인 이민자 유입을 경험해 왔으며, 최근 들어서는 출신국의 다양화와 단기이주 추세가 점차 강화되어 가고 있다. 영주이민자의 유입 흐름은 연달아 밀려오는 파도와 비슷하게 성장하고 있어서, 1990년 초기에 최고치를 기록했고(1995년 5만 5,600명), 21세기 들어다시 한 번 증가했다가(2001년 5만 4,400명), 2004년에는 3만 6,200명으로 감소했다. 뉴질랜드에서는 (특히 호주로 향하는) 이민자 유출도 증가했기 때문에 2004~2005년의 순 영구이주 인구net permanent migration는

7,000명에 불과했다. 최근에는 숙련 노동자의 이주를 증가시키는 한편, 유학생들이 졸업 후에도 계속해서 머물며 취업하는 것을 장려하는 방향으로 정책이 변화되기도 했다(OECD, 2006:202-203, 233).

2004년 뉴질랜드의 총 이민자 인구는 76만 3,600명으로 추산되었으며, 이는 전체 인구의 18.8퍼센트에 해당한다. 1980년대 이후 아시아와 태평양 연안 국가들에서 유입된 인구가 늘어난 결과, 현재는 비유럽계가 주류가 되었다. 2001년 센서스에 따르면, 영국 출생자는 이민자 인구의 31퍼센트를 차지했을 뿐이며, 그 뒤를 잇는 이는 호주 출생자(8%)였다. 그다음은 사모아, 중국, 남아프리카, 피지, 네덜란드, 인도, 통가, 한국이었다(OECD, 2006:262-268). 뉴질랜드에서도 이민은 근본적인 변화를 이끌어 왔으며, 문화, 정체성, 정치와 관련된 중요한 함의를 가진다.

결론

1945년 이후 유럽, 북미, 오세아니아로의 국제이주에 대한 이 장의 개관이 완벽하다고 할 수는 없다. 1945년 이후, 특히 1980년대 중반 이후 시기에 나타난 이주이동의 급증은 국제이주가 전 지구적 변동의 핵심적인 부분이 되었음을 시사한다. 국제이주는 생산, 분배, 투자의 국제화와 연결되어 있을 뿐만 아니라 문화의 전 지구화에도 상당한 영향력을 행사하고 있다. 냉전의 종식과 소련의 붕괴는 전 지구적인 재구조화에 새로운 흐름을 부여했다. 하나는 선진 자본주의 국가들이 일부 투자방향을 남유럽에서 동유럽으로 전환했다는 것이며, 또 다른 흐름은 과거에 고립되어 있던 국가들이 전 지구적 이주 흐름에 동참하기 시작하면서 동→서 이민이 증가했다는 것이다.

대규모 이민은 경제적 동기에 기초하여 이루어지는 경우가 많았다.

노동이주는 1945~1973년에 특히 중요했다. 그 뒤에는 가족 재결합이나 난민 및 비호신청자의 이동과 같은 다른 형태의 이민이 더 중요해졌다. 비경제적 동기가 우세한 이민도 이민 송출 지역과 유입 지역의 노동시장 및 경제에 중대한 영향을 끼쳐 왔다. 그러나 어떤 이민도 경제적 기준에만 근거해서는 적절하게 이해될 수 없다. 이민의 경제적 원인은 사회적·문화적·정치적 변화의 과정에서 비롯되는 것이다. 더욱이 이민이 이민자 송출 사회와 수용 사회에 미치는 영향은 언제나 단순히 경제적인 것 이상이다. 이민은 인구구조와 사회구조를 변화시키며, 정치제도에 영향을 주고, 문화가 재구성되게 한다.

1990년대 초에 서유럽은 동쪽과 남쪽에서 밀려들어오는 통제 불가능한 이민자 행렬이라는 공포에 사로잡혀 있었다. 1995년이 되면서 이민자 송출국들 내에서 변화가 일어나고 입국 규제와 국경 통제가 강화되자 그와 같은 시나리오는 설득력을 잃었다. 이 책의 제2판(1998년에 출판)에서 우리는 선진국으로의 이주가 감소하는 현상에 주목했으며, 그것이 1970년대 말에 그러했듯이 스쳐 지나가는 단계일 수 있다고 주장했다. 1997년 무렵부터 이민자 유입이 크게 증가하고 이주 유형 역시 다양해짐에 따라 그러한 주장은 사실로 입증되었다. 제3판(2003년)에서 우리가 지적한 바와 같이, 당시에 이루어진 이주 증가는 주로 비호와 비합법 이주, 숙련 노동자의 이주로 인한 것이었다. 그 후 부유한 국가들은 숙련직 이주자들을 유치하기 위해 서로 경쟁했으나 비호 신청은 크게 감소했는데, 이는 부분적으로는 비호를 제공하는 국가들이 더 엄격한 규정을 적용하기 시작했기 때문이다. 한편 엄격한 국경 통제, (미국-멕시코 국경 같은) 장벽의 건설, (카리브 해와 지중해에서의) 강화된 해안경비는 비합법 이주노동자들의 유입을 막는 데에 거의 효과가 없었던 것으로 보인다. 이주 압력과 국가 조치 간의 갈등은 제8장의 주제이다.

심화 연구를 위한 안내

『이주의 시대』웹사이트(www.age-of-migration.com)에 게재된 텍스트 5.1에서 그리스를 향한 이주에 대하여 자세한 설명을 볼 수 있다. 웹사이트에서 찾아볼 수 있는 제11장과 관련된 호주, 독일, 캐나다, 네덜란드, 스웨덴의 자료들도 이 나라들을 향한 이민 유형을 이해하는 데에 유용한 정보를 줄 것이다.

이주 흐름에 대한 최신 자료를 얻고자 한다면 제1장의 끄트머리에 제시한 온라인 사이트 목록을 보는 것이 가장 좋다. 선진국에 대한 일반적인 개관과 분석에 있어서는 OECD에서 매년 발간하는 『International Migration Outlook』이 특히 요긴하다. 국제이주기구International Organization for Migration; IOM에서 발간하는 『World Migration Reports』와 Migration Information Source에서 정기적으로 업데이트하는 자료들도 강력하게 추천한다.

Castles and Kosack(1973)은 1945~1973년을 대상으로 프랑스, 독일, 스위스, 영국의 이주노동자를 비교분석한 저작이며, Miller(1981)는 이주의 정치적 영향에 대한 초기 분석이다. Castles et al.(1984)은 1973~1974년에 이루어진 외국인 노동자 도입이 종료된 뒤의 이야기를 다루었다. Portes and Rumbaut(2006)는 미국의 이주와 이주자 정착에 관한 자세한 설명이며, Collins(1991)와 Jupp(2002)은 전후의 호주 이민을 분석했다. 뉴질랜드의 이민 역사는 McKinnon(1996)에서 찾아볼 수 있다.

최근 들어 선진국으로의 이주에 대한 문헌이 폭발적으로 증가하고 있어 읽을거리를 선정하기가 어려웠다. 이주정책에 대하여 유용한 전 지구적 비교연구로는 Cornelius et al.(2004)이 있다. Geddes(2003)는 이주를 둘러싼 최근의 정치학을 잘 보여 주며, Schierup et al.(2006)은 이주와 다양성 증가로 인한 '유럽의 딜레마'를 탐구했다. Green(2004)은 최근 독일에서 나타나는 변화를 설명하며, Düvell(2005)은 비합법적 이주를 적절히 개관한 문헌이다. 기타 유용한 책들로, 서유럽에 관한 것은 Messina(2002), 중부유럽에 관한 것은 Wallace and Stola(2001), 남유럽에 관한 것은 Baganha(1997), Luso-American Development Foundation(1999), King et al.(2000), King(2001)이 있다. Horowitz and Noiriel(1992)과 Togman(2002)은 프랑스와 미국에 대한 비교분석이다.

제6장

아시아 – 태평양 지역의 이주

아시아–태평양 지역은 세계 인구의 절반 이상이 살고 있는 곳이다. 2000년 기준으로 세계 1억 9,100만 명의 이주민 중 5,300만 명이 아시아로 향했다(UNDESA, 2004). 엄밀하게 말하면 아시아–태평양 지역에는 걸프 만 산유국, 터키, 그 외의 중동지역도 포함되지만, 이러한 지역은 제7장에서 다룰 것이고 이 장에서는 주로 남아시아(인도아대륙), 동아시아, 동남아시아를 대상으로 할 것이다. 아시아–태평양의 또 다른 지역은 호주와 뉴질랜드, 태평양제도로 구성되는 오세아니아인데, 이 하위지역의 일부 측면은 이 장에서 다루지만 선진 이민 국가에 관한 장에서도 다룰 것이다.

1970년대와 1980년대에 아시아에서 다른 지역으로 나가는 국제이주가 급격히 증가했다. 이들의 주요 목적지는 북미, 호주, 중동 산유국이었다. 그런데 1990년대 이후부터는 아시아 내부, 특히 잉여 노동력이 풍부한 개발도상국에서 고속성장 중인 신흥공업국newly industrializing countries; NICs으로의 이주가 주로 증가했다. 국제이동은 종종 국내이주와도 관련된다. (제3장에서도 언급한 바와 같이) 스켈든은 국내이주와 국제이주 간 관계의 복잡성을 보여 주면서 양자 모두 식민지배나 전 지구화와 같은 외부적 힘의 침투에 대한 대응으로 분석해야 한다고 주장한 바 있다(Skeldon, 1997, 2006a). 인도는 대규모 국내이주와 도시화를 경험했다. 중국 역시 중부, 서부의 농촌지역에서 동부의 새로운 산업지역, 특히 북경, 상해, 주장삼각주珠工三角洲〔중국의 주장 하구의 광저우, 홍콩, 마카오를 연결하는 삼각지대를 가리킨다.—옮긴이〕 지역으로의 대규모 이동으로 1억 명에서 1억 5,000만 명가량의 '유동인구'가 발생했다. 인도네시아의 트란스미그라시 transmigrasi 프로그램〔인구 밀집 지역의 무토지 소유자를 인구 희소 지역으로 이주시키는 인도네시아 정부 정책—옮긴이〕으로 1969년부터 약 170만 가족이 자바의 인구 밀집 지역에서 수마트라, 술라웨시, 이리안자야같이 인구가 희박한 섬으로 이주했다(Tirtosudarmo, 2001:211). 이 외에 아시아 지역의 다른 국가들 역시 비슷한 변화를 겪고 있다.

강제적인 국내이동 역시 중요한 문제로(Cohen and Deng, 1998), 2006년 아시아 지역의 국내실향민 internally displaced persons; IDPs은 중동의 국내실향민 270만 명을 제외하고도 300만 명에 달했다(IDMC, 2007:43). 강제적 국내이동은 주로 분쟁, 폭력, 인권 침해 등으로 인해 발생한다. 그 외에 수백만 명 이상이 대규모 댐 건설 등의 개발 사업으로 인해 자신의 뜻과 관계없이 이주하고 있으며, 어떤 이들은 화산 폭발이나 홍수 등의 자연재해와 환경 변화를 피해 이주하기도 한다. 스리랑카 등 몇몇 지역에서는 (원주민이나 소수 종족과 같은) 취약한 집단의 경우 대규모 댐 공사와 내전, 2004년에 발생한 지진해일(쓰나미) 등으로 인해 반복적으로 강제이주하는 사례도 생겨나고 있다. 여기에서는 국내이주까지 다루지는 못하지만, 국제이주로 이어지는 과정의 첫걸음이 종종 국내이주라는 점을 기억할 필요가 있다.

아시아 지역 나라의 정부는 이주를 강력하게 통제하고자 하므로 이주민의 권리는 상당 부분 제한된 상태에 있다. 정책 결정자들은 단기 노동이주는 권장하면서도 이들의 가족 재결합과 영주는 금지하고 있다. 이지역에서 이루어지는 대부분의 이주는 단기이주지만, 몇몇 경우에는 장기체류 경향이 뚜렷해지고 있다. 그러나 (세계 다른 지역에서처럼 이 지역에서도) 강력한 입국 통제로 인해 서류미비 이주, 심지어 무계획적 정착이 증가하는 등 오히려 역효과가 일어나고 있다. 서류미비 이주자들이 국경을 여러 차례 넘는 위험을 감수하기보다 정착하는 쪽을 선호하기 때문이다(Hugo, 2005).

아시아인 이주의 발전 역사

아시아인의 이주는 전혀 새로운 현상이 아니다. 이미 중세시대부터 중부 아시아에서 서방으로의 이동이 유럽 역사를 형성하는 데 중요한 역할을 한 바 있다. 중국인의 동남아시아 이주는 수세기에 걸쳐 계속되었다. 식민시기에는 수백만 명의 부자유계약노동자indentured workers가 모집되었는데, 종종 강제로 동원되기도 했다(제4장 참조). 동남아시아 각국의 화교(Sinn, 1998)와 아프리카에 거주하는 남아시아인은 식민지 시기에 중요한 중개 역할을 했던 무역상인 소수집단이다. 이러한 점 때문에 이들은 적대적 대상이 되기도 했으며 독립 이후에는 대거 추방당한 적도 있다. 그러나 다른 한편으로는 종족 네트워크를 형성하여 이주의 기폭제가 되기도 했다(IOM, 2000b:69). 19세기에는 중국과 일본에서 미국, 캐나다, 호주 등으로 떠나는 이주자가 상당수에 이르렀다. 이에 3개국 모두 한때 아시아인의 이주를 금지하는 차별적 법안을 제정한 바 있다.

20세기 초반에는 이민 국가의 제한 정책과 식민 세력의 존재로 인해 아시아에서 외부로의 이동이 많지 않았다. 그러나 아시아 내부에서의 이동은 지속되었으며, 정치적 투쟁과 관련해 이동이 일어나는 경우도 있었다. 일본은 1921~1941년에 당시 식민지였던 한국에서 4만 명의 노동자를 모집한 바 있으며, 제2차 세계대전 중에는 상당수의 강제 노역을 동원했다. 1890년대부터 1930년대까지 중국에서는 약 2,500만 명이 인구밀도가 높은 지역에서 만주로 이동했으며, 8만 명 정도는 "일본의 영토 확장 위협에 대항해 중국 영토를 수호하기 위해" 계속 거주했다(Skeldon, 2006a:23). 1947년 인도 독립에 이은 폭력적인 인구이동 속에서 약 500만 명의 힌두교도와 시크교도가 파키스탄을 떠나 인도로 이동했으며, 약 600만 명의 무슬림이 인도에서 파키스탄으로 옮겨 갔다 (Khadria, 2008).

지역 외부로 이주한 아시아인이 증가하기 시작한 것은 1960년대부터이다. 그 이유는 복합적이다(Fawcett and Carino, 1987; Skeldon, 1992:20-22). 캐나다에서는 1962년과 1976년에, 미국에서는 1965년에, 호주에서는 1966년과 1973년에 각각 아시아인의 이입을 막는 차별적 법률이 폐지되었다. 해외 투자와 무역 증가 역시 이주에 필요한 의사소통 네트워크를 형성하는 데 도움이 되었다. 한국과 베트남, 그 외 아시아 국가의 미군 주둔은 직접적으로는 미군과 결혼한 현지 여성의 이주를 늘렸을 뿐만 아니라 초국가적 네트워크를 구축했다. 베트남 전쟁으로 인해 난민들이 대량으로 이주한 적도 있다. 미국, 캐나다, 호주가 가족 단위 이주를 개방하면서 시초 이동—그 원인이 무엇인지에 관계없이—이 그 이상의 영구 정착자 이입을 초래하게 되었다. 또한 걸프 만 산유국의 대규모 건설 사업 추진을 위해 단기계약 노동자가 대거 충원되었다. 이에 더해, 몇몇 아시아 국가들의 급격한 경제성장은 고숙련, 저숙련 노동자의 이동을 가져왔다.

식민지 시대 이후 아시아 대륙이 경제적, 정치적으로 선진국에 개방되면서 20세기 중엽 세계 이주 무대에 아시아가 본격적으로 등장하게 되었다고 볼 수 있다. 무역과 원조, 투자 등을 통한 서구의 침투로 아시아 지역에는 이주에 필요한 물질적 수단과 문화적 자본이 형성되었다. 이와 동시에 공업화와 '녹색혁명', (냉전 체제에서 강대국이 야기한) 전쟁 등으로 기존의 생산구조, 사회구조가 해체된 것 역시 사람들로 하여금 고향을 떠나 성장하고 있는 도시나 해외로 진출해 보다 나은 기회를 찾도록 하는 요인이 되었다. 이후 특정 지역은 급속한 경제성장을 하는 한편, 또 다른 지역은 정체와 하락에서 벗어나지 못하는 상황이 전개되는 것 역시 이주에 대한 새로운 압력으로 작용하고 있다.

21세기 초 자국을 떠나 다른 아시아 국가에서 일하는 아시아인은 약 610만 명에 이르렀으며, 중동에서 일하는 이들은 870만 명에 달한다. 휴고는 전 세계적으로 아시아 이주노동자가 2,000만 명 이상에 달한다는 추산을 제시한 바 있다(Hugo, 2005). 지난 30년 동안 아시아인의 이주는 그 규모가 증가했을 뿐만 아니라 양상도 매우 다양해졌다. 1997년부터 1999년 사이의 아시아 금융위기로 인해 이주의 증가세가 둔화되기도 했지만, 오로지 일시적인 현상이었을 뿐이다(Abella, 2002). 고숙련 인력이 아시아 지역 내와 지역 밖으로 이동하면서 모든 숙련 수준에서 경제적 이민자를 발견할 수 있게 되었다. 또 하나의 중요한 경향은 이주의 여성화이다(Huang et al., 2005). 가족 재결합이 증가하고 난민의 이동도 계속되고 있다. 아시아인의 취업 이주는 지난 20년간 매년 6퍼센트 정도씩 증가했으며, 매년 260만 명 정도의 아시아인이 일을 찾아 자신의 나라를 떠나고 있다(ILO, 2006:37).

이 지역의 모든 국가는 인구 이출과 이입이 (때로는 경유이주까지도) 함께 이루어지고 있지만, 이입 국가, 이입-이출 국가, 이출 국가로 구분해 볼 수 있다. 이입 국가로는 브루나이, 홍콩, 일본, 싱가포르, 한국, 대만 등을, 이입-이출 국가로는 말레이시아, 태국 등을 들 수 있다. 이 밖에 방글라데시, 버마, 캄보디아, 중국, 인도, 인도네시아, 라오스, 네팔,

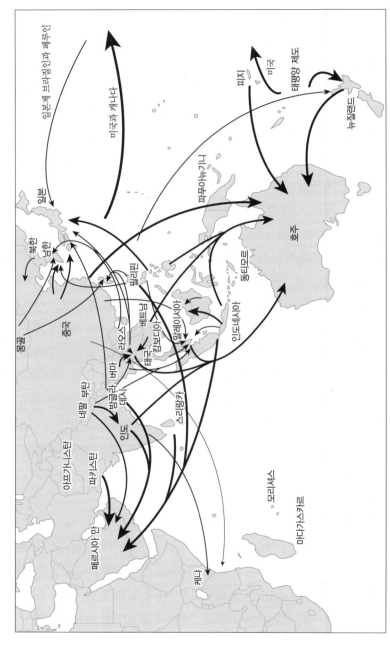

일본계 브라질인과 페루인

미국과 캐나다

미국

피지

태평양 제도

뉴질랜드

일본

파푸아뉴기니

북한

남한

호주

필리핀

몽골

중국

베트남

동티모르

라오스

인도네시아

태국

캄보디아

말레이시아

네팔 부탄

방글라데시, 버마

인도

스리랑카

아프가니스탄

파키스탄

모리셔스

페르시아 만

마다가스카르

케냐

지도 6.1 **아시아-태평양 지역 인구의 이주** 주: 화살표의 크기는 이주 흐름의 대략적인 규모를 나타낸다. 정확한 수치는 알 수 없다.

230◀

파키스탄, 필리핀, 스리랑카, 베트남 등은 이출 국가의 특징을 지니고 있다(Hugo, 2005:8)〔일부 국가의 공식 명칭은 관습적 용례와는 차이가 있다. 이 장에서 대만이라고 부르는 곳은 유엔에서 중국령 타이페이라고 불리며, 홍콩으로 표기하는 곳은 1997년 중국의 홍콩 특별행정구역SAR이 된 곳이다. 대한민국(남한)은 북한과 혼동할 위험이 거의 없는 만큼 한국으로 표기한다. 그리고 미얀마 대신 버마라고 표기한다〕.

이 장에서는 아시아인의 주요 이주체계를 다룰 것이다. 서구국가로의 이동, 중동으로 향하는 계약노동, 역내 노동이주, 고숙련 노동자 및 학생과 난민의 이동까지 포함하는 이러한 이주의 대부분은 상당한 정도의 서류미비 이동을 포함하고 있다. 종종 관광 비자를 소지한 사람들이 허가된 기간을 초과해서 체류하는 형태의 서류미비 이동도 있지만, 밀입국이나 인신매매를 통한 서류미비 이주 또한 빈번하다. 휴고는 비록 근사치이지만 2000년 초 동남아시아 지역 서류미비 이주자의 규모가 380만 명에 달한다고 추정한 바 있다(Hugo, 2005:22).

아시아인의 서유럽, 북미, 오세아니아로의 이주

식민지배 종말과 함께 유럽 3개국은 대규모 아시아인 이주를 경험한 바 있다. 네덜란드는 이전의 네덜란드령 동인도, 즉 인도네시아로부터, 프랑스는 베트남으로부터, 영국은 인도아대륙과 홍콩으로부터 대규모의 이주자를 수용했다. 이에 비해 소규모이기는 하지만 고아Goa〔인도 남부의 한 주. 과거 포르투갈령 인도의 수도였다.—옮긴이〕, 마카오, 동티모르에서 포르투갈을 향한 이동도 있었다. 이러한 이동은 1970년대 말부터 현저히 감소했다. 대신 1980년대에 베트남 노동자들은 소련과 동독으로 향했다. 이들은 종종 연수생으로 불리기도 했지만, 많은 부분 계약노동자의 성격을 지녔다. 이 가운데 많은 이들이 1990년 독일 통일 이후에도 계속 남아 담배 밀수 등에서 시작해 점차 주요 산업으로 이동했다.

아시아 이주민 대부분은 미국, 캐나다, 호주, 뉴질랜드 등 전통적 이민 국가로 향했지만 최근 들어서는 유럽으로의 이주도 증가하고 있다. 대부분은 중국, 인도, 일본, 필리핀, 베트남, 태국 출신으로(OECD, 2007:40) 의료 분야 기술자, 정보산업 기술인력, (특히 남부유럽에서) 여성 가사노동자, (종종 서류미비 형태로 이동하는) 육체노동자가 포함되어 있다. 2000년경 OECD 국가 인구조사 결과에 따르면 중국 출신 이주민이 200만 명(15세 이상)에 달하며, 인도 출신도 이와 비슷한 수준으로 OECD 국가의 전체 이주민 가운데 이들이 5.5퍼센트를 차지했다(OECD, 2007:44).

가장 대규모로 이루어진 아시아인의 이주는 1965년 이민법 제정 이후 미국을 목적지로 한 이주였다. 1965년 1만 7,000명 수준이던 아시아인 이민은 1980년에는 연평균 25만 명 이상으로 증가했으며(Arnold et al., 1987) 1990년대 초에는 매년 35만 명에 달했다(OECD, 1995:236). 난민이나 숙련 노동자가 종종 연쇄이주의 첫 번째 고리가 되기도 했으나, 대부분의 아시아인들은 1965년 이민법의 가족 재결합 조항을 통해 미국으로 건너왔다. 1992년 이후 전체 이민자의 3분의 1 정도가 아시아 출신이었으며, 2000년 3월에는 아시아계 거주자가 700만 명을 넘어섰다. 2005년에는 멕시코의 16만 1,400명에 이어 인도에서 두 번째로 많은 8만 4,700명이, 중국에서 세 번째로 많은 7만 명이 이주했다. 이 외에 필리핀, 베트남, 한국 역시 이민 송출국 상위 10위 안에 들었다(OECD, 2007:316).

아시아인의 호주 이민은 백호주의 정책의 철폐 이후 본격화되었으며, 이 밖에 1970년대 말 인도차이나 난민의 이동 역시 기폭제가 되었다. 2005년 호주로 이민을 송출한 상위 10위 국가 중에는 뉴질랜드, 영국에 이어 3위를 차지한 중국, 이 외에 인도, 필리핀, 말레이시아, 스리랑카, 홍콩 등이 포함되었다(OECD, 2007:303). 2001년 인구조사 결과에서는 아시아 출생 인구가 120만 명(전체 이민자의 4분의 1 정도)을 조금 넘는 수준이었으며 2005년에는 전체 호주 인구 2,010만 명 중 7퍼센트를 차지하는 것으로 추산되었다(Migration Information Source, 2007a).

캐나다에서는 비차별적인 이민자 선정 기준을 갖추고 가족과 난민 유입을 강조한 1976년 이민법이 제정되면서 아시아인에 대한 이주 문호가 개방되었다. 1993년부터는 전체 이민자의 절반 이상이 아시아에서 왔다. 2005년에 새 이민자를 송출한 상위 4개국은 중국, 인도, 필리핀, 파키스탄이었으며 미국이 그 뒤를 이었다(OECD, 2007:239). 2001년 인구조사에 따르면 아시아 출신이 약 210만 명으로 전체 이민자 560만 명 중 3분의 1 이상을 차지했다(Migration Information Source, 2007b).

뉴질랜드 역시 전통적으로 유지해 오던 인종 선택적인 이입정책을 폐기했다. 1950년대부터 주위의 태평양 도서국가와 경제적·정치적 연계를 통해 새로운 이민자들이 유입된 바 있다(Trlin, 1987). 1991년부터는 전문 기술과 투자 자본을 지닌 이들의 이입을 증진하는 정책을 펼쳤는데, 대부분 홍콩, 대만, 한국, 일본 등으로부터 들어왔다(Lidgard, 1996:6). 2005년에는 중국이 영국 다음으로 많은 이민자를 송출하는 국가가 되었으며 인도, 한국, 필리핀 역시 사모아, 피지, 통가 등 태평양 도서 국가와 함께 10위권 안에 포함되었다(OECD, 2007:273). 그 결과 뉴질랜드의 민족 구성은 한층 다양해져서 2001년 총인구 360만 명 중 마오리인이 14.7퍼센트, 태평양 도서국가 출신이 6.5퍼센트, 아시아인이 6.6퍼센트를 차지했다(Ministry of Social Development, 2006). 이러한 상황에서 이민정책을 둘러싸고 열띤 논쟁이 전개되었으며 선거의 쟁점이 되기도 했다.

아시아에서 북미, 오세아니아로의 이주는 몇 가지 공통적인 특징을 지니고 있다. 우선 가족 재결합 조항을 통해 예기치 못한 정도로 대규모 이동이 이루어졌다. 이민자의 출신국은 점점 다양해졌으며, 1970～1980년대에는 베트남과 인도차이나 난민들이 압도적으로 많이 들어왔다. 홍콩은 1997년 중국으로 반환되면서부터 송출 이민이 많아졌는데, 이후에는 귀환이주도 종종 이루어졌다. 이 나라들의 이주가 지속되는 한편, 필리핀, 인도, 일본, 한국에서 들어오는 이주도 함께 이루어졌다. 가장 중요한 추세는 중국인의 이주가 증가한 것이다. 모든 이민 수용 국가들은 숙련 이민자와 사업 이민자 유입을 증가시키기 위해 법률을 개정했다. 고급기술 인력을 필요로 하는 세계 노동시장이 형성되면서 아시아가 고급기술 인력의 주요 공급지가 되었다.

중동지역으로의 계약노동이주

아시아에서 중동으로의 노동이주는 1973년 석유위기 이후 급속히 확대되었다. 부유한 산유국들은 인도와 파키스탄에서 시작해 점차 필리핀, 인도네시아, 태국, 한국에서, 나중에는 방글라데시와 스리랑카에서 노동력을 수입했다. 1970년대에는 이주민 대부분이 건설현장에 단순 노동자로 고용된 남성 노동자들이었다. 당시 노동력 해외송출에 적극적이었던 인도, 파키스탄, 필리핀 등 주요 송출국 정부는 걸프 만 국가들과 노동력 공급 협정을 체결하기도 했다. 한국의 건설회사들은 아랍 지역에서 노동력 공급을 포함한 계약 수주에 적극적이었다. 이 국가들에서는 노동력을 원활히 공급하기 위해 민간 대행사가 노동력을 모집할 수 있도록 허가했다(Abella, 1995).

　1985년 걸프 만 국가에는 320만 명의 아시아 노동자가 있었으나, 1990～1991년 이라크의 쿠웨이트 침공과 걸프 전쟁으로 인해 약 45만 명이 출신국으로 돌아가야만 했다. 종전 이후 아시아 노동자 모집은 다시 증가했는데, 여기에는 건설현장의 수요뿐만 아니라 쿠웨이트의 팔레스타인인이나 사우디아라비아의 예멘인처럼 '정치적으로 신뢰할 수 없는 자'들을 대체하려는 목적도 일부 작용했다(Abella, 1995). 이스라엘 역시 웨스트뱅크와 가자지구 출신 팔레스타인인의 출입을 봉쇄한 이후 농업, 건설업, 가사노동 분야에서 일할 태국인, 필리핀인을 모집하기 시작했다.

1985년 이후 건설 부문이 일시적으로 쇠퇴하면서 계약노동자 취업 분야는 한결 다양해졌으며, 특히 서비스 분야로의 이동이 두드러졌다. 가사노동자, 간호사, 판매원 등의 수요가 증가하면서 이주노동자의 여성화 비율이 높아졌는데, 특히 스리랑카, 인도네시아가 여성인력의 주요 공급원이 되었다. 이후에는 레바논, 요르단, 이스라엘 등 다른 중동지역 국가들 역시 노동력 수입국가가 되었다(Asis, 2008). 여성 가사노동자는 착취와 성적 학대에 매우 취약하지만 출신국 정부로부터 적절한 보호를 받기 어려운 실정이다(Gamburd, 2005). 이러한 이유 때문에 방글라데시, 이란, 네팔, 파키스탄 정부는 걸프 만으로의 여성 이주를 일부 금지하기도 했지만, 불법 모집업자들로 인해 사실상 금지는 불가능한 상황이다. 대부분의 금지조치는 폐지되었지만 파키스탄, 방글라데시에서는 여전히 몇몇 제한조치를 취하고 있다. 걸프 만으로의 여성 이주를 적극적으로 독려하는 나라는 오직 스리랑카뿐이다(IOM, 2005:110).

시간이 흐르면서 아시아인의 중동 이주는 점차 다양화되고 있다. 여전히 많은 이주자들이 저숙련 노동자이지만 운전사, 정비공, 건설노동자 같은 반숙련 내지 숙련 직종에 종사하는 이들도 있다. 또 일부는 엔지니어, 간호사, 의사 등 전문직 내지 준전문직 수준에 있는 이들이다. 관리 · 기술직 부문에서도 아시아인이 상당 부분을 차지하고 있는데, 종종 직업 위계상 유럽과 북미 출신 고위직원 다음 서열을 차지한다. 많은 경우 아시아 출신 이주노동자들은 고향에서 무직자, 빈민 출신이 아니라 평균 이상의 교육 수준을 갖춘 이들로, 이들의 해외 취업은 자국 경제에 부정적인 영향을 미친다(Skeldon, 1992:38).

노동 수요는 이주의 핵심동인이다. 걸프협력회의Gulf Cooperation Council;

GCC 6개국의 소규모 국내 노동력은 공공 부문에 집중되어 있어 민간 부문에서 크게 부족하기 때문에 이 나라들은 외국 노동력에 극히 의존할 수밖에 없다. 1990년대 후반 인구 2,000만 명의 사우디아라비아에서는 외국 노동력의 비중이 28퍼센트에 달했다. 사우디아라비아보다 규모가 작은 걸프협력회의 회원국에서는 외국 노동력의 비중이 더 높아 쿠웨이트 65퍼센트, 바레인 37퍼센트, 카타르 77퍼센트, 아랍에미리트연방 73퍼센트, 오만 27퍼센트에 이른다. 노동자의 이동경로가 다양해지면서 서류미비 이주도 가파르게 상승하고 있다(IOM, 2000b:107-115). 2002년경 중동의 아시아 노동자들 중 인도인이 300만 명, 파키스탄인이 100만 명, 방글라데시인이 180만 명, 스리랑카인이 90만 명, 필리핀인이 150만 명, 인도네시아인이 40만 명 정도 되었다(Hugo, 2005:10).

1970년대부터 1990년대까지 걸프 만 국가들은 엄격한 계약 (또는 초청노동자) 체계를 통해 자본 투자가 증가한 만큼 필요한 노동력을 충원하는 전략을 채택했다. 이러한 체계하에서 장기 거주나 가족 재결합을 방지하기 위한 강력한 규제가 시행되었다(Abella, 1995). 그러나 이주노동자에 대한 구조적 의존과 이미 숙련된 노동자를 계속 쓰고자 하는 사용자들의 요구로 인해 장기 체류를 완전히 금지할 수만은 없었다. 더욱이 2006년 초 두바이에서 벌어진 이주노동자들의 파업과 시위(BBC News, 2006)는 노동자로서 이들의 권리를 영원히 억압할 수는 없음을 입증했다. 1990년대 후반부터 걸프 만 국가에서는 국내 노동자를 우선 충원하고 새로운 이주노동자는 제한하고 서류미비 노동자는 강제 퇴거시키는 식으로 아시아 노동자에 대한 의존을 줄여 나가려는 전략을 도입했다. 대규모 건설공사가 끝난 것도 노동력 유입(특히 남성 단순노동자)을 줄이는 추가 요인으로 작용했다(IOM, 2005:105).

아랍 나라에 있는 아시아인들은 노동자 권리의 결여와 상이한 문화적 가치로 인해 어려운 상황에 직면해 있다. 노동자들은 정착할 수도, 자신의 가족을 데려올 수도 없으며, 막사 같은 숙소에 격리된 채 살아야 하는 경우도 있다. 사용자들은 이주자들의 여권을 압류하거나 취업비자를 (불법적으로) 매매하기도 한다. 이주자들은 위법행위를 저지르면 추방될 수도 있고 매우 장시간 일해야 하는 경우도 있다. 그럼에도 불구하고 이곳에서 받을 수 있는 임금은 큰 매력이다. 스리랑카 출신 비숙련 노동자는 중동에서 고국에서보다 여덟 배 더 많은 임금을, 방글라데시인은 열세 배 더 많은 임금을 받는다(IOM, 2000b:119). 많은 이주노동자들은 모집업자와 브로커의 착취에 시달린다. 이들은 (임금의 최대 25퍼센트에 이르는) 막대한 수수료를 챙기지만 약속한 직업이나 노동환경을 제공하지 못하는 경우가 흔하다.

아시아 지역 내 노동이주

1980년대 중반부터 동아시아와 동남아시아의 신흥공업국에서는 급속한 경제성장과 출산율 저하로 인해 대규모 노동력 수요가 발생했다. 이러한 상황에서 1990년대 전반기에 아시아 지역 내 노동이주는 기하급수적으로 증가했다. 1997년부터 1999년까지의 아시아 금융위기 동안에는 본국으로 귀환한 이들도 일부 있었지만, 곧이어 노동이주가 재개되었다. 방글라데시, 인도네시아, 필리핀 같은 기존의 송출국에서 이주가 지속되고 있을 뿐 아니라, 베트남, 캄보디아, 라오스, 버마처럼 새로운 송출국의 비중도 점점 커지고 있다. 동아시아의 '호랑이 경제Tiger economies'로 불리는 모든 나라에서는 내국인이 기피하는 '3D 업종'(또는 저숙련·저임금 업종)을 이주노동자들이 담당하고 있다. 여기에서 아시아 각국의 복잡한 경험을 상세하게 다루지는 못한다. 대신 몇몇 일반적 추세를 중심으로 다루고 여러 나라에 대해 간략하게 살펴보기로 한다.

가장 분명한 추세는 아시아의 역내 노동이주가 증가하고 있다는 것이다. 물론 상대적 차원에서는 수용국의 전체 노동력 중 아시아 다른 나라 출신 이주노동자가 차지하는 비중이 아직은 상당히 낮다. 걸프 만 국가의 경우 아시아 이주노동자가 전체 노동인구의 40~70퍼센트를 차지하는 데 비해, 동아시아와 동남아시아 국가에서는 4퍼센트 정도에 머물러 있을 뿐이다. 일례로 일본에서는 이주자가 전체 피고용 근로자 중 채 2퍼센트도 되지 않는다. 그러나 싱가포르와 말레이시아의 상황은 사뭇 달라 이주자가 각각 노동인구의 28퍼센트, 12퍼센트를 차지한다(ILO, 2006:40). 또 하나의 중요한 추세는 다양성의 증가이다. 초기에는 주로 저숙련 노동자들이 대부분이었지만, 최근에는 지역 전체적으로 고급 기술인력이 증가하고 있으며, 의료 부문 인력과 돌봄노동에 대한 수요 또한 높아지고 있다.

이주의 여성화

최근에 두드러지는 또 하나의 추세는 이주의 여성화이다(IOM, 2005:109-110). 1970년대 후반까지만 해도 아시아 지역에서는 여성의 노동이주가 거의 없었다. 그러던 것이 중동에서부터 시작해 1990년대에는 아시아 지역 내에서도 여성 가사노동자에 대한 수요가 급증했다. 2004년 인도네시아를 떠난 신규 등록 이주노동자 중 81퍼센트가 여성이었다(ILO, 2007). 인도네시아 노동자들의 주 목적지인 말레이시아에서는 여성이 남성보다 조금 많은 수준이나, 또 다른 주 목적지인 사우디아라비아에서는 남성 1명당 여성이 12명에 달할 정도로 압도적 우위를 차지하고 있다(Hugo, 2005). 필리핀 출신 신규 이주노동자 중 여성의 비율도 1992년 50퍼센트에서 1998년에는 61퍼센트(Go, 2002:66), 2006년에는 72퍼센트로 증가했다(ILO, 2007).

이주 여성 대부분은 가사노동자, 엔터테이너(종종 성매매 종사자를 완곡하게 표현하는 말이기도 하다), 식당 및 호텔 직원, 의류 및 전자제품 조립라인 노동자 같은 '전형적인 여성 직종'에 집중되어 있다. 이러한 직종에서는 저임금과 열악한 근로조건, 낮은 지위를 견뎌내야 할 뿐만 아니라 여성적 유순함, 복종, 개인적 서비스를 기꺼이 제공하는 태도와 같은 가부장적 고정관념에 직면해야 한다. 많은 수용국의 인구 고령화로 인해 앞으로는 돌봄노동자에 대한 수요가 여성 이주의 주요 요인으로 작용할 것이다. 여성의 이주는 출신지역의 가족과 지역공동체의 역학관계에 상당한 영향을 미친다. 기혼여성은 아이들을 다른 이들에게 맡기고 떠나야 한다. 장기간에 걸친 여성의 부재는 가족 관계와 젠더 역할에도 영향을 미친다. 가사노동 서비스의 증가는 아시아 신흥공업국에서 맞벌이 가구의 증가를 반영한다.

여성 이주의 또 다른 형태는 결혼과 관련된다. 아시아 여성들은 1940년 이래 미군의 배우자로 이동했다. 처음에는 일본에서 시작되었는데 점차 한국과 베트남 여성이 미군의 신부로 이주했다. 1980년대부터는 유럽, 호주에서 소위 '우편 주문' 신부'mail order' bride라는 새로운 현상이 대두되었다(Cahill, 1990). 1990년대부터는 일본과 대만 농촌 지역에서 여성들이 보다 매력적인 도시 지역으로 떠나는 현상이 두드러지면서 남성 농민들이 외국인 신부를 찾게 되었다. 결혼이주는 아시아 지역에서 허용되는 몇몇 영구이민 중 하나이다. 그러나 (필리핀, 베트남, 태국 출신의) 젊은 여성들은 극심한 사회적 고립을 경험할 수 있다(IOM, 2006b:65).

21세기 초에는 한국으로의 결혼이주가 증가했으며, 인도 남성들의 신부도 방글라데시에서 충원되고 있다. 중국의 농민들은 베트남, 라오스, 버마에서 배우자를 구하고 있다. 특히 중국은 한 자녀 정책으로 인해 출생 여아 100명당 남아는 118명에 달할 만큼 성별 불균형이 심각한 상황이다(IOM, 2005:12). 2005년 한국에서는 국제결혼이 전체 결혼의 14퍼센트가량을 차지했으며, 특히 농촌지역에서는 그 비율이 훨씬 높았다. 이러한 결혼은 대부분 중개업자를 통해 이루어지고 있다(OECD, 2007: 260). 2003년 대만에서 혼인한 신부 중 32퍼센트가 중국 본토나 다른 국가 출신이었으며, 여성 이민자에게서 태어난 아이들이 전체 출생아의 13퍼센트를 차지했다(Skeldon, 2006b:281). 이는 문화적으로 중요한 함의를 지닌다. 흔히 전통적 가치의 산실로 인식되는 농촌에서 높은 비율의 외국인 어머니는 국민 정체성에 대한 위협으로 받아들여질 수 있기 때문이다.

이주 중개업자와 비합법 이주

아시아인의 노동이주에서 또 하나의 특징은 '이주 산업'이 핵심적 역할을 한다는 것이다. 걸프 만 지역으로의 이주이든 아시아 내부의 이주이든 이주노동자들의 충원은 대부분 이주 중개업자와 노동력 브로커에 의해 조직된다.

> 이러한 구조로 인해 이주의 전 단계에서 변칙성과 착취가 발생하기 쉬우며 그 비용은 이주자와 그 가족들에게 전가된다. 과도한 알선료, 잦은 계약인수 contract substitutions〔계약인수란 계약 또는 법률의 규정에 따라 당사자 중 일방이 계약관계에서 탈퇴하고 제3자가 계약관계의 당사자로 들어서게 되는 것을 말한다.—옮긴이〕, 계약 위반, 저임금, 임금 체불 등이 만연해 있다. 특히 가사노동과 엔터테인먼트 분야에 종사하는 여성 이주자들 사이에서 더욱 그러하다. 서류미비 이주자와 인신매매 피해자들은 이민법 위반자로 인식되어 고충에 직면해도 적절한 지원과 시정조치를 받지 못하기 때문에 더 취약한 위치에 있다. (Asis, 2005:18)

국제노동기구International Labour Organization; ILO의 연구에 따르면 "다른 지

역에서 발견되지 않는 높은 정도의 아시아의 이주 과정 상업화가 이주 체계의 빠른 확대와 상대적 효율성을 설명한다. 그러나 이로 인해 사기와 학대 같은 심각한 문제가 발생하여 이주가 고비용의 위험천만한 것이 되고 있다"(ILO, 2006:43). 민간 중개업자의 우위는 부분적으로는 송출국과 노동력 공급에 관한 양자 간 협약을 체결하는 데 소극적인 수용국의 태도에서 기인한다. 또한 송출국에서 해외에 있는 자국민들에게도 최저임금이 적용되도록 노력한다면 사실상 그들은 시장에서 경쟁력을 잃게 될 것이다.

중개업자들 중에는 합법적으로 활동하는 이들도 있지만, 노동자를 속이고 착취하는 이들도 있다. 경우에 따라서는 합법적 모집-이동 서비스를 제공하는 조직과 밀입국 알선이나 인신매매에 개입된 조직을 명확히 구분할 수 없는 경우도 있다(IOM, 2005:112-114). 밀입국 알선smuggling이란 이주자가 해당 국가에 불법적으로 입국할 수 있도록 교통과 국경 이동 등을 돕는 것으로 밀입국 알선조직에는 단계별 중개인뿐만 아니라 이주민 출신자, 송출국과 수용국 양측의 공무원 등이 포함되어 있다. 이들은 이윤 때문에 연루되거나, 이주자를 돕기 위해 가담하기도 한다. 인신매매human trafficking란 사람을 거래되는 상품처럼 취급하는 것으로 노동자를 착취하기 위해 흔히 폭력, 강압, 사기 등을 동원한다(ILO, 2006:42 참조). 인신매매는 강제로 남녀 모두 현대판 노예로 팔아넘기는 형태로 벌어지지만, 특히 성산업에 공급되는 여성과 아동을 대상으로 하는 경우가 많다. 인신매매는 흔히 조직범죄 집단과 관련된다(제8장 참조).

급속하게 증가하고 있는 서류미비(또는 비합법) 이주는 아시아 지역의 많은 나라에 영향을 미치고 있다. 인도네시아에서 말레이시아를 향한 노동이주 대부분은 서류미비 상태로 이루어진다. 태국 노동자들은 일자리를 찾아 비합법적으로 말레이시아 등으로 이주하지만, 태국에도 버마 등지에서 온 170만 명가량의 서류미비 노동자들이 있다(IOM, 2005:110-

112). 휴고는 비합법 이주의 복잡성을 지적하며, 비합법 이주가 개인의 자발적인 이동에서부터 중개인 활용, 인신매매나 예속노동[bonded labour]까지 이르는 연속선 상에 불분명한 형태로 존재한다고 본다(Hugo, 2005:25). 이처럼 비합법 이주가 증가하는 데에는 효율적 이주 관리에 소극적인 정부, 쉽게 동원해 착취할 수 있는 노동자를 찾으려는 사용자 등이 관련되어 있다. 자발적 서류미비 이주는 노동력 수요를 효과적으로 충족시키기도 하지만, 노동자에게는 위험을 초래하거나 기본적 권리를 박탈당하는 상황을 만든다. 더욱이 범죄, 질병, 실업과 같은 사회문제가 발생할 경우 이들은 희생양이 되기 쉽다. 최근 마약 밀매와 테러리즘을 방지하려는 대응책의 일환으로 관련국 정부들이 비합법 이주를 금지하는 다자간 협력을 시도하고 있다(IOM, 2005:111~112).

체류기간

앞서 지적한 바와 같이 정책 결정자들은 아시아 지역 내부의 이주를 단기취업 노동이주로 보고 있으며 따라서 역내 이주가 장기 체류로 이어지기를 기대하지 않는다. 이러한 인식은 이 지역 이주의 주요 행위자들의 희망과도 부합한다. 사용자들은 저숙련 노동자들이 즉각적인 노동력 수요를 충족시켜 주기만을 바랄 뿐이다. 많은 이주노동자들은 가족원들의 상황을 개선하기 위해 일정 기간 동안만 해외에서 일하기를 원한다. 송출국 정부는 국민을 영원히 잃어버리기를 원하지 않는다. 유럽, 북미, 호주에서 나타나는 것과 같은 다문화주의의 유용성에 대한 인식은 대부분의 아시아 나라에서는 일반화되지 않았으며, 이주민이 그 나라 국민이 되는 것은 상상할 수 없는 일이다. 아시아 국가의 지배적인 정책 원칙은 이렇게 요약될 수 있다. 이주는 국민국가에서는 긍정적이지 않은만큼, 오직 임시방편일 뿐이다. 이민정책은 이주 관리가 아니라 통제와 관련되어야 한다. 이주민에게 정주를 허용해서는 안 된다. 외국인 체류자에게 시민권을 제공해서는 안 된다. 국민 문화와 정체성은 외부 영향에 따라 변경되어서는 안 된다(Castles, 2004b; Hugo, 2005 참조). 미래를 생각했을 때 핵심 질문은, 과연 이처럼 배제적인 모델이 지속될 수 있는가 하는 것이다. 이 문제는 앞으로 다시 다룰 것이다.

동아시아

동아시아에서는 급속한 경제성장과 출산율 저하, 인구 고령화, 서류미비 이주의 증가 등이 복잡하게 얽혀 심각한 모순을 불러일으키고 있다. 이러한 문제는 일본에서 가장 심각하며, 한국, 홍콩, 대만, 중국에서도 대두되고 있다(이 가운데 중국에 대해서는 송출국에 관한 부분에서 다룰 것이다).

일본은 1980년대 중반 이후 상당한 노동력 유입과 이주 노동력의 다양화를 경험했다. 1983년 81만 7,000명이던 외국인 인구는 2005년 200만 명으로 증가했다(OECD, 2007:349). 이 가운데 39퍼센트가량이 영구 체류자로(MOJ, 2006), 대부분은 제2차 세계대전 이전과 전쟁 기간 동안 노동자로 (종종 강제로) 모집된 한국인의 후손이다. 2005년 한국인은 59만 9,000명에 달했다. 또 다른 주요 집단은 보다 최근에 노동이주를 한 이들로 중국인(52만 명), 브라질인(30만 2,000명)〔일본계 브라질인—옮긴이〕, 필리핀인(18만 7,000명), 페루인(5만 8,000명)〔일본계 페루인—옮긴이〕이다(OECD, 2007). 이러한 현실 속에서도 정부의 정책과 국민들의 의식은 여전히 해외 노동력 모집과 그들의 장기 체류에 반대하는 입장을 보이고 있다. 국민적 동질성에 대한 인식이 약화되는 것을 두려워해서이다. 지속적인 유입을 고려하면 이러한 정책은 상당한 부담을 야기할 수밖에 없다.

한국은 1970년대와 1980년대에 걸프 지역 국가로 노동력을 수출했으나, 이후 이주변천을 경험했다. 1995년경 1인당 국내총생산GDP 1만 달러를 돌파하면서 외국으로의 노동력 송출은 급격히 감소했다. 1994년 한국 정부는 저숙련 노동자를 수입하기 위한 위장 정책으로 '산업연수제도'를 도입했다. '연수생'은 노동자로서 법적 지위를 향유하지 못했으며 최저임금에도 미치지 못하는 임금을 받아야 했다. 노동력이 부족한 상황에서 연수생들은 배치된 직장을 떠나 서류미비 노동자로 좀 더 나은 임금과 더 좋은 근로조건을 갖춘 일자리를 찾았다. 이러한 문제에 대해 한국 정부는 2004년 고용허가제도를 도입해 이주노동자에게 일자리 변경 권한을 포함해 노동시장에서 한국인과 같은 권리와 처우를 제공하는 조치를 취했다. 그러나 체류기간을 3년으로 제한했으며, 상대 국가도 한국과 양자협정을 체결한 국가(중국과, 동남아시아 및 중앙아시아의 일부 국가)로 제한했다. 기존의 서류미비 노동자에게는 체류자격 합법화 조치를 통해 합법적 지위를 부여했다(IOM, 2005; OECD, 2007:260). 한국의 외국인 체류자는 2005년 기준으로 48만 5,000명으로 사상 처음으로 인구의 1퍼센트를 넘어섰다. 여기에는 이주노동자 이외에 외국인 신부(이에 대해서는 앞의 내용 참조)와 한국계 중국인이 포함되어 있다. 잠재적인 사회갈등 요인으로 작용할 가능성이 있는 외국인 차별 문제에 대처하기 위해 2006년 한국 정부는 외국인정책위원회를 설치했다. 또한 결혼 중개업자 관리, 한국계 중국인의 입국과 취업 허용 등과 관련된 법적 조치도 계획하고 있다(OECD, 2007). 국민적 동질성에 대한 관심이 큰 나라에서 이러한 조치는 매우 커다란 변화를 의미한다.

홍콩은 1950년대부터 1997년 중국 반환에 이르는 기간 중에 노동 집약적 산업 경제를 벗어나 무역과 서비스, 투자에 기초한 후기 공업 경제로 전환했다. 금융, 관리, 교육 분야에는 북미, 서유럽, 인도 출신 고숙련자들이 채용되었다. 다른 한편으로는 중국 출신의 저숙련 노동자들이 불법적으로 대거 유입되었다. 1990년대에는 중국으로 귀속되는 데 대한 두려움으로 수많은 홍콩의 고숙련 인력이 미국, 캐나다, 호주 등으로 떠나갔다가(Skeldon, 1994), 영주권이나 시민권을 획득한 이후 귀환하기도 했다(Pe-Pua et al., 1996). 반환 이후 홍콩은 자체적인 법률과 제도를 갖춘 특별행정구역Special Administrative Region; SAR이 되었다. 2006년 인구 센서스 결과, 전체 690만 명의 인구 중 홍콩 태생이 60퍼센트, 중국 본토 태생이 34퍼센트, 다른 국가 출생자가 6퍼센트를 차지했다(HKCSD, 2007). 본토 출신 저숙련 노동자들은 홍콩 진출이 허가되지 않지만, 1997~2004년에 걸쳐 38만 명의 본토인이 가족 재결합 조항 등을 근거로 합법적으로 홍콩에 진출했다. 이들 중 대다수는 여성과 아이들이었다. 본토 여성 대다수는 청소부, 음식점 종업원으로 일하고 있다(Sze, 2007). 2005년 10월 홍콩에는 총 22만 3,394명의 외국인 가사도우미가 있었다. 이들 중 53퍼센트가 필리핀인, 43퍼센트가 인도네시아인, 2퍼센트가 태국인이다. 외국인 가사도우미들은 최저임금을 보장받지만, 체류기간이 제한되고 직업 변경도 불가능하다(HKG, 2006).

대만은 1992년 해외 노동력 정책을 도입해 노동력 부족이 심각한 직종에 한해 이주노동자 모집을 허가했다. 고용 기간은 2년으로 제한되었다. 대부분 태국, 필리핀, 말레이시아, 인도네시아 노동자들이 충원되었으며, 주로 인력 브로커가 모집을 담당했다. 많은 노동자들은 2년 이후에도 불법적으로 계속 거주했으며, 보다 나은 임금을 찾아서 또는 브로커에게 갚아야 할 분할 상환금을 피하기 위해 일자리를 옮기기도 했다(Lee and Wang, 1996). 오늘날, 통계수치마다 편차가 매우 크다. 공식 통계에 따르면 2005년 합법적 노동자는 32만 2,771명이지만(Skeldon, 2006b:279), 휴고는 2004년 전체 외국인 노동자가 60만 명이라는 추정치를 인용한 바 있다(Hugo, 2005:10). 대만 정부는 인력 모집 중개업자들의 활동을 규제하기 위해 베트남, 태국, 인도네시아, 몽골, 필리핀과 노동협약labour agreements을 체결했다. 그럼에도 불구하고 대만과 송출국을 포괄하는 복잡한 중개 네트워크로 인해 모집 비용은 점점 늘어나고 있다(Skeldon, 2006b:290).

동남아시아

동남아시아는 경제 발전의 상당한 격차와 함께 종족적, 문화적, 종교적 다양성으로 특징지어지는 지역이다. 이민을 수용하는 국가 정부의 주요 관심은 복잡한 종족적 균형을 유지하고 치안에 대한 잠재적 위협을 방지하는 데 집중되어 있다.

싱가포르는 자연자원이 부족하지만 현대 서비스 산업 부문의 전문화를 통해 제1세계 수준의 경제를 성공적으로 이룩했다. 이는 오로지 숙련 노동력 수입을 통해 가능했다. 2000년 인구 센서스에 따르면, 총 400만 명의 인구 중 330만 명(81.2%)이 주민resident이며 75만 4,000명(18.8%)은 외국인 단기체류자non-resident이다. 1990년부터 2006년 사이 단기체류 외국인 노동자는 24만 8,000명에서 67만 명으로 증가해 전체 인력의 3분의 1가량을 차지하게 되었다. 2006년 저숙련으로 분류될 만한 이주노동자는 58만 명 수준으로(Yeoh, 2007) 주로 말레이시아, 태국, 인도네시아, 필리핀, 스리랑카, 인도, 중국 출신자들이다. 외국인 남성 노동자는 건설, 조선, 운송, 서비스 분야에서 일하고 있으며 여성 노동자는 주로 가사노동 등 서비스 분야에 취업해 있다. 정부는 이민자를 고용하기보다는 신기술 개발에 투자하도록 장려하기 위해 사용자에게 외국인력 채용 부담금을 징수하고 있다. 그러나 이로 인해 외국인력 채용이 감소하기보다는 이주민의 임금만 낮아지는 결과가 나타나고 있다. 비숙련 노동자에게는 영주나 가족 초청이 허가되지 않는다. 이주민들은 보통 1주일 중 6일 동안 장시간 노동을 하며 막사 같은 거처에서 거주하고 있다. 반면 숙련 노동자와 전문직 종사자에게는 정부가 특권적 지위를 부여하는 등 이들의 유입을 환영하고 있다(IOM, 2000b:82). 2006년 숙련직 취업비자skilled-employment pass를 받은 이주자는 9만 명에 달했다(Yeoh, 2007). 이러한 이주자, 특히 중국계 전문 인력에게는 영구 정착을 장려하고 있다.

말레이시아는 이민자에 대한 의존도가 높은 또 하나의 동남아시아 공업발전국이다. 말레이시아는 1980년대 이후 급속한 경제성장을 이루었고, 그 결과 심각한 노동력 부족에 직면한 '후발 호랑이 경제국'이 되었다. 노동력 부족은 특히 플랜테이션 분야에서 두드러지게 나타났다. 외국인 노동력 규모는 260만 명 정도로 추산되는데(Skeldon, 2006b), 이 가운데 절반 정도가 서류미비 노동자이다. 말레이시아의 복잡한 종족 구성 때문에 이민은 뜨거운 논쟁거리이며, 역대 정부들은 적절한 접근 방법을 찾기 위해 노력해 왔다.

태국은 1980년대에는 걸프 만 국가로, 1990년대 초에는 대만, 말레이시아, 일본, 싱가포르로 노동자를 수출했던 주요 송출국이었다. 그런데 1990년대 빠른 경제성장과 함께 이주변천이 시작되었다. 건설, 농업, 제조업 부문에 버마, 캄보디아, 라오스, 방글라데시에서 수많은 노동자가 유입되었다. 자국의 폭력적 상황을 피해 태국으로 온 수많은 버마인들을 이주노동자로 정의할지 또는 난민으로 규정해야 할지 명확하지 않다. 대부분의 이주자들은 서류미비 상태에 있는데, 스켈든은 1999~2000년 기준으로 합법적 외국인 노동자는 약 10만 명이고 이 밖에 100만 명의 서류미비 이주자가 있다는 추정치를 인용한 바 있다. 2004년에는 태국에 체류하는 외국인 노동자 수가 200만 명에 달했다. 태국 정부는 서류미비 상태로 입국한 이주자들이 합법적으로 일할 수 있도록 '등록 노동자registered workers'라는 범주를 새롭게 만들기도 했다(Skeldon,

2006b:285). 다른 한편, 여전히 일을 찾아 외국으로 나가는 태국인들도 있다. 특히 성산업과 관련된 태국 여성의 인신매매는 커다란 문제로 남아 있다(Hugo, 2005:24-25). 그러나 출산율 저하, 빠른 경제성장과 함께 태국인들이 더 이상 3D 업종에서 일하려고 하지 않는 상황에서 이민 수용국가로의 변천은 앞으로도 계속될 것이다(Skeldon, 2006b:285).

이민 송출국

1970년대 지중해 주변 지역이 서유럽의 공업 발전에 필요한 동력을 제공했던 것처럼 공업화 과정에 있는 아시아 지역에도 자체의 예비 노동력 제공 지역이 있다. 중국, 남아시아 국가, 필리핀, 인도네시아, 베트남, 캄보디아, 라오스, 버마는 아시아 지역, 나아가 전 세계의 주요 노동력 제공원이다. 아시아의 송출국 정부는 노동자 모집 관리, 보호를 위해 별도의 부서를 설치한 바 있다. 방글라데시에서는 인력고용훈련국Bureau of Manpower, Employment and Training; BMET, 인도에서는 이출자 보호사무소Office of the Protector of Emigrants―최근에 신설된 인도재외동포부Ministry for Indian Overseas 에 통합됨―가 그러한 역할을 담당하고 있다. 노동력 송출국 정부 입장에서는 이주가 경제적으로 매우 중요하다. 실업을 줄이고 해당자에게 연수와 산업현장 경험을 제공할 수 있을 뿐만 아니라, 노동자가 보내는 송금액이 상당하기 때문이다(제3장 참조; Hugo, 2005:28-33). 그런데 21세기 초 상황은 분명히 변화하고 있다. 공업 발전이 새로운 지역에도 확산되면서 이주 양상은 복잡하게 전개되고 있다. 몇몇 송출국에서는 인구 구성의 불균형을 보완하기 위해 특정한 성격의 이주민―고급기술 인력이나 배우자 등―을 받아들이기 시작했다.

중국은 국내이주 규모가 대단한 나라로 특히 서부와 중부의 농업지역에서 급속히 공업화된 동해안 지역으로의 이주가 활발하다. 국제이주 차원에서 중국은 북미, 유럽, 가장 최근에는 아프리카까지 노동력을 송출하는 주요 국가로 분류되고 있다. 아프리카 지역으로의 이주는 모잠비크, 잠비아, 짐바브웨, 수단 등의 아프리카 국가와의 무역에 중국의 관심이 높기 때문이다. 그러나 "중국의 값싼 노동력 시대가 끝나가고 있다."라는 점에 주목해야 한다(Skeldon, 2006b:282). 급속한 경제성장과 한 자녀 정책으로 인한 출산율 저하는 중국 농촌지역의 예비 노동력이 고갈되어 가고 있음을 의미한다. 동해안의 공업 도시에서는 이미 노동력 부족 문제가 보고되고 있으며, 특히 고급기술 인력의 경우 더욱 그러하다. 홍콩, 대만, 그 외의 국가에서 전문직이 유입되어 이러한 격차가 일부 메워지고 있기는 하지만, 중국인 노동자들의 유출이 계속되고 있어 노동력 수요-공급의 격차가 지속되고 있다. 장기적으로는 중국 역시 신부뿐만 아니라 경제적 이주자들의 주요 목적지가 될 것이다.

인도 역시 대규모 인구 유출을 경험했으며, 오늘날 '인도인 디아스포라'는 2,000만 명 정도 되는 것으로 추산된다(이는 인도계이지만 지금은 다른 나라 국적을 가진 사람을 포함한 수치이다). 지금도 인도의 단순노동자들은 걸프 만으로, IT 전문가, 의사 등 고급기술 인력은 미국 등 선진국으로 대거 움직이고 있다. 그런데 다른 한편으로는 한때 해외로 이주했던 고숙련자들이 기술과 자본을 갖추고 귀환하여 몇몇 지역을 중심으로 현대적인 제조업, 서비스 산업의 발전에 기여하기도 한다(Khadria, 2008).

필리핀 역시 주요 송출 국가이다. 해외에 나가 있는 필리핀인은 800만 명 정도로 총 8,500만 명 인구 중 10퍼센트 정도를 차지한다. 이들은 전 세계에 진출해 있다. 1970년대 이후 노동력 수출은 필리핀 정부의 공식 정책이었으며 해외로 나가 일하는 것을 많은 이들이 일반적으로 기대할 정도로 '이주의 문화'가 발전해 있다. 필리핀인들은 노동력 수출을 관리하고 디아스포라와 유대를 유지하는 확고한 제도를 발전시켰다. 그럼에도 불구하고 국내에서 이주는 논쟁의 대상이 되고 있으며, 이주가 과연 국가의 경제적, 사회적 발전에 기여하는지도 불분명한 상태이다(Asis, 2008).

고숙련 이주자와 유학생

아시아 이주민 대부분은 저숙련 노동자이지만 전문직, 관리직, 기술자 등 고급기술 인력의 이동 역시 증가하고 있다. 고등교육을 받은 이들이 개발도상국을 떠나 직업을 찾아 —또는 영구 거주를 위해— 북미, 오세아니아, 유럽으로 향하는 움직임은 1960년대부터 계속되었다. 이는 의학, 과학, 공학, 경영, 교육 등의 분야에서 '두뇌유출'이라고 할 만큼 심각한 인적 자원의 손실을 의미하는 것으로 발전에 커다란 장애요인이 되었다. 유학생 대부분은 학사학위 취득 이후 대학원 과정을 밟기 위해 선진국으로 이주하며, 졸업 이후에도 계속 남아 있는 경우가 대부분이어서 출신국으로서는 결국 인재를 상실하는 결과를 낳게 된다.

그런데 최근 들어 분석가들을 중심으로 고숙련 인력의 국제이동과 디아스포라 발전이 출신국에 긍정적 영향을 미칠 수 있다는 가능성이 제기되면서 고숙련 인력 이주에 대한 인식이 변화하고 있다. 고숙련 이주자를 중심으로 한 디아스포라는 출신국으로의 송금과 투자의 원천이 되며, 고국 생산자의 새로운 해외시장 개척에 기여할 수도 있다. 지식과 기술을 전수할 수도 있으며 전문가의 일시적, 영구적 귀환을 촉진할 수도 있다(Hugo, 2005:33-37 참조). 오늘날에는 '두뇌유출'을 최소화하고 '두뇌순환'을 촉진하는 (특히 국가적 차원의) 방안에 초점이 맞춰져 있다. 그러나 여전히 선진국의 정책은 개발도상국의 희소한 인적 자원을 유인하는 데 집중되어 있다. 이러한 문제는 이미 제3장에서 다룬 바 있으므로 여기에서는 아시아 지역의 추세만을 살펴보고자 한다.

국가별 연구 결과에 따르면, 1980~1990년대 아시아 국가는 상당한 기술인력 유출을 경험했다. 필리핀의 경우에는 영구 이출민 중 40퍼센트가 대학 교육을 받은 이들이며 IT 노동자 중 30퍼센트, 내과의사 중 60퍼센트가 외국으로 이주했다. 스리랑카에서는 이출민의 3분의 1이 전문교육을 받은 이들이었다(Lowell et al., 2002). 이러한 현상의 이면에는 북미지역의 이주민 전문인력에 대한 의존이 존재한다. 미국의 인구센서스에 따르면 해외 출생 대학 졸업자가 430만 명으로 이는 전체 대학 졸업자 중 13퍼센트에 해당한다. 1990년대 미국에 온 대졸 수준의 이민자 중 절반이 아시아 출신으로 특히 인도와 중국 출신자가 대다수를 차지한다. 이들 중 3분의 1가량이 자연과학, 사회과학, 공학, 컴퓨터 관련 직종에서 일하고 있다. 국내 출생자에 비해 해외 출생자들이 내과의사나 외과의사가 되는 비율도 두 배 정도에 달한다(Batalova, 2005). 인도, 중국 IT 전문가들은 실리콘밸리가 성공하는 데 핵심적 역할을 했다. 고숙련 인력을 유치하기 위해 현재 영국, 독일, 프랑스 같은 유럽 국가와 미국, 호주, 캐나다가 경쟁하는 상황이다.

고숙련자 이주의 또 다른 형태는 다국적기업의 경영자, 전문가와 해외에 부임하는 국제기구의 고위 공무원 등과 관련되어 있다. 개발도상국에 대한 자본 투자는 저숙련자의 선진국 이주에 대한 대안으로 볼 수도 있으나, 이로 인해 숙련인력이 반대 방향으로 움직이게 된다. 2000년 중국에는 20만 명가량, 말레이시아에는 3만 2,000명, 베트남에는 3만 명가량의 다른 아시아 국가나 미국, 유럽, 호주 등지에서 온 외국인 전문가들이 체류했다(Abella, 2002). 해외자본의 투자는 사회경제적 변화와 도시화의 촉매제가 된다. 반면에, 전문직 단기 체류자들은 경제적 변화의 동인일 뿐만 아니라 새로운 문화적 가치의 전달자이기도 하다. 이들이 만들어 내는 관계망은 사람들로 하여금 교육훈련이나 취업을 위해 개발도상국을 떠나 투자국으로 가도록 유인하는 결과를 낳기도 한다. 이들은 본국으로 귀환한 후에는 개발도상국에서 얻은 새로운 경험과 가치를 토대로 중요한 변화를 가져올 수도 있다.

학생들의 이동 역시 숙련인력 이동의 전조현상으로 볼 수 있다. 1998년부터 2003년까지 총 260만 명가량의 아시아 학생들이 다른 국가로 유학을 갔다. 중국 학생이 47만 1,000명으로 가장 많고 그다음이 한국인(21만 4,000명), 인도인(20만 7,000명), 일본인(19만 1,000명) 순이다(Hugo, 2005:12). 선진국에서는 수업료를 지불할 학생들을 유치하려는 경쟁이 치열하다. 많은 유학생들은 졸업 이후에도 선진국에 계속 남으며, 특히 박사학위 소지자들은 그러한 경향이 높다(Abella, 2002). 호주는 1999년에 이민법을 개정했다. 과거 호주 유학생들은 졸업과 동시에 호주를 떠나야 했고 최소 2년 후 이민 신청을 할 수 있었으나, 현재는 계속 체류하면서 신청절차를 밟을 수 있게 되었다.

새롭게 대두되고 있는 중요한 추세 가운데 하나는 아시아 지역 내에서 발생하는 고숙련 인력의 이동이다. 지역의 이주 경로는 예전보다 훨씬 다양해져서 인도, 일본, 싱가포르, 대만, 한국, 말레이시아 모두 해외 전문가들을 일시적 또는 영구적으로 유치하기 위해 적극적으로 노력하고 있다. 특히 서구국가와 마찬가지로 이 국가들도 고숙련자들에게는 이주와 거주상 특혜를 제공하는 제도를 도입했다. 다른 아시아 국가들은 국내에 별 기회가 없을 당시에 해외로 떠났던 전문가와 유학생들을 중심으로 한 디아스포라 귀환을 추진하고 있다. 특히 대만은 해외 거주자들과 관계를 유지하면서 공업화가 진행된 후 그들을 재유치하는 데 성공한 것으로 평가받고 있으며(Hugo, 2005:35-37), 여타의 나라들도 이러한 사례를 따르기 위해 노력하고 있다. 또한 화교는 중국의 경제적 도약에 밑거름이 된 자본과 전문지식의 결정적 원천이었다.

숙련인력의 이주 양상 변화는 아시아 지역에서 일어나고 있는 커다란 변화가 반영된 현상이다. 일례로 (사업이나 관광을 목적으로 한) 연간 중국인 여행자 수는 1990년 100만 명 수준에서 2003년에는 약 1,500만 명으로 증가했다(Hugo, 2005:11). 일본, 중국, 한국 등 지역 국가들이 고등교육의 질적 수준 향상을 토대로 해외 유학생을 유치하기 위해 경쟁하는 것 역시 이러한 변화와 관련이 있다. 중국 학생들이 해외로 가는 경우는 줄어든 반면, (태국 등지에서) 중국으로 들어오는 유학생은 증가하고 있다. 일본의 해외 유학생은 2003년 10만 9,508명에 달할 정도로 크게 증가했다(IOM, 2005). 이제 북미, 오세아니아, 유럽은 그간 국제 교육산업에서 점해온 지배적 위치를 상실하기 시작했다.

난민

2004년 말 유엔난민기구는 아시아-태평양 지역의 난민이 340만 명가량으로 전 세계 난민 920만 명 중 33퍼센트를 차지한다고 밝혔다. 이는 아시아 지역 난민이 540만 명으로 전체 난민 1,210만 명 중 44퍼센트를 차지했던 2000년에 비하면 크게 감소한 수치이다(UNHCR, 2006b:213). 이처럼 난민이 감소한 데에는 식민지배에 대한 독립 투쟁과 냉전으로 인한 정치적 소요사태의 소용돌이 속에 있던 아시아가 20세기 후반 이후 정치적 안정을 찾은 것과 관련이 있다. 물론 광의의 강제이주 측면에서 보면(제8장 참조), 수백만 명이 폭력사태와 전염병, 개발사업 등으로 인해 고향을 떠나야 했지만 이들 대부분은 본국에 머물러 있다. 여기에서는 국경을 넘은 이들만을 다루고자 한다. 2006년 말 아프가니스탄은 전 세계적으로 가장 많은 수의 난민이 발생한 나라로 71개국에 총 210만 명 (전 세계 난민인구의 21퍼센트)의 아프가니스탄 출신 난민이 있다. 그다음은 150만 명의 난민이 발생한 이라크로 이들은 주로 요르단과 시리아로 이동했다. 사실상 전 세계 난민수가 2002년 이후 2006년에 처음으로 증가한 현상의 주요 원인은 이라크 전쟁이다(UNHCR, 2007a). 중동과 중앙아시아에 비해 동아시아와 태평양 지역은 상대적으로 평화로웠다.

아시아에서 최대 규모의 난민이 발생한 3대 비상사태는 1947년 인도-파키스탄 분리 독립, 이후 인도차이나 전쟁, 소련의 아프가니스탄 침공이었다. 1975년 베트남 전쟁이 끝난 후 300만 명 이상이 베트남, 라오스, 캄보디아에서 탈출했다. 많은 이들은 '보트피플'이 되어 난파와 해적 공격의 위험을 무릅쓰고 작은 보트에 의존해 먼 거리를 항해해갔다. 이후 20년 동안 이 가운데 250만 명은 새로운 국가에 정착했으며 50만 명은 본국으로 돌아갔다. 미국에 정착한 이들이 100만 명 이상이었으며 호주, 캐나다, 서유럽에는 그보다 적은 수가 정착했다. 중국은 중국계를 중심으로 30만 명가량을 받아들였다. 다른 아시아 국가들은 난민을 받아들이려 하지 않았다. 1989년 모든 관련 국가들이 '포괄적 행동계획'을 채택해 이미 난민수용소에 있는 이들의 재정착을 허용하되, 새로운 비호신청자에 대해서는 박해의 피해자인지를 확인하는 절차를 거치기로 했다. 경제적 목적을 지닌 이주자들은 본국으로 송환하기로 했다. 1979년 베트남은 합법적 이주, 특히 해외에 친척이 있는 이들의 이주를 제도적으로 허용하기 위해 '합법 출국 프로그램'을 도입했다. 1995년경 난민수용소 대부분은 폐쇄되었으며 난민을 발생시킨 비상사태도 마무리된 것으로 인식되었다(UNHCR, 2000b:79-103).

1979년 소련의 군사침공 이후 1,800만 명의 아프가니스탄 인구 중 3분의 1가량이 나라를 떠났다. 대다수는 파키스탄(1990년 330만 명), 이란(310만 명) 등 인근 국가로 피난을 갔다(UNHCR, 2000b:119). 공식적으로 해외에 재정착한 경우는 거의 없었다. 인도차이나 반도 대탈출에 바로 뒤이어 벌어진 아프간 사태 난민에 대해 서구국가들은 거주지를 제공할 의사가 거의 없었다. 더욱이 무자헤딘(이슬람 무장 게릴라 조직) 지도자들은 난민 캠프를 조직원 충원과 훈련 장소로 쓰고자 했다. 파키스탄과 이란만이 정치적, 인도주의적, 종교적, 문화적 이유로 비교적 장기간 피난처를 제공할 용의가 있었다. 파키스탄은 미국으로부터 상당한 군사적, 경제적, 외교적 지원을 받았다. 반면 이란은 세계의 주요한 피난처임에도 불구하고 외부 지원을 거의 받지 않았다(UNHCR, 2000b:118).

베트남과 아프가니스탄 사례 처리에 대한 전혀 다른 접근은 난민 이동이 강대국들의 거시적인 외교 정책의 일부라는 점을 보여 준다(Suhrke and Klink, 1987). 1992년 소련 개입의 종말과 함께 150만 명의 아프가니스탄 난민은 본국으로 귀환했다. 그러나 그 외의 사람들은 근본주의 계열 탈레반의 권력 장악과 4년에 걸친 가뭄, 황폐해진 고국의 현실로 인해 귀국을 미루었다. 다른 한편 고향 마을의 재건 비용을 마련하기 위해 점점 더 많은 아프가니스탄인들이 걸프 만 국가로 일을 찾아 떠났으며, 또 다른 이들은 서구국가에 비호를 신청했다(UNHCR, 1995:182-183).

2001년 9·11 사건으로 전 세계는 오래 지속된 갈등의 결과를 확인하게 되었다. 아프가니스탄은 전 세계 알카에다 테러 조직의 중심부이자 세계적인 헤로인 생산 조직의 본거지가 되었다. 거대한 아프가니스탄 난민 디아스포라는 세계 안보의 위협요인으로 취급되었다. 미국이 주도한 아프가니스탄 침공은 알카에다와 탈레반을 섬멸하고 합법적인 정부를 세워 난민을 귀환시키기 위한 것이었다. 2002년 3월 아프가니스탄 과도정부와 유엔난민기구는 대규모 본국 귀환 프로그램을 시작했다. 7월까지 파키스탄에서 120만 명, 이란에서 10만 명 등 130만 명 이상의 아프가니스탄인이 귀환했다. 귀환이 예상보다 훨씬 빠르게 이루어지자 유엔난민기구 재정에 심각한 부담이 발생했다(UNHCR, 2002). 무력 개입에는 엄청난 금액을 적극적으로 쏟아 붓던 서구국가들은 구호기금 마련에 미온적이었다. 다른 한편 호주, 영국, 여타의 서구국가 정부는 아프가니스탄 상황이 여전히 불안함에도 불구하고 비호신청자들을 송환하기 시작했다. 2005년부터 미국이 주도하는 연합군과 탈레반 사이에 전투가 악화되자 더 이상의 귀환은 지연되었다. 파키스탄과 이란은 여전히 각각 100만 명가량의 세계에서 가장 많은 난민을 수용하고 있다(UNHCR, 2007a).

앞서 살펴본 두 차례의 대규모 난민 이동 이외에 소규모의 탈출 사태도 적지 않았다. 규모는 작지만 그 경험이 관련자들에게 미치는 충격은 결코 약하지 않다. 1989년 민주주의 운동 실패 이후 수천 명의 중국인이 해외에 비호를 신청한 바 있다. 소련 붕괴와 관련된 분쟁으로 1990년대에는 그루지야, 체첸공화국, 아르메니아, 아제르바이잔, 타지키스탄 등 신흥 국가에서 대규모 피난 사태가 야기되었다. 적어도 5만 명의 북한 주민이 중국으로 탈출했다. 이 외에 인도와 네팔에 있는 티베트인과 부탄인, 태국과 방글라데시의 버마인 등 오래된 난민들도 있다. 2005~2006년에는 태국 남부와 필리핀 남부의 무슬림들이 만성적 국내 분규를 피해 말레이시아로 갔다. 장기간에 걸친 스리랑카 내전으로 국제 난민뿐만 아니라 대규모 국내실향민이 발생했다. 2001년 약 14만 4,000명가량의 스리랑카 타밀인이 인도 난민촌에 살았으며, 이 외에 세계 각지로 흩어져 나간 타밀인도 적지 않다. 이에 더해 2006년 전투가 재개되면서 20만 명가량의 신규 난민이 생겨났다. 1999년 동티모르 독립을 위한 선거 기간 중 벌어진 폭력사태로 수많은 동티모르인들이 피난을 가야 했다. 대부분은 유엔 평화활동이 시작된 후 귀환했지만 2006년 또다시 시작된 폭력사태로 15만 명이 집을 떠나야 했다. 1998년 이후 인도네시아에서는 아체Ache 내전으로 인해 난민이 발생한 것 이외에도 급격한 정치변동 과정에서 대규모 국내실향민이 발생했으나, 최근의 평화협정으로 많은 이들이 귀환한 바 있다(UNHCR, 2006a).

이 같은 아시아의 경험은 급격한 지역 변동 상황에서 전개되는 난민 문제의 복잡성을 보여 준다. 이는 단지 개인에 대한 정치적 탄압의 문제가 아니며, 경제적·환경적 압력이 거의 모든 사례에서 중요한 요인으로 작용하고 있다. 대규모 노동이주와 마찬가지로 난민의 이동 역시 아시아 지역에서 전개되고 있는 거대한 사회 변화의 결과이다(Van Hear, 1998). 오랫동안 축적된 종족적, 종교적 차이로 인한 갈등이 격화되고 폭력의 수위가 높아지고 있다. 난민 발생 사태의 해결과 난민의 귀환은 경제적 자원이 부족한 약소 독재국가에서의 인권 보장의 어려움으로 인해 쉽사리 이루어지지 못하고 있다. 서구국가들은 종종 아시아의 국가 및 국민 형성과정 관련 분쟁에 종종 연루되어 있으며, 바로 이러한 경험이 비호신청자 처리 문제에 영향을 미치기도 한다.

결론: 아시아인의 이주에 대한 시각

아시아인의 이주는 1950년대 북미와 오세아니아, 유럽에서 영주하기 위해 떠난 이민에서 출발해 1970년대부터는 걸프 만 지역의 노동력 수요를 중심으로, 그 후에는 지역 내의 급속하고 불균등한 산업 발전으로 인한 인구 흐름을 중심으로 급속하게 증가해 왔다. 대부분의 정부에서는 아시아인의 이주를 경제적 차원에서 바라보고 있다. 수용국에서는 단기적 노동력 공급의 중요성을 강조하는 한편, 송출국에서는 송금의 경제적 이익과 디아스포라가 가져올 수 있는 발전의 잠재력에 주목하고 있다. 그러나 아시아인 이주는 단순히 경제적 영향을 미치는 차원을 넘어 인구학적, 사회적, 정치적 변동의 중요한 요인이 되고 있다.

21세기 초 아시아인의 이주는 매우 다양해졌다. 경제적 이주자는 모든 숙련 수준에서 찾아볼 수 있게 되었다. 저숙련 인력 중에는 여전히 지역 외부로 나가는 이들이 있지만 지역 내에서 이주하는 이들 역시 점차 증가하고 있다. 많은 고숙련 인력이 서구 선진국으로 이주하고 있지만 다른 아시아 국가로 가는 경우도 점차 늘어나고 있다. 경제발전을 이룩한 곳에는 세계 다른 지역 출신자들이 들어오고 있다. 이주의 여성화는 매우 중요한 현상으로 많은 직업 분야에서 아시아 여성 인력의 수요가 늘어나고 있다. 또한 동아시아, 남아시아 지역의 인구 변화로 인해 결혼을 목적으로 한 여성들의 이주도 빠르게 증가하고 있다. 경제적 이주자들의 체류기간 증가는 가족 재결합, 가족 형성으로 이어지고 있다. 다른 한편, 난민과 강제이주민은 여전히 그 수가 많으며 여러모로 취약한 상황에 놓여 있다.

국가와 하위지역 차원에서도 이주양상이 보다 다양해지고 있다. 송출국과 이민 수용국 사이의 오래된 분리는 해체되고 있다. 거의 모든 아시아 국가가 이제는 다양한 형태의 이입과 이출을 동시에 경험하고 있으며 단기이주 역시 매우 흔한 일이 되었다. 한 세대 이전만 하더라도 노동력 과잉 국가였던 한국, 태국, 말레이시아 등은 이제 외부 노동력을 끌어들이는 국가가 되었다. 예전에는 고숙련 이주노동자를 송출하던 대만, 한국, 최근에는 중국까지도 두뇌유출 추세를 성공적으로 반전시켰으며, 귀환자들의 숙련을 통해 이익을 얻고 있다.

아시아인의 이주는 매우 복잡해지고 있지만 몇 가지 일반적 특징을 지니고 있다. 우선 장기적 계획이 부재하다는 점을 들 수 있다. 이동은 정부의 노동정책뿐만 아니라 사용자, 이주민, 이주 산업 등 주요 관련자들의 행위로 이루어지는데, 아시아 지역에서는 중개업자와 브로커가 중요한 역할을 하며 비합법 이동이 매우 많다. 몇몇 국가에서 나타나는 것 같은 이주 관리상의 허점은 외국인 노동자에 대한 강력한 통제, 영주 및 가족 재결합 금지, 노동자의 권리 거부에 기초한 아시아의 이주 모델과 대조되는 측면을 보여 준다. 아시아의 정부들은 단기 초청노동자가 영주자이자 새로운 종족적 소수집단이 되어 종국에는 국민 정체성과 문화 정체성에 두드러진 변화가 생겨난 유럽의 경험을 명시적으로 언급하기도 한다. 동아시아 국가에서는 국민적 동질성 유지의 중요성을 강조하는 데 비해, 동남아시아 정부는 기존의 종족적 균형이 유지되기를 바란다. 그러나 이주의 전 지구화로 인해 상황이 빠르게 변하고 있어서 아시아의 정부들이 예상치 못한 변화를 막을 수 있을지는 불투명하다.

서유럽 국가들은 1970년대에 외국인 인구를 줄이려고 노력했지만, 몇 가지 이유로 이를 실현하기 어렵다는 점을 발견했다. 경제가 구조적으로 외국 인력에 의존하고 있었고 사용자들이 안정적인 노동력 공급을 원했으며, 이주민들은 강력한 법적 체계의 보호를 받고 있었을 뿐만 아니라 복지국가는 외국인을 배제하기 힘든 경향이 있었다. 아시아에서도 이러한 압력이 인식되기 시작하고 있다. 공업화된 국가에서는 노동력 증가가 둔화되고 내국인 노동자들이 하찮은 일을 회피하면서 '3D 업종'에서 외국인 노동자 의존도가 높아지는 조짐이 나타나고 있다. 이러한 상황에서 사용자들은 '좋은 노동자'를 계속 데리고 있으려 하고 이주자들은 체류기간을 연장하고 있으며, 가족 재결합이나 새로운 가족 형성도 이루어지고 있다. 특히 이주자가 흔치 않은 기술을 가진 경우에 이러한 사례가 많다. 고숙련 기술인력에게 입국 및 거주상의 특혜를 제공하는 것은 결국 영구 정착과 문화적 다양성을 증진하는 요인으로 작용할 것이다.

이주의 여성화는 장기적으로 인구 구성과 문화적 가치에 중요한 영향을 미칠 것으로 보인다. 민주화 추세와 법치주의의 발달로 인권을 무시하기는 어려워졌다. 일본, 말레이시아, 필리핀에서 이주민의 권리 보호를 위해 활동하는 NGO의 성장에서 확인되는 바와 같이 시민사회의 세력은 커졌다. 따라서 영구 정착과 문화 다양성 증가가 아시아의 많은 노동력 수입 국가에 영향을 미칠 것이라는 예측은 타당하다. 그러나 현재로서 아시아 국가들은 이주의 장기적 영향을 다룰 만한 계획의 필요성을 이제 막 인식하기 시작했을 뿐이다.

급속한 증가에도 불구하고 아시아의 방대한 인구 규모와 비교하면 여전히 이주 규모는 매우 작다. (싱가포르와 말레이시아에서는 이주노동자가 차지하는 비중이 높지만) 일본과 한국에서 이주노동자가 차지하는 비중은 유럽 국가에 비교해 현저히 낮은 수준이다. 그러나 증가할 가능성은 명백하다. 동아시아와 동남아시아 경제가 빠르게 성장하면서 앞으로 수많은 이주노동자를 끌어들일 것이 확실하다. 이는 사회적, 정치적으로 지대한 영향을 미칠 것이다. 흔히 21세기를 경제적, 정치적 발전 측면에서 '태평양의 세기'라고 하지만, 아시아 지역에서는 급속하게 증가하는 이주와 인구 다양성의 시대가 될 수도 있을 것이다.

심화 연구를 위한 안내

세계의 절반을 차지하는 아시아의 이주를 일반화하기는 지극히 어려운 일로, 이 장에서 언급한 내용도 파편적이고 추상적인 수준을 벗어나지 못했다. 『이주의 시대』 웹사이트(www.age-of-migration.com)에는 싱가포르의 외국인 가사도우미에 대한 내용이 부록 6.1로 수록되어 있으며, 이 외에 일본(6.2), 말레이시아(6.3), 필리핀(6.4)의 이주 경험에 대한 간략한 사례 연구 결과도 소개되어 있다.

지난 몇 년 사이 아시아인의 이주를 다룬 문헌이 기하급수적으로 증가했으나, 전체를 종합적으로 다룬 문헌은 아직 없는 듯하다. Asis(2005), Hugo(2005), Skeldon(2006b)의 개괄적 논문이 문헌 연구를 시작하는 데에 유용하고 IOM 『World Migration Reports』(IOM, 2005)는 이 지역 전체를 바라보는 데 도움이 된다. 스칼라브리니 이주센터Scalabrini Migration Center(필리핀 케손 시 소재)(http://www.smc.org.ph/)는 「Asian and Pacific Migration Journal(APMJ)」과 소식지 「Asian Migrant」를 포함해 다양한 최신 정보와 분석을 제공하고 있다. 아시아태평양 이주연구 네트워크^Asia Pacific Migration Research Network(http://apmrn.anu.edu.au) 역시 유용한 정보를 제공한다. Appleyard(1998)는 남아시아에서 유입되는 이주를 잘 다룬 저작이다. Huang et al.(2005)은 가사노동을 이해하는 데 매우 유용하며 여성 이주 일반도 함께 다룬 저서이다. 일본에 대해서는 Komai(1995), Mori(1997), Weiner and Hanami(1998)의 저작이 우수한 연구 결과를 영어로 제공하고 있다. Cornelius et al.(2004)에는 일본과 한국에 대하여 유용한 요약이 실려 있다. 그 외의 국가에 대해서는 학술지에 수록된 논문이 아직은 가장 좋은 자료이다.

제7장

사하라 이남 아프리카, 중동·북아프리카, 라틴아메리카의 이주

향후 수십 년 동안 전 세계 인구증가의 대부분은 아시아 지역과 함께 이 장에서 살펴볼 지역들에서 일어날 것이다(Chamie, 2007). 그러나 이러한 예측에도 불구하고 북아프리카와 멕시코의 많은 지역에서는 급격한 출생률 저하로 인한 인구학적 변천이 예상되며, 이는 이들 지역에서 밖으로 나가는 이민의 규모를 감소시킬 것이다. 최근 들어 이 세 지역의 국제이주는 더욱 다양해지고 복잡해졌으며 정치적, 외교적으로 중요해졌다. 이 장에서는 역사적 경향과 현대의 주요 흐름만을 살펴보겠지만, 제1장에서 제시한 이주의 시대를 특징짓는 6개의 중요한 경향들을 각 절에서 충분히 확인할 수 있을 것이다.

사하라 이남 아프리카: 대륙 내 이동과 대륙 밖으로의 이동

아프리카인은 전 지구인global people이다. 모든 인류는 그 유전적 기원을 따라 올라가면 20만 년 전 탄자니아의 대지구대^{Great Rift Valley}에서 이주해 온 최초의 인간을 만나게 된다. 일부 연구들은 역사적 자료와 현대의 자료를 토대로 전 세계 인구의 10퍼센트와 광활한 토지의 25퍼센트를 차지하는 아프리카가 세계에서 가장 이동성이 높은 주민들이 살고 있는 대륙이라고 주장한다(Curtin, 1997). 비록 이 주장의 증거가 결정적이라고 할 수 있을 만큼 확실하지는 않지만, 사하라 사막과 지중해를 건너 유럽을 향해 간 대규모 불법이주라는 신화를 낳은 '이동하는 대륙'이 아프리카라는 인식을 형성하는 데 기여했다. 사실 아프리카 이주민의 절대다수는 대륙 내에서 이동한다. 유럽으로 향하는 이주가 계속해서 늘어나고 있기는 하지만 아프리카 대륙 내 이동에 비교하면 여전히 매우 작은 규모에 불과하다(Bakewell and de Hass, 2007).

식민시기 이전에 빈번하게 일어났던 이주는 사냥, 채집, 농경, 유목을 주요 생계로 삼는 소규모 종족집단이 오래전부터 지켜온 전통에 기인한다. 이러한 생활양식은 변덕스러운 자연의 변화와 밀접하게 연결되어 있기 때문에 가축이 목초지를 찾아 이동하거나 작물이 부족해지고 땅의 지력이 쇠할 때마다 사람들은 주거지를 옮겨야 했다. 보다 영구적인 이주는 전쟁이나 인구증가 또는 경제적 요인으로 야기되었다. 인류 역사상 가장 규모가 컸던 이주 중 하나가 반투^{Bantu}족의 이주인데, 이들은 오늘날 나이지리아와 카메룬에 해당하는 지역을 떠나 자신들의 언어를 전달하고 다른 원주민 집단을 병합하며 이동하여 아프리카 대륙 남부의 절반에 해당하는 지역에 자신들의 정착지를 형성했다. 16세기 들어서 400년간 지속된 대서양 노예무역은 최대 1,500만 명에 달하는 아프리카인들을 강제이주시켰다. 그리고 유럽의 식민주의는 이후 이어진 다양한 이주 유형의 토대를 제공했다.

오늘날에도 일부 집단은 유목과 농경을 위해 계절적, 주기적으로 이주하는 전통적 생활방식을 유지하고 있다. 그러나 이주는 점점 더 경제적, 정치적, 사회적 변화에 의해 촉발되는 경향이 강해지고 있다(Mafukidze, 2006). 수백만 명의 사람들이 더 나은 생활조건과 일자리를 찾기 위해 자국 내에서 이동하며, 어떤 사람들은 폭동이나 박해 때문에 고향을 등지고 실향민이 되기도 한다. 많은 아프리카 사람들은 이주노동자, 전문직 이주자, 난민으로서 또는 이들의 가족 구성원으로서 국가 간 경계를 넘어 이주한다. 아프리카의 국내이주와 국제이주는 모두 도농rural-urban 간 이주의 경향을 띤다. 한편 아프리카인의 이주는 점점 더 전 지구화되고 있다. 1950년에는 유럽 인구가 아프리카 인구의 세 배였지만 2007년에는 거의 비슷해졌다. 예측에 따르면 2050년에는 아프리카 인구가 유럽 인구의 세 배가 될 것이다(Chamie, 2007). 비록 아프리카 대륙 내에서의 이주에 비해 그 규모가 훨씬 작음에도 불구하고 유럽으로 또는 유럽을 넘어 세계의 다른 지역으로 이주하려는 아프리카인의 이주는 오늘날 중요한 정치적 의제가 되어 가고 있다.

2006년 기준으로 세계의 최저 개발 국가 50개국 중 39개국이 아프리카에 속해 있다(UNDP, 2006). 시민의 70퍼센트 이상이 하루에 미화 1달러 미만의 돈으로 생활하는 국가에서는 이주가 참담한 가난에서 벗어나는 방편이 될 수 있다. 2005년 아프리카에는 1,700만 명의 국제이주자가 있는 것으로 추정되었다(ECOSOC, 2006). 국제이주자 중 난민은 약 300만 명, 즉 18퍼센트에 달하는 것으로 집계되었는데, 이 비율은 어떤 다른 대륙의 경우보다도 높다(UNFPA, 2006). 2006년 기준으로 국내실향민internally displaced person; IDP의 수는 사하라 이남 아프리카 전체에서 1,100만 명이 넘는 것으로 집계되었다(IDMC, 2006)(강제이주의 범주에 대해서는 제8장 후반부에서 다시 논의할 것이다).

아프리카 이주자(특히 강제이주자)에 관해 신뢰할 만한 자료를 얻기는 매우 힘들다. 일부 국가들은 정확한 인구 센서스를 실시한 바조차 없고, 많은 사람들이 신분증을 갖고 있지 않으며, 이민(이출과 이입 모두)과 시

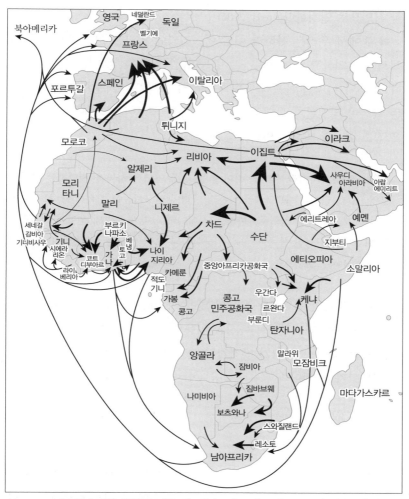

지도 7.1 **아프리카 대륙 안팎의 이주** 주: 화살표의 크기는 이주 흐름의 대략적인 규모를 나타낸다. 정확한 수치는 알 수 없다.

민권에 관한 법률이 각양각색이기 때문이다. 예를 들어 코트디부아르는 자국 내에서 태어난 이민자의 자녀들을 여전히 이민자로 간주하지만, 다른 많은 아프리카 나라들은 출생지에 근거해서 이민자의 자녀들을 자국 시민으로 인정한다(Kress, 2006).

이 절에서 우리는 사하라 이남 아프리카에 영향을 미치는 이주에 대해서만 논의하고 북아프리카는 중동과 함께 다음 절에서 살펴볼 것이다. 그러나 이처럼 아프리카 대륙을 사하라 사막을 기준으로 둘로 나누는 관점이 적절한가에 대해 최근 학계에서 의문이 제기되고 있다는 점을 짚고 넘어갈 필요가 있다.

> 역사적으로 사하라 사막을 사이에 둔 양쪽 지역은 사막을 횡단하는 카라반 무역, 정복, 순례, 종교 교육을 통해 집약적인 인구이동을 지속해 왔다. 사하라 사막 자체는 거대한 천이遷移, transition지대이며 사하라 사막의 오아시스 지역에서 발견되는 다양한 종족 구성은 인구이동의 오랜 역사를 증명한다(Bakewell and de Hass, 2007:96).

고대의 카라반 무역로는 오늘날 많은 아프리카인들이 사하라 사막을 횡단하여 이주하는 경로로 다시금 이용되고 있다. 그중 많은 수는 리비아, 이집트 또는 모로코가 목적지인 사람들이며, 오직 소수만이 지중해를 건너고자 할 뿐이다.

이주의 식민적 근원

아프리카의 이주는 여러 측면에서 식민적 관행에 의해 형성되었다고 할 수 있다. 19세기에 아프리카를 '케이크 나눠 먹기' 식으로 분할하여 형성한 정치행정 단위들은 대부분 아프리카의 국민들을 갈라 놓는 임의적 국경을 갖게 되었다. 그 결과 단일 종족집단의 구성원들은 두 개 이상 나라의 시민으로 나누어졌으며, 대부분의 아프리카 사회에는 여러 종족집단 구성원들이 섞이게 되었다. 수많은 사람들이 주기적으로 식민지 경계를 넘나드는 상황이 꾸준히 이어졌다. 오늘날 아프리카 나라들의 국경은 대부분 빈틈이 매우 많고 허술한 상태이다.

식민시기 내내 아프리카 대륙에는 유럽인 행정가와 농부들이 유입되었으며, 서아프리카의 시리아−레바논계 상인 및 동아프리카와 남아프리카의 인도아대륙 출신 상인과 노동자도 함께 들어왔다. 독립 후 이들은 무역에서 핵심적 역할을 담당하게 되었으며, 그 결과 일반적으로 특권은 가지고 있지만 취약한 소수집단이 되었다. 1970년대에 우간다의 인도계 주민들은 이디 아민Idi Amin 정부에 의해 추방당해 영국에 난민으로 이주했다. 한편 시에라리온에서는 수세대에 걸쳐 살고 있는 레바논계 주민들이 아프리카인 혈통이 아니라는 이유로 아직까지 투표권을 행사하지 못하고 있다(USDS, 2006).

식민주의는 유럽인이 소유한 플랜테이션이나 광산에 아프리카인 노동력을 제공하기 위하여 항상 이주를 통제하는 데 주의를 기울여 왔다(Bakewell, 2007). 식민지의 노동력 충원은 일시적 이주에 기반을 두었는데, 왜냐하면 영구 정착하여 밀집거주지역을 형성하는 것은 기존 질서에 대한 잠재적 위협으로 간주되었기 때문이다. 그럼에도 불구하고 식민주의는 오늘날에도 지속되고 있는 급격한 도시화 과정을 출발시켰다. 2007년까지 사하라 이남의 도시들은 매년 4.6퍼센트씩 성장해 왔다. 2030년에 이르면 농촌에서 도시로의 이주 때문에 아프리카인의 54퍼센트가 도시에서 살게 될 것으로 보인다(UN-HABITAT, 2007). 도시의 성장은 슬럼 거주자, 노숙자, 영세민 인구를 증가시켰다. 그리고 높은 인구밀도로 인해 배가된 절대빈곤은 도시의 질병 확산을 촉진했다.

대륙 간 이주자, 특히 서유럽을 향한 이주자의 흐름은 전통적으로 과거 식민 지배국을 목적지로 삼아 왔다. 예를 들어 콩고 사람은 벨기에로, 세네갈 사람은 프랑스로, 나이지리아 사람은 영국으로 이주했다. 1990년대 남부 아프리카에서는 백인 소수자 통치가 흑인 다수자 통치로 이행되었으며, 이는 백인들의 대탈출을 야기했다. 이 대탈출은 1960

년대 아프리카 독립 시기에 나타난 백인의 이출을 다시 보는 것 같았다. 백인 남아프리카공화국 주민 25만 명은 1994년 아파르트헤이트[^Apartheid] 체제의 종식 직후 남아프리카공화국을 떠났다. 그러나 지금도 남아프리카공화국에는 아프리카 대륙에 거주하는 500만 명의 백인 중 80퍼센트가 살고 있다(SAMP, 2005). 그동안 백인들이 농업, 사업, 정부 부문에서 중요한 역할을 도맡아 해왔기 때문에 이러한 이주는 심각한 경제적 결과를 낳았다.

강제이주

대다수의 아프리카 국가들은 경제적 이주와 강제이주를 모두 경험했다. 일부 지역에서는 전쟁이 장기간 지속되거나 반복된 결과 국내이주나 국외이주 모두에서 강제이주가 주된 이주 형태로 자리 잡았다. 이러한 경향은 탈식민시기 내내 아프리카의 뿔the Horn of Africa[소말리아와 에리트레아, 에티오피아 등이 포함된 지역으로 아라비아 해로 돌출된 반도이다. 지리적 모양 때문에 아프리카의 뿔이라고 불린다.—옮긴이], 동아프리카, 대호수 지역 the Great Lakes Region[아프리카의 빅토리아, 탕가니카, 말라위 호수 등을 끼고 있는 지역으로 부룬디, 르완다, 우간다, 콩고민주공화국의 동북부, 케냐의 북서부, 탄자니아를 포함한다.—옮긴이], 중앙아프리카—특히 콩고민주공화국—에서 일어났다. 서아프리카와 남아프리카에서는 전 시기에 걸쳐 경제적 이주가 지배적 유형이었지만, 1960년대에서 1990년대에 이르기까지 모잠비크, 앙골라, 짐바브웨, 남아프리카공화국에서 있었던 해방 전쟁 기간에, 1960년대의 나이지리아와 1990년대부터 2000년대 초의 시에라리온과 코트디부아르에서 있었던 내전 기간에는 대규모 난민 이주가 발생했다(Mafukidze, 2006).

식민지의 독립이 진행되던 시기에 수백만 명의 사람들이 통치권 이양을 주저하던 식민권력과의 충돌을 피해서 도피하거나(알제리, 케냐, 콩고 등), 자신들의 특권을 고수하려는 백인 정착민 집단과의 잔혹한 갈등을 피해 도피했다(짐바브웨, 남아프리카공화국 등). 그러나 구시대 식민주의의 패배와 독립국가의 설립이 반드시 평화로운 상태로의 복귀를 의미하지는 않았다. 냉전기간 동안 아프리카에서는 동구와 서구의 대리전이 벌어졌다. 정치적·경제적 압력, 무기 공급, 용병, 직접적 군사 개입 같은 요인들은 새로운 갈등을 초래하거나 기존의 갈등을 지속시켰다(Zolberg et al., 1989). 앙골라, 모잠비크, 에티오피아에서의 권력 갈등은 대규모 외부개입과 관련되었는데, 지역 주민의 심각한 희생이라는 비용을 치렀다. 이 시기의 대규모 난민 이동은 대개 아프리카 대륙 내에서 이루어졌다. 냉전이 끝난 뒤에도 일부 분쟁은 계속되고 있다. 폭력은 주로 내전과 소수자 박해 등의 형태로 표출되지만 종종 국가 간 충돌이나 국제적 개입을 낳기도 한다(Duffield, 2001; Kaldor, 2001).

아프리카 난민의 절반 이상은 아프리카의 뿔과 동아프리카 지역에서 쫓겨난 사람들이다(Bakewell and de Haas, 2007:100; Oucho, 2006:132). 아프리카의 뿔 지역은 에티오피아, 에리트레아, 소말리아 간의 장기간 지속되고 반복되는 무장투쟁으로 인해 분쟁지역이 되었다. 소말리아에서 1992년부터 1993년까지 진행되었다 실패한 미국의 군사 개입은 상황을 더욱 악화시켰고, 2006년 미국의 지원을 등에 업은 에티오피아의 개입 역시 상황을 안정시키지 못했다. 수많은 소말리아인들이 케냐와 예멘, 유럽, 북미로 도피했으며, 이들의 송금은 많은 소말리아인들의 생존에 결정적 요소가 되었다(Lindley, 2007). 아프리카의 뿔 지역은 전쟁뿐만 아니라 가뭄과 기근도 겪었으며 정부는 경제적·정치적 이유를 들어 주민을 이주시키는 정책을 폈다. 이러한 격변 과정에서 국내실향민과 난민이 발생했는데, 종종 끔찍한 환경에서 일어났다(Turton, 2006).

동아프리카의 대호수 지역은 특히 폭력이 만연한 지역이다. 콩고민주공화국과 르완다, 부룬디, 우간다에서 오랫동안 계속된 내전으로 수백만 명이 죽음에 이르렀고, 대량 이주가 발생했다. 1994년의 르완다 대학살은 특히 악명이 높다. 수단은 30년 넘게 지속된 전쟁과 대규모의 국내외 이주를 겪고 있다. 2008년 초에는 케냐에서도 대통령 선거 결과를 두고 벌어진 분쟁으로 인해 정치적·종족적 폭력이 촉발되었다. 그러나 대부분의 동아프리카 국가들은 갈등을 겪는 와중에도 난민들을 수용했다. 우간다가 르완다, 부룬디, 수단의 난민을 수용할 때 우간다 난민들은 수단으로 건너갔다. 탄자니아는 지난 40년 동안 40만 명에서 80만 명에 달하는 남아프리카공화국, 짐바브웨, 모잠비크, 말라위, 우간다, 르완다, 부룬디, 콩고민주공화국 출신의 난민을 수용했다. 국제사회는 이러한 '아프리카의 환대Africa hospitality'에 기대어 부국으로의 난민 유입을 제한하고자 했지만, 1996년 탄자니아가 르완다 난민을 추방하면서 상황이 바뀌기 시작했다. 그 뒤로 아프리카 국가들이 난민을 더 제한적으로 수용하게 된 것이다(Bakewell and de Hass, 2007).

오늘날 아프리카의 전반적인 안보 상태는 개선되고 있으며, 유엔난민기구가 집계한 난민 수 역시 1995년 680만 명(UNHCR, 1995)에서 2006년 240만 명(UNHCR, 2006d)으로 줄어들었다. 그러나 그들 중 대다수는 유엔난민기구가 '장기화된 난민 상황'이라고 이름붙인 상태에 놓여 있다(UNHCR, 2004). 그것은 그 사람들이 5년 넘게 난민 캠프에 살고 있으며, 고향으로 돌아가거나 가난하고 고립된 현재의 생활환경을 벗어날 수 있다는 희망이 거의 없음을 의미한다. 그러나 평화협정이 성공적으로 체결된 곳에서는 대대적인 난민 귀국과 국내실향민 재정착이 이루어졌다. 남아프리카공화국의 아파르트헤이트 체제 종말은 갈등의 중요한 원인을 제거했다. 모잠비크에서는 남아프리카공화국이 모잠비크국민저항RENAMO(Resistência Nacional Moçambicana의 약자로 1975년 창설되어 반공을 표방한 보수적 정치조직이다. 모잠비크 내전에서는 모잠비크해방전선Frente de Libertação de Moçambique; FRELIMO에 대항해 싸웠고, 1975년부터 1992년까지 로버트 무가베가 이끄는 짐바브웨아프리카민족동맹Zimbabwe African National Union; ZANU에 대항해 무장투쟁을 전개했다.—옮긴이) 운동에 자금을 제공하고 무장을 지원했으며, 그 결과 1990년대 초 모잠비크에서 570만 명에 달하는 실향민이 발생했다. 이들 중 170만 명은 난민이 되었고 400만 명은 국내 실향민이 되었다. 실향민 중 대부분은 1996년쯤 고향으로 돌아갈 수 있었다(USCR, 2001).

21세기에 들어서야 앙골라, 라이베리아, 시에라리온, 대호수 지역의 잔혹한 분쟁이 종결되었다. 비록 현재 각 나라들은 분쟁 이후 발전과 화해의 서로 다른 단계를 거치고 있지만, 자국민의 대규모 귀환은 사회적 안정성이 점차 높아지고 있음을 보여 준다. 그러나 실향민이 대규모로 발생했던 나라들은 이들의 대량 귀환에 대처할 사회적, 경제적, 정치적, 물리적 장치가 빈약하여 사회적 안정성을 유지하는 데 어려움을 겪고 있다.

또 다른 지역에서는 새로운 갈등이 촉발되었다. 2005년 남수단과 북수단 간에 체결된 빈약한 평화협정은 비록 22년에 걸친 내전을 종식하기는 했지만 다르푸르Darfur 서부 지역의 폭력을 고조시켜 40만 명의 수단인을 죽음으로 내몰았다(2011년 남수단은 국민투표를 통해 수단으로부터 독립했다.—옮긴이). 이 갈등은 인접국인 차드Chad에도 확산되었다. 2006년까지 64만 8,000명의 난민이 수단을 떠나 다른 나라로 도피했으며, 수단 내부에서는 530만 명이 이주했다. 그러나 동시에 수단은 주로 에리트레아에서 온 난민 23만 1,000명을 수용한 나라이기도 하다(USCRI, 2006). 극빈국 주민에게 전가되는 대규모 강제이주의 부담은 북반구의 부유한 국가들이 수용하는 훨씬 적은 난민 수와 극적으로 대조된다(제8장 참조). 또 다른 대규모 탈출 사례는 짐바브웨와 관련이 있다. 수백만 명이 정치적 탄압과 악화되는 경제 상황을 벗어나기 위해 도피했으며,

그들의 대다수는 남아프리카공화국에서 일자리와 피난처를 찾고 있다.

아프리카 내의 경제적 이주

아프리카 모든 지역에서 경제적 이주는 —심지어 강제이주가 강력한 영향력을 행사하는 지역에서도— 중요한 이주 유형이다. 아콕파리가 지적했듯이(Akokpari, 2000:3-4) 압박과 갈등이 있을 때, 경제적 붕괴 때문에 생계가 파괴되어서 이주한 사람과 폭력을 피해 도피한 난민을 구별하기는 매우 힘들다. 그는 후자를 '경제적 난민'으로 분류해야 한다고 주장했다. '경제적 난민'의 개념은 공식적인 비호 원칙의 토대를 이루는 명쾌한 범주 자체에 의문을 제기한다. 그러나 아프리카의 많은 지역에서 경제적 이주는 지배적인 유형이며, 북아프리카의 리비아, 서아프리카의 코트디부아르, 가나, 가봉, 남부아프리카의 남아프리카공화국과 보츠와나 같은 경제성장 지역에서 중요한 이주체계로 발전했다(Bakewell and de Hass, 2007:96).

서아프리카는 대륙 내에서 가장 이동성이 높은 지역으로 간주된다. 유엔의 한 연구는 2000년에 국제이주자 인구가 680만 명(서아프리카 전체 인구의 2.7퍼센트)에 달한다고 집계한 바 있다(Zlotnik, 2004). 농경이나 무역, 종교를 위한 식민 이전 시기의 주기적, 계절적 이주는 식민시기가 시작된 뒤 처음에는 대서양횡단 노예무역으로 대체되었고 그 후에는 광산, 플랜테이션, 경찰과 군대를 위한 인력 충원으로 대체되었다. 사헬 Sahel 지역(말리, 부르키나파소, 니제르, 차드)에서는 오늘날에도 우기와 건기의 주기에 기초한 이주가 지속되고 있다. 오늘날 서아프리카에서 가장 규모가 큰 이주는 내륙 북부지역에서 남부 해안지대를 향한 이주이다. 이 이주자들은 라고스, 다카르, 아크라처럼 빠르게 성장하는 도시의 공장, 광산, 플랜테이션이나 (공식 및 비공식 부문의) 서비스 경제에서 일자리를 찾고 있다.

　국제이주는 대개 자발적이었다. 고도성장 시기에 각국 정부들은 이주노동자들을 환영했으나 경제 위기 시기에는 수많은 이주자들을 추방했다. 예를 들어, 1950년대와 1960년대에 수많은 토고와 나이지리아 사람들이 가나로 이주했다. 가나 정부는 1966년 쿠데타와 그에 뒤이은 경제 위기 직후 20만 명에 달하는 이주자를 대량으로 추방했는데, 그들은 주로 나이지리아 출신이었다. 1973년 이후 나이지리아가 석유로 새로운 부를 축적하게 되자 수백만 명의 가나인과 서아프리카 국가 출신 이주자들이 나이지리아에서 일자리를 찾았다. 이들 중에는 교사와 의사, 행정가들이 많았다. 그러나 부패와 잘못된 경제 정책은 위기를 촉발했고, 1983~1985년에 100만 명 이상의 가나인을 포함한 약 200만 명의 저숙련 서아프리카 이주자들이 강제퇴거당했다(Bakewell and de Haas, 2007:104). 한 학자는 1958년부터 1996년까지 아프리카의 16개 국가에서 진행된 스물세 차례의 대규모 강제퇴거 사례를 열거했다(Adepoju, 2001).

　서아프리카의 이주 유형은 1980년대의 경기 하락과 시에라리온(1991~2001), 라이베리아(1989~1996, 1999~2003), 기니(1999~2000), 코트디부아르(2002년 이후)의 내전으로 인해 극적으로 변화했다(Bakewell and de Haas, 2007). 난민과 국내실향민이 대규모로 발생했고, 노동이주 유형이 붕괴되었다. 예를 들어, 코트디부아르를 향한 부르키나파소 시민들의 계절적 노동이주는 1886년 프랑스에 식민화되기 전부터 매우 중요한 것이었다. 그러나 사회적 불안정성이 높아지고 반反외국인 운동이 시작되면서 2006~2007년에 36만 5,000명의 부르키나파소인이 본국으로 돌아가게 되었다(Kress, 2006).

　오늘날에도 아프리카 대륙 내 노동이주의 다방향적 경향은 지속되고 있으며, 대개 일시적인 것이 특징이다. 그러나 점점 더 많은 서아프리카 사람들이 —고숙련 노동자와 저숙련 노동자 모두— 지역 밖에서 일자리를 찾고 있다. 많은 사람들이 아프리카 대륙의 남쪽(남아프리카공화국과 보츠와나)과 북쪽(리비아)의 새로운 이주 목적지에 관심을 보이고 있으며, 또 다른 사람들은 유럽과 북아메리카, 심지어 일본과 중국에서도 기회를 찾고자 한다.

아파르트헤이트 체제가 종식된 남아프리카공화국은 사하라 이남 아프리카의 경제 강국으로서, 아프리카 대륙의 다른 지역에서 이주자들을 끌어들이고 있다. 이와 같은 이주의 기원은 금광과 다이아몬드 광산에 노동자를 공급하기 위해 1890년부터 1920년 사이에 만들어진 광산노동 체계로 거슬러 올라간다. 아파르트헤이트 체제하에서 노동자들은 모잠비크, 보츠와나, 레소토, 스와질란드, 말라위 등지에서 모집되었으며, 주로 젊은 남성들이 고용되었다. 그들은 지저분한 숙소에서 살아야 했고, 1~2년 일한 뒤에는 고향으로 되돌아가야 했다. 부상과 죽음의 위험이 높음에도 불구하고 본국에서 경제적 기회를 찾지 못한 많은 이주 노동자들은 남아프리카공화국 광산에 취업하는 것을 유일한 기회로 받아들였다. 인접국으로부터의 불법이주 역시 상당했다. 모잠비크와의 국경을 따라 설치된 전기 울타리를 포함한 안보 장치는 불법 입국을 더욱 위험하게 만들었다.

1994년 이후 비합법 입국이 엄청나게 증가했으며, 동시에 많은 남아프리카공화국 출신 난민들이 고향으로 돌아왔다. 만연한 실업자와 무법자들은 상황을 더 복잡하게 만들었다. 2002년에 이민법이 통과되었지만 집행하기 어렵다는 것이 밝혀졌다. 법안은 고숙련 인력의 충원에 맞추어져 있었으나, 광산과 농장을 위한 임시노동자 모집체계도 유지하고자 했으며, 비합법 이민에 대한 엄벌을 도입했다. 모잠비크, 보츠와나, 레소토, 스와질랜드 출신 광부들의 채용은 계속 증가해서 1990년대 후반에는 광산 노동력에서 외국인 노동자가 차지하는 비중이 60퍼센트까지 늘었다. 남아프리카공화국에 대한 인접국의 경제적 의존도 역시 증가했다. 남아프리카공화국에 둘러싸인 소국인 레소토는 전체 국민의 81 퍼센트가 남아프리카공화국에서 일하고 있으며, 모잠비크와 짐바브웨의 경우에는 그 비율이 각각 20퍼센트와 23퍼센트였다(Crush, 2003).

　1990년대 이후에는 가나나 나이지리아, 또는 콩고민주공화국처럼 멀리 떨어진 국가들에서도 이주자들이 '황금의 땅 엘도라도'인 남아프리카공화국으로 몰려왔다. 그중 많은 이들이 의학, 교육, 행정, 사업 분야에서 경험과 자격증을 갖춘 사람들이었다. 또 다른 사람들은 행상, 노점식당, 소규모 무역상과 같은 비공식 부문의 경제에 참여했다. 1994년 이후 100만 명이 넘는 이주자들이 강제퇴거당했다(Crush, 2003). 비록 일부 서류미비 이주자들은 상해의 위험을 감수하면서 불법적으로 국경을 넘고 있지만, 대부분은 합법적으로 입국한다. 최근에는 인접국인 짐바브웨로부터 대규모 유입이 있었다. 일단 입국에 성공하면 공식 부문과 비공식 부문 모두에서 일자리를 구할 수 있지만, 이민에 대한 적대감은 고용과 합법화를 위한 법적 장치의 마련을 방해하고 있다. 외국인혐오증 역시 주요한 문제가 되었다. 2006년 1월부터 8월까지 웨스턴케이프 주에서 28명 이상의 소말리아인이 살해당했다(*Cape Times*, 2006. 9. 1). 2008년 5월에는 반ᆾ이민자 폭동이 발발했다. 많은 이민자들이 빈민가 출신의 젊은 갱들에게 폭행, 살해, 강간당하고 강제로 쫓겨났다.

유럽과 다른 지역을 향한 아프리카인의 이주

역사적으로 볼 때 아프리카인의 이주는 인접국의 국경을 넘거나 아프리카의 여러 지역을 순환하는 대륙 내 이주가 지배적이었다. 이러한 경향은 오늘날에도 남아 있어서, 서아프리카는 사하라 이남 아프리카를 구성하는 지역들 중에서 공업화된 국가로 이주하는 비율이 가장 높은 지역임에도 불구하고 역내 이주의 비율이 세계의 다른 지역으로 향하는 이주보다 최소 7배나 더 높다(Bakewell and de Haas, 2007:111). 유럽으로 향하는 아프리카인의 이주가 늘어나는 현상에 대해 미디어가 지나치게 흥분하고 있지만 실제 이주자 수는 아주 적은 것으로 보인다. 물론 놀랄만큼 자료가 부족한 상황이어서 확증하기는 힘들다. 국제이주기구 International Organization for Migration; IOM의 연구에 따르면, 2000년 유럽에는 350만 명의 아프리카인이 살고 있는 것으로 나타났다(IOM, 2003:Table 12.1, p.219). 이 자료에 근거하면 '유럽의 아프리카인 디아스포라'는 전체 유럽 인구의 0.5퍼센트를 차지한다.

그러나 1980년대부터 시작된 파죽지세의 전 지구화는 아프리카인이 선진국으로 이주하는 현상을 촉진하는 환경을 조성했다. 아프리카에서 역할이 더 커진 전 지구적 자본은 아프리카인의 평균 수입을 증가시키기는커녕 절대적 측면에서 그리고 세계 다른 지역과의 상대적 측면에서 사람들의 수입 감소를 초래했다(Akokpari, 2000). 국제통화기금 International Monetary Fund; IMF과 세계은행의 구조조정 정책은 산업과 무역을 기대만큼 고무시키지 못했을 뿐만 아니라 보건, 교육 및 행정 부문에서 중산층의 고용을 감소시키기까지 했다(Adepoju, 2006). 이러한 요인들로 인해 부국으로 이주하고자 하는 동기가 더욱 강화되었으며, 기술적 진보로 더 저렴해진 교통과 통신으로 인해 이주가 용이해졌다.

유럽과 중동으로 향하는 아프리카인의 대륙 간 이주에서 저학력 이주 노동자와 서류미비 이주는 점점 더 중요해지고 있다. 국제적으로 관심을 가장 많이 받는 지역은 지중해의 아프리카 해안과 가장 가까운 스페인, 카나리 제도, 이탈리아, 몰타이다. 유럽연합EU 국가들이 해상 순시와 국경 통제 장치를 강화하자 서류미비 이주자들은 더 멀리 돌아가는 항로를 선택하게 되었고, 위험과 사망률은 더욱 높아졌다. 2006년에 카나리 제도에는 3만 1,000명의 불법이주자들이 입국한 것으로 집계되었는데, 이는 2005년에 비해 600퍼센트 증가한 수치이다. 카나리 제도로 가려고 시도하다 사망한 사람은 최소 6,000명에 이르는 것으로 추정된다(BBC News Online, 2006). 유럽연합의 국경 관리 기구인 프론텍스Frontex(Frontières extérieures, 영어로는 European Agency for the Management of Operational Cooperation at the External Borders of the Member States of the European Union으로 유럽연합 회원국의 전체 국경을 관리하는 기구이다. 2004년에 창설되어 2005년 10월부터 활동하기 시작했으며 폴란드의 바르샤바에 본부를 두고 있다.—옮긴이)는 불법이주자 보트가 항구에서 떠나는 것을 막기 위해 세네갈과 모리타니 연안을 순찰해 왔다. 그러나 서아프리카의 일부 국가는 안보장치를 강화한 반면에, 감비아 같은 국가는 밀입국에 사용되는 항구를 개방하기도 했다(Fleming, 2006). 유럽에 성공적으로 도착한 아프리카인들은 실업, 인종차별주의, 노숙생활에 맞닥뜨리기도 하지만, 본국에서는 기회를 잡기가 너무 어렵기 때문에 이런 위험을 기꺼이 짊어지고자 한다. 일부 저숙련 아프리카인들은 일자리를 찾아 멀리 러시아나 일본에까지 가고 있으며, 중국에서 가나인 무역상이 활동한다는 사실이 보고된 적도 있다.

유럽연합과 아프리카연합African Union; AU 회원국들은 불법이민을 방지하기 위해 함께 노력하고 있다. 스페인 정부는 2006년 서아프리카 국가들과 상호이민조약에 서명했다. 세네갈, 기니, 기니비사우, 말리, 감비아는 잠재적 불법이주자들을 출발 전에 막는 것을 돕기로 약속했으며, 스페인 해안에 도착한 이주자들이 체포되면 쉽게 본국으로 돌려보낼 수 있게 조치하는 데 동의했다. 이에 대한 보답으로 스페인은 각 나라에 수백만 유로의 원조를 5년 이상 제공하며, 숙련 및 저숙련 아프리카인 노동자의 채용을 허가하는 것에 동의했다. 나아가 유럽연합은 불법이민과 인신매매를 줄이고 숙련 노동자를 유치하며 두뇌유출보다는 두뇌순환을 창출해 내는 것을 목표로 하는 조약의 초안을 작성했다. 또한 유럽연합은 서아프리카 내에 직업을 창출하기 위해 4,000만 유로를 할당했다.

선진국으로 이주하는 아프리카인 중 다수는 고학력자이다. 아프리카의 발전과 관련된 주요 의제 중 하나는 두뇌유출(앞의 제3장을 보라)이다. 미국에서 아프리카인은 어떤 이민자 집단보다 평균 교육 수준이 높다. 아프리카 이민자의 49퍼센트가 학사학위 소지자이며, 19퍼센트는 석사학위를 받았고, 3만 명의 이민자는 미국에 오기 전 박사학위를 취득한 사람들이다('African Immigrants…', 1999-2000). 선진국으로 이주하는 아프리카인들은 국제적인 미디어가 보여 주는 '풍족한 삶'에 매료되어 있으며, 그들은 그런 삶이 개인적 능력에 기반을 둔 성공을 약속해 줄 것이라고 생각한다. 그들의 모국은 대부분 특별후원과 부패로 가득 차 있기 때문에 성공을 약속해 주지 못한다. 그러나 자주 '두뇌 낭비'—저임금으로 고용될 뿐만 아니라 그 능력을 충분히 활용하지 못하는 것— 문제가 일어난다. 미국에서 아프리카인의 가구당 연평균 수입은 1만 1,600달러로 아시아 출신 이민자보다 여전히 적다('African Immigrants…', 1999-2000). 외국에서의 교육, 훈련, 직업 경험 등은 이입 국가에서 그 가치를 인정받지 못하는 경우가 많으며, 이민자들은 그들의 능력 수준에 훨씬 못 미치는 직업을 가져야 한다.

두뇌유출이 가장 문제가 되는 영역은 의료 부문이다. 발전된 국가들은 기존 월급보다 스무 배까지 더 벌 수 있도록 해주는 인센티브(Kaba, 2006)나 국제적 인재 충원 프로그램을 통해 가장 전도유망한 아프리카의 의사와 간호사들(아프리카에서 훈련받았거나 수용국에서 훈련받은 사람 모두)을 퍼 담아 온다(Batata, 2005). 세계보건기구World Health Organization; WHO가 제시하는 기초의료의 최소기준치는 인구 5,000명당 의사 1명이다. 사하라 이남 지역에서는 38개국이 이 기준에 훨씬 못 미치며, 그중 13개국은 인구 2만 명당 1명 이하의 의사를 보유하고 있을 뿐이다. 2006년 조사에서 인간개발지수가 가장 낮은 것으로 평가된 나라인 니제르는 인구 10만 명당 의사 수가 3명에 불과하다(UNDP, 2006). 아프리카 대륙 전체에서 에이즈, 말라리아, 결핵 등과 같은 질병의 유병률과 사망률이 높아지는 현상은 이런 문제를 더욱 복잡하게 만들고 있다. 즉 대륙 밖으로의 이출과 사망으로 인한 '이중 두뇌유출'이 나타나고 있는 것이다. 예를 들어, 말라위는 인구 5,900명당 간호사 수가 1명(Hamilton and Yau, 2004)이고, 에이즈 감염률은 총인구의 14.2퍼센트이다(CIA, 2007).

송금

외국에 체류하는 아프리카인들은 ―그들이 아프리카 대륙 내의 다른 나라에 있든 대륙을 벗어나 있든, 저숙련 노동자이든 고숙련 노동자이든, 합법 이주자이든 비합법 이주자이든, 또는 난민이든 경제적 이주자이든, 누구나 상관없이― 본국에 있는 가족들에게 돈을 보낸다. 송금은 수백만 명에게 중요한 수입 형태이다. 세계은행에 따르면, 2007년 아프리카로 보내진 송금액은 108억 달러에 이른다(Ratha and Zhimei, 2008). 보통 송금은 어떤 원조보다도 쉽게 사용할 수 있는 형태로 가난한 가족들에게 전달되며, 소규모 사업을 시작하거나 집을 짓고 아이들의 학비를 제공하는 데 도움을 주며, 가처분 소득을 늘려 준다(제3장을 보시오). 일부 지역에서 송금은 너무나 중요하기 때문에 케냐와 탄자니아의 이동통신 회사들은 2007년에 이주민들이 문자 메시지를 통해 송금할 수 있는 서비스를 제공하기 시작했다(Mwakugu, 2007). 송금은 이주와 발전에 관한 논의에서 핵심적인 주제가 되었다(Ghosh, 2006; Lindley, 2007; Ratha and Shaw 2007; World Bank 2007 참조).

지역조직

사하라 이남 아프리카에서는 상품, 자본, 사람의 자유로운 이동을 보장하고 무역장벽을 없애기 위한 수많은 국제조직들이 만들어져 왔다. 서아프리카경제공동체Economic Community of West African States; ECOWAS, 남아프리카개발공동체South African Development Community; SADC, 동아프리카공동체East African Community; EAC, 동남아프리카공동시장Common Market for East and Southern Africa; COMESA은 모두 회원국 사이에 국민들의 자유로운 이동을 보장하는 규정을 도입했다. 이러한 조치의 효율성에 대한 의견은 매우 다양하다. 일반적으로 이 협정들은 빈약하게 시행되고 있거나 회원국의 정책이나 관행에 의해 부정되고 있다(Ricca, 1990; Adepoju, 2001). 이동의 자유가 명목상 존재하는 많은 지역들에서도 엄청난 규모의 비합법 이주가 발생하고 있다. 남아프리카공화국은 여전히 다른 남아프리카개발공동체 회원국에서 유입되는 이주를 제한하고 있다. 서아프리카경제공동체는 1970년대와 1980년대에 나이지리아인과 가나인의 자유로운 이주에 동의했지만, 각국 정부가 임시 정책으로 이주자의 대규모 퇴거 명령을 집행하는 것을 저지하지는 못했다(Akokpari, 2000:77). 오늘날 서아프리카경제공동체 16개 회원국의 국민은 자유롭게 이동할 수 있으며, 역내 이주자들은 과거보다 더 보호받고 이동을 더 보장받게 되었다. 오우초는 동아프리카의 무비자 이동과 공동 여권에 주목하고, 그러한 운동과 제도가 각 나라의 입법, 정책, 관행을 조화시켜야 하는 도전적 과제라고 언급했다(Oucho, 2006:131).

중동 · 북아프리카: 지정학적으로 중요한 지역

모로코의 대서양 해안부터 파키스탄의 서쪽 국경까지 뻗어 있는 이 지역은 아랍 국가들과 터키, 이란, 이스라엘 같은 비아랍 국가들을 포함한다. 이 지역은 엄청난 정치적 · 문화적 · 경제적 다양성이 다채로운 이주와 이동성의 유형을 만들어 낸 곳이다. 또한 갖가지 이질성에도 불구하고 중동·북아프리카Middle East North Africa; MENA는 역사, 지리, 종교, 문화 면에서 공통점에 기초하여 통합된 지역으로 간주되기도 하는데, 이는 공유된 이주 경험으로 나타난다. 한편, 앞에서 언급한 대로 북아프리카와 사하라 이남 아프리카는 정치적·경제적 관계를 통해 긴밀하게 연결되어 있으며, 이는 사하라 사막을 가로지르는 이동으로 이어졌다(de Haas, 2006d). 지역 경계가 고정된 적은 단 한 번도 없었으며, 이주의 시대가 열리면서 지역 간 삼투성은 점점 더 높아지고 있다.

중동·북아프리카 지역의 이주를 포괄적으로 개관하는 것은 두 가지 이유에서 큰 도전이다. 첫 번째 이유는 연구 부족이다. 기존의 연구들은 주로 중동·북아프리카에서 서구 국가를 향한 이민에 초점을 맞추는 가운데, 역내의 보다 복잡한 이주 네트워크를 간과했다. 최근까지 중동·북아프리카의 이주는 주로 경제적 배출과 흡인 요소의 관점에서만 고찰되었다. 보다 최근의 연구들은 체계적 현지조사와 더 좋은 이론적 틀(네트워크 이론 등)을 반영하고, 사회자본이나 문화자본의 분석 같은 새로운 사회과학적 방법론을 사용하는 연구의 필요성을 제기하고 있다. 게다가 정보가 불균등하다. 즉 요르단 같은 특정 사례에 관해서는 연구문헌이 많지만, 리비아같이 중요한 이주 지역은 거의 연구되지 않았다.

두 번째 이유는 역내 및 역외 이주 유형이 복잡하다는 것이다. 공식적 범주는 종종 인간의 현실과 상응하지 않는다. 메카 순례는 무역 파트너와의 관계를 발전시키는 기회가 되기도 한다. 걸프 지역으로 향하는 팔레스타인 이주자들은 난민이면서 동시에 이주노동자이다. 1990년까지 '수용국'과 '송출국'을 구별하기는 매우 쉬웠다. 대개 산유국은 수용국이었고 비산유국은 송출국이었다. 그러나 그 뒤로 20여 년이 지나는 동안 이 둘을 구별하기는 점점 더 어려워졌다. 수용국들이 이민을 규제하기 시작하면서, 과거의 송출국들이 이제는 이민자나 경유 이주자transit

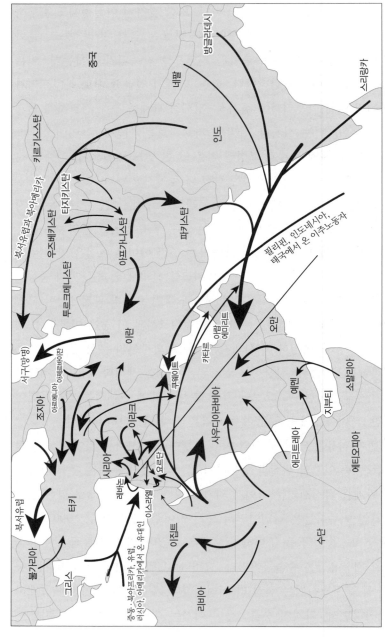

지도 7.2 **중동·북아프리카 안팎의 이주** 주: 화살표의 크기는 이주 흐름의 대략적인 규모를 나타낸다. 정확한 수치는 알 수 없다.

중국

네팔

방글라데시

키르기스스탄

스리랑카

북서유럽과 북아메리카

우즈베키스탄

타지키스탄

인도

아프가니스탄

투르크메니스탄

파키스탄

필리핀, 인도네시아,
태국에서 온 이주노동자

이란

서구(망명)

아랍에미리트

아제르바이잔

오만

조지아

아르메니아

쿠웨이트

카타르

예멘

소말리아

북서유럽

이라크

사우디아라비아

지부티

에리트레아

터키

시리아

요르단

에티오피아

불가리아

레바논

이스라엘

그리스

이집트

수단

중동·북아프리카, 유럽,
러시아, 아프리카에서 온 유대인

리비아

migrants를 수용하고 있다(Fargues, 2007).

오늘날 중동·북아프리카의 이주는 6개의 주요 유형으로 구성된다. 이동의 전통적 형태, 중동·북아프리카 내에서 정착을 목적으로 한 이주, 중동·북아프리카에서 세계의 다른 지역으로 향하는 이주, 역내 노동이주, 역내 난민 이주, 경유 이주이다. 이런 상이한 유형들을 분석하려면 우선 이 지역에 영향을 미치는 관련 의제들을 이해할 필요가 있다. 예를 들어, 취약한 정치 체계, 인구 변화, 기본권의 박탈, 전 지구화, 일부 지역의 풍부한 자원 및 부와 대조적으로 일부 지역에서 나타나고 있는 빈곤 문제들을 이해해야 한다.

전통적 이동 형태: 유목민, 상인, 순례자

중동·북아프리카는 역사적으로 이동성이 높은 지역이었다. 사막 또는 준사막 지역에는 유목 생활양식이 적합하다는 점, 순례를 권장하는 수많은 성지들이 존재한다는 점 등이 그 까닭이다(Chiffoleau, 2003). 대제국의 오랜 역사와 상품과 지식의 교환을 촉진한 느슨한 국경(Laurens, 2005:25-27)도 또 다른 이유이다. 19세기와 20세기에는 국가의 규제가 강화된 결과 이동성이 감소했다. 국가가 유목 집단을 통제하고 세금을 부과하기 위해 강제정주 정책을 시행하면서 유목 인구는 강화된 구조의 주요 희생자가 되었다. 마찬가지로 국가는 순례자와 무역상의 이동도 규제했다. 예컨대 사우디아라비아는 메카나 메디나로 여행하는 순례자들의 수를 출신국가별 쿼터를 적용하여 제한했다(Chiffoleau, 2003).

국가 규제의 증대에도 불구하고 이동성의 전통적 형태는 이주자들이 새로운 맥락에서 실행 방안을 만들어 내고 적응해 나가는 능력을 통해 유지되어 왔다. 국가 역시 인구이동을 완벽하게 통제할 능력이 없었다. 미국과 유럽뿐만 아니라 구소련 지역에서도 무슬림 순례자가 증가하면서 순례 이동이 다시 활기를 되찾았다(Balci, 2003; Chiffoleau, 2003). 또한 현대의 무역상이 과거의 카라반 무역상을 대체했다. 주로 구소련과 북아프리카에서 온 '여행가방suitcase[보따리—옮긴이]' 이주자들은 두바이 같은 걸프 국가들에 조성된 새로운 경제 허브에 특히 많은 관심을 보였다(Jaber, 2005:20).

정착 이민

수백 년 동안, 이 지역을 지배했던 다양한 제국들은 새로 정복한 땅을 안정시키기 위한 전략적 도구로서 이주와 인구 재배치 전략을 사용했다. 예를 들어, 오스만 제국이 팽창했을 때 정부는 무슬림에게 최근 획득한 땅에 정착하라고 명령했다. 이는 '쉬르귄sürgün'[sürgün은 터키어 동사 sürmek에서 나온 말로, 양떼들이 무리지어 이동하듯이 사람들을 강제로 한 지역에서 다른 지역으로 이주시킨다는 의미이다. 오스만 제국에서 국가가 일군의 사람들을 고향에서 떠나게 해 다른 지역에 재정착시킨 정책을 말한다. 강제이주로 볼 수도 있다.—옮긴이]이라고 알려진 과정이다(Tekeli, 1994:204-206). 오스만 제국이 쇠퇴하고 제국의 뒤를 이어 새로운 국민국가가 출현하면서 민족 선호 정책이 나타났다. '비민족'을 추방하고 동시에 '민족'을 환영하는 이 정책은 이주에 대한 민족적 접근을 보여 준다. 이는 그리스와 터키가 1923년부터 1934년까지 수십만 명의 실향민들을 고향에 재정착시키기 위해 인구이전population transfers을 실시한 것처럼 결과적으로 인구교환population exchange을 야기했다(Mutluer, 2003:88-94).

이주와 민족계보를 연결 지어 바라보는 경향은 중동·북아프리카 지역 국가들의 이민정책으로 제도화되었다. 1934년 터키는 '재정착법'을 선포했는데, 이 법은 과거 오스만 제국을 구성했던 지역에 살고 있는 터키계 주민이 터키공화국으로 이주하여 재정착하는 것을 허가하는 조치였다(Tekeli, 1994:217). 이 정책은 20세기 내내 계속되었다. 1980년대에만 해도 31만 명의 터키계 주민들이 박해를 피해 불가리아에서 터키로 이주했다. 그들 중 상당수는 나중에 불가리아로 되돌아갔다. 또한 발칸 반도 서부지역에서 일어난 갈등으로 무슬림 주민들이 터키에서 피난처를 찾게 되었다. 그 결과 1992년에는 대략 2만 5,000명의 보스니아인이, 1999년에는 2만 명의 코소보인이, 2001년에는 2만 명의 알바니아인이 터키로 도피했다(Içduygu, 2000:362-363; Danis and Pérouse, 2005:97).

터키만 이민정책에 민족적 기준을 적용했던 것은 아니다. 이스라엘의 귀환법은 유대인의 이스라엘 '귀환'을 장려하고 있다. 1990년대에 이스라엘은 약 100만 명의 새로운 이민자들을 구소련 지역으로부터 받아들였다. 이렇게 '러시아인'―그들은 보통 그렇게 불린다―이 일으킨 이민의 물결은 정치적으로나 인구학적으로나 중대한 영향을 끼쳤다(제12장 참조). 결과적으로 1947년에 80만 명이던 이스라엘 인구는 1998년 600만 명으로 증가했으며, 전체 인구 성장의 40퍼센트가 이입에 기인한 것이었다(Kop and Litan, 2002:23-25).

터키와 이스라엘처럼 일부 아랍 국가들 역시 민족 선호 정책을 도입했다. 일반적으로 아랍 국가들은 자국과 역사적, 종족적 연대를 가진 사람들에게만 정착할 권리와 시민권을 획득할 권리를 배타적으로 부여해 왔다. '아랍 민족Arab nation'이라는 개념은 이민정책에 거의 영향을 미치지 못했다. 단지 1960년대와 1970년대에 이라크처럼 석유 매장량이 풍부한 산유국에서 비아랍계 이주노동자보다 아랍계 이주노동자를 선호했던 사례가 예외적으로 있을 뿐이다(Lavergne, 2003). 팔레스타인뿐만 아니라 쿠르드와 이라크에서 대규모로 되풀이되며 들어오는 난민으로 인해 아랍 국가들의 이민 및 귀화 정책이 도전받고 있다.

21세기 초 터키는 이민과 망명 정책을 수정했는데 이는 대부분 유럽연합의 압력에 기인했다. 그와 같이 수정된 결과, 외국에서 귀환한 터키계 주민에게 부여되었던 전통적 특혜가 점진적으로 제거되었다(Kirişci, 2006). 걸프 국가들에서는 상당히 엄격한 민족 개념이 이주 유형에 모순적인 영향을 끼치고 있다. 즉 아랍계 이주노동자들이 종종 민족 질서에 위협적 존재로 간주되면서 남아시아나 동남아시아 출신 비아랍계 이주자의 이입이 장려되는 결과가 나타난 것이다(Lavergne, 2003; Laurens, 2005:33).

중동·북아프리카의 이출

가장 완전한 기록이 남아 있는 이주 유형은 중동·북아프리카에서 세계의 다른 지역, 특히 서구 국가를 향한 이출이다. 터키 및 북아프리카 국가 출신 이민자들은 독일, 네덜란드, 프랑스에 많이 거주하고 있어서 관련 조사가 잘 이루어져 있다. 통계 결과는 매우 인상적이다. 2005년 지중해 연안의 중동·북아프리카 국가(알제리, 이집트, 이스라엘, 요르단, 레바논, 모로코, 팔레스타인 지역, 시리아, 튀니지, 터키) 출신 1세대 이민자 수는 1,200만~1,500만 명으로 추정되었다. 그들이 주로 향하는 곳은 중동·북아프리카 출신 (주로 터키와 북아프리카인) 이민자 규모가 600만 명에 달하는 유럽이다. 두 번째로 인기 있는 목적지는 걸프 지역 산유국들로, 이 지역으로 오는 지역 내 이주자들은 대부분 이집트, 팔레스타인, 시리아, 요르단 출신이다. 지중해 연안의 중동·북아프리카 국가들의 이민이 증가하고 있으나, 터키는 주목할 만한 예외이다. 터키인의 이민은 감소하고 있다(Fargues, 2007).

국외 이출이 많은 근본적 이유는 심각한 실업 및 불완전 고용과 결부된 30세 이하 인구의 폭발적인 증가에서 찾을 수 있다. 모로코에서 튀니지에 이르는 지역은 최근까지도 인구가 엄청나게 성장한 지역이다.

베이루트, 가자, 나일 계곡 하류 등은 인구밀도가 매우 높은 지역으로, 이곳에서 만들어진 노동시장에 진입하는 새로운 세대의 규모와 창출되는 일자리 규모 간의 격차가 이출을 촉발하고 있다. 인근 지역은 인구가 적은 사막 황무지인데다, 급속한 경제성장이 이루어진 지역들은 외국인 노동자의 대규모 채용을 통해서만 발전을 이어갈 수 있다는 사실도 중요하다. 그러나 중동·북아프리카의 인구는 지난 20여 년 사이 급격한 출생률 저하로 인해 극적인 변동을 겪고 있다. 따라서 2010~2015년에는 고용시장의 압력이 감소할 것이며, 그에 따라 타국으로의 이출도 줄어들 것으로 예측된다(Fargues, 2007). 중동·북아프리카 국가의 이출에 관한 최근 연구들은 경제적 요인보다 소위 '서구의 유혹Western lure'이라 불리는 출신국에 대한 주관적 만족도 및 수용국에 대한 기대 등과 같은 심리적이고 사회적인 요인들을 더 강조하는 경향이 있다(De Bel-Air, 2003; Mutluer, 2003). 또한 다른 한편에서는 이주의 유형을 만들어 내고 유지하는 사회자본과 이주 네트워크의 중요성을 강조하는 연구가 이루어지고 있다(Roussel, 2003; Hanafi, 2003).

이러한 이출의 영향력은 막대하다. 송금은 출신국의 경제에 중대한 영향을 끼치고 있다. 2007년 모로코는 송금을 통해 자국 GDP의 9.5퍼센트에 달하는 55억 달러를 받았다(Ratha and Zhimei, 2008). 이주자들의 송금은 튀니지와 알제리—비록 알제리로 흘러 들어가는 현금은 대부분 기록에 남아 있지 않지만—의 경제에도 중대한 영향을 끼치고 있다. 2004년 사우디아라비아는 외국인 노동자의 송금에 135억 달러를 지불했다(Adams, 2006).

이출은 송출국과 수용국 사이에 정치적 갈등을 야기하거나 심화할 수 있다. 예를 들어 1973년에 알제리는 프랑스 남부 지역에서 아랍인을 대상으로 한 일련의 폭력사태가 발생하자 프랑스로 일자리를 찾아 출국하는 자국 시민들의 이출을 일방적으로 중지시켰다. 이주가 재개되었을 때 지스카르 데스탱Giscard d'Estaing(1974~1981) 프랑스 대통령은 수십만 알제리인들의 취업허가와 체류허가 갱신을 거부하려 했다. 부메디엔 Houari Boumedienne 알제리 대통령은 유럽을 향해 북진하는 이주를 막을 수 있는 것은 아무것도 없다고 선언했으나, 그의 말은 들어맞지 않았다. 심지어 1990년대에 알제리에서 폭력적 분쟁 상황이 벌어졌을 때에도 유럽으로 이주할 수 있었던 알제리인은 극소수에 불과했다. 이주는 여전히 심각한 긴장을 불러일으킬 수 있는 원인이었으며, 특히 알제리에서의 갈등이 프랑스로 확산되었을 때 그러했다. 터키와 모로코도 유사한 문제를 경험했다. 터키의 경우에는 1970년대와 1980년대에 독일이 터키 이주자의 이입을 제한하려고 해서, 모로코의 경우에는 최근 스페인이 모로코와 사하라 이남 아프리카인의 비합법 이주를 억제하려고 해서 긴장 상태가 초래된 바 있다.

중동·북아프리카 지역 내의 노동이주

1973년의 석유위기는 중동·북아프리카 지역의 이주 유형에 상당한 영향을 미쳤다. 원유 가격이 급상승하자 석유 수출국들은 값비싼 건설 프로젝트를 시행할 수 있는 재정적 자원을 마련하게 되었다. 이러한 건설 경기 호황으로 인해 수천 명의 외국인 노동자가 채용되었고, 이는 상당한 규모의 인구이동을 발생시켰다. 1960년대 중반부터 1970년대 중반까지는 대부분의 이주자들이 아랍인이었으며 주로 이집트, 예멘, 팔레스타인, 요르단, 레바논, 수단 출신이었다. 최근에는 비아랍권 노동자들의 비율이 훨씬 더 높아졌다. 아랍에미리트UAE의 전체 인구는 300만 명 이상으로 추정되는데, 그중 최소 75퍼센트가 이주자들이다. 이들의 약 4분의 1은 중동·북아프리카 국가 출신이며, 5분의 3은 남아시아 출신이다(Rycs, 2005)(제6장을 참조).

이주자들은 수용국이나 출신국에서 정치적 의제로 이용되기도 한다.

극단적인 사례를 리비아에서 찾아볼 수 있다. 리비아는 1970년대와 1980년대에 이집트, 튀니지, 팔레스타인 출신 이주자를 대규모로 받아들였다. 그러나 안와르 사다트^{Muhammad Anwar Sadat} 이집트 대통령이 서방 외교 정책의 방향을 전환한 뒤 양국의 외교관계가 악화되자 리비아는 수천 명의 이집트인들을 추방했다(Farrag, 1999:74). 튀니지 노동자들 역시 튀니지와 리비아 사이에 긴장이 고조되던 시기에 비슷한 운명을 겪었다. 1993년 야세르 아라파트^{Yasser Arafat} 팔레스타인해방기구^{Palestine Liberation Organization; PLO} 의장이 오슬로 협정에 서명하자 리비아는 수천 명의 팔레스타인 이주자들에게 자국을 떠나라고 명령했다. 또 다른 사례로, 리비아와 함께 마그레브 연합^{Maghreb Union}을 구성하는 4개 회원국 (모로코, 튀니지, 모리타니, 알제리)의 시민들은 1989년부터 이론적으로 리비아에 자유롭게 드나들 수 있게 되었으나 지역 통합의 틀은 거의 바뀌지 않았다(Safir, 1999:89). 카다피^{Muammar Gaddafi} 리비아 대통령은 1990년대 초부터 아프리카의 지도자를 자임했으며 수단, 차드, 니제르 출신 노동자들의 입국을 장려했다. 그 결과 마그레브 연합 4개 회원국들은 리비아로 가려고 하는 더 남쪽에 위치한 아프리카 국가 출신 이주자들의 경유지가 되었다. 그러나 2000년 이후 리비아에 거주하는 흑인 아프리카인들은 외국인혐오증, 폭력적인 반^反이민자 폭동, 대규모 강제퇴거를 경험했다. 리비아는 오늘날에도 여전히 이주노동자의 최종 목적지이자 동시에 유럽으로 가려는 아프리카인들의 경유지로 남아 있다(Bakewell and de Haas, 2007:98-99).

1970년대에 걸프 지역의 왕국들은 이주자 집단의 잠재적인 정치적 영향력을 점점 더 많이 걱정하게 되었다. 그중 특히 팔레스타인 이주자들은 불순한 체제 전복 세력으로 간주되었다. 그들은 사우디아라비아의 유전에서 발생한 파업과 요르단 및 레바논에서 일어난 시민 갈등을 조직하려는 시도에 연루되어 있었다. 또한 예멘인들은 사우디아라비아 내

7.1 걸프 지역의 후원자 제도, 카팔라^{Kafala}

후원자 제도는 걸프 국가들의 이민정책에서 중심적인 특징이었다. 후원자 제도는 지역의 수장인 '에미르emir'와 외국계 석유 회사 간의 합의에 기초한 것으로, 후원자인 '카필kafil'이 유전 지역에서 일할 수 있는 신뢰할 만한 사람(대부분 베두인 사람)을 찾아 주는 것을 뜻한다. 석유 산업이 크게 성장하면서 필요한 노동력을 국내 인력만으로는 충원하기 어려워지자 후원자들은 해외에서 사람들을 모집해야만 했다. 시간이 지남에 따라 외국인 노동자를 모집하고 '후원'하는 것이 카팔라의 핵심 활동이 되었다. 오늘날 걸프 국가들에 입국하고자 하는 개별 이주자들은 반드시 후원자를 구해야 한다. 이러한 조건은 건설노동자, 가사도우미, 외국의 무역상, 사업가 등 다양한 형태의 이주자에게 적용된다. 후원자인 카필은 외국인과 행정기관, 당국과 지역사회 사이의 공식적 중개자이다. 카팔라^{Kafala} 제도는 국가와 내국인인 카필, 그리고 외국인 간의 관계를 구조화한다. 자국민에게 카필의 지위를 부여함으로써 국가는 자국민에게 행정 업무의 일부를 위임하여 외국인 주민의 통제를 맡기고, 그에 대해 보상해 주어 왔다. 그러나 종종 카필이 이주자들에게 적절한 급여와 조건을 제공하지 않고, 여권을 압류하거나 경찰에 신고한다고 위협하여 이주민들을 착취하기도 한다. 또한 원계약자 외의 다른 사용자에게 고용계약을 불법적으로 파는 경우도 비일비재하다. 이제 걸프 국가들은 외국인 주민에 대한 통제권을 확보하기 위해서 카팔라 제도를 포기하기 시작했다.

출처: Rycs, 2005.

의 다양한 반정부 활동에 연루되어 있었다(Halliday, 1985:674). 비사우디 아라비아계 아랍인들은 1979년 메카에서 발생한 유혈공격에 관여했는데, 이 공격은 프랑스 군대가 개입한 후에야 겨우 진압되었다. 이러한 정치적 영향력 행사의 결과 중 하나로 남아시아와 동남아시아의 인력이 증가하게 되었다. 그들은 정치적 활동에 참여할 가능성이 낮아 보였고, 쉽게 통제되리라 여겨졌기 때문이다. 이주의 정치화는 제1차 걸프 전쟁 기간에 정점에 달했다.

아부다비, 바레인, 이스라엘, 리비아 등의 중동·북아프리카 국가들에서 권리 박탈, 대규모 추방, 폭력과 학대 등 위태로운 상황이 발생한다는 보고가 매우 자주 들어오고 있다. 모로코 학자인 부다레인이 주장한 것처럼, 이주민의 권리를 무시하는 경우는 보호를 보장하도록 설계된 조약의 존재에도 불구하고 아주 흔하다(Boudahrain, 1985:103-164). 외국인 가사도우미 고용이 늘어나면서 나타난 이주의 여성화는 중동·북아프리카 지역에서 이주노동자들이 겪고 있는 위태롭고 취약한 상황을 더욱 악화시키고 있다(Jureidini, 2003; Baldwin-Edwards, 2005). 불행하게도 중동·북아프리카 국가들에서 남아시아와 동남아시아 이주자의 증가는 근로조건의 악화를 수반하며 진행되어 왔다. 대부분의 걸프 국가들에 존재하는 카팔라^{Kafala} 제도(박스 7.1 참조)는 이주자의 취약성을 더욱 강화하고 있다(Lavergne, 2003).

앞에서 살펴본 경향—아시아 출신 노동자의 중동 노동자 대체, 노동이주 흐름의 여성화, 이주자들의 취약성과 착취, 노동이주에 대한 의존성—은 비산유국을 향한 노동이주와도 관계가 있다. 1970년대 중반 요르단에서는 국내 노동력의 약 40퍼센트가 걸프 지역을 위시한 해외 각지 출신이었다(Seccombe, 1986:378). 국내 노동력이 해외로 떠나자 이들을 대신하기 위해 외국인 노동자들이 요르단으로 들어오기 시작했다. 당시 해외로 떠난 요르단 노동자의 상당수는 숙련기술자들이었다. 한편 요르단이 받아들인 노동력은 대부분 숙련된 사람들이었으나, 이집트와 시리아 출신의 비숙련 노동자들도 유입되었다. 이는 1980년대까지 이어진 요르단 시민과 외국인 주민의 높은 실업률의 원인으로 여겨진다. 외국인 노동자의 영향을 많이 받는 산업 부문에서는 급여 수준이 하락했다(Seccombe, 1986:384-385).

요르단 강의 반대편에 위치한 이스라엘은 1967년 전쟁 이후 점령지역을 이스라엘 경제에 통합하려는 전략의 일환으로 가자와 요르단 강 서안지역 노동자들에게 노동시장을 개방했다(Aronson, 1990). 대부분의 노동자들은 매일 이스라엘로 출근하고 저녁에는 이스라엘을 떠나야 했다. 팔레스타인 사람들은 주로 건설업, 농업, 호텔, 식당, 가사노동에서 일자리를 찾았다(Semyonov and Lewin-Epstein, 1987). 점령 지역의 팔레스타인 사람들을 대상으로 한 불법고용은 상당히 널리 퍼져 있었다(Binur, 1990). 1984년에는 약 8만 7,000명, 즉 점령지역 총 노동력의 약 36퍼센트가 이스라엘에서 취업해 있었다. 그러나 1991년 들어 구소련에서 들어오는 이민이 팔레스타인 사람들의 취업 기회를 제한하기 시작했다. 이스라엘 정부는 건설업과 농업 부문에 종사하는 팔레스타인 노동자들을 구소련의 유대인 이민자들로 대체하고자 했으나, 다른 직업을 원하거나 급여와 근로조건을 불만족스러워하는 이민자들이 많아 거의 성공을 거두지 못했다(Bartram, 1999:157-161).

팔레스타인 사람들의 이주에는 다른 요인들도 관여되어 있기 때문에 평가하기가 쉽지 않다. 제1차 인티파다Intifada(1987년에 요르단 강 서안지역과 가자에서 시작된 팔레스타인 사람들의 봉기) 기간에 점령 지역 출신의 팔레스타인 사람들이 이스라엘 영토 내의 유대인을 대상으로 자행한 일련의 공격과 제1차 걸프 전쟁은 이스라엘 내의 긴장을 고조시켰다. 이스라엘 당국은 안보를 강화하고 인티파다를 약화하기 위해 팔레스타인 사람들을 대상으로 제한적 규제를 도입했다. 그 결과 1991년 이후 이스라엘에서 팔레스타인 노동자 수는 급격히 감소했으며, 팔레스타인 노동력을 대체하기 위해 루마니아, 필리핀, 태국 출신 외국인 노동자 고용이 증가했다. 그와 동시에 이루어진 팔레스타인 노동자에 대한 걸프 국가들의 노동시장 폐쇄는 팔레스타인 사람들이 처한 경제적 어려움을 더욱 악화시켰다. 이는 팔레스타인 당국의 지도력과 이 지역에서 이루어지고 있던 모든 평화협상 과정을 위협했다.

2002년에 이스라엘 정부는 외국인 불법고용에 '전쟁을 선포'했다. 그러나 사용자 제재와 서류미비 이주자 강제퇴거 같은 조치는 비합법고용 억제 효과가 거의 없는 것으로 드러났는데, 부분적으로는 벌금이 너무

낮게 책정되었다는 데에서 그 이유를 찾을 수 있다. 정부가 유대인 이민자들에게 보여준 관용과 이스라엘에 있는 다수의 외국인들에게 보여준 관용 사이의 매우 심한 격차가 드러나자 자기반성의 움직임이 일어났고, 이는 외국인 노동자 고용의 단계적 폐지로 이어졌다(Kop and Litan, 2002:108). 불법체류 중인 이주자 자녀의 교육 같은 일상적 문제에 직면한 텔아비브 등 일부 지방정부는 소위 소련 유대인으로 불리는 이들의 비유대인 가족들과 불법체류 중인 외국인 노동자와 가족들, 그리고 합법적으로 거주하는 외국인 노동자 중 점차 규모가 커지고 있는 비아랍계 및 비유대계 주민들의 통합을 증진하기 위한 조치를 모색하고 있다. 사실 '러시아인' 중 약 20퍼센트는 유대인이 아니었다(Bartram, 2005).

강제이주

전쟁과 내부 갈등, 억압적 정부가 결부되어 이 지역에서 반복해 나타나고 있는 정치적 불안정은 중동·북아프리카 지역 내에서, 그리고 역외로 나가는 대규모 강제이주를 주기적으로 발생시켰다. 역사적으로 이 지역은 다양한 난민을 수용했을 뿐만 아니라 발생시키기도 했다. 지난 세기를 되돌아보면, 1820년대부터 1920년대까지 오스만 제국은 대략 500만 명의 사람들에게 제국 내에 피난처를 마련해 주었고, 반대로 수백만 명의 난민을 제국에서 떠나보냈다(McCarthy, 1995).

오늘날 난민이라는 의제의 초점은 팔레스타인 사람들에게 맞추어져 있다. 2006년, 중동 지역의 유엔팔레스타인난민구호기구United Nations Relief and Works Agency for Palestine Refugees in the Near East; UNRWA는 약 430만 명의 팔레스타인 난민이 이 지역과 세계 각지에 흩어져 있다고 보고했다. 1990년대에 이스라엘과 팔레스타인 사이에 체결된 평화협정으로 수천 명의 군경 인력과 팔레스타인해방기구PLO 당국자들이 팔레스타인 당국의 통제하에 팔레스타인 지역으로 귀환하는 조치가 승인되었지만, 상황이 크게 개선되지는 못했다. 가자Gaza의 지위는 2007년의 분파 간 싸움 이후 여전히 해결되지 않은 채로 남아 있다. 난민, 본국 귀환, 보상, 배상, 지역 접근권에 관한 협상은 평화협상 과정에서 가장 어려운 문제이다. 이스라엘과 팔레스타인의 관점과 입장은 추정 난민수를 따지는 것에서부터 현격한 차이를 보이고 있다. 요르단 강 서안지역과 가자에 살고 있는 팔레스타인 주민들이 처한 심각한 경제적 곤경을 고려했을 때, 레바논과 시리아에 남아 있는 팔레스타인 난민들이 대규모로 본국에 귀환할 가능성은 어두워 보인다. 2000년에 제2차 인티파다가 발발한 이후로 약 10만 명의 팔레스타인 사람들이 요르단 강 서안지역과 가자 지구를 떠났다. 또한 이라크에 거주하던 팔레스타인 난민 중 상당수는 2006년 많은 난민들이 살해당한 사건 이후 탈출을 결행했다(Fargues, 2007).

1990년 이후 또 다른 대규모 난민 집단이 중동·북아프리카 지역에 출현했다. 1990~2002년에 약 150만 명의 이라크인이 제1차 걸프 전쟁과 사담 후세인의 폭압적 통치 때문에 조국을 떠난 것이다. 그 후로도 약 50만 명의 이라크인이 터키와 요르단을 통해서 조국을 떠났고, 수만 명이 이란과 시리아를 통해서 떠났다. 2003년 미국이 주도한 이라크 침공과 그 여파는 이라크인의 이주에서 두 번째 파도를 일으켰다. 유엔난민기구는 이라크 내의 실향민 190만 명과 중동·북아프리카 지역의 인접국(주로 시리아와 요르단)으로 이주한 200만 명의 국외실향민을 포함하여 전 세계적으로 이라크를 떠난 사람이 400만 명 이상에 이른다고 보고했다(UNHCR, 2007c).

유엔난민기구는 팔레스타인과 이라크 난민 외에도 아프리카의 뿔(소말리아, 에리트레아, 에티오피아) 지역에서 예멘으로 가는 망명 신청자와 이주민들, 이집트, 시리아, 요르단, 이스라엘에서 수적으로 증가하고 있는 수단 난민들의 지속적인 이주에 특별한 관심을 쏟고 있다. 2005년과 2006년에 레바논에서 발생한 사건 역시 강제이주를 촉발했다. 2005년 레바논의 전 수상인 라피크 하리리Rafiq Hariri가 암살당해 시리아 군이 레바논에서 철수하고 시리아 노동자들에 대한 일련의 공격이 발생하자 수십만 명의 시리아 노동자들이 레바논을 탈출했다. 또한 2006년 이스라엘의 레바논 폭격으로 수천 명에 달하는 외국인 노동자들(주로 아시아 출신의 여성 가사노동자들)이 귀환했다. 정확한 수는 알려지지 않았지만 아마도 100만 명에 육박할 것으로 추정되는 레바논인들 또한 조국을 떠났다(Fargues, 2007). 레바논 난민들은 대부분 시리아에 잠시 피난했고, 교전이 끝난 후에야 고국으로 돌아갔다.

몇몇 국가들은 대규모 난민 유입의 영향을 특히 크게 받았다. 1990년대 초까지 이란은 세계에서 가장 중요한 난민 피난처였다. 이란의 난민들은 대부분 아프가니스탄 출신이었으며, 아제르바이잔에 진군한 아르메니아 군대를 피해 도피한 다수의 아제르바이잔 사람들도 섞여 있었다. 본국 송환 시도에도 불구하고(USCR, 1996:111) 2000년에 150만 명의 아프가니스탄 난민이 남아 있었고, 2001년 미국의 아프가니스탄 침공 시기에는 난민 수가 더 증가했다(USCR, 2001:174). 오늘날 많은 아프가니스탄 난민들은 고국에서 가질 수 없는 일자리를 구할 수 있다는 이유로 여전히 이란에 남아 있다. 그로 인해 난민과 경제적 이주자 사이의 구별은 점차 애매해지고 있다.

터키와 이집트는 난민 이동 경로의 중앙 교차로가 되어 왔다. 터키는 발칸 반도, 이라크, 이란, 중앙아시아 주민의 이주를 받아들여 왔으며, 이집트는 팔레스타인과 수단, 다른 아프리카 지역에서 온 이주자들을 상당한 규모로 수용해 왔다. 한편 터키는 종족 갈등을 피하기 위해 그리스, 독일, 스웨덴 등으로 도피하는 쿠르드 난민의 발생국이기도 하다.

중동 · 북아프리카를 경유하는 이주

중동 · 북아프리카 국가들을 통과하는 경유 이주는 최근 들어 상당히 증가했다. 가장 매력적인 목적지는 유럽이다. 사하라 이남 아프리카 출신 이주자들은 알제리, 모로코, 튀니지, 모리타니를 경유해서, 그리고 중동과 중앙아시아의 이주자들은 레바논과 시리아를 경유해서 유럽으로 이주한다. 예멘은 걸프 지역의 부유한 국가로 가기를 열망하는 아프리카 이주자들의 경유 국가가 되었다. 경유 이주자들과 관련해 알려진 정확한 수치는 없다.

때때로 경유 이주자들은 목적지인 유럽에 도달하지 못하고 비극적인 운명을 겪게 된다. 상당수의 이주자들이 경유국에서 불법체류자로 열악한 조건에서 살아가게 되며, 나머지 이주자들은 유럽에 들어가기 위해 심각한 위험을 감수한다(Fargues, 2007). 이런 과정에서 많은 사하라 이남 아프리카 출신 이주자들이 예상되는 이주의 어려움을 직시하고 과거에는 단지 경유국으로만 간주되었던 모로코나 이집트 같은 북아프리카 국가에 정착한다. 리비아는 수년간 이주노동자들에게 중요한 목적지였으나, 최근 들어서는 유럽을 향한 이주의 경유국이 되었다. 시간이 갈수록 경유지와 목적지를 엄격하게 구분하기가 불가능해지고 있다. 경유 이주는 심각한 긴장상태를 유발하기도 한다. 유럽 국가들과 유럽연합은 중동 · 북아프리카 국가들에 국경을 통제하고 불법이주를 억제하라고 압박을 가하고 있으며, 중동 · 북아프리카의 국가들은 불법이주자들의 부담을 자신들에게만 떠넘기는 데에 반발하고 있다.

중동 · 북아프리카의 이주정책

이주의 정치적 · 경제적 중요성에 대한 인식이 확대되고, 이주 흐름이 급속도로 활발해지면서 중동·북아프리카의 몇몇 국가들은 이주를 규제하는 조치를 취하기 시작했다. 그러나 그 결과는 엇갈린 평가를 받고 있다. 중동·북아프리카의 많은 국가들은 실업을 줄이고 송금을 통해 수입을 늘리는 해결책으로 타국으로의 이출을 생각한다. 그러한 국가들은 이출을 장려하고, 국가 발전을 지원하기 위해 디아스포라^{diaspora}를 동원하는 정책을 추진해 왔다. 터키, 모로코, 튀니지, 알제리, 이집트, 요르단, 예멘은 더 나은 송금 통로를 확보하기 위해 자국의 금융체계를 개선했고, 자국민의 이주를 받아들인 국가와의 외교협상에서 국외 이민과 송금을 의제로 삼았으며, 타국으로의 이출을 관리하는 특별 조직을 설치했다(De Bel-Air, 2003; Fargues, 2006). 또한 이주자들과 모국의 관계가 유지될 수 있도록 모국어 수업, 귀국 여행, 종교 교육 등의 문화정책을 제도화했다(Castles and Delgado Wise, 2008).

이와 대조적으로 국내로 들어오는 이민과 노동이주를 조절하는 공공 정책은 덜 발달되었다. 석유 부국들은 처음에는 외국인 노동자의 입국과 생활조건을 규제하는 조치를 거의 취하지 않았다. 최근에 자국민에게 취업의 최우선권을 주는 보호 조치가 시행된 바 있다. 유럽연합의 압력으로 터키와 모로코 같은 몇몇 나라들은 불법이민을 억제하는 중대한 조치를 취하게 되었다. 대부분의 조치들은 제한적 성격을 띠며, 이로 인해 종종 인도주의적 입장에서 우려를 낳고 있다(Fargues, 2006).

현재 중동·북아프리카의 많은 국가들에는 난민정책이 없으며, 오직 몇몇 국가들만이 1951년 스위스 제네바에서 체결된 난민협약에 가입되어 있을 뿐이다. 망명 신청자의 비호권에 관한 국내법은 거의 마련되어 있지 않으며, 비호권의 성격도 대개 불명확하고 임의적이다. 몇몇 정부는 난민 문제를 해결해야 할 필요성을 인식하고 있다. 그러나 유엔 난민기구와 지역당국 간에는 여전히 긴장이 있으며, 이를 두고 한 논평자는 현재 중동의 난민정책이 일종의 교착 상태에 있다고 규정했다

(Zaiotti, 2005).

미래의 중요 의제 중 하나는 수용국의 이주자 통합일 것이다. 대부분의 중동·북아프리카 국가들은 시민권을 매우 엄격한 민족적·종족적 관점에서 이해하고 있다. 장기체류 이주자 수가 증가하는 경향은 사회적 다양성과 다문화주의의 확대에 대한 논의를 긴급 현안으로 부상시켰다(Fargues, 2006). 이주자를 더 잘 보호하고 이주민에게 기본적 권리를 부여하는 것은, 비록 그러한 개혁이 실제로 이루어지지는 않고 있지만, 중동·북아프리카 국가들에서 국가적 담론이 되었다. 최근 아랍에미리트의 두바이 왕국은 이러한 방향으로 개혁을 추진하겠다는 의지를 밝혔다(DeParle, 2007). 대부분의 정부는 외국인에게 시민권을 부여하는 것을 거부해 왔으나, 이주자들이 국민보다 많은 걸프 지역의 일부 산유국에서는 이것이 매우 중요한 쟁점이 될 것이다.

라틴아메리카와 카리브 지역: 이입 지역에서 이출 지역으로

미국의 남쪽에 있는 광활하며 매우 다채로운 이 지역은 흔히 4개의 주요 영역으로 구성된다고 알려져 있다. 4개 영역 중 하나에 정확하게 해당하지 않는 국가들이 많지만, 이러한 구분은 1492년 이후 이입이 이 영역 모두에 어떻게 제각각 달리 영향을 미쳤는지를 강조하는 데 도움을 준다.

1. 남부의 원뿔Southern Cone[라틴아메리카 대륙 남회귀선 아래쪽 지역의 지도상 모양이 아래로 향한 원뿔이어서 붙은 이름이다. 브라질의 남부와 동남부가 포함되지만 엄밀한 의미에서는 아르헨티나, 칠레, 우루과이가 핵심 지역이다.—옮긴이) 지역에 해당하는 국가는 브라질, 아르헨티나, 칠

레, 우루과이, 파라과이이다. 이들은 유럽에서 온 대규모 이민자가 정착한 나라이기 때문에 유럽계 인구의 규모가 상당하다. 이 국가들에는 다른 지역의 이주자들도 유입되었다. 예를 들어 브라질은 19세기까지 아프리카 출신 노예를 받아들였고, 19세기 후반부터 1950년대까지는 일본인 노동자를 받아들였다.

2. 안데스 지역의 북쪽과 서쪽에서는 인디언과 메스티조mestizo(유럽인과 인디언의 혼혈인)가 인구의 다수를 구성한다. 19세기와 20세기에 유입된 유럽 이민자는 상대적으로 덜 중요하다.

3. 중앙아메리카 사회는, 비록 백인과 메스티조가 전인구의 94퍼센트를 차지하는 코스타리카 같은 예외가 있지만, 대다수의 인구가 인디언과 메스티조 혈통으로 구성된 경우가 대부분이다.

4. 카리브 사회에는 아프리카 출신 주민이 압도적으로 많지만, 아시아와 유럽계 주민도 많이 살고 있다.

유럽인의 정착에서 지역 내 이주로

데라테 부부(de Lattes and de Lattes, 1991)는 1800년부터 1970년까지 라틴아메리카와 카리브 지역이 대략 2,100만 명의 이민자들을 받아들였다고 추정했다. 이민자들은 대부분 스페인, 이탈리아, 포르투갈 출신이었으며, 거의 다 남부의 원뿔 지역으로 이주했다. 단일 이주로 가장 규모가 큰 사례는 약 300만 명의 이탈리아인이 아르헨티나에 정착한 것이다. 아르헨티나와 우루과이는 양차대전 사이의 시기까지 이입을 장려했는데, 이 기간에는 1930년대의 경제 공황으로 인해 정치 면에서 중대한 변화가 일어나고 있었다. 유럽에서 오는 대규모 이민은 1930년대까지 급격히 감소했다(Barlán, 1988:6-7). 이러한 일반적 유형에서 벗어난 중요한 예외가 베네수엘라이다. 베네수엘라는 페레스 히메네스Perez Jimenez의

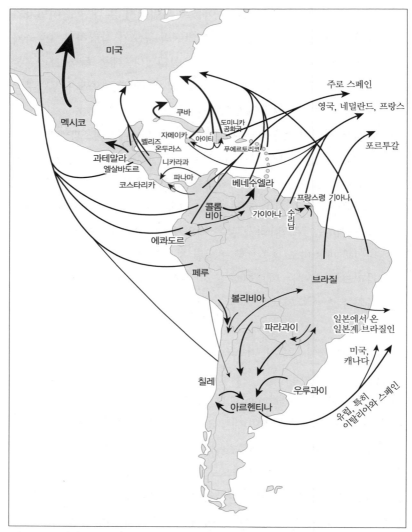

미국

멕시코

쿠바

도미니카
공화국

자메이카
아이티
벨리즈
온두라스
과테말라
엘살바도르
니카라과
파나마
코스타리카

푸에르토리코

주로 스페인

영국, 네덜란드, 프랑스

포르투갈

베네수엘라

프랑스령 기아나

콜롬
비아

가이아나

수
리
남

에콰도르

페루

브라질

볼리비아

파라과이

일본에서 온
일본계 브라질인

미국,
캐나다

칠레

우루과이

유럽, 특히
이탈리아와 스페인

아르헨티나

지도 7.3 **라틴아메리카 안팎의 이주** 주: 화살표의 크기는 이주 흐름의 대략적인 규모를 나타낸다. 정확한 수치는 알 수 없다.

통치(1950~1958)가 시작되기 전에는 유럽 출신 이민자를 거의 받아들이지 않았다. 그의 통치 기간 중에 약 33만 2,000명이 베네수엘라에 정착했는데, 그들 대부분은 이탈리아 출신이었다. 그러나 문호개방 정책은 1958년 군사정권의 전복과 함께 종식되었고(Picquet, Pellegrino and Papail, 1986:25-29), 베네수엘라는 주로 타국으로 이주자를 보내는 나라가 되었다.

유럽에서 오는 대륙 간 이주가 쇠퇴하면서 대륙 내 이주가 많이 이루어졌다. 노동이주가 특히 두드러졌다. 1935년에 볼리비아에서 아르헨티나로 가는 계절적 노동이주가 시작되었고, 이는 기계화로 인해 노동력의 필요가 감소할 때까지 수십 년간 지속되었다. 이러한 노동력의 이동은 1958년에 볼리비아 이주자들을 보호하기 위한 양자협정이 체결될 때까지 거의 아무런 규제도 받지 않았다(Barlán, 1988:8-9). 이와 유사하게 파라과이와 칠레의 이주노동자들은 각각 1950년대와 1960년대에 아르헨티나의 북동부 지역과 파타고니아에서 일자리를 찾기 시작했다. 외국인 노동자들의 취업 지역은 농업 지역에서 주요 도시의 중심부까지 넓게 퍼져 있었다. 주로 남성이었던 독신 이주자들은 곧 가족들을 불러들였으며 이는 몇몇 도시 내에 불법이민자 거주 지역을 만들어 냈다. 1948년부터 아르헨티나 정부는 불법 외국인 노동자들이 자신들의 지위를 바로잡을 수 있게 해주는 법과 정책을 정비했다. 서류미비 또는 불법 이주는 라틴아메리카의 지배적인 이주 유형이었으나, 1960년대 후반까지는 문제로 여겨지지 않았다(Lohrmann, 1987:258).

역사적으로 베네수엘라는 커피 작물의 수확을 콜롬비아의 계절노동자들에게 의존해 왔다. 1958년 이후 유럽에서 오는 이민이 감소하고 석유 개발로 경제가 성장하자 수백만 명의 콜롬비아 이주자들이 베네수엘라로 이주했다. 1979년에 체결된 안데스 협정Andean Pact은 회원국들에게 다른 회원국에서 온 불법체류자들을 합법화하는 조치를 의무적으로 부과했다(Picquet, Pellegrino and Papail, 1986:30). 그러나 약 1,350만 명의 전체 베네수엘라 인구 중 불법체류자 수가 120만~350만 명에 이르는 것으로 추정됨에도 불구하고 베네수엘라 정부는 1980년에 겨우 28만~35만 명 정도의 외국인만을 합법화했다(Meissner, Papademetriou and North, 1987:11). 베네수엘라에는 1995년까지 200만 명의 불법체류자가 거주했던 것으로 추정되는데, 그 대부분이 콜롬비아 출신이었다(Kratochwil, 1995:33). 덧붙이자면, 베네수엘라에 합법적으로 체류하는 외국인의 수는 200만 명이었다(Dávila, 1998:18).

21세기 초반에 베네수엘라는 정치적·경제적 불안정으로 점철되었다. 이로 인해 베네수엘라를 떠나 타국으로 향하는 이민이 늘어났는데, 특히 미국으로 가는 이민이 많았다. 미국의 베네수엘라 이민자 수는 1995년에 2,630명이었던 것이 2002년에 이르러서는 5,259명으로 증가했다(IOM, 2005:93). 농촌 출신의 베네수엘라 이민자들에게는 스페인 또한 주요 목적지였다. 한편, 베네수엘라는 계속해서 인접국으로부터 상당한 규모의 이주자들을 수용해 왔는데, 그 가운데에는 경제적·정치적 환경 때문에 고통을 겪은 나라 출신이 많았으며, 특히 콜롬비아 출신의 이주자들이 다수를 차지했다(O'Neil, Hamilton and Papademetriou, 2005:4).

아르헨티나는 이입과 이출이 병존하는 나라이다. 아르헨티나의 이입은 대부분 라틴아메리카 지역 내에서 이루어진다. 외국 출생자의 65퍼센트 이상이 다른 남미 국가 출신이다(Jachimowicz, 2006). 아르헨티나에서 서류미비 이주자들은 대부분 가사도우미나 건설노동자 또는 의류공장 노동자로 일하고 있다. 아르헨티나는 2006년에 주로 파라과이인과 볼리비아인으로 구성된 약 75만 명의 서류미비 체류자에게 잠재적 혜택을 제공하는 새로운 합법화 프로그램을 발표했다. 이것은 4명의 어린이를 포함해 6명의 볼리비아 이주자들이 의류 공장에서 발생한 화재로 사망한 비극적인 사건에 따른 조치였다. 이 사건 직후 수천 명의 사람들이 이주노동자들의 열악한 근로조건에 항의하면서 부에노스아이레스의 거리를 행진했다(BBC Mundo, 2006). 새로운 합법화 프로그램에 성공적으로 지원한 이주자들은 2년간의 취업허가를 받았으며, 5년 후에는 영구거주를 신청할 기회를 갖게 된다(Migration News, 2006). 아르헨티나는 남미공동시장Mercado Comun del Cono Sur; MERCOSUR 회원국 시민이 아닌 이주자(주로 중국인과 한국인)를 위한 합법화 프로그램도 제공하고 있다. 2005년 11월까지 900명이 넘는 사람들이 이 프로그램에 참여했다(Jachimowicz, 2006).

아르헨티나와 베네수엘라에서 시행된 합법화 정책은 라틴아메리카에서 이주의 성격이 변화하고 있다는 것을 보여 준다. 라틴아메리카에서 역내 이주는 21세기 초에도 계속되고 있지만, 이 지역을 떠나 다른 곳으로 이주하는 경향 또한 1970년대부터 나타나기 시작했으며 최근에는 훨씬 더 뚜렷해지고 있다(이하 참조).

지역의 주도권

냉전이 끝난 뒤로 라틴아메리카와 카리브 지역에서는 남미공동시장 MERCOSUR과 안데스 그룹Grupo Andino; GRAN 같은 다양한 지역적 통합 기구를 되살리고 확장하려는 노력이 강하게 나타나고 있다(Derisbourg, 2002). 남미공동시장의 회원국은 아르헨티나, 브라질, 파라과이, 우루과이, 베네수엘라이며, 총인구가 2억 5,000만 명에 이른다. 라틴아메리카에서 이루어지는 경제활동의 4분의 3 이상은 남미공동시장과 관련되어 있다(BBC News, 2007). 안데스 그룹의 회원국은 볼리비아, 콜롬비아, 페루이며 총인구는 9,800만 명에 이른다(Comunidad Andina, 2006). 이와 같은 통합된 지역 내에서 국경을 가로지르는 사람들의 이동은 중요한 관심사이다. 그러나 부적절한 정보가 공조와 협력을 방해하고 있다 (Maguid, 1993). 크라토크빌은 지역 내 노동이주를 규제하려는 안데스 그룹의 초기 노력을 분석한 뒤 "정책의 상당 부분이 결과적으로 비효율적이며, 행정 기관들은 갈팡질팡하다 주저앉았다."라고 결론 내렸다 (Kratochwil, 1995:17). 중동·북아프리카 지역과 사하라 이남 아프리카와 마찬가지로 라틴아메리카와 카리브의 지역 통합 프로젝트 역시 국제이주 관리 기록이 빈약하다.

강제이주

탈냉전 시대가 시작된 뒤 라틴아메리카와 카리브 지역에서 나타나고 있는 두 번째 중요한 특징은 다른 지역에서 나타난 발전과 궤를 같이한다. 즉, 일부 국가에서 평화협정이 체결된 이후 상당한 규모의 난민이 본국으로 귀환한 것이다. 그러나 다른 한편으로는 지역 내에서 새로운 갈등이 분출되면서 신규 난민이 생겨나고 있다. 가장 중요한 평화협정은 중앙아메리카에서 체결되었는데, 그로 인해 엘살바도르, 니카라과, 과테말라에서 벌어졌던 전쟁이 진정되었다. 1980년대에는 대략 200만 명의 중앙아메리카인이 거주지를 떠났는데, 이 중 오직 15만 명만이 유엔난민기구에 의해 난민으로 인정되었다(Gallagher and Diller, 1990:3). 1990년대에는 과테말라인이 멕시코에서, 니카라과인이 미국과 코스타리카에서, 엘살바도르인이 미국에서 대규모로 귀환했다.

그러나 이들 3개국의 정치적 상황은 여전히 긴장되어 있다. 귀환한 과테말라인 중 많은 이들이 살해당했으며, 그중 상당수가 인디언이었다고 보고되었다. 과테말라 이주자들은 계속해서 미국으로 떠나고 있고, 노동집약적인 농경 분야나 가금류 가공 분야에서 그 수가 현저히 증가하고 있다. 미국에 체류하는 과테말라, 엘살바도르, 니카라과 사람들은

평화협정에도 불구하고 대부분 본국으로 귀환하지 않았다. 1984~1994
년에 44만 명 이상의 중앙아메리카인이 미국에 망명을 신청했는데, 신
청자의 대다수가 망명을 거부당했음에도 불구하고 많은 이들이 미국에
머무르고 있다(Martin and Widgren, 1996:35). 1986년에 미국에서 불법이
민을 억제하는 법이 제정되자 나폴레온 두아르테Napoleón Duarte 엘살바도
르 대통령은 미국 대통령에게 불만 가득한 서한을 발송했는데, 여기에
는 미국에 거주하는 엘살바도르인들이 보내는 송금이 엘살바도르 경제
에 필수적이기 때문에 미국법이 엘살바도르의 안정성을 위협하고 있다
는 내용이 포함되어 있었다(Mitchell, 1992:120-123). 이와 비슷하게, 코
스타리카에 거주하던 일부 니카라과인들이 본국으로 귀환했지만 많은
사람들은 그대로 남았다.

　본국을 탈출한 아이티인과 쿠바인에게 미국은 여전히 인기 있는 이주
목적지이다. 그들은 종종 작은 배를 이용해서 불법이주를 감행한다.
2002년에 미국에 들어온 쿠바인의 수는 2만 8,270명에 이른다. 2004년
들어 아이티의 정치적 혼란은 더욱 악화되었으며, 반란군은 장 베르트
랑 아리스티드Jean-Bertrand Aristide 대통령에게 출국을 강요했다. 그러나
예측과 달리 아이티를 탈출하는 대규모 난민 사태는 발생하지 않았다.
이것은 아마도 아이티를 떠나고자 하는 욕망이 부족했기 때문이 아니
라, 미국과 일부 카리브 국가의 이민 억제정책 때문으로 보인다(IOM,
2005:93-95). 2004년 미국이 주도한 아이티 침공에는 아이티인의 대규
모 국외이주를 방지하려는 의도가 숨어 있었다.

라틴아메리카 지역의 이출

아이티인의 미국행 이주는 라틴아메리카와 카리브 지역에서 일어난 더
거대한 변화의 일부라고 할 수 있다. 그 변화란 이 지역의 이주가 이민

을 받아들이는 형태에서 지역을 떠나 다른 곳으로 이주하는 유형으로 바뀐 것을 의미한다. 1970년대 무렵 카리브 지역은 이주자를 내보내는 순 이출 지역이 되었다. 이러한 역사적 변화를 초래한 이유는 여러 가지이며, 그런 이주변천은 하룻밤 사이에 일어나지 않았다. 식민시기 이후 카리브 출신 이주자들은 현재 미국 영토로 편입된 지역의 동쪽과 남쪽 해안으로 들어 왔다. 북쪽을 향한 이주는 제2차 세계대전 기간에 두드러져서, 카리브 지역 노동자들은 군수산업과 농업 부문에 채용되었다. H-2A 비자 프로그램이라는 이름으로 21세기까지 계속된 '영국령 서인도 제도 단기 외국인 노동자 프로그램'의 기원은 1942년부터 1964년까지 멕시코와 미국 사이에 설정된 대규모의 단기취업 외국인 노동자 프로그램과 그리 다르지 않다.

단기 노동력 채용은 1970년 이후 라틴아메리카와 카리브 사람들이 북쪽의 미국과 캐나다를 향해 불법적, 합법적으로 이주하는 거대한 흐름을 만들어 내는 데 일조했다. 그러나 이주의 양상이 변화한 원인을 다른 요인들에서도 찾을 수 있는데, 지역의 경제적 부의 감소, 지역의 인구 폭발, 이촌향도, 정치적 불안정과 전쟁 등이다. 이러한 추가 요인들은 엄밀히 말하면 지역 내부의 문제로만 볼 수 없는 것들이 대부분으로, 여기에는 미국이 추진한 정책들—예를 들어 중앙아메리카에 대한 정치적·군사적 개입 등—이 영향을 끼쳤음이 분명하다. 이러한 연관성은 도미니카공화국의 사례에서 가장 명확하게 드러나는데, 1961년 라파엘 트루히요Rafael Trujillo 도미니카공화국 대통령 암살에 미국이 개입했고, 미국은 쿠바식 혁명을 막기 위해 도미니카공화국 주민들에게 비자를 대규모로 발급해 주었다(Mitchell, 1992:96-101).

이 지역을 떠나는 이민이 증가하는 현상의 이면에 있는 가장 중요한 요인은 (미국, 유럽, 일본의 외국 노동력 수요를 제외한다면) 라틴아메리카의 경제적 파탄이다. '빚에 사라진 10년'이라고 불리는 1980년대에 라틴아메리카의 1인당 GDP는 급격히 감소했다(Fregosi, 2002:443). 계속되는 경제위기가 이 지역을 황폐하게 만들기 직전에 1990년대 초·중반 라틴아메리카에 불어온 민주주의의 회복과 자유화의 바람은 잠깐 동안 라틴아메리카 경제를 부양시켰다. 유엔의 보고서에 따르면, 2005년 현재 이 지역 인구의 40퍼센트인 2억 900만 명의 사람들이 빈곤선 이하 수준으로 살고 있다(ECLAC, 2006). 게다가 라틴아메리카와 카리브 지역에서 인구의 10퍼센트는 하루에 1달러도 벌지 못하는 상태에 처해 있다(GCIM, 2005). 경제 자유화 정책은 멕시코와 아르헨티나 같은 나라들에서 이미 심각한 불평등 문제를 더욱 심화했다. 이러한 상황이 초래한 결과 중 하나로, 2001년 여론조사에 따르면 아르헨티나 전체 국민 중 중 21퍼센트가 타국 이민을 원한다고 한다. 이는 18~24세의 아르헨티나 국민 중 3분의 1이 응답한 조사 결과이다(Fregosi, 2002:436).

역내 이주는 21세기 초에도 여전히 중요하지만, 다른 대륙으로 향하는 라틴아메리카 이민자의 수는 점점 더 증가하고 있다. 이것은 미국으로 향하는 이주 흐름의 가속화와 더불어 유럽과 아시아에 있는 조상의 나라로 특혜를 받아 돌아가는 사람들, 즉 '귀환 이주자'의 증가가 반영된 결과이다(IOM, 2005:91). 예를 들어, 도미니카공화국의 이주자들은 주로 베네수엘라로 향했지만, 베네수엘라의 정치적·경제적 불안정성이 커지자 이주 흐름의 방향은 미국과 스페인으로 돌아섰다.

브라질 출신 이민자들은 갈수록 더 많은 수가 라틴아메리카 밖으로 떠나고 있다. 이들의 주요 목적지는 포르투갈, 미국, 일본이다. 역사적·식민적 인연으로 묶인 포르투갈은 브라질 이주자들에게 가장 인기 있는 목적지이다. 포르투갈에서 브라질 이주자들은 가장 큰 외국인 집단을 형성하고 있으며, 포르투갈에 거주하는 합법적 이민자 19만 1,000명 중 11퍼센트를 차지한다. 포르투갈은 브라질인의 이민을 장려하기 위해 2003년부터 서류미비 브라질 이주자들을 위한 합법화 프로그램을 시행하기 시작했다(Padilla and Peixoto, 2007). 비록 소매업, 건설업, 호텔업 등에 종사하는 준숙련 및 저숙련 브라질 이주자의 수도 증가하고 있으나, 대부분의 브라질 이주자들은 중산층 숙련 노동자이다(Pellegrino, 2004:36)(제5장 참조).

미국에 거주하는 브라질 인구는 합법적 거주자 기준으로 1995년에 8만 2,500명이었던 것이 2000년에는 21만 2,400명으로 증가했다. 이들의 주된 목적지는 플로리다, 매사추세츠, 그리고 뉴욕이었다(IOM, 2005:93). 일본계 브라질인은 다른 일본계 라틴아메리카인과 더불어 일본으로도 이주하고 있다. 2005년 현재 30만 2,000명에 달하는 일본계 브라질인은 중국인에 이어 일본에서 두 번째로 큰 외국 출생 집단을 형성하고 있다. 한편 일본계 페루인은 5만 8,000명으로 네 번째로 큰 집단을 형성하고 있다(OECD, 2007). 1990년 일본의 출입국관리 및 난민인정법 개정으로 라틴아메리카에서 일본으로의 이주가 더욱 활발해졌다. 개정된 출입국관리 및 난민인정법에 일본인 후손들에 대한 특혜조항과 숙련노동자를 위한 직업훈련 및 취업 기회의 개선안이 포함되었기 때문이다(O'Neil, Hamilton, and Papademetriou, 2005:20).

전통적으로 이민을 수용해 온 국가인 아르헨티나에서는 1990년대 이후 미국, 스페인, 이탈리아, 이스라엘로 떠나는 이민이 증가하는 새로운 이주 유형이 나타나고 있는데, 이러한 경향은 아르헨티나의 낮은 고용 수준, 해외의 높은 노동력 수요, 그리고 이주 목적지 나라의 특혜조항들 때문에 더욱 강해지고 있다. 또한 최근 경제위기 기간에 아르헨티나를 떠난 이민에는 1990년대에 아르헨티나로 대량 입국한 칠레, 볼리비아, 파라과이, 페루 출신의 이주민들이 본국으로 귀환한 이주가 포함되어 있다(IOM, 2005:92). 2005년에는 100만 명 이상의 아르헨티나 사람들이 해외에서 살게 될 것으로 추정되었는데, 이는 1985년 조사의 두 배가 넘는 수치이다. 미국에 거주하는 아르헨티나 이주자들은 대부분 캘리포니아, 플로리다, 뉴욕에 살고 있다. 그중 일부는 단기취업 노동자이며, 다수는 가족 재결합 프로그램을 통해서 이주해 온 사람들이다.

스페인과 이탈리아는 아르헨티나인에게 특히 우호적인 시민권 정책을 펼치고 있다. 이탈리아의 이중국적 정책은 이탈리아 혈통을 입증할 수 있는 외국인에게 이탈리아 시민권 신청을 허용하고 있다(Padilla and Peixoto, 2007). 2004년 스페인에는 15만 6,323명의 아르헨티나 출신 이주자들이 살고 있었다. 이탈리아에 거주하는 아르헨티나 출신 이주자의 수는 1999년 5,725명에서 2003년 1만 1,266명으로 현저하게 증가했다 (Jachimowicz, 2006). 그러나 아르헨티나의 경제가 회복된 후에는 타국으로 떠나는 이주가 감소하여 경제위기 이전 수준인 연간 약 1,500명 선으로 되돌아갔다(O'Neil, Hamilton, and Papdemetriou, 2005:18-19).

유럽은 라틴아메리카 이주자들의 주요 목적지가 되어 가고 있다. 본국의 높은 실업률과 경제적·정치적 불안정, 유럽 국가들의 노동력 수요와 정부 차원의 노동자 채용, 그리고 점점 더 강해지는 사회적 네트워크가 라틴아메리카인이 유럽으로 이주하는 원인이다. 게다가 2001년 9·11 테러 이후 미국이 이민 통제 정책을 엄격하게 강화하자 유럽으로의 이주가 더욱 많아졌다(Pellegrino, 2004:40-45).

스페인은 많은 국가들과 노동력 채용과 관련된 양자협정을 체결했으며, 지금은 유럽에서 라틴아메리카 주민을 가장 많이 수용하고 있다. 스페인에 거주하는 라틴아메리카인의 수는 100만 명이 넘으며, 스페인의 외국인 인구 중 35퍼센트를 차지하고 있다. 에콰도르인은 37만 6,000명으로, 모로코인에 이어 두 번째로 큰 외국인 집단을 형성하고 있다 (Padilla and Peixoto, 2007). 유럽 국가 중 라틴아메리카와 카리브 지역 출신 인구가 특히 많은 곳은 이탈리아, 포르투갈, 영국, 스위스, 스웨덴이다(Pellegrino, 2004:7). 이탈리아에서 가장 많은 라틴아메리카인은 페루인과 에콰도르인이다. 또한 상당수의 브라질인도 거주하고 있는데,

이는 이주와 관련된 두 나라의 역사적 유대관계가 반영된 것이다(Padilla and Peixoto, 2007). 또 하나, 유럽에서 주목할 만한 경향은 라틴아메리카인 이주의 여성화로, 이는 특히 도미니카공화국과 콜롬비아 출신 이주자들에게서 두드러진다(Pellegrino, 2004:38). 스페인에 거주하는 라틴아메리카 이민자의 대다수는 여성이다. 이러한 현상은 가사 부문에서 노동력 수요가 증가하고 있음을 반영한다(Pellegrino, 2004:28-30).

최근의 경향

미주개발은행〔원문의 Inter-American Bank는 Inter-American Development Bank의 오기로 보인다.─옮긴이〕은 2006년 라틴아메리카로 보내진 송금액이 623억 달러에 달한다고 추정했는데, 이는 2005년의 520억 달러보다 증가한 액수이다. 해외에 거주하는 2,500만 라틴아메리카인 중 65퍼센트는 정기적으로 고향집에 송금하고 있다(Economist Intelligence, 2006). 대부분 미국에서 송금하지만 스페인, 캐나다, 이탈리아에서 오는 송금액도 상당하다. 멕시코는 송금으로 230억 달러를 받았는데, 이는 라틴아메리카 국가들이 받은 송금액 중 가장 큰 액수이며 멕시코 GDP의 3퍼센트에 해당한다. 세계은행의 경제학자인 움베르토 로페즈Humberto Lopez는 해외에서 보내오는 송금액만으로 가난하게 사는 라틴아메리카인의 비율이 1991년의 28퍼센트에서 2005년 25퍼센트로 감소했다고 추정했다(Migration News, 2006). 송금은 앞으로도 계속해서 많은 라틴아메리카 가구들의 안정적 수입원 역할을 할 가능성이 높다.

인신매매의 증가는 라틴아메리카 전역에서 뚜렷하게 나타나고 있다. 많은 국가들이 주로 미국, 캐나다, 유럽으로 향하는 인신매매의 경유지로 이용되어 왔다. 최근에는 유럽을 목적지로 한 인신매매가 증가하는 추세이다. 미국의 중앙정보부CIA는 매년 약 5만 명의 여성과 아이들이 미국으로 인신매매되고 있으며, 그들 중 상당수가 라틴아메리카와 카리브 지역 출신이라고 추정하고 있다. 도미니카공화국은 주요 공급지이자 경유지역으로, 많은 여성들이 산토도밍고Santo Domingo를 통해서 유럽과 라틴아메리카로 인신매매되고 있다. 5만~7만 명에 달하는 도미니카공화국 출신 여성들이 다른 나라에서 성매매를 하고 있다. 라틴아메리카 지역 전체에서 인신매매는 지속적으로 증가할 것으로 예상된다.

그러나 인신매매를 줄이기 위해서 많은 라틴아메리카 국가들이 상호 간에 그리고 국제조직과 협력하기 시작했다(IOM, 2005:97-98). 비합법 이주와의 전쟁은 1996년에 시작된 공식적인 이주에 관한 지역 회의인 푸에블라 프로세스Puebla Process의 주요 목적이다. 2000년까지 11개의 북아메리카 및 라틴아메리카 국가들이 참여했으며, 5개 국가는 참관국이 되었다. 국제이주기구는 11개국의 자문 과정을 검토한 뒤 푸에블라 프로세스가 뛰어나게 성공했다고 평가했다(Klekowski von Koppenfels, 2001:34-38). 그러나 비합법 이주에 관한 다수의 의제들에 대해서는 양자 간 또는 지역 간에 해결해야 할 문제가 많다.

멕시코 정부는 미국 정부가 1994년에 국경 통제를 극도로 강화한 결과로 2007년에만 최소 4,500명이 멕시코 측 국경지대에서 사망했다고 추정했다(Emmott, 2007). 미국 측 국경지대에서는 1998년부터 2005년까지 3,000명이 사망했다는 기록이 있다(Lomonoco, 2006; Marosi, 2005). 1995년 이후, 연간 사망자 수는 최소한 두 배가 되었다. 1994년 미국 국경 수비대가 실시한 '문지기 작전Operation Gatekeeper'으로 국경감시요원이 추가로 배치되고, 물리적 장벽과 감시 장비가 강화되었다(Cornelius, 2001). 이러한 조치로 인해 이주자들은 더 멀고 위험한 지역을 통해 미국으로 넘어가기 위해 밀입국 알선자들에게 의존하게 되었다(Andreas, 2001). 애리조나 주의 사막은 가장 붐비는 불법이주 경로가 되었다. 사막이 내뿜는 극한의 열기와 추위, 적절한 음식과 물이 부족한 상황, 익사, 자동차 교통사고는 이주자들을 죽음으로 내모는 주요 원인이다. 여기에 국경경비대원이나 자경단원, '코요테coyote'라 불리는 밀입국 브로커에 의해 사망하는 사례도 많이 보고되고 있다. 국경경비대의 규모는 2007년 1만 3,500명이었는데, 이는 1993년의 인원보다 4,000명 정도가 줄어든 수치이다. 미국 정부는 2012년까지 9,600명의 경비대원들을 추가할 계획이다. 700마일의 국경 철조망이 계획되었고, 카메라, 무인항공기, 센서, 차량 장벽, 그리고 위성이 감시하는 '원격 전자감시 철책virtual fences'이 사막지역에 설치되고 있다(Emmott, 2007)(제1장의 박스 1.1과 제5장 참조).

1990년대부터 윤곽이 잡히기 시작한 라틴아메리카 이주의 전체적인 경향과 유형은 앞으로도 계속 유지될 것으로 보인다. 타국으로 떠나는 이민은 대부분 미국과 캐나다를 향할 것이고, 역내 이주의 규모는 상대적으로 약화될 것이다. 아르헨티나에서 진행되는 합법화의 빈도는 남유럽의 빈도와 맞먹는다. 유럽으로의 이주도 더욱 증가할 것으로 보인다.

결론

이 장에서는 급격한 변화를 겪고 있는 광범위하고 다채로운 세 지역을 다루었다. 이 지역의 이주는 아시아 지역의 이주를 일반화하는 것보다 훨씬 더 어렵다(제6장 참조). 이 장의 설명을 읽고 독자들이 이 지역에 관해 더 자세히 알고 싶어졌기를 바란다. 만약 그러하다면, 먼저 특정한 세부 지역과 주민들에 대한 이 장의 참고문헌들을 읽어 보기를 권한다.

그러나 많은 차이가 있음에도 불구하고 아프리카, 중동, 라틴아메리카는 제1장에서 언급한 전 지구적 이주의 일반적 경향 중 일부를 보여주고 있다. 이 지역들에서는 전 지구화와 이주의 가속화 경향이 나타나고 있다. 즉, 갈수록 다양한 지역들을 오고 가는 이주자 흐름의 확대에 더 많은 나라들이 더 심대한 영향을 받게 된 것이다. 또한 새로운 형태의 이동이 등장하고 관료들이 설정한 범주들 간의 경계가 흐려지면서 이주 형태가 분화되는 현상도 분명해지고 있다. 이주의 여성화는 피할 수 없는 현상이다. 여성은 경제적 이주와 강제이주 모두에서 예전보다 그 중요성이 더 커졌으며 특정한 이주 흐름에서는 대다수를 차지하는 결정권자 역할을 수행하기도 한다. 이주의 정치화도 계속될 것이다. 이주의 정치화는 대중 동원과 엘리트 담론 모두에서 핵심 쟁점이 되어 왔다. 이주변천도 점점 더 중요해지고 있다. 북아프리카, 중동의 많은 지역(예를 들어 이란과 터키), 그리고 중앙아메리카는 더 이상 이주자 송출지역으로 간단하게 규정되지 않는다. 해당 국가들은 경유지이자 목적지이기도 하다. 오늘날 일부 주요 산유국들(사우디아라비아, 아랍에미리트, 리비아, 베네수엘라)은 주된 이민 수용지역이 되었다.

각 지역은 그 지역의 특수한 역사와 문화적 경험을 가지고 있다. 비록 나타나는 방식은 지역마다 다르지만, 각 지역은 전 지구적인 경향도 함께 보여 준다. 오랜 역사를 통해 보았을 때 모든 남반구의 이주 움직임은 공통의 뿌리를 가지고 있다. 서구의 침투는 첫째로는 식민화를 통해서, 그다음으로는 군사적 개입, 정치적 연계, 냉전, 무역과 투자를 통해서 이루어졌으며, 이는 심대한 변화를 촉발했다. 최근에 나타나고 있는 이주의 급증은 탈식민화, 근대화, 불균등 발전으로 발생한 경제적, 인구적, 사회적, 정치적, 문화적, 환경적 변화의 급속한 진행 때문이다. 이러한 과정은 앞으로 더욱 가속화될 것으로 보이며, 이는 훨씬 더 거대한 사회적 변동과 혼란을 야기하고, 궁극적으로는 더 큰 규모의 이주로 이어질 것이다. 그러므로 빈곤한 나라들이 국제이주의 무대에 들어서는 것은 이 지역이 국제관계와 문화교류의 전 지구적 체계와 세계경제에 통합되는 데 따르는 불가피한 결과라고 할 수 있다.

심화 연구를 위한 안내

『이주의 시대』 웹사이트(www.age-of-migration.com)에는 다음과 같은 읽을거리들이 게재되어 있다. '아프리카의 역사를 만든 이민'(4.2), '소말리아로 보내는 송금'(7.1), '1990-1991 걸프 전쟁 사태'(7.2), '중동·북아프리카의 난민 및 난민 정책에 영향을 끼친 주요 사건들(1990-2003)'(7.3), '도미니카공화국의 아이티인 이주노동과 수송'(7.4) 등이다.

강제이주에 관한 전 세계의 최신 정보는 http://forcedmigration.org에서 찾아볼 수 있다. 세계 모든 지역과 국가의 송금 자료는 www.worldbank.org/prospects/migrationandremittances에 접속하여 Ratha and Zhimei(2008)를 열람하면 확인할 수 있다. 국외 이민 국가들의 경험과 전략에 관한 자료는 Castles and Delgado Wise(2008)에 실려 있다. 아프리카의 이주민에 대하여 유용한 개관서로는 Adepoju(2006), Bakewell and de Haas(2007), Cross et al.(2006), Curtin(1997), Mafukidze(2006), Manuh(2005), Zlotnik(2004) 등이 있다. 아프리카 이주에 대한 정보와 링크는 http://www.imi.ox.ac.uk/에서 볼 수 있다.

중동·북아프리카에 관해 매우 유용한 웹사이트로 www.carim.org가 있다. 방대한 최신 참고문헌이 실린 Baldwin-Edwards의 GCIM에 대한 보고서 또한 매우 유용하다. 『Revue Européenne des Migrations Internationales』의 2003년 특별판은 프랑스어판과 영어판으로 제공되며 http://remi.revues.org/167에 접속하면 열람할 수 있다. 송금과 중동·북아프리카에 대해서는 Adams(2006)를 보라. 터키에 대해서는 Kirişci(2006)와 Mutluer(2003)를, 이스라엘에 대해서는 Bartram(2005)을 보라.

GCIM에서 발간된 보고서인 O'Neil et al.(2005)은 라틴아메리카를 개관해 준다. 이 보고서는 www.gcim.org/en에 접속하면 열람할 수 있다.

국제이주기구IOM가 발간한 국가 보고서도 유용하다. 예를 들어, 베네수엘라의 실태와 통계자료는 www.IOM.int/jahia/Jahia/pid/451〔현재 접속이 불가능하나 IOM 홈페이지인 www.iom.int에서 국가별 현황을 검색하면 베네수엘라의 현황을 파악할 수 있다.—옮긴이〕에서 찾아볼 수 있다. 필립 마틴Philip L. Martin의 Migration News〔http://migration.ucdavis.edu/mn—옮긴이〕역시 라틴아메리카에 대한 매우 좋은 자료원이다. 유럽으로 향하는 라틴아메리카인의 이주에 대해서는 Padilla and Peixoto(2006)와 Pellegrino(2004)를 보라. 아르헨티나에 대해서는 Jachomiowicz(2006)를 보라. 라틴아메리카와 카리브 경제위원회Economic Commission for Latin America and the Caribbean; ECLAC에서도 중요한 자료를 얻을 수 있다. 이 기구에서 출간한 『Social Panorama of Latin America 2006』 보고서는 www.eclac.cl/id.asp?id=27484에 접속하면 열람할 수 있다.

제8장

국가와 국제이주: 통제의 필요성

1970년대 초반 전 세계적인 경기침체로 인해 선진국으로의 국제이주는 새로운 국면을 맞이했다. 탈공업화된 프랑스, 독일, 미국과 같은 민주주의 국가들은 불법이민 문제를 해결하기 위해 국경을 넘는 이동에 대한 이른바 '통제의 필요성quest for control'을 느끼고 이에 착수했다. 그리고 이러한 불법이민 통제는 불법이주와 이민법 및 이민정책을 남용하거나 교묘하게 피하는 행태를 방지하려는 지속적인 노력을 수반했다.

이 장에서는 주로 북미와 유럽의 사례를 통해 이민의 흐름을 통제하려는 정부 정책의 핵심 요소들에 대해 살펴보겠지만, 제6장과 제7장에서 논의한 지역에 해당하는 쟁점들도 다루기로 한다. 이 장에서 검토할 정책의 범위는 사용자 제재, 합법화 또는 사면, 단기취업 외국인 노동자 도입 프로그램에서부터 비호 및 난민 정책, 지역통합에 대한 접근, 밀입국과 인신매매에 대한 조치 등이다. 이주 문제가 점점 중대한 사안으로 다루어지는 데에서 알 수 있듯이, 이주현상을 둘러싼 쟁점에 대해 협력하는 것은 이제 국제정치의 핵심적 특징이다. 지난 수 년간 이주정책은 국가별로 단기적인 경제적·정치적 이해를 반영한 수준에서 더욱 폭넓고 종합적이며 (전 지구적이지는 않으나) 국제적 관리 전략으로 발달해 왔다.

사용자 제재

1970년대부터 미국과 대부분의 유럽 국가들은 서류미비 외국인을 비합법적으로 고용한 사용자를 처벌하는 법을 시행해 왔다. 사용자 제재라고 알려진 이 법은 일정한 조건을 갖춘 서류미비 외국인에게 취업허가와 체류허가를 제공하는 합법화 계획과 결합된 형태로 나타난다. 이전에 서류미비 상태였던 노동자가 자신의 법적 지위를 합법화하는 반면에 불법체류자를 채용한 사용자를 처벌하는 당근과 채찍 정책은 서류미비 노동을 해야 할 동기를 떨어뜨린다고 알려져 있다. 그러나 실제로는 저항에 부딪혀 왔는데, 사용자들이 이 계획의 효과적인 시행을 저지할 만한 정치적 영향력을 갖고 있거나, 노동자들이 기존의 직업을 잃거나 새로운 일자리를 못 찾을 것이라는 두려움 때문에 자신들의 지위를 합법화하지 못했기 때문이다.

이러한 정책들의 상당수는 이면에 정치적 합의를 내포하고 있음에도 불구하고 부족한 담당인력, 다양한 기관 간의 협조 부족, 불충분한 사법적 후속조치, 강제 정책에 대한 사용자와 불법 종업원들의 대응으로 인해 종종 효과적으로 시행되지 못했다. 유럽 내 이민정책의 점진적인 지역화를 보여 주는 징후로, 유럽연합 집행위원회European Commission는 2007년 5월 불법 이주노동 수요를 엄중하게 단속하는 사용자 제재 지침을 채택했다(CEC, 2007b). 이 지침의 목표는 유럽연합 회원국 간에 적용할 최저 기준을 제공하고, 예방책, 사용자 제재, 집행 정책을 조율하는 것이었다. 예방책으로 사용자의 신원 확인 및 제3국 국민 고용에 대한 허가, 직원 채용 의사를 관계 당국에 사전 고지할 의무 등이 정해졌다. 이러한 정책을 따르지 않은 사용자에게는 무거운 범칙금과 강제퇴거 비용, 임금 지불, 납부하지 않은 세금과 사회보장비 납부 등을 포함하는 기타 비용이 부과되었다. 나아가 행정 범칙으로 5년 간 유럽연합의 보조금과 사업에서 배제될 수 있다는 조항이 포함되었다. 그럼에도 불구하고 이 지침을 둘러싸고 2008년까지 유럽연합 회원국 간에 의견 충돌이 계속되었다(Goldirova, 2008).

대다수 서유럽 국가와 달리 미국은 1986년 이전에는 사용자 제재 정책이 없었다. 1964년 멕시코인에 대한 브라세로 프로그램Bracero Program[미국의 외국인 노동자 도입 계획의 이름—옮긴이]이 종료되면서, 1960~1970년 대에는 미국 불법이민에 대한 우려가 커졌다. 하지만 브라세로 프로그램에 참여했던 외국인 노동자들에게 대체할 일자리를 주기 위해 마킬라도라Maquiladora(미국과 멕시코 국경 남쪽의 조립공장)가 설립되면서 우려는 사그라들었다. 그럼에도 불구하고 많은 외국인 노동자들이 일자리를 찾아 미국으로 계속 이주해 왔다. 브라세로 프로그램이 시행된 1942~1964년에 500만 명 이상의 멕시코인이 미국에서 임시 서비스직에 고용되었는데, 이를 보면 당시 불법이주의 실질적인 규모를 짐작할 수 있다. 1954년에는 불법이주 멕시코노동자 강제송환 정책인 '밀입국자 송환 작전Operation Wetback'이 시행되어 약 100만 명의 멕시코인이 강제퇴거당했다.

멕시코인의 불법입국이 계속되자 미국은 1978년 이민·난민정책특별위원회Select Committee on Immigration and Refugee Policy; SCIRP를 설치했다. 이 위원회에서 1981년 합법화 계획의 일환으로 사용자 제재 정책의 시행을 제안했고, 위조 방지 처리된 고용증명서를 도입했다(SCIRP, 1981). 1986년 레이건 대통령은 서류미비 외국인 고용을 불법행위로 처벌하는 이민개혁 및 통제법Immigration Reform and Control Act; IRCA에 서명했다. 이 법에 따라 사용자는 종업원의 취업 적격성을 증명하는 I-9 양식을 작성해야 했다. 그러나 증빙자료로 여러 종류의 서류를 제출하는 방법이 허용되었는데, 쉽게 위조할 수 있거나 부당한 방법으로 마련할 수 있는 서류가 많았다. 서류미비 외국인 노동자들이 허위 서류를 사용자에게 쉽게 제출할 수 있었기 때문에, 1994년 이민개혁위원회Commission on Immigration Reform는 1986년에 채택된 사용자 제재 시스템이 실패했다고 결론 내렸다(Martin and Miller, 2000b:46).

미국 내에서 사용자 제재의 시행은 정치적 반대로 난관에 부딪혔다. 일부 히스패닉 시민단체는 사용자 제재 정책이 소수자의 취업 차별을 부추긴다고 주장했으며, 사용자들은 I-9의 필수 요건을 정부가 부과한 또 다른 부담으로 여겼다. 어떤 이들은 사용자 제재 정책이 작물을 수확하지 못해 식료품 가격을 인상시킬 수 있는 노동집약적 농업은 물론이고, 모든 산업 부문에 지장을 준다고 우려했다. 미국 내 최대 노동조합 연합이자 1980년대 초기부터 서류미비 외국인 불법고용 제재 정책의 주요 지지자였던 미국노동총연맹 산업별노동조합회의American Federation of Labor and Congress of Industrial Organizations; AFL-CIO조차도 2000년에는 사용자 제재의 시행을 더 이상 지지하지 않는다고 발표했다. 당시 AFL-CIO의 지도부는 다수의 서류미비 외국인 노동자를 포함하여 수많은 이주자 조합원을 거느린 노동조합 출신이었다. 이 단체는 수백만 명의 불법체류 외국인에 대한 폭넓은 합법화legalization 요구를 지지하는 미국 가톨릭 주교회의US Conference of Catholic Bishops와 긴밀한 연계를 맺고 있었다. 이와 같은 다양한 반대 조류는 미국에서 사용자 제재 시행을 지지하는 정치적 합의가 부재했다는 사실을 보여 준다.

사용자 제재 정책은 전반적으로 강력하게 시행되지는 않았다. 1997년에는 법무부 이민귀화국Immigration and Naturalization Service; INS에서 완료한 사용자 수사 건수가 7,537건, 체포 17,552건이었으나 1999년에는 각각 3,898건과 2,849건으로 감소하자 1999년 미국 정부는 사용자 제재의 시행 중단을 발표했다(INS, 2002:214). 2001년 '9·11 테러' 이후 후속 조치로 이민귀화국이 2003년 국토안보부Department of Homeland Security 산하 기관으로 재편된 것은 사업장 수사담당관의 임무가 실질적으로 달라짐을 의미했다. '국가 안보에 초점'을 맞춘 정부 정책을 시행한 결과, 수사 관련 기금과 자원은 안보와 연관성이 적은 사업장보다는 공항과 같은 핵심전략 영역으로 이전되었다(Brownell, 2005).

불법체류 외국인 인구의 지속적인 증가는 의견이 엇갈리는 이민 논쟁을 촉발했으며, 2004년 이래 미국 정치의 중요한 의제로 다루어져 왔다. 이 논쟁으로 사용자 제재 정책과 위조 불가능한 고용증명서의 필요성에 관심이 모아졌다. 위조 불가능한 신분증 제작, 사용자들이 참여하는 신원확인용 전자 시스템, 규정을 위반한 사용자에게 부과하는 범칙금 인상, 국경 경비 강화, 초청노동자 정책의 신설, 대부분의 이주자들이 합법화를 통해 법적 경로를 거쳐 체류에 이르는 혜택을 받을 수 있도록 하는 것 등 다양한 제안이 모색되었다.

2007년 부시 행정부는 이른바 사회보장번호 불일치 서한social security number no-match letters을 골자로 하는 주요 시행계획을 발표했다. 이 서한은 사회보장청Social Security Administration에서 사용자에게 보내는 공문으로서, 종업원의 이름과 사회보장번호가 사회보장청의 기록과 일치하지 않음을 고지한다. 사회보장번호 불일치 서한이 전달되면 사용자는 14일 또는 90일 내에 문제를 해결하거나 서류미비 노동자를 해고해야 하며, 그렇지 않으면 최대 1만 달러에 이르는 범칙금을 물어야 한다. 2007년 이전에는 사회보장번호 불일치 서한의 후속조치가 대부분 집행되지 않았지만 이제 상황이 바뀌었다. 국토안보부의 한 대변인은 "우리는 엄중하게 집행하고 있으며 이러한 집행은 앞으로 더욱 강화될 것이다."라고 선언했다(Preston, 2007). 이러한 시행계획은 미국이 믿을 만한 사용자 제재 정책을 전혀 수립하지 못했으며, 이는 부분적으로 1986년의 이민

개혁 및 통제법을 회피하기가 용이했음을 자명하게 보여 준다.

합법화 프로그램

1970년대 이전에는 많은 국가가 노동력 및 인구 부족을 해결하기 위한 이민정책으로 '정문front door' 보다는 '뒷문back door'을 활용했다. 흔히 '밀입국자 없애기drying out wetbacks'라 불리는 1942년부터 1964년까지의 관행은 미국에서 불법 취업한 멕시코 노동자들을 대상으로 한 사실상의 합법화였다. 프랑스에서는 1947년 이후 이민청office national d'immigration; ONI의 소정 절차를 위반하여 고용된 외국인들이 일상적으로 합법화되었고, 그 결과 1945~1970년에는 합법화 프로그램이 프랑스로 적법하게 입국하는 주된 방식이었다(Miller, 1999:40-41). 그 후 프랑스 정부는 합법화가 예외적인 조치라고 선언했지만, 실제로는 1970년대 내내 반복되었다(Miller, 2002).

1981년 사회당 대통령이 당선되고 좌파가 의회에서 다수를 차지하면서, 불법이주와 불법취업을 없애기 위한 합법화에 새롭게 접근할 수 있는 장이 마련되었다. 이전의 합법화 정책과 달리 노동조합과 이민자 단체들이 합법화에 참여했고, 정부 인력을 추가로 동원해 신청 과정을 보다 용이하게 만들었다. 그 결과 15만 명의 지원자 중 대략 12만 명이 합법화되었다. 그렇지만 합법화 프로그램에 대한 평가는 각기 달랐다. 신청 자격이 있는 많은 외국인들이 합법화 프로그램을 모르거나 참여하기를 두려워했으며, 합법화가 더 많은 불법이민자를 프랑스로 끌어들이는 자석효과magnet effect를 불러일으킬 것이라고 볼 만한 근거도 있었다. 결과적으로 합법화는 참여자들에게는 혜택을 주었으나 불법이주와 불법취업을 조장하는, 근저에 자리 잡고 있는 노동시장의 동학을 바꾸지는 못했다. 신청기한은 재차 연장되었고, 신청자격 기준도 점차 정비되었다. 그러나 프랑스 정부 당직자들에게 1981~1983년까지의 합법화 정책은 커다란 성과로 받아들여졌고, 다른 나라에도 참고할 만한 선례가 되었다.

1986년 미국에서 도입된 이민개혁 및 통제법IRCA의 합법화 조항은 프랑스의 관련법 조항과 몇몇 핵심 사항 면에서 차이가 있었다. 첫째, IRCA는 신청자격 기준일인 1982년 1월 1일과 I-687로 알려진 전면적 합법화 프로그램의 실제 시행일인 1987년 5월 4일 사이에 5년이라는 기간을 두었다. 전면적 합법화 프로그램은 1982년 1월 1일 이전부터 거주했다는 사실을 증명할 수 있는 모든 외국인을 대상으로 했으며, 약 170만 명이 신청했고 그중 97퍼센트가 법적 지위를 인정받았다. 한편, 신청 마감일을 연장하려던 의회의 노력은 실패했다. 또한 IRCA에 따라 1985년 5월 1일과 1986년 5월 1일 사이 90일 간의 계절취업 증거를 입증할 수 있는 외국인을 대상으로 특수 농업노동자Special Agricultural Workers 프로그램이 시행되었다. 총 130만 명이 신청했으나 신청인들 사이에 사기와 위조가 널리 퍼져서 이 프로그램의 합법화 인정률은 I-687 프로그램보다 훨씬 낮았다. IRCA 조항을 적용받아 합법화된 서류미비 이주자는 모두 합하여 약 270만 명이었다(Kramer, 1999:43; GAO, 2006; OECD, 2006).

프랑스와 미국의 합법화 프로그램의 두 번째 주요 차이점은 합법화 인정을 받은 신청인의 직계가족에 대한 처우이다. 미국 정부는 미국 가톨릭 주교회의가 합법화를 촉구한 후 '가족 공정 원칙family fairness doctrine'을 공포하여, 합법화된 외국인의 부양가족이 불법체류 신분인 경우 이민귀화국의 각 지방 사무소장들이 인도적 고려에 따라 이들에게 단기간 보호받을 수 있는 합법적 체류자격을 부여할 수 있게 하였다. 이 원칙은 1990년 이민법Immigration Act에서 더욱 발전하여, 합법화된 외국인의 배우자 및 자녀의 영주권 취득을 허용했다(Miller, 1989:143-144).

1980년대 남부유럽 국가들의 이주변천 동안, 320만 명 이상의 외국인이 대거 합법화되었다. 1986년 이래 이탈리아는 5개의 합법화 프로그램을 운영했는데, 2002~2004년에 65만 명이 합법화되었고 이를 포함하여 총 약 140만 명의 이주자가 합법화되었다. 2005년 스페인에서는 '합법화normalisacion' 프로그램으로 54만 9,000건의 비자가 발급되었다(OECD, 2006:82). 하지만 많은 이주자들이 비자 만료와 적체된 행정처리 때문에 다시 불법체류 신분이 되었고, 이들은 정부가 추후 합법화 정책을 통해 이 문제를 시정할 것을 강하게 요구했다(제5장 참조).

2000년에 스위스는 1992년 12월 31일 이전에 입국한 약 1만 5,000명의 외국인을 합법화하는 프로그램을 시행했다. 해당 외국인들은 대부분 스리랑카 출신으로, 난민 지위가 불허되었으나 스리랑카에서 계속된 내전으로 인해 본국으로 귀환할 수 없는 사람들이었다(OECD, 2001:251). 이와 유사하게, 합법화가 역효과 및 더 많은 불법이주를 초래한다는 관점을 오랫동안 유지했던 독일에서도 합법화 지지자들이 증가했다. 2001년 베를린의 가톨릭 추기경 스테르진스키Sterzinsky와 독일노동조합연맹은 합법화 정책을 요구했다(Appenzeller et al., 2001). 2007년 독일 연방하원은 난민 지위가 불허되었으나 본국으로 송환할 수 없는 외국인 중 취업자의 합법화 가능성을 부여하는 법을 제정했다.

유럽 국가들 가운데 새로운 세대는 대규모 합법화를 수용한 데 반해, 한때 유럽에서 합법화 옹호의 선두주자였던 프랑스는 역설적으로 그러한 정책을 회피하기 시작했다. 2006년 당시 내무부 장관인 니콜라 사르코지Nicolas Sarkozy는 부모가 불법체류 상태인 학생을 개인별로 처리하는 절차를 도입했고, 총 6,924건의 비자가 발급되었다(Le Monde, 2007. 4. 6). 또한 강제퇴거 명령이 증가했으며 10년 이상 거주한 서류미비 외국인에게 법적 지위를 부여했던 규정을 무효화했다. 이러한 변화는 프랑스의 엄격한 이민정책을 보여 주지만, 그럼에도 불구하고 2005년부터 2006년까지 합법화된 이주자의 수는 55퍼센트나 증가했다.

합법화가 타당한 이민정책인가에 관한 논쟁은 대서양 건너편에서도 반향을 불러일으켰다. 미국에서는 2006년과 2007년 계속 증가하는 서류미비 외국인 인구로 인한 어려움을 해결하기 위해 몇 가지 제안들이 등장했다. 그중에는 서류미비 이주자들이 영어가 유창하고 지속적으로 일하여 세금을 잘 납부하고 있으며 범죄기록이 없다는 것을 증명하면 시민권을 획득할 수 있는 '획득 합법화earned legalization'를 옹호하는 제안도 있었다. 2006년 부시 대통령은 국경 통제 강화와 함께 이 제안을 지지했다. 1년 후 의회의 초당파적 위원회는 이른바 '대타협'이라고 불리는 합의에 도달했는데, 행정 수수료 납부를 포함한 특정 조건을 갖출 경우 서류미비 외국인에게 합법화의 기회를 부여해야 한다는 내용이었다. 게다가 이 법안에 근거하여 초청노동자 프로그램과 점수제(향후 이민자를 끌어들이는 가족관계보다는 기술과 자격을 강조함)를 수립할 수 있었다. 그러나 입법 과정에서 정파에 상관없이 거센 반대에 직면했고, 2007년 6월 공화당이 선거에 패배하여 미국에서 포괄적인 이민개혁의 기회는 2008년 대선 이후로 연기되었다.

유럽과 북미의 합법화 프로그램에 대한 평가는 다양하다. 합법화가 불법이주 규제에 대한 정부의 무능력을 보여 주는 증거로 해석되기도 하고, 전 지구화 시대의 국제 인구이동에 대해 주권국가가 적응하고 대처할 수 있음을 가리키는 증거로 간주되기도 한다. 합법화에 반대하는 이들은 늘 그렇듯이 합법화 정책이 법의 기반을 흔든다고 주장한다. 반면 찬성론자들은 합법화 정책이 이주자의 삶에 끼치는 영향이 유럽과 미국에서 각기 매우 다르게 나타나기는 하나, 합법화된 외국인은 대부분 전반적으로 사회경제적 기회와 취업 전망의 향상을 경험한다고 언급한다(Laacher, 2002:66; Levinson, 2005:9-10).

단기취업 외국인 노동자 도입 프로그램

탈냉전시대의 단기취업 외국인 노동자temporary foreign worker; TFW 프로그램은 1973년 이후 서유럽에서 축소된 형태로 다시 나타났다. 독일, 네덜란드같이 초청노동자 프로그램의 역사를 지닌 국가뿐만 아니라 이탈리아처럼 이전에 초청노동자를 허가한 경험이 거의 없는 국가에서도 단기취업 외국인 노동자 프로그램이 나타나고 있다. 탈냉전시대의 단기 외국인 노동자 프로그램은 1960~1970년대의 모델과는 여러 측면에서 다르다. 예를 들면, 도입 외국인 노동자 수가 감소했다. 2002년 독일은 약 37만 5,000건의 단기비자를 발급했는데, 이 중 29만 8,000건은 계절노동자에 해당했다. 이는 1969년 독일에 입국한 약 64만 6,000명의 신규 외국인 노동자의 수와 비교해 보면 매우 낮은 수치이다(Castles and Kosack, 1973:40). 또 다른 큰 차이는 고숙련 외국인 노동자와 저숙련 외국인 노동자에 대한 처우가 다르고, 노동자들이 송금을 통해 송출국의 경제 발전에 기여할 것을 수용국에서 요구한다는 점이다(Castles, 2006b:741).

독일이 단기취업 외국인 노동자 도입을 재개한 배경에는 중부유럽과 동유럽의 새로운 민주정부를 지원하고 불법이주와 인신매매 근절을 위한 협력을 얻어 내려는 의도가 깔려 있다. 1970년대 중반 이후 호텔, 음식점, 농업 분야의 영향력 있는 사용자 단체 대표자들은 1960~1970년대 스위스의 사례와 유사한 계절노동자 프로그램을 지지했다. 그러나 스위스는 예전의 계절노동자와 그 가족이 국내 최대 외국인 집단을 형성하게 되자 오히려 1980년대에 들어와서 관련 정책을 변경했다. 1964년 스위스에는 20만 명이 넘는 계절노동자가 있었으나 1999년에는 겨우 1만 명만을 받아들였다(Miller, 1986:71; OECD, 2001:50). 프랑스에서 과거 매년 평균 10만 명의 계절노동자를 받아들이다가 점차 축소하여

1999년에 7,612명을 도입했듯이, 스위스도 외국인 계절노동자 도입 인원을 크게 줄였다(Tapinos, 1984:47). 그러므로 독일이 스위스의 계절노동자 정책을 참고하여 이를 따른 것은 이러한 역사를 기억하지 못했음을 보여 준다.

남부유럽에서 초청노동자 프로그램은 본질적으로 주변적인 정책에 머물러 있었다(Reyneri, 2003; Castles, 2006b:754). 스페인에서는 외국인 노동자 고용을 목적으로 초기에 할당된 비자 가운데 다수가 원래 목적의 대상자가 아니라 합법화를 진행 중인 불법체류자에게 발급되었다(Lopez-Garcia, 2001:114-115). 일부 사용자들이 사회보장세 납부를 피하려고 합법 외국인 노동자보다 불법체류자를 선호하면서 문제가 더욱 복잡해졌다(Lluch, 2002:87-88). 2002년 무렵 대부분의 외국인들은 비자를 받기 위해 고국으로 돌아가야 했다(Plewa and Miller, 2005:73). 그럼에도 불구하고 뒷문 이민backdoor immigration이 지속되어, 결국 2005년 합법화Normalisacion 프로그램이 시행되었다(앞의 내용 참조). 대량 합법화를 통해 장기 체류허가를 얻을 기회가 반복되자, 스페인과 다른 지중해 국가에서 단기취업 외국인 노동자 정책이 시행될 가능성은 낮아졌다(Plewa and Miller, 2005; Castle, 2006b:754).

미국에서 단기취업 외국인 노동자 프로그램은 불법으로 취업한 수백만 명의 외국인을 합법화할 수 있는 효과적인 수단으로서 지지를 받았다. 그렇지만 유럽에서 유사한 프로그램이 실패한 데에서 알 수 있듯이, 단기취업 외국인 노동자 프로그램이 불법체류자의 취업을 감소시킬 것이라는 점에 대해서는 회의적인 견해가 많았다. 퓨 히스패닉 센터The Pew Hispanic Center의 최근 여론조사에 따르면, 멕시코인들은 초청노동자 프로그램을 강력히 지지하지만, 설문 응답자의 절반 이상이 미국에서 영구 정착하기를 희망하고, 대부분 갱신 가능한 6년 비자를 받고 싶다고 밝혔다(Martin, 2005a:47). 하지만 국가와 민간 행위자 모두 정교하게 계획된 단기취업 외국인 노동자 프로그램에 따라 초청노동자를 본국으로 송환하는 방법이 국제이주의 부정적 효과를 줄일 수 있으며, 송출국과 수용국 양쪽 모두에 유리한 상황을 보장한다는 점을 강조했다(Castles, 2006b:748).

지난 10년간 재개된 단기취업 외국인 노동자 프로그램은 이주에 대한 이중적인 접근을 초래했다. 많은 국가가 미숙련 노동자의 체류기간을 제한하지만 고숙련 노동자는 수용국 사회에 정착·통합시키고자 한다. 또한 수용국과 관계를 맺고 있는 유학생과 연구원은 쉽게 활용 가능하고 바람직한 이주자이기 때문에 많은 국가에서 이들을 유치하는 데 주안점을 두었다(OECD, 2006:80-81).

난민과 비호^{asylum}

전 세계적으로 난민과 비호신청자^{asylum seekers}의 수가 1990년대 중반 상대적으로 감소하다가 21세기에 들어와 다시 증가함에 따라, 비호는 많은 서구 국가들에서 점점 더 주요 정치적 쟁점이 되었다. 선정적인 기자와 우파 정치인들은 난민을 수용하면 범죄율이 급증하고 근본주의 테러리즘이 퍼지며, 복지 체계의 부담이 커지는 등의 심각한 결과가 초래된다고 주장한다. 또 강력한 국경 통제, 비호신청자 구금, 불법체류자 강제퇴거를 요구하는 목소리가 커졌는데, 이 같은 격렬한 비판에 대한 대중의 반응은 분명하다. 덴마크, 네덜란드, 벨기에, 오스트리아, 프랑스, 호주의 선거에서 모두 우파가 승리했다는 사실은 유럽의 남쪽과 동쪽에서 이주자가 대량 유입되는 현상을 꺼리는 대중의 두려움과 관련될 수 있다. 그러나 실제로 난민은 아프리카, 아시아, 중동, 중남미의 빈곤국에 압도적으로 많이 머무르고 있다.

강제이주를 정의하기

난민과 비호신청자는 경제적 이익이나 다른 이익을 위해 이동한 자발적 이주자voluntary migrants가 아니라 박해나 분쟁을 피해 살던 곳에서 탈출한 강제이주자forced migrants이다. 일반적으로 모든 유형의 강제이주자를 '난민refugees'으로 지칭하는 경향이 있지만, 강제이주자의 대부분은 국제난민법에서 인정하지 않는 사유로 도피하며 종종 국적국에 계속 남아 있다. 이 장에서는 주로 국경을 넘은 사람들을 다루지만, 모든 형태의 강제이주는 원인과 결과가 서로 관련되어 있다(더 자세한 내용을 보려면 Castles and Van Hear, 2005 참조).

난민(또는 협약상 난민Convention refugee)은 1951년에 유엔에서 채택한 '난민의 지위에 관한 협약United Nations Convention Relating to the Status of Refugees' (이하 난민협약)에서 정의한 바에 따라, "인종, 종교, 민족, 특정 사회집단의 구성원 신분 또는 정치적 의견을 이유로 박해받을 수 있다고 인정할 만한 충분한 근거가 있는 공포well-founded fear로 인하여 국적국으로 돌아갈 수 없거나 돌아가기를 원하지 아니하여 국적국 밖에 거주하는 사람"을 뜻한다. 2006년 유엔 회원국인 192개국 가운데 147개국이 난민협약이나 1967년에 채택된 난민의 지위에 관한 의정서(이하 난민의정서)에 가입했다. 체약국들은 난민을 보호하고 (난민이 박해받을 우려가 있는 국가로 돌려보내지 않는다는) 강제송환 금지non-refoulement의 원칙을 준수할 의무가 있다. 유엔난민기구는 2006년 말 전 세계에 990만 명의 난민이 있다고 보고했다(UNHCR, 2007a).

재정착resettlement은 난민에게 첫 번째 비호국에서 장기적인 보호와 원조를 제공할 수 있는 다른 국가로 이주를 허가하는 것을 뜻하며, 유엔난민기구에서 관련 정책을 시행 중인 재정착 국가—주로 미국, 캐나다, 호주, 뉴질랜드, 유럽연합의 일부 국가들—와 협력하여 대상자를 선정한다.

비호신청자asylum seekers는 보호를 받기 위해 국경을 넘었으나 요청한 난민 지위 인정이 아직 결정되지 않은 사람들이다. 난민 지위를 인정받는 데에는 수년이 걸리기도 한다. 수용국에서는 다음과 같은 다양한 형태의 보호를 —1951년 난민협약의 요건을 충족하는 신청자에게는 난민으로서의 완전한 지위를, 전쟁 피난민에게는 일시적 보호를, 난민으로 간주되지는 않지만 귀국 시 위험에 처할 사람에게는 인도적 보호를— 제공한다. 유럽의 일부 국가에서는 신청자의 90퍼센트가 비호를 거부당하며, 신청자들은 계속 체류하고 있다. 어떤 식으로든 확실한 법적 지위가 부여되지 않는다면 그들은 주변적인 존재가 될 수밖에 없다. 2006년에는 전 세계적으로 신규 비호 신청 건수가 50만 3,600건에 달했다(UNHCR, 2007a).

국내실향민internally displaced persons; IDPs은 "생명이 위험에 처하여 살던 곳에서 도피해야 하지만 난민과 달리 국경을 넘지 않은 이들을 뜻한다. 많은 국내실향민이 실향기간 동안 폭력과 기아, 질병에 노출되며, 인권을 무수히 침해당하고 있다"(IDMC, 2007:9). 국내실향민 보호를 목적으로 확립된 국제법적 제도나 기구는 존재하지 않으며, 일반적인 인권협약에서 이를 다루고 있다. 폭력사태로 인해 실향한 이들의 월경越境이 더욱 어려워지면서, 2006년 전 세계 국내실향민 수는 총 52개국 2,450만 명으로 증가했다(IDMC, 2007:11).

개발난민development displacees은 댐, 공항, 도로, 도시주택 건설과 같은 대규모 개발 계획으로 인해 강제로 이주하게 된 사람들이다. 전 세계 많은 개발 계획에 자금을 대는 세계은행The World Bank은 개발 계획으로 인해 매년 1,000만~1,500만 명이 터전을 잃는다고 추산한다. 많은 개발난민들이 끊임 없는 빈곤화와 사회적 주변화를 경험한다(Cernea and McDowell, 2000).

환경난민과 재해난민environmental and disaster displacees(displacees는 실향민으로 번역되나 그 내용상 난민으로 번역하는 관행이 있고, 실제 의미를 이해하는 데에도 더 적절하여 난민으로 옮긴다.—옮긴이)은 환경 변화(사막화, 삼림 벌채, 토지 황폐화, 해수면 상승), 자연재해(홍수, 화산 폭발, 산사태, 지진), 인재(산업사고, 방사능)로 인해 삶의 터전을 잃은 사람들이다. 이 범주는 논란의 여지가 있다(Castles, 2002). 일부 환경보호론자들은 이미 수천만 명의 '환경난민'이 존재하며, 지구온난화로 인해 수억 명이 결국 터전을 상실할 위험에 처하게 될 것이라고 주장한다(Myers and Kent, 1995; Myers, 1997). 한편, 난민 전문가들은 그러한 견해에 의문을 제기하면서, 환경적 요인이 강제이주의 한 부분이기는 하지만 실향displacement은 항상 사회적·민족적 분쟁, 약소국, 자원의 불평등한 분배, 인권유린 같은 요인들과 밀접하게 관련된다는 점에 주목한다(Black, 1998; 2001).

마지막으로, 유엔난민기구 보호대상자persons of concern라는 개념은 협약상 난민뿐만 아니라 유엔난민기구로부터 보호 또는 원조를 받는 비호신청자, 국내실향민, 귀환민returnees, 무국적자 등 모든 사람을 포함한다.

국제 강제이주 동향

국제 난민 인구는 1975년 240만 명에서 1990년 1,490만 명으로 증가했으며, 냉전 종식 후인 1993년 1,820만 명의 난민이 발생하여 정점에 달했다(UNHCR, 1995:2000a). 2000년에는 1,210만 명으로, 2005년에는 다시 870만 명으로 감소하여 1980년 이후 가장 낮은 수치를 기록했다. 하지만 2006년에는 이러한 감소 추세가 역전되어 990만 명으로 급증했는데, 이는 주로 당시 120만 명의 이라크인이 요르단과 시리아로 탈출했기 때문이었다(UNHCR, 2007a:5).

유엔난민기구 보호대상자 수는 1995년 2,740만 명으로 사상 최대였으며 2003년에는 1,750만 명으로 다시 감소했다. 국제 분쟁은 누그러지는 듯했으나(UNHCR, 2006b), 2006년 보호대상자 수는 다시 3,290만 명으로 예전의 최고치를 넘어섰다. 대부분 국내실향민과 무국적자 보호에 대한 유엔난민기구의 책임이 커지면서 증가한 이들이었지만, 300만 명 정도는 그 당시 터전을 잃은 이들이었다(UNHCR, 2007a).

난민은 전쟁, 폭력, 혼란으로 피해를 입은 지역에서 발생한다. 유엔난민기구가 2006년 초 발표한 주요 난민 발생국은 아프가니스탄(1,900만 명), 수단(69만 3,000명), 부룬디(43만 8,700명), 콩고(43만 명), 소말리아(39만 4,800명) 순이다. 그러나 이는 유엔난민기구의 책임 범위에 포함되는 난민에 한한 수치이다. 파키스탄과 이란에서 각각 100만 명 이상, 70만 명 이상의 난민을 수용했음에도 불구하고 파키스탄 난민 캠프 밖에 사는 아프가니스탄인이 150만 명으로 추정되며, 이란에 거주하는 난민의 수는 집계되지 않았다. 더욱이 유엔난민기구는 세계에서 가장 큰 망명 인구인 팔레스타인 난민 문제에 거의 관여하지 않는다. 430만 명가량의 팔레스타인 난민은 유엔팔레스타인난민구호기구United Nations Relief and Works Agency for Palestine Refugees in the Near East; UNRWA가 담당하고 있다(UNHCR, 2006a).

주요 난민 수용국을 수용 규모가 큰 나라부터 열거하면 파키스탄, 이란, 미국, 시리아, 독일, 요르단, 탄자니아, 영국, 중국, 차드 순으로, 단 세 나라—미국(84만 4,000명), 독일(60만 5,000명), 영국(30만 2,000명)—만이 부유한 나라라는 점이 뚜렷이 드러난다(UNHCR, 2007a). 난민은 빈곤하고 분쟁 중인 지역에서 발생하고 대부분 그러한 지역에 남아 있다. 하지만 1980년대 이래로 서유럽, 북미, 호주에 비호 신청이 물밀듯이 쏟아졌다. 이 지역에서 연간 비호 신청 건수가 1983년 9만 400명에서 1988년 32만 3,050명으로 증가했고, 1992년에는 냉전 종식과 함께 82만 8,645명으로 다시 급등했다(UNHCR, 1995:253). 1995년에는 48만 명으로 급락했는데(OECD, 2001:280), 독일과 스웨덴에서 난민법이 개정됨에 따라 비호 신청이 감소했기 때문이었다. 1997년 이후 비호 신청은 다시 증가하기 시작했다. OECD 회원국에서 비호신청자의 유입은 2001년 59만 4,000명으로 증가한 후 2005년 29만 8,000명으로 감소했다(OECD, 2007:321). 2006년 전 세계의 신규 비호 신청 건수는 총 50만 3,000건이었다. 남아프리카공화국은 미국보다 많은 5만 3,400건의 신청을 접수하여 신규 비호신청자의 주된 목적지가 되었다(UNHCR, 2007a).

강제이주와 국제정치

강제이주는 국제정치의 주요 요인이 되었다(Loescher, 2001). 이것은 국제난민체제international refugee regime의 성격 변화가 반영된 결과이다. 국제난민체제라는 용어는 난민 보호와 원조를 목적으로 하는 많은 기구뿐만 아니라 인도주의법 및 인권법에 기반한 일련의 법적 규범을 아울러 지칭한다. 이 체제의 핵심은 1951년 난민협약이며, 가장 중요한 기구는 유엔난민기구이지만 국제적십자위원회International Committee of the Red Cross; ICRC, 세계식량계획World Food Programme; WFP, 유엔아동기금United Nations Children's Fund; UNICEF 같은 정부 간 기구와, 옥스팜OXFAM, 케어 인터내셔널 CARE International, 국경 없는 의사회Médecins sans Frontières, 국제구조위원회 International Rescue Committee; IRC 같은 수백 개의 비정부기구도 일익을 담당한다.

국제난민체제는 제2차 세계대전과 냉전이라는 두 가지 주요 국제 분쟁을 통해 형성되었다(Keely, 2001). 1945년 유럽을 떠난 4,000만 명의 피난민 가운데 많은 수가 호주, 캐나다, 그 외 다른 나라에 재정착하여 전후 경제성장에 크게 공헌했다. 서구 국가들이 냉전 기간 동안 공산주의에 반대하여 '본국을 떠나 망명한' 사람들에게 비호를 제공한 것은 선전활동으로 매우 효과적인 방법이었다. 철의 장막Iron Curtain 뒤의 공산진영에서 '출국금지제도non-departure regime'를 두어 자국민이 타국에 망명하여 비호를 신청하기를 전반적으로 어렵게 만들었기 때문에, 서구에서는 망명에 성공한 극소수의 사람들을 기꺼이 따뜻하게 환대해 줄 수 있었다. 비호 신청은 1956년 헝가리 혁명과 1986년 프라하의 봄 같은 사건으로 인해 이따금 급증한 경우를 제외하고는 감당할 만한 수준으로 유지되었다.

빈국에서는 다른 상황이 전개되었다. 식민지의 유산은 아시아와 아프리카, 중남미에서 비민주주의 약소국과 저개발 경제를 양산했고, 빈곤의 만연을 초래했다. 소비에트 블록the Soviet Bloc에서 이 나라의 혁명운동을 조장하는 동안, 부국들은 이 나라의 새로운 엘리트들에게 영향을 주어 자신들의 패권을 유지하고자 하였다. 1960년대부터 아프리카에서는 식민지 백인 정착민이 세운 정권에 대항하는 투쟁이 확대되었고, 1970~1980년대 중남미에서는 미군이 지원하는 군부정권에 대한 저항이, 중동과 아시아에서는 정치적 갈등과 민족분쟁이 지속되었으며, 이 모든 사태는 대규모 난민 발생으로 이어졌다(Zolberg et al., 1989). 1980년대 이래 냉전 종식과 더불어 진행된 경제적 전 지구화는 심각한 사회변혁, 인구이동, 불평등의 심화를 야기했으며, 갈등의 재개를 부채질하는 데 일조했다(제3장 참조).

부국과 국제기구에서는 빈국의 상황이 1951년 난민협약에서 규정한 개인의 박해와는 질적으로 다르다고 주장했다(Chimni, 1998). 선진국에서는 냉전시대의 인도차이나와 쿠바 출신의 난민을 제외하고는 영구 재정착이 난민 문제의 적절한 해결책이라고 간주하지 않았다. 1969년 아프리카단결기구Organization of African Unity; OAU는 난민의 정의를 전쟁, 인권침해 또는 일반화된 폭력으로 인해 본국에서 도망쳐야 하는 사람들로 확대한 고유의 난민협약을 도입했다. 중남미 지역에서는 1984년 카타헤나선언Cartagena Declaration에서 이와 유사한 의미로 난민을 정의했다. 오늘날 유엔난민기구는 이와 같이 폭넓은 의미로 접근하며, 인도주의적 구호 기관으로서 새로운 역할을 수행하기 시작했다. 유엔난민기구는 전 세계에서 난민 캠프 운영을 돕고 식량과 의료 혜택을 제공한다(Loescher, 2001). 이로써 유엔난민기구는 유엔 내에서 영향력이 막강한 기구 중 하나가 되었다.

1980년 비호신청자들은 중남미와 아프리카, 아시아의 분쟁 지역에서 유럽과 북미로 직행했고, 소비에트 블록의 붕괴와 더불어 비호신청자의 수가 급격히 증가했다. 가장 극적인 이동은 1991년과 1997년에 알바니아에서 이탈리아로, 그리고 크로아티아–보스니아, 코소보 전쟁 기간 동안 구 유고슬라비아에서 이탈리아로 이동한 사례이다. 1991~1995년에 독일에 도착한 130만 명의 비호신청자 중 다수는 루마니아, 불가리아, 그 외에 동유럽에서 온 로마인Roma[흔히 집시라고 불리는 사람들로, 집시라는 경멸적 용어 대신에 자신들을 로마인이라고 부른다.—옮긴이]과 같은 종족적 소수자 출신이었다. 폴란드, 우크라이나, 구소련 국가 출신의 서류미비 노동자뿐만 아니라 조국에 귀환한 종족적 소수자로 인해 상황은 더욱 복잡해졌다(제5장 참조).

그러므로 1990년대 초반은 비호의 정치화가 진행된 기간이었다. 극우주의의 동원, 비호신청자 쉼터 방화사건, 외국인에 대한 공격이 발생하여 공공질서를 위협했다. 유럽 국가는 다음과 같이 일련의 규제를 마련하여 대응했는데, 이는 '유럽요새Fortress Europe'의 건설을 알리는 듯했다(UNHCR, 2000a; Keely, 2001).

- 난민 지위 접근권을 제한하는 국가별 법제의 변화.
- 구 유고슬라비아 내전에서 탈출한 사람들에게 영구적 난민 지위가 아닌 일시적 보호를 제공하는 제도.
- 적절한 서류가 없는 사람들이 서유럽으로 이동하지 못하도록 '비도착 정책non-arrival policies' 도입. 일부 국가 국민에게는 출국 전 비

자를 발급받을 것을 요구함. '운송자 처벌carrier sanction' 조항을 두어 항공사가 승객을 탑승시키기 전에 서류를 확인하게 함.

- 우회정책diversion policies. 유럽연합과 국경을 공유하는 국가를 '안전한 제3국'으로 공표하고, 만약 비호신청자가 이 범주의 국가들을 경유했다면 해당 국가로 송환할 수 있도록 함.
- 1951년 유엔난민협약에 대한 제한적 해석. 예컨대 아프가니스탄 탈레반 같은 '비국가 행위자non-state actors'에 의한 박해를 배제함.
- 솅겐 협약Schengen Convention, 더블린 협정Dublin Convention, EU 협약 등을 통해 유럽연합 회원국 간에 비호와 이민 법령에 관한 협력.

미국의 경험도 이와 유사했다. 공산주의 국가에서 유입되던 비호신청자의 수가 냉전의 종식과 함께 줄어들면서 1990년대 후반에는 난민 수용이 감소하기 시작했다. 2001년 9·11 테러 이후 미국의 난민 수용 건수는 급격히 하락했다. 1995년 이후 전 세계에서 공식적으로 인정된 난민 수를 감소시킨 주된 원인은 인권의 실질적인 개선이라기보다는 수용국의 규제조치였다.

서구 국가의 난민제도는 지난 30년 동안 근본적으로 변화해 왔다. 냉전시대에 맞이한 동구권 출신 난민들을 새로운 터전에서 재정착할 수 있도록 지원하던 제도에서 빈국 출신 비호신청자의 유입을 막기 위한 배제정책으로 바뀐 것이다. 2005년 유럽연합의 자유, 정의, 안보를 위한 헤이그 행동 프로그램EU's Hague Action Programme for Freedom, Justice and Security에도 이러한 경향이 지속되고 있는데, 이 프로그램은 이주 관리와 국경 통제, 공동 난민정책에 주안점을 두고 있다(CEC, 2005c).

1975년부터 2000년까지 미국은 130만 명의 인도차이나 난민을 포함하여 200만 명 이상의 난민에게 영구 재정착을 허용했다. 이 기간 동안 미국이 받아들인 재정착 난민의 수는 다른 국가들이 받아들인 전체 난민의 수보다 더 많다(UNHCR, 2000b). 중앙아메리카와 카리브 해에서 들어온 난민도 중요한데, 이 지역의 많은 난민들이 '불법적으로' 유입되었지만 미국은 해당 국가들을 난민 발생국으로 여기지 않았다. 1959년 이후 시행된 쿠바인에 대한 문호개방 정책은 1980년대에 규제정책으로 바뀌었으며, 1990년대에는 해상 저지가 시작되었다. 1980~1990년대에는 미국에 오려고 시도한 많은 아이티인들이 입국 금지를 당했다.

2001년 9·11 테러 이후, 미국은 난민 재정착 프로그램을 일시적으로 중단했고, 테러 활동을 했다고 의심되는 외국인에 대한 강력한 구금권을 도입했다. 2006년 한 해 동안 "2,000~3,000명의 비호신청자가 구금 상태이지 않은 날이 없었으며, 미국 정부는 이들을 종종 변호인 접근이 제한한 외딴 지역에 수용했다"(USCRI, 2007c). 이때 기록된 최대 구금 기간은 3년 반이다(USCRI, 2007c). 난민인정자 수는 1997~2001년 연평균 7만 6,000명에서 2002년과 2003년에는 각각 2만 9,000명 이하로 감소했다. 보안검사가 강화되고 무슬림 배경의 비호신청자에 대한 혐의와 관련 절차에 드는 비용이 증가하면서 난민 지위를 획득하기가 매우 어려워졌다. 그러나 2005년 연간 난민인정자 수는 5만 명 선으로 회복되었는데, 이는 재정착이 절실한 집단을 우선 수용한 프로그램에 부분적으로 기인한 것이다(Martin, 2005a).

캐나다도 미국처럼 1975~1995년에 20만 명 이상의 인도차이나 난민을 받아들였다. 1998년 재정착 난민은 9,000명 이하로 감소했고, 코소보에 대한 인도주의적 대피 프로그램의 결과 1999년에만 1만 7,000명을 예외적으로 받아들였다(UNHCR, 2006b). 2005년 재정착 난민은 다시 1만 400명으로 감소했다(UNHCR, 2006b). 캐나다에 비호를 신청한 사람은 2001년에 4만 4,000명으로 가장 많은 수를 기록했으며 대부분은 인도아대륙이나 중국, 스리랑카 출신이었다(USCR, 2001:261). 2006년에는 난민인정자와 새로 접수된 비호신청자를 합한 3만 명 가운데 콜롬비아(5,000명), 멕시코(3,900명), 아프가니스탄(3,000명), 중국(2,700명)이 많은 수를 차지하여 난민 출신국에 상당한 변화가 있었다(USCRI, 2007b).

호주 또한 주요 재정착 국가 중 하나이다. 호주의 인도주의 프로그램은 1990년대 초 이후 매년 1만 2,000~1만 6,000명의 난민을 인정했다. 이 프로그램을 통한 2005~2006년의 난민인정자는 14,144명이었다(DIAC, 2007b). 해상을 통해 입국한 비호신청자 수는 1990년대 후반까지는 매년 몇백 명 정도로 적었으나 1999~2001년에 약 4,000명으로 증가했다(Crock and Saul, 2002:24). 이 수치는 다른 나라에 비해 적은 편이었으나 엄격한 입국 통제의 전통이 붕괴된 것으로 보였다. 그것은 결국 난민 쟁점의 정치화로 이어졌다(Castles and Vasta, 2004). 호주의 북부 섬들을 '이주 구역migration zone'에서 제외하는 엄격한 법이 통과되었다. 일명 '태평양 해결책Pacific solution'을 통해 인도네시아에서 배를 타고 호주에 도착한 비호신청자(주로 아프가니스탄인, 이라크인, 이란인)는 나우루Nauru와 파푸아뉴기니 같은 섬의 캠프시설로 이송되었다. 이전에 호주에 유입된 비호신청자들은 외딴 지역의 음침한 구금시설에 수용되었다. 그중 일부는 몇 년 동안 억류되었고, 심지어 아이들은 철조망으로 둘러싸인 곳에서 지냈다. 이러한 정책은 상당한 저항을 불러일으켰다. 2005년 이러한 규제가 완화되는 조짐이 나타났고(USCRI, 2007a), 2007년에 새로 선출된 호주노동당ALP 정부는 역외域外 난민캠프를 폐쇄할 것을 약속했다.

유럽연합에서 1990~2000년까지 비호신청자가 가장 많은 5개국은 유고슬라비아연방공화국(83만 6,000명), 루마니아(40만 명), 터키(35만 6,000

명), 이라크(21만 1,000명) 아프가니스탄(15만 5,000명)이다. 유고슬라비아 출신 비호신청자가 가장 많았던 두 시기는 1991~1992년 크로아티아-보스니아 전쟁, 그리고 1998~1999년 코소보 분쟁이 일어난 시기와 일치한다. 루마니아인의 다수는 로마인〔집시―옮긴이〕및 다른 소수민족에 대한 박해가 자행된 1990년대 초반에 유입되었다. 터키 출신 난민의 대부분은 쿠르드족으로, 정부군과 관련된 폭력적 충돌을 피해 탈출했다 (Castles et al., 2003).

비호 신청은 1990년대 후반 감소했다가 다시 증가했다. 영국은 예전에 비호 신청을 상대적으로 거의 받지 않았으나, 1999년 한해 신규 난민 신청자 수가 9만 명을 넘어섰고 2002년에는 10만 3,000명으로 최대를 기록했다. 2003년 블레어 총리는 비호신청자 입국자 수를 몇 달 안에 30~40퍼센트 줄이겠다고 선언했고(BBC News, 2003), 영국 정부는 난민 보호에 관한 '새로운 비전'을 제안했다. 그중 한 가지는 비호신청자들을 유럽에서 안전하게 송환할 수 있도록 난민 발생국 현지에 보호지역을 조성하는 것이다. 다른 방법은 유럽연합 국경 밖에 '경유처리센터transit processing centres'를 건립하여, 유럽연합 지역에 도착한 비호신청자의 난민 지위 인정 여부를 결정하기 위해 리비아와 우크라이나 같은 나라 내 캠프로 보내는 것이다(Castles and Van Hear, 2005:118-119). 이 같은 제안은 인권침해의 소지가 커서 실제로 시행되지는 않았지만, 전례 없이 엄격한 법적 절차를 정당화하고 구금과 강제퇴거를 증가시킴으로써 비호신청자를 안보 위협으로 간주하는 분위기를 조성하는 데 일조했다.

결국 2002년 39만 3,000명이던 유럽연합 15개국의 신규 비호신청자 수가 2006년에는 18만 명으로 급격하게 감소했다. 2006년 한해 영국의 난민신청 건수는 2만 8,000명으로 줄어든 반면, 프랑스는 3만 1,000건을 접수했다. 인구 규모를 고려했을 때 난민 신청률이 가장 높은 국가는 키프로스, 오스트리아, 스웨덴이다. 2006년 이라크 침공의 결과는 자명하다. 이라크의 비호신청자 수는 1만 9,375명으로 80퍼센트가 증가했고, 대부분이 유럽으로 유입되었으며, 러시아, 세르비아, 몬테네그로, 아프가니스탄, 터키가 그 뒤를 잇는 주요 수용국이었다(UNHCR, 2007b).

장기화된 난민 상황

난민 보호는 분명히 국제사회의 주요한 도전이지만 분쟁 방지와 강제이주자 구호 및 지원을 향한 노력은 충분하지 않다. 부유한 국가에서 비호신청자에게 난민 지위를 부여하는 경향이 점점 낮아지면서, 많은 사람들이 남아프리카, 케냐, 이집트, 말레이시아, 태국 같은 새로운 도착지에서 난민 신청을 한다. 분쟁과 궁핍화는 종종 함께 일어나기 때문에, 경제적 이주와 강제이주를 명확히 구분하기가 점점 더 어려워지고 있다.

　상당수의 난민들은 자신들을 보호해 줄 능력과 물질적으로 충분히 원조해 줄 만한 자원이 부족한 빈곤국에서 지낸다. 고국으로의 귀환이나 재정착의 가능성이 없는 채로 고립된 캠프에서 최소한의 식량을 배급받으며 수년을 보내기도 한다. 유엔난민기구는 5년 또는 더 오랫동안 난민 생활을 해온 2만 5,000명 이상의 난민 인구를 두고 '장기화된 난민 상황protracted refugee situation'이라고 명명했고, 미국 난민·이민위원회US Committee on Refugee and Immigrants에서는 그들을 '적체된 난민warehoused refugees'이라고 불렀다(USCR, 2004). 2003년 유엔난민기구는 이러한 상황에 처한 난민을 620만 명으로 추산했는데, 이 수치는 전체 난민 수의 3분의 2 정도에 해당한다. 유엔난민기구는 이러한 난민 상황을 서른여덟 가지 발견했으며, 이 가운데 스물두 가지 상황이 사하라 이남 아프리카 지역에서 발생하여 230만 명의 난민이 영향을 받았다. 그러나 장기화된 난민 상황에 있는 인구가 가장 많은 지역은 중앙아시아, 서남아시아, 북아프리카, 중동으로, 270만 명의 난민이 여덟 가지 주요 상황에 처해 있다(UNHCR, 2004).

지역통합

세계 각국은 양자 간 조약이나 지역 내 협약을 통해 국제이주를 규제하는 방법을 모색해 왔다. 후자의 경우 지역 내 기구 회원국들이 국민 경제의 안정이라는 장기 목표에 전념할 때 실효성 있는 해결책이 될 수 있다(Castles, 2006a; 2006b:749). 탈냉전 시기 유럽과 북미의 지역통합이 이주 통제로 전환하는 데 도움이 되었는가 또는 오히려 방해되었는가라는 질문은 여전히 남아 있다. 두 곳의 지역통합 발달 과정은 서로 많이 다르기 때문에 이들을 비교하려면 역사적으로 접근해야 한다. 유럽연합의 사례는 북미자유무역협정North America Free Trade Agreement; NAFTA보다 훨씬 오래되었고 더 지대한 영향을 미칠 것으로 보이며, NAFTA가 반드시 유럽연합과 같은 경로를 따를 것이라고 예상되지는 않는다.

유럽연합의 거버넌스 구조

유럽연합EU의 시초인 1950년대 초 유럽석탄철강공동체Europe Coal and Steel Community; ECSC와 1992년까지 유럽연합의 전신이었던 유럽공동체European Community, 그리고 현재의 유럽연합은 유럽 내 기구들과 거버넌스를 구축하여 궁극적으로 각 회원국의 주권을 대신하려는 분명한 목표를 가진 연방제 지향의 프로젝트로 진행되어 왔다. 이 프로젝트는 지역통합을 통해 무엇보다 회원국 간 전쟁의 재발을 막고자 했던 전략으로서 항상 안보중심적이었다.

진정한 공동시장 달성을 목표로 한 1986년 단일유럽법Single Europe Act; SEA은 (마스트리흐트 조약Masstricht Treaty으로도 알려진) 1992년 유럽연합조약Treaty on European Union; TEU의 기초를 마련하고, 당시 체약국이던 15개국 내의 연방기구 강화와 확장을 가져왔다. 유럽연합조약은 단일시장, 법무·내무부, 공동외교안보 정책이라는 세 가지 핵심 분야를 창설했다. 세 핵심 분야의 거버넌스 절차는 각기 다르다. 단일시장 부문은 가장 초국가적인 형태로 각 체약국이 아닌 유럽연합의 결정에 따라 운영된다. 이민과 난민 문제의 경우 세 번째 분야인 공동외교안보 정책에서 다루고, 체약국이 국가별 상황에 맞게 담당하도록 하였다.

1997년 암스테르담 조약Treaty of Amsterdam에서는 '자유, 안보, 정의의 지역'을 보장하고자 셴겐 협약(다음 내용 참조) 체약국들의 모든 결정을 유럽연합법에 통합했다. '비자, 비호, 이민, 그리고 사람들의 자유로운 이동에 대한 기타 정책' 관련 쟁점들은 유럽연합의 첫 번째 핵심 분야에 포함되었다. 공동의 이민·비호 정책은 (외부 국경 통제, 비호 신청, 이민, 제3국 국민의 권리 같은) 자유로운 이동과 관련된 결정 주체를 정부 간 협의체에서 초국가적 당국으로 이전하는 혁신적인 변화를 도입했다. 이는 난민, 이주 관리, 송출지역과의 파트너십 향상에 포괄적으로 접근한 핀란드 탐페레 정상회담Tampere Summit으로 뒷받침되었다. 2004년 11월 헤이그 프로그램은 2005~2010년 동안 '자유, 안보, 정의의 지역'을 확장하는 목표를 확립했다.

유럽공동체와 유럽연합 내에서의 이동의 자유

이주는 유럽 통합의 역사에서 항상 중요한 부분이었다. 유럽석탄철강공동체를 창설한 1951년 파리 조약Treaty of Paris은 조약을 체결한 6개국 국적자에 대한 취업 제한을 철폐했다(Geddes, 2000:45). 1957년 로마 조약Treaty of Rome으로 조약에 서명한 6개국 간 공동시장의 형성이 예견되었다. 제48조에 따라 체약국 출신 노동자들이 다른 체약국에서 일자리를 찾은 경우 이동의 자유를 누릴 수 있었다. 1950년대 이탈리아는 자국의 많은 실업자들에게 취업 기회를 제공하기 위해 지역통합을 계속 요구했다(Romero, 1993). 하지만 유럽공동체의 다른 회원국들이 이를 거부했다. 1968년 제48조 발효 당시 이탈리아의 실업 문제가 개선되었는데, 이는 유럽공동체 구조기금Structural Funds〔유럽공동체 회원국 간의 소득·부·기회의 격차를 줄이기 위해 조성한 기금—옮긴이〕이 투입되어 박차가 가해진 경제성장에 어느 정도 기인했다. 그럼에도 불구하고 이탈리아는 제48조의 주요 수혜자였으나, 유럽공동체로 이주한 노동력은 상대적으로 적어 예상에 훨씬 못 미쳤다(Werner, 1973). 노동이주의 자유는 유럽공동체 회원국 국민에게만 적용되며 제3국 국민에게는 보장되지 않는다는 원칙이 굳게 확립되었다.

1980년대 중반 스페인과 포르투갈의 유럽공동체 가입을 앞두고 노동력 이동의 결과에 대한 중요한 논쟁이 촉발되었다. 일부는 확대된 유럽공동체 안에 포르투갈과 스페인 출신 노동자들이 넘쳐날 것이라고 우려했다. 그러나 7년간의 이행기를 거친 후 과거에 우려했던 인구의 대량 유입은 발생하지 않았다. 오히려 유럽공동체 구조기금 투입과 민간투자가 이루어져 스페인과 포르투갈은 중요한 이민 수용국이 되었다. 유럽 내 자본 이동이 유럽 내 노동력 이동을 대체한 것이다(Koslowski, 2000: 117; 이 책 제5장 참조).

진정한 공동시장 형성에 대한 지지가 늘어나면서 프랑스, 독일, 벨기에, 룩셈부르크, 네덜란드는 1985년 셴겐 협약Schengen Agreement에 서명했다. 이 국가들은 국경 통제를 비슷한 수준으로 조정하여 유럽연합 시민들이 지역 내에서 자유롭게 이동할 수 있는 경계 없는 유럽의 창설을 앞당길 것을 약속했다. 1986년 단일유럽법SEA은 단일시장을 "이 조약의 조항에 따라 내부 경계 없이 상품과 사람, 서비스와 자본의 자유로운 이동이 보장되는 지역"(Geddes, 2007:70)이라고 정의했다. 몇몇 유럽연합 회원국 국민을 포함한 많은 유럽인들은 내부 국경 해제 문제를 놓고 망설였는데, 그로 인해 불법이주가 늘어나고 정부가 외국인의 입국 및 체류를 통제하지 못할 것이라고 우려했기 때문이었다. 실제로 민족주의적인 이유로 유럽연합에 적대적인 프랑스 국민전선Front National 같은 반反이민 정당은 당 차원의 계획에 따라 이러한 협약에 반대했다. 그러나 셍겐 협약 체약국들은 사정이 타당할 경우 다시 국경을 통제할 수 있는 권한을 유지했으며, 몇몇 체약국들은 그 후 이 선택권을 이용했다.

1995년 3월 마침내 셍겐 협약이 필수 절차를 마련한 독일, 벨기에, 스페인, 프랑스, 포르투갈, 룩셈부르크, 네덜란드를 체약국으로 하여 발효되었다. 이는 이 나라들 간에는 사람들의 이동을 막는 국경 통제를 완전히 해제한다는 것을 의미한다. 하지만 셍겐 정보체계Schengen Information System를 구축하여 국경 해제의 빈틈을 보완했는데, 이 정보 네트워크는 초국가적 범죄나 테러리즘 같은 사법적 사안에 대한 국가 간 협력을 강화하기 위해 만들어진 것이다. 사실상 이 조약으로 유럽연합 시민과 제3국(비유럽연합) 국민이라는 기존 범주에 '셍겐 시민Schengen citizens'이라는 새로운 집단이 추가되었다. 오스트리아는 1992년 셍겐 협약을 체결했고, 1996년에는 덴마크, 핀란드, 스웨덴이 가입했다(덴마크는 특정 조항을 유보한 채 가입했다). 영국과 아일랜드는 처음에는 유럽 대륙에서 건너오는 입국자들을 자체적으로 더 엄격히 심사하겠다고 주장하며 셍겐 협약 가입을 거부했지만 결국 조약의 일부 측면을 수용하는 데 동의했다.

2000~2001년에는 유럽연합이 중부유럽과 동유럽 국가 및 몰타, 키프로스 등 10개국(A10)과 이들의 가입을 놓고 벌인 교섭에서 폴란드 노동력이 독일 및 프랑스로 유입될 가능성에 관한 논쟁이 촉발되었다. 2004년 유럽연합에 가입한 중부유럽 및 동유럽 국가 출신 노동자들을 대상으로 한 노동이동 규제는 당시 회원국인 15개국 중 대부분이 찬성하여 마련되었다(제5장 참조). 독일은 이행기한 연장에 합의하여, 2009년 이후 2년 더 자국 노동시장으로의 자유로운 이동과 접근을 제한할 수 있었다. 2007년 7월 메르켈Merkel 정부는 2006년 2월 유럽연합 집행위원회

European Commission가 공개한 이행절차에 대한 보고서에 근거를 두고 규제를 해제한다는 결정을 발표했다(CEC, 2004). 그 보고서는 노동이동에 대한 규제를 이미 완화한 국가의 경제와 노동시장에 이동의 자유가 미치는 긍정적인 효과를 강조했다. 스페인과 포르투갈도 규제를 철폐했다.

터키의 유럽연합 가입 시도는 상당한 우려를 불러일으켰다. 유럽의회 European Parliament의 투표 결과가 터키에 호의적으로 나온 이후 몇몇 국가에서 의구심을 표명했음에도 불구하고 유럽연합 지도자들은 2005년 10월 터키의 가입을 논의하기 시작했다. 가입 후 조정기간을 두었던 이전의 회원국 추가 때와는 달리, 유럽연합 가입 후 예상되는 터키 노동자의 추가 이주의 흐름을 통제할 수 있는 영구적 메커니즘을 고려했다. 정치인들이 부채질한 이슬람공포증Islamophobia과 더불어 유럽 내 터키 이민 증가에 대한 불안이 2005년 5월 프랑스와 네덜란드의 국민투표에서 중요한 역할을 하여 양국의 유럽헌법조약 비준 부결로 이어졌다는 점은 의심의 여지가 없다. 터키의 사례에서 입증된 바와 같이 정치적 야심을 위해 '인종 카드race card'를 꺼내 드는 것은 유럽 정치의 위험한 전통으로 여전히 남아 있다.

유럽연합 시민권

유럽연합 회원국 출신의 외국인 거주자들이 유럽연합조약TEU하에 거주국에서 지방선거와 유럽의회 선거권(대선과 총선 제외)을 부여받는 것은 유럽연합 시민권의 중요한 측면이다. 그렇지만 룩셈부르크처럼 외국인의 수가 전체 인구의 20퍼센트 이상인 유럽연합 회원국은 관련 조항을 통해 보호받을 수 있다. 2006년 유럽연합 회원국인 27개국에서 전체 인구의 2.7퍼센트를 차지하는 1,320만 명의 외국인 거주자들이 다른 유럽연합 회원국 출신이었다(Münz et al., 2007:2-4).

더욱 문제적인 것은 제3국 국민의 지위이다. 2006년 27개국의 회원국에서 제3국 출신 외국인 주민은 전체 인구의 5.6퍼센트인 2,730만 명으로 증가했다(Münz et al., 2007:2-4). 이들은 자유로운 이동의 혜택을 받은 사람들이 아니다. 오히려 회원국들은 비유럽연합 시민의 입국, 체류, 강제퇴거에 대한 자신들의 특권을 대체로 유지했다. 유럽연합 이중행정체제dual executive에서, 초국가적 단위의 한 부분인 유럽연합 집행위원회는 제3국 국민의 유럽 내 자유로운 이동을 허가하는 제안에 찬성했으나 회원국들의 이해를 대변하는 유럽연합 각료이사회The Council of Ministers는 이에 반대했다. 일부 회원국들은 집행위원회의 제안이 각 국가 시민권의 중요성을 떨어뜨린다고 주장했다. 유럽연합의 정책을 서로 유사하게 조정하고 이주자의 통합을 촉진하자는 권고에도 불구하고, 이주자가 체류국의 민주주의 과정에 정치적으로 참여하는 것은 회원국의 재량에 따른 권한으로 남았고, 유럽연합 내 이동에 관한 양보는 거의 이루어지지 않았다.

유럽 내 국경 해제가 유럽연합 시민들 이외에 국제 인구이동 통제의 상실이라는 결과를 초래했는지에 대한 결정적인 증거는 없다. 셍겐협약 가입국들이 중부유럽 및 동유럽에 완충지대를, 남부유럽에 공동 국경을 마련하여 통제 기능을 외부로 드러낸 것에서 알 수 있듯이, 최근 몇 년간 유럽 내 지역통합의 전반적인 영향으로 인해 통제로의 전환이라는 이 지역의 이주정책은 더 확실해졌다. 유럽연합은 합법적 이주자에게 활짝 열려 있고, 불법이주의 경우에도 들어가기 쉽다. 그러나 최근 이주통제 문제는 지역통합의 확장, 여러 조약 및 제도 변동에 상당한 영향을 미쳐 왔다.

북미자유무역지대

북미자유무역지대North American Free Trade Area; NAFTA의 기원은 1980년대 중반 유럽 내 지역통합의 갑작스러운 진전과 관련이 깊다. 옳든 그르든, 유럽공동체의 무역 파트너들은 솅겐 협약과 단일유럽법SEA이 유럽의 요새화로 이어져 유럽공동체 외부에서 내부로 수출하기가 더 어려워지는 상황을 우려했다. 이러한 자각은 1988년 미국-캐나다 자유무역협정 체결을 앞당기는 데 일조했다. 이후 멕시코 대통령 카를로스 살리나스 Carlos Salinas는 멕시코를 미국-캐나다 자유무역협정에 포함하는 확장안을 갖고 미국 행정부와 접촉했다. 부시 대통령은 멕시코의 제안을 지지하는 국가안전보장회의National Security Council에 그 제안을 검토해 보게 하였고, 1993년 NAFTA를 체결하고 1994년 1월 1일 발효했다. 유럽연합과 달리 NAFTA는 자유무역지대만을 조성했다. 이는 유럽연합보다 훨씬 야심이 덜한 프로젝트였음에도 불구하고, NAFTA는 미국과 멕시코에서 상당한 정치적 반대에 부딪혔고 사파티스타Zapatista의 봉기를 유발하는 계기가 되었다.

국제이주를 둘러싼 문제는 NAFTA의 출범에서 대단히 중요한 부분이었으나, 역설적이게도 이러한 사항은 조약 원문에 거의 언급되지 않았다. 멕시코인에게 미국으로의 이주는 미국 노동시장의 수요에 의한 것이었으나, 미국의 입장에서 멕시코인의 대량 이주는 법 위반이자 멕시코 내 사회경제적 기회의 부족으로 인한 것이었다. 단순히 보면 멕시코 경제는 충분히 성장하지 못했고, 증가하는 인구에게 제공할 일자리를 창출하지 못했다. 이동에 대한 규제는 조약의 영향을 거의 받지 않았고, 단지 특정 범주의 전문직 종사자들만이 국경을 넘어 자유롭게 이동할 수 있었다.

NAFTA 준비기간 동안, 클린턴 대통령과 살리나스 대통령 모두 이 조약이 불법이주를 감소시킬 방법이라고 언급했다. 살리나스는 미국이 멕시코의 토마토를 수입하든지, 멕시코 출신 이주자들이 미국에서 토마토를 수확하든지 둘 중 하나가 될 것이라고 경고했다. NAFTA가 이주를 감소시키는 효과를 가져올 것이라는 두 대통령의 낙관론은 이민개혁 및 통제법IRCA 이후 국제이주에 대한 일련의 연구에서 나타난 주요 결과와 일치하지 않았다. 그 내용은, 무역 자유화가 장기간에 걸쳐서만 불법이주를 감소시킬 것이라는 점이었는데, 후에 필립 마틴Philip L. Martin은 이 결과를 그의 '이주의 포물선migration hump' 이론에 반영하여 이론을 개선했다(Martin, 1993). 멕시코에서 미국으로의 불법이주는 사실상 NAFTA 시행 후 현저히 증가했다. 1990년대 멕시코의 경제 자유화는 빈민과 중산층에 큰 타격을 입혔다. 이전에 에히도Ejido〔1917년 헌법 제27조에 의거하여 개인들이나 마을 단위에 분배된, 공동 소유의 농지—옮긴이〕 부문의 농부들과 그 가족들(멕시코 인구의 3분의 1)은 악영향을 받았고, 마틴이 예견했듯이 북미로 이동했다. 약 300만 명의 합법이주자들과 260만 명의 불법이주자들이 1995년부터 2000년까지 미국으로 이동했는데, 이는 1990년부터 1994년까지 합법이주자 190만 명, 불법이주자 150만 명이 미국에 유입됐던 것과 비교된다(Hufbauer et al., 2005:448). NAFTA는 전반적으로 체약국 간의 무역을 상당히 확대했고, 사회경제적으로 훨씬 더 상호의존적이 되었다.

2000년 멕시코에서 빈센트 폭스Vincente Fox 대통령이 당선되면서 NAFTA는 새로운 시기를 맞이했다. 폭스 대통령과 당시 새로 당선된 부시 대통령은 미국–멕시코 간의 관계, 특히 양자 간 이주문제에 새롭게 접근하고자 했다. 멕시코의 폭스 대통령과 외무부장관은 유럽의 경험을 반복적으로 거론하며 NAFTA 내 이주의 자유를 요구했다. 그러나 북미 경제에서 미국의 지배적인 위치와 멕시코와 미국 간의 엄청난 경제적 격차 때문에 이 두 지역통합 프로젝트—유럽연합과 NAFTA—는 현저히 다르다(OECD, 1998:7). 유럽의 예를 참조하는 것은 유럽 내 지역통합의 역사를 잘못 이해하고 있음을 암시한다. 유럽공동체 회원국들은 제2차 세계대전 직후 자국의 실업자를 북부로 송출하고자 한 이탈리아의 시도에 저항했다. 또한 유럽연합은 처음에 터키 가입에 반대했는데, 여기에는 이행기간transition period이 끝난 후 터키에서 추가적인 대량 이출이 발생할 것이라는 우려도 작용했다(Martin, 1991).

이상하게도 NAFTA에 대응하는 유럽의 예에서 가장 중요한 부분이 무엇인지, 즉 유럽 내 사회경제적 기회를 균등하게 만든 구조기금과 유럽지역개발기금European Regional Development Fund; ERDF에 해당할 만한 북미의 방책은 무엇인지에 대한 공적인 논의가 거의 없었다. 유럽 내 지역통합의 역사에서 연방제를 지향하는 프로젝트인 유럽연합이 가진 한 측면은 저발전 지역을 돕는 유럽 기금들의 활용이었고, 이탈리아, 이후 아일랜드, 스페인, 포르투갈은 모두 주요 수혜자였다. 북미의 상황과 대조해 보면 차이가 극명했다(Miller and Gabriel, 2008).

북미와 유럽의 지역통합은 정부의 통제 전략에서 중요한 함의를 지닌다. 두 프로젝트의 역사적·제도적 맥락은 크게 다르지만, 모두 불법이주 및 원치 않는 이주를 감소시키려는 전략 전반의 핵심적 차원을 구성한다. NAFTA는 유럽연합과 더 유사한 형태로 발달할 수도 있다. 그러나 NAFTA가 야기한 단기적 영향은 멕시코에서 미국으로의 불법이주가 상당히 증가했다는 것이다. 그럼에도 불구하고 한 연구는 2010년 무렵 멕시코의 출산율 감소와 개선된 경제조건과 취업조건으로 인해 멕시코에서 미국으로의 이주가 둔화될 것이라고 예측했다(Hufbauer at al., 2005:464).

이주 산업

공식적인 이주 정책이 목표 달성에 번번이 실패하는 이유를 설명하려면 이른바 이주 산업migration industry의 등장을 살펴봐야 한다. 이 용어는 이주의 흐름을 조직하여 생계를 꾸려 나가는 광범위한 범주의 사람들을 포괄한다. 여행사 직원, 인력 모집자, 브로커, 통역사, 부동산 중개업자, 이민 변호사, 〔멕시코 노동자들이 리오그란데 강을 건너도록 돕는 '코요테(불법 이민 브로커)'나 아프리카인들을 스페인으로 수송하는 모로코 어부들 같은〕 밀입국업자, 심지어 공식 신분증과 여권을 위조하는 위조범 등이다. 불법이주자들이 위조 관광비자를 이용하여 공항시설을 통해 입국하는 사례가 증가하면서 문서 위조는 큰 걱정거리가 되었다. 금융기관 또한 이주 산업의 일부가 되었는데, 많은 은행들이 송금과 관련된 특수한 이체 기능을 만들었다.

이주 대리인migration agents으로는 가게 주인과 같은 이주민 공동체 구성원, 목사, 교사, 자발적으로 또는 시간제 근로를 통해 동포를 돕는 공동체 지도자 등이 있다. 다른 부류로는 이주자나 비호신청자를 부당하게 이용하여 종종 있지도 않은 직업을 제시하며 터무니없이 높은 비용을 요구하는 부도덕한 범죄자들이 있다. 이들은 독립된 개인부터 최근 몇 년 동안 주목받고 있는 국제범죄조직Transnational Criminal Organizations; TCOs에 이르기까지 다양하다. 규정상의 허점을 알려주거나 허위 문서를 발행하여 불법으로 돈을 챙기는 경찰관이나 공무원도 있다. 불법이주를 제한하려는 노력에서 한 가지 주요 장애물은, 밀입국업자들이 영웅은 아니더라도 종종 범죄자보다는 '의적social bandits'으로 여겨진다는 것이다(Kyle and Liang, 2001:1).

이주 산업의 발전은 이주 과정의 일부인 사회적 네트워크와 초국가적 네트워크의 불가피한 측면이다(제2장 참조). 한 번 이주의 흐름이 형성되면 다양한 특수 서비스에 대한 수요가 발생한다. 노동력 모집을 시작한 정부도 필수적인 서비스를 모두 다 제공하지는 못한다. 일부 나라들은 양자 간 조약을 맺는 반면, —영국이 전형적인 예인데— 초청노동자 guestworkers 계약에 '제3자third party entities'나 민간 운영자를 활용하는 나라도 있다(GAO, 2006:21-23). 그러나 제3자에 의한 인력 모집은 학대와 노동 착취에 더욱 취약하다고 여겨지기 때문에 정부 당국의 철저한 감독이 필요하다. 자발적 이동 또는 불법적 이동에서 대리인과 브로커의 필요성은 점점 더 커지고 있다. 이주자와 비이주자 모두가 달려들 수 있는 광범위한 사업 기회가 존재하는 것이다. 대리인과 브로커의 역할은 필수적이어서, 이들 없이 성공적인 이주에 필요한 정보를 얻고 계약할 수 있는 사람은 거의 없다.

머지 않아 이주 산업은 이주의 흐름에서 주된 동력이 될 수 있다. 이러한 상황에서 이주의 흐름을 축소시키려는 정부 정책은 이주 형태가 (예를 들어, 합법적인 노동자 모집에서 불법 입국 조장으로) 변하더라도 이주를 지속시켜 주는 이주 대리인들의 경제적 이해관계와 배치된다. 한 연구자는 이주 대리인을 "거대하고 보이지 않는 전 지구적 노동시장을 뒷받침하는 국제네트워크. …… 이주와 전체 사회변동을 막기 위하여 국가가 설치한 담벼락에 구멍을 뚫는 흰개미 무리"라고 특징지었다(Harris, 1996:135).

밀입국과 인신매매

이주 산업 가운데 충격적이며 점점 더 두드러지는 특징은 이주자를 밀입국시키고 인신매매를 하는 조직의 증가이다. 인신매매와 밀입국은 잘 구분해야 한다. 공식적인 정의는 2000년 유엔 총회에서 채택된 두 건의 국제조약, 일명 '비엔나의정서^{Vienna Protocols}'에 명시되어 있다. 유엔인권고등판무관^{UN High Commissioner for Human rights}〔원문에 Commission으로 표기된 것은 오타이므로 바로잡는다.─옮긴이〕앤 갤러거(Ann Gallagher, 2002)에 의하면,

> 밀입국 이주자들은 이윤을 위해 불법으로 이동된 사람들이다. 그들은 비록 불평등한 위치에 있지만 상거래에서는 동업자이다. 이와 반대로, 인신매매된 사람들의 이동은 착취를 목적으로 하고 사기와 강압으로 이루어진다. 인신매매에서 이익은 인간의 이동 자체가 아니라 매매된 개인이 도착지에서 성적 서비스와 노동을 파는 데에서 발생한다.

이러한 행위의 은밀하고 범죄적인 성격 때문에 인신매매와 밀입국의 영향을 받은 사람의 수를 정확히 파악하기란 불가능하다. 경제적 이주자뿐만 아니라 국경 규제로 입국길이 막혀 난민 신청을 할 수 없는 합법적 비호신청자들도 밀입국 조직의 의뢰인이 된다(Gibney, 2000). 이쉬두위구는 정부의 공식자료에 기초한 종합적 연구에서 터키의 밀입국 산업 영역을 집중적으로 조명했다(Içduygu, 2004:302). 매년 200만 명의 불법 이주자들이 1,600달러 정도의 비용을 들여 유럽연합의 관문인 터키를 통과하는데, 이 사업의 규모는 연간 3억 달러에 달한다. 이주자의 4분의 1이 밀입국업자의 서비스를 이용하여 터키에 입국한 것으로 알려져 있으며, 유럽으로 건너가려는 사람들의 대부분이 밀입국업자의 도움에 기댄 것으로 추정된다. 1997~2003년에 터키를 통과하다가 체포된 이주자는 약 40만 명이다. 체포된 밀입국업자의 수는 1998년 98명에서 2000년 850명으로 증가했고, 2002년에는 1,157명에 달했다.

미국 정부 보고서에 따르면 국경 순찰대에 체포된 밀입국 외국인의 수는 1997년 총 체포건수의 9퍼센트에서 1999년 14퍼센트로 증가했다. 1999 회계연도에 이민귀화국^{INS}은 4,100명의 밀입국업자와 4만 명

이상의 밀입국 외국인을 체포했다. 또한 2,000명의 밀입국업자를 기소했고, 이 중 61퍼센트가 유죄 선고를 받아 평균 10개월의 징역형과 140달러의 벌금형을 받았다(GAO, 2000:2). 2004년에는 약 2,400명의 밀입국업자들이 미국 내 여러 법원에서 유죄 판결을 받았다(DHS, 2006a:15-16). 그러나 2005 회계연도에는 체포된 2,713명 가운데 1,657명만이 유죄 선고를 받았다(DHS, 2006b:4). 한 유엔 사무차장은 전 세계적으로 2억 명이 어떤 식으로든 인신매매에 연루되어 있다고 주장했다. 그는 "인신매매에 연루된 사람 수와 범죄조직에 돌아가는 이익의 규모, 인신매매의 여러 성격을 고려할 때 세계에서 가장 빠르게 증가하는 범죄시장이다."라고 언급했다(Crossette, 2000; Parisot, 1998). 다른 자료에서는 인신매매 피해자가 400만 명에서 2,700만 명이라는 훨씬 낮은 수치를 제시했다. 2006년 미국의 한 보고서는 매년 국경을 넘는 과정에서 인신매매를 당하는 사람이 80만 명 정도라고 추정했다(이 수치에는 더 많은 수의 국내 발생 인신매매가 포함되지 않았다). 한 연구는 매년 무려 5만 명의 여성이 인신매매를 당하여 미국으로 보내진다고 추정했다(Richards, 1999:3). 인신매매 산업은 매년 50억~100억 달러의 이윤을 창출한다(Martin and Miller, 2000a:969). 국제노동기구ILO의 한 보고서는 강제노동 피해자의 수가 연간 1,230만 명이라고 추산했다(USDS, 2007:8).

여성과 소녀가 인신매매에 특히 취약하며 전체 피해자의 80퍼센트를 차지한다(미성년자는 전체 피해자의 약 50퍼센트를 차지한다)(USDS, 2007:8). 유엔마약범죄사무소UN Office on Drugs and Crime가 이 수치를 확인했다(UNODC, 2006:33). 유엔의 인신매매 데이터베이스 가운데 70퍼센트의 자료에서 보고한 사건들이 여성과 관련되어 있으며, 아동 관련 사건은 33퍼센트, 남성 관련 사건은 단 9퍼센트였다. 인신매매 사건의 87퍼센트는 성적 착취와 연관된 반면, 강제노동과 관련된 사건은 28퍼센트였다. 1990년대에 인신매매를 우선해결 과제로 삼았던 국제이주기구IOM

에서 탈냉전 시대의 인신매매 급증의 복합적인 이유를 제시한 바 있다 (IOM, 1999:4). 전쟁, 박해, 폭력이나 빈곤으로 인해 이주하려 하는 사람들은 더 나은 삶의 기회를 확보하기 위해 때때로 인신매매업자의 도움을 자발적으로 받아들인다. 그러나 대다수는 좋은 일자리와 임금을 약속하는 인신매매업자에게 속아 넘어갔기 때문이다. 합법이민의 가능성은 낮아지고 있으며, 인신매매방지법은 종종 부재하거나 제대로 시행되지 않고 있다.

불법이주자들은 감금, 강제퇴거, 심지어 죽음의 위험에도 직면하지만 밀입국 및 인신매매 조직의 대표들은 거의 체포되지 않는다. 인신매매는 공급 측 요인에 의해 결정된다. 2007년 7월 영국 여성부 장관인 해리엇 하먼Harriet Harman은 영국 집창촌 여성의 85퍼센트는 외국인이며, 10년 전에는 15퍼센트에 불과했다고 지적했다. 성산업은 국제 인신매매와 연관되어 변모했지만, 영국에서 매춘을 목적으로 여성을 팔아 넘긴 사람 중 단 30명만이 기소되었고 성매수 남성은 아무도 기소되지 않았다(Branigan, 2007).

새로운 법과 규제가 밀입국 및 인신매매에 어떤 영향을 미쳤는지는 여전히 분명하지 않다. 일부 연구자들은 유럽연합의 규제조치 강화로 인해 인신매매 사업에 대한 수요가 증대했다고 주장한다(Morrison, 1998). 많은 분석가들이 2000년 영국 도버Dover로 이송되던 도중에 사망한 중국인 이주자 58명의 죽음이 밀입국 규제조치 때문이라고 본다. 이라크에서 탈출한 쿠르드족같이 난민 지위를 얻을 만한 사유를 가진 사람들도 종종 인신매매업자와 밀입국업자의 의뢰인이 된다(Kyle and Koslowski, 2001:340).

이와 유사하게, 미국에서도 의도하지 않은 결과가 관찰되었다(Skerry and Rockwell, 1998; Cornelius, 2001). 밀입국업자들의 기존 작업방식과 경로를 차단하는 국경 통제 강화로 인해 밀입국 비용이 증가했다. 무일

푼의 이주자들은 도착하자마자 노예처럼 일해서 밀입국업자에게 채무를 상환해야 하는 상태에 놓이므로, 밀입국과 인신매매를 이분법적으로 구분하는 것은 잘못된 일이다. 더욱이 국경 통제 강화로 밀입국업자들이 임무를 완수하는 데 따르는 위험이 커지면서 이주자들의 사망 사고도 증가했다. 2005년 472명이 미국-멕시코 국경에서 사망했다고 보도되었는데, 이는 1999년 241명과 비교하여 증가한 수치이다(GAO, 2006:9; 제7장 참조).

2000년 미국은 인신매매 방지와 피해자 지원을 위해 인신매매 피해자 보호법Trafficking Victims Protection Act; TVPA을 제정했다. 또한 인신매매를 근절하기 위한 국제 감시를 시작했고, 2006년에는 1억 200만 달러 이상의 자금을 마련하여 이 중 72퍼센트를 국제 프로젝트에 지원했다. 2007년 봄에는 약 1,200명의 인신매매 피해자들이 난민인정자와 유사한 정부 지원금을 신청할 수 있었다(USDS, 2007:49). 인신매매 피해자 보호법에 따라 미국 정부는 인신매매업자를 기소하는 과정에서 정부에 협조한 피해자에게 새로운 범주의 비자를 발급했다. 2007년 봄, 자유를 얻은 인신매매 피해자에게 729건의 'T-비자T-visas'가, 그들의 가족에게는 645건의 비자가 발급되었다.

인신매매 발생국이자 경유지이며 도착지인 중국은 인신매매에 대응하기 위해 유죄 선고를 받은 범인을 종신형이나 사형에 처하는 가혹한 조치를 도입했다(Chin, 1999:200). 밀입국되거나 인신매매된 중국인에 관한 연구들에 따르면, 법으로 해체하기 어려운 복잡한 국제 네트워크가 있다고 한다. 서터우蛇頭의 하급 조직원들은 체포하여 처벌할 수 있으나 상급인 범죄자들은 체포하기가 더 어렵다. 코슬로스키는 밀입국 방지 대책과 인신매매 금지 정책의 실효성이 전반적으로 "매우 낮다quite dim."라고 평가했다(Kyle and Koslowski, 2001:353). 그러나 그는 조직범죄에 대한 두려움이 "밀입국을 규제하는 국제적이고 진지한 협력을 촉발한다."라고 언급했다.

결론: 이주 통제는 비현실적인가 아니면 신뢰할 만한 조치인가

국제이주를 규제하는 국민국가의 능력을 평가하는 작업은 반드시 필요하지만 쉽지 않다. 현재 서구 국가들은 분명히 과거보다 이주 통제에 더 깊이 개입하고 있다. 사용자 제재의 도입, 단기취업 외국인 노동자 도입 정책의 시행과 폐지, 합법화, 인신매매 방지 조치, 난민과 비호신청자 관련 조치 등을 통해 이주를 통제하고자 한다. 가장 효과적인 통제 방식을 놓고 외견상 끝없이 계속되는 정치적 논쟁과 이주 산업은 동시에 발달했다. 지역통합은 이러한 노력에 상당한 영향을 미쳤고, 이주를 통제하려는 노력은 다시 북미와 유럽의 지역통합에 박차를 가했다. 더욱 포괄적이고 실로 전 지구적인 이주 관리 전략이 최근 몇 년 사이에 지지를 얻고 있다. 제1장, 제3장, 제12장에서 이에 대한 논의와 분석을 다루었다.

이러한 변화에 대해 전반적으로 엇갈린 평가가 나오고 있다. 세계 곳곳에서 불법이민이 계속되는 현실이 결코 국가의 국경 통제 실패로 해석되어서는 안 된다. 사실 국가가 하는 일은 매우 중요하다. 하지만 그러한 정책을 입안하고 실행하는 과정에서 정부는 막대한 영향력을 가진 초국적 권력, 그리고 국내의 이해관계와 맞닥뜨리게 된다. 2007년 미국에서만 불법체류 외국인의 수가 약 1,200만 명으로 늘어난 현실은 지난 30년간 국제이주를 규제하는 민주주의 정부의 능력과 의지를 회의적으로 바라보는 입장을 뒷받침해 주었다. 2001년 9·11 테러로 인해 미국의 이민 통제가 가진 단점이 극명하게 두드러졌다. 미국과 세계의 많은 국가들은 미래에 보다 신뢰할 수 있고 일관성 있는 정책을 기대하며 국가 안보를 증진하는 정책 및 절차를 개혁하는 작업에 착수했다(OECD, 2001:14).

심화 연구를 위한 안내

『이주의 시대』 웹사이트(www.age-of-migration.com)에서는 프랑스의 불법 고용 근절에 대한 접근을 다룬 본문을 살펴볼 수 있다(8.1). 또한 유럽과 북미 지역의 주요 합법화 프로그램 개요에 관한 표(8.2)도 볼 수 있다.

많은 국가들이 매년 또는 정기적으로 외국인 불법 취업을 처벌하는 법의 시행과 관련된 보고서를 발행한다. 예를 들어 프랑스 정부는 1970년대 중반부터 관련 보고서를 발행해 왔고, 보고서의 제목은 정부의 변화와 함께 종종 달라졌다. Martin and Miller(2000b), GAO(2006)와 USDS(2006)를 참조하라.

단기취업 외국인 노동자 정책에 대해서는 Castles(2006b), Plewa and Miller(2005), Plewa(2007), Martin, Abella and Kuptsch(2006)를 참조하라. GCIM(2005)도 참조할 만하다. 합법화 정책에 대한 분석은 21세기에, 특히 프랑스에서 급증했다. De Bruycker(2000), Levinson(2005), Heckmann and Wunderlich(2005), Miller(2002)를 참조하라. 국제이주와 지역화 과정의 비교는 점점 더 중요한 연구 분야가 되고 있다. 이와 관련해서는 Lavenex and Uçarer(2002), Faist and Ette(2007), Geddes (2000; 2003), Hufbauer et al.(2005), Miller and Stefanova(2006), Koslowski(2000), Miller and Gabriel(2008)을 보라.

Laczko and Gozdziak(2005)은 인신매매 연구 관련 자료의 문제와 쟁점을 검토한 문헌으로 『International Migration』의 두 호에 나뉘어 실렸다. 국제이주기구IOM와 이민정책 발전을 위한 국제센터International Centre for Migration Policy Development는 인신매매를 주제로 광범위한 조사를 하고 있으며, 두 기관의 출판물을 통해 그 내용을 보고한다. 인신매매에 대한 귀중한 연간보고서로는 미국 국무부의 인신매매 보고서Trafficking in Persons Report가 있다.

제9장

이주와 안보

9·11 이전에 국제관계와 국제안보 연구자들은 국제이주에 거의 관심을 보이지 않았다. 마찬가지로, 국제이주 연구자들은 국제이주의 안보 문제, 국제관계나 국제정치에 관한 함의를 분석한 적이 거의 없다 (Tirman, 2004). 9·11 테러와 연이은 마드리드, 런던, 기타 지역에서의 폭탄 테러는 기존 상황을 크게 바꾸며 국제이주와 안보 문제의 관련성을 부각시켰다. 사실상 이주와 안보의 연관성에 관한 새로운 고찰은 제 1장에서 언급했듯이 이주의 시대에 결정적으로 중요한 추세인 국제이주의 정치화의 일부분이다.

이 장에서는 이주와 안보의 연계성을 종합적으로 검토하지는 않는다. 대신, 이 장의 첫 번째 절에서 왜 이주와 안보의 문제가 제2차 세계대전 전후와 비교하여 탈냉전 시기에 훨씬 더 두드러진 걱정거리가 되었는지를 밝히는 데 주력할 것이다. 이제 국제이주가 전 세계적으로 중요하거나 우선적인 쟁점이 되었다는 사실에는 물질적 변동과 함께 관념적 변동이 반영되어 있다. 두 번째 절에서는 이주와 안보의 핵심적인 측면을 검토할 것이다. 나머지 절들에서는 유럽과 북미〔대서양 양안transatlantic은 문자적으로 아프리카와 중남미를 모두 포괄하는 의미이나, 이 책에서는 '유럽과 북미'만 의미하기에 '유럽과 북미 지역'으로 번역한다.—옮긴이〕 지역의 이슬람권에서 온 이주자들로 인한 위협을 평가하고 테러와의 전쟁을 분석할 것이다.

왜 국제이주와 안보 간 연계성의 재발견인가

제4장에서 자세히 다루었듯이 국제이주는 아주 먼 옛날부터 끊임없이 사회와 국가를 구성하고 재구성해 왔다. 이주는 보통 평화적으로 진행되나 다양한 갈등을 발생시킨 경우도 많았다. 유럽에서 신대륙으로의

9.1 PKK 폭동의 독일 전파

1960년대와 1970년대 독일 연방 공화국(서독)은 산업과 서비스 분야에 수천 명의 터키인들을 충원했다. 이들 중 다수가 쿠르드족이었다. 이 점은 터키인을 대량고용하던 시기에는 별다른 정치적 중요성이 없어 보였으나, 1980년대 들어 쿠르드족이 터키로부터 독립하거나 자치를 얻어 내려는 열망이 커지면서 정치적 쟁점으로 떠올랐다. PKK〔Partiya Karkerên Kurdistan의 약자로 쿠르드노동당을 말한다. 쿠르드족의 분리독립을 주장하며 1978년 창립되었고, 1984년부터 무장투쟁을 시작했다.—옮긴이〕는 터키에 대항해 무장봉기를 주도하는 중요한 쿠르드 분리주의자 조직으로 등장했다.

  1990년대 들어 200만 명이 넘는 독일 내 터키인 중 3분의 1 가까이가 쿠르드족이었다. 이 중 대략 5만 명이 PKK에 동조했고 1만 2,000명이 쿠르드족 정당이나 전위조직에 적극적으로 참여했다(Boulanger, 2000:23). PKK는 터키 영사관, 터키 국적 항공사, 사업체 등을 공격함으로써 독일과 다른 유럽 국가들을 제2전선으로 만들었다. 더구나 터키가 PKK 저항세력을 탄압하는 과정에서 수만 명의 희생자를

내자 터키와 유럽연합 회원국 간의 관계도 어려워졌다. 터키는 암살과 수백만 명의 쿠르드인을 고향에서 몰아내고 강제이주시키는 방식으로 쿠르드족의 반란을 진압했다. 이러한 상황으로 인해 독일 내 PKK 활동과 독일과 터키의 대응은 더욱 감정적이고 심각한 방향으로 흘러갔다. 1990년대 중반까지, 특히 PKK 지도자인 압둘라 오칼란이 터키의 PKK 탄압에 협조한 독일에 복복하기 위해 자살 폭탄 테러를 가하겠다고 위협한 후, PKK는 독일에서 지극히 중요한 국가안보 문제가 되었다.

독일이 PKK와 그 전위조직을 불법화한 이후에도 PKK는 독일과 인접 유럽 국가에 광범위한 조직 기반을 두고 있었다. PKK 전술의 특징은 항의 행진과 단식투쟁이다. 쿠르드와 터키에 관한 거리 시위는 통상 독일 당국의 금지령에도 불구하고 진행되었고 자주 폭력 충돌로 이어졌다. 1996년에는 독일 정부가 항의 행진이나 단식투쟁 같은 행사에 참여하는 것 자체를 중대한 위법행위로 규정함으로써 PKK의 거리투쟁을 불법화하는 정책을 강화했다. 터키 감옥에서 많은 쿠르드족 수감자들이 단식투쟁으로 생명을 잃었음에도 불구하고, 쿠르드 시위 참가자들이 체포되어 강제퇴거 명령을 받았다. 또한 터키에서는 쿠르드 죄수들에 대한 고문과 학대가 만연했다. 그 결과 쿠르드 활동가들의 강제퇴거는 중요한 법적, 인권적 논쟁을 불러일으키며 독일 내 여론을 분열시켰다.

1999년 압둘라 오칼란이 터키 당국에 체포되자 유럽, 멀리는 호주에서까지 쿠르드인의 대규모 시위가 일어났다. 세 명의 쿠르드인이 베를린의 이스라엘 영사관에 진입하려다 목숨을 잃었고 수십 명이 부상당했다. 후속 재판에서 오칼란은 지지자들에게 무력투쟁을 포기하기를 요청했고, 그 결과 독일 내 쿠르드인의 과격한 활동은 줄어들었으나 쿠르드 문제는 해결되지 않고 잔존하여 새로운 갈등으로 재발될 여지를 남겼다. 이러한 우려는 의심할 여지 없이 미국의 2003년 이라크 침공에 대한 독일의 반대에 영향을 미쳤고, 이는 두 오랜 동맹국 간의 외교관계에 전반적으로 악영향을 끼쳤다. 이런 극적인 사건 전개는 중동의 이주와 안보 간 연계성에 대한 독일과 미국의 관점 차이와 관련이 크다.

미국이 이라크 전쟁이라는 수렁에 빠져들어 가자 미국의 이라크 침공에 관한 독일의 우려는 타당성을 얻게 되었다. 수많은 사상자뿐만 아니라 최소한 200만 명 이상의 난민이 주변 국가로 흘러들어 갔고 일부는 유럽 나라들, 특히 스웨덴에 정착했다(제8장 참조). 북부 이라크의 쿠르드 자치구역 내에서 PKK의 잔존 집단은 세력을 재조직했고, 2007년에 터키 국내의 군 기지 공격을 감행했다. 이라크 영내의 쿠르드 반군 역시 이란 내의 몇몇 목표물을 공격했다. 이란과 터키 군 모두 반격했고, 2007년 후반과 2008년 초반에 터키 공군과 육군이 이라크 영토 내의 PPK 목표물을 공격함에 따라 대규모 전투가 격화될 가능성이 생겨났다.

9.2 알제리에서 프랑스로 확산된 반란

1992년에 이슬람 구국전선Islamic Salvation Front의 분파조직인 이슬람무장그룹 Armed Islamic Group; GIA은 알제리 정부에 대항하는 반란을 추진했다. 테러와 반테러 사이의 잔혹한 전쟁에 수만 명의 인명이 희생되었다. 프랑스는 알제리 정부를 군사적, 경제적으로 지원했고 이는 GIA의 활동이 프랑스 땅으로 확대되는 구실이 되었다. 투쟁조직들은 1995년, 해체되기 전에 파리 지역을 중심으로 연쇄 폭탄 테러를 감행했다. 1996년 후반에 GIA는 또 다른 치명적인 폭탄 테러의 배후로 추정되었으나 자신들이 주동했다고 천명한 조직은 없었다. 몇몇 프랑스 언론인과 학자들은 프랑스의 알제리 정부 지원을 확대하기 위해 알제리의 정보기관이 GIA 내부에 잠입해 과격분자들을 조종하여 프랑스를 공격하게 했다고 믿었다(Aggoun and Rivoire, 2004).

프랑스 당국은 폭탄 테러를 막고 폭파범을 잡아들이고자 수많은 단계의 조치를 취했다. 북아프리카인처럼 보이는 사람들은 수시로 신분을 확인받았다. 대부분의 북아프리카계 프랑스 시민이나 영주권자들은 신분 확인을 감당해야 할 불편으로 받아들였다. 실제로 이들에게서 얻은 정보는 이 테러리스트 단체를 와해하는 데 큰 도움이 되었고, 몇몇 조직원들은 경찰과의 총격전에서 사살되었다. 그럼에도 불구하고 프랑스 경찰은 테러 공격의 우려가 높은 순간에는 GIA 동조 의심자들을 수십 명씩 검거하기도 했다.

대규모 이주가 원주민 학살과 예속이라는 결과를 낳았다는 사실은 그 단적인 예이다.

1945~1980년은 여러 가지 측면에서 평범하지 않다. 제2차 세계대전의 공포를 체험한 사람들은 극우 집단의 외국인혐오증과 이주민을 안보를 위협하는 존재로 보는 인식을 믿지 않았다. 실제로 국제이주는 흔히 경제적 현상, 그것도 대체로 긍정적인 것으로 받아들여졌다. 더구나 국제이주는, 특히 서유럽에서 일시적이거나 여러 국면이 결합된 현상으로 믿어졌다.

국제관계의 주류 학파에서는 국민국가들이 국제관계의 핵심 행위자를 이루며, 다른 행위자들이 사소하게 취급된다. 국제관계의 핵심 문제

그러한 공포는 2001년 9월 11일 이후 명확한 근거를 얻게 되었다. 대부분 북아프리카 출신인 수십 명의 GIA와 알카에다 관련 인물들이 파리의 미국 대사관 공격을 포함한 다양한 음모에 연루된 혐의로 구금되었다. 그중에는 자카리아 무사위Zacarias Moussaoui 같은 북아프리카계 프랑스 시민도 있었는데 그는 9·11 테러 공모 혐의로 기소되었다. 최소한 한 명의 북아프리카계 프랑스 시민이 아프가니스탄 내의 탈레반과 알카에다에 대한 연합군의 공격으로 사망했다. GIA와 연관된 알제리인들과 북아프리카 무슬림 지역 출신들은 유럽과 북미에서 체포된 수백 명의 행렬 중에서도 두드러졌다. 체포된 자들 중 몇몇은 이민자들과 그들의 가족이 견뎌야 했던 부당함 때문에 서구에 깊은 반감을 갖고 있었다. 더욱 강화된 경계에도 불구하고 몇몇 프랑스 국적자들이 2003년 카사블랑카에서 발생한 연속 자살 폭탄 테러에 연루되었다. 폭파범 중 몇몇은 파리 교외지역에 있는 이슬람 근본주의자 조직의 일원이었고, 이는 대부분의 지역에 이슬람 공동체가 있는 프랑스인에게 큰 충격을 주었다.

2006년에 알제리 정부는 이슬람 과격주의자들에게 무장을 해제하면 사면해 주겠다고 제안했으나 많은 과격주의자들은 전투를 계속했다. 2007년에 과격주의자들은 자신들을 '이슬람 마그레브 알카에다AQIM'라고 새롭게 이름 짓고 알제Algiers〔알제리의 수도—옮긴이〕에서 살인 폭탄 테러를 감행했다. 프랑스와 다른 유럽 국가들의 정보기관원들은 여전히 유럽 내 테러 확산의 가능성을 우려하고 있다.

들은 전쟁과 평화라는 쟁점과 관계가 있다. 국제이주는 이 두 가지와 관계가 없어 보이기에 국제관계 연구와 국제이주 연구는 거의 연관지어지지 않았다. 이러한 상황은 1970년대부터 바뀌어 갔다. 몇몇 국제정치 연구자들은 전쟁과 평화에 연관된 '상위정치high politics'의 반대 개념으로 '하위정치low politics'를 탐구하기 시작했다. 커헤인과 나이는 동시에 최소한 두 개 이상의 국가에 영향을 미치는 정치현상과 정치 사건들로 연구의 범주를 넓혔다(Keohane and Nye, 1977). 이로써 국제이주와 국제관계를 동시에 연구할 수 있는 문호가 열렸다.

1970년대 중반에 이르러 가시화된 서유럽의 전후 초청노동자guest worker 정책의 실패는 예상치 못한 이민자 정주와 가족 재결합으로 귀착

되었다. 이 시기에 나토^{NATO}와 바르샤바 블록 간의 재래식 전쟁이나 핵 전쟁 가능성은 상당히 낮아진 상태였다(Barnett, 2004). 국가 간 갈등 역시 줄어들었다(Kaldor, 2001). 1980년대 난민과 불법이주자들의 유입으로 인한 이민정주자의 증가는 이민 문제의 안보화, 즉 이민 문제와 안보 연구의 연계로 귀결되었다(Waever et al., 1993; Buzan, et al., 1998; Tirman, 2004; Messina, 2007). 동시에 테러 제거는 유럽과 북미 국가뿐만 아니라 많은 나라에서 국가안보의 우선순위로 등장했다(Laqueur, 2003). 그러나 국제이주와 테러리즘의 접점에 대한 이해는 현실세계의 변화를 따라잡지 못했다.

박스 9.1과 9.2에 터키와 알제리에서의 갈등이 1990년대에 어떻게 독일과 프랑스로 각각 전이되었는지가 상술되어 있다. 1990년대 중반까지 두 가지 문제 모두 국가안보의 중요 사안으로 다루어졌다. 더구나 쿠르드노동당^{PKK}과 이슬람무장그룹^{Armed Islamic Group; GIA}[이슬람무장그룹은 아프가니스탄 참전 경험이 있는 전사를 중심으로 1990년대 초반 알제리에 본부를 두고 결성되었다. 2001년 알카에다와 관련 있는 테러 단체로 지목되었다.—옮긴이] 모두 항공기를 납치해 공격을 감행하겠다고 위협했다. 이것은 국제 정치의 새로운 시대를 향한 분수령이라고도 여겨지는 9·11 테러의 전조였다. 사실상 9·11 테러는 수십 년간 형성된 국제 정치의 경향과 양식을 반영하는 사건이었다. 돌아보면, 그러한 식의 테러는 예측 가능했으나(Shenon, 2008) 다른 여러 가지 요인들로 그 위협이 가려졌다.

전후 시대에 안보 연구 분야에서는 국가가 불러일으키는 위협을 평가했다. 비국가 행위자가 가하는 위협에는 많은 관심을 두지 않았다. 직역하면 아랍어로 '근본'이라는 의미를 가진 알카에다^{Al-Qaeda}와 그 협력자들은 그러한 비국가 행위자의 대표적인 사례이다. 9·11 위원회 보고서에 기록되어 있듯이, 미국의 안보 기관들은 빈약한 상호 조정과 정보 공유의 법적 제약으로 인한 문제들에 노출되어 있었다. 국제이주와 국제

관계 연구를 이어 주는 접점이 부재하는 이유가 바로 왜 알카에다의 위협이 불충분하게 또 뒤늦게 이해되었는지를 설명한다. 다른 여러 종류의 위협과 달리 국제이주는 매우 복잡하고 분산되거나 모순된 속성으로 국가안보에 영향을 미친다(Adamson, 2006:197).

정치, 안보 분석가들은 정치적 목적을 달성하기 위해 민간인 집단을 대상으로 한 폭력인 테러리즘에 경도된 정치운동이 이민자와 실향민 집단 내에서 어떻게 팽창하는지를 재빨리 파악하지 못했다. 국제 인구이동은 기술적으로 더 발달하고 강력한 국민국가들이 반정부집단들과 겨루는 비대칭적 갈등의 핵심적 양상이 되었다. 알카에다는 서구에 대항하는 전쟁에 뛰어든 이주민 전사의 대규모 네트워크로 이루어졌다는 점에서 이와 같은 위협의 좋은 예이다(Roy, 2003; Tirman, 2004).

국제이주와 안보의 연계성에 관한 주요 측면들

안보는 전통적으로 국가안보의 시각에서 간주되어 왔다. 따라서 학술적으로 이주와 안보의 연계를 묘사하려는 노력은 드물었다(Miller, 2000; Tirman, 2004). 그러나 안보 문제의 범위는 훨씬 더 넓어서 인간안보 human security까지 포함한다. 국제이주자들은 종종 위험에 노출되어 있으며, 사실상 그들의 위험한 처지야말로 안보 연구의 주요 초점 중 하나가 되어야 한다.

빈국에서 이주하는 경우의 상당수는 빈곤, 폭력, 인권의 부재, 취약한 국가 등으로 표현되는 인간안보의 결핍이 원인이다. 그러한 정치적, 사회적, 경제적 저발전은 식민주의의 역사와 현재의 전 지구적 불평등과 연결되어 있다(제3장 참조). 국가가 필요한 노동력을 위해 법률에 근거한 이주 제도를 만들어낼 수 없을 때 많은 이주자들은 상당한 위험을 안고 이주할 수밖에 없다. 밀입국, 인신매매, 노예계약, 노동자의 권리나 인권의 부재는 수백만 이주자들의 숙명이다. 심지어 합법 이주자들 역시 체류자격이 불안정할 수 있고 경제적 착취, 차별, 인종주의적 폭력에 노출되어 있다. 때로는 1990년대 프랑스에서 일어난 상파피에sans papiers[합법 체류자임을 증명할 수 있는 서류가 없다는 의미로, 프랑스에서 불법체류자를 일컫는 말이다. 1996년 프랑스의 '불법체류자'들은 자신들의 체류 자격을 합법화해 줄 것을 요구하며 거리 시위와 농성을 시작했다. 피에르 부르디외 같은 학자와 예술가들이 지원했으나 두 달 만에 해산되었다.—옮긴이] 사건처럼 법의 개정이 기존 이주자들을 불법체류자로 만들 수도 있다. 빈곤국가의 국민들이 일상적으로 겪고 있는 인간안보의 부재는 국가안보와 관련된 토론에서 자주 망각되곤 하지만 실제로 이 둘은 긴밀하게 연결되어 있다.

이러한 이주자의 불안정성은 문화적, 사회경제적, 정치적 범주로 나뉘는 인지된 위협과 관련된다(Lucassen, 2005). 첫 번째 인지된 위협은 이주자와 이주 배경을 지닌 주민들이 체류국의 문화적 안정을 위협할지도 모른다는 인식으로, 이주자의 불안정성의 가장 큰 요인이다. 이런 인식은 1980년대 유럽에서 보편적이었고 앞에서 언급한 이주정책의 안보화에 영향을 미쳤다(Messina, 2007). 미국으로 이주한 멕시코인과 '히스패닉' 이민자 역시 문화적 위협으로 여겨졌다(Huntington, 2004). 이러한 인식하에서는 종종 이민자들의 종교적 정체성과 언어적 양태도 심각하게 받아들여진다. 두 번째 인지된 위협, 즉 사회경제적 위협으로 간주되는 이주자의 예로는 프랑스 제3공화국의 이탈리아인, 동남아시아에 퍼져 있는 화교, 서아프리카의 시리아-레바논 공동체들, 소련 붕괴 이후 러시아 연방 내의 체첸을 비롯한 코카서스 지역의 주민들이 있다. 마지막으로, 세 번째 인지된 위협, 즉 정치적 충성심을 신뢰할 수 없고 저항의 잠재적 위협으로서 간주되는 이주민의 사례로는 제1차 걸프 전쟁 이전 쿠웨이트에 거주하던 팔레스타인인, 같은 시기에 사우디아라비아에 거주하던 예멘인, 1960년대 중국 공산당의 사주로 정치적 반란을 일으킬 것으로 의심받던 인도네시아의 화교, 소련이 붕괴될 당시 발트해 연안 국가들 내에서 오도 가도 못하게 된 러시아인 등이 있다.

국가 정체성과 문화적 동질성 유지에 대한 국제이주의 인지된 위협은 국제이주가 주권국가에 제기하는 중요한 도전이다(Adamson, 2006). 국제이주는 국가의 자율성, 국토 내에 일어나는 모든 일을 관장하는 절대적 주권, 공공정책과 법집행에 관한 국가 역량에 모두 영향을 미친다. 반면에 국제이주는 국가 권력을 증강할 수도 있다. 국제이주는 경제발전을 촉진하기도 하며 한 국가의 경제적 안녕의 필수 불가결한 요소로 간주되기도 한다. 이주민의 유입은 경제 상태와 전반적인 국가안보에 부정적인 영향을 미치는 인구 감소나 인구 고령화를 지연시키기도 한다. 더불어 많은 이주민들은 군복무를 하고 있으며, 국가 정보기관들은 이주자의 전문지식과 언어능력을 활용하기도 한다. 만약 효율적인 공공정책이 추진된다면 국제이주는 국가권력을 약화시키기보다는 오히려 증대할 수도 있다(Adamson, 2006:185).

한 국가의 이민정책은 그 국가가 군사적 또는 경제적 수단을 동원하지 않고 외교적·안보적 목표를 성취할 수 있는 소프트 파워soft power에 기여할 수도 있다. 나이는 미국에서 공부하는 많은 외국 학생들을 소프트 파워의 중요한 자원으로 보았다(Nye, 2004). 마찬가지로 이주민에 대한 대우는 외교나 스마트 파워smart power의 중요한 요소인 한 국가의 대외적 평판에 영향을 미치는데, 이는 국가들이 세계적 도전에 더 잘 대응하는 전 지구적 공공재에 투자한 데에서 비롯된 영향력이다(Graham and Poku, 2000; National Commission on Terrorist Attacks upon the United States, 2004).

국제이주는 변화하는 무력 갈등의 성격에 중요한 영향을 미쳐 왔다. 이주의 흐름은 다른 요인들과 상호작용하는 가운데 세 가지 방향으로 무력 갈등을 촉진하는데, 즉 국내 갈등에 인적 자원을 제공하고, 조직범죄의 네트워크를 촉진하며, 마지막으로 국제 테러리즘의 통로로 작용한다(Adamson, 2006:190–191). 이주민과 디아스포라 공동체는 때로 모국 내 갈등에 금전적, 인적 지원을 하기도 한다. 예컨대 서유럽과 북미의 알바니아계 코소보 공동체들은 2008년 독립을 성취한 세르비아 연방의 한 지방이었던 코소보에서 1990년대 후반까지 세르비아군과 치열한 전투를 치른 코소보 해방군Kosovo Liberation Army을 재정적으로 지원하고 병력을 제공했다. 마찬가지로 유럽, 캐나다, 인도와 기타 지역의 타밀계 스리랑카인들 역시 스리랑카 내 타밀 타이거Tamil Tiger의 반란을 지원하고 선동해 왔다.

1990년경부터 대부분 국가들의 대내외적 안보정책은 인신매매를 비롯한 여러 형태의 초국가적 범죄와의 전쟁을 우선순위에 두었다. 간혹 PKK같이 테러리즘에 연루된 것으로 보이는 조직들은 인신매매에도 간여해 왔다. 비슷한 다른 조직들은 마약과 무기 밀매에 연루되어 왔다. 비록 9·11 테러 이후 국제이주를 대상으로 억제적 정책 수단을 사용하는 경우도 있었으나, 특정한 이주 유형과 정책 처방들은 안보를 위협하기보다 증진했다는 점은 확실하다. 공공정책을 성공적으로 이행하고 법을 집행할 수 있는 강한 국가들은 국제이주의 장점을 활용하기에 가장 유리한 입장에 있다(Adamson, 2006:199). 유럽 국가들을 위시하여 많은 국가들은 국경을 넘는 상품, 자본, 사람, 관념idea의 이동을 조절하는 능력을 더 잘 유지하기 위해 자율적 요소를 일부 포기한다(제8장과 제12장 참조). 그러한 방침들은 국가권력을 약화하기는커녕 강화한다. 반면에, 약한 국가들은 국제이주와 연관된 안보 의제에 종종 위협당하곤 한다.

이민자, 이민 배경의 무슬림, 유럽과 북미 지역의 안보

9·11 테러 이후 서구 민주주의 국가 내에 무슬림 이민자와 그들의 후손을 사회에 통합하는 문제는 지정학적으로 중요한 문제로 간주되었다. 2006년 미국 연방하원 청문회에서는 유럽을 테러와의 전쟁의 세 번째 전선으로 언급했고 2001년 이후 상당수의 책, 논문, 보고서들이 유럽과 북미 지역의 이슬람 인구를 분석했다.

2001년 이전에도 무슬림 이민자와 그 후예들을 대상으로 한 상당한 학술 연구가 있었다. 수세기 동안 무슬림 인구의 규모가 상당했던 구 유고슬라비아연방이나 불가리아 이외의 유럽과 북미 지역에 거주하는 무슬림 인구의 대부분은 제2차 세계대전 이후의 이민자이거나 그 후손이다. 프랑스는 예외인데, 이는 프랑스 공화국이 19세기부터 1962년 알제리가 독립하기까지 알제리를 지배했기 때문이다. 독립과 동시에 프랑스에 살고 있던 많은 알제리 무슬림들은 프랑스 시민권을 유지했다. 더구나 프랑스군에 참여한 수만 명의 알제리 무슬림 군인인 아르키[Harkis]들은 알제리 독립 후 보복을 피해 프랑스로 도주했다. 양차 세계대전 사이에, 또는 1914년 이전에도 프랑스령 알제리의 상당수 무슬림들은 프랑스 본토로 취업했고 그중 많은 수가 정착했다. 양차 세계대전 사이에 프랑스 내 알제리 무슬림은 안보를 위협하는 존재로 간주되었다(Rosenberg, 2006).

일반적으로 제2차 세계대전 이후 서구로 향한 무슬림들의 이주는 1970년대와 1980년대까지 안보 문제로 간주되지 않았다. 대부분의 경우 무슬림 초청노동자나 계절노동자는 궁극적으로 본국으로 되돌아갈 일시적 거주자로 간주되었다. 영국은 예외인데, 인도, 파키스탄, 또는 다른 지역의 영연방에서 온 이주자들이 영국에 정착할 수 있었기 때문이다. 전후 프랑스는 두 갈래의 이민정책을 추진했는데, 한편으로 이탈리아 같은 주변 국가 출신의 이민자가 정착하는 것을 환영하면서도 모로코, 터키, 튀니지, 그리고 1962년 이후의 알제리 같은 이슬람 국가 출신 외국인 노동자들은 본국으로 귀환할 임시 거주자로 간주했다(Tapinos, 1975). 1970년대에 이르자 단기취업 외국인 노동자 정책이 완화되기 시작했다.

1970년대 서유럽에서도 이슬람 근본주의자 운동이 활발했으나 그들이 위협적이라고 인식되지는 않았다. 1979년 이란의 이슬람 혁명의 성공 이후 이러한 낙관적 인식이 바뀌기 시작했다. 많은 아랍 국가들과 터키의 비종교적인 정부들은 자신들의 정당성을 부정하는 이슬람 근본주의 운동에 위협을 느꼈다. 극단적인 이슬람 근본주의자들에게 비종교적 정권은 전복되고 진정한 이슬람 지배로 대체되어야 할 "가까운 곳의 적 near enemy"(Gerges, 2005)으로 보였다.

따라서 1980년대에 이르러 이슬람 근본주의는 유럽과 북미 지역에 다양한 방식으로 영향을 미쳤다. 시리아 육군사관학교 생도 학살은 시리아 근본주의자에 대한 잔인한 탄압으로 이어졌다. 생존한 근본주의자들 중 상당수는 독일에 난민으로 이주했다. 1982년 이스라엘의 레바논 침공은 이란의 개입을 촉발했고 헤즈볼라Hezbollah, 즉 신의 당The Party of God을 탄생시켰다. 1982년 다국적군의 일원으로 베이루트에 배치되었던 미군과 프랑스군은 헤즈볼라와 그 동맹단체들의 소행으로 보이는 자살 폭탄 공격에 심각한 피해를 입었다. 소련 및 소련의 아프간 동맹세력과 무자헤딘Mujahideen의 전쟁에서 무자헤딘, 즉 소련과 싸운 아프가니스탄인들은 비非아프가니스탄인 무슬림 자원병들을 충원했는데, 그중 일부는 유럽과 북미 지역 출신이었다. 이것이 후일 올리버 로이Oliver Roy가 절대적으로 서방이 조직적으로 벌인 운동이라고 규정한 알카에다 탄생의 기원이 되었다(Roy, 2003). 파키스탄과 사우디아라비아가 포함된, 미국이 주도한 연합국들은 무자헤딘을 무장시키고 원조했다. 아프가니스탄을 침공한

소련군의 패배 후에 파키스탄 정보기관인 ISI^{Inter-Services Intelligence}는 또 다른 난민병^{refugee-soldiers} 사례인 탈레반^{Taliban}의 창설을 도왔는데, 이들 중 상당수는 파키스탄 내의 아프가니스탄 난민들이었다. 1996년에 이르자 탈레반은 아프가니스탄 대부분을 장악하게 되었다.

1993년 맨해튼 세계무역센터 폭탄 테러의 범인들은 주로 미국으로 이주한 아랍계 이민자들이었다. 돌이켜 보면, 이 테러 공격은 더욱 심각한 경고와 더 강력한 대처방안을 불러일으켰어야만 했다. 미 연방정부가 운영한 일련의 테러리즘 조사 위원회들은 추가적인 대처방안이 필요하다고 경고했으나 주목받지 못했다(National Commission on Terrorist Attacks upon the United States, 2004). 새천년이 시작되기 직전인 1999년 12월 31일, 주의 깊은 미국 세관 직원 한 명이 초조한 기색이 역력한 입국자를 적발했다. 그는 캐나다에 거주하는 아흐메드 레샴^{Ahmed Ressam}이었는데, 알제리 무장 이슬람 단체 소속원으로 로스엔젤레스 공항을 공격할 계획이었다. 2001년까지 상당수의 미국 관리들은 미국 내 목표물에 대한 알카에다의 치명적인 공격을 우려했으나 이를 막는 데 실패했다(Shenon, 2008).

미국이 주도한 2003년 이라크 침공 이후 최소한 수백 명의 유럽 무슬림들이 이라크에서 미군에 저항하는 전투에 자원했고 많은 사람이 죽거나 포로가 되었다. 수천 명의 유럽 무슬림들이 중동과 북아프리카에서 군사훈련을 받고 유럽으로 귀환했다(Scheuer, 2008). 마드리드와 런던에서 발생한 테러 공격과 2001년부터 수천 명의 과격한 유럽 무슬림들을 체포 구금한 유럽의 경찰과 정보기관에 발각되어 무산된 일련의 테러 계획은 유럽 내 무슬림들을 경계하기에 충분한 근거를 제공했다. 테러 단체들은 서구에 거주하는 무슬림의 동감과 이해를 얻기 위해 노력했으나, 대다수의 증거는 알카에다 방식의 과격주의가 유럽과 북미 지역의 대다수 무슬림들에게 호소력이 거의 없다는 사실을 보여 준다.

북미와 유럽의 이슬람 인구의 특성과 역사는 상당히 다양하다. 북미에 사는 무슬림들은 일반적으로 비숙련 노동자로 고용된 유럽의 무슬림보다 더 부유하고 교육수준이 높다(CSIS, 2006). 하지만 서유럽에서도 무슬림 인구는 매우 이질적이다. 예컨대 터키계 무슬림의 구성은 극히 다양하다. 쿠르드족과 터키족뿐만 아니라 정통 무슬림인 수니파와 비정통인 시아파, 그리고 그 분파인 알레비파 등이 존재한다. 대다수의 터키족과 쿠르드족은 세속적 지향을 갖고 있다. 실제 무슬림 이민자들과 자녀들은 주택, 교육과 취업 면에서 진입 장벽에 부딪히고, 편견과 인종주의를 견뎌야 한다. 그러나 무슬림 이민자들과 자녀들의 편입에 관한 방대한 사회과학적 연구의 결론은 대부분이 서서히 편입되어 간다는 것인데, 이는 과거에도 문제적이거나 위협적으로 보였던 유럽과 북미 지역에서의 이민의 물결과 비슷하다(Lucassen, 2005; 또한 이 책의 제10장과 제11장).

유럽 내 중동·북아프리카 출신 이민자들에 대한 최고의 분석은 9·11 이전이나 이후 모두 프랑스에서 이루어졌다. 미셸 트리발라Michèle Tribalat의 연구가 유명한데, 그녀는 중동·북아프리카 지역에서 온 다양한 민족 공동체를 조사하여 매우 대조적인 편입 상태를 발견했다(Tribalat, 1995). 조사에 따르면 이민자 가정에서 프랑스어가 광범위하게 사용되고 아랍어를 비롯한 모국어의 사용은 감소하고 있었다. 더구나 전통적 방식의 중매결혼이 감소하고 프랑스 시민과의 결혼이나 청소년 연애, 프랑스인과의 동거 같은 사회적 행태가 증가한다는 증거도 있는데, 이는 동화가 아니라면 전반적으로 이민자의 사회적 편입이 향상되었음을 보여 준다. 주요 문제 영역은 높은 실업률, 인지된 차별과 교육 문제였다. 또 트리발라는 몇몇 공동체는 이러한 일반적 성향과 맞지 않는다는 사실을 발견했다. 알제리 배경의 사람들은 모로코 출신에 비해 덜 종교적이고 더 세속적이었다. 더 나아가, 프랑스의 터키 공동체들은 가정에서 프랑스어를 덜 사용하는 경향이 있었으며 프랑스 사회와의 상호작용이 적고 사실상 프랑스인과 결혼하는 경우는 거의 없었다.

트리발라의 연구가 두말할 나위 없이 프랑스 내에 거주하는, 놀랄 만큼 이질적인 중동·북아프리카 이민자들을 근거로 유럽 또는 서방의 기타 지역에 거주하는 이민자까지 과도하게 일반화했다는 것은 분명하다. 그러나 예전의 이민의 물결과 마찬가지로 프랑스의 무슬림들이 편입되어 가고 프랑스인이 되어 가고 있다는 그녀의 핵심적인 통찰은 여타 사회과학자들의 견해와 대체로 일치한다. 프랑스에서 이슬람 근본주의의 최고 전문가인 질 케펠Gilles Kepel과 올리버 로이Oliver Roy는 —비록 케펠은 영국이 런던의 무슬림 근본주의자에게 베푸는 관용을 비판하지만— 극단주의 세력이 유럽의 이민자 집단에서 강한 지지를 얻을 것이라는 견해에는 회의적이다(Kepel, 2002, 2005; Roy, 2003). 이들의 평가는 테러리즘에 대한 지지가 거의 없는 중동과 북아프리카 및 기타 무슬림 지역에서 실시한 여론조사 결과, 테러리즘을 지지하는 의견이 거의 없다는 점과 일치한다(Esposito and Mogahed, 2007).

유럽 내 이민 배경을 지닌 주민(특히 무슬림)의 편입에 관한 사회과학 연구의 핵심을 특징짓기는 어렵다. 편입 과정은 복잡하다. 학자들은 다양한 접근법을 사용하고 증거들은 각 국가에 따라 복잡하고 다양하다. 9·11과 마드리드, 런던 테러는 유럽뿐만 아니라 북미와 호주에 이르기까지 서구에서 수십 년 내지 수백 년이 된 이민자의 편입이라는 문제를 중요한 안보 문제로 전환시켰다. 최근 많은 글들이 무슬림 이주민과 이민 배경을 지닌 무슬림들이 테러리스트 운동에 동원될 가능성과 취약성을 다루고 있다(Ye'or, 2005; Bawer, 2006; Philips, 2006; Berlinski, 2007). 대부분의 경우, 그런 논문과 책들은 이주자의 편입에 관련된 사회과학 문헌들을 제대로 참고하지 못한 것 같다.

보다 신중한 분석은 모든 선진 국가들은 폭력지향적인 집단이 촉발한 혼란에 대단히 취약하다는 점을 인정하는 데에서 시작할 것이다. 이러한 취약성은 불법이민에서 인신매매에 이르는 다양한 형태의 이민이 선진 국가로 쉽게 스며들어갈 수 있기 때문에 더욱 심해진다. 좀 더 확대해서 말하면, 로버트 쿠퍼Robert Cooper가 주장하듯이, 21세기 선진 국가들의 핵심적인 안보 위협은 실패했거나 실패하고 있는 국가들failed or failing states〔특정 국가가 국민에게 정치적 자유, 경제발전, 안전보장, 사회보장 등 기본적 공공 서비스를 제공할 수 없는 경우를 가리킨다.―옮긴이〕에서 선진 국가로 발산하는 무질서인 것이다(Cooper, 2003). 테러리스트의 위협이 형성되는 데 기여하는 조건은 곧바로 대규모의 비호 신청과 인신매매를 동시에 발생시키는 조건이기도 하다.

그리 멀지 않은 과거에 극좌 집단들은 이주민 집단을 대중적 지지를 얻는 데 필요한 자원으로 간주했으나 일반적으로 지지를 동원하는 데 실패했다. 21세기에도 똑같은 패턴이 나타나지 않으리라는 보장은 없다. 테러리스트 조직의 새로운 세대들은 지금까지 이주민과 이주 배경을 지닌 사람들 중 일부 과격한 세력만을 유인하는 데 성공했다. 마드리드와 런던의 폭탄 테러는 이 극단세력이 일으킨 위협의 심각성을 증명했다. 그러나 모든 성공적인 반테러전략의 핵심은 누가 적이고 누가 적이 아닌지를 아는 것이다. 이민자와 그 후손의 대부분은 적이 아니다. 이렇게 볼 때, 서구사회에서 이주민과 그 후손들을 성공적으로 통합하는 것이야말로 테러와의 전쟁에서 반드시 달성해야 하는 전략이 될 것이다.

이주, 안보, 그리고 테러와의 전쟁

조지 W. 부시 행정부가 명명한 테러와의 전쟁은 현상을 의도적으로 과장했고 사실을 왜곡하는 단순화를 시도했다. 취임 초기 알카에다의 위협을 대체로 무시했던 미 행정부는 전쟁을 선포하고 이를 제2차 세계대전에 비유했다(Clarke, 2004; Shenon, 2008). 정치적 폭력으로 목표를 달성하려는 이슬람 근본주의자들을 지지하는 목소리가 전반적으로 사라져 가고 주류 이슬람 근본주의자들이 점진적인 개혁을 수용하면서 폭력을 거부하던 시점에, 미 행정부는 이같이 선언하여 과격 무슬림의 위협을 과장했다(Gerges, 2005; Roy, 1994). 이는 2001년 아프가니스탄의 알카에다와 탈레반에 대한 보복이 부당하다는 것을 의미하지는 않는다. 오히려 그 반대이다.

동시에 미 행정부는 대테러전략에서 적을 오인하고 테러리스트의 폭력에 과잉 대응하는 고전적인 실수를 범했다. 예를 들면, 아이리시 공화국군IRA과 남미의 콜롬비아 무장혁명군FARC처럼 테러를 자행하는 세력 간에 연대하는 관계도 있지만, 미 행정부는 전혀 또는 거의 상관이 없는 세계 각지의 테러 위협을 연결지어 테러리스트 적들을 잘못 파악했다. 그리고 이라크 정부와 알카에다를 연결해 대량살상 무기에 관련된 검증되지 않은 주장을 이라크 침공의 구실로 삼으면서 미 행정부의 실수는 악화 일로로 치달았다.

이라크 침공은 아프가니스탄 내 알카에다 및 탈레반과 같은 협력자들을 상대로 한 작전에 오히려 역효과를 내었다(Ricks, 2007). 하지만 이후 나토 병력으로 증강된 미국 주도의 아프가니스탄 공격은 아프가니스탄 내 탈레반과 알카에다 병력을 소멸하지는 못했어도 심각하게 약화시켰다(Miller, 2007). 2007년에 아프가니스탄의 탈레반은 재기할 수 있었는데, 이는 부분적으로 알카에다와 그 동맹인 탈레반이 실질적으로 피난지인 파키스탄 국경지역에서 세력을 재편성하고, 병력을 훈련시키며, 새로운 인원을 충원할 수 있었기 때문이다. 따라서 2008년이 되었을 때 알카에다는 2001년 9월 11일에 그러했듯이 '먼 곳의 적'을 공격할 능력을 갖춘 실질적 위협으로 남게 되었다.

2004년 마드리드 테러, 2005년과 2007년의 런던 테러는 비록 알카에다에게 영감을 받은 자국 테러리스트의 공격으로 간주되었지만, 알카에다가 상당한 역할을 수행한 것으로 보인다(Benjamin and Simon, 2005). 2008년 초 프랑스와 스페인 당국은 스페인 총선 직전에 예정된 일련의 테러 계획을 저지했다. 대부분의 혐의자들은 파키스탄 출신 이주민이었고 그중 몇몇은 파키스탄 국경지방인 와지리스탄Waziristan에서 막 도착한 자들이었다. 스페인의 핵심 대테러 담당관은 다음과 같이 언급했다. "파키스탄 지하드의 공격 위협은 지금 우리가 유럽에서 직면한 가장 큰 새로운 위협이다. 파키스탄은 지하드주의자들의 이념적, 군사적 온상이며, 그들은 이곳 유럽으로 수출되고 있다"(Scoliano et al., 2008). 따라서 아프가니스탄 전쟁의 결과가 유럽의 안보에 직접적으로 영향을 미친다는 미국 국무장관의 주장은 적절했다(Shanker and Kulish, 2008). 그러나 그가 유럽인들에게 "(이 과격 이슬람) 운동을 초기에 부수고 파괴하여 전 세계에 재앙이 될 테러를 감행할 능력을 영구적으로 위축시켜 그 이념을 약화시키라."라고 훈계한 것은 과격 이슬람의 흥망성쇠를 지켜보았던 지난 수십 년간의 경험을 또다시 무시한 행동이다(Roy, 1994; Gerges, 2005).

　　비록 파키스탄과 아프가니스탄에서의 혼미한 사건 전개는 불안하지만, 알카에다와 그 동맹자들이 가하는 위협을 반드시 정확히 평가해야 할 필요가 있다. 그들의 폭력은 대부분의 이슬람 근본주의자들과 서방을 포함한 전 세계 무슬림들에게 비난받고 있다. 그들은 이슬람 정치의 주변부이며 레바논의 헤즈볼라나 팔레스타인의 하마스Hamas 또는 파타Fatah 같은 운동과는 거의 관계가 없다. 알카에다는 무슬림들에게 광범위하게 퍼진 불만을 잘 반영한다. 그러나 하마스 같은 조직들을 알카에다와 같은 것으로 보는 인식은 매우 중요한 의제를 추진하는 데 방해만 될 뿐이다. 즉 무슬림의 불만을 해소할 수 있는 팔레스타인 국가 건설과 같은 의제는 오랫동안 지체되었다.

알카에다와 그 동맹자들이 파키스탄, 알제리, 또는 아프가니스탄 같은 국가를 장악한다는 전략적 목표를 달성하기는 극히 어려워 보인다. 그러나 아프가니스탄에 대해 풍부한 경험을 가진 한 전직 미 중앙정보국^{CIA} 분석가는 미국과 그 동맹국들이 아프가니스탄과 이라크 전쟁에 패배할 것이라고 예측했다(Scheuer, 2004, 2008). 알카에다의 지배가 공고화된 영토는 그곳이 어디든 모든 수단을 동원한 미군의 공격에 노출될 것이다. 1970년에서 2000년까지 이슬람 근본주의자들의 반란은 진압되었다. 미국이나 프랑스의 개입으로 인해 이집트나 알제리 같은 '가까운 적'을 물리치는 데 실패한 대부분의 이슬람 근본주의자들은 그들의 정책을 온건화하고 무력투쟁을 회피하게 되었다. 따라서 '먼 곳의 적'을 향한 알카에다의 공격은 있는 그대로 해석되어야 한다. 즉 어떤 곳에서도 다른 무슬림들의 지지를 얻을 가능성이 적은 주변적 운동 세력의 절망적 행동이라는 사실이다. 반면, 중동에서 이주노동자로 생활한 경험이 있는 과격화된 무슬림들이 새로운 불안요소로 떠오르고 있는 카프카스^{Caucasus}, 소말리아, 나이지리아, 태국, 방글라데시 등지에서 성장하는 이슬람 근본주의에 주목하여, 이와 완전히 대조적인 평가를 내리는 분석가들도 있다(Scheuer, 2008 참조).

2002년 이후 미국의 외교정책과 국가안보 정책은 알카에다의 장기적인 전망을 전혀 개선하지 못했다. 이라크 침공은 알카에다에게 천운이자, 유럽과 기타 지역의 무슬림들을 과격화하는 효과를 가져왔다(Gerges, 2005). 그러나 알카에다의 폭력적이고 퇴행적인 정치는 필연적으로 정치적 망각을 거칠 것이다(Miller, 2007). 심지어 탈레반조차 알카에다와 동일시될 수 없다.

따라서 알카에다와 그 동맹자들이 일으키는 테러 위협을 신중하게 경계하고 국제적으로 공조하는 데에는 시간이 걸릴 것이다. 이 문제는 국제이주와 안보 문제를 해결하기 위한 쌍방, 지역, 다자간 외교를 가속화하는 데에서 최우선의 과제로 남을 것이다. 9·11 테러는 외교정책과 국제관계에서 이민과 안보 문제를 매우 중요한 쟁점으로 돌출시켰다. 이러한 중차대성은 알카에다의 운명과 상관없이 계속 유지될 것이다.

결론: 이주의 시대의 이주와 안보

모든 시대는 과거와 연속되고 단절된다. 이주와 안보 간 연관성의 중요도와 광범위한 편재遍在는, 맞건 틀리건 간에, 이주가 안보적 사고에서 중요한 위치를 차지하지 못했던 냉전시대와 현시대를 구분하는 기준이다. 그럼에도 불구하고 먼 과거의 드라마가 되풀이되는 양상도 나타난다. 종족청소ethnic cleansing[타 종족을 대상으로 한 대량학살을 말한다.—옮긴이]와 인신매매는 이주의 시대에 깊은 오점을 남겼다. 그러나 그러한 비극적 선례는 적지 않다. 이러한 문제들이 인권에 대한 참을 수 없는 모욕이라는 인식이 거의 전 세계적으로 합의되어 있다는 점에서 현시대는 과거와 다르다. 그러나 이렇게 새로이 등장한 인권과 민주적 가치에 대한 전 지구적 의식이 지속될 수 있을지는 극히 불투명하다(Shaw, 2000; Habermas and Pensky, 2001).

이주와 안보 간 연관성에 대한 이해도가 높아지고 새롭게 평가받는 상황이 도래한 것은, 세계 최강대국들이 자국과 먼 곳에서 일어나는 대규모 재해, 혼란, 정치적 극단주의에 더 이상 무관심할 수 없음을 깨달았기 때문이다. 유럽의 지도자들은 미국의 지도자들보다 이 점을 더 쉽게 받아들이는데, 이는 유럽이 중동·북아프리카와 지리적으로 근접해있어 이 지역에 분쟁이 일어나면 난민이 발생하여 유럽에 즉각적인 영향을 미치기 때문이다. 이러한 유럽과 미국의 인식 차이는 탈냉전 시기의 핵심 안보기구인 나토^{NATO}의 결속을 위협했다(Kupchan, 1998; Lindberg, 2005).

심화 연구를 위한 안내

2002년 이후 이주와 안보에 관한 연구는 놀랄 만큼 많이 쏟아져 나왔다. 주요 초기 연구는 다음과 같다. Weiner(1993), Waever et al.(1993), Lyon and Ucarer(2001), Poku and Graham(1998), Graham and Poku(2000), Weiner and Russell(2001) 등이다. 최근에 발표된 주목할 만한 저작은 Adamson(2004, 2006), Alexseev(2005), Freedman(2004), Kleinschmidt(2006), Lucassen(2005), Tirman(2004), Guild and van Selm(2005) 등이다.

유럽의 무슬림에 관해 알려면 CSIS(2006), Benjamin and Simon(2005), Cesari(2004), Derderian(2004), Haddad(2002), Kepel(2002, 2004), Laurence and Vaisse(2006), Leiken(2005), Roy(2003, 2004), Klausen(2005)을 보라. 안보에 있어 초국적 인구의 복합적 함의를 알아보려면 Argun(2003), Ostegaard-Nielsen(2003), Ögelman(2003), Silverstein(2004), Rosenberg(2006)를 보라.

제10장

노동이주자와 소수자

사람들은 많은 이유로 이주한다. 경제 이민에 초점을 맞추는 최근 정부 정책에도 불구하고, OECD 회원국으로 향하는 대다수 이주의 목적은 경제적인 것만은 아니다. 많은 나라에서 이민자들의 입국 목적 중 가장 다수를 차지하는 것은 가족 재결합이다. 게다가 많은 사람들이 전쟁이나 박해를 피해 보호처를 찾아 이주하거나 교육을 위해서 이동한다. 이주의 시대에 이동하기가 더욱 쉬워지면서 사람들은 결혼, 은퇴, 또는 단순히 새로운 생활양식을 위해서도 이주를 택한다. 그러나 아직도 많은 이민자들이 보다 높은 임금, 더 나은 취업 기회 또는 직업능력의 향상과 같은 경제적 이유로 이주한다. 더 나아가 모든 국제이주는 경제적 측면을 가지고 있고 경제적 원인과 결과에 대한 인식이 이주민 송출국과 수용국 모두의 정책 형성에 큰 영향을 미치고 있다. 송출국은 경제성장에 자원이 되는 이주민의 송금, 투자, 기술 이전에 주시하며, 수용국은 자국의 노동과 기술 수요를 충족시켜 주는 이주민의 역할에 관심을 둔다.

이 장에서는 노동이주자와 소수자의 위치에 초점을 맞춘다. 다양한 사회집단(즉 이주자 자신, 고숙련 또는 저숙련 내국인 노동자, 사용자, 복지 지원 수혜자)을 위한 이주 비용과 혜택에 대한 평가는 굉장히 논쟁적이며, 점차 정치화되고 있다. 이 장에서도 이에 대한 논쟁을 소개하겠지만, 복잡한 논쟁을 다 다룰 수는 없다. 따라서 우리는 선진국 경제의 저숙련 이주자와 그 후손들의 상황에 집중할 것이다. 고숙련 이주는 제3장의 '두뇌유출 또는 두뇌순환?' 부분에서 다루었기 때문에 이 장에서는 자세하게 다루지 않는다.

먼저 우리는 선진국 경제에서 이주노동력의 수요를 창출하는 원인과 어떻게 이주민이 이러한 수요를 충족시키는지를 분석할 것이다. 그다음에는 외국 출생의 노동자들과 그 후손들, 즉 2세대에 주목하면서 이주자의 노동 상황을 소개할 것이다. 그리고 이민이 수용국 경제에 좋은지 나쁜지에 대한 경제학자들의 논쟁을 간략히 살펴보려고 한다. 다음으로 노동시장 변화의 역학을 분석하고, 이러한 역학을 전 지구화의 '새로운 정치경제학,' 그리고 부국과 빈국 사회의 사회변혁과 연결짓고자 한다.

선진국 경제의 노동수요

가난한 나라에서 선진국으로 향하는 노동이주는 상호 간의 필요mutual needs를 충족시킨다고 흔히들 말한다(CEC, 2005b; GCIM, 2005 참조). 후진국은 취업을 원하는 젊은 노동력이 너무 많아서 잉여 노동력을 수출할 '필요'가 있다. 반면 선진국은 노동시장에 진입하는 젊은 노동력이 감소하고 있어서 늘어나는 일자리를 채울 수 없기에 노동력을 수입할 '필요'가 생긴다. 그러나 중요한 것은 이 같은 필요가 사회적으로 구성된다는 점이다. 제3장에서 우리는 빈국에서 이출을 촉진하는 역사적, 경제적 요인에 대해 논의한 바 있다. 그에 상응하여 이 장에서는 부국에서 벌어지는 과정을 살펴볼 것이다.

부국의 저숙련 노동력에 대한 '필요'는 특정 산업 분야의 저임금, 열악한 노동환경, 낮은 사회적 지위에 따라 사회적으로 구성된다. 유럽의 한 연구는 어떤 일자리는 내국인이 기피하기 때문에 "이민은 노동시장의 효율성을 개선하는 데 큰 역할을 했다."라는 점을 보여 주었다. 그러한 일자리는 다음과 같다.

> 더럽고, 힘들고, 위험한 3D 업종, 저임금 가사도우미, 비공식 부문의 저숙련 일자리, 계절에 따라 변동이 심한 일자리, 예를 들면 농업, 도로 보수, 건설, 숙박업, 식당, 여타 관광 관련 서비스업. (Münz et al., 2007:7)

만약 이러한 직종의 근로조건이나 지위가 개선된다면 내국인 노동자들이 이 직종에 취업하려 할 것이고, 반면에 주변부의 사용자들은 사업에서 손을 뗄 것이다. 그 결과, 특정한 업종은 성장할 수 없게 될 것이고, 아마도 신흥경제국으로 재배치될 것이다. 이러한 '역외조달offshoring' 또는 '외주outsourcing'는 1970년대 이후 제조업 부문에서 흔했다. 생산성이 낮은 농업 부문도 아마 이러한 선택을 하게 될 것이다. 1990년대 초반 북미자유무역협정NAFTA이 논의될 때, 멕시코 대통령 살리나스는 캘리포니아에서 멕시코인이 재배한 토마토를 사는 것보다 멕시코에서 재배한 토마토를 사는 것이 미국 소비자에게 더 나을 것이라고 제안했다(제8장 참조). 하지만 생산처를 해외로 이전하면 미국 내 농장의 사용자와 내국인 노동자 모두에게 피해를 끼칠 것으로 예상되어 그들은 정치적 영향력을 행사해 이를 저지했다. 이런 이유 때문에 빈곤국 농업에 치명적 피해를 입히고, 납세자에게 비용을 전가하며, 소비자에게 불리한 유럽연합의 공동농업정책Common Agricultural Policy이나 미국의 농업보조금 같은 제도가 유지될 수 있다.

우리는 이주노동에 대한 필요보다 강한 경제적, 정치적 이익에 따라 추진되는 수요를 분석해야 한다. 수용국의 정부 정책은 이러한 수요에 대해 합법적으로 외국인 노동력을 고용, 관리하는 시스템을 만들거나, 서류미비 이주노동자 취업을 암암리에 허용하거나(때로는 합법화하거나), 또는 두 가지를 결합하는 식으로 이루어진다.

최근 탈공업경제에서 이주노동력에 대한 수요를 인정하는 것은 최근의 정책 접근 방식이 달라졌음을 의미한다. 제5장에서 서술했듯이 유럽의 외국인 노동자 고용은 1973년 이후 경제침체와 구조조정 시기에 정체되거나 감소했다. 유럽 국가들 상당수는 '제로 이민정책zero immigration policies〔신규 이입을 받지 않는 정책—옮긴이〕'을 선언했으나 가족 재결합이나 영구 정착을 막을 수 없었다. 미국은 1965년 이민법을 개정했으나, 비전통적 송출국에서 온 이주민이 급증할 것이라고는 예측하지 못했다. 그러나 1990년대 초부터 경제적, 정치적 원인에 의해 추동된 선진국으로의 이민이 급증하기 시작했다.

정책 결정자들은 이민 통제를 강화하고 국경 통제에 관한 국제협력을 확대함으로써 이러한 현상에 대응했다. 이처럼 이민 통제를 강화하게 된 이유 중 하나는 (특히 유럽에서) 일시 이주민이 새로운 인종적 소수자로 변하지 않을까 하는 두려움이다. 그리고 또 다른 이유가 있다. 고숙련 인력 수요의 증가와 저숙련 직종의 해외 이전을 보면서 정부들은 저숙련 이주노동자가 미래에 더 이상 필요하지 않을 것이라고 믿었다. 제한적인 이주노동 정책은 1990년대 내내 유지되었다. 더 나아가 과거에 이주노동자의 주요 송출국이었던 남유럽 국가들은 이제 중요한 수용국이 되었다.

이러한 공식적인 입장은 최근에 서서히 변하고 있다. 중요한 시금석이 된 쥐스무트 위원회 보고서The Süssmuth Commission Report(2001)는 독일이 오랜 기간에 걸쳐 이민국가가 되었으며, 미래에는 숙련 및 저숙련 직종skilled and less-skilled jobs 모두 노동이주에 의존하게 될 것이라고 주장했다.

영국에서는 거의 30년 동안 이주에 대한 경제적 분석이 없다가 내무부가 노동이주의 잠재적 효과를 강조하는 보고서를 발간했다(Glover et al., 2001). 무엇이 이러한 변화를 이끌어 내었는가?

중요한 경제적 요인 중 하나는 선진국들이 모든 저숙련 직종을 저임금 국가로 수출할 수 없다는 사실을 깨달았다는 점이다. 자동차, 컴퓨터, 의류 제조업은 중국, 브라질, 말레이시아 등으로 이전할 수 있지만, 건설업, 숙박업소, 식당, 병원 등은 고객이 거주하는 곳에 있어야 한다.

또 다른 인구학적 요인은 선진국의 출산율이 급속히 감소하고 있음을 자각한 것이다. 유럽연합통계청의 예측에 따르면 EU25국〔EU25국은 2012년 기준으로 유럽연합에 가입한 27개 국가 중 불가리아와 루마니아를 제외한 국가들로, 회원국 국민의 자유로운 이동이 보장된 영역이다.—옮긴이〕의 인구는 1.5퍼센트 감소하여 2004년 4억 5,700만에서 2050년 4억 5,000만 명으로 줄어든다는 것이다. 그러나 몇몇 국가, 즉 독일(9.6%), 이탈리아(8.9%), A10국〔2004년 유럽연합에 가입한 10개국—옮긴이〕(11.7%)은 더 높은 감소세를 보이고 있다. 더 심각한 점은 생산가능인구(15~64세)의 감소로 2005년 EU25국의 생산가능인구는 67퍼센트이고, 65세 이상 인구는 16퍼센트인 반면, 2050년에 이르면 생산가능인구는 57퍼센트로 줄어들고, 이들이 부양해야 할 65세 이상 인구는 30퍼센트로 늘어나게 된다(CEC, 2005a:Annexe Table 1, 2). 유럽연합 집행위원회European Commission가 주장하듯이(CEC, 2005a:Section 1.2),

> 단기나 중기적 관점에서 노동이민은 이러한 인구학적 변화를 막는 데 긍정적으로 기여할 수 있으며, 현재 또는 미래의 노동시장 수요를 충족시키는 데 중요한 역할을 할 것이다. 따라서 노동이민은 경제의 지속성과 경제성장을 보장할 것이다.

그러나 인구의 고령화에 완벽히 대응하는 데 필요한 이입 규모는 매우 크므로, 이주가 기여하는 정도는 매우 작을 것이다. 또한 이민자의 출산 활동도 장기적으로는 수용국의 패턴을 따라가게 되므로 이민으로 인한 인구학적 효과는 단기적일 것이다.

이러한 경제적, 인구학적 변화에서 중요한 사회적 요인이 파생된다. EU25국의 0~14세 인구 비율이 2005년 16.4퍼센트에서 2050년 13.4퍼센트로 감소할 것으로 추정된다(CEC, 2005a:Annexe Table 2). 만약 청년 인구가 줄어든다면 그들은 더 나은 교육 기회를 예상할 것이고, 그들 중 소수만이 저숙련 직종을 받아들일 것이다. 유럽의 노동시장 전문가들은 제조업과 농업 부문의 육체노동 직종은 감소하겠지만, 가사노동이나 돌봄노동에 필요한 저숙련 서비스 노동력에 대한 수요는 증가할 것으로 예측한다(Münz et al., 2007:9).

이주는 어떻게 노동력 수요를 충족시키는가?

이주노동력은 제2차 세계대전이 끝난 후 선진국 경제가 부흥하는 데 중요하게 기여했다. 노동력의 동학에서 이주노동력의 역할은 1970년대와 1980년대에는 의심받았지만, 1990년대 이후 다시 강력하게 피력되고 있다. 2000년부터 2005년 사이에 OECD 회원국(유럽과 북미, 오세아니아의 선진 공업국가와 일본 및 한국)에서 외국 출생 노동자들의 평균 인구는 20퍼센트 정도 증가했다. 2005년 들어 외국 출생 노동자들이 노동력의 중요한 비중을 차지하게 되었다. 호주와 스위스에서는 25퍼센트, 캐나다에서는 20퍼센트, 미국, 뉴질랜드, 오스트리아, 독일에서는 약 15퍼센트를 차지하고 있다. 다른 서구 유럽 국가들의 수치는 약 12퍼센트 정도이다. 일본(0.3%), 한국(0.8%), 그리고 일부 동유럽 국가들 사이에서만 이주노동자가 차지하는 비중이 낮을 뿐이다(OECD, 2007:63).

1995~2005년에 OECD 회원국의 경제는 지속적으로 성장했고 이는

강력한 노동력 수요로 이어졌다. 미국에서는 1,600만 개의 새로운 일자리가 생겼고, 이 중 900만 개(55%)의 일자리가 외국 출생 노동력으로 채워졌다. 서유럽과 남유럽 국가 대부분에서 새로운 종업원의 3분의 1 또는 3분의 2는 이주자로 구성되었다. 인구학적 요인 때문에 독일에서는 늘어나는 고용을 충족시킬 내국인의 수가 감소했고, 다른 유럽 국가에서도 유사한 양상이 예견되었다. 따라서 이주노동자의 기여가 미래에 무엇보다도 중요해졌다(OECD, 2007:66).

새로운 이민자들은 보통 숙련된 자질을 갖추고 있다. 자질이 거의 필요 없는 직종에서 일하려고 입국하는 미숙련 이주자라는 낡은 편견은 이제 더 이상 현실에 적용되지 않는다(Collins, 2006; Portes and Rumbaut, 2006:67-68). 벨기에, 룩셈부르크, 스웨덴, 덴마크에서는 1995~2005년에 입국하여 취업한 이주자의 40퍼센트 이상이 고등교육을 이수한 사람들이었다. 이러한 비율이 프랑스에서 35퍼센트, 네덜란드에서는 30퍼센트에 달했다. 이주노동자가 내국인 노동자보다 교육수준이 높은 경우가 많았다. 오로지 남유럽 국가에서만 저숙련 외국인 노동자가 다수였다(OECD, 2007:67-68).

그러나 서유럽에서조차 이주자는 저숙련 산업의 사용자들에게 중요했다. 예를 들어, 영국의 사용자를 조사한 한 연구에 따르면 이주자는 농업, 음식·숙박업, 행정·사업·관리, 금융업에서 저숙련 노동력의 중요한 공급원이었다. 일부 사용자들은 내국인 노동자에 비해 이주노동자를 선호했는데, 왜냐하면 그들은 내국인 노동자에 비해 '신뢰할 수 있고, 동기가 분명하며 헌신적'이고, '장시간 노동과 유연한 노동시간'에 대처할 준비가 되어 있으며 열심히 일하려 하기 때문이다(Institute for Employment Studies et al., 2006:iv).

노동시장의 이주자

노동시장의 성과를 기술하고 평가하는 방법은 다양하다. 여기에서는 부문별·직종별 분포, 실업, 자영업을 중심으로 살펴본다.

이주자 세대

'부문별 분포sectoral distribution'란 이주자가 일하는 산업을 말한다. 1970년대 남성 이주자에게 흔했던 업종은 공장의 육체노동, 건설현장, 쓰레기 수거나 거리 청소 같은 저숙련 서비스업이었다. (특히 섬유, 의류, 제조업, 식품가공 분야의) 여성들은 공장에서 일하거나 청소나 보건 분야의 서비스업에 종사했다. 오늘날 이주자는 경제 전 분야에 걸쳐 일하고 있다. 그러나 아직까지도 내국인들이 기피하는 제조업 분야에 많이 종사하고 있다. 이탈리아, 독일, 핀란드, 오스트리아에서는 외국 출생 노동자 5명 중 1명 이상이 제조업에서 일하고 있다. 일본에서는 이러한 비율이 54퍼센트에 달한다. 또한 많은 나라에서 건설업 부문의 이주노동자 비율이 높다. 그러나 탈공업화된 OECD 회원국에서는 서비스업이 대다수를 차지하고, 대부분의 이주노동자들 역시 이 분야에 종사하고 있다. 외국 출생 노동자들은 숙박업소, 식당, 의료, 사회복지 분야에 주로 취업하고 있다(OECD, 2007:72-73).

'직종별 분포occupational distribution'란 사람들이 종사하는 일을 말한다. 외국 출생 이주민은 청소업 부문에서 높은 비율을 차지한다. 스위스에서는 50퍼센트 이상, 오스트리아, 독일, 스웨덴, 이탈리아, 그리스, 미국에서는 30퍼센트 이상이다. 또한 외국 출생 이주민은 접대원, 요리사, 가사도우미 등의 직종에 많이 취업하고 있는데, 저임금, 열악한 노동환경, 낮은 직업 안정성이 전형적인 특징인 직종이다. 그러나 고숙련 기술이 필요한 몇몇 일자리, 예를 들면 교사(스위스, 아일랜드), 의사와 간호사(영국), 컴퓨터 전문가(미국)로 일하는 경우도 있다. 전반적으로 3차 산업에서의 이주자 취업은 '이중적'이어서 저숙련 아니면 고숙련에 집중되어 있고, 이들 사이에 간극이 존재한다(OECD, 2007:73-74).

이민 초기 단계에는 대다수 이민자들이 직업을 구하는 데 성공하며 실업 상태인 경우는 드물다. 그러나 표 10.1에서 볼 수 있듯이, 오늘날의 현실은 복합적이다. (이탈리아를 제외하고) 남유럽에서는 외국 출생 이민자의 실업률이 내국인에 비해 약간 높다. 그러나 서유럽의 경우 이주노동자들은 구조조정과 경기 침체의 피해를 집중적으로 받기 때문에 내국인 노동자에 비해 실업률이 매우 높다. 이러한 상황은 미국이나 호주와는 또 다른 현상이다. 이 나라들에서 합법 이민자들은 노동시장에 잘 통합되어 있어서 내국인이나 외국 출생 노동자의 실업률이 거의 비슷하다(OECD, 2007:71-72). 그러나 이러한 통계는 오직 합법적 등록 노동자만을 대상으로 삼았다는 점이 중요하다. 서류미비 이주자는 훨씬 더 불안정한 상태에 놓여 있다(다음 참조).

전반적으로 이주자는 아직도 비이주노동자에 비해 낮은 지위의 직종에 종사하고 실업률이 높은 경향이 있다. 그러나 20~30년 전에 비해 노동시장에서 이주노동자의 위치는 훨씬 더 다양해졌다. 표 10.1의 수치는 평균치이므로 고숙련과 저숙련 집단, 특정 직종들 사이의 차이가 모호하다는 점을 고려할 필요가 있다. 새로운 이주민은 종종 과거의 선배 이주민에 비해 우수한 자질을 지녀서 보다 나은 직업에 접근할 수 있는 가능성을 갖고 입국한다. 반면에 이주한 지 오래된 노동자들은 애초에 고용된 제조업의 육체노동 직종에 여전히 머물러 있다. 이들은 구조조정과 경기 침체로 인해 실업 상태에 놓이거나 노동력의 재배치를 경험하게 된다. 이러한 경향을 보여 주는 하나의 지표는 많은 나라에서 이주자가 자국민보다 노동시장 참여율이 낮은 것이다(OECD, 2007:Annex Table

표 10.1 주요 OECD 회원국의 외국 출생과 자국 출생 주민의 실업률(2005)

국가	2005년 실업률(%)			
	여성		남성	
	자국 출생	외국 출생	자국 출생	외국 출생
오스트리아	4.4	9.8	4.1	11.8
벨기에	7.5	20.3	6.3	14.8
체코	9.7	16.5	6.2	10.4
덴마크	5.0	12.4	4.0	7.2
핀란드	8.3	20.2	8.0	16.6
프랑스	9.2	16.5	8.1	13.3
독일	10.2	16.3	10.6	17.5
그리스	15.3	15.9	5.9	6.4
헝가리	7.4	7.3	7.0	–
아일랜드	3.5	6.0	4.5	6.0
이탈리아	9.2	14.6	6.2	6.1
룩셈부르크	4.5	7.5	3.0	4.2
네덜란드	4.5	9.5	3.6	11.9
노르웨이	4.3	8.5	4.2	12.5
포르투갈	8.4	9.7	6.8	8.5
슬로바키아	17.0	28.6	15.7	23.0
스페인	12.0	13.5	7.0	9.5
스웨덴	7.9	14.1	7.9	15.6
스위스	3.7	9.7	2.7	7.7
영국	3.8	7.1	4.7	7.4
호주	5.0	5.2	4.7	5.0
캐나다	–	–	–	–
미국	5.2	5.2	6.3	5.1

자료: OECD(2007:Annex Table I. A1.1).

I.A1.2).

그러나 OECD의 자료는 너무 일반적이어서 종족, 젠더, 체류자격 등에 따른 복합적 차별 유형을 잘 보여 주지 못한다. 그래서 우리는 하나의 사례로서 영국을 들여다보고자 한다(미국의 상황에 대해서는 Portes and Rumbaut(2006:chapter 4) 참조). 영국에서 종족 간 불평등은 노동시장의 오래된 특징이다. 2001년 센서스 자료에 근거한 영국 정부의 연구에 따르면 방글라데시 여성의 실업률이 24퍼센트로 가장 높은데, 이는 백인 여성보다 여섯 배나 높다. 방글라데시 남성의 실업률은 백인 남성에 비해 네 배나 높은 20퍼센트였다. 인도 남성과 여성의 실업률은 백인 남성과 여성에 비해 약간 높았다. 모든 종족적 소수자 집단의 실업률이— 남성과 여성 모두— 백인에 비해 두 배 내지 세 배 더 높았다. 25세 이하 청년층의 실업 상태는 더 심각했다. 방글라데시 청년 남성의 실업률은 백인 청년의 실업률인 12퍼센트보다 높은 40퍼센트였다. 다른 종족적 소수자 집단의 청년 남성의 실업률은 25~31퍼센트였다. 종족적 소수자 집단의 청년 여성의 실업률은 종족적 소수자 청년 남성의 경우와 비슷했으나 백인과 비교하면 훨씬 높았다(ONS, 2002).

2001년 영국에 나타난 일반적인 모습은 종족과 젠더에 따라, 그리고 청년층의 높은 실업률에 따라 노동시장이 계층화되어 있다는 것이다. 일반적으로 인도, 중국, 아일랜드 출신 사람들의 취업 상태가 백인 영국인의 평균 취업 상태와 비슷하거나 간혹 더 나았다. 반면에 다른 집단은 상황이 더 나빴는데, 아프리카 흑인, 아프리카계 카리브 해인, 파키스탄인, 그리고 밑바닥에 방글라데시인 순으로 노동시장에서 위계를 이루었다(ONS, 2004). 젠더에 따른 구별은 다양했다. 젊은 아프리카 흑인 여성과 아프리카계 카리브 해 여성은 같은 지역 출신 남성에 비해 교육과 취업 면에서 나은 성과를 보인 반면, 파키스탄인과 방글라데시인의 경우는 반대의 양상을 보였다(Schierup et al., 2006:120-130 참조).

이민자 2세

1970년대까지 OECD 회원국으로 이주한 노동이주자는 대부분 저숙련 노동자였다. 일련의 정착 과정의 결과로 새로운 이민자 2세(부모가 외국 출생이고 본인은 자국 출생)가 출현했다. 대부분의 OECD 회원국에서는 청년 성인 중 이주 배경을 가진 사람들(외국 출생자와 그 2세들)의 비율이 높다. 가장 비율이 높은 호주의 경우 25~29세 인구의 45퍼센트를 차지하며, 스위스와 캐나다에서는 30~35퍼센트, 스웨덴, 미국, 네덜란드, 독일, 프랑스와 영국에서는 20~30퍼센트를 차지한다(OECD, 2007:79).

이민자 2세들은 체류국에서 교육받았기 때문에 이들의 경험과 동년배 이주민 집단(외국 출생)의 경험을 비교하거나, 이주 배경을 가지지 않은(자국 출생 부모의 자국 출생 자녀) 동년배 집단의 경험을 비교하는 것은 의미 있는 작업이다. 이민 수용국에서 이민자의 정착 초기 단계의 학교교육을 조사한 한 연구는 이민자 자녀들이 부모의 낮은 사회경제적 지위를 물려받을 것이라고 예측했다(Castles et al., 1984:chapter 6). 실제로 이러한 일이 벌어졌을까? 국가 통계(센서스, 노동력 조사 등)를 이용한 연구와 국제비교연구(예를 들면 OECD의 국제학생평가 프로그램Programme for International Student Assessment; PISA)는 이러한 질문에 잠정적인 답을 줄 수 있다. 미국의 경우는 '최근 센서스'와 '이민자 자녀 종단 조사'에서 제공한 통계자료가 있다(Portes and Rumbaut, 2006:chapter 8 참조).

이 조사는 일반적으로 이민자 2세의 교육 성과가 부모 세대의 성과보다 평균적으로 나음을 보여 준다. 이민자 2세의 교육 성과는 동년배 집단의 이주자 청년층보다도 나았다. 그러나 이주 배경을 가지지 않은 자국 출생 집단보다는 뒤처져 있다. 이는 여러 세대에 걸쳐 내려온 부모들의 낮은 교육적, 사회경제적 수준 때문이라고도 설명할 수 있다. PISA 연구는 15세 학생들의 수학, 과학, 독해, 그리고 여러 교과과정에 걸쳐 능력을 평가했다. 이 연구는 부모의 배경을 참작하더라도, 이민자 2세 학생들이 실질적으로 불리한 입장에 놓여 있음을 보여 주었다. 이 결과는 과거에 초청노동자 제도를 운영했던 독일, 벨기에, 스위스, 오스트리아에도 적용될 수 있다. 하지만 스웨덴, 프랑스, 호주, 캐나다에서는 이점이 중요하게 부각되지 않았다(OECD, 2007:79-80). 이는 초기의 노동

시장 통합 방식이 세대 간에 걸쳐 효과를 나타냄을 분명하게 보여 준다
(Portes and Rumbaut, 2006:92-101 참조).

또한 OECD 연구는 실질적인 젠더 차이를 보여 준다(미국 제외). 모든 OECD 회원국에서 이민자 2세 청년 여성은 교육 면에서 남성보다 나은 성과를 보였다. 이는 청년층 이민 여성이 남성에 비해 교육수준이 낮을 것이라는 견해에 비추어 볼 때 흥미로운 결과이다(OECD, 2007:81). 수용국의 학교교육은 이민자 2세 여성을 해방시키는 중요한 효과가 있어 보인다.

장기적으로 볼 때, 이민자 2세에게 가장 중요한 질문은 그들이 수용국에서 괜찮은 직업을 가질 수 있는가이다. OECD에 따르면 청년층 이민자 2세는 같은 연령층의 이민자에 비해 취업 기회가 많았다. 그러나 여전히 이민 배경이 없는 청년층에 비해서는 여러 가지 불이익으로 고생하고 있었다. 우려스럽게도 이러한 불이익은 직종 위계의 최고위직에서 가장 심했으며 소수자에게 일종의 '유리천장'이 존재함을 잘 보여 준다. 아프리카 출신의 이민자 2세들은 노동시장에서 가장 큰 어려움에 직면해 있다. 유럽에서 이민자 2세들은 이민 배경이 없는 청년층에 비해 실업률이 두 배 정도 더 높다. 이러한 현상은 구직하는 데 도움이 되는 비공식적인 네트워크의 부재, 노동시장에 대한 지식 부족, 출신과 계급에 따른 차별 등으로 설명할 수 있다(OECD, 2007:81-85).

이주 사업가

1970년대까지 (특히) 유럽의 이주자는 임금노동자로 간주되었고, 자영업자나 사업가는 극히 드물었다. 몇몇 나라(독일, 스위스, 오스트리아 같은 나라)에서는 취업허가 자체에서 자영업을 금지했다. 이는 미국, 호주, 영국, 프랑스같이 이민자들이 초기부터 조그만 가게를 운영하거나 카페를

운영했던 나라들의 상황과는 달랐다. 1980년대 이후에는 어디에서나 이주자 자영업이 늘어났다. OECD에 따르면 2005년 기준으로 자영업자 중 외국 출생자가 영국에서는 12퍼센트, 벨기에, 프랑스, 독일에서는 13퍼센트, 스웨덴에서는 15퍼센트를 차지했다. 그렇다고 해서 창업이 반드시 사회적 지위의 개선을 의미하는 것은 아니다. 많은 이주자가 실직하거나 승진하는 길이 막히는 상황을 피하기 위해 최소한의 안전장치로 자영업을 선택한다(OECD, 2007:74-75). 그럼에도 불구하고 1990년대 초반 미국의 한 연구에 따르면 평균적으로 자영업 종사자는 임금노동자에 비해 수입이 더 많았다(Portes and Rumbaut, 2006:81).

이주자가 운영하는 전형적인 사업은 민족 전통 음식점, 동네 식품점, 편의점 등이다(Waldinger et al., 1990). 이민 사업가는 흔히 출신국에서 온 가족들을 고용한다. 라이트와 보나시치(Light and Bonacich, 1988)는 로스엔젤레스의 한국인 자영업 공동체의 기원을 한국전쟁까지 추적했다. 한국전쟁은 한국과 미국 사이의 초국가적인 네트워크를 만들었고, 마침내 양국 간의 이주로 이어졌다. 최근에 네스(Ness, 2005:58-95)는 어떻게 한국인 사업가들이 뉴욕의 청과물 가게 사업을 장악했는지를 보여주면서, 이들이 초기에는 같은 한국 동포를 고용하다가, 저임금의 멕시코인 노동자로 대체하고, 멕시코인 노동자들이 더 높은 임금과 더 나은 근로조건을 요구하면 다시 한국 동포를 재고용하는 모습을 보여 주었다(Waldinger, 1996 참조).

이민자의 기업가 정신에 대한 평가는 엇갈린다. 어떤 학자는 경제성장과 소비자의 삶의 질에 미치는 긍정적인 영향을 언급하며 이민 자영업자의 경제적 역동성을 강조한다(Fix and Passel, 1994:53). 좀 더 비판적인 시각은 치열한 경쟁, 장시간 노동, 가족노동 착취, 불법 외국인 고용 등에 수반되는 인간의 고통을 강조한다(Collins et al., 1995; Light and Bonacich, 1988:425-436). 유럽에서 소규모 사업의 성장은 사업을 보다 쉽게 시작할 수 있고, 노동자들을 단기간에 비합법으로 고용할 수 있게 해주는 경제적인 탈규제와 같은 신자유주의 정책과 밀접하게 연결되어 있다. 이러한 대부분의 사업체에서 사용자와 노동자 둘 다 이주민이거나 종족적 소수자 집단의 구성원이다.

영국 정부의 한 연구에 따르면 2001년 자영업에 종사하는 집단 대부분은 파키스탄인(23%)과 중국인(18%)으로 영국의 백인(12%)에 비해 비율이 높았다(Dustmann and Fabbri, 2005 참조). 자영업은 저임금의 불안정한 직업과 실업의 악순환에서 탈출하려는 절박함을 반영하는 것이기도 하다. 「2000~2001년 지역 노동력 조사 연례보고서The 2000-2001 Local Area Labour Force Survey」에 따르면 파키스탄인 6명 중 1명이 택시운전사나 자가용 운전사였는데, 영국의 백인 중 1퍼센트만이 이러한 직업에 종사하고 있다. 방글라데시 남성 중 40퍼센트가 요리사나 웨이터로 일하는데, 영국 백인 남성 중 1퍼센트만이 요리사나 웨이터이다. 아프리카 출신 흑인 여성과 아일랜드 여성의 10퍼센트가 간호사인 반면 영국 백인 여성은 3퍼센트만이 간호사로 일한다. 반면에 인도인, 중국인, 아일랜드계 백인, 영국인이 아닌 백인 집단은 17~20퍼센트가 전문직에 종사하나, 영국의 백인 중 전문직 종사비율은 11퍼센트에 불과하다(ONS, 2004a).

이러한 자료는 종족과 젠더에 따른 복합적인 노동시장 분절 형태를 보여 준다. 즉 어떤 종족적 소수자 집단은 아주 잘 지내는 반면, 어떤 집단은 사회적으로 불이익을 당하며 빈곤층으로 전락한다. 피고용인과 자영업자 간에는 지위가 분명하게 구분되지는 않는다. 피고용인의 범주에 지위가 높은 관리직과 저임금 서비스 노동자가 포함되고, 자영업의 범주에 의사부터 택시기사, 길거리에서 음식을 파는 사람들까지 다 포함되기 때문이다. 소규모의 종족 산업ethnic business은 선진국 노동력의 새로운 정치경제 부문에서 중요한 부분을 차지하고 있다(Light and Gold, 1999; Reitz, 1998; Waldinger and Lichter, 2003 참조).

이민은 수용국의 경제와 내국인 노동자에게 어떤 영향을 미치는가

어떤 경제학자들은 이민이 경상수지를 악화시키고, 인플레이션을 유발하며, 생산성 향상을 위한 동기를 감소시킴으로써 경제에 악양향을 미칠 수 있다고 주장한다. 또한 이주민들이 일자리 경쟁을 강화하여 임금 수준을 저하시켜 같은 수준에 있는 저숙련 노동자들에게 부정적인 영향을 미친다고 주장한다. 이러한 면은 영국에서 가장 많은 판매부수를 자랑하는 신문『데일리 메일Daily Mail』의 뉴스 헤드라인에 "동유럽 이주민들이 6년 사이 실업률을 최고치로 올려놓았다."라는 식의 기사로 나타난다(2006년 8월 17일자, TUC, 2007:10에서 인용). 영국의 한 경제학자는 자신의 보고서에서 노동이주에 대해 다음과 같이 요약했다.

> 대량 이민은 경제적으로 대부분 부정적이고 한시적이며, 국내의 취약계층의 이익을 심각하게 침해할 수 있고, 인구 증가에 실질적인 영향을 미치는 것에 비하면 경제적 이익도 별로 없다고 결론지을 수 있다. 이러한 결과는 다른 선진국에서도 나타난다. (Rowthorn, 2004)

반면에 영국 내무부의 연구는 이론상 "이주가 경제성장을 촉진하고 내국인과 이주민 모두의 복지를 증진한다."라는 사실을 발견했다(Glover et al., 2001:vii). 1945년 이후 유럽의 성장에 관한 초기의 연구에 따르면, 이주노동자의 유입은 산업 성장의 병목현상을 제거하고, 기술을 제공하며, 인플레이션 압력을 감소시킨다. 이러한 요인은 경제성장을 지속시키고 내국인 노동자에게 이익을 준다. 이주노동자가 공급되지 않으면 경기 침체가 뒤따르고, 모든 사람의 임금이 더 낮아질 수 있다(Kindleberger, 1967). 이와 유사하게, 1970년대부터 1990년대 초까지 이민의 거시경제적 영향을 분석한 연구들은 "이민은 노동시장에서 어떠한 구축驅逐효과도 낳지 않으며 내국인의 임금을 저하시키지도 않는다."라고 결론내렸다

(OECD, 1994:164).

그러나 이민은 수용국의 여러 집단에게 각기 다른 영향을 줄 수 있다. 사용자는 이익을 얻는 반면 미숙련 노동자는 피해를 볼 수 있다. 해튼과 월리엄슨(Hatton and Williamson, 2005:125)의 연구는 미국의 미숙련 노동자들이 제1차 세계대전 이전의 국제이주에 부정적인 영향을 받았다는 사실을 확인해 준다. 그들의 견해에 따르면, 대니얼스(Daniels, 2004)가 '황금 문'의 폐쇄라고 칭한 정책의 변화, 즉 1918년 이후 미국으로의 이민을 감소시키기 위한 각종 규제 법률의 제정과 억제 정책의 도입은 〔자국의—옮긴이〕 미숙련 노동자들을 보호하기 위한 정치적 의지의 표현이었다(Hatton and Williamson, 2005:177, 222). 이러한 역사적인 연구 결과들이 오늘날에도 적합할까? 1997년 미국 국가연구위원회The National Research Council가 조직한 저명한 경제학자와 사회과학자들로 구성된 패널의 연구는 이민이 미국 경제에 미치는 전체적인 영향은 아주 작지만, "내국인 주민에게 경제적 순이익을 가져다준다."(Smith and Edmonston, 1997:4)라고 밝혔다. 그러나 그들은 다음과 같이 지적했다.

경제를 하나의 총체적인 이익으로 봤을 때, 미국의 다양한 주민 집단 사이에는 패자와 승자가 있을 수 있다. 승자는 이민자들과 더불어, 이민자의 노동으로 인해 보완될 수 있는 생산 요소를 지닌 자들, 즉 이들로 인해 수입이 늘어날 수 있는 내국인 고숙련 노동자, 그리고 아마도 자본가들일 것이다. 이민자들이 생산한 상품과 서비스를 구매하는 사람들도 이익을 볼 것이다. 패자는 이민자와 경쟁해야 하고, 임금이 하락할 수 있는 내국인 저숙련 노동자들일 것이다. (Smith and Edmonston, 1997:5)

미국 국가연구위원회의 계량경제학 연구는 "이민이 〔이주자와—옮긴이〕 경쟁하는 내국인 집단의 임금과 고용 기회에 미치는 악영향은 상대적으로 적다."라고 밝혔다(Smith and Edmonston, 1997:7). 그러나 일부 미국 경제학자들은 이민이 수용국의 경제와 〔이주자와—옮긴이〕 경쟁적인 상태에 놓인 자국 노동자에게 미치는 부정적인 영향이 훨씬 더 심각하다고 주장한다. 해튼과 윌리엄슨은 두 가지 시나리오를 놓고 1979~1995년에 이민이 미국의 임금에 미친 영향을 평가했다. 하나의 시나리오는 자본이 고정된 상황이고, 다른 시나리오는 자본의 양이 여러 가지 변수에 의해 변하는 상황이었다. 자본이 고정된 상태의 시나리오에서 이민은 내국인 숙련 노동자의 수입을 2.5퍼센트 하락시켰고, 미숙련 노동자의 수입을 4.6퍼센트 하락시켰다. 그러나 두 번째 시나리오에서는 숙련 노동자의 수입은 약간 증가한 반면, 미숙련 노동자의 수입은 4.6퍼센트 감소했다(Hatton and Williamson, 2005:304-306, 317-318).

보하스는 1965년 이후 이민자 집단에게서 기술 수준이 저하되는 양상이 나타난다고 주장한다. 그는 서유럽에서 오던 이민이 아시아와 라틴아메리카에서 오는 이민으로 대체되면서, 이들 지역 간의 사회경제적, 교육적 표준의 차이가 1965년 이후의 이민자들 사이에서 기술수준의 저하와 빈곤의 증가를 보여 준다고 주장한다(Borjas, 1990; 1999). 그러나 보하스의 연구는 포르테스와 럼보트가 수행한 이민자의 교육적 자질에 관한 연구에 의해 도전받고 있다(Portes and Rumbaut, 2006:67-76). 최근에 보하스는 1980~2000년에 진행된 이민은 노동력의 평균임금에는 영향을 주지 못했고, 저숙련 임금을 5~10퍼센트 감소시켰다는 연구를 발표했다(Borjas, 2006). 또한 보하스는 이민에 부정적인 영향을 받는 노동자들은 소수자들로, 특히 흑인 저임금 노동자라는 결과를 내놓았다(Borjas, 2001 참조). 반면에 미국 경제학자 카드는 이민이 미국인 노동자에게 어떠한 부정적인 영향도 미치지 않는다는 결과를 발표했다(Card, 2005).

호주 경제학자들 역시 오랜 기간 이민을 연구해 왔다. 1940년대 이후 이민이 호주의 경제성장을 가져온 동력이었기 때문이다(Wooden, 1994; Foster, 1996). 포스터의 분석은 다음과 같은 결론을 내렸다.

이민이 경제의 수요, 공급에 미치는 영향이라는 측면에서 보면, 이민자들은 일자리를 창출할 뿐만 아니라 그 일자리를 채운다. 그들은 세금을 내지만 정부에 자신들의 필요를 요구하기도 한다. 그리고 그들은 해외에서 자금을 가져오고 수입과 수출의 증가에 기여한다. …… 그러나 이러한 단순한 사실을 넘어서, 이 연구에서 나타난 근거들은 수요와 공급 효과 면에서 서로 아주 근접한 균형을 이루고 있기 때문에 중요한 경제적 지표에 미치는 영향력은 매우 미미하다. 경제적 건전성을 측정하는 일반적인 지표에 한해서만, 이민이 호주 경제 그리고 주민의 취업과 수입의 전망에 전반적으로 이로운 영향을 준다고 할 수 있다. (Castles et al., 1998:73)

영국 내무부의 연구에 따르면 "이주로 인해 내국인 노동자가 피해를 본다는 증거는 없다. 이주자는 새로운 사업과 일자리를 창출하며 노동시장의 간극을 메우고 결과적으로 생산성을 향상시키며 인플레이션 압력을 감소시킨다는 견해가 힘을 얻고 있다"(Glover et al., 2001; Dustmann and Glitz, 2005 참조). 최근에 영국노동조합총연맹Trades Union Congress; TUC 에서는 다음과 같은 연구 결과를 발표했다.

이민이 경제에 미치는 전반적인 영향력은 제한적이지만 긍정적이다. 이주노동자들은 그들이 받는 혜택보다 더 많은 세금을 내고, 이주는 내국인 노동자에게 더 높은 수준의 취업과 임금을 가져다줄 것이다. 이주는 수용국의 임금 불평등에 영향을 줄 수 있지만, 그 근거는 확실하지 않다. …… 문제가 발생할 수 있는 몇 가지 특별한 경우에 대응하는 적절한 조치는 내국인과 이주노동자의 평등한 권리를 요구하는 것뿐이다. (TUC, 2007)

이주가 가져오는 비용과 편익의 해석을 두고 경제학자들은 명확하게 갈라져 있다. 그러나 이주의 긍정적인 측면은 많은 정부들이 경제적 이민을 장려하는 것을 통해서 알 수 있다. 비록 고숙련 이민자를 유치하는 데 초점을 두고 있지만 저숙련 노동에 대한 수요도 증가하고 있는데, 유럽연합 내에서 진행되는 (특히 폴란드, 루마니아와 여타 신규 가입국에서 유입되는) 복합적 이동, 예를 들면 단기취업 노동력 충원 프로그램과 서류미비 이주를 암묵적으로 용인하는 방안 등으로 노동수요를 충족시키고 있다. 미국에서는 서류미비 이주가 저숙련 이주 노동력의 주요 원천이 되고 있다.

신정치경제와 노동력 변동의 역동성

이 장에서 지금까지 논의한 내용은 선진국에서 지속되는 (그리고 실제로 늘어나고 있는) 이주노동자의 중요성을 잘 보여 주고 있다. 또한 이주노동자가 노동 수요의 특별한 유형을 충족시키고 있으며 경제적·사회적 불이익을 흔히 경험한다는 사실을 보여 주었다. 그러나 공식적인 노동시장 자료가 보여 주지 못한 것은 노동력 변동의 복합적 역동성이다. 제3장에서 우리는 전 지구화가 21세기의 이주에서 핵심적 맥락이라고 주장했다. 선진국 경제에서 근로조건과 노동자의 사회적 위치의 변화는 오로지 투자, 생산, 무역에 대한 전 지구적 구조조정을 분석하고, 이러한 구조조정이 이주민 송출국·경유국·수용국의 사회경제적 조건을 변화시키는 방식을 분석할 때에만 완전히 이해할 수 있다.

최근의 한 연구는 전후 정치경제에서 몇 가지 단계의 개요를 보여 준다(Schierup et al., 2006:240-246). 1945~1973년에 중심부 산업 경제에서 팽창의 첫 단계는 육체노동자들이 대규모 공장에서 대량 생산을 한다는 것이 특징이었다. 대규모 공장에서 생산직 노동자들은 수천 개의 강력한 노동조합을 중심으로 조직되었다. 노동조합은 더 나은 임금과 근로조건을 협상할 수 있었고, 사회민주주의 정당들은 노동자와 그 가족을 보호하기 위해 복지국가 제도를 도입할 수 있었다. 이주노동자의 취업이 증가할수록, 그들은 노동조합이 있는 공장에서 일을 얻으려 했고 ─일반적으로 공장 내에서 낮은 위치에 있었음에도 불구하고─ 높은 임금과 강력한 복지제도의 수혜를 향유했다.

서유럽과 북미 경제가 지속적으로 팽창하고 국제 경쟁에 직면하지 않는 한, 이러한 접근법은 성공적이었다. 그러나 1970년대 들어 곧 어려움에 봉착했다. 경기 침체, 아시아 경제와의 경쟁 심화, 그리고 이익 감소 등으로 인해 신국제분업new international division of labour에 기초한 둘째 단계로 들어가게 되었다. 노동 집약적인 생산은 저임금 경제로 이전되었고, 선진국에서 이주노동자 고용은 중단되었다. 이러한 추세는 강력한 노동조합이 있던 '녹슨 공장들'의 폐쇄로 이어졌다. 1980년대 신우파 정부(영국의 대처와 미국의 레이건)에 의해 구조조정이 추진되었고 이것은 노동자 권리가 퇴보하는 길을 열었다. 경제적 탈규제와 '작은 국가' 정책은 미국에서 주요 사회변동을 불러일으켰다. 예를 들면 '워킹푸어'(취업 상태이지만 가난에서 탈출하기 어렵고 더 이상 복지 수당을 받을 자격이 안 되는 수백만의 사람들)가 등장한 것이다. 비록 기존의 이민자들이 남아 있어서 실업과 사회적 배제를 경험하고 있음에도 불구하고, 제로 이민정책은 이러한 유럽의 사회적 변화를 보여 주는 단면이었다.

그러나 신자유주의적 전 지구화의 성공은 1990년대 새로운 셋째 단계로의 진입으로 이어졌다. 선진국 경제에 노동 착취 작업장sweatshops이 재등장했고 여러 가지 형태의 착취적인 근로 형태가 나타났다. 후진국의 사회변혁은 고숙련과 미숙련 노동자 모두를 선진국으로 이민을 가게 하는 조건을 만들어 냈다(Schierup et al., 2006:243-244). 이러한 조건들은 앞에서 요약한 이주노동자들의 새로운 수요에 부합했다. 새로운 이주자를 위한 "수용 맥락"(Portes and Rumbaut, 2006:92-93)은 1960년대나 1970년대와는 크게 달랐다. 노동자에게 보호장치를 제대로 주지 않는 자유방임적인 국가, 약한 노동조합과 착취적인 고용행태를 낳는 파편화된 노동시장, 그리고 구직에서 신규 이주자들을 여러 가지 방법으로 도울 수 있는 종족 공동체의 존재와 같은 새로운 상황이 존재했다.

과거를 미화하지 않는 것이 중요하다. 1960년대나 1970년대의 이주노동자들은 언제나 경제적으로나 법적으로 취약한 상황에 놓여 있었고, 착취에 대해 취약했다. 그러나 탈공업 경제에서 노동력의 역동성은 노동자들을 종족, 인종, 젠더에 기초하여 구별하거나, 종종 이주자와 소수자들에게 복잡하지만 매우 불리한 노동형태로 이어지는 고용관계의 확산에 기반을 두고 있다.

새로운 고용 형태: 하청, 임시직, 비합법직

신자유주의적인 고용 행태의 핵심 요소는 노동법과 단체교섭의 보호를 받던 임금노동자를 아무런 보장도 없이 자신의 생산수단과 설비를 마련해야 하고, 산업재해와 질병 또는 실업의 위험을 스스로 감내해야 하는 '하청업자'로 바꾸는 것이다(Schierup et al., 2006:chapter 9). 이런 형태는 건설노동자, 트럭 운전사, 그래픽 디자이너, 건축가 등 다양하게 나타난다. 놀라운 예는 뉴욕에서 기업 임원이나 관광객을 공항으로 모시는 '리무진 운전사black-car drivers'일 것이다. 한때 임금을 받던 종업원이었지만 이제는 (대출받아) 비싼 자동차를 사야 하고, 일에 대한 어떤 보장도 없이 모든 비용을 감내해야 한다. 그 결과 이들은 저임금과 장시간 노동에 시달린다. 리무진 운전사의 대부분을 차지하는 남아시아인들은 2001년 9·11 테러로 큰 타격을 입었다. 일이 급격히 줄어서 많은 운전사들이 빚더미에 올라앉았을 뿐만 아니라, 일부 고객과 관계당국이 내보이는 적대감에 시달려야 했다(Ness, 2005:130-180).

임시직으로 이주민을 고용하는 것도 사용자의 통제를 강화하고, 보다 높은 임금과 근로조건을 요구하는 움직임을 억제하는 또 다른 방법이다. OECD에 따르면 (오스트리아와 스위스를 제외한) 유럽의 모든 이민 수용국에서 이주자는 내국인에 비해 더 많이 임시직에 취업하고 있다. 스페인에서는 내국인 중 30퍼센트 미만이 임시직인 반면, 외국 출생자의 56퍼센트가 임시직에 고용되었다. 포르투갈, 폴란드, 핀란드에서는 30퍼센트의 외국인이 임시직이었다(OECD, 2007:75~76). 이주자는 종속적이고 유연한 노동력이라는 오래된 관념이 아직 사라지지 않은 셈이다.

경제적 탈규제는 고용 면에서 법적 규제를 제거했고, 노동시장 관계 당국의 작업장 조사도 축소시켰다. 이러한 추세가 계속되자 이주자, 청년, 여성을 시간제로 고용해 특정 일감을 주는 비합법 고용이 크게 증가했다. 비합법 고용은 흔히 청소, 음식업, 기타 서비스직에서 나타나며, 건설업, 섬유·봉제업 등에서도 나타난다. 대다수 대기업들은 더 이상 생산에 직접 관여하지 않고, 근로조건에 대한 규제가 적고 비합법직 고용에 크게 의존하는 소기업에 하청을 준다. 이러한 외주를 통해 대기업들은 유연성의 극대화를 꾀하고 있다. 흔히 '종족 기업가 정신ethnic entrepreneurship〔종족집단에 기반을 둔 창업 또는 그 정신을 말한다.—옮긴이〕'의 확대를 축하하는 움직임도 이러한 맥락에서 살펴보아야 한다.

여성 이주노동자

제2장에서 우리는 젠더와 이주에 관한 이론적 논의를 요약한 바 있다. 일찍이 1984년에 모로크바식은 서구 산업 민주주의 국가에 사는 주변부 출신 이주 여성에 대해 다음과 같이 주장했다.

〔그들은〕 가장 취약하고, 유연하며, 최소한 처음에는 별다른 요구를 하지 않는 준비된 노동력이다. 그들은 첨단 산업의 가장 밑바닥에 있거나 노동집약적이고, 경쟁력을 유지하기 위해 가장 저렴한 노동력을 고용해야 하는 가장 '값싼'

산업 부문에서, 성적으로 분절화된 노동시장에 편입되어 왔다. (Morokvasic, 1984:886)

이주 여성의 불리한 위치는 오늘도 계속되고 있다. OECD에 따르면 "일반적으로 이민자 여성은 절대적으로나 아니면 상대적으로 같은 성의 내국인 자녀와 비교해서도, 노동시장에서 우호적 대접을 가장 받지 못하는 집단일 것이다"(OECD, 2007:81-82). 심지어 주류 집단의 여성들도 남성에 비해 불이익을 당하는 경향이 있다. 왜냐하면 사용자의 관점에서 여성은 주요 생계유지자가 아니며, 결혼을 하면 그만둘 임시 노동자이다. 여성은 가족을 돌보기 때문에 파트타임으로 일할 필요가 있다고 생각한다. 남성적인 직업에 유리한 기술에 대한 정의, 젠더에 특화된 사회적 네트워크, 그리고 젠더에 기반을 둔 차별 등으로 인해 여성들이 불리한 대접을 받는 경향이 있다(Schrover et al., 2007 참조). 이주 여성들도 이와 같은 모든 요인에 직면한다. 그러나 이에 더해 특정 종족이나 인종 집단에 대한 편견과 취약한 법적 지위로 인해 더 불리한 위치에 놓인다.

따라서 이주 여성은 서로 교차하는 두 가지 요소〔성 차별과 종족 차별— 옮긴이〕에 의해 불리한 위치에 놓이게 된다. 물론 남성 이주자도 두 번째 요소에 영향을 받고 주류 집단의 남성에 비해 임금과 직업상 지위가 더 낮을 수 있다(Browne and Misra, 2003:489). 하지만 여기서 분석할 핵심 쟁점은 어떻게 젠더와 종족성이란 요인들이 특정한 작업 환경에서 서로 작용하는가이다. 한 가지 접근법은 (흔히 창업 연구에 쓰이는) 종족적 '적소'ethnic niches가 형성되는 과정에 젠더가 어느 정도로 작동하는가를 살펴보는 것이다. 이에 관해 슈로버와 그 동료들이 유용한 문헌 연구를 수행했다(Schrover et al., 2007). 또 하나의 방법은 브라우니와 미스라(Browne and Misra, 2003)가 미국 노동시장에서 인종과 젠더를 분석했던 것처럼 이러한 요소들의 교차성을 분석하는 것이다.

인적 자원의 수준에 따라 취업 수준이 달라진다고 주장하는 신자유주의 노동시장 이론에 반하여(Browne and Misra, 2003:506), 많은 연구들이 지위 분포에서 인종, 젠더, 계급과 성적 지향이 중요하다는 것을 보여준다. 이주 여성의 특수한 (일반적으로 불리한) 위치는 봉제산업과 같은 특정 부문에서 중요하다. 미국의 한 연구에 따르면 "유색인종 여성은 백인 여성이나 같은 종족 남성에 비해 지역 노동시장에서 차별적으로 위치지어지며, 그 결과 경제적 구조조정이 각 집단에 따라 각기 다르게 영향을 미친다"(Browne and Misra, 2003:497). 이 연구는 백인, 흑인, 라티노 사이에 증가하고 있는 임금 불평등은 물론, 고숙련과 저숙련직 집단 사이의 임금 불평등을 보여 주는 증거를 제시했다(Browne and Misra, 2003:496). 유럽 노동시장 통계 분석에 따르면,

> 국적, 종족, 젠더, 체류자격에 기초하여 유럽연합 국민과 제3국 국민이 구별된다. 제3국 국민의 대다수가 〔노동시장의〕중간 및 하위 층위의 취약한 저숙련, 저임금 직업에 고용되고 있다. …… 남성과 여성의 보수 차이가 큰데, 이는 여성이 청소업과 가사노동 같은 저임금 직업, 비합법직 또는 파트타임직 성격의 여성 직업, 그리고 비공식 부문에 집중되어 있다는 사실로써 일정 정도 설명된다. (Ayres and Barber, 2006:30)

또한 이 연구는 여성과 아동이 인신매매에 특별히 취약한 상황에 놓여 있다고 지적한다. 이러한 상황에서 여성과 아동은 강제적 가사노동과 돌봄노동, 노동 착취 작업장 취업으로 이끌리게 되지만, 특히 성매매로 이어진다. 매해 12만~17만 명에 달하는 사람들이 유럽연합 지역으로 인신매매되고 있으며, 이 중 75~80퍼센트가 성노동과 관련이 있는 것으로 추정된다. 실제 성노동은 현재 유럽에서 종족적 적소가 되고 있는 것 같다. 약 50만 명의 성노동자 중 80퍼센트가 이주자로 추정된다

(Ayres and Barber, 2006:30).

가사노동자로서 이주 여성의 취업은 최근 모든 선진국 경제에서 급격히 늘고 있는 젠더화되고 인종화되는 노동의 한 범주이다(Anderson, 2000; Cox, 2000). 여기서 우리는 보육과 가사노동을 여성이 해야 할 일로 간주하는 젠더화된 규범과, 종족적 소수자를 하인으로 보는 인종적 편견이 상호작용하는 것을 볼 수 있다.

역사적으로 가사노동은 종족적 소수자가 해 왔고, 종족성·국적·시민권 지위는 가사노동자를 더 나은 보수 또는 근로조건의 대우를 받기에 합당하지 않은 '타자'로 구성했다. 근로조건은 비공식적이고, 사용자는 개인적인 선호와 편견을 이용해 가사노동자의 고용, 보수, 처우를 결정한다. (Browne and Misra, 2003:502)

가사노동은 이주 여성에게 적소가 될 수 있다(Schrover et al., 2007: 536-537). 근로조건이 아무리 나쁘건 간에 직업이 있고, 집주인과 같이 살기에 이민자 여성 가족들에게는 피난처로 인식될 수 있다. 가사노동은 일에 따라, 공식적·비공식적 고용 형태에 따라, 다양한 지위의 집단에 따른 위계구조로 특징지어진다. 예를 들어, 필리핀 가사노동자는 어떤 지역에서는 양호한 교육수준과 영어실력 때문에 선호되지만, 어떤 곳에서는 자신들의 권리를 적극적으로 요구한다는 이유로 거부당하기도 한다. 이러한 위계구조는 고용 중개업소의 공식적인 행태를 통해 만들어지거나 재생산된다. 그러나 이러한 위계구조는 아프리카, 아시아, 라틴아메리카, 동유럽, 구소련 등에서 오는 서류미비 이민에 의해 점점 커진 지하경제와 결부된 중개업소와 사회 네트워크의 관행을 통해 형성된다(Jordan and Düvell, 2002).

이주 여성의 가사노동은 주류 집단의 여성들이 전문직 또는 사무직에 취업할 기회가 늘어난 결과로 볼 수 있다. 외국인 가사도우미를 고용함으로써 이탈리아, 미국 또는 싱가포르의 여성들은 가사노동과 육아에서 해방될 수 있다(Huang et al., 2005). 이러한 초국가적인 돌봄의 위계구조는 간혹 이주 가사노동자들이 본국에 있는 자녀를 돌보기 위해 가사도우미를 고용할 때 더 확대된다. 이는 더 나은 생활수준과 더 좋은 자녀교육을 의미할 수 있지만, 동시에 값비싼 감정적 비용을 치러야 한다.

비공식 경제의 성장

지난 20년간 대단히 극적인 ―아마 놀랄 만한― 경향 중 하나는 선진국에서 비공식 경제의 성장일 것이다. 과거에 비공식적 고용 관행은 산업이나 공적 부문의 정규직 고용이 부재해서 소생산이나 무역 등으로 근근이 먹고 살았던 후진국에서나 볼 수 있던 일이었다. 신자유주의와 경제적 탈규제는 고도로 규제된 노동시장에서 비공식적 직업이 번성하게 만들었다. 앞서 말했던 하청, 임시직, 비합법직화, 젠더화되고 인종화된 근로조건 등은 모두 비공식화라는 개념으로 요약될 수 있다. 네스는 비공식화를 "경제의 통제된 부문에서 지하 경제 또는 비공식 경제의 통제되지 않는 부문으로 노동을 재분배하는 것을 일컫는 개념"이라고 정의했다(Ness, 2005:22).

비공식적 고용이 내국인과 이주자 모두에게 영향을 미칠 수 있음에도 불구하고, 비합법 이주는 비공식 경제가 성장하는 데 매우 중요하다. 특히 공식적으로 1,200만 명의 비합법 주민이 있는 미국에서 이러한 면이 두드러진다(Passel, 2006). 이들 중 대부분은 멕시코인이거나 중앙아메리카와 카리브 해 출신이다. 이들은 느슨한 규제 때문에 불법체류자들이 미국에서 합법적으로 취업하는 경우가 흔함에도 불구하고, 대부분 저숙련 직종에 종사하고 있다. 유럽의 불법체류자 수는 대략 500만~750만 명 정도로 추산된다(Ayres and Barber, 2006:29; Düvell, 2005:Table 2.1).

어떤 유럽 정치인들은 불법이민이야말로 비공식화의 원인이라고 주장한다. 그러나 인과관계가 그 반대라고 믿는 이들도 있다. 경제적 탈규제와 사용자의 관행이 비공식 부문의 일자리를 만들었고, 이러한 일자리가 불법이민자들을 흡인하는 요소를 형성한다는 것이다(Reyneri, 2003). 이러한 논리는 남유럽에서 두드러지게 나타나지만, 비공식적 직업은 예를 들어 영국의 건축업, 청소, 음식업은 물론 주차단속원, 경비원과 같이 공공 기관에서 하청업자에게로 넘어간 서비스업까지 광범위하게 퍼져 있다.

규제되고 있는 독일의 노동시장은 남유럽의 비공식 경제 또는 지하경제의 정반대로 인식되어 왔다. 그러나 소기업의 성장, 탈규제화, 비합법화, 외주outsourcing는 유럽연합의 연구에서 말하듯 독일에서도 비공식고용의 문을 열고 있다. 유럽연합의 한 연구는 다음과 같이 보고했다.

> 독일에서 비공식적 일자리는 서류미비 외국인뿐만 아니라 합법적 지위를 가진 외국인 또는 터키 출신 청년들에게 주어지고 있다. …… 이러한 경향은 '불법노동Schwarzarbeit'이라고 불리는 일자리의 증가와 관련이 있다. …… 독일에서 어떤 경우에는 모자란 공공부조를 보완하기 위해 비공식 부문의 노동이 필요한 것으로 인식되기도 하고, 공공부조를 받지 않기 위해 이러한 일을 하면서 돈을 벌기도 한다. 법적 지위가 불안정하거나, 법적으로 체류허가를 받았으나 취업허가를 받지 못해 불법으로 일하는 경우도 있다. 비공식적 일은 실업 상태에 있는 저숙련 노동자가 찾을 수 있는 유일한 일거리이기도 하다. (Wilpert and Laacher, 1999:53)

비공식적 일자리는 새로운 전 지구적 정치경제의 중요한 부분이며 선진국 경제의 특정 산업에서는 생존에 필수적이기도 하다. 네스는 다음과 같이 지적했다.

이제 기존 노동시장에서 믿을 만한 일자리는 지하경제에서 흔히 발견되는 저임금 일자리로 대체되었다. 따라서 비공식화는 산업 쇠퇴를 의미하는 것이 아니라 지역, 국가, 국제 시장에서 유연성과 경쟁력을 유지, 증진하기 위한 수평적 구조조정이다. (Ness, 2005:23)

노동시장 분절

이 절에서 다룰 노동력 구조조정의 다양한 형태들은 모두 노동시장 분절이라는 과정을 보여 준다. 노동시장 분절은 사람들이 일자리를 얻을 수 있는 기회가 인적 자원(예를 들어 교육과 숙련)뿐만 아니라 젠더, 인종, 종족, 그리고 법적 지위에 달려 있다는 의미이다. 때때로, 법적 지위가 불안정한 많은 외국인 노동자들은 외국인 노동자 때문에 임금과 근로조건이 침해당할 것을 두려워하는 내국인 노동자들의 분노를 사곤 한다. 이에 더해 이주노동자는 인종주의의 이데올로기와 식민지 경험을 통해 낙인찍힌 인종적 또는 종족적 소수자 집단에 속해 있을 수 있다. 이러한 요인들은 사회적, 문화적 이유로 (예를 들면 이슬람에 대한 적대감) 인한 외국인 노동자에 대한 적대감으로 더욱 강화될 수도 있다.

노동시장 분절은 새로운 현상이 아니다. 서유럽에서는 1960년대에 초청노동자 정책에 포함된 취업지와 거주지 제한에 내재한 차별 때문에 이민자들이 특정한 경제 부문과 직업에 집중되었다(Castles and Kosack, 1973). 콜린스는 "오스트리아 노동자 계급의 성장과 분절에 제2차 세계대전 이후 이민이 미친 영향"이 "오스트리아 이민 경험에서 가장 두드러진 면"이라고 하였다(Collins, 1991:87). 미국 노동부의 1989년 보고서에는 "신규 이민자는 미국에 특정한 법적 지위를 가지고 입국한다. 이러한 다양한 법적 지위는 사회적, 경제적 계층분화의 새로운 원천이 될 수 있다."라고 나와 있다(US Department of Labor, 1989:18).

그러나 노동시장 분절의 성격은 새로운 전 지구적 사회지리학과 연결되어 복잡한 양상으로 변화하고 있다. 1980년대에 사센(Sassen, 1988)은 해외 투자와 생산직 일자리의 해외 이전이 미국으로의 새로운 이주 흐름을 촉진하는 과정을 보여 주었다. 글로벌 도시와 멀리 떨어진 배후지 사이의 연결망은 엄청난 부, 고도의 기술을 가진 전문직 취업이 미숙련 서비스 산업의 취업이나 제3세계와 같은 지하 산업의 취업 조건과 공존하는 역설을 만들어 냈다. 노동의 비합법화와 늘어나는 불법 외국인 취업은 글로벌 도시의 성격이었다. 상당한 수준의 이주민 불법 취업은 보통 내국인과 합법 체류 외국인의 높은 실업률과 동시에 발생했다. 소수 집단인 합법 체류 외국인들은 생산기능의 해외 이전으로 인한 실업의 희생양이 되었다.

20년 후, 네스는 뉴욕 시의 사회지리적 전환을 분석했다(Ness, 2005: chapter 2). 20세기 초반, 남유럽, 동유럽에서 온 이주노동자는 의류업, 인쇄업, 정육업, 건설업, 운수업이 등장하는 데 중요한 역할을 한 존재였다. 산업은 '종족 집거지역ethnic neighborhoods'에 집중되었고, 이민자들은 뉴욕 시의 강력한 노동운동의 근간을 형성했다. 20세기 후반에 들어서자 이러한 전통 산업들은 구조조정되었고, 대부분의 생산직 일자리들은 노동조합이 없는 '선벨트sunbelt state[미국의 플로리다 주에서 캘리포니아 남부에 이르는 지역—옮긴이]' 주나 카리브 해, 라틴아메리카, 아시아 등으로 이전되었다. 많은 새로운 일자리들이 소매업, 개인 서비스, 사업 서비스 등을 통해 창출되었다(Waldinger, 1996 참조). 새로운 경제는 종족에 기반을 두고 강고하게 계층화되고 있다.

전반적으로 미국에서 태어난 백인은 고소득 전문직 서비스업으로 향하고, 아프리카계 미국인과 미국에서 태어난 라티노는 공공 부문의 자금에 의존하는 직업을 택한다. …… 이민자들은 경제의 새로운 부문에서 창출되는 저임금 일자리를 채우려고 한다. 이러한 일자리는 임금수준이 낮으며, 혜택이 있다 하더라도 많지 않다. 개인 운송업, 음식·숙박업, 배달, 경비, 건물 관리, 그 외 저임금 서비스업 등이 이러한 일자리이다. (Ness, 2005:17)

새로운 일자리들은 더 이상 종족 집거지역에 집중되어 있지 않다. 기업 규모가 매우 작아서 (비록 네스의 연구는 이주자의 강한 투쟁성을 분석하고 있지만) 노동조합을 조직하기 어려워졌다. 새로운 노동시장은 정부 정책에 의해 만들어진다.

사실상 두 개의 이민정책이 있다. 이민 유입에 반대하는 유권자들의 요구를 충족시키기 위한 이민 억제정책과, 이민자들을 꾸준히 공급해 줌으로써 저렴한 노동력을 찾는 기업가들을 충족시키기 위한 정책이 있다. 이는 사용자들에게 최상의 정책이다. 한편으로는 저임금 이민 노동자를 항상 사용할 수 있고, 다른 한편으로는 이민 노동자들의 불법적인 지위를 이용해 고용관계에서 우위를 점할 수 있다. (Ness, 2005:15)

2000년 센서스에 따르면 뉴욕 시 인구 800만 명 중에서 이민자는 290만 명(36%)이지만, 뉴욕 시 노동력의 47퍼센트 이상을 차지했다. 게다가 이민자들은 (시간당 5.15~7.10달러를 버는) 저임금 노동력의 62퍼센트를 차지했다. 새로운 소수민족 노동력은 모든 대륙에서 오는 신규 이민자로 인해 아주 다양하다. 뉴욕 로워이스트사이드Lower East Side의 봉제 공장에서 일하던 이탈리아와 러시아 여성들은 차이나타운과 선셋파크Sunset Park에 있는 새로운 노동 착취 작업장에서 일하는 중국과 라틴아메리카에서 온 여성들로 대체되었다. 가장 안 좋은 일자리는 도미니카 공화국, 멕시코, 불어권 서아프리카에서 온 서류미비 이주자가 취업하는 슈퍼마켓 노동자, 배달 운전사, 식당의 주방 노동자 등이다(Ness, 2005).
이와 유사한 변화는 어디에서나 찾을 수 있다. 각 사례는 이민 송출국과 수용국의 경제적, 사회적, 정치적 조건뿐만 아니라, 사용자와 노동자의 특성에 따라 독특한 특징을 지닌다. 그러나 특수한 경험과 전 지구적 변화 사이의 관계를 보여 주는 반복되는 유형을 찾을 수 있다.

예를 들어 베를린의 건설업을 보자. 1990년 독일이 통일되고 연방정부가 베를린으로 옮겨오자 베를린에는 전에 볼 수 없었던 건설 붐이 일었다. 그러나 1996년까지 베를린의 실업자 중 25퍼센트가 건설노동자였다. 어떤 사용자들은 단기취업 이주노동자 프로그램을 통해 폴란드에서 온 노동자들을 고용했다. 다른 선택은 유럽연합의 자유이동 조항을 이용하여 자국에서 (저임금) 노동자를 데려올 수 있는 포르투갈 회사에 하청을 주는 것이었다. 이에 더해 많은 노동자들이 과거 동독 지역의 배후지인 브란덴부르크Brandenbrug에서 출퇴근을 했다. 이러한 경쟁은 베를린의 장기 체류 외국인이 대다수인 노동조합 소속 노동자들에게 악영향을 미쳤다. 과거 독일의 장기고용 모델에서 회사와 노동조합은 서로 다른 종족집단들이 소통하고 교류하는 장이었다. 직장은 이주자에 대한 인종주의가 다른 사회 영역에 비해 덜한 공간이었다. 하지만 이러한 모델이 쇠퇴하고 계약 이주노동자가 등장하면서 사회통합과 집단 간 관계에 부정적인 영향을 미치게 되었다. 이러한 것들이 독일에서 통일 이후 인종주의와 인종차별 범죄를 증가시키는 요인이 되었음에는 의심의 여지가 없다(Hunger and Thränhardt, 2001).

의류산업은 여러 나라에 걸쳐 형성된 종족적 기업가 정신과 인종과 젠더에 기초한 위계질서에 대한 사례를 많이 찾을 수 있는 부문이다(Rath, 2002). 영국에서는 저임금 경제로의 외주로 사라질 것 같았던 의류산업이 종족과 젠더에 기초한 분업 때문에 다시 살아나고 있다(Phizacklea, 1990 참조). 1970년대부터 의류업의 경영, 디자인, 마케팅 업무가 대규모 자본이 집중된 몇몇 의류판매 회사로 재편되었다(Mitter, 1986). 영국 내의 의류 생산은 급속도로 감소했다. 1960년대와 1970년대에 의류제조업에 종사한 이민 노동자들은 제1세대 남성 이민자들이었다. 이들은 파키스탄, 인도, 방글라데시 등에서 온 이주자들이었다. 이들 중 상당수가 일자리를 잃었고, 이들은 값싼 종족적 소수자 또는 이민자 가족의 노동력(대부분 여성)을 기반으로 하는 소규모 공장을 차려서 대형 의류회사의 하청업자가 되었다. 임금과 근로조건은 아주 열악했고, 산업재해 비율은 높았다. 이러한 의류업체의 영세성은 대형 소매업자들의 이해관계는 물론이고, 가족관계나 종족 공동체에 대한 충성을 통해 여성 노동력을 관리하는 같은 종족의 남성 하청업자의 경제적 이해관계에 모두 맞아떨어졌다(Mitter, 1986; Schierup et al., 2006:235~237).

시에룹(Schierup, 2006:238~240)은 스페인 건설업이 이원적으로 구조조정된 과정을 보여 주었다. 한쪽에서는 소수의 첨단 대기업들이 재무와 법률, 디자인, 노하우, 프로젝트 개념화와 모니터링 등의 중심이 되었다. 다른 한쪽에서는 대부분의 육체노동 생산직과 이에 관련된 고용, 사회복지 등이 소규모 회사로 하청되었는데, 이런 회사들은 시장 유연성에 따른 위험을 감수할 수밖에 없다. 이러한 경향은 일자리 배치의 양극화를 초래하여 고임금의 좋은 일자리는 대기업으로 몰리고, 저임금의 불안정한 일자리는 소규모 기업으로 돌아가게 되었다. 소기업들은 동유럽과 아프리카에서 온 비유럽연합 이민자들을 주로 고용했다. 하청 의뢰는 긴 사슬을 따라 연쇄적으로 진행되는데, 사슬의 맨 끝은 아무런 공식적 계약도 없이 다른 이주자들을 단기간 고용하여 위험한 작업환경에서 일을 시키는 이주자 소유의 소기업이다. 이러한 분절은 사이비 '자영업'의 확산으로 가속화되었는데, 사이비 자영업에서 육체노동자는 실업, 산업재해, 질병 등의 모든 위험을 감내하는 '독립적' 하청업자가 되어야 한다(Veiga, 1999).

결론

경제 이민은 선진국 경제에 필수적이다. 이주노동자(고숙련이나 저숙련 노동자 모두)는 경제적, 인구학적 변동에 기인한 노동력 부족 시점에 추가 노동력을 제공한다. 이주노동자는 내국인 노동자를 구할 수 없거나, 이들이 기피하는 일자리를 채워 주는 특수 유형의 노동력이다. 따라서 이민은 투자와 경제성장을 촉진하면서 노동시장의 유연성을 유지하게 해 준다.

1945년 이후 경제성장기에 이주노동자들은 종속적 일자리로 이끌려 나갔다. 초청노동자들은 노동시장에서 권리를 엄격하게 제한당했고, 식민지 출신 이주자들은 노동시장에서 차별을 겪었다. 이에 더해 많은 이주자들이 교육과 직업훈련을 받지 못했기에 노동시장의 하층부에 진입했다. 핵심적인 질문은 이들이 선진국에서 장기간 거주하면서 사회적 지위 상승을 할 수 있는가이다. 더 중요한 질문은 이러한 초기의 불이익이 이 이민자들의 후손, 2세대에게도 전가될 것인가이다.

최근의 노동시장 자료는 이민자들의 노동 상황이 부분적으로 서비스 중심의 경제로 이행함에 따라 점점 더 다양해지고 있음을 보여 준다. 그러나 계속 열악한 상황의 제조업 일자리에 갇혀 있는 경향도 나타난다. 높은 실업률(평균적으로 내국인의 두 배)과 낮은 경제활동참가율은 이주노동자들이 아직 불리한 위치에 있음을 보여 준다. 현재 많은 이주노동자들이 서비스업과 고숙련 직종(의사, 간호사, 교사 등)에 종사하고 있으나, 아직까지도 다수의 이주노동자들은 청소업, 음식업, 가사서비스업에 취업하고 있다.

이민자 2세 문제의 양상은 종족집단과 수용국에 따라 편차를 보이면서 복잡해지고 있다. 전반적으로 이주민 자녀들은 부모 세대에 비해 더 나은 성과를 보이고 있지만, 일반적으로 교육과 노동시장에서 이민 배경이 없는 또래 집단에 비해 성취수준이 낮다. 더욱이 이들은 학업 성적이 우수하더라도 인적 자원 수준에 걸맞은 직업을 얻지 못한다. 수용국에 대한 지식과 네트워크의 부족, 인종, 종족, 계급에 기초한 차별 등이 복합적으로 작용해 '유리천장'을 만드는 것이다.

노동시장에서 이렇게 부정적 경험을 한 이주자들의 대응 중 하나는 그들만의 사업체를 설립하는 것이다. 그러나 이것이 항상 더 나은 상황으로 이들을 이끄는지는 분명하지 않다. 어떤 이민자나 종족적 소수자 기업가들은 더 높은 임금과 지위를 얻지만, 주변부 영역에서 사업체를 설립하고 장시간 노동과 열악한 근로조건을 감내하며, (가족 구성원을 포함한) 다른 이주자를 착취해야만 겨우 현상 유지를 할 수 있는 이주자도 있다.

이주노동은 분명히 선진국에서 중요한 역할을 한다. 그러나 경제학자들은 이주노동이 경제에 미치는 전반적인 결과에 대해 합의하지 못하고 있다. 대부분의 연구들이 이주노동이 경제성장과 1인당 국민소득에 이득이 된다고 본다. 그러나 어떤 경제학자들은 이주노동자와 일자리를 놓고 경쟁하는 내국인 노동자(특히 저숙련 노동자)에게는 불리할 수 있다고 주장한다. 이러한 논쟁은 쉽게 해결될 수 없으나, 이주노동자를 고용하려는 사용자의 노력, 정부가 합법적으로 이주노동자를 받아들이기 위한 제도를 만들고자 하거나 불법 입국을 눈감아 주는 것은 권력집단이 노동이주의 경제적 중요성을 인식하고 있음을 보여 준다.

이 장의 핵심은 지난 30년 동안 선진국의 경제 구조조정이 신국제분업과 연관되어 있으며, 이 과정에서 이주노동자들이 중요하면서도 다양한 역할을 수행하고 있다는 것이다. 신자유주의 경제 관리로의 전환은 이주노동자의 취업조건을 재형성했다. 경제의 탈규제화는 노동조합의 퇴보 및 복지국가의 쇠퇴와 함께 진행되었다. 대기업에 공식적으로 취업하는 것은 노동자들을 차별하고 격리하는 다양한 고용 형태로 대체되었다. 한시적이고 비합법화된 고용, 하청의 연쇄고리, 비공식화 그리고 노동시장 분절은 내국인과 이주노동자 모두에게 영향을 미친다. 그러나 사회적으로 혜택받지 못하고 취약한 집단은 이주 여성, 서류미비 노동자, 종족적 및 인종적 소수자와 같이 결국에는 불안정한 위치에 놓이고 마는 이들이다. 법적 지위가 불안정하고 시장에서 힘이 없는 집단을 대상으로 한 인권과 노동권의 박탈은 현재 모든 선진국 경제에서 필연적으로 나타나는 양상이다.

심화 연구를 위한 안내

이 장에서 우리는 이주자의 노동시장 경험과 이민의 경제적 효과에 관해 제한된 범위의 연구만을 살펴보았다. 임금 수준(과 그것이 시간에 따라 어떻게 변화하는지), 소득 수준, 빈곤, 고용률, 경제활동참가율과 같은 다른 지표들을 보는 것도 중요할 것이다. 독자들에게 다음에 제시한 목록들을 이용하고, 우리가 인용한 자료들을 추가로 볼 것을 추천한다.

『이주의 시대』 웹사이트(www.age-of-migration.com)에서 독일 이민자 2세의 교육적, 직업적 성공에 대한 자료를 볼 수 있다(10.1). 또한 노동이주가 미국 노동자들에게 나쁜 영향을 미치는가를 둘러싼 보하스George Borjas와 카드David Card의 논쟁이 요약되어 있다(10.2). 1970년대와 1980년대 프랑스 자동차 제조업과 건설업에서 노동시장 분절이 일어난 과정을 분석한 자료도 볼 수 있다.

해튼과 윌리엄슨의 두 저서(Hatton and Williamson, 1998; 2005)는 노동이주 경제학을 개괄한 책이다. 선진국 일반에 관해서는 OECD가 매년 발간하는 『International Migration Outlook』(예를 들어 OECD, 2007)을 보라. 미국에 관해서는 Borjas(2001), Daniels(2004), Portes and Rumbaut(2006), Smith and Edmonston(1997)을 보라. 유럽의 노동이주에 대한 초기 분석으로는 Böhning(1984), Castles and Kosack(1973), Castles et al.,(1984), Kindleberger(1967) 등이 참조할 만하다. 최근에 유럽에서 나온 연구로는 Dustmann and Glitz(2005), Düvell(2005), Glover et al.,(2001), Münz et al.(2007), Straubhaar and Zimmermann(1992) 등이 있다. 호주에 관해서는 Castles et al.(1998), Collins(1991; 2006), Lever-Tracy and Quinlan(1988), Wooden(1994)을 보라. 캐나다에 대해서는 Reitz(1998)를 보라.

이주노동의 정치경제에 대해서는 Piore(1979), Sassen(1988; 1991)의 저작이 여전히 유용하며, Stalker(2000)의 책에서도 간략한 개괄을 볼 수 있다. 종족에 기반을 둔 창업에 관한 기존 연구들은 Collins et al.(1955), Light and Bonacich(1988), Waldinger et al.(1990) 등이다. 최근 연구를 보려면 Kloosterman and Rath(2003), Light and Gold(1999), Rath(2002), Waldinger(1996), Waldinger and Lichter(2003) 등을 보라. 다음 책들은 젠더와 이주노동에 관한 연구서로, Anderson(2000), Browne and Misra (2003), Pessar and Mahler(2003), Phizacklea(1990; 1998), Schrover et al.(2007) 등이 있다. 불법이민과 비공식 부문에 관해서는 Düvell(2005), Ness(2005), Reyneri(2003)를 보라.

제11장

새로운 종족적 소수자와 사회

1945년 이후 이주는 여러 나라에 문화 다양성의 증가와 새로운 종족집단의 형성을 초래했다. 이러한 집단은 자신들만의 언어를 사용하고 외모가 다른 사람들의 존재, 종족별 집거지역의 성장, 종족 단위의 결사체와 단체 설립을 통해 가시화된다. 이 장에서는 서구사회의 다양한 경험을 살펴볼 것이다. 이 주제를 다루려면 개별 이민국가에서 실제 진행된 다양성과 발전 과정을 상세히 설명해야 하나, 이러한 내용을 여기서 모두 다루기는 불가능하다. 대신 미국, 호주, 영국, 프랑스, 독일, 이탈리아 등의 사례를 통해 설명하고자 한다. 제5장의 내용을 참조하여 읽으면 도움이 될 것이다. 이 책의 웹사이트(www.age-of-migration.com)에서 몇몇 이민국에 대한 자료를 볼 수 있다(이 장의 말미에 제시한 '심화 연구를 위한 안내' 참조).

이 장에서는 이주 과정의 유사점과 차이점을 보여 주고, 왜 몇몇 국가에서는 종족집단의 형성과 다양성의 증가가 상대적으로 쉽게 인정되는 반면, 다른 국가에서는 이들이 주변화되고 배제되는 결과를 가져오는지에 대해 논의할 것이다. 또한 이러한 과정이 해당 종족집단과 사회 전반에 가져올 결과에 대해 살펴볼 것이다. 우리의 주장은, 장소에 상관없이 이주자의 정착, 노동시장 분절, 거주지 격리 및 종족집단 형성의 과정이 유사한 방식으로 작동한다는 것이다. 주된 차이점은 대중의 태도와 이민, 정착, 시민권 및 문화적 다원주의에 대한 정부 정책에서 찾을 수 있다.

이 장에서는 다양한 통계학적 개념을 사용한다. 이 책의 서두에 있는 「이주 통계에 관한 안내」를 참고하기 바란다.

편입: 이민자는 어떻게 사회의 일원이 되는가

이민자와 그 후손은 어떻게 수용국과 그 사회의 일원이 될 수 있는가? 이에 뒤따르는 질문은, 국가와 시민사회가 어떻게 이 과정을 용이하게 할 수 있고 해야만 하는가이다. 이 두 질문에 대한 답은 국가에 따라 달라진다. 이러한 과정을 흔히 '통합integration'이라 일컫는데, 통합이란 용어는 이 과정의 특정한 방향성을 내포하는 의미로 해석될 수 있으므로 우리는 여기서 좀 더 중립적인 용어인 '편입incorporation'을 사용할 것이다(저자들은 이 책에서 각 국가의 이민자 편입 하위 유형으로 구분 배제differential exclusion, 동화assimilation, 통합integration, 다문화주의multiculturalism 등을 제시한다. — 옮긴이). 핵심 쟁점은 이민자가 개인으로서—문화적 차이나 집단의 소속됨을 고려하지 않은 채— 편입되어야 하는가, 아니면 공동체로서—함께 모여 살며, 고유의 문화, 언어, 종교를 유지하려는 종족집단으로서— 편입되어야 하는가이다.

편입을 이해하는 출발점은 국민국가 형성이라는 역사적 경험이다. 즉 신생국이 자국 내의 소수종족 또는 종교적 소수자들을 처우할 때, 새로운 영토를 정복할 때, 이민자를 편입할 때, 또는 식민지를 통치할 때 차

이를 다룬 방식을 말한다(제4장 참조). 시민권에 대한 상이한 견해도 이러한 경험에서 발전했다(제2장 참조). 소수종족과 문화적 차이를 처우하는 '국민 모델'들이 여러 유럽 국가에서 생겨났고(Brubaker, 1992; Favell, 1998; Bertossi, 2007 참조), 이러한 여러 모델은 후에 국가와 주류사회가 이민자를 어떻게 처우할 것인지를 결정하는 데 도움이 되었다(Castles and Davidson, 2000).

웨일스, 스코틀랜드, 아일랜드를 정복하고 종교적 다양성 문제를 다루어 온 역사적 경험을 바탕으로 영국은 차이를 수용하며 정치적으로 통합된 국가를 형성했다. 영국the United Kingdom은 국민에게 정치적 충성을 요구하지만, 영국 국민 개개인이 갖는 집단 정체성은 웨일스인이거나 스코틀랜드인, 개신교도이거나 가톨릭교도가 될 수 있다. 1789년 프랑스 혁명은 집단의 문화 정체성을 거부하고 평등과 인권의 원칙을 정립했다. 이 원칙의 목적은 개인을 평등한 정치적 주체로 보는 것이다. 그러나 이러한 차이에도 불구하고, 영국과 프랑스 모두 국가의 확장을 통해서 국민이 형성되었다. 정치적 소속이 국민 정체성보다 앞섰다. 독일의 경우는 다르다. 독일은 1871년 이전까지 단일국가로 통일되어 있지 않았고, 민족nation이 국가state보다 앞서 존재했다. 독일의 이러한 역사적 배경은 소수자들을 시민으로 편입하는 것과 일치하지 않는 종족 귀속 형태를 만들었다. 민족ethnicity이나 사람들folk에게 귀속시키는 결과를 낳았다. 반대로 신대륙의 백인 정착민 사회는 토착민을 몰아내고 유럽의 이민자를 수용해서 만들어졌다. 이민자를 시민으로 편입하는 것은 그들의 국민 신화national myth를 이루었다. 이는 용광로melting pot로 일컬어지는 미국의 이미지처럼 동화assimilation 모델로 이어졌다. 물론 오직 백인만이 동화될 수 있다는 생각을 전제로 한다. 호주, 뉴질랜드, 캐나다, 미국 모두 인종 선별적 이민법을 시행했다.

이처럼 국가별로 상이한 접근방식은 사회와 국민, 시민적 귀속과 국민 정체성 간의 관계가 다르다는 것을 함의한다. 영국에서 한 개인은 사회의 구성원이면서 정치공동체인 국민의 정회원인 동시에 특정 문화 및 종교 집단에 소속될 수 있다. 프랑스에서는 시민 정체성이 단일 국민 정체성을 요구했다. 독일에서는 민족 정체성이 먼저 등장했는데, 이는 독일의 시민으로 귀속되기 위한 전제조건이었다. 신대륙의 백인 정착민 사회는 시민으로서 소속되는 것이 국민 정체성으로 귀결된다고 보았기 때문에, 다양한 정체성은 '미국인화Americanization' (또는 이와 유사한 상태로 되는 것) 과정에서 일시적 현상으로 용인될 수 있다.

1945년 이후 경기 호황기에 이민자가 들어왔을 때(제5장 참조), 새로운 이민자의 편입은 주요 쟁점이 아니었다. 이민자의 수가 크게 증가하리라고 예상되지 않았고, '차이의 통제가능성controllability'에 대한 강한 믿음이 있었다. '고전적 이민국'(미국, 캐나다, 호주 등)에서는 영국 또는 북서유럽 국가 출신의 백인 정착민만을 원했고 이들의 동화에는 전혀 문제가 없다고 보았다. 영국, 프랑스, 네덜란드도 식민지나 다른 유럽 국가에서 온 소수 이민자들이 자국 사회에 동화될 수 있을 것으로 기대했다. 독일과 초청노동자를 수용한 다른 나라(오스트리아, 스위스)의 경우 가족 재결합이나 정착을 예상하지 않았기 때문에 노동시장에서 일시적 수용 정책만을 추진했다.

동화assimilation는 이민자가 일방적인 적응 과정을 통해 사회에 편입되는 것을 의미한다. 이민자들은 그들 고유의 언어적, 문화적 또는 사회적 특성을 포기해야 하고 다수 인구와 구별되지 않아야 한다. 초청노동자 모델은 구분 배제differential exclusion로 설명할 수 있다. 이주자는 임시적으로 사회의 특정 부문(특히 노동시장)에 편입되어야 하나 다른 부문(특히 시민권과 정치 참여)으로의 접근은 인정되지 않는다(Castles, 1995).

그러나 차이를 관리할 수 있다는 믿음은 앞에서 언급한 어떤 경우에도 제대로 구현되지 못했음이 드러났다. 제2차 세계대전 이후 경기 호황기에 노동이주는 양적으로 증가했고 서구 국가에서 구조적 필연성으로 존재했다. 선별된 인종만을 도입하는 이민 원칙은 무너졌고 이주자들은 문화적으로 다르고 지리적으로도 멀리 떨어진 나라에서 들어오기 시작했다. 1970년대 들어 경기가 위축되었고, 가족 재결합이 시작되었다. 이는 '초청노동자'를 받아들이던 나라에서도 일어났다. 이후 냉전의 종식과 전 지구화는 이전보다 더 다양한 출신의 새로운 이주자들의 유입을 가져왔다.

고전적 이민국가에서 비서유럽권 출신 이주자는 불리한 근로조건에 처해 있었고 특정 지역에 집중적으로 정착했다. 이는 공동체 형성과 소수집단 문화, 언어, 그리고 소수자로서의 정체성 유지로 이어졌다. 많은 이주자들이 시민권을 취득하여 유권자가 되면서 몇몇 도시지역 선거에서 영향력을 가지게 되었다. 동화는 명백히 실패했고 새로운 접근이 필요했다. 유럽의 수용국에서도 비슷한 경향이 나타났다. 초청노동자를 수용하는 국가에서도 공식적으로는 거부하고 있음에도 불구하고 이주자의 정착이 시작되었고 이로 인해 사회적 배제 및 계급과 종족적 출신 배경 간의 연관관계가 지속되었다.

동화는 (적어도 처음에는) 통합의 원칙으로 대체되었다. 여기서 통합의 원칙이란 적응이 어느 정도 상호조정mutual accommodation이 요구되는 점진적 과정임을 인정하는 것이었다. 문화 유지와 공동체 형성에 대한 인정이 필요한 단계일 수 있으나 최종 목표는 여전히 지배문화dominant culture로의 흡수였다. 통합은 그저 느리고 점잖은 형태의 동화라고 할 수 있다. 오늘날 고도 선진 이민국가 중에서 프랑스가 동화 모델에 가장 가깝다(박스 11.4 참조). 그러나 다른 국가들은 집단의 차이가 장기간 지속되는 것을 인정하는 접근으로 전환했다.

다문화주의multiculturalism는 이민자들이 기본적인 가치에 대해 순응하면서 그들 고유의 문화, 종교 및 언어를 포기하지 않은 채 사회의 모든 영역에 동등하게 참여할 수 있어야 한다는 것을 의미한다. 다문화주의에는 두 가지 주요 유형이 있다. 미국의 경우 문화 다양성과 종족 공동체의 존재가 공식적으로 인정되나 사회정의를 위한 일이나 소수자 문화 유지를 지원하는 것을 국가의 역할로 보지는 않는다. 두 번째 형태는 공공정책으로서의 다문화주의이다. 여기서 다문화주의는 문화적 차이를 수용하려는 다수집단의 의지와 소수자에게 동등한 권리를 보장해 주기 위한 국가의 조치 모두를 의미한다. 캐나다에서 유래한 다문화주의는 1970~1990년대에 호주, 영국, 네덜란드, 스웨덴에서 다양한 유형으로 채택되었다.

앞으로 이 장에서 다루겠지만, 이주민과 그들이 사회 및 국가와 맺는 관계는 복잡하고 예기치 못한 방식으로 전개되어 왔다. 이민자 편입에 대한 제각각의 접근은 어떤 식으로든 문제가 있는 것으로 입증되어 왔고 이는 21세기 초 광범위한 '통합의 위기'로 나타났다.

이민정책과 소수자의 형성

1945년 이후를 전반적으로 봤을 때, 세 집단의 국가로 구분할 수 있을 것이다. '고전적 이민국가'는 가족 재결합과 영구 정착을 장려했고 대부분의 합법적 이민자를 미래의 시민으로 대했다. 매우 다른 역사적 배경을 지닌 스웨덴도 비슷한 정책을 따랐다. 두 번째 집단은 프랑스, 네덜란드, 영국 등으로, 과거 식민지 출신의 이민자가 시민 자격으로 이 국가들에 입국한 경우이다. 영구 정착 이민과 가족 재결합이 일반적으로 (몇몇의 예외가 있었으나) 허용되어 왔다. 그 외 나라 출신의 이민자는 정착과 귀화를 인정받긴 하였으나 상대적으로 불리한 위치에 있었다. 세 번째 그룹은 '초청노동자' 모델을 고수하려던 국가들로 독일, 오스트리아, 스위스 등이 있다. 이 국가들은 가족 재결합을 막고 이주자들에게 안정된 체류자격을 허용하는 것을 꺼렸으며 매우 제한적인 귀화제도를 시행했다.

그러나 세 집단 간의 구분은 절대적이거나 고정적이지 않다. 미국은 멕시코 출신 불법 농업노동자의 이주를 전략적으로 허용했지만 이들의 권리는 인정하지 않았다. 프랑스는 1970년대까지 가족 재결합에 매우 엄격했다. 독일과 스위스는 서서히 가족 재결합과 체류자격 제도를 개선했다. 한 가지 중요한 변화는 과거 식민지 출신의 이민자에게 부여된 특권[식민지 출신으로서 해당 국가의 시민 자격으로 입국과 체류가 가능했다. ─옮긴이]이 사라진 것이다. 식민지 국민을 네덜란드나 영국 왕권에 종속된 국민 또는 프랑스 시민으로 만드는 것은 식민주의를 정당화하는 방식이었고 1945년 이후에는 저숙련 노동력을 들여오는 데 편리한 방법이었다. 그러나 이주자의 영구 정착이 시작되고 노동력 수요가 감소하자 이 세 나라들은 식민지 국민으로서의 시민권 자격을 대부분 없애고 이들을 외국인과 동격으로 취급했다.

이 나라들의 이민정책은 일종의 수렴 현상을 보여 왔다. 과거 식민통치국의 규제는 더욱 엄격해졌고, '초청노동자'를 수용하는 국가의 규제는 완화되었다. 그러나 이러한 현상은 새로운 구분 정책과 밀접한 관련이 있었다. 1968년 유럽공동체EC는 공동체 내에서 이동하는 이주자에게 특권적 지위를 부여했다. 1993년 설립된 유럽연합EU은 단일노동시장의 출범을 위해 고안된 것으로, 이로써 모든 유럽연합 시민은 어느 회원국에서건 취업이 가능하고 근로 관련 사회보조금을 받을 수 있는 완전한 권리를 갖게 되었다. 2004년과 2007년 유럽연합의 확장은 실제로 더 큰 규모의 노동력 이동을 야기했다(제5장 참조). 그러나 비유럽연합 국민, 그중에서도 특히 비유럽권 출신의 유럽 내 입국과 체류는 더욱 힘들어졌다.

11.1 미국의 소수자

미국 사회는 5세기에 걸친 이민을 통해 복잡하고 다양한 종족으로 구성되어 있다. 백인 인구는 주로 영국계 식민지 정착민들과, 이후 역사상 가장 규모가 큰 이주 가운데 하나였던 1850~1914년의 대이주 시기에 유럽 전역에서 유입된 이민자들이 섞여 있다. 새로운 이민자에 대한 동화정책은 '미국의 신념'의 일부분이었으나 그 과정은 항상 인종을 선별하는 형태로 이루어졌다. 원주민 사회는 백인 이민자들의 서부개척 정책으로 인해 황폐해졌고, 아프리카에서 동원된 수백만 명의 흑인 노예들은 남부지역의 플랜테이션에서 노동력을 착취당했다.

미국은 현재 문화적으로 훨씬 더 다양한 사회로 변화하고 있다. 최근의 이민자들은 주로 남미와 아시아 지역 출신자이다. 외국 출생자는 2000년에 560만 명이었으나 2005년에는 3,570만 명에 달했다. 외국 출생자는 1970년까지만 해도 4.8퍼센트에 불과했으나 2005년에는 12.4퍼센트로 급증했다. 2005년 외국 출생자의 53퍼센트가 남미, 27퍼센트가 아시아 지역 출신자였고 유럽 지역 출신자는 14퍼센트에 불과했다. 최근까지 새로운 이민자의 4분의 3 이상은 '관문 주gateway states'라고 불리는 6개 주, 즉 캘리포니아, 뉴욕, 플로리다, 텍사스, 뉴저지, 일리노이에 정착했다. 2000년 이후에는 과거 이민자가 거의 거주하지 않았던 지역에서도 이민자의 인구비율이 증가하고 있다.

미국은 전체 인구의 25퍼센트 이상이 종족적 소수자로 구성되어 있다. 미국 사회에서 가장 큰 구분은 아프리카계 미국인과 백인이다. 그러나 이제 히스패닉 인구가 아프리카계 미국인 수를 넘어서고 있다.

인종과 히스패닉 출신에 따른 미국 인구 구성(2005년)

	백만 명	비율(%)
백인	215.4	74.7
흑인 또는 아프리카계 미국인	34.9	12.1
미국 인디언 및 알래스카 원주민	2.3	0.8
아시아인, 하와이 및 태평양 제도 원주민	11.5	4.4
다른 인종	17.3	6.0
둘 또는 그 이상의 인종	5.5	1.9
총인구	288.4	100.0
히스패닉 또는 라틴계	41.8	14.5

주: 자료는 '가구 인구'(교도소 등 시설에 있는 인구 제외).
출처: American Community Survey(US Census Bureau, 2005).

히스패닉은 미국의 남서부지역 확장정책에 따라 흡수된 멕시코인의 후손과 최근의 남미 출신 이민자로 구성된다. 히스패닉은 인종이 광범위하지만 언어와 문화를 바탕으로 한 특정 집단으로 인식된다. 아시아 출신자 역시 빠르게 증가하고 있다.

20세기 초 유럽과 아프리카에서 이주한 저숙련 공업 노동자는 미국에서 노동시장 분절과 거주지 격리라는 결과를 가져왔다. 장기적으로 대다수의 '백인'은 사회적 상승이동을 경험했지만 흑인은 미국사회에서 점점 더 고립되었다. 백인과 흑인은 가계수입, 실업률, 사회적 조건, 교육 정도에서 여전히 엄청난 차이를 보인다. 최근에 정착한 이민자 집단의 경우 특히 아시아 지역 출신자는 교육과 직업의 수준이 높은 반면, 남미 출신의 다수는 교육수준이 낮고 저숙련 직종에 집중되어 있다.

이민자의 '아메리칸 드림'으로의 편입은 대체로 시장의 힘에 맡겨졌다. 그럼에도 불구하고 미국 정부는 의무적인 공교육을 제공하고 시민권 취득을 쉽게 만드는 방식으로 역할을 했다. 1950~1960년대 민권 운동에 뒤이은 관련법 제정과 정치적 조치는 흑인 중산층의 역할 향상을 이끌어냈다. 그러나 1980년대부터 기회의 평등과 빈곤 퇴치를 위한 조치가 축소되면서 소수자의 불평등과 빈곤화가 심화되었다.

1990년대에는 불법이민과 이민자 대상 복지비용이 주요한 정치적 쟁점이 되었다. 클린턴 행정부의 '문지기 작전Operation Gatekeeper'에 따라 미국-멕시코 국경지대에 철책이 설치되고 감시 시스템이 가동되었다. 그러나 이러한 조치는 이민자의 수를 감소시키기보다 더욱 위험하고 비용이 많이 드는 방식으로 이민자가 들어오는 결과를 낳았다. 매년 최대 500명의 이민자가 캘리포니아, 애리조나, 텍사스의 사막을 통과하려다가 목숨을 잃었으나, 이러한 위험성 때문에 밀입국업자는 수수료를 대폭 올릴 수 있었다. 고위험과 비용을 고려하여 많은 멕시코 노동자들은 미국에서 거주하고, 가족을 데려오기로 결정했다. 따라서 국경관리 조치는 일시적 노동이주를 영구 정착으로 바꾸는 결과를 낳았다. 복지 규제도 비슷한 역할을 했다. 1996년 미국 연방의회는 시민과 외국인 주민의 복지권을 확연히 구별하는 법을 승인했는데, 이는 많은 이민자들의 귀화 신청을 유도하는 결과를 초래했다.

오늘날 이민 개혁은 미국 정치의 핵심 쟁점이다. 2006년에는 3,500만 명의 외국 출생자 중 약 3분의 1은 귀화한 미국 시민권자, 3분의 1은 합법체류자, 나머지 3분의 1은 불법이민자로 추정되었다. 그러나 이민정책 개혁을 위한 노력은 2007년경 교착 상태에 빠졌다.

출처: Feagin(1989); OECD(2007); Cornelius(2001); Lyman(2006); Passel(2006); Portes and Rumbaut(2006); US Census Bureau(2005); Wasem(2007).

11.2 호주의 소수자

호주는 1947년 이래 계획적인 이민정책을 추진해 왔으며 지금까지 650만 명의 이민자를 받아들여 왔다(이민자의 10분의 1은 난민임). 이민자의 유입으로 1947년 700만 명이던 인구는 2006년 현재 2,000만 명으로 3배가량 늘었다. 2006년 인구센서스에 따르면 전체 인구의 22퍼센트에 해당하는 440만 명이 외국 출생자였다. 또한 인구의 4분의 1은 '이민자 2세 호주인second generation Australians'으로, 호주에서 출생했으나 양친 중 적어도 한 명은 외국 출생자인 사람에 해당했다. 2006년 인구센서스에서 호주 원주민은 45만 5,000명으로 전체 인구의 2.3퍼센트를 차지했다.

역사적으로 호주인들은 아시아계 이민자의 유입을 우려했다. '백호주의白豪主義, White Australia Policy'는 1901년에 도입되었다. 1947년 이후에는 주로 영국인을 받아들이는 것으로 시작하여 점차 유럽 전역에서 이민자를 수용했다. 그러나 '백호주의' 정책은 지속되지 못했으며 1980년대부터 아시아계 이민자가 증가했다. 2001년 외국 출생자의 51퍼센트가 유럽계(주로 영국, 이탈리아, 그리스, 독일, 네덜란드), 21퍼센트는 아시아계(주로 베트남, 중국, 필리핀, 인도), 11퍼센트는 오세아니아(주로 뉴질랜드, 사모아, 통가, 피지) 출신이었다. 아프리카 출생자는 단 4퍼센트에 불과했으나 수단 난민과 남아프리카 출신 이민자가 증가함에 따라 그 비율도 높아지고 있다.

호주에서는 미국과 캐나다처럼 국가 건설에 있어서 이민이 매우 중요한 요소로 인식되어 왔다. 가족이민은 이민 유형의 기준이 되었으며 호주 정부는 1984년 시민권 취득 시 요구되는 대기 기간을 5년에서 2년으로 단축했다. 호주에 2년 이상 거주하는 이민자의 3분의 2는 호주 시민권을 소지하고 있다. 1950~1960년대에 이민자는 '새로운 호주인'으로 불렸고 호주 시민권을 취득하여 빠른 기간 내에 호주의 문화와 생활방식에 동화될 것이라는 기대를 받았다. 그러나 비영국계 이민자(특

이민정책은 이민자의 향후 체류자격에 영향을 미친다. 이주자의 지위를 일시적으로 자주 이동하는 노동자로 한정하는 정책이 시행되면 이주자는 차별적 환경에서 정착할 확률이 높아진다. 더욱이 단기(보다 최근에는 '순환')이주의 공식 이데올로기는 수용국 국민에게 어떤 기대를 불러일으킨다. 만약 일시적 체류가 정착으로 바뀐다면, 모든 문제에 대한 비난을 이민자가 받을 것이다. 생김새가 다른 이는 누구든 혐의자가 된다.

히 동부 및 남부 유럽 이민자)는 주로 제조업, 건설업, 운수업 같은 저임금 단순 직종에 종사하는 경향이 있었다. 이러한 현상은 저소득층 밀집지역을 양산하고 그러한 지역을 기반으로 종족 공동체가 형성되는 결과로 이어졌다. 출신국의 언어, 종교, 문화의 유지, 그리고 종족을 기반으로 한 상권과 조직의 등장은 동화 모델이 성공할 수 없다는 사실을 명백히 보여 주었다. 더욱이 이민자가 시민권을 취득하면 그들은 유권자로서 선거에서 중요한 세력이 되었다.

1970년대 다문화 정책은 모든 정당의 협조를 받으며 채택되었다. 호주의 다문화주의는 (공통된 법적 범위 내에서) 고유한 문화를 유지하려는 소수종족의 권리를 인정하는 한편, 사회적 포함social inclusion과 평등을 함께 고려하는 두 가지 주요 원칙을 결합한 것이다. 호주의 다문화주의는 인종주의를 근절해야 하는 정부의 의무와 소수종족의 정부 서비스, 교육, 노동시장에 대한 접근성 보장을 강조한다.

이민자와 다문화주의에 대한 공식적인 지원은 1990년대에 감소했다. 1996년부터 2007년에 걸쳐 집권당이었던 자유당·국민당연합The Liberal-National Coalition은 다수의 다문화 기관을 해체하고 관련 서비스를 중지했으며 '핵심 문화적 가치core cultural values'를 중심으로 통합과 사회적 화합이라는 원칙을 추진했다. 이러한 현상은 비호 신청과 서류미비 입국에 대한 강경한 입장, 그리고 특히 고숙련자의 경제적 이민에 주안점을 두는 태도와 연계되었다. 2007년 시민권법은 귀화 자격에 필요한 기간을 2년에서 4년으로 연장했고 시민권 취득 시험을 도입했다. 2007년 11월 출범한 노동당Australian Labor Party; ALP 정부는 기존의 이민정책을 유지하되, 시민권 관련 규정을 재검토하고 시민권 취득 시험을 폐지할 것으로 보인다.

출처: ABS(2007a, b); Castles and Vasta(2004); DIAC(2007a); Jupp(2002); OECD(2007); Collins(1991).

또한 이민정책은 이주자 본인의 의식을 형성한다. 영구이민을 허용하고 정주자에게 안정된 체류자격과 시민으로서의 권리를 인정하는 나라에서 이주자는 장래를 전망할 수 있다. 단기 체류의 신화가 지속되는 곳에서 이민자의 전망은 당연히 이와는 반대가 된다. 출신국으로의 귀환이 어렵거나 불가능할 수 있으며 이민국에 영주하는 것 또한 불확실하다. 이러한 이민자는 정착해서 종족적 소수자 집단을 형성하기는 하나 더 넓은 사회의 일원으로서 미래를 계획할 수 없다. 이에 대한 결과는 고립, 분리주의, 다름에 대한 강조로 나타난다. 따라서 차별적 이민정책은 이주민의 정착을 차단할 수 없을 뿐 아니라 향후 정착민의 주변화 marginalization로 가는 첫걸음이 될 수 있다.

노동시장 내 위치

제10장에서 살펴보았듯이, 종족과 젠더에 기반을 둔 노동시장 분절은 모든 이민국에서 전개되어 왔다. 이러한 특징은 1970년대 중반까지 실행된 노동이주 유형의 본질적인 측면이었다. 상황은 변했다. 오늘날 이주자들은 교육수준과 직업적 지위 면에서 한층 더 다양하다. 고숙련 인력은 일시적으로 또는 영구적으로 이주를 장려받고 기술 향상과 기술 이전의 중요한 요소이다. 또한 다수의 난민들이 기술을 갖추고 있지만, 항상 받아들여지지는 않는다. 저숙련 이주자는 노동자로서 환영받지 못하고 가족 재결합을 통하거나 비호신청자asylum seekers로서 또는 불법적으로 입국하기도 한다. 이들이 저숙련 직업과 소기업에 기여하는 바는 경제적으로 매우 중요하나 공식적으로 인정받지 못한다.

노동시장 분절은 이주 과정의 일부이다. 현지의 지식이나 네트워크가 부재하고 언어에 능숙하지 못하며, 현지의 일하는 방식에 익숙하지 못한 사람들이 가난한 나라에서 잘사는 나라로 이동할 경우, 그들의 노동시장 진입점은 낮은 수준이 될 가능성이 크다. 문제는 추후 노동시장에서 상승할 수 있는 온당한 기회가 이들에게 주어지느냐이다. 이에 대한 답은 보통 국가의 정책에 의해 좌우된다는 것이다. 어떤 국가(호주, 캐나다, 스웨덴, 영국, 프랑스, 네덜란드 등)는 언어강좌, 기초교육, 직업훈련, 차별금지법 제정을 통해 이민자와 소수자의 노동시장 내 지위를 향상하기

11.3 영국의 소수자

영국은 이민자를 출신국에 따라 외국인 체류자, 외국 출생자, 종족적 소수자라는 세 범주로 구분한다. 이러한 분류는 각기 다른 기준을 바탕으로 한다.

2005년 외국인 체류자는 전체 인구의 5.2퍼센트인 300만 명으로, 190만 명이던 1996년에 비해 큰 폭으로 증가했다. 주요 출신국은 아일랜드(36만 9,000명), 인도 (19만 명), 폴란드(11만 명), 미국(10만 6,000명), 프랑스(10만 명), 독일(10만 명), 남아프리카(10만 명), 파키스탄(9만 5,000명), 이탈리아(8만 8,000명), 포르투갈(8만 8,000명) 순으로 나타났다.

2006년 외국 출생자는 전체 인구의 9.7퍼센트인 580만 명으로, 1996년도에는 410만 명이었다. 주요 출신국으로는 인도(57만 명), 아일랜드(41만 7,000명), 파키스탄(27만 4,000명), 독일(26만 9,000명), 폴란드(22만 9,000명), 방글라데시(22만 1,000명), 남아프리카(19만 8,000명), 미국(16만 9,000명), 케냐(13만 8,000명), 자메이카(13만 5,000명) 순이었다.

한편, 종족적 소수자는 1950~1970년대 이주한 영연방국가 출신 이민자의 후손으로 대부분 영국 출생자들이다. 2001년 인구센서스에 따르면 종족적 소수자는 전체 인구의 7.9퍼센트인 460만 명으로 집계되었다. 이들 가운데 절반은 '아시아인 또는 아시아계 영국인'이고, '아프리카인 또는 아프리카계 영국인'이 4분의 1을 차지하며, '혼혈인' 14.6퍼센트, 중국인 5.2퍼센트, 기타 종족집단 5퍼센트로 구성되어 있다. 이 분류는 '인종'에 기반한 것이어서, 아일랜드인(2001년 69만 1,000명)과 다른 백인 이민자 집단은 포함되지 않는다. 런던 인구의 29퍼센트는 종족적 소수자이다(ONS, 2004b).

1971년 이전에 이주한 영연방 출신 이민자들은 영국 국민으로서 갖는 시민권을 똑같이 행사할 수 있었다. 그러나 1971년 이민법과 1981년 국적법이 개정되면서 영연방 출신 이민자는 대부분의 측면에서 외국인과 같은 처우를 받게 되었다. 그러나 합법적으로 체류하는 영연방 국가 시민은 여전히 투표권을 가지며 아일랜드 출신 이민자도 사실상 모든 권리를 행사한다. 유럽연합 회원국 시민은 영국에서 취업하고 사회적 권리를 누릴 수 있으며 총선을 제외한 나머지 지방선거와 유럽연합 선거의 투표권을 갖는다. 또 합법적으로 5년 이상 거주한 외국인은 귀화를 신청할 수 있다.

1960년대 후반에서 1970년대에 걸쳐 등장한 인종관계접근race relations approach은 국가에 의한 인종집단 간 관계 관리에 바탕을 둔다. 이 접근은 주로 '인종'을 기초로 한 각기 다른 집단의 존재를 인정하는 것을 전제로 한다. 문화 및 종교적 다양성의 인정은 다문화주의로 분류되었고, 특히 교육 부문에서 그러했다. 1965년,

1968년, 1976년에 제정 및 개정된 인종관계법Race Relations Act은 공공장소, 취업, 주거 관련 인종차별을 불법으로 규정했다. 1976년 인종평등위원회Commission for Racial Equality; CRE는 관련 법률을 집행하고 건전한 인종집단 간 관계를 증진하기 위해 설립되었다.

그러나 차별과 인종차별적 폭력은 여전히 중요한 사회문제로 남았다. 1980~1981년, 1985~1986년, 1991년에 걸쳐 영국 사회의 인종차별에 불만을 품은 흑인 젊은이들이 도심지역을 중심으로 폭동을 일으켰다. 영국 정부는 청년 실업을 개선하고 교육을 향상하며, 도심지역을 재개발하고 경찰의 관행을 개혁하는 등 일련의 조치를 단행했다. 그러나 1999년 (백인 폭력단원의 흑인 청년 살해사건을 영국 경찰이 미온적으로 대처한 문제를 조사하기 위해 설치된) 스티븐 로렌스 조사 결과는 정부기관에서 인종주의의 영향력이 지속되고 있다는 사실을 드러냈다. 2000년 개정된 인종관계법은 모든 공공기관에서 인종평등 및 차별 철폐를 위한 제도를 도입하도록 규정했다. 그러나 2001년 아시아계 청년이 가담한 폭력조직이 잉글랜드 북부의 올덤Oldham, 번리Burnley, 브래드퍼드Bradford에서 폭동을 일으켰다. 극우정당인 영국국민당은 지역 갈등을 이용하여 백인 유권자들의 표심을 얻는 데 어느 정도 성공했다.

21세기 초 이민정책의 주요 쟁점은 난민 문제였다(제8장 참조). 영국 정부〔보수당의 존 메이저John Major 정부(1990. 11. 28.~1997. 5. 2.)와 노동당의 토니 블레어Tony Blair 정부(1997. 5. 2.~2007. 6. 27.)—옮긴이〕는 1993~2006년에 걸쳐 5개의 새로운 법을 제정하여 외국인 입국 규제를 강화하고 구금 같은 억제 조치와 복지제도의 적용 제한을 도입했다. 비호 신청은 2002년 10만 3,000건에서 2006년에는 불과 2만 8,000건으로 감소했다. 그러나 당시 대중의 관심은 이슬람의 성장이라는 새로운 문제로 옮겨 갔다. 영국에서 무슬림은 160만 명으로 인구의 2.7퍼센트에 불과하다. 그러나 2005년 7월 7일 발생한 런던 폭탄 테러와 이후 계속 시도된 공격으로 인해 무슬림 청년들의 애국심에 대한 우려가 커져 갔다. 혹자는 다문화주의가 통일된 국민 정체성을 제공하는 데 실패했다고 평가한다. 정부 정책은 '사회융합'을 강조하는 방향으로 바뀌었다. '영국적인 것'과 '핵심가치'의 이념을 기초로 한 시민권 취득 시험이 도입되었다. 그러나 종족적 소수자가 누리는 형식적 평등과 그들이 일상적으로 겪는 실업, 불평등 및 사회적 배제의 경험 사이의 모순을 비판하는 목소리도 있다. 영국의 경험은 시민권 부여가 반드시 사회적 불이익과 인종차별주의에 대한 보호책은 아니라는 점을 보여 준다.

출처: OECD(2007); ONS(2003; 2004a); Solomos(2003); Benyon(1986); Layton-Henry(2004); Schierup et al.(2006: Chapter 5).

위한 적극적 정책을 시행하고 있다.

'초청노동자' 수용국은 초기에 외국인 노동자를 특정 직업, 업무 또는 지역에 한정하는 취업허가를 발급함으로써 노동시장에서 이주자의 권리를 제한했다. 이러한 제약은 단기취업 노동자에게 여전히 적용된다. 그러나 1970년대 말 독일과 오스트리아는 외국인 노동자와 청년들을 위한 교육과 훈련 정책을 도입했다. 오늘날 대다수의 노동자가 장기 체류허가를 취득하여 노동시장에서 해당 국가의 국민과 동등한 권리를 가진다. '순환이주'에 대한 최근의 논의는 이주노동자의 권리에 대한 제약을 제기하고 있는데(제3장 참조), 이는 이주노동자가 장기간 불리한 입장에서 노동시장으로 반복해서 편입되는 현상을 뜻한다.

거주지 격리, 공동체 형성과 글로벌 도시

미국처럼 흑인과 백인, 가끔 아시아계와 히스패닉계 간이 거의 완전히 격리되는 특정 지역이 존재하는 극단적인 경우는 없다고 하더라도, 어느 정도의 거주지 격리는 다수의 이민국에서 찾아볼 수 있다. 미국 이외의 나라에서는 이민자 집단이 도시 인구의 다수를 형성하는 예는 드물지만, 그 집단이 밀집한 도시 지역은 존재한다. 거주지 격리는 부분적으로는 사회적 네트워크와 현지의 지식이 부족한 새로운 이민자가 처한 상황에서 만들어진다. 낮은 사회적 지위와 소득도 중요한 요인이다. 또다른 요인은 임대인에게 받는 차별이다. 임대인이 시설이 열악한데도 높은 임대료를 요구하거나, 이민자에게 임대하기를 거부하기도 한다.

제도적 관행 또한 거주지 격리를 조장할 수 있다. 다수의 이주노동자는 초기에 사용자나 공공기관으로부터 거처를 제공받는다. 호주의 경우 이주자를 위한 숙소와 기숙사가 있고, 독일과 스위스에서는 사용자가

11.4 프랑스의 소수자

2005년 프랑스에는 전체 인구의 8.1퍼센트에 해당하는 490만 명의 외국 출생자가 거주했다(표 11.1 참조). 외국인 체류자에 관한 가장 최근 데이터인 1999년도 자료에 따르면, 당시 프랑스 내 외국인 체류자 수는 인구의 5.6퍼센트인 330만 명이었다. 100만 명 이상의 이민자가 귀화했고, 아프리카, 카리브 해, 태평양 제도의 프랑스 해외 영토에서 온 프랑스 시민이 50만 명 이상 존재한다. 프랑스의 이민자 인구 구성은 1970년대 남부유럽 출신자에서 21세기 초 현재 주로 북서아프리카 출신자로 변화해 왔다.

프랑스의 '공화주의 모델'은 모든 사람의 시민권과 개인의 평등권 원칙을 기초로 한다. 문화적 차이나 종족 공동체의 인정은 허용되지 않는다. 이민자는 프랑스 시민이 되어야 하고, 시민이 되면 평등한 기회를 누릴 수 있다. 그러나 현실은 이와 매우 다르다. 비유럽 국가에서 출생했거나 부모가 비유럽 국가 출신인 사람들은 (그들이 프랑스 시민이든 아니든 관계없이) 사회적 배제와 차별을 겪는다. 종족적 소수자는 도심지역과 대도시 주변부인 방리외les banlieues의 큰 고층단지에 밀집해 있다. 종족적 소수자는 사회적 지위가 낮으며, 특히 청년층의 경우 취업상태가 불안정하고 실업률이 높다. 인종차별과 폭력 또한 만연해 있다. 그러나 1980년대부터 이민자 중 전문직 종사자, 사업가와 같은 중산층이 등장했는데, 이들은 뵈르주아지beurgeoisie[북아프리카 출신, 특히 마그레브 지역 출신 이민자를 지칭하는 '뵈르beurs'에서 파생한 말로 아랍 출신자 중 성공한 사람을 가리키는 속어—옮긴이]라고 불린다.

프랑스 사회에서 종족적 소수자의 입지는 고도로 정치화되어 왔다. 1970년대에는 신분증 검사 등 경찰의 불시단속과 경미한 위법행위로 이민자에게 유죄를 선고해 강제퇴거하는 일이 다반사였다. 이민자들은 주요 파업, 특히 자동차 제조업의

이주노동자에게 기숙사를 제공하며, 프랑스에서는 정부의 공공 재단인 사회사업기금Fonds d'Action Sociale; FAS이 이주자 숙소를 운영한다. 이러한 숙소는 일반적으로 개인 임대주택보다 낮지만 통제와 고립을 초래하기도 한다. 또한 숙소는 이주자가 특정 지역에 밀집되는 현상을 야기한다. 이주노동자가 첫 숙소를 떠나면 그 부근에서 다음 거처를 찾는 경향이 있다.

파업에서 적극적인 역할을 했다. 1980년대 사회당 정부는 이민자의 체류권 개선과 더 많은 정치 참여의 허가, 불법이민자의 사면을 단행했다. 또, 이민자의 주거 및 교육 향상과 청년실업 문제 해결을 위한 특별 프로그램을 시도했다. 같은 시기 극우 반이민정당인 국민전선Front National이 주요 정치세력으로 부상했다.

실업과 경찰의 차별행위에 대한 청년층의 시위는 리옹, 파리와 그 외의 도시에서 폭동으로 이어졌다. SOS인종주의SOS-Racisme〔앤틸러스 제도 출신 아버지와 알자스 지방 출신 어머니 사이에서 태어난 아를렘 데지르가 이끈 운동단체로 1984년 파리 지하철에서 발생한 인종차별 사건을 계기로 조직되었다. 인종주의와 외국인 혐오증에 대항하여 다원적인 프랑스 사회를 만들려고 노력했다. 이들은 "내 친구에게 손대지 마!"라는 문구를 새긴 손바닥 모양의 배지를 배포하여 커다란 호응을 얻었다.―옮긴이〕와 프랑스 플뤼France-Plus 같은 운동조직으로 형성된 뵈르beurs의 캠페인은 프랑스 사회로의 진정한 포함과, 국적이나 혈통이 아닌 거주에 입각한 새로운 유형의 '참여에 의한 시민권'을 요구했다. 그러나 1990년대 중반 이슬람이 세력을 확장함에 따라 이러한 세속적 운동은 지지 기반을 상실했다. 이때부터 이슬람 근본주의에 대한 프랑스 사회의 공포가 증폭되었고, 특히 알제리에서의 폭력이 1995년 파리 지하철 폭탄 테러로 비화되었을 때 더욱 심화되었다. 중도우파 정부는 출생지주의ius soli(프랑스에서 출생하여 시민권을 부여받음)라는 공화주의 원칙을 약화하는 이민 및 국적 규정을 수정하여 더욱 강화했고, 개정된 이민법으로 인해 합법적 지위를 상실한 서류미비 이민자들sans papiers을 대거 추방했다.

1997년부터 2002년까지 집권한 사회당 정부는 이민자 후손들을 위한 출생지주의 원칙을 회복하고 이민자의 입국과 체류에 관한 규정을 완화했다. 그러나 사회가 이민자의 범죄에 위협받고 있으며 프랑스인의 정체성이 약화되고 있다는 주장은 극우정당이 유권자들에게 강력한 영향력을 미치는 지점이었다. 국민전선의 당수

인종차별이 상대적으로 약한 국가에서 이민자들은 흔히 경제적 지위가 향상되면 도심 지역에서 벗어나 좀 더 나은 환경의 교외로 이동한다. 반면 인종차별과 사회적 배제가 강한 경우, 거주지 밀집현상이 지속되거나 더욱 심화된다. 격리현상은 다수의 기존 지역주민이 도심에서 교외로 이주함으로써 증폭된다. 부유한 이민자들이 교외로 이동하면 사회계급과 종족에 따른 거주지 밀집현상의 증가를 야기할 수 있다. 네덜란

인 르펜Le Pen은 2002년 대선의 제1차 투표에서 5분의 1 이상의 득표율을 보여 유럽을 경악케 했다.

2002년 출범한 중도우파 정부는 이민을 축소하고 관련법과 규제를 강화하겠다고 선언했다. 니콜라 사르코지 내무부 장관은 규제적인 이민법 조항을 도입했다. 2004년 관련법은 학교 등 공공장소에서 무슬림의 베일이나 그 외 '눈에 잘 띄는 종교적 상징'을 착용하는 행위를 금지했다. 그러나 사르코지의 소수종족에 대한 공식적인 공격과 방리외 지역에 대한 엄격한 치안감시 정책은 이민자 2세들의 불만을 고조시켰다. 프랑스는 2005년 가을 심각한 폭동을 경험했다. 경찰과 청년들이 밤마다 대치했고 공공기관 건물이 공격받았으며, 자동차 수백 대가 불탔고 많은 사람들이 부상을 당했다. 당국의 반응은 소수종족에 대한 기존의 정책에 의문을 제기하는 대신, 오히려 더 엄격한 관련 법률과 조치가 필요하다는 입장이었다.

그 결과 2006년 사르코지 법Loi Sarkozy으로 알려진 이민·통합법Immigration and Integration Law이 만들어졌다. 이 법의 세 가지 주요 내용은 경제적 기준에 따른 선별에 기초한 새로운 이민immigration choisie정책, 장기 거주자를 대상으로 한 의무적인 '통합계약contrat d'accueil et d'integration', 이주와 귀환, 이민자 출신국의 발전을 연결하는 '상호발전' 등이다. 이 법은 프랑스 유권자들 사이에서 호평을 받았으며 사르코지가 2007년 대선에서 승리하는 데 일조한 것으로 보인다. 사르코지는 당선 직후 이민·국민 정체성부Ministry of Immigration and National Identity를 설치했다. 그러나 2007년 말 재발한 폭동은 아직도 뿌리 깊은 문제들이 프랑스 사회에 남아 있음을 보여 주었다.

출처: Body-Gendrot and Wihtol de Wenden(2007);
Wihtol de Wenden(1988, 1995); Wihtol de Wenden and Leveau(2001);
Weil(1991b); Bertossi(2007); Chou and Baygert(2007); Hargreaves(2007);
OECD(2006, 2007); Hollifield(2004b).

드의 경우 70퍼센트의 터키계와 60퍼센트의 모로코계가 대부분 자신과 같은 민족 출신 집단의 구성원과 교류하는 반면, 네덜란드인의 3분의 2는 이민자와 거의 접촉하지 않는 것으로 보고되었다(EUMAP, 2007).

거주지 격리는 상반된 현상이다. 종족적 소수자 형성 이론에 의하면 (제2장 참조) 거주지 격리는 타자에 의한 정의other-definition와 자기에 대한 정의self-definition라는 두 가지 요소를 모두 가진다. 이민자들은 경제적·

사회적 이유로 함께 모여 살고 보통 인종차별로 인해 특정 지역에서 떨어져 있다. 그들은 서로 의지하고 가족, 이웃과의 네트워크를 발전시키며 그들의 언어와 문화를 지키기 위해서도 함께 있기를 원한다. 종족적 소수자 거주지역에서는 이민자들의 필요를 충족시켜 주는 영세기업과 기관을 설립하고 모든 종류의 단체를 형성할 수 있다.

흥미롭게도 공동체 형성이 가장 용이했던 나라는 호주, 영국, 미국같이 주로 개인주택 소유를 바탕으로 개방적이고 유연한 주택시장을 형성해 온 국가들이다. 유럽 대륙에서 흔히 볼 수 있는 개인 임대인 소유의 아파트 건물은 공동체 형성을 이끌어 내지 못했고 대규모 공공주택 단지는 인종차별의 온상이 되는 고립과 사회문제를 자주 만들어 냈다.

이민과 종족적 소수자의 형성은 상호대립되는 방식으로 탈공업 도시를 변혁하고 있다. 사센(Sassen, 1988)은 금융, 생산, 유통에서 새로운 형태의 글로벌 조직이 어떻게 '글로벌 도시'를 형성하는지를 보여 준다. 글로벌 도시는 고도로 전문화된 활동을 하는 이민자와 엘리트의 호화로운 생활방식을 뒷받침해 주는 저숙련 서비스업 이민자의 충원을 유도한다. 이는 결국 사회경제적 지위와 종족적 배경의 상호작용으로 거주지역 간 분화가 급속하게 일어나는 도시의 공간적 구조조정으로 이어진다.

다수의 이민자는 강력한 사회적, 경제적 요인들에 의해 고립되고 열악한 도심지역으로 몰려 다른 소외된 사회집단과 함께 살아간다(Dubet and Lapeyronnie, 1992). 일부 지역민들은 거주지 격리가 '종족 집거지역 ethnic enclaves'이나 '게토ghettos'를 형성하기 위한 의도적이고 위협적인 시도라고 여긴다. 극우파는 1970년대부터 서유럽 국가 내 게토에 대한 우려를 자극해 왔다. 종족적 소수자 거주지역은 국가 및 사회 통제를 담당하는 국가기관(특히 경찰)과 대립하는 장소가 될 수 있다(제12장 참조).

종족적 소수자의 밀집과 공동체 형성은 글로벌 도시로 유입되는 이주의 불가피한 결과물로 보일 수 있다. 이는 갈등으로 이어질 수도 있는

표 11.1 **2005년 프랑스, 네덜란드, 스웨덴의 출신국별 외국 출생자 수**　　　(단위: 천 명)

출신국	프랑스	네덜란드	스웨덴
독일	–	117	42
이탈리아	342	–	–
영국	–	47	17
스페인	280	–	–
포르투갈	565	–	–
폴란드	–	–	46
핀란드	–	–	184
노르웨이	–	–	45
덴마크	–	–	43
구 유고슬라비아	–	54	74
보스니아 헤르체고비나	–	–	55
구 소련	–	35	–
알제리	677	–	–
모로코	619	169	–
튀니지	220	–	–
캄보디아	163	–	–
터키	225	196	36
이라크	–	35	73
이란	–	24	55
수리남	–	189	–
인도네시아	–	153	0
기타 국가	1,835	717*	456
총계	4,926	1,735	1,126
총인구 대비 비율(%)	8.1	10.6	12.4

주: -로 표시한 나라는 이민자의 비율이 높지 않아 각각의 수용국에서 이민자의 주요 출신국으로
　　분류하지 않음. 이민자의 수가 적은 나머지 출신국은 기타 국가에 포함시킴.

출처: OECD(2007:Table B.1.4).

*: 원서에서 이용한 원래의 보고서 통계를 확인하여 네덜란드의 기타 국가 출신 통계의 오류를 수
　정함.—옮긴이

반면, 도시 생활과 문화를 개선하고 풍부하게 할 수도 있다. 특정 소수
종족집단은 현대 도시에서 결코 완전히 고립되거나 자급자족할 수 없
다. 문화적·정치적 상호작용은 포함과 배제 및 문화 전파의 복합적 과
정 속에서 발생한다. 데이비스(Davis, 1990)가 로스앤젤레스 사례연구에

서 보여 주었듯이, 도시 내 에너지와 혁신적 능력은 대부분 다종족 인구의 문화적 혼합^{syncretism}에서 나온다. 단일민족 사회(모든 경우 항상 신화로 존재하지만)로의 회귀가 불가능한 것처럼, 고정적이거나 동질적인 문화로 돌아갈 길은 없다. 다문화 인구 집단으로 구성된 글로벌 도시는 변화를 위한 유력한 실험실이다.

사회정책

이주자들이 도심지역과 공업도시로 들어오자 주택가격 상승, 주택수준 저하, 사회 편의시설 상태 악화의 책임이 이들에게 돌아갔다. 이에 대응하여 전반적 사회정책이 개발되었다. 종족적 소수자의 밀집을 감소시키고 사회갈등을 해소하기 위해 고안된 일부 정책은 의도하지 않은 결과를 가져오기도 했다.

　프랑스는 가장 심각한 문제를 안고 있었다. 1968년 이후 프랑스에서는 비동빌레^{bidonvilles}를 제거하고 이민자들의 공공주택 접근성을 높이기 위한 조치가 시행되었다. 이민자 수가 한 주택단지 내에서 최대 10퍼센트 또는 15퍼센트를 초과하지 않아야 한다거나 이민자 학생 수가 한 학급 내에서 25퍼센트를 초과하지 않아야 한다는 관용의 한계점$^{seuil\ de}$ $_{tolérance}$이라는 개념이 도입되었다(Verbunt, 1985:147-155; MacMaster, 1991:14-28). 이러한 조치는 이민자의 밀집이 문제를 유발하므로 이들의 분산이 동화의 전제조건이라는 점을 함축했다. 영세민 공공임대주택(habitations à loyer modéré 또는 HMLs) 기구 보조금은 이민자 할당에 따라 지급되었다. 프랑스인과의 갈등을 최소화하기 위해 이민자 가족들을 특정 주택단지에 집중시켰다. 사실상 새로운 게토가 만들어지고 있었으나 HML 기구에서는 주택단지 내에 할당된 이민자 수를 고수했을 뿐이

11.5 독일의 소수자

1990년대 후반까지 독일의 정치인들은 '독일은 이민국가가 아니다'라는 입장을 고수해 왔다. 그러나 1945년 이래 2,000만 명 이상의 이민자가 유입되면서 독일은 사실상 어느 유럽 국가보다도 이민자가 많은 나라가 되었다. 제2차 세계대전 직후 800만 명 이상의 독일인 '국외추방자들Heimatvertriebene'이 소련과 폴란드에 합병된 지역에서 귀환했다. 1960~1970년대에는 수백만 명의 남부유럽과 터키 출신 초청노동자를 모집했고 이들 대다수는 가족과 함께 체류했다(박스 5.1 참조). 냉전 종식 후에는 러시아와 루마니아에서 '독일계 이민자Spätaussiedler'가 입국했고, 비호신청자와 경제적 이주자가 전 세계에서 유입되기 시작했다.

2003년 외국 출생자는 전체 인구 8,250만 명의 12.9퍼센트에 해당하는 1,600만 명이었다. 그러나 외국 출생자의 출신지별 분석이 불가능하여 외국인 체류자 인구 자료를 사용할 필요가 있다. 외국인 체류자는 1961년 전체 인구의 1.2퍼센트인 70만 명에서 1981년 인구의 7.5퍼센트인 460만 명으로, 2001년에는 8.9퍼센트인 730만 명으로 증가했다. 한편, 2005년 수치인 8.2퍼센트인 680만 명은 실제 감소했음을 의미하는 것이 아니라, 출신지를 고려한 인구등록 방식의 변경 때문이라고 할 수 있다.

2005년에는 외국인의 68퍼센트가 비유럽연합 국가 출신자였으며, 25퍼센트는 기존 유럽연합 국가 출신자, 나머지 7퍼센트는 2004년 유럽연합에 가입한 10개국 출신자였다. 외국인 부모의 자녀가 독일에서 출생한 경우 아직까지 자동적으로 독일 시민권을 취득할 수 없는데, 외국인의 5분의 1(140만 명)은 실질적으로 독일 출생자이다.

대부분의 초청노동자가 입국 초기 제조업 분야의 단순노동자로 취업하면서, 이들의 거주지역이 공업지역과 도심을 중심으로 밀집되는 결과가 나타났다. 이후 경제 구조조정으로 인해 이민자가 종사하던 많은 직종이 사라지면서 외국인의 실업률이 독일 평균 실업률의 두 배에 가까운 20퍼센트를 넘어섰다. 많은 외국인들이 산업현장을 떠나 주변적 소규모 사업을 시작했다. 이민자 자녀가 학교에서 직면하는 각종 문제를 해결하기 위한 프로그램의 부재는 이들이 앞으로 노동시장에서 좋은 기회를 얻지 못하게 될 것임을 의미했다.

1990년 독일이 통일되면서 이민자와 비호신청자에 대한 인종차별적 폭력이 거세졌다. 영구 정착하여 최하위계급으로 전락할 것이 자명했다. 특히 주로 무슬림 배경을 가진 터키 출신 이민자에게 관심이 집중되었다. 시 당국에서는 종족적 소수자에게 적절한 서비스를 제공하기 위해 특별 사무소를 설치했다. 프랑크푸르트에서는 그러한 기관을 다문화사무소Office for Multicultural Affairs라고 불렀다. 그러나 국가에서는 국민 통합을 위협하는 것으로 인식하여 다문화주의를 거부했다.

1999년 국적법Citizenship Law은 중요한 변화를 가져왔다. 이 법은 이민자와 그 자녀들이 보다 용이하게 독일인이 될 수 있도록 했으나 터키 출신 이민자들의 주된 요구였던 이중국적은 허용하지 않았다. 2001년 연방내무부의 한 보고서에서 이민 정책의 근본적인 변화를 권고했고 2004년 독일의 첫 이민법이 통과되었다. 이민법은 현대적인 이주 관리 체계를 수립하기 위해 계획되었고, 이민자에게 독일어 교육뿐 아니라 법제도, 역사, 문화를 가르쳐 이민자를 통합시키는 길을 열었다. 특정 체류자격을 가진 신규 이민자와 기존 외국인 체류자는 이러한 강좌를 의무적으로 이수해야 한다.

독일의 주요 출신국가별 외국인 거주자 수(1995, 2005)

국적	1995년 (1000명)	2005년 (1000명)	2005년 외국인 인구 비율	2005년 전체 인구 비율
터키	2,014	1,764	26.1	2.1
이탈리아	586	541	8.0	0.7
세르비아 몬테네그로	798	494	7.3	0.6
폴란드	277	327	4.8	0.4
그리스	360	310	4.6	0.4
크로아티아	185	229	3.4	0.3
러시아 연방	–	186	2.8	0.2
오스트리아	185	175	2.6	0.2
보스니아 헤르체고비나	316	157	2.3	0.2
우크라이나	–	131	1.9	0.2
기타	2,413	2,442	36.2	3.0
총 합계	7,134	6,756	100	8.3*

*: 통계 수치의 오류를 수정함.—옮긴이

이와 동시에 경기 침체의 결과로 큰 변화가 나타나고 있다. 처음으로 지난 수년간 많은 독일인들이 외국으로 이민을 떠나기 시작한 것이다. 심지어 독일 정부는 실업 상태의 숙련 노동자들이 스위스, 노르웨이, 오스트리아, 영국에서 취업할 수 있도록 돕는 강좌를 제공하고 있다.

독일은 이주의 예상할 수 없는 결과를 잘 보여 주는 중요한 사례이다. 외국인 노동력의 모집은 단기취업 노동자 유치를 위해 계획되었지만, 결과적으로 이들의 영구 정착과 다민족 사회의 출현을 가져왔다. 그러나 정부가 독일이 이민국임을 공식적으로 부인하는 등, 사회에서 이민자를 배제함으로써 상황을 더욱 악화시켰다. 결국 이민자에 대한 독일인의 태도와 정책적 접근이 변화되어야 했다. 이러한 변화는 현재 진행형이지만 어렵고 긴 과정이 될 것으로 보인다.

출처: BAMF(2006a, 2006b); OECD(2006, 2007); Green(2004); Schierup et al.(2006:chapter 6); Süssmuth(2001).

라고 주장할 수 있었다(Weil, 1991b:249-258). 이것이 21세기 초 프랑스의 딜레마가 되어 버린 소수종족이 밀집한 방리외banlieues(도시 외곽 주변부)의 기원이다(Hargreaves, 2007; Body-Gendrot and Wihtol de Wenden, 2007).

1980년대에 들어서 방리외는 지속되는 실업, 사회문제 및 종족 갈등 지역으로 급속하게 돌아섰다. 사회정책은 도시 청년들에게 집중되었고, 사회당 정부는 주택과 사회적 조건을 개선하고 교육 성과를 향상하며 청년 실업을 해소하는 다양한 프로그램을 개발했다. 한 프랑스 학자에 따르면, 이러한 사회정책 방안은 이민자들을 프랑스 사회에 통합하기 위해 고안되었으나, 사실상 "모든 도시 문제와 집거지역 문제를 이민과 결부시켰다." 결국 사회정책은 소수자의 밀집을 부추겼고 통합을 약화시켰으며 소수자 집단의 종교적·문화적 소속감을 공고히 했다(Weil, 1991b:176-179). 이러한 해석은 종족 공동체를 인정하지 않으려는 프랑스 공화주의의 전통에 잘 들어맞는다. 사실 국가가 이민자를 용이하게 통합하기 위해 어느 정도까지 특별한 사회정책을 제공해야 하는가는 대부분의 이민국에서 논란이 많은 문제이다.

한편으로 이민자를 대상으로 한 특별 정책은 이민자가 분리되는 경향을 강화할 수 있다. 1980년대까지 독일 교육당국은 이민자들이 독일 생활에 필요한 기술을 익히는 동시에 용이하게 귀환할 수 있도록 모국 문화를 유지하게 하는 '이중 전략'을 추진했다. 이에 따라 외국인 아동을 위한 특별 수업을 시행했으나 결국 사회적 고립과 낮은 학업 성취도를 초래했다(Castles et al., 1984:Chapter 6). 영국의 주택정책은 비차별적 의도로 추진되었으나 '흑인'과 '백인'으로 양분된 주택단지의 출현으로 이어지기도 했다. 스웨덴에서 이민자를 대상으로 한 특별 공공주택제도는 종족적 소수자 밀집의 심화와 이민자와 스웨덴 주민 간의 격리를 유발했다.

다른 한편으로 다문화 사회정책은 이민자가 교육, 언어 및 주택에서 그들만의 특별한 필요를 충족하는 서비스를 원한다는 생각에 바탕을 둔다. 이러한 정책의 부재는 이민자와 그 자녀들을 불리한 위치에 놓고 이들의 사회경제적 상승의 기회를 차단하는 것이다. 다문화주의의 핵심 가설은 특별 정책이 격리를 유발하지 않으며 그와는 반대로 성공적인 통합의 전제조건이 된다는 것이다. 종족적 소수자가 처한 상황은 문화적·사회적 차이뿐만 아니라 차별로 인해 참여에 장벽이 생기면서 발생한 결과이기 때문이다.

국가별 사회정책 대응방안을 대략적으로 분류하면 다음과 같다. 1970년대부터 호주, 캐나다, 영국, 스웨덴 및 네덜란드는 이민자와 소수자를 위한 적극적 사회정책을 추진했다. 호주, 캐나다, 영국은 '다문화'란 명칭을 사용했다. 스웨덴은 '이민정책', 네덜란드는 '소수종족 정책'이란 용어를 사용한 반면, 영국은 '인종관계 정책'이라고 불렀다. 이 국가들에서 특별히 이민자와 소수자를 대상으로 하는 사회정책은 최근 들어 심하게 비판받아 왔다. 그 결과 다문화정책은 경우에 따라서 '통합integration', '사회융합social cohesion', '공유된 시민적 가치'를 강조하는 것으로 대체되어 왔다. 그러나 다수의 사회정책은 새로운 명칭하에 계속 유지되어 왔다.

두 번째 그룹으로 분류되는 국가는 이민자 대상의 특별 사회정책을 거부하는 경우이다. 미국 당국은 이민자를 위한 특별 정책을 정부의 불필요한 개입으로 여긴다. 그럼에도 1960년대 민권 운동 이후 도입된 기회 균등, 차별금지 및 적극적 차별 시정조치affirmative action measures는 이민자들에게 도움이 되었고, 특별한 사회정책과 교육정책이 지역 수준에서 시행되고 있다. 그러나 외국인(특히 불법 이민자)을 위한 사회보조금과 교육 지원은 1980년대 이후부터 공격받고 있다. 프랑스의 경우 이민자는 프랑스 시민이 되어야 하고, 모든 특별대우는 이를 저해한다는 원칙에 입각해 특별 사회정책을 부정해 왔다. 그러나 교육우선구역Educational Priority Zones 또는 일반 도시정책la politique de la ville과 같이 이민자에 대한 특별한 언급 없이 열악한 지역을 대상으로 하는 정책 프로그램을 시행해 왔다.

세 번째 그룹으로 분류되는 국가는 종전의 '초청노동자' 모집국이다. 독일은 약간 상호대립적인 정책을 추진해 왔다. 1960년대 독일 정부는 (교회 및 노동운동과 연관된) 자선단체에 위탁하여 외국인 노동자에게 특별 사회서비스를 제공했다. 외국인 노동자는 근로 관련 사회보조금을 받을 수 있는 동등한 권리를 가지지만 장기간 실업 상태이거나 장애가 있는 경우 강제퇴거당할 수 있었다. 1973년 인력 모집이 중단된 이후 (노동조합과 NGO의 지지 속에) 이주자들은 복지권과 가족 재결합 소송에서 획기적으로 승소했다. ― '독일은 이민국가가 아니다'라는 공식적인 주장에도 불구하고― 정착이 더욱 영구화되자 복지, 보건 및 교육 관련 기관들은 이민자의 요구를 고려하기 시작했다. 오스트리아의 경우도 비슷하다. 연방정부가 오랜 기간에 걸친 통합을 부정한 반면, 시 당국은 소수자를 위한 특별 서비스를 제공하며 실제 도시 인구의 다양성을 인정했다. 이와 반대로 스위스는 사회서비스 제공을 개인의 주도성과 민간 부문에 맡겨두고 있다.

21세기 초 사회정책에는 사회적 배제, 또는 2001년 북잉글랜드 폭동에 대한 보고서에서 언급된 '평행적 삶parallel lives' (2001년 영국의 북부 잉글랜드 지역의 폭동 보고서인 「캔틀 리포트Cantle Report」에서 처음 사용된 개념으로, 백인과 아시아인 공동체가 서로 어떠한 접촉도 없이 따로 격리되어 자신들의 영역을 유지하는 것을 강조하기 위해 사용했다. 평행적 삶을 사는 사람들은 어떤 시기에도 서로 만나지 않기에 가치나 경험의 공유가 불가능하다.―옮긴이)에 대한 우려에서 비롯된 일부 수렴현상이 있어 왔다(Cantle, 2001). 정치 지도자들은 다문화적인 접근방식에 문제를 제기했고 시민권 시험과 통합 계약 같은 조치를 도입했다. 이민자와 그 후손들이 겪는 사회적 불이익을 방지하기 위한 특별 프로그램은, 이를 지칭하는 미사여구에는 차이가 있을지라도, 거의 모든 국가에서 찾아볼 수 있다.

다른 일반적 경향은 인종차별과 차별을 해소하기 위한 정책에 관한 것이다. 2000년 유럽연합 각료이사회Council of the EU는 인종평등지침Racial Equality Directive을 만장일치로 채택했다. 이로써 모든 유럽연합 회원국은 취업, 훈련, 교육, 사회보장, 보건, 재화와 용역에 대한 접근에서 인종이나 종족 출신과 무관하게 모든 사람에 대한 평등의 원칙을 이행해야 한다. 회원국은 2003년까지 이 원칙을 국내법으로 제정하고 평등한 대우를 촉진하고 인종차별의 피해자를 지원하는 국가기관을 설립해야 했다(CEC, 2007a). 이 지침은 나라별로 균등하게 이행되고 있지는 않으나 다수의 국가에서 중요한 변동을 나타낸다.

인종차별과 소수자

이민국에서 이민자들은 세 가지 유형으로 구분될 수 있다. 첫째, 일반 사람들과 융화되어 별개의 종족집단을 형성하지 않는 이민자들이다. 이들은 일반적으로 수용국의 다수 인구와 문화적, 사회경제적으로 비슷하다. 그 예로 호주에 정착한 영국인 또는 독일로 이주한 오스트리아인이 있다.

둘째, 종족 공동체를 형성한 이민자들이다. 이들은 특정 지역에 모여 살며 모국어와 문화를 유지하는 경향이 있으나 시민권, 정치적 참여 및 경제적, 사회적 상승을 위한 기회에서 배제되지는 않는다. 종족 공동체는 부분적으로는 이주 초기의 차별로 인해 형성될 수 있으나, 공동체가 지속되는 주된 이유는 문화적, 심리적이다. 그 예로 호주·캐나다·미국

내 이탈리아인, 영국 내 아일랜드인, 프랑스나 네덜란드 내 남부유럽 출신 사람들을 들 수 있다. 이들의 공동체는 후속 세대들이 다른 집단 출신과 결혼하고 초기 밀집 지역에서 벗어나면 시간이 흐르며 현저히 축소될 가능성이 크다.

셋째, 일부 이민자는 종족적 소수자 집단을 형성한다. 종족 공동체와 같이 이들은 특정 지역에서 이웃을 형성해 모여 살고 모국어와 문화를 유지하는 경향이 있다. 그러나 이와 더불어 사회경제적으로 불리한 위치에 있고 취약한 법적 신분, 시민권 거부, 정치·사회권 거부, 종족·인종적 차별 및 인종차별적 폭력과 괴롭힘 같은 요소들로 인해 사회에서 배제될 수 있다. 그 예로 호주·캐나다·미국 내 일부 아시아계 이민자, 미국 내 히스패닉, 영국 내 아프리카계 카리브 해인과 아시아인, 대부분 서유럽 국가 내 북아프리카인과 터키인, 그리고 어디에나 있는 비유럽 출신 비호신청자를 들 수 있다.

모든 나라에 이 세 유형의 이민자들이 모두 존재하나 여기서는 두 번째와 세 번째 유형을 중심으로 논의한다. 왜 어떤 이민자는 종족 공동체의 성격을 띠는 반면, 또 다른 이민자는 종족적 소수자 집단이 되는가를 살펴보는 것은 중요한 작업이다. 더 나아가, 왜 어떤 나라에서는 다른 나라에 비해 다수의 이민자가 소수자 지위를 가지고 있는가를 검토할 필요가 있다. 여기에는 두 가지 요인이 나타난다. 이민자들의 특성과 관련된 요인, 그리고 수용국 사회의 사회구조, 문화적 관습 및 이념과 관련된 요인이다.

이민자의 외형적 차이(피부색, 인종적 생김새)가 소수자 지위의 주된 표지가 된다는 점은 분명하다. 미국, 캐나다, 호주의 원주민이나 미국의 아프리카계 미국인 같은 비이민자 종족적 소수자가 그 전형적인 경우이다. 이들은 비유럽 출신 이민자와 함께 모든 국가에서 가장 소외된 집단을 이룬다. 그 이유를 네 가지 측면에서 설명할 수 있다. 외형적 차이가 최근에 들어온 이민자, 문화적 거리감, 사회경제적 위치와 일치하거나, 인종차별의 대상이 된다는 것이다.

첫 번째 이유는 부분적으로 맞다. 다수의 사례에서 흑인, 아시아계, 히스패닉계 이민자가 가장 최근에 들어온 이민자 집단을 구성한다. 역사적 연구에 따르면 과거 백인 이민자를 대상으로 한 인종차별 사례들이 오늘날 비백인을 대상으로 한 것만큼 매서웠다고 한다(제4장 참조). 최근에 들어온 이민자는 더욱 위협적인 집단으로 보일 수 있고 이들은 일자리와 주택을 두고 특히 지역의 저소득층과 경쟁하는 경향이 있다. 그러나 최근에 들어온 이민자라는 이유로는 왜 원주민이 배제적 관행의 피해자가 되는지, 또는 왜 아프리카계 미국인이나 기존의 다른 종족적 소수자들이 차별받는지를 설명하지 못한다. 그리고 왜 백인을 대상으로 한 인종차별은 사라지는 반면, 비非백인을 대상으로 한 차별은 세대에 걸쳐 지속되는가 또한 설명할 수 없다.

문화적 거리감은 어떠한가? 일부 비유럽 출신 이민자는 공업화 이전의 문화를 가진 시골지역 출신으로, 공업화 또는 탈공업화 문화에 적응하기가 어려울 것이다. 그러나 미국과 호주 내 다수의 아시아계 이민자는 도시 출신이며 고학력자이다. 그러나 이러한 사실이 이들을 인종차별과 그 외의 차별로부터 보호해 주지는 않는다. 다수의 사람들은 주로 언어, 종교, 가치에 따라 문화를 이해하고 비유럽계 이민자들이 매우 다르다고 여긴다. 이는 특히 무슬림에게 적용된다. 이슬람에 대한 두려움의 기원은 중세 십자군 전쟁까지 거슬러 올라간다. 최근 몇 년간 테러리즘에 대한 우려는, 근본주의적 이념을 지지하는 무슬림이 사실상 극소수임에도 불구하고, 광범위한 이슬람공포증Islamophobia(이슬람교와 무슬림에 대한 적대심)으로 이어졌다.

세 번째 이유는 외형적 차이가 흔히 사회경제적 지위와 일치한다는 것이다. 일부 저개발국 출신 이민자의 경우 공업화된 경제에서 지위 상승에 필요한 교육이나 직업훈련이 부족하다. 그러나 고숙련 이민자라 하더라도 차별에 부딪힐 수 있다. 다수의 이민자들은 노동시장의 밑바닥으로만 진출할 수 있으며, 사다리를 타고 올라가기가 힘들다는 현실을 깨닫게 된다. 따라서 낮은 사회경제적 지위는 소수자 지위의 원인이 되는 것만큼 주변화 과정의 결과이기도 하다.

그러므로 우리는 종족적 소수자 형성의 가장 중요한 원인이 주류 사회와 이민 수용 국가에 의한 배제의 관행에 달려 있다고 결론짓는다. 우리는 이러한 관행을 인종차별로, 그 결과를 소수자의 인종화racialization of minorities로 지칭한다(제2장 참조). 인종차별의 전통과 문화는 모든 유럽 국가와 과거 유럽의 식민지에서 강하게 나타난다(Goldberg, 1993). 1970년대 후반 이후 나타난 인종차별과 인종차별적 폭력은 급속한 경제·사회적 변동이 불러일으킨 불안감의 확대와 관련될 수 있다.

인종차별적 폭력

1980년대 중반 유럽의회의 유럽 내 파시즘과 인종차별 조사위원회 Committee of Inquiry into Fascism and Racism in Europe는 "이민자 공동체는 매일 불신과 적의, 지속적인 차별 …… 그리고 다수의 경우 살인을 포함한 인종차별적 폭력의 대상임"을 알아냈다(European Parliament, 1985). 1990년 독일 통일 이후 인종차별적 폭력이 급격히 증가했다. 신나치Neo-Nazi 집단은 때때로 구경꾼들의 박수를 받으며 난민 숙소와 거리의 외국인을 공격했다. 초기에는 구동독GDR 지역에서 가장 심각했으나 1992년과 1993년에는 구서독 지역에서 터키계 이민자 몇 명이 방화로 사망했다. 유럽 전체에서 이러한 공격은 비일비재해졌다. 한 연구에 따르면, "1990년대 초 다수의 사람들이 일상을 위협받으며 인종차별적 폭력과 괴롭힘을 겪어야 했다"(Björgo and Witte, 1993:1).

미국은 아프리카계 미국인을 대상으로 한 백인 폭력의 오랜 역사를 가지고 있다. 시민권 운동으로 확보된 반인종차별법에도 불구하고 큐클럭스클랜^{Ku Klux Klan}이나 이와 관련된 단체들이 위협적인 존재로 남아 있다. 아시아계, 아랍계와 기타 종족적 소수자는 자주 공격대상이 된다. 소수자에 대한 경찰의 폭력도 흔하다. 1992년 5월 로스앤젤레스 폭동〔1992년 4월 29일 발생한 폭동으로 4·29폭동이라고도 한다.—옮긴이〕은 흑인 운전자를 폭행한 경찰들이 법정에서 처벌받지 않자 일어난 사건이다. 심지어 캐나다, 스웨덴, 네덜란드와 같이 관용적임을 자부하는 국가에서도 인종차별적 공격의 발생률이 높은 것으로 보고된다.

유럽연합의 유럽 인종차별과 외국인혐오 감시센터^{European Monitoring Centre on Racism and Xenophobia; EUMC}는 2006년 발간한 보고서에서 법과 형사사법 관행의 차이로 인해 유럽연합 회원국 내 인종차별적 폭력을 비교하기가 어렵다고 지적했다. 영국과 핀란드만이 '포괄적인 자료수집 방법'을 보유하고 있었고, 5개국—키프로스, 그리스, 이탈리아, 몰타, 스페인—은 공식적인 자료가 전혀 없었다(EUMC, 2006:96). 영국에서는 2004~2005년 동안 5만 7,902건의 '인종차별 사건'이 기록되었고, 같은 기간 동안 프랑스에서는 974건의 '인종차별, 외국인 혐오 및 반유대주의 행위'가 있었으며, 2005년 독일에서는 1만 5,914건의 '정략적-우익^{politically motivated-right wing}' 범죄가 기록되었다. 인종차별이 영국에서 더 심각하다고 생각할 까닭은 없다. 앞에서 언급한 수치는 단지 (인종차별에 대한) 정의와 정책 관행의 차이를 반영한다. 자료를 보유한 11개 유럽연합 회원국 중 8개국(덴마크, 프랑스, 아일랜드, 폴란드, 슬로바키아, 핀란드, 영국)은 상승세를 보였다. 3개국(체코 공화국, 오스트리아, 스웨덴)은 하락세를 보였다(EUMC, 2006:99~100). 인종차별의 주된 대상은 유럽 내 800만 명의 집시(로마인)와 무슬림, 유대인이다. 이 보고서는 취업, 주택, 교육

11.6 이탈리아의 소수자

이탈리아는 극적인 이주변천을 경험해 왔다. 1945~1975년까지 약 700만 명의 이탈리아인이 경기 침체와 빈곤에서 벗어나기 위해 이민을 떠났다. 미국, 아르헨티나, 브라질, 호주, 독일, 스위스에는 대규모의 이탈리아인 공동체가 형성되어 있다. 그러나 1970년대 이후 급속한 경제성장과 출산율 저하로 이러한 이주 유형이 바뀌었다. 21세기 초 이탈리아는 유럽에서 (스페인과 함께) 이민자를 가장 많이 받아들인 나라였다.

이탈리아에서 합법적으로 체류하는 외국인은 1985년 40만 명, 1995년에는 70만 명이었으나 2005년에는 270만 명으로 급격히 증가했다. 이민자의 입국 형태는 주로 서류미비 노동이주였는데, 이후 자주 합법화가 진행되었다(제8장 참조). 그러므로 증가한 외국인 수 가운데 일부는 체류자격 변경으로 증가한 숫자이며, 집계되지 않은 수의 서류미비 이주자는 계속 남아 있다. 합법적으로 체류하는 외국인은 전체 인구 5,900만 명 가운데 4.6퍼센트를 차지한다. 다음 표는 동유럽, 북아프리카, 아시아, 남미 출신 집단으로 구성된 이민자 인구의 다양성을 보여 준다.

이탈리아의 주요 출신국가별 합법적 외국인 체류자(1995, 2005)

국적	1995년 (1000명)	2005년 (1000명)	2005년 외국인 인구 비율	2005년 전체 인구 비율
알바니아	30	349	13.1	0.6
모로코	81	320	13.0	0.5
루마니아	14	298	11.1	0.5
중국	16	128	4.8	0.2
우크라이나	1	107	4.0	0.2
필리핀	36	90	3.4	0.2
튀니지	31	84	3.1	0.1
세르비아 몬테네그로	34	64	2.4	0.1
에콰도르	2	62	2.3	0.1
인도	12	62	2.3	0.1
기타	472	1,107	41.5	1.9
계	729	2,671	100.0	4.6

이민자는 이탈리아의 젊은이들이 기피하는 농업과 공업을 유지하는 데 중요한 역할을 한다. 서류미비 노동자는 이탈리아 경제활동의 4분의 1을 차지하는 '지하경제'에 집중되어 있다. 합법적 이민자는 숙련 노동자 및 저숙련 노동자로서 북부의 공업지역과 이탈리아 전역의 서비스 산업에서 중요한 역할을 담당하고 있다. 가족 재결합의 증가(2005년 입국자의 58퍼센트에 해당함), 여성 이민자의 높은 비율

(2006년 49퍼센트), 외국인 여성의 높은 출산율(2004년 11퍼센트), 학교에 입학하는 이민자 자녀 수의 증가 등 몇몇 지표들을 보면 이민자의 영구 정착 경향이 나타난다.

이탈리아의 전체 인구에서 이민자가 차지하는 비율은 유럽의 전통적인 이민국가보다는 여전히 낮지만, 이민자의 빠른 증가 속도와 다양한 출신지 때문에 이민자 문제는 이탈리아 사회에 도전이 되고 있다. 극우세력인 북부동맹Northern League과 국민연합National Alliance은 이탈리아의 법과 질서를 유지하는 데 위험이 된다는 이유로 이민을 반대하는 캠페인을 벌였으며, 그 과정에서 특히 비유럽 출신 이민자를 대상으로 상당한 폭력사태가 발생하기도 했다. 노동조합과 좌파 정당 및 교회조직과 시민단체는 이민자의 권리와 다문화주의를 주장했고 경영자 협회는 노동이주의 확대를 요구하는 캠페인을 전개했다.

이탈리아는 1986년까지 이민법이 제정되지 않았으며, 1998년에 이르러 중도좌익 정부가 외국인의 장기체류허가carta di soggiorno를 포함한 광범위한 이민규제 체계를 마련하기 시작했다. 이 정부는 이민자의 통합정책도 도입했으나 실행은 부진하고 순탄하지 않았다. 우파 정당이 권력을 장악한 지방정부에서는 체류허가를 내주기를 꺼렸고 관료주의적 행정 처리 때문에 이민자의 대기 기간이 늘어났다. 좌파 정당의 지방정부도 더 효율적이지는 않았으며, 이민자의 문화 다양성을 인정하고 서비스를 개선하려는 정책은 실제로 실행되기보다는 미사여구에 그치곤 했다. 이민자의 시민권 취득은 극도로 어려운 상태로 남아 있다.

2001년 베를루스코니가 이끄는 중도우파 연합은 이민자를 국가에 대한 위협으로 간주하는 입장을 취하여 표를 얻어 총선에서 승리를 거두었다. 이듬해 중도우파 연합은 1998년 조치를 폐지한 보시−피니법Bossi−Fini Law을 통과시켰다. 이 법은 계절노동자 고용을 선호하고 구금과 강제퇴거 확대를 포함하여 불법체류자에 대한 엄중한 단속을 도입했다. 그러나 베를루스코니 정권은 불법체류자의 합법화 캠페인도 추진하여 합법적인 외국인 인구의 증가라는 의도치 않은 결과를 초래했다.

2006년 5월 집권한 중도좌파의 프로디 정부는 새로운 접근을 약속했다. 시민권과 이민개혁에 관한 두 가지 법안은 안정적인 체류자격, 통합정책, 궁극적으로 시민권에의 접근을 포함하여 이민자 권리에 관한 포괄적인 체계 구축을 위해 고안되었다. 그러나 계획되었던 개혁은 시행되지 않았다. 2008년 초 새로운 중도우파 정부가 집권하면서 이민 반대 구호를 내세운 캠페인이 전개되었고, 특히 베를루스코니 연합의 파트너인 북부동맹과 다른 극우정당들이 가세했다. 나폴리에서는 군중이 이민자가 거주하는 판잣집을 불태우는 등 이민자에 대한 인종차별주의적 공격이 이어졌다.

출처: Calavita(2004); Einaudi(2007); ISTAT(2007); King et al.(2000); Pastore(2006, 2007); Reyneri(2003); OECD(2006, 2007).

면에서도 높은 수준의 차별이 있음을 파악했다.

분명히 인종차별적 폭력과 차별은 중대한 문제로 남아 있다. 2001년 유럽연합 집행위원회European Commission는 인종차별과 외국인혐오를 척결하기 위한 제안을 제출했다. 2007년 초 유럽연합 회원국의 법무·내무 장관들은 최종적으로 일련의 규정에 동의했다. 그러나 이 규정은 집행위원회의 제안보다 상당히 약했다. 회원국의 장관들은 최소 기준만을 설정했고 만약 회원국이 원할 경우 그러한 기준을 기피할 수 있게 했다. 인종차별금지 단체들은 이 규정이 기존의 국내법을 향상하는 데 거의 도움이 되지 않을 것이라고 보았다(Brand, 2007).

인종차별적 폭력의 확대가 제지 없이 지속되어 온 것은 아니다. 인종차별금지 운동은 대부분의 이민국에서 종종 소수자 단체, 노동조합, 좌파 정당, 교회, 복지단체와의 연합을 기반으로 발전해 왔다. 인종차별금지 단체는 폭력을 억제하기 위한 정책 및 기구의 마련뿐 아니라 균등한 기회 제공, 차별금지법 제정에도 일조해 왔다.

그러나 정치인들이 반이민이나 반무슬림 정서를 이용하여 선거자금을 확보하려고 애쓰는 한 인종차별 문제는 계속될 것이다. 인종차별 캠페인, 괴롭힘, 폭력은 종족적 소수자 형성 과정에서 중요한 요인이다. 소수자를 소외시키고 방어적 전략을 써서 그들을 몰고 간다면 인종차별은 소수자의 자기조직화와 격리를 야기하고 심지어 종교적 근본주의를 조장할 수 있다. 반대로 인종차별금지 조치는 소수자의 소외를 해결하고 사회적, 정치적으로 주류 사회에 용이하게 편입되는 과정에 일조할 수 있다.

소수자와 시민권

시민이 되는 것은 편입 과정의 결정적인 부분이다. 시민권citizenship은 국민국가의 구성원임을 명시하는 공식적인 법적 지위(흔히 국적이라고 지칭됨)이다. 시민권의 내용을 고려하는 것 또한 중요하다. 시민권은 흔히 시민적·정치적·사회적 권리로 정의되나 언어적·문화적 권리 또한 이민자들에게 매우 중요하다. 시민권은 이분법적 문제가 아니다. 체류기간이 길어지면서 이민자들은 시민권의 일부 권리를 부여하는 '영주권denizenship' 또는 '준시민권quasi-citizenship'을 취득하기도 한다.

역사적으로 시민권 또는 국적은 두 가지 원칙에서 비롯된다. 해당 국가 국민의 혈통에 근거한 혈통주의ius sanguines(혈통의 법칙)와 국가의 영토 내 출생에 근거한 출생지주의ius soli(출생지의 법칙)이다. 혈통주의는 보통 국민국가(대표적으로 독일, 오스트리아)의 종족적 또는 전통적 모델과 관련이 있고, 출생지주의는 일반적으로 단일 영토에 다양한 집단의 편입(프랑스, 영국) 또는 이민(미국, 캐나다, 호주, 라틴 아메리카)을 통해 수립된 국민국가와 관련이 있다. 실제로 모든 근대국가는, 둘 중 하나가 더 지배적일 수는 있으나, 혈통주의와 출생지주의의 결합에 근거한 시민권 원칙을 가지고 있다.

이민자의 국적 취득

표 11.2는 국적 취득 경향을 보여 준다. 귀화와 외국계 이민자 부모의 자손이라는 신고, 또는 결혼을 통한 국적 부여와 같은 기타 절차를 거쳐야 국적을 취득할 수 있다. 주로 호주, 캐나다, 미국과 같은 출생지주의 국가에서 국적 취득 건수가 많지만, 외국인 인구 자료의 부족으로 국적 취득률을 계산하는 것은 불가능하다. 그러나 이들 '고전적 이민국가'는

표 11.2 OECD 회원국의 국적 취득 현황(1988, 1995, 2005)

국가	1988		1995		2005	
	천만 명	%	천만 명	%	천만 명	%
오스트레일리아	81	n.a.	115	n.a.	93	n.a.
벨기에	8	1.0	26	2.8	32	3.5
캐나다	59	n.a.	228	n.a.	196	n.a.
체코 공화국	n.a.	n.a.	n.a.	n.a.	3	0.9
프랑스	46	1.3	n.a.	n.a.	155	4.8*
독일	17	0.4	72	1.0	117	1.6
이탈리아	12	1.2	7	1.1	12**	0.5**
일본	6	0.6	14	1.0	15	0.8
네덜란드	9	1.4	71	9.4	28	4.1
스페인	n.a.	n.a.	7	1.5	43	2.2
스웨덴	18	4.3	32	6.0	40	8.2
스위스	11	1.1	17	1.3	38	2.6
영국	65	3.5	41	2.0	162	5.7
미국	242	n.a.	488	n.a.	604	n.a.
유럽연합 25개국	n.a.	n.a.	n.a.	n.a.	687	n.a.

주: 국적 취득의 모든 수단을 포함한 통계임. 연초 이민자 수에서 해당 국가의 국적을 취득한 자의
수치를 비율로 환산하여 국적 취득 비율을 계산함.
n.a.: 사용 불가능한 자료.
*: 프랑스의 2005년도 비율은 1999년도 외국인 데이터를 토대로 대략적으로 추산한 것임.
**: 이탈리아의 수치는 2004년도 자료임.
출처: 1998년 자료―OECD(1997)에 기반하여 연구자가 산정함. 1995년 및 2005년 자료―
OECD(2006: Table A.1.6; 2007: Table A.1.6.).

새로운 이민자의 시민권이 국민 정체성에서 필수적이라고 보기 때문에
이 나라들에서 국적 취득률이 높다는 데에는 의심할 여지가 없다. 2005
년 한 해 동안 미국과 캐나다는 80만 명의 이민자에게 시민권을 부여한
반면, 유럽연합 전체 25개국에서 시민권을 부여받은 이민자 수는 68만
7,000명이다.

1988~1995년에 몇몇 유럽 국가에서 국적 취득 건수가 증가했다. 이
민자에게 시민권 취득을 지속적으로 권장한 결과 스웨덴과 네덜란드의
상승 폭이 가장 컸다. 스웨덴에서 이러한 추세는 1995~2000년에 계속

되었으나, 제한정책(원문에는 polices로 되어 있으나 policies의 오탈자로 추측되어 '정책'으로 번역했다.—옮긴이)을 도입한 네덜란드는 그렇지 않았다. 벨기에와 스위스는 낮은 수준이기는 하나 두 시기 동안 상승세를 기록했다. 독일은 1990년대 말에 이민자의 시민권 취득에 대해 전통적으로 제한적이었던 접근에서 벗어나면서 시민권 취득이 증가했다. 남유럽 국가의 경우 지금까지 매우 제한적이나, 스페인은 좀 더 개방적으로 변해 왔다. 일본은 매우 제한적인 제도를 유지해 오고 있으며, 체코 공화국은 중유럽과 동유럽에서 그러하듯이 귀화율이 낮다.

국가별로 시민이 되는 규정은 복잡하고, 최근에 많이 바뀌어 왔다(Aleinikoff and Klusmeyer, 2000, 2001 참조). 유럽의 경우 1990년대에 좀 더 자유주의적인 규칙으로 변화하는 추세에 따라 출생지주의와 혈통주의 간의 구분이 약화됐다(Bauböck et al., 2006a, b). 그러나 21세기 초부터 다시 반대의 경향을 보이기 시작했다. 특히 덴마크, 프랑스, 그리스, 네덜란드, 영국, 오스트리아는 이민자 세대의 귀화와 2세의 시민권 자동부여birthright citizenship에 대한 규칙을 더욱 엄격히 제한하는 방향으로 변경했다. 긍정적으로 발전한 국가는 벨기에, 핀란드, 독일, 룩셈부르크, 스웨덴이었다(Bauböck et al., 2006b:23). 의무적인 통합 프로그램, 언어시험 및 시민권 시험(박스 참조) 모두 귀화를 제지하는 수단으로 작용한다.

시민권 취득에서 공식적인 조건뿐만 아니라 어떠한 공공정책이 새로운 시민을 환영하는지 또는 막아 내는지 그 정도를 살펴보는 것도 중요하다(Bauböck et al., 2006b:25). 귀화의 법적 요건('품행 단정', 합법체류, 언어 구사 능력, 통합의 증거)은 다수의 국가에서 비슷하나 실제 관행은 국가별로 뚜렷이 다르다. 스위스, 오스트리아, (최근까지) 독일은 장기간의 대기시간과 복잡하고 관료주의적인 관행을 유지하고 있으며 귀화를 국가가 부여하는 특전으로 여긴다. 반대로, 전통적인 이민국가에서는 이민자들이 시민이 되는 것을 장려한다. 미국인(또는 호주인, 캐나다인)이 되는 것은 마치 국민의 신화를 기념하는 행사처럼 보인다. 일부 유럽 국가에서 최근 도입된 시민권 의식은 '국민적 가치'를 전달하기 위한 열망 때문에 생겨난 것이지만 그 국가의 상징적인 환영 방식을 통해 긍정적인 효과를 낼 수도 있다.

이민자 2세의 지위

2세(이민자의 자녀)와 후속 세대로의 시민권 전달은 미래의 주요한 쟁점이다. 국가별 차이는 앞서 살펴본 귀화에 대한 국가별 차이와 유사하다. 원칙적으로 출생지주의 국가는 그 영토에서 출생한 모든 자녀에게 시민권 자동부여birthright citizenship를 허용한다. 혈통주의 국가는 현재 시민권자의 자녀에 한해 시민권을 부여한다. 그러나 대부분의 국가에서 실제적으로 이 두 원칙의 혼합에 근거한 모델을 적용한다. 해당 국가 내 장기간 거주로 시민권 자격이 결정되는 거주지주의ius domicili를 채택하는 국가가 점점 더 많아지고 있다.

출생지주의는 호주, 캐나다, 뉴질랜드, 미국, 영국, 아일랜드에서 가장 일관되게 적용된다. 미국과 캐나다의 경우 이민자 부모의 자녀는 부모가 방문객이거나 불법체류자이더라도 시민권자가 된다. 호주, 뉴질랜드, 영국의 경우 부모 중 최소 한 명이 시민권자거나 합법적 영주권자라면 자녀가 시민권을 취득할 수 있다. 이 국가들은 외국에 체류 중인 국민의 자녀에게 시민권을 부여하는 경우에 한해 혈통주의 원칙을 적용한다(Çinar, 1994:58-60; Guimezanes, 1995:159). 그러나 시민권 자동부여는 '시민권 관광citizenship tourism〔원정출산—옮긴이〕'이라는 비난을 받아 왔다. 임신한 여성이 자녀의 시민권을 취득하기 위해 특정 국가로 여행하는 경우이다. 아일랜드는 2004년까지 미국의 방식을 따랐으나, 유권자의 79퍼센트가 최소 3년 이상 체류한 부모의 자녀에 한해 아일랜드 시민권을 부여하도록 제한하는 국민투표 안을 지지했다(BBC News, 2004).

출생지주의와 거주지주의의 조합은 1990년대 프랑스, 이탈리아, 벨기에, 네덜란드에서 출현했다. 외국인 부모의 자녀는 일정 기간 해당 국가에 거주하고 기타 조건을 충족할 경우 시민권을 취득했다. 2000년 이후 독일, 핀란드, 스페인도 비슷한 제도를 채택했다. 프랑스, 벨기에, 네덜란드, 스페인은 이른바 이중 출생지주의double ius soli를 적용했다. 외국인 부모의 자녀는 부모 중 최소 한 명이 해당 국가에서 출생했을 때 시민권을 취득한다. 이는 '3세'는 성년이 되어 시민권을 포기하지 않는 한 자동으로 시민권자가 된다는 것을 의미한다(Çinar, 1994:61; Bauböck et al., 2006a).

혈통주의를 엄격히 적용하는 국가(오스트리아, 스위스, 일본)의 경우 해당 국가에서 출생하여 자란 아동이라도 체류 안정성뿐만 아니라 명확한 국민 정체성도 부인될 수 있다. 이들은 공식적으로 본 적도 없는 국가의 시민으로서 특정 상황에서는 심지어 본국으로 강제퇴거될 수도 있다. 다른 혈통주의 국가(특히 독일)는 거주지주의 원칙을 조심스럽게 적용해 왔다. 즉 이민 배경을 가진 젊은이들에게 귀화 선택권을 주는 것이다. 대부분의 출생지주의 국가에서 일반적으로 이민자 2세들은 여전히 다중적 문화 정체성을 지니지만 그들은 삶의 전망을 결정할 확실한 법적 기반을 가지고 있다.

전반적으로 볼 때 1990년 이후부터 정책이 변화되면서 혈통주의와 출생지주의 국가의 구분이 약해져 왔다. 초기에는 좀 더 자유주의적인 정책으로 수렴되었으나, 2000년 이후부터 이민과 다문화주의에 대한 적대적 분위기로 인해 이민자와 그 자녀들을 좀 더 제한하는 방향으로 전환되어 왔다(Bauböck et al., 2006a, b).

이중국적

이중 또는 복수국적(출신국의 국적을 포기하지 않은 채 수용국의 국적을 취득함)과 관련된 추세는 다른 경우들과 상당히 다르다. 이는 이민자와 그 자손의 다중 정체성을 인정하는 방식이다. 이중국적은 "국민국가의 규정이 암시적으로나 명시적으로 여러 국가 사이에서의 시민 관계에 대응하는"(Faist, 2007:3) '내부적 전 지구화internal globalization'의 형태로 볼 수 있다. 한 국가에 대한 충성이 역사적으로 국가주권의 핵심이었기 때문에 이는 중대한 변화라고 볼 수 있다. 이러한 변화의 한 가지 원인은 양성평등의 추세이다. 과거에는 국제결혼 부부의 자녀의 국적은 오직 아버지 쪽에서만 전달되었다〔부계혈통주의—옮긴이〕. 유럽 국가의 이러한 국적제도는 1970~1980년대에 변경되었다〔부모양계혈통주의—옮긴이〕. 어머니도 아버지와 같이 자신의 국적을 전달할 권리를 얻게 되자 국제결혼은 자동적으로 이중국적으로 이어졌다.

호주, 캐나다, 미국은 오랫동안 이민자의 이중국적을 허용하거나 용인해 왔다. 반대로 대부분의 유럽 국가들은 1963년 다중국적 사례 감소에 관한 스트라스부르 협약the 1963 Strasbourg Convention on the Reduction of Cases of Multiple Nationality에 서명했다. 그러나 회원국의 태도와 법률은 변해 왔다. 2004년 당시 유럽연합 15개국 중 5개 회원국만이 이전 국적을 포기할 것을 요구했다(Bauböck et al., 2006b:24). 네덜란드는 1991년 이중국적의 권리를 도입했지만 1997년 다시 철회했다(Entzinger, 2003). 독일은 2000년 이민자와 그 자녀가 국적을 용이하게 취득할 수 있는 정책을 도입했으나 이중국적은 계속 금지했다. 그러나 두 국가 모두 중요한 예외를 두었고, 다수의 사람들이 이중국적을 가지고 있다. 게다가 다수의 송출국은 재외동포와의 관계를 유지하기 위한 방법으로 자국의 이민자에게 이중국적을 허용하는 쪽으로 국적제도를 변경해 왔다(제3장 참조).

언어권과 문화권

종족 공동체의 형성 과정에서 만들어진 많은 단체들은 언어 및 문화와 관련된다. 이들은 이민자 2세에게 모국어를 가르치고 축제를 기획하며 의식을 행한다. 언어와 문화는 의사소통의 수단일 뿐만 아니라 종족집단의 결속에 중심이 되는 상징적 의미를 가진다. 대부분의 경우 이민자 2, 3세대까지 언어가 유지되다가 이후 급속하게 쇠퇴한다. 문화적 상징과 의식의 중요성은 훨씬 오래 지속될 수 있다.

대다수의 사람들은 문화적 차이가 이른바 문화적 동질성과 국민 정체성을 위협한다고 생각한다. 이주자의 언어, 종교, 문화는, 특히 이슬람교와 무슬림의 가시적 상징—여성의 옷 등—에 대한 적대감의 증가에서 나타나는 것처럼, 다름의 상징이 되고 차별의 표지가 된다. 이민국에서는 성공하려면 반드시 이러한 관습을 포기해야 하며, 그러지 못하면 곧 격리를 원하는 것으로 간주된다. 다른 언어와 문화에 대한 적대감은 공용어가 경제적 성공에 필수적이고 이주자의 문화는 현대 사회에 부적절하다는 주장으로 합리화된다. 반면 이주자 공동체가 정체성과 자부심을 키우려면 그들 고유의 언어와 문화가 필요하다는 대안적인 관점이 존재한다. 문화의 유지는 이주자 집단이 더 넓은 사회에 통합되는 데 도움이 되는 안정된 기반을 조성하고, 이중언어 사용은 학습과 지적 발달에 도움이 된다는 것이다.

문화와 언어의 유지에 대한 정책과 태도는 국가마다 상당히 다르다. 일부 국가는 다중언어를 써 왔다. 캐나다의 이중언어 정책은 두 가지 공용어인 영어와 프랑스어에 바탕을 둔다. 다문화 정책을 통해 이민자의 언어를 제한적으로 인정하게—지지하게— 되었으나, 방송과 같은 주류 상황에서도 그러하지는 않다. 스위스는 처음부터 다중언어 정책을 시행해 왔으나 이민자의 언어는 인정하지 않는다. 오스트리아와 스웨덴은 언어와 문화 유지의 원칙을 수용하고 다문화교육 정책을 시행한다. 두 국가는 언어 서비스(통역, 번역, 모국어 교실)와 소수종족 대중매체를 위한 자금을 제공하고 종족 공동체의 문화단체를 지원한다. 그러나 이러한 정책은 최근 약해지고 있다.

미국의 경우 언어는 논란이 많은 쟁점이다. 단일언어 사용의 전통은 히스패닉 공동체의 증가로 약화되고 있다. 로스앤젤레스와 마이애미 같은 주요 도시에서는 스페인어 사용자 수가 영어 사용자를 넘어서고 있다. 이러한 현상이 확대되자 1980년대 영어를 공용어로 선언하도록 헌법 개정을 요구하는 '영어 사용 운동English-only movement'이 일어났다. 대부분의 주에서는 이러한 조치를 도입하기 위한 법을 통과시켰으나 이를 시행하기는 극히 어려웠으며, 공공기관과 민간 기업들은 다중언어 자료와 서비스를 계속 제공했다. 프랑스, 영국, 독일, 네덜란드에서는 단일언어 사용이 기본 원칙이었다. 그러나 이 국가들은 법정, 행정기관, 보건 서비스 관련 의사소통 시 이민자의 필요를 반영하여 언어 서비스를 도입해야만 했다. 도심에 위치한 학교에서 다중언어적 특성이 강해지자 이민자 자녀를 위한 특별 정책이 만들어졌고, 이는 점차 다문화교육 정책으로 이어졌다.

결론: 통합의 과제

각 국가의 현실은 우리의 짧은 설명이 보여 주는 것보다 한층 더 복잡하고 모순적이다. 그럼에도 불구하고 이 장에서 살펴본 국가별 경험의 비교를 통해 몇 가지 유용한 결론을 내릴 수 있다. 첫째, 단기취업 이주노동자의 모집은 항상 그중 일부의 영구 정착으로 이어진다. 둘째, 종족적 소수자 집단의 미래는 국가가 초기 이주단계에 무엇을 하느냐에 따라

부분적으로 결정된다. 이민의 현실을 부정하는 정책은 사회적 주변화, 소수자 형성 및 인종차별로 이어진다. 셋째, 새로운 사회에서 힘든 정착에 대처하기 위해 이민자와 그 자손들은 그들만의 조직과 사회적 네트워크, 고유의 언어와 문화를 필요로 한다. 넷째, 주변화와 사회갈등을 방지하는 최선의 방법은 영구 이민자에게 모든 사회적 영역에서 완전한 권리를 인정하는 것이다. 이는 이중국적으로 이어지더라도 시민권 취득을 용이하게 하는 것을 의미한다.

이민자의 사회 편입에 대한 수용국 정부와 수용국 국민의 접근방식은 나라마다 상당히 다르다. 이 장의 서두에서 논의했던 예전 모델들의 설명력이 1990년대, 특히 2000년대 초에 약해지면서, 이민자와 소수자의 편입 정책에 의문이 제기되고 수정되어 왔다. 이민자의 영구 정착을 피할 수 없게 되자 독일은 구분하여 배제하는 접근방식을 버렸다. 이민법과 국적법이 개정되었고, 국가 차원에서는 다문화주의가 거부되고 있으나 소수자를 대상의 특별한 사회 서비스와 교육 서비스가 지역에서 널리 제공되고 있다. 그러나 독일의 변화에는 한계가 있다. 독일은 여전히 이중국적을 거부하고 있으며, 의무적인 통합 정책을 도입했다. 오스트리아와 스위스도 지역 수준의 통합 노력을 보이기는 하나 여전히 배제적인 정책을 고수하고 있다. 물론 구분 배제는 아시아와 걸프 만 지역의 다수 신흥공업국에서도 외국인 노동자에 대한 지배적인 접근방식으로 남아 있다.

1990년대 초 동화 정책은 프랑스를 제외하고는 사라지는 듯했다. 민주 시민사회는 다문화주의로 나아가는 내재적 경향을 가지고 있다고 여겨졌다(Bauböck, 1996). 그러나 더 이상 그렇지 않았다. 다문화주의에 반발하는 움직임이 광범위하게 일어났다. 캐나다는 다문화적 원칙을 유지해 왔으나 실행이 약화됐고, 호주는 그러한 경향이 더욱 강했다. 스웨덴, 네덜란드, 영국은 '통합integration', '사회융합social cohesion', '국민의 핵심 가치'를 더욱 강조하는 정책으로 전환했다. 아마도 네덜란드가 가장 극적으로 돌아서 새로운 동화의 길로 나아가는 듯하다(Vasta, 2007). 어떤 학자들은 동화를 정연하게 설명하고 이론화하고자 한다(Alba and Nee, 1997; Brubaker, 2003; Joppke, 2004). 또 다른 이들은 동화란 단일한 과정이 아니며 인종과 계층에 근거한 차별의 복합적 양식과 연관된다고 지적한다(Zhou, 1997; Portes and Rumbaut, 2006:60-63, 271-280).

다문화주의에 대한 반발에는 많은 원인이 있다. 하나는 다수 이민자 집단—특히 비유럽 출신—의 오래된 사회적 불이익과 주변화에 대한 의식이 커져 가고 있다는 것이다. 이에 대해 지배적인 접근은, 종족적 소수자가 함께 모여 살며 통합을 거부하는 데 책임이 있다는 주장이다. 또 다른 원인은 이슬람교와 테러에 대한 두려움의 확산이다. 마드리드와 런던의 폭탄 테러, 네덜란드의 테오 반 고흐 살해 사건은 현대 유럽사회와 무슬림의 가치가 양립할 수 없다는 증거로 받아들여지고 있다.

이러한 해석에서, 문화 다양성의 인정은 종족 간의 분리와 '평행적 삶'을 고취하는 사악한 효과perverse effect를 가진다. 이는 프랑스 학자 케펠이 런던을 이슬람교 신봉자의 천국으로 희화화한 '런더니스탄Londonistan'에 요약되어 있다(Kepel, 2005). 따라서 —필요 시 통합에 대한 의무적인 계약과 시민권 시험에 근거하는— 개인적 통합 모델은 이민자와 그 자녀를 한층 더 평등하게 대하는 방식으로 간주된다. 그러나 개인적 동화 모델을 유지해 온 국가 또한 극적인 문제점들을 경험하고 있다. 2005년과 2007년 프랑스에서 발생한 이민자 청년들의 폭동은 개인적 통합이라는 공화주의적 모델이 불평등과 인종차별을 극복하기에는 부적절하다는 것을 보여 주었다.

따라서 이민자의 사회 편입에 대한 모든 접근은 문제가 있어 보인다. 구분 배제는 일단 정착이 시작되면 소용이 없고, 다문화주의는 지속적인 분리에 이르게 하는 듯 보이고, 동화는 주변화와 갈등을 영속시킬 수 있다. 우리는 이러한 상황이 실은 수용국 사회가 다음의 두 가지 문제를 다루기 꺼리는 현실을 반영한다고 본다. 첫째, 식민주의와 제국주의의 유산인 고질적인 인종차별 문화이다. 경제 구조조정이나 국제 분쟁과 같은 유사시 인종차별주의는 소수자에 대한 사회적 배제, 차별, 폭력으로 나타날 수 있다. 두 번째 문제는 지구화와 경제 구조조정의 결과 불평등이 심화되는 경향이다. 국제 경쟁의 증가는 취업, 근무환경, 복지체계에 압박을 가한다. 동시에 신자유주의적 경제정책은 임금 격차의 확대를 부추기고 빈곤과 사회문제를 줄이는 국가의 소득분배 역량을 저하시킨다.

종합해 보면 이러한 요인들로 인해 종족적 차이가 인종화되어 왔다. 소수자는 열악한 취업 상황, 저소득, 높은 빈곤율에 시달린다. 결국 이들은 저소득층 거주지역에 밀집되고, 거주지 격리가 더욱 심화된다. 분리되고 소외된 공동체의 존재는 통합의 실패를 보여 주는 증거로 받아들여지고, 이는 수용국 사회에서 위협으로 여겨진다. 시에룹이 유럽의 경우를 들어 주장하듯이, 그 결과는 국민 정체성과 복지국가의 '이중 위기'이다. 소수자의 인종화를 통해 위기를 해소하려는 시도는 해결책을 제시하지 않는다. 오히려 민주사회가 기초한 근본 가치를 위협한다(Schierup et al. 2006). 제9장에서 분석했듯이, 이는 더 나아가 민주사회의 안전을 위협한다.

심화 연구를 위한 안내

우리는 『이주의 시대』 이전 판에서 매우 다른 두 이민국인 호주와 독일을 상세하게 비교했다. 지면이 부족하여 제4판에 넣을 수 없었던 이 장을 『이주의 시대』 웹사이트(www.age-of-migration.com) 11.1에서 볼 수 있다. 캐나다(11.2), 네덜란드(11.3), 스웨덴(11.4) 내 이민자와 소수자의 상황에 대한 짧은 설명도 볼 수 있다.

각 국가에 대한 문헌을 소개하려면 너무 많은 지면을 할애해야 할 것이다. 이 장의 박스에 있는 출처를 참고하기 바란다. OECD『International Migration Outlook』에서 최신 통계와 다수 국가의 정책에 대한 정보를 찾을 수 있고, Migration Information Source에는 자료와 유익하고 짧은 분량의 국가별 연구가 실려 있다(http://www.migrationinformationsource.org/).

유용한 비교연구로는 캐나다, 미국, 호주를 비교한 Reitz(1998)가 있다. Koopmans and Statham(2000)은 유럽의 이민자 편입의 정치학을 검토했고, Favell(1998)은 프랑스와 영국의 접근을 비교했다. King et al.(2000)은 남부유럽의 이민국가 연구이다. 시민권에 대한 유익한 비교연구로는 Aleinikoff and Klusmeyer(2000, 2001)와 Bauböck, et al.(2006a, b)이 있다.

제12장

이주민과 정치

국제이주가 야기하는 근본적 변동 가운데 가장 중요한 것은 아마도 정치에 미치는 영향일 것이다. 그러나 반드시 그렇지만은 않다. 이를 좌우하는 것은 이주민이 정부에 어떠한 처우를 받는지, 그리고 특정한 이주의 흐름이 어떻게 시작되었는지, 어느 시점에서 이루어지는지, 그 성격과 내용은 어떠한지 등이다. 또한 이주민이 합법적으로 입국하고 귀화(국적 취득, 시민권 취득)한 것과, 합법적이건 불법적이건 간에 일단 일시적으로 입국한 것으로 간주되었다가 영구히 체류하게 된 것 사이에는 차이가 있다. 한편으로 이주민은 단지 잠재적 투표자의 수가 증가하는 것 외에는 정치적 영향이 눈에 잘 띄지 않으면서 신속히 시민권을 취득하기도 한다. 그러나 다른 한편으로 국제이주는 정치적으로 주변부에 속하며 다양한 사회경제적 문제를 안고 있는 사람들이 정치적 참여 가능성이 박탈된 채 증가하는 결과를 야기하기도 한다. 이주민은 그들에게 영향을 미치는 공공정책, 특히 이민정책의 내용과 중요한 이해관계를 맺고 있다. 따라서 이주민의 운동이 미래의 이민정책에 영향을 미치는 사안에 초점을 맞추는 것은 어쩌면 당연한 일이다.

국제이주가 정치에 영향을 미칠 수 있는 영역은 넓다. 적어도 두 개 국가(이주민의 모국과 이민을 받는 국가)의 정치체제가 서로 얽히기 마련이며, 때로는 하나 또는 그 이상의 경유국들이 더해진다. 국제이주의 정치적 영향력은 능동적일 수도 수동적일 수도 있다. 이주민은 스스로 독자적인 정치적 행위자가 될 수도 있고, 나름대로 현상 유지를 위해 정치적 무관심주의를 표방할 수도 있다. 또한 정치의 대상이 되기도 한다. 어떤 사람에게는 동지가 될 수도 있고 또 다른 사람에게는 적이 될 수도 있다. 제11장에서 이미 중요한 정치적 쟁점 하나를 다루었다. 즉, 이주자와 그 후손들이 과연 전폭적으로 정치에 참여할 권리를 가진 시민이 될 수 있는가라는 점이다. 민주주의 사회에서 시민권 취득은 새로운 시민권 취득자가 투표를 통해 선거 결과와 이민정책에 결정적으로 영향을 미칠 수 있는 '되먹임 고리feedback loop'를 만든다(Zolberg, 2006:92, 96-98).

제9장에서는 이주와 안보에 초점을 두었다. 그래서 이 장에서는 안보와 직결되지 않은 이주 관련 정치 현상을 분석해 보려고 한다. 다음과 같은 주제들을 고려할 것이다. 모국과 재외동포, 의회정치의 틀 밖에서 나타나는 이주민의 정치 참여와 정치적 대표성의 형태, 비시민권자의 선거권, 종족적 소수자 이주자들로 구성되는 투표층, 이주를 반대하는 정당 및 운동, 이민 정치의 정책 결정 과정 등이 그것이다.

모국과 재외동포

중상주의 정책을 취한 17세기와 18세기의 유럽 국가들은 이주를 금지하거나 제한하려고 했는데, 이주란 자국의 신민들을 상실하는 것이며 경제적·군사적 힘을 감소시키는 것이라 생각했기 때문이다(Green and

Weil, 2007). 프랑스 혁명 이후 이주할 권리가 인권으로 선언되자 이주를 막으려는 유럽 국가들의 능력은 퇴색하기 시작했다. 동시에 대서양 횡단 여행을 가로막던 경제적 어려움도 줄어들었고, 몇몇 경우에는 국가가 오히려 이주를 장려하면서 1820~1920년에 유럽인들의 대규모 이주가 이루어졌다. 19세기에 국가와 이주민 사이에서 볼 수 있었던 상호작용의 유형 중 상당수가 21세기에도 지속되고 있다. 다만 초국가주의 transnatinalism 같은 요소들(제2장 참조)이 질적으로 새로운 현상을 구성하는가 등에 대해서는 학자에 따라 견해가 다르다.

21세기에 중상주의를 채택하는 국가는 거의 없으나 일부 국가들은 여전히 이주를 막는 데 노력을 기울이고 있다. 북한 같은 공산주의 국가들은 자국민이 떠나는 것을 막기 위해 엄격한 조치를 채택하고 있다. 그럼에도 불구하고 수만 명의 북한인들이 북쪽의 중국으로 탈출하는 데 성공했다. 많은 북한 이주자들은 태국 방콕으로 간 후 한국을 위시한 여러 다른 곳으로 가고자 노력했다.

많은 경우, 특히 제2차 세계대전 후 저개발국가에서는 해외로 이주하는 사람들을 모국 정부가 긍정적으로 생각하지 않았다. 심지어 정부가 자국의 신민이나 시민을 해외 취업을 위해 모집하는 것을 허용하는 양자협정을 체결한 경우에도 그러했다. 이민 송출국 정부들은 이주는 일시적인 것이고, 이주자들은 조국으로 돌아올 것이라고 발표했다. 때로는 이 같은 달콤한 말로 해외에 거주하는 자국민을 사실상 무시하는 정책을 감추곤 했다. 그러나 이탈리아를 비롯한 몇몇 나라들은 1960년대부터 수용국에 거주하는 자국 시민의 권리를 지원하는 적극적인 조치를 취했다. 21세기인 지금, 대부분의 나라들은 해외에 일정한 규모의 자국 신민이나 시민을 가지고 있다. 또한 대다수라고 하기는 어렵다 하더라도, 수많은 해외 거주 동포들에게 모국이나 모국의 정치는 가장 중요한 관심사이다(Ögelman, 2003). 마찬가지로 이주민을 송출하는 나라의 정부는 해외에 있는 자국 신민이나 시민들과의 관계를 증진하려 하고 있다. 그런 정책들은 해외송금의 촉진 등 경제적 이해관계 때문에도 추진되고 있다.

물론 세계 여러 나라들의 정치 제도는 매우 다양하다. 권위주의 또는 비민주적인 국가들 사이에 일어나는 이주와 민주적 제도를 가진 국가들 사이에 일어나는 이주는 다르다. 종종 권위주의적 정부 치하에 살던 사람이 이주하여 민주적인 국가에 정착한다. 이주민 모국의 제도적인 다양성도 매우 큰데, 이것 역시 이 장의 주제이다. 이런 다양한 요인들이 이주민들의 정치 참여와 대표의 형식을 나타내는 데 중요한 영향을 미치고 있다.

비민주적인 국가에 정착한 이주민들은 이주민 수용 국가의 정치생활에 많이 참여하지 못하는 것 같다. 페르시아만 지역 군주국으로 이주한 동남아시아 및 아랍 출신 이주민은 2006년과 2007년 시위와 파업을 통해 몇 가지 개혁사항을 쟁취했음에도 불구하고, 정치적으로는 매우 조용하다(DeParle, 2007; Surk and Abbot, 2008). 이런 경우에 이주민의 이익을 지원하는 모국 정부의 외교적 노력이 더욱 중요하다. 그러나 해외에 거주하는 자국 동포들의 이익을 보호하기 위해 과거 모국 정부들이 보여 준 노력은 기껏해야 간헐적이었다.

예를 들어 필리핀 정부와 인도 정부는 2007년과 2008년에 걸프 지역에서 일하는 자국 동포들의 최저임금을 요구하려 했다. 바레인의 기업들은 임금 인상을 거부했고, 결국 인도 노동자들의 파업이 일어났다. 바레인의 노동부장관은 걸프 지역에서 인도 정부가 정책을 강제할 권한이 없다는 입장을 견지했다. 해외 가사도우미들의 최저임금을 확보하려는 필리핀 정부의 노력은 오히려 필리핀 가사도우미의 수요를 감소시켰다. 인도 정부와 필리핀 정부가 자국 동포의 생활을 향상하기 위해서 취한 조치들은 걸프 국가의 사용자들에 의해 좌절되었고, 이런 사례는 다른 곳에서도 발견할 수 있다(Surk and Abbot, 2008).

국제이주는 종종 지배와 복종을 특징으로 하는 양자관계 가운데 일어나며, 이민 송출국이 대개 복종 쪽을 맡는다. 이러한 불리함 때문에 외교수단을 통해 자국 이주자들의 이익을 보호하려는 모국 정부의 능력이 부정적인 영향을 받게 된다. 더군다나 이주자들을 억압하지는 않더라도, 이주자들에게 불리한 상태를 유지하려는 정책을 추진하려는 이민 수용국 정부와 송출국 정부가 때때로 충돌한다. 페르시아만 군주국에 거주하는 수백만 이주자들의 모국 정부들 가운데 적어도 몇몇은 바로 이런 경우에 해당하는 것으로 보인다. 이러한 송출국 정부의 묵종默從은 이주가 실업이나 불완전 고용을 완화하고, 불만을 가진 사람들의 삶을 개선하고 발전을 증진하는 송금을 가능하게 한다는 견해와 연결된다(제3장 참조). 그러나 이주자들이 지불하는 비용은 대개 매우 높다. 예컨대 작업 중의 사고, 착취적 고용조건, 심하게 격리되고 구분된 거주 시설, 가족과의 생활을 거부당하는 것 등이다. 그러나 경박한 글로벌 거버넌스 스타일의 논의에서는 잘 계획된 단기취업 외국인 노동자 정책의 장점만이 거론되며 수백만 이주자들의 현실적 삶은 흔히 간과된다.

제7장에서 보았듯이 알제리, 터키, 멕시코 정부도 재외동포의 이익을 보호하기 위해서 비슷한 노력을 경주했다. 다른 많은 국가들도 이런 목적으로 광범위하게 영사 서비스를 발전시켰다. 당연한 결과로 이런 행위는 이주의 정치 가운데 또 하나의 중요한 차원과 관련된다. 즉, 재외동포의 정치적 충성과 복종을 유지하기 위한 이민 송출국 정부의 노력이다(Smith, 2003). 이런 현상은 알제리인의 프랑스 이주처럼 권위주의적 국가에서 민주적인 국가로 이주하는 양자관계에서 특히 중요한 의미를 갖는다.

가장 최근의 사례로, 멕시코는 폭스Vincente Fox 대통령 재임 중 미국에 거주하는 대규모의 멕시코계 이민 집단과 멕시코 정부의 관계를 강화하고자 했다. 심지어 폭스 대통령 취임 전인 2000년에도 행동주의적인 멕시코 영사들은 '캘리포니아 주민투표 제안 187호'를 공개적으로 반대했다. 이 주민투표 제안은 미국 시민권자가 아닌 사람들에게 학교교육 같은 정부의 서비스를 제공하지 않는다는 내용이었다. 2001년 9월 11일 직전에 미국을 방문한 폭스 대통령은 선거유세를 하는 것처럼 옷을 차려 입고, 멕시코 이주노동자들의 합법화와 합법적 입국자 수가 증가해야 한다고 열정적으로 호소했다(제1장의 박스 1.1 참조). 2006년 임기가 끝나기 전에 폭스 대통령은 다시 한번 비슷한 목적으로 방문했다.

해외 거주 이주자들의 상태를 개선하도록 모국 정부에 영향을 미치는 요소 중 하나로 작용하는 것이 모국의 선거에서 해외 거주 이주자들이 투표할 수 있는 권리를 얻은 경우이다. 해외 거주자 투표의 형식은 매우 다양하다. 터키나 멕시코 같은 나라는 투표하려면 이주자가 모국으로 돌아와야 한다. 미국 등 부재자 투표를 허용하는 나라도 있다. 실제로 2000년 대통령 선거에서 플로리다의 부재자 투표가 당락을 좌우했다. 선거운동도 해외 거주 투표권자의 비중을 점점 더 반영하고 있다. 에콰도르 공화국이나 도미니카 공화국의 대통령 후보들은 뉴욕에서 선거운동을 하는데, 이것은 이탈리아와 포르투갈의 정당들이 파리에서 선거운동을 하는 것과 같다(Miller, 1978, 1981; Lee, Ramakrishnan and Ramirez, 2006). 비록 모국의 선거 결과에 영향을 미치는 잠재적인 힘을 해외 이주자들이 가지고 있다 할지라도, 그들의 이익이 효과적으로 모국 정부에 반영되지는 않고 있다.

의회정치 이외의 형태로 나타나는 이주민의
정치 참여와 정치적 대표성

새로운 환경이 민주적이건 권위주의적이건, 이주라는 행위는 대개 이주자들의 정치적 권리가 상실되는 결과를 가져온다. 대규모의 이주를 통해 거대한 인구집단을 형성하여 민주 국가에 거주하고 있음에도 불구하고, 이들에게 투표권이 부여되지 않는 상황이 발생할 수 있다. 외국인에게 정치적 권리를 부여하는 시민권 취득 비율은 국가마다 크게 다르다. 그러므로 국제이주로 인한 중요한 정치적 영향의 하나는 정치적 수동성이라 할 수 있다. 그러나 반드시 그러한 결과가 발생하는 것은 아니다. 왜냐하면 1970년대 들어 서유럽에서 이주자들이 정치적 행위자로 등장하기 시작했기 때문이다.

체재국에서 그들의 이익이 외교적으로 잘 대표되지 못한 결과, 유럽에서는 외국인 주민의 독특한 정치 참여나 정치적 대표성의 경로가 등장했다. 서유럽에서 1973년경 발생한 외국인 노동자의 취업을 제한하려는 움직임은 바로 이주자들의 정치적 참여가 시작되었던 것과 관련이 있다고 믿을 만한 근거가 있다. 1970년대 초, 정치적으로 잠잠했던 외국인들마저 급격하게 증가한 파업이나 저항운동에 참여하기 시작했기 때문이다.

몇몇 경우 극좌 단체들이 외국인을 정치적으로 동원하는 데 성공했다. 독일과 프랑스의 자동차 공업에서 발생한 대규모의 외국인 노동자 파업으로 외국인 노동자가 가진 파괴적 잠재력이 과시되었으며, 노동조합은 외국인 노동자의 목소리를 더 많이 대변하라는 압력을 받았다. 일반적으로 이야기하면, 1970년대에는 외국인의 노동조합 가입률이 그리 높지 않았다. 그러나 1980년대에 들어 중요한 진전이 있었다. 이러한 변화는 외국인의 노동조합 가입률의 상승, 외국인이 종업원협의회나 노동조합의 간부로 선출된 것 등에서 찾아볼 수 있다.

1970년대 이후 이민자들의 정치적 관심은 명확히 증대했으며, 정치에 더 많이 참여하고 또한 자신들의 견해를 대변할 방법을 찾게 되었다. 이민자들의 저항 운동은 서구 정치를 구성하는 중요한 부분이었고, 자주 정책에 영향을 미쳤다. 예를 들어 서류미비(불법 체류) 외국 출신 이민자들과 그 지지자들은 단식 투쟁을 계속하여 프랑스와 네덜란드 당국이 합법화에 관한 규정을 변경하도록 압력을 가했다(제8장 참조). 외국인의 정치 참여와 정치적 대변과 관련한 행동 유형은 국가마다 크게 다르다. 스웨덴 같은 몇몇 국가에서는 상당한 수준의 제도화에 성공하기도 했다.

2005년과 2007년 프랑스에서 오랫동안 지속된 폭동들(박스 12.1 참조)은 사실 1970년대와 1980년대에 일어난 사건들에서부터 그 조짐이 보였다. 2005년 폭동의 직접적인 조짐은 1979년 리옹 시 외곽의 라그라피니에르^{La Grapinnière}와 1981년 리옹의 다른 교외 지역에서 일어난 폭동이었다. 1980년대와 1990년대를 거쳐 2005년에 이르기까지 경찰과의 충돌은 거의 정례화되어 마치 각본에 따라 발생하는 사건 같았다. 다른 형태의 시위도 중요하다. 1975년 이주노동자를 위한 소나코트라^{SONACOTRA} 주거시설에서 발생한 대체적으로 평화적이었던 '주택임차료 파업^{rent strike}'(주택임차료를 내지 않으면서 파업하는 행위—옮긴이)은 몇몇 파업 주동자를 추방했음에도 불구하고 수년간 지속되었다. 수만 명의 이민자들과 이들을 지원하는 프랑스인들이 반복하여 집회를 열고 가두행진을 했다(Miller, 1978). 1970년대 말과 1980년대 초에 이주노동자들과 이주 배경을 가진 노동자들의 반복적인 파업으로 프랑스 자동차 공업은 큰 타격을 입었는데, 노동자의 4분의 1이 외국인이었기 때문이다(Miller, 1984).

또한 1980년대에는 전국적으로 뵈르^{beur} 행동주의자들이 출현했다. 뵈르란 특히 도시지역에 거주하는 이주자나 이주 배경을 가진 젊은이들이 사용하는 속어^{verlan}로, 아랍인을 의미한다(주로 알제리, 튀니지, 모로코 등 마그레브 국가 출신의 젊은이들을 지칭한다.—옮긴이). 뵈르 운동은 1981년 실시된 대통령 선거 및 국회의원 선거 때 시작되었다. 이주 청년들은 사회당을 지지하기 위해 움직였으며, 압도적으로 프랑수아 미테랑François Mitterrand 후보를 지원했다. 그러나 뵈르 행동주의자들은 1981년과 1982년 사이의 법제화 과정 및 1981년 10월 채택된 새로운 이민법을 보고 환멸을 느꼈다(Bouamama, 1994:44). 이들은 이후 독자 노선을 걷기 시작했다. 계속적으로 대규모 집회를 열고, 사회경제적 조건 및 경찰과 지역사회 간의 관계에 항의하는 행진에 참여한 것이다. 프랑스 사회에서 그들의 정체성과 지위를 확인하는 것도 집회와 행진의 목적이다(Jazouli, 1986; Bouamama, 1994). 1983년과 1984년의 행진과 집회에는 수만 명이 참여했는데 주로 이주 청년들이었다. 1980년대 뵈르 행동주의의 근거지였던 이주민 거주 지역 중 많은 지역이 2005년 폭동의 근원지였다.

20세기 말과 21세기 초 미국에서는 미국 이민정책의 쟁점을 둘러싸고 이주민과 이주 배경 행동주의가 증가했다. 델라웨어 주와 메릴랜드 주의 닭고기 가공 공장에서 일하는 주로 마야 인디언 출신의 과테말라인들이 수천 명씩 정기적으로 수도 워싱턴 D.C.로 내려와 체류자격의 합법화를 요구하면서 가두행진을 벌였다.

멕시코 이민자들은 신의 도움으로 합법화 정책이 실현되기를 기원하는 뜻에서 과달루페 성모상Our Lady of Guadaloupe을 들고 뛰는 릴레이 행사를 조직했다. 2006년 봄, 채택된다면 합법적 거주가 가능해지는 상원 법안을 지지하는 한편, 규제를 강화하는 내용의 하원 법안을 반대하는 대규모 집회와 행진이 이루어졌다.

가장 큰 집회는 로스앤젤레스에서 열린 것으로 알려져 있다. 약 백만 명으로 추산되는 시위대가 성조기와 멕시코 깃발을 흔들면서 거리를 행진했다. 시카고와 워싱턴 D.C.에서도 큰 시위가 있었다. 워싱턴 D.C.에서는 1980년대 이래 미국의 이민법과 이민정책의 골격을 만든 테드 케

12.1 2005년과 2007년 프랑스 소요

2005년 10월과 11월에 걸쳐 일어난 폭동은 차량 파괴 9,200대, 사고사 1명, 2,888명 구속과 2억 유로를 넘는 손실을 가져왔다. 이 소요사태는 불만을 품은 이민 배경을 가진 젊은이들을 통합할 능력이 프랑스 사회에 내재되어 있지 않다는 불안감의 범위가 어느 정도인지를 표출했다. 독일과 미국의 언론에는 '방리외banlieu(프랑스 도시 외곽 지역)의 인티파다intifada〔인티파다는 원래 팔레스타인인의 대이스라엘 투쟁을 의미한다.—옮긴이〕'라고 잘못 소개되었던 이 소요의 근본 원인은 이슬람이 아니라 사회경제적 배제 및 종족적ethnic 배제라는 상호 연관된 현상에서 찾아야 한다. 즉 장기적 원인과 이번 사건을 직접 촉발한 근인近因을 구별해야 한다.

방리외 지역에 사는 많은 젊은이들이 그들의 삶과 불확실한 미래에 대해 고뇌하고 절망하는 분위기가 만연했다는 것이 장기적 원인 중 하나였다. 주로 북아프리카나 마그레브, 터키 출신의 이민 배경을 가진 프랑스 젊은이들은 구직시장에서 민족적 차별을 받는다. 영세민용 공공임대주택 지역HLM(Habitation a Loyer Modere) cités(제11장 참조)의 실업률은 40퍼센트에 달하는데, 이는 전국 평균의 거의 네 배에 가깝다. 경찰은 일상적인 신분 확인 검문을 실시할 때 툭하면 인종적인 특징 때문에 이들을 검문한다. 클럽이나 바의 주인들은 백인이 아니라는 이유로 이들의 출입을 거절한다. 이런 관행은 '뵈르beur'와 '흑인'에 대한 편견을 더욱 강화했다. 더군다나 종종 발생하는 이민자 출신의 젊은이들에 대한 경찰의 폭력행위는 이들과 경찰의 관계를 더욱 긴장시키고, 결국은 프랑스 공화국이라는 제도institution로부터 이들을 더욱 소외시키는 결과를 가져왔다.

게토화 과정을 거치면서 이들의 거주지는 빈곤과 실업이 만연하고 사회적 상승 이동이 불가능하며, 범죄와 비행이 공존하는 배제 지역으로 변했다. 높은 운임과 대중교통 수단의 부족 때문에 도심과 이들의 거주지는 격리되었다. 그 결과 벽낙서 graffiti와 랩 음악 등의 독특하고 창조적인 예술과 음악적 표현 등을 포함한 남성 우위의 도시문화가 형성되는 환경이 조성되었다. 더구나 이런 분리는 경쟁관계에 있는 젊은 집단들에게 외부인들로부터 자신들의 영토를 지켜야 한다는 '영토 전유專有'의 감정을 불러일으켰다. 갱 집단들은 많은 젊은이들에게 삶의 의미이기도 한 소속감을 주고 있다. 갱단 소속원 간 또는 경쟁 집단 간의 대결과 경쟁으로 인한 집단 동태動態는 차량 방화 같은 공격을 야기하는 데 중요한 역할을 한 것으로 보인다. 게다가 대중매체의 존재는 여러 젊은 갱단 소속원 사이의 파괴적인 경쟁을 부추기는 역할을 해왔다.

소요의 직접적인 원인은 몇 가지 사건으로 구성되는데, 이들은 비교적 짧은 기간 내에 발생하면서 파리의 여러 지역에서 성난 폭동을 분출시켰다. 첫 번째는

2005년 4월의 파리-오페라 호텔Hotel Paris-Opera에서 발생한 치명적인 화재사건으로, 25명이 사망했다. 사망자의 대부분은 이민자들로 상대적으로 높은 임차료를 지불하면서 공공임대주택을 배정받기 위해서 여러 해 동안 기다려 온 사람들이었다. 이 사건으로 불안정하고 황폐한 많은 이주자 가족의 생활환경이 폭로되었다. 화재 희생자들이 대부분 아프리카 출신이었던 것처럼 대부분 아프리카 출신으로 구성된 여러 다양한 단체들이 시위를 조직했다.

두 번째 직접적 원인은 프랑스 정부가 1990년대 이래 시행되었던 여러 사회보장 제도를 폐지하고 각종 보조금 지급을 중단한 것이다. 이 가운데는 청년들과 경찰 사이의 신뢰관계를 유지하기 위한 '가까이 있는 경찰police de proximité' 프로그램도 포함되었다. 폭동 직전에 당시 내무장관이었던 니콜라 사르코지는 '방리외 정화'를 공약하고 라쿠르뇌브La Courneuve 지역에서 이를 시작하겠다고 발표했다. 라쿠르뇌브는 2005년 봄 11세 소년이 비극적으로 사살된 곳이다. 또한 사르코지는 파리 외곽 지역인 아르장퇴유Argenteuil에서 10월 25일 사건이 발생하자 이 지역의 청년들을 격렬하게 비난하면서 이들을 '쓰레기racailles'라고 불렀다. 이틀 후 경찰을 피해 발전소에 숨었던 두 명의 10대 청소년이 감전사한 것이 알려지면서 폭동이 시작되었다.

앞서 언급했듯이 폭동에는 어떠한 종교적 의미도 내포되어 있지 않았다. 다는 아니지만 많은 참가자들이 무슬림 배경을 가졌음에도 불구하고 종교적인 요구사항은 없었고, 프랑스 이슬람 협회Unions des Organisation Islamiques de France나 근본주의자 단체인 타블리 협회Tabligh Association 간부들의 폭동을 끝내라는 호소도 참여자들은 무시했다. 대부분의 폭동 참여자들은 비행 청소년이 아니라 자신들의 처지와 계속되는 괴롭힘에 분노한 평범한 젊은이들이었다. 사실 체포된 이들의 대부분은 경찰의 파일에 이름이 없는 사람들이었다. 경찰에 소위 '위험인물'로 알려진 사람들은 폭동의 후반기, 즉 11월 8일에서 15일 사이에 참가했을 뿐이다. 이 폭동은 자신들을 버린 것과 다름없는 프랑스 정부와 사회에 좌절감을 표출하는 것을 목적으로 불만에 가득 찬 젊은이들이 전개한 자연발생적이며 진정성 있는 운동이었다. 얄궂게도 대부분 이민 배경을 가진 젊은이들이 벌인 폭력 시위라고 하지만, 사실 이는 고전적인 프랑스식 정치 참여였으며 프랑스 시민들이 주로 연루되었다.

2007년에 이르도록 교외지역은 크게 변하지 않았고, 폭동은 오히려 더욱 자주 발생했다. 2008년 새로이 프랑스 대통령으로 당선된 사르코지는 이주자 집단 거주지인 방리외의 삶을 향상하기 위한 계획을 발표했다. 이는 지난 31년간 발표된 계획들 중 열여섯 번째 계획이다.

12.2 위스콘신 주 매디슨 시의 2006년 4월 10일 행진

매디슨 시는 위스콘신 주의 주도이자 위스콘신 대학이 있는 곳이다. 매디슨 시는 역사적으로 미국의 정치적 행동주의의 중심지로서 1960년대에는 베트남 전쟁을 반대하는 격렬한 시위의 진원지이기도 했다. 매디슨 시는 인구가 20만 명이 넘으며, 인적 구성이 매우 빠르게 변하는 도시이다. 이러한 변동이 가장 두드러지게 나타난 현상이 공립학교 학생들의 다양성의 증가로서 이제는 거의 절반이 소수자 학생들이다. 불과 20년 전만 하더라도 소수자 학생은 극소수에 불과했다. 히스패닉 주민 수는 지난 10년간 멕시코에서 많은 이민자들이 와서 급격하게 증가했는데, 이들 대부분은 불법체류자로 추정된다.

약 1만 명이 전국적으로 전개된 '시위의 날'의 행진과 집회에 참석했다. 시위자 중 많은 사람들이 히스패닉이었는데, 고등학교 학생들도 많았다. 또한 비히스패닉 시위자들도 있었는데, 대학생들이 상당수를 차지했다. 매디슨 시의 시장과 가톨릭 주교, 그리고 시와 주정부의 많은 공무원들이 시위 지지를 표명했다. 규제를 강화하는 연방하원 법안 지지자 중 가장 중요한 인물은 연방하원의원 제임스 센센브레

네디 상원의원이 합법화를 지지하는 열정적인 연설을 했다. 이러한 항의 집회에서 가장 주목할 점은 그 범위가 거의 전국적이었다는 것으로서, 심지어 1970년대 이후 진행된 대규모 이주의 영향을 최근에야 심각하게 받기 시작한 지역들에서도 집회가 열렸다.

의회정치의 외부에서 발생하는 이주민의 정치 참여와 정치적 대변의 여러 형태들은 프랑스, 미국, 걸프 연안 국가 등 매우 다양한 상황에서 전개되고 있으나 또한 서로 관련되어 있다. 이는 인권과 사회정의 등의 국제적 규범에 대해 이주가 전 지구적으로 도전하고 있다는 사실을 증명하는 것이다.

너 James Sensenbrenner였는데, 그는 인근의 밀워키Milwaukee 북쪽에 있는 선거구의 의원으로 위스콘신-매디슨 대학 법학전문대학원을 졸업했다.

시위는 베트남전쟁 이래 벌어졌던 것들 가운데 가장 큰 규모였다. 홍보가 많이 되었고, 지역 언론에도 여러 차례 보도되었다. 이 시위를 통하여 상원 법안을 찬성하는 미국인과 하원의 접근방법을 선호하는 미국인 사이의 간극이 극명하게 드러났다. 어떤 사람들은 시위를 뻔뻔스러운 짓이라 생각했지만, 다른 사람들은 1960년대와 1970년대 초 매디슨 시를 뜨겁게 달군 민권운동 시대의 행진이나 베트남전쟁 반대 시위를 연상하면서 이를 동정적으로 바라보았다. 이 시위 행진은 위스콘신 주와 미국 정치에 새로운 힘이 등장했다는 것을 입증하는 것이기도 했다. 즉, 시민권자이건 비시민권자이건, 젊은 히스패닉 세대가 사회정의와 사회적 포함을 요구하며 극도로 감정적인 힘의 분출을 보여 준 것이다. 그들의 시위 노래인 〈예, 우린 할 수 있어요 si se puede〉는 버락 오바마 상원의원의 2008년 대통령 선거 슬로건으로 채택되었다. 오바마는 2008년 위스콘신 주의 민주당 예비선거에서 승리했다.

(출처: *Wisconsin State Journal*)

비시민권자의 투표권: 전 지구적 쟁점

시민권이 없는 외국인들을 민주사회에서 정치적 권리 없이 거주하게 하는 기형적인 상황은 오랫동안 문제점으로 지적되어 왔다. 시민권 취득 제도나 관행은 국가별로 다르며, 시민권 취득의 기회가 거의 없는 국가도 있다. 하지만 많은 민주주의 국가에서는 비시민권자들이 지방선거에서 투표할 수 있도록 하고 있으며, 비록 그 수는 적지만 국회의원 총선에서 투표를 허용하는 경우도 있다. 일부 권위주의 국가에서는 비록 선거 결과가 이미 결정되어 있기는 하지만 비시민권자에게도 투표권을 주고 있다. 선거에서 비시민권자를 배제하거나 선거권을 박탈하는 것이 과연 정당한가에 대한 논쟁은 갈등을 촉발할 수 있다.

거의 200여 개에 달하는 전 세계 국가 중 65개국이 비시민권자에게 어떤 형태로든 투표권을 주고 있다. 이 중 36개국은 어느 국가 출신이

건 상관없이 모든 외국인에게 투표권을 준다(Andrès, 2007:80). 이 중 35
개국은 비유럽 국가이다. 여러 측면에서 미국은 비시민권자에게 선거권
을 부여하는 선례를 확립했다. 1776년에서 1926년까지 적어도 40개 주
에서 주 선거나 전국 선거를 포함해 어떤 형태로든 비시민권자의 투표
권을 인정한 바 있다. 1928년 전국 선거가 외국인이 투표하지 않은 첫
번째 선거로 기록될 정도이다(Andrès, 2007:68).

　서유럽에서 비시민권자의 투표권은 1970년대에 중요한 쟁점으로 떠
올랐다. 이주자들은 지방정부에서 정치 참여와 정치적 의사 대변을 모
색했다. 여러 나라에서 지방정부 내에 이주자들의 목소리를 수용하기
위한 자문위원회를 설립했다. 자문위원회는 다양한 방법으로 운용되고
있는데, 몇몇 나라에서는 이내 폐지되었다. 한쪽에서는 자문위원회라는
것이 외국인들을 임명coopt하려는 시도라고 비판했으며, 또 다른 쪽에서
는 이를 외국인들이 부당하게 국내 정치에 참여하는 것으로 생각했다.
일부 국가에서는 외국인이 지방 및 광역 선거의 투표권을 부여받았다.

　스웨덴은 이런 점에서 선도적인 역할을 하였다. 1975년에 지방 및 광
역 선거에 영주 비시민권자의 선거권이 도입되었다. 그러나 그 후 외국
인의 정치 참여는 오히려 감소했다. 일정 자격을 가진 외국인에게 선거
권을 부여한 두 번째 국가는 네덜란드로, 이는 1985년의 일이다. 그렇
지만 네덜란드에서도 외국인 투표의 결과는 실망스러운 편이었다(Rath,
1988:25-35). 합법적으로 거주하는 외국인에게 지방선거 투표권을 허용
하자는 제안은 국내 정치는 물론 헌법적으로도 중요한 쟁점이 되었다.
특히 프랑스와 독일이 그러하였다. 2001년에 이르자 영주 외국인을 위
한 지방정부 수준의 협의구조가 가장 광범위한 네트워크를 형성한 국가
는 벨기에였다. 룩셈부르크와 스위스 역시 지역 수준에서 외국인과의
협의구조를 다양하고도 광범위하게 만들었다는 점에서 주목할 가치가
있다(Oriol, 2001:20). 점점 더 많은 유럽 국가들이 이주자들에게 선거권

을 부여했음에도 불구하고 지방선거에서 이주자들의 참여는 계속 저조했다(Oriol and Vianna, 2007:40-44).

1980년대에는 유럽의 많은 민주주의 국가에서 외국인에게 선거권을 부여한다는 것은 위험성이 높은 일이었다. 외국인들은 공간적으로 주요 도시나 특정 지역에 집중되어 있었다. 이들에게 선거권을 부여한다면 여러 지방 선거에서 극적인 결과를 야기할 수 있었다. 투표권을 부여하는 데 찬성하는 사람들은 투표권의 부여가 편입을 촉진하는 한편 프랑스의 국민전선Front National; FN 같은 정당들의 영향력 확대를 막는 방편이 된다고 간주했다. 그런데 특히 영국 같은 경우에는 이미 많은 이주자들이 정치적 선거권을 부여받고 있었다. 그렇지만 이것이 이주자들과 영국에서 태어난 2세들이 참여한 1980년대 초의 폭동을 막지는 못했다. 지방선거 투표권 부여 자체가 서유럽의 이주민들이 직면하고 있는 심각한 문제를 치유하는 만병통치약은 아니다.

1992년, 47개 국가를 망라한 조직인 유럽평의회Council of Europe[1949년 1월 브뤼셀 조약 기구(현재의 서유럽연합) 외무장관 회의에 기원을 둔 기구로서 유럽의 경제·사회적 발전을 촉진하기 위해 가맹국이 긴밀하게 협조해 공동의 이상과 원칙을 옹호하는 동시에 유럽의 점진적 통합을 목적으로 하는 조직이다. 유럽연합 기구인 유럽연합 정상회의European Council와는 별개의 조직이다. —옮긴이]는 지방 수준에서 공무에 외국인이 참여할 수 있도록 하자는 조약을 승인했다. 조약에 서명한 회원국들은 자국 내에 5년간 거주한 외국인에게 지방선거 투표권을 부여하기로 했다. 2007년 현재 8개 국가만 조약에 서명 및 비준했고, 4개 국가는 서명만 했다(Oriol, 2007:84).

유럽연합 기본조약에 대한 서명도 1992년에 이루어졌다(제5장과 제8장 참조). 이 조약에 의거해 유럽연합 회원국 시민들은 유럽이라는 공간 내에서는 어느 곳에 살든지 유럽 선거나 지방선거에서 투표할 수 있고, 후보로 나설 수도 있게 되었다. 유럽연합 회원국 출신이라면 외국인도

1994년 유럽 선거에서 선거권과 피선거권을 갖게 되었으며, 1999년, 2004년에도 그러하였다. 2001년부터는 프랑스 지방선거에서도 선거권 및 피선거권을 갖게 되었다. 프랑스는 이런 점에서 당시 유럽연합 15개국 중 가장 마지막으로 유럽연합조약^{Treaty of European Union; TEU}을 이행하기 위한 조치를 취한 국가였다. 1994년 프랑스에서 실시된 유럽 선거에서 비프랑스인 투표권자의 투표율은 4퍼센트에 불과했다. 그러나 그 후 선거 때마다 참여율이 두 배씩 증가했다(Oriol, 2007:41). 핀란드, 룩셈부르크, 벨기에 등에서 실시된 유럽 선거에서도 유럽연합 시민인 외국인의 투표 참여는 이와 비슷하게 미약하거나 소극적 형태를 보여 주고 있다(Dervin and Wiberg, 2007; Dubajic, 2007; Zibouh, 2007).

1992년 이래 유럽연합 회원국 내에서 또한 유럽연합 기구 수준에서 제3국가의 국민들에게 투표권을 허용하자는 움직임이 점차 증대되어 왔다. 유럽의회는 유럽연합 회원국 내에서 오랫동안 안정된 형태로 거주하고 있는 모든 사람에게 유럽 시민권을 부여하자는 의견에 여러 차례 찬성 표결을 한 바 있다(Oriol, 2007:95). 2001년 유럽의회는 유럽연합 회원국에 3년 동안 합법적으로 거주하고 있는 비유럽연합 회원국 출신의 외국인들에게 선거권을 부여할 것을 요청하는 결의안을 채택했다. 그러나 복잡한 유럽연합의 거버넌스 절차에서 회원국들의 이익을 대변하는 유럽연합 정상회의 내부의 반대 때문에 이 시도는 좌절되었다. 일부 유럽연합 회원국들은 제3국가의 국민들에게 선거권을 부여하는 것은 시민권 취득(귀화)의 중요성을 떨어뜨리게 될 것이라고 주장했다.

2007년 현재 유럽연합 국가들은 유럽연합 내에 거주하는 제3국의 국민(유럽연합 회원국 이외 출신자)에 대한 정책을 두고 네 집단〔원문에는 다섯이라 했으나 네 가지 집단만 제시하고 있다.―옮긴이〕으로 나누어져 있다고 할 수 있다. 7개 국가는 제3국 국민에게 선거권은 물론 피선거권도 부여한다. 5개 국가는 선거권은 주지만 피선거권은 부여하지 않는다. 4개

국가는 상호주의에 근거를 두고, 즉 자국의 국민이 해당 국가에서 동일한 권리를 부여받고 있을 경우 선거권 및 피선거권을 허용한다. 프랑스와 독일을 포함한 10개 국가는 자국 영토 안에 거주하는 유럽연합 시민권을 가진 외국인에게만 선거권과 피선거권을 허용한다.

다른 지역의 경우, 카리브 해 연안과 중미 및 북미의 23개 국가 중 절반이 어떤 형태로든 비시민권자의 선거권 그리고/또는 피선거권을 허용한다. 대부분의 남미 국가들은 외국인이 지방선거에서 투표하는 것을 허용한다. 수리남과 에콰도르만이 자국 국민에게만 투표권을 인정하고 있다. 브라질은 양자협정에 따라 포르투갈 국적의 주민에게 투표권을 주고 있다. 53개 아프리카 국가 중 8개국이 비시민권자에게 투표권을 주는데, 보통 영연방 국가 사이의 유대나 상호 조약에 근거해서 이루어지고 있다.

한국을 위시한 몇몇 아시아 국가들도 시민권자가 아닌 이들의 투표를 허용하고 있다. 한국은 3년 이상 거주한 외국인에게 지방선거에서 투표를 허용하고 있다. 2006년 선거에서 약 7,000명의 외국인이 투표했는데, 대부분이 대만 국적의 화교였다. 한국이 영주외국인에게 투표권을 허용한 동기 중 하나는 일본이 국내에 거주하는 상당수의 재일한국인에게 투표권을 부여하도록 압력을 가하기 위한 것으로 보인다. 호주는 한때 영국과 아일랜드 국민에게 투표권을 허용한 적이 있다. 비록 1984년 이후 허용되지 않고 있으나 1984년 이전에 선거인명부에 유권자로 등록한 사람들은 여전히 투표할 수 있다. 호주의 8개 주 가운데 3개 주 정부가 지방선거에서 외국인의 투표를 허용한다. 뉴질랜드에서는 모든 영주권자가 모든 선거에서 투표를 할 수 있으나, 피선거권은 없다(Andrès, 2007).

일부 사람들이 전 지구적 현상이라고 파악하는 1990년 이래 밀어닥친 새로운 민주화의 물결은 전 세계적으로 비시민권자의 투표권이라는 첨예한 쟁점을 극명하게 드러내는 결과를 가져왔다. 그러나 다른 나라에서는 모방과 흠모의 대상으로 간주되는 민주주의 국가들에서 정치적으로 선거권을 박탈당한 사람들의 수가 증가하고 있다는 사실은 우리 시대의 역설 중 하나이다.

이주민과 종족 투표 블록

1948년에 건국된 이스라엘 정치에서 유대인의 이주는 여전히 큰 영향을 주는 요소이다. 물론 시오니즘의 시각에서는 이주가 아니라 '회귀 또는 귀환'이라고 말하고 있다(Bartram, 2008:303-304). 1950년대와 1960년대 대부분 이슬람교 국가에 거주한 근동 유대인 또는 세파르디 유대인Sephardi Jews[주로 이베리아 반도 출신의 포르투갈이나 스페인계 유대인을 지칭하는데 이란 같은 중동 및 북아프리카계 유대인이 포함되기도 한다.—옮긴이]의 대규모 유입으로 1970년대에 이르러서는 이들의 인구가 유럽 출신의 아시케나지 유대인Ashkenazi Jews[주로 독일과 동구 지역에 거주했던 유대인—옮긴이]의 수를 상회하게 되었다. 세파르디 유대인의 지지를 받아 1977년 수상으로 선출된 메나헴 베긴Menachem Begin이 이끄는 우파연합 리쿠드Likud는 이러한 인구구성 변동의 수혜자가 되었다. 1990년 구소련 출신 유대인의 신규 유입은 세파르디와 아시케나지 유대인 사이의 균형은 물론 아랍인과의 균형에도 영향을 주었다. 1990~2002년에 거의 100만 명의 구소련 출신 유대인이 이스라엘에 정착했다.

이스라엘의 전체 유권자 가운데 15퍼센트 정도를 차지하는 구소련 출신 유대인 또는 '러시아계'(제7장 참조)의 투표는 1992년 총선의 결과에 중요한 영향을 끼쳤다. 1996년 선거에서 구소련 반체제 운동가였던 나탄 샤란스키Natan Sharansky가 이끄는 이주민 정당이 이스라엘 의회(크네세트Knesset)에서 7석을 획득하여 리쿠드당이 지배하는 연립정권에 참여했다. 2001년 선거에서는 구소련 출신 유대인이 주축이 된 여러 정당들이 경쟁했고, 샤란스키가 다시 가장 많이 득표했다. 많은 구소련 출신 유대인 지도자들은 서안West Bank과 가자지구에 거주하는 이스라엘 국민인 아랍인과 팔레스타인인의 대대적인 추방을 주장했다. 2002년 요르단 정부는 이라크에 대한 공격이 팔레스타인인의 대거 강제퇴거deportation 사태를 불러오지 않을 것이라는 확약을 이스라엘 정부에 요청했다. 그러나 여론조사는 소위 '이전transfer'을 선호하는 것으로 나타났다. 여기에서 이전이란 팔레스타인 아랍인에 대한 인종청소를 이스라엘에서 완곡하게 부르는 말이다. 2007년에 이르자 강제퇴거를 지지하는 정당의 지도자가 에후드 올메르트Ehud Olmert 수상이 이끄는 정부에서 장관으로 봉직하게 되었다.

이스라엘의 사례는 이주민 투표 블록이 선거 결과에 미칠 수 있는 잠재적 영향력을 극단적으로 보여 주었다. 일반적으로 이주자는 이스라엘의 경우처럼 중요한 요소가 되지는 않으며, 이주자들이 종족 투표 블록을 이루어 무더기 투표를 하지도 않는다. 그러나 점차 많은 외국인이 시민권을 취득하고, 이주민 출신의 주민들이 투표권을 행사하도록 독려되는 상황에서, 이주는 서유럽 민주주의 국가의 선거정치에 분명히 영향을 미치고 있다. 1996년 퀘벡과 캐나다의 미래를 결정짓는 국민투표에서, 퀘벡에 거주하는 이주민 중 압도적으로 많은 수가 반대표를 던졌으며 현상 유지를 선택했다. 이주민이 선거 결과에 결정적인 영향을 미치자 이에 분노한 프랑스계 퀘벡의 지도자들은 이민에 반대하는 발언을 쏟아냈다. 2002년 막상막하를 달리던 독일 선거에서는 35만의 터키계 독일인들이 결정적인 투표 블록으로 등장했다고 볼 수 있다. 왜냐하면 이들의 지지 덕분에 사회민주당과 녹색당 연합이 아슬아슬하게 승리를 거머쥘 수 있었기 때문이다. 2002년 선거 당시 터키계 독일인 투표 블록은 선거인 수에서 단 1퍼센트에 불과했지만, 2006년에는 그 규모가 두 배로 증가할 것으로 예상되었다(Johnson and Gugath, 2002). 반면 동유럽 출신의 귀화 독일인은 보수 성향의 정당들을 강하게 지지하는데, 보수 정당들이 2006년 선거에서 승리하면서 앙겔라 메르켈^Angela Merkel 이 총리가 되었다(Wüst, 2000, 2002).

증가하고 있는 이주민 투표 때문에 여러 정당과 그 지도자들이 이민 관련 사안이나 쟁점에 점차 민감하게 반응하게 되었다. 몇 가지 사례를 보면, 이민정책을 둘러싼 논쟁은 선거의 투표수 계산에 영향을 받아 왔다. 일반적으로 볼 때 정치 지형에서 좌파적 성향을 보이는 정당들이 이주자들의 투표를 얻고자 노력하며, 그 결과 보상을 받아 왔다(Messina, 2007). 보수 성향의 정당들은 선거에서 종종 반이민 정서의 혜택을 받았다. 많은 보수주의 정당들이 이주민 출신 유권자의 지지를 얻고자 치열한 경쟁을 시작했는데, 특히 영국과 미국에서 그러하다.

1996년 미국 선거의 결과를 해석하면서, 상당수 공화당원들은 클린턴 대통령과 민주당이 공화당에 승리를 거둔 이유를, 민주당이 선거운동 전략으로 이주민 합법화 노력을 지지했던 반면 몇몇 공화당 대통령 후보들은 이민 반대 정책을 내세웠기 때문이라고 생각하게 되었다. 그 결과 부시 후보는 2000년 선거운동에서 히스패닉 유권자들의 지지를 얻기 위해 노력했으며, 2001년 멕시코에 대한 이민정책 제안들을 밀어 붙였다(박스 1.1 참조).

2000년 선거에서 부시가 근소한 차이로, 많은 논란 속에 거둔 승리는 그전까지는 일반적으로 민주당에 투표했던 라틴계에 대해 부시와 공화당의 호소력이 크게 증가했음을 반영하는 것이었다. 특히 공화당을 강력히 지지하는 플로리다 주의 쿠바계 미국인들의 표가 선거 결과에 결정적이었던 것으로 보인다. 부시와 공화당 후보들에 대한 강력한 지지는 향후 라티노 유권자들이 민주당에서 이탈하여 새롭게 재편되는 것이 아닌가 하는 추측도 낳았다. 그러나 2006년 선거의 결과는 그러한 재편은 일어나지 않았고, 가까운 미래에도 일어날 것 같지 않다는 점을 강력하게 보여 주었다.

귀화자들 가운데 많은 사람들은 투표권을 행사하거나 선거인 등록을 하지 않는다. 이러한 현상은 여러 민주주의 국가에서 공통적으로 나타나고 있다(Messina, 2007). 미국으로 귀화한 사람들이 1996년 선거에서 보여준 행태에 대한 연구들을 검토한 드시피오에 따르면, 사회경제적 차이라는 변수를 통제하더라도 귀화자들은 다른 미국인들보다 투표 참여율이 낮은 것으로 나타났다(DeSipio, 2001). 즉 미국 전체 인구보다 귀화자들은 정치적 주변화와 연관된 사회인구적 특징을 보이는 것 같다. 더구나 드시피오는 이주자들의 미국사회에 대한 정치적 적응 과정은 집단적 과정이라기보다는 지극히 개인적인 과정이라고 주장하고 있다. 이민자들의 정치적 참여는 미국에서 일반적으로 정치 참여를 결정하는 계층이나 교육적 요인들에 의해 결정된다는 것이다.

드시피오는 최근 연구에서 초국가적인 정치 참여가 이주민의 미국 정치 참여에 어떤 영향을 주는가를 분석했다. 드시피오는 라틴아메리카 출신 이주자 가운데 약 20퍼센트와 이민자 2세 중 아주 소수가 이주 후에도 이민 송출국의 시민적 · 정치적 생활에 관여하는 것으로 추정한다. 그렇지만 그는 그런 초국가적인 참여가 미국 정치에 별 영향을 주지 않는다는 사실을 발견했다. 모국 지향적인 조직에 참여하고 있는 라틴아메리카 출신 이주자들은 미국 내의 대다수 이주자들보다 미국 정치에 더욱 활동적으로 참여하는 경향이 있다. 하지만 이것은 초국가주의적인 것이라기보다는 정치적 사회화의 정도를 반영하는 것이라 보아야 한다. 조직 활동에 적극적인 개인은 그 외의 분야에서도 활동적일 것이다(DeSipio, 2006). 이와 연관해 이중국적자의 정치 참여에 대한 연구에서는 이중국적을 허용하는 나라에서 태어난 미국 시민은 이중국적을 허용하지 않는 나라에서 태어난 미국 시민보다 미국의 선거에서 투표율이

12.3 아일랜드의 첫 흑인 시장

로티미 아데바리Rotimi Adebari(당시 43세)는 2007년 6월 아일랜드 중부의 작은 마을인 포트리셔Port Laoise의 시장으로 선출되었다. 7년 전 나이지리아 출신의 난민 신청자로 아일랜드에 도착한 그는 아일랜드 역사상 첫 흑인 시장이다. 나이지리아 남서부 오군Ogun 주의 기독교 신자였던 아데바리와 그의 부인 및 두 자녀는 종교적 박해를 피해 아일랜드로 왔다. 그가 이 유서 깊은 마을에서 향후 1년간 시장으로 선출되었다는 것은 이주의 시대에 발생하고 있는 극적인 변동을 상징적으로 보여 준다.

아일랜드는 오랫동안 이민 송출국이었다. 1830년경부터 수백만의 사람들이 영국 식민통치와 극심한 가난을 피해서 해외로 이주했다. 아일랜드 이민자들은 미국과 호주를 건설하는 데 일조했고, 두 이민국의 문화를 형성하는 데 중요한 역할을 했다. 스스로를 아일랜드인이라고 여기는 사람들의 수는 아일랜드 본국보다 해외에 더 많다. 지난 20여 년간 모든 것이 엄청나게 변모했다. 경기 호황으로 아일랜드는 '켈트의 호랑이Celtic Tiger'라 불리게 되었고, 유럽연합 내에서 가장 부유하고 빠르게 성장하는 나라가 되었다.

이제는 아일랜드에 이주노동자와 난민, 이들의 가족 등 많은 이민자들이 여러 국가에서 밀려들고 있으며, 입국자 수는 지난 10년간 배로 증가했다. 아일랜드는 2004년 유럽연합에 새로 가입한 중부 및 동부 유럽 10개국으로부터 이주노동자를 받아들이기로 문호를 개방한 몇 안 되는 나라들 가운데 하나이다. 2005년에는 외국에서 출생한 사람들이 전 인구의 11퍼센트를 차지하기에 이르렀다. 수백 년 동안 이민 송출국이었던 아일랜드가 빠르게 다문화사회로 이행하고 있는 것이다.

아일랜드에 도착한 후 아데바리는 실업과 편견을 경험했지만, 리셔 지방의 실업지원 단체를 설립하는 활동을 도왔다. 그는 더블린 시립대학에서 다문화 연구로 석사학위도 받았다. 지금은 시의회에서 새로운 이민자들을 위한 사회통합 사업 관련 일을 하고 있다. 아일랜드에 도착했을 때만 해도 그의 자녀들은 이 지역 학교에서 유일한 외국학생이었다. 그러나 지금은 적어도 30여 개 국가 출신의 학생들이 있다.

아데바리는 무소속이지만 다른 정당 소속 시의원들의 도움을 받아 선출되었다. 그는 아일랜드가 '수백 수천의 환영과 기회의 땅'이라고 말한다. 또한 매우 짧은 시기에 다문화를 포용하는 독특한 사례이자, 유럽은 물론 전 세계에 모범이 될 만한 나라라고 말한다.

(출처: http://Ireland.com/newspaper/28 June 2007; *The Guardian*, 30 June 2007; OECD, 2007:254-255).

저조하다. 또한 이중국적을 가진 미국 시민은 같은 나라 출신이지만 이중국적을 보유하지 않은 미국 시민보다 선거인 등록률이나 투표율이 저조한 경향이 있다(Cain and Doherty, 2006).

지난 수십 년간 이주의 추세는 많은 서구 민주주의 국가의 선거정치에 커다란 영향을 주었다. 합법적 이주자들이 귀화하고 궁극적으로는 투표할 수 있는 능력은 그 어떤 민주주의 국가에서도 커다란 관심사가 된다. 이주자의 정치적 참여가 정당한 것이며 또한 당연히 예견할 수 있는 결과라고 간주되었다는 사실이야말로 미국, 호주, 캐나다의 경험을 다른 서구 국가들의 경험과 뚜렷이 구분하는 계기가 되고 있다.

영국은 서유럽 국가들의 형태 중에서 예외에 해당한다. 1945년 이후의 이주자들은 대부분 아일랜드 출신이거나 1971년까지는 영연방 국가 출신이었는데 이들은 이미 입국 당시에 시민권과 함께 선거권을 갖게 되었다. 1970년대 중반 이후 이주 문제는 빠르게 정치화했다. 극우정당인 국민전선은 이주와 관련된 폭력을 유발하는 데 중요한 역할을 했다. 흔히 신사적이라 알려진 영국의 정치에서 매우 이례적이라 할 만한 폭력적 충돌이 자주 발생했으며, 이주자들의 수적 증가까지 가세하여 이주는 1979년 선거에서 중요한 쟁점이 되었다. 마거릿 대처는 교묘하게 이주에 대한 대중적 반발을 활용하여 극우 국민전선에 대한 지지에서 김을 빼는 한편 노동당에 대해 승리를 거둘 수 있었다. 당시 대부분의 이주자들은 노동당을 지지하고 있었다(Layton-Henry, 1981).

그 후의 선거에서 흑인과 아시아 출신 이주자들의 정치 참여는 더욱 두드러졌다. 1987년에는 4명의 흑인 영국 시민이 의회에 진출했다. 그렇지만 영국 정치에서 흑인과 아시아계의 정치 참여와 대표성이 증가한다고 하여, 그것이 곧 이주 문제나 이주자들의 정치적 불만에 대한 관심이 커졌음을 의미하지는 않는다(Studlar and Layton-Henry, 1990:288). 그렇다고 이주자들의 대안적인 정당 형성이 실현 가능한 선택도 아니다.

그러므로 대다수 이주자들에게 선거권을 부여하는 서유럽 국가들에서 조차 이주자들의 정치 참여와 대표성은 여전히 문제로 남아 있다. 이주민 출신자들의 투표는 영국의 650개 의회 선거구 중 30~60개의 선거구에서 선거 결과에 지대한 영향을 끼친다. 이 선거구들은 모두 도시지역에 있다.

1990년대까지 호주에서 대다수 전문가들은 정치에 이주가 미치는 영향이 매우 제한적이라고 생각했다(Jupp, York and McRobbie, 1989:51). 한 저명한 정치학자는 전후 이주는 "선거 행태의 전반적인 형태에 어떠한 뚜렷한 변동도 야기하지 않았다. 대량 이주에도 불구하고, 출생지가 아니라 사회적 계급이야말로 정당 지지를 결정하는 기초가 되었다."라고 언급했다(McAllister, 1988:919). 그렇지만 1975년부터 1992년까지 집권했던 보수당 연합이 다문화주의를 지원한 것은 '종족적 소수자의 투표'에 대한 관심 때문인 것으로 보인다(Castles et al., 1992). 더 최근에는 아일랜드가 이주변천을 경험하고 있다. 이민 관련 쟁점들이 아일랜드 정치에 영향을 끼치기 시작했고, 이주민 유권자들이 영향력을 행사하기 시작했다(박스 12.3 참조).

반이민 운동과 반이민 정당

1970년대 이래 유럽에서 발생한 이민 반대 정당과 이민 반대 운동의 대두는 그동안 대단히 면밀하게 연구되어 왔다(Betz, 1994; Schain et al., 2002; Givens, 2005; Norris, 2005). 제7장에서 본 것처럼, 코트디부아르나 남아프리카공화국 같은 여러 아프리카 국가에서 이민 반대 정치는 중요한 자리를 차지해 왔다. 중동이나 북아프리카에서는 레바논, 1990년 이전의 이라크, 이란, 이집트, 리비아, 쿠웨이트, 사우디아라비아에서 이민 반대 정치가 분명하게 나타났다.

라틴아메리카와 카리브 해 국가들 중에는 도미니카 공화국에서 이민 반대 정치가 중요하게 나타났고, 이보다 정도는 덜하지만 코스타리카에서도 나타났다. 아시아와 태평양 국가들의 경우 말레이시아, 싱가포르, 한국, 대만, 일본에서 이민 관련 쟁점은 고도로 정치화되었고, 피지와 인도의 일부 지역, 특히 아삼Assam에서는 이민 반대 정치가 불안정을 초래하는 요인이 되기도 했다.

제4장에서 살펴본 바와 같이, 유럽과 북미 지역 국가들에서 이민 반대 정치의 역사적 선례가 없는 것은 아니다. 그럼에도 불구하고 몇 가지 경우를 제외하면 1980년대까지 이민 반대 정치는 주변적인 것에 불과했다. 영국과 스위스에서 각각 1950년대 후반과 1960년대 중반에 이민 문제의 정치화는 이주노동자 유입 규모의 축소를 초래했다. 그 후 이민은 하나의 중요한 정치적 쟁점이 되었고 오늘날에도 여전히 그러하다.

프랑스에서 이주 문제의 정치화는 1970년대에 발생했는데, 특히 극우파 학생들이 야만적 이민immigration sauvage이라 부른 불법적 이민에 반대하는 시위를 하면서 시작되었다. 몇 번의 충돌 끝에 시위 중심인물들에게는 위법이라는 낙인이 찍혔다. '신질서New Order' 운동을 제창한 신파시스트들 중 일부 사람들이 풀뿌리 수준에서 이민 반대 운동을 이어나갔고, 나중에 국민전선의 당원으로 다시 무대에 등장했다. 이민 반대 정당에 대한 지지는 분명히 항의 투표라는 요소를 가지고 있다. 프랑스에서 유권자의 15퍼센트가 국민전선에 투표했고, 전체 투표자의 3분의 1은 국민전선의 이민정책에 공감했다(Weil, 1991a:82). 국민전선이 전통적으로 프랑스 공산당이 받아 왔던 항의 투표의 일부분을 획득한 것도 사실이다. 국민전선은 1962년 알제리에서 귀환한 유럽인들과 그들의 자녀들을 의미하는 피에 누아르Pieds-Noirs의 밀집 거주 지역에서 특히 선전했다. 유럽의 제도에 반기를 든 국민전선의 태도 역시 일부 유권자들에게는 매력적인 요소였다(Marcus, 1995).

1997년에 국민전선은 툴롱을 비롯한 남부 4개 도시의 시정부를 장악하고 전국 유권자의 15퍼센트의 지지를 얻었다. 1997년 제1차 의회선거에서 거의 400만 명에 이르는 프랑스인들이 국민전선에 투표했다. 2002년 대통령선거 제1차전에서 국민전선의 후보였던 장-마리 르펜Jean-Marie Le Pen이 2등을 차지한 것은 국민전선에 대한 지지가 갑자기 크게 상승했기 때문이 아니었다. 국민전선에 대한 지지는 2007년 대통령선거와 의회 선거에서 감소했다. 국민전선의 충실한 일꾼이었던 브루노 메그레Bruno Mégret와 그의 지지자들의 탈당이 지지 감소에 중요한 역할을 했다. 내무장관을 지낸 사르코지는 선거운동에서 불법이민자에 대한 법과 질서를 강조했으며 불법이민에 강력히 대처하겠다는 입장을 취했다(제11장 참조). 일단 대통령에 당선되자 사르코지는 많은 이들을 놀라게 했는데, 페미니스트이자 이민 활동가인 파델라 아마라Fadela Amara를 비롯한 좌파 인물들을 내각에 등용했기 때문이다.

벨기에에서는 1991년 도시 소요가 발생했다. 전통적으로 플랑드르 지역의 독립을 주장하는 정당인 플람 블록Vlaams Blok(플랑드르 블록Flemish Block이란 의미)이 이민자들이 밀집 거주하고 있는 지역에서 집회를 가진다는 소문이 돌자, 주로 모로코 출신의 젊은이들이 경찰과 충돌한 것이다.

1990년에 이르러 플람 블록은 이미 지역주의 정당이자 이민 반대 정당으로 성장해 있었다. 이런 결합은 특히 북부 이탈리아를 비롯하여 몇몇 유럽 국가에서 공통적으로 발견되는 현상이었다. 정당 강령의 주요 골자 중 하나는 이주자들을 추방하라는 요구였다. 그 직전 총선에서는 불과 2석을 얻었으나 1991년 총선에서 플람 블록은 12석을 얻었다. 1999년과 2003년에는 더욱 약진하여, 2003년에는 전국 투표 수의 11퍼센트를 얻었다. 그러나 벨기에 대법원이 2004년 이 정당이 인종차별적이라고 판결하자 플람 블록은 자진 해산했고 이후 '플람 벨랑Vlaams

Belang' (플랑드르의 이익Flemish Interest)으로 변신했다(Messina, 2007:63).

이와 비슷하게, 1991년 오스트리아의 지역 및 지방 선거에서 이민 반대 정당인 자유당Freedom Party은 유효 투표의 거의 4분의 1을 득표하여 중요한 돌파구를 열었다. 궁극적으로 자유당은 오스트리아 사회당 및 인민당과 거의 비슷한 수준으로 득표했으며 인민당과 연정을 구성했다. 다른 유럽연합 회원국들이 자유당의 이민정책을 받아들일 수 없었기 때문에, 이 연정은 유럽연합과 오스트리아의 관계를 위기로 몰아갔다. 사실상 자유당의 이민에 대한 태도는 다른 유럽연합 주요 정당들의 정책과 그리 크게 다르지 않았다. 자유당 당수인 외르크 하이더Jörg Haider는 2000년 당수직을 사임했다. 1995년 선거에서 22퍼센트의 지지를 얻은 자유당이 2002년 선거에서 득표율이 10퍼센트 정도로 떨어지자, 하이더는 자유당을 떠나 '오스트리아 미래연합Union for the Future of Austria'을 결성했다. 대다수의 자유당 의원들은 신당에 참여하기 위해 그를 따랐다(Messina, 2007:61).

이탈리아에서 이민에 반대하는 정서는 중요한 정치적 세력으로 결집되어 나타났다. 1990년대 지역주의 정당인 북부리그Lega Nord-Italia Federale, (기업가인 실비오 베를루스코니Silvio Berlusconi가 주도하는) 전진이탈리아당Forza Italia, 신新파시스트 정당인 국민연합Alleanza Nazionale은 이민 문제를 공격했다. 한편 정치적으로 영향력이 있는 가톨릭 사제들과 교황은 (이주자들의) 합법화 같은 인도주의적인 제안에 대한 지지를 표명했다. 많은 이탈리아 유권자들은 우파 정당에 투표했으며, 기독교 민주당과 사회당의 뼛속 깊이 침윤된 부패에 항의했다. 사실 이민에 대한 반대보다는 신망을 잃은 정당지배정치partitocrazia에 대한 항의라는 측면이 투표에서 더 강했던 것이다. 그러나 베를루스코니 제2기 정부는 2002년 불법이민을 강력히 단속할 것이라고 발표했다. 1996년 총선에서 북부리그는 10퍼센트의 표를 얻었으나 2006년에는 지지율이 5퍼센트 미만으로 떨어졌으며 베를루스코니의 중도우파 연정은 붕괴되었다(Messiana, 2007:62-63). 그러나 2008년 상반기 실시된 총선에서 베를루스코니는 더 많이 득표하여 다시 집권했다. 그의 선거 전략은 주로 이민 반대 정서를 부추기는 것이었다. 북부 리그의 포스터는 투표권자에게 "당신의 미래를 지켜라: 불법이민자를 추방하라"라고 촉구했다.

2007년에 이르자 이민 반대 운동은 사실상 전 유럽으로 번져 나갔으며, 심지어 체코나 불가리아 같은 옛 공산국가에서도 발전했다. 불가리아의 '공격당Attack Party'은 2005년 의회선거에서 9퍼센트를 득표했다. 이런 운동들 가운데 상당수는 역사적 연원을 가지고 있다. 예를 들어 프랑스에서 국민전선을 열렬히 지지하는 사람들 가운데 일부는 전통적으로 공화주의를 반대하는 우익집단이 득세한 지역 출신이었다. 제2차 세계대전을 겪으면서 이런 우익 정치권력은 비난받았으며, 그들의 프로그램과 정책은 1980년대와 1990년대에 이민 반대 운동이 일어날 때까지만 해도 일반적으로 정당성이 없는 것으로 여겨졌다. 이민 관련 쟁점은 극우정당들이 유럽 전역에서 주류정치에 들어가는 통로로 활용했다. 심지어 스칸디나비아에서도 그러했다. 그런데 불가리아 공격당은 "불가리아를 불가리아인에게"라는 구호 아래 기본적으로 집시와 터키인을 표적으로 삼았다(Stefanova, 2007).

이민 반대 정당들에 대한 투표가 폭발적으로 나타나는 현상을 단순히 인종차별주의나 불관용의 표출로 여기는 것은 실수일지 모른다. 제2장에서 지적했듯이 극우 집단에 대한 지지는 종종 급작스러운 경제변동·사회변동에 직면한 사람들이 경험한 혼란과 당혹스러움의 결과이기도 하기 때문이다. 직업구조의 변화로 노동조합의 힘이 약화된 것 또한 중요한 요인이다. 극우정당들은 난민보호나 불법이민 문제 등과 관련된 특정 정책에 대한 대중의 불만으로부터 지지를 이끌어 내기도 한다. 그러나 다른 극단적인 정당들은 그리 성공을 거두지 못하고 있다. 예를 들어 영국의 극우정당인 국민전선National Front은 1970년대 중반까지는 지지가 늘어나는 것처럼 보였지만 마거릿 대처가 이끄는 보수당이 이들의 프로그램의 중요한 부분들을 채택하면서 쟁점을 선점해 버렸다(Layton-Henry and Rich, 1986:74-75). 영국의 양당제와 (최다 득표자를 당선시키는) '소선거구제first past the post'로 인해 새로운 정당이 하원에서 의석을 얻기는 매우 어려워졌다. 그러나 2001년 영국 북부 지역 도시들에서 발생한 소요사태(제11장 참조)를 계기로 극우파 영국국민당British National Party이 추종자들을 확보했고 지방선거에서 어느 정도 성공을 거두었다.

이와 유사하게 헌법적·제도적 방어장치 때문에 독일에서도 극단적인 이민 반대 정당들이 발전하기가 어려웠다(Norris, 2005). 독일 기본법은 독일공화국을 위협하는 어떤 정당도 금지할 수 있는 권한을 독일 정부에 부여했다. 그러나 독일 통일 이후에 주변적이기는 하지만 국민민주당National Democratic Party; NPD 같은 극우정당들은 많은 지지자를 확보했는데, 여기에는 난민이나 이민자들에게 폭력을 행사하는 스킨헤드도 포함된다. 1990년대 이래 독일의 전통적인 3당 체계가 무너졌고, 극우집단은 시의회와 지방의회에서 몇몇 의석을 보유할 수 있게 되었다.

우익정당의 출현이 정치적 스펙트럼과 상관없이 특히 유럽에서 이민반대 효과를 가져왔다고 주장하는 학자들이 있다. 대조적으로 미국에서는 양당 체계와 단일선거구 승자독식winner-take-all 선거법에 따라 제3당이 선거에서 경쟁하기가 매우 어려우며, 강력한 우익적 견해는 오로지주류 정당 내부에서만 가능하다. 캐나다에서도 앞서 언급했던 이주자들의 투표 결과에 대한 퀘벡의 불만 이외에는, 이민 자체에 대한 정치적반대는 사실상 존재하지 않는다.

호주의 상황은 조금 다르다. 1996년 연방 선거에서 이민 의제는 주류정치의 중요한 쟁점이 되었다. 폴린 핸슨Pauline Hanson이 이끄는 새로운일국당One Nation Party은 이주자들과 호주 원주민에 대한 특별 서비스에 반대하는 선거운동을 하였다. 핸슨은 국회의원으로 당선되었고, 존 하워드John Howard 총리가 이끄는 새로운 보수 연립정부는 그녀의 이민 반대 주장을 상당 부분 수용했다. 2001년 선거는 하워드의 난민 요청 반대 정치에 강한 영향을 받았다(Castles and Vasta, 2004). 2007년의 선거로 노동당이 집권하면서 좀 더 부드럽고 새로운 접근이 나타난 것 같지만, 이민 문제는 여전히 중요한 정치적 쟁점으로 남아 있다.

이민정책의 정치

근대 세계는 국민국가 체계로 조직되어 있고 국민국가 체계는 국경을 넘는 국제이주를 근본적으로 문제가 있거나 일탈적인 것으로 간주하기 때문에 궁극적으로 국제이주의 정치적 차원은 매우 중요한 문제가 된다(Zolberg, 1981). 이런 점에서 국제이주는 본질적으로 정치적이다. 특히 가장 선진적이며 민주적인 국가에서도 이민정책의 수립을 둘러싼 주요 논쟁은 국민국가의 자율성, 그리고 전 지구화 시대에도 국민국가 체계의 본질적인 성격이 존속하느냐를 둘러싸고 이루어지고 있다. 왜 국가들은 이민정책을 채택하는가, 왜 특정 이민정책의 결과가 발생하는가를 설명하려는 학자들에게 이런 토론이 영향을 미쳐 왔다.

프리먼은 서구 민주주의 국가의 경우 정치 엘리트와 일반 대중 사이에 이민정책에 대한 선호의 차이와 간격이 존재한다고 주장했다(Freeman 1995, 2002). 정치 엘리트들은 대개 일반 대중이 일반적으로 반대하는 이민 확대 정책을 선호한다. 이민은 사용자와 투자자에게는 집중적으로 이득을 제공하는 반면, 중장기적으로 그 비용을 분산하여 부담하는 것은 일반 대중이라고 프리먼은 가정했다. 이민을 지지하는 정치 엘리트들이 일반적으로 자유로운 이민정책을 선호하지 않는 선거구민들과 격리된 경우, 서구 민주주의 국가에서처럼 이민 확대 정책 유형이 나타난다. 그러나 프리먼은 미국, 캐나다, 호주, 북유럽 국가들, 남유럽 국가들 등 전통적인 이민국 간에도 현저한 차이가 존재한다고 주장했다. 프리먼의 견해는 OECD 지역의 이민정책이 매우 엄격하며 규제가 심하다고 보았던 분석가들의 견해와 정면으로 배치된다.

홀리필드에 따르면 자유민주주의 국가들은 이민정책을 수립하는 과정에서 정책 수립의 특권을 제한하는 민주주의 자체에 기인하는 본질적 한계에 직면해 있다(Hollifield, 1992). 국제이주자는 권리를 가진 인간이며 바로 이러한 사실 때문에 이민정책은 제한을 받게 된다. 이를 보여주는 고전적인 사례로 1977년 프랑스의 경우를 살펴보자. 프랑스 최고 행정법원은 가족 재결합을 막으려는 프랑스 정부의 노력이 타당성이 없다고 판시했다. 프랑스 정부는 당시 제로 이민정책을 선언했지만, 이것을 정책으로 구체화할 수가 없었다. 왜냐하면 프랑스는 포르투갈 이주 노동자들에게 가족과 재결합할 수 있는 권리를 인정하는 양자협정을 포르투갈 정부와 체결했기 때문이다. 즉 많은 서구 민주주의 국가에서 이민정책이 갖는 확대적 성격은 기본적 인권 같은 근본적이고 분산된 자유주의 가치를 반영하기 때문이다. 그러나 이런 사실이 곧 주권국가의 침식을 의미하는 것으로 해석되어서는 안 된다.

소이잘은 유럽의 민주주의 국가들의 이민정책 수립 과정을 효과적으로 제한하는 초보적 형태의 국제 체제가 이민자들의 권리와 관련하여 등장하고 있다고 보았다(Soysal, 1994). 다자간 또는 양자 간 협정과 국제노동기구ILO나 유럽평의회Council of Europe 같은 국제기구의 영향력이 국제이주자에게 능력을 부여했고 이민정책 수립 과정에 영향을 미쳤다는 것이다. 욥커는 소이잘의 견해에 동의하지 않는다. 그러한 한계는 대개 국내 법체계에 따라 자율적으로 부과된 것이거나 과거 정책의 결과이기 때문이다(Joppke, 1998, 1999). 그의 견해에 따르면 국가는 이민을 규제할 필요가 있으나, 제네바 난민협약에 서명하는 등 책무를 약속함으로써 자신의 행동에 스스로 제약을 가한다는 것이다. 욥커는 이런 한계들을 외부적 제한이라고 보지 않는다.

또 다른 중요한 시각으로는 전 지구화 논의가 있다. 전 지구화는 국제 이주를 통제할 수 있는 개별 국가의 능력을 약화하는 사회경제적 및 정치적 변동을 낳기 때문에 민주주의 국가들이 국가 간의 이민을 통제하기가 점점 더 어려워진다고 본다. 이 견해는 중장기적인 이민정책이 국가 이익을 반영한다고 확신하는 여러 학자들에게 명확히 거부당했다(Messiana, 2007:239-245). 한편 경로 의존 시각에서는 이민정책의 결과란 이미 확립된 제도적 장치가 정책 선택의 범위를 제한하고 정책 수립을 형성하기 때문에 나타나는 것으로 생각한다(Messian, 2007:102-105). 그리하여 1970년대와 1980년대에 프랑스에서 볼 수 있었던 법제화에 의존하려는 경향은 외국인들을 합법화하기 위해 취해졌던 1930년대와 1940년대의 결정과 깊이 관련되어 있다(Miller, 2002). 유럽연합과 이민정책 형성에 관한 최근 연구에 따르면 유럽연합 회원국들은 지역 수준 regional level에서 더욱 용이하게 달성할 수 있는 이민정책 목표를 이루기 위해서 주권국가의 특권을 공동으로 사용하고자 한다(Geddes, 2003; Lahav, 2004).

미국의 경우 이민정책은 항상 미국이라는 국가와 사회의 발전에서 중심적인 주제였다고 졸버그는 주장한다. 미국은 '설계된 국가nation by design'라는 것이다(Zolberg, 2006). 그에 따르면 미국 이민정책의 역사는 확대주의 시대와 규제주의 시대로 구성되며 일단 정책이 하나의 현 상태에 도달하면 사법·입법·행정 등 3권의 분립을 특징으로 하는 미국이라는 국가 체계의 특성상 이를 변경하기 어렵다고 한다. 티치너(Tichenor, 2002:294)는 미국 이민정책의 법제화 과정에 영향을 미치는 서로 밀접히 관련된 네 과정을 구분했다. ① 제도적 기회와 제약조건의 변동, ② 이민

전문가들의 견해 변화, ③ 인지된 국제적 위협과 그러한 인지의 결여, ④ 이익집단 연합의 본질 변동 등이 그것이다. 그는 이런 과정을 통해 미국의 이주정책과 법이 결정된다고 보았다.

결론

국제이주는 다문화 정치의 형성에 중요한 역할을 해왔다. 이스라엘의 사례에서 보듯이 이민은 유권자의 구성에 극적인 영향을 줄 수 있는가 하면, 선거 이외의 수단을 통해서도 이민자들은 정치에 영향을 미칠 수 있다. 이민자들은 모국과 이민 수용국 사회의 정치 체계를 근본적인 방식으로 연계하는 초국가적 정치를 형성해 왔다. 이민자와 소수자는 둘다 정치의 주체이자 객체이다. 서구에서 우익정당들은 이민에 대한 반동으로 나타난 반이민 정서를 당의 입지와 호소력을 강화하는 데 이용해 왔다. 서구의 정치지형에서 이민이 근본적으로 정치를 변화시키는 하나의 방법은 점점 목소리를 높이고 있는 이슬람 단체들의 조직화로서, 이는 민주정치 체계에 딜레마를 던져 주고 있다. 즉, 이들의 역할을 인정하는 것을 거부한다면 이는 민주주의 원칙에 위배된다. 반면, 많은 사람들은 이들의 목적과 방법을 본질적으로 비민주적이라 생각한다. 국제이주는 새로운 선거구, 새로운 정당, 새로운 쟁점을 형성해 왔다. 프랑스의 국민전선처럼 서유럽에서 새로 만들어진 많은 정당들은 반灰이민을 주제로 내걸고 있다. 이민자에 대한 폭력 또한 종족적 소수자를 하나의 사회집단으로 형성하고 정치적으로 동원하는 요소이다.

미국, 캐나다, 호주에서는 이민자들의 정치 참여나 정치적 의사 대변이 그리 큰 쟁점이 아니다. 왜냐하면 가족 재결합을 기반으로 한 합법적 이민이 다수를 차지하기 때문이다. 그러나 미국의 주요 도시에 합법적으로건 불법적으로건 거주하고 있는 외국인(비시민권자들)에게 선거권을 부여하지 않는 조치는 당국을 점점 더 괴롭히고 있다. 뉴욕 주민 가운데 상당수가 투표를 할 수 없다. 왜냐하면 이들은 시민권을 획득하지 않았거나 불법체류자이기 때문이다.

사실상 세계 거의 모든 곳에서 국제이주는 정치를 더욱 복잡하게 만들고 있다. 종족에 기초한 정치적 동원과 투표 행태는 많은 국가에서 중요한 쟁점이 되고 있다. 또 하나 새로운 쟁점은 '시민권의 정치'에서 등장하고 있다. 10년 전이나 20년 전만 해도 사실 그 누구도 시민권 관련 법률(국적법)을 알고 있거나 이를 중요하다고 생각하지 않았다. 국제이주의 성격 변화와 그 정치화가 이러한 상황을 변화시켰다. 대부분의 민주주의 국가들은 현재 시민권을 얻을 수 없거나 얻으려 하지 않는 정주 외국인 인구의 증가에서 비롯되는 장기적인 문제들에 봉착하고 있다. 불법이민자들의 지위는 특히 문제가 되고 있다(Rubio-Marin, 2000).

이민자 정치는 계속 유동적인 상태에 있다. 왜냐하면 서구의 여러 사회들에서 이주의 흐름이 빠르게 변화하고, 정치적 형태의 변동 또한 광범위하게 일어나고 있기 때문이다. 이입, 정착, 소수자 집단 형성 등의 단계를 거치면서 이민자들의 운동이 성숙함에 따라 정치적 동원과 참여의 성격 또한 변화를 겪게 된다. 모국 정치에 가졌던 관심이 이민 수용국 내에서 종족적 소수자 집단으로서의 이익을 둘러싼 동원으로 이동한다. 만약 시민권 획득을 거절당하거나 정치적 의사를 대변할 통로가 제공되지 않아 정치적 참여가 거부당할 경우 이민자들의 정치는 전투적 형태를 띨 가능성도 있다. 특히 이민 수용국에서 태어난 이민자 자손의 경우에 그러하다. 시민권을 받지 못하고, 사회적으로 주변화하며, 인종 차별로 인해 정치적 생활에서 배제된다면 이들은 기존의 정치구조에 장차 커다란 도전을 제기하게 될 것이다.

심화 연구를 위한 안내

『이주의 시대』 웹사이트(www.age-of-migration)에는 1964년 이탈리아와 스위스 간에 양자협정으로 체결한 개정 노동협약에 대한 간략한 설명이 있다. 이 협약은 인접 국가의 이민정책에 이민 송출국이 영향을 미친 하나의 사례이다. 웹사이트에는 프랑스에 거주하는 알제리인들이 모국에 대한 애국심을 유지할 수 있도록 애쓴 알제리 정부의 노력(유럽 알제리인 우호기구the Amicale des Algériens en Europe 1962-1992)에 대한 분석도 있다. 또한 프랑스에 거주하는 이주 여성들의 생활 개선 운동에 관한 파델라 아마라(2007년 도시정책 담당 국무장관으로 임명됨)의 저서를 기반으로 한 문헌도 있다(12.3). 그리고 프랑스 거주 이주노동자들의 파업운동에 대한 설명도 있다(10.3). 상업적인 웹사이트들에서 발견할 수 있는 유용한 자료로는 프랑스 영화 〈증오La Haine〉가 있는데, 이 영화는 2000년경에 발생한 프랑스 경찰과 이민 배경 청년들 간에 벌어진 일상적인 폭력을 묘사하고 있다.

『이주의 시대』 웹사이트에는 미국 역사에 나타나는 비시민권자의 투표에 대한 내용(12.4), 라틴계 유권자들의 2006년 미국 중간선거 투표 성향에 대한 정보(12.5), 이민정책 개정을 둘러싼 미국 내 정치 논쟁에 대한 설명(12.6) 등, '잃어버린 이야기lost story'(Motomura, 2006)의 요약본이 소개되어 있다.

이민과 정치에 대한 고전적인 연구로는 Castles and Kosack(1973), Miller(1981), Baldwin-Edwards and Schain(1994), Freeman(1979, 1986, 1995), Hammar(1990), Hollifield(1992), Layton-Henry(1990), Ireland(1994), Soysal(1994) 등이 있다. Cohen and Layton-Henry (1997)에는 1995년 이전의 '이민 정치학'에 관한 연구 성과가 잘 정리되어 있다.

비교적 최근의 중요한 연구로는 Brochman and Hammar(1999), Cornelius et al.(2004), Castles and Davidson(2000), Feldblum(1999), Freeman(1998), Geddes(2000, 2003), Guiraudon and Joppke(2001), Joppke(1998, 1999), Koslowski(2000), Koopmans and Stratham(2000), Lahav(2004) 등이 있다. 시민권 및 다양성에 대한 연구로는 Aleinikoff and Klusmeyer(2000, 2001), Bauböck(1994b), Bauböck et al.(2006a, 2006b), Bauböck et al.(1996), Bauböck and Rundell(1998), Faist(2007), Money(1994), Togman(2002) 등이 있다. Zolberg(2006)와 Tichenor(2001) 는 미국 내 이민 연구 분야에서 가치를 따질 수 없을 만큼 중요한 연구이고, Messina(2007)는 유럽에서 이민과 정치의 관계를 이해하는 데 꼭 필요한 연구이다.

제13장

결론: 21세기의 이주와 이동성

이 책에서는 국제이주란 인류 역사에 항상 존재해 왔던 것으로서 결코 예외적이거나 일탈적인 현상으로 보아서는 안 된다는 사실을 누누이 강조했다. 인구 증가, 기술 변화, 정치 갈등, 전쟁 등은 항상 인구이동을 수반했다. 지난 500년 동안 대규모 인구이동은 식민지 건설, 공업화, 국민국가의 형성, 자본주의 세계시장의 발전 과정에서 중요한 역할을 해 왔다. 그렇지만 오늘날 국제이주는 그 어느 때보다도 더 광범하게 곳곳에서 발생하고 있으며 경제적으로나 정치적으로나 그 중요성이 더욱 크다고 할 수 있다. 오늘날의 정치 지도자들은 과거 그 어느 때보다도 이민이나 이와 관련된 쟁점을 정치적으로 중시하거나 우선적으로 고려하고 있다. 과거와 달리 국제이주는 오늘날 국가 안보나 전 지구적 규모의 갈등 및 혼란과 매우 밀접히 관련되어 보인다.

이주의 시대의 특징은 국제이주가 세계의 모든 나라와 지역에 과거보다 더욱 많은 영향을 미치는 한편, 다른 복합적 과정들과 연계되어 세계 전체에 영향을 주고 있다는 점에 있다. 이 책에서 우리는 국제이주의 근본적인 원인과 과정, 그리고 그 영향을 살펴보려고 했다. 제5장, 제6장, 제7장에서 논의한 바와 같이, 오늘날의 국제이주의 형태는 역사적 관련성에 그 뿌리를 두고, 여기에 다수의 정치적·인구학적·사회경제적·지리적·문화적 요인들의 영향을 받으면서 발전했다. 이러한 흐름들은 국가 내부의 종족 다양성을 증가시키는 동시에 국가 간 또는 사회 간의 초국가적 연계를 심화하는 결과를 초래한다. 국제이주는 정부 정책의 영향을 크게 받으며, 외국인 노동자를 충원하거나 난민을 수용하겠다는 결정에 따라 촉진되기도 한다.

그러나 국제이주는 상대적 자율성을 가지면서 국가 정책과 무관하게 진행되기도 한다. 정부의 공식적인 정책들이 목표 달성에 실패하기도 하고, 의도했던 바와 완전히 상반되는 결과를 낳기도 한다. 정부 정책 못지않게 개인 행위자들도 국제이주의 형태를 만들어 나간다. 개인, 가족, 공동체는 정보가 불완전하고 선택이 제약된 가운데 이주 및 정착과 관련된 결정을 자주 내리는 등 매우 중요한 역할을 한다. 그리고 이주 과정에서 발생하는 사회적 네트워크는 장기적으로 중요한 변화를 가져온다. 이 외에 오늘날 급성장하고 있는 '이주 산업migratory industry'도 중요한 역할을 하는데, 이에 종사하는 대리인과 브로커는 나름대로의 이해관계와 목표를 가지고 있다. 국제이주가 증가하고 있고 이를 야기하는 요인들도 강화되고 있으나, 다른 한편으로 국제이주에 대한 저항도 커지고 있다. 이민 유입국의 많은 사람들이 이주에 반대하고 있다. 제8장에서 살펴봤듯이, 때때로 정부는 이주 자체를 무시하면 관련 문제들이 사라질 것이라는 희망으로 부인denial의 전략을 채택하기도 한다. 다른 한편으로 대규모 강제퇴거와 송환 등을 시행하기도 한다. 국제이주를 통제하는 역량이나 허가받지 않은 이주를 단속하려는 노력의 신뢰성은 정부에 따라 상당한 차이가 있다.

제2장에서는 왜 국제이주가 발생하는지, 그리고 이민 수용국가에서

이주의 결과로 왜 이주민의 영구 정착이 이루어지고 뚜렷하게 구분되는 종족집단ethnic group이 형성되는지를 설명하는 이론적 관점들을 제시했다. 우리는 이주 과정migratory process을 송출국, 경유국, 도착국 사이는 물론 국제 수준의 광범위한 제도적 구조들institutional structures과 비공식적 네트워크를 포함하는 사회적 상호작용의 복잡한 체계로 총체적으로 이해할 필요가 있다. 민주주의 정치 환경에서는 아무리 단기 이주자라 하더라도 일단 합법적으로 입국하기만 하면 어떠한 형태로든 일종의 정착 이주가 시작될 가능성이 농후하다.

이렇게 이주민의 영구 정착과 종족집단의 형성이 거의 틀림없이 발생할 것이라는 사실을 인정하는 것이야말로 향후 어떠한 정책이 바람직한가에 대한 의미 있는 논의를 시작하는 출발점이다. 다른 영역에서도 마찬가지이지만, 이 분야에서 상황에 적절히 대응하는 정책을 수립하는 관건은 이주의 원인과 역동성dynamics을 정확히 이해하는 것이라 할 수 있다. 국제이주를 잘못 이해하거나 현실과 희망을 혼동하는 정책은 이미 실패가 예견된 것이나 다름없다. 그러므로 만약 정부가 외국인 노동력을 도입하기로 결정한다면, 일단 입국한 외국인 노동자들 가운데 일부는 실질적으로 계속 국내에 남을 것이므로 이들을 어떻게 합법적으로 정착시킬 것인가에 대비해야 한다. 현재 일본, 말레이시아, 한국, 스페인, 이탈리아, 그리스의 상황은 매우 다양하지만, 이 나라들은 바로 이 점을 명심할 필요가 있다.

현 시점에서 각국 정부와 국민은 매우 심각한 딜레마에 대처해야만 한다. 이들의 선택은 남북 관계, 즉 남반구의 개발도상국들과 북반구의 부유한 국가들 간의 관계뿐만 아니라, 자기 사회의 미래를 어떻게 형성할 것인가와도 깊은 관련이 있다. 핵심 의제는 다음과 같다.

- 전 지구적 이주와 이동성mobility의 미래에 대한 시각

- 이주 현장에서 국제 협력의 증진과 거버넌스의 향상
- 비합법 이주irregular migration에 대한 대책
- 합법이민의 조절과 정주자 통합
- 종족 다양성ethnic diversity이 사회변동, 문화변동에서 수행하는 역할
  과 이것이 국민국가에 미치는 영향

국제이주와 이동성에 대한 전망

1993년 이 책의 초판이 출간되었을 때 가장 큰 관심사는 이민과 그것이 선진 공업국가에 미치는 영향이었다. 초판에서는 1945년 이후 노동력 이동이 어떻게 (종종 예상을 뒤엎고) 정착과 소수자의 형성 과정으로 이어졌으며, 그 결과 국민 정체성과 시민권의 개념이 어떤 도전을 받았는지를 살펴보았다. 또한 아프리카, 중동, 라틴아메리카, 아시아에서 역내는 물론 외부로 향하는 이주가 양적으로 얼마나 증가했는지, 그리고 그 중요성이 얼마나 커졌는지를 살펴보았다. 1993년 이후, 이주의 전 지구화는 매우 급속히 진행되었다. 이주 유형은 물론 송출국, 경유국, 도착국에 미치는 영향 또한 모두 지속적으로 변화하고 있다. 제4판인 이 책은 바로 이러한 경향을 반영하고자 노력했다. 그러나 다른 책들도 대개 그렇듯이 단지 현재 일어나고 있는 엄청난 변동의 단편만을 다룰 수 있었다.

첫 번째 핵심적인 변동은 전 지구화 과정, 사회변혁, 이주의 연계성이 증대하고 있다는 점이다. 제3장에서는 바로 이러한 연계성을 살펴보았다. 즉, 경제적, 정치적, 문화적 변동의 과정들이 결국 부유한 국가와 빈곤한 국가 모두에서 사회적 관계를 변화시키며, 이 과정들이 다시 인류의 이동을 더욱더 촉진하는 조건을 형성한다는 것을 보여 주었다. 빈국과 부국의 불평등의 심화, 교통과 통신기술의 발달, 초국가적 의식

transnational consciousness의 확산 등의 요인이 결합하여 이동을 더욱 증가시켰으며 이동 유형과 그 결과도 더욱 다양하게 만들었다. 앞으로 계속 살펴보겠지만, 그로 인한 결과 중 하나는 이주와 발전의 관계에 대한 국제적 관심이 증대되었다는 것이다.

두 번째로, 선진국의 낮은 사망률과 출산율, 기대수명의 증가 등 급격한 인구학적 변동이 일어났다. 노동시장에 진입하는 젊은 노동자 수의 감소와 연령 부양비age dependency ratio의 증가는 장래에 모든 숙련수준에서 노동 수요를 증가시킬 것으로 보인다. 제1장에서 강조했듯이 향후 십수 년 동안 증가할 것으로 기대되는 30억 인구의 대부분은 개발도상국 출신일 것이다. 좋든 싫든 유럽인과 북미인들은 아프리카, 아시아, 라틴아메리카 출신의 신규 이민자에게 점점 더 의존해야 할 것이다. 그러나 2050년 또는 그전에 세계 인구는 안정화되고, 이후에는 감소할 것으로 예측되고 있다(Chamie, 2007). 현재 공업화가 진행되고 있는 한국과 같은 아시아 국가들에서는 놀라울 정도로 빠르게 인구학적 변동이 진행 중이다. 중국의 인구도 동일한 과정을 겪을 것으로 보인다. 20세기에 주요 이민 송출지역으로 여겨졌던 남아프리카와 멕시코 지역은 곧 이민 수용지역이 될 것이다. 21세기 중반이 되면, 풍요로운 국가들은 고숙련 노동자를 둘러싼 경쟁뿐만 아니라(이는 오늘날에도 이미 진행되고 있다) 주택 건축, 서비스업, 노인 돌봄 등에 종사할 저숙련 노동자를 유치하기 위해 경쟁해야 할지도 모른다.

세 번째 중요한 변동은 노동력의 역동성dynamics과 관련이 있다. 이 주제와 관련하여 개발도상 지역은 제6장과 제7장에서, 선진 경제국은 제10장에서 자세히 살펴본 바 있다. OECD 회원국에서 이입은 노동력 증가의 핵심적인 역할을 해왔다. 노동시장에서 이주민의 지위와 성과는 과거에 비해 더욱 다양화되었으나 많은 이주노동자들은 여전히 불이익을 감수하고 있다. 이는 새로운 노동의 정치경제학과 관련된 현상으로서, 이미 수많은 제조업 부문의 고용이 저임금 경제국가로 이전되었기 때문이다. 역설적이게도, 오늘날 선진 경제국가의 특징 중 하나는 농업, 서비스, 제조업 부문의 저임금 노동착취 공장에서 혹사당하고 제대로 규제받지 않는 노동력이 재등장하고 있다는 사실이다. 젠더, 종족, 인종, 출신국origin, 법적 지위 등에 따라 매우 복합적 양상을 띠는 노동시장 유형은 많은 이주자들에게 하청, 유사자영업spurious self-employment, 임시직 등 비합법 취업, 비공식 부문의 취업과 같은 불안정한 형태의 취업을 강요하고 있다.

네 번째 주요 변동은 서로 이질적이고 뚜렷하게 구별되는 지역화 형태regionalization pattern를 특징으로 하는 등, 세계가 다극적multipolar 지역들로 재구성되면서 발생한다. 중국, 인도, 한국, 남아프리카공화국, 브라질, 멕시코 등 신흥국의 정치적·경제적 영향력의 증대는 전 지구적인 이주 형태에 커다란 영향을 미치면서 변동을 불러일으킬 것이다.

다섯 번째 변동은 더욱 유연한 형태의 국제 이동의 등장과 관련된 것이다. 교통수단, 기술 발달, 문화변동으로 인하여 사람들은 국경을 넘어 사고하는 것을 당연한 일로 여기게 되었고, 온갖 다양한 이유로 빈번하게 국경을 넘고 있다. 유학, 여행, 결혼, 은퇴 등을 목적으로 한 이동이 점점 더 주요해지고 있으며, 이주에 대한 사고에 영향을 미치고 있다. 이동성의 증가는 적어도 몇몇 종류의 이동과 관련하여 국경의 개방을 의미한다고 할 수 있다. 예를 들면 2008년까지 유럽연합EU과 미국 간에 대서양 횡단 단일 항공 공역을 형성하자는 합의는 이로 인한 안보 위협에 대한 뿌리 깊은 두려움에도 불구하고 대서양 횡단 여행을 크게 촉진할 것이다. 이동성의 증가는 유연한 이동 유형들이 더욱 많아진다는 것을 의미할 뿐, 반드시 장기체류의 증가를 의미하는 것은 아니다. 세계는 향후 전통적인 의미의 이주와 함께 새로운 유형의 이동성에 기반을 둔 이주를 모두 경험하게 될 것으로 예측된다.

국제 협력의 증진과 거버넌스의 향상

이와 같은 경향들 때문에 많은 국가에서 국제이주의 경제적 중요성이 커지고, 국제이주가 문화변동, 사회변동을 가져올 잠재력 또한 증대될 것으로 보인다. 그리고 그 결과로 이번에는 이주의 정치적 측면이 더욱 뚜렷이 부각될 것이다. 그렇다면 금융 분야에서 국제통화기금IMF이나 세계은행World Bank, 무역 분야에서 세계무역기구WTO 등 여러 형태의 전 지구적 연결구조가 만들어졌던 것처럼, 과연 현재의 상황이 국제 협력의 증진과 거버넌스의 향상으로 귀결될 것인가라는 질문을 하게 된다(Held et al., 1999). 국제 정치·경제에서 국제이주는 국제 협력과 거버넌스를 위한 국제 체제global regime for cooperation and governance가 형성되지 않은 국면 가운데에서도 가장 중요한 사안이다. 이를 위해 무엇이 필요한지는 유엔 사무총장 코피 아난Kofi Annan이 9·11 테러 후에 전 세계적인 사회경제적 격차의 감소를 통해 폭력에 대응하자고 제안한 데서 분명히 드러났다. 그러나 2001년 이후 글로벌국제이주위원회Global Commission on International Migration; GCIM의 창설과 보고서의 발간(GCIM, 2005), 2006년 유엔의 이주와 발전에 관한 고위급 회담 개최, 2007년에 시작된 이주와 발전에 관한 국제 포럼Global Forum on Migration and Development 등 세 가지 중요한 진전이 있었음에도 불구하고, 국제 협력을 통한 실질적인 변화의 실현은 여전히 어려운 과제로 남아 있다.

이와 같은 자문 기구의 설립 같은 조치들이 긍정적으로 기여한 것은 사실이지만, 그럼에도 불구하고 이주에 관한 국제 협력을 위한 체제를 형성하려는 구체적인 움직임은 나타나지 않았다. 이 분야에서 많은 국가들이 실질적인 진전을 이루기를 주저하고 있는 현실은 1990년 12월 18일 유엔 총회에서 채택된 '모든 이주노동자와 그 가족의 권리 보호에 관한 국제협약International Convention on the Protection of the Rights of All Migrant

Workers and Members of their Families'의 비준이 매우 저조했다는 사례에서 잘 드러난다. 제1장에서도 언급했듯이, 2006년까지 이를 비준한 국가는 유엔에 가입한 192개 국가 가운데 34개국에 불과했다. 더구나 비준국들은 실질적으로 모두 이민자 송출국가였다. 이민자 수용국가들은 이민자 보호를 목적으로 하는 조치를 지지하는 것을 꺼려 왔다.

국제이주 체제가 빠른 시일 내에 등장할 것이라 기대하지 않는 데에는 최소한 다음의 네 가지 이유가 있다. 첫째, 적어도 향후 몇십 년 동안은 전 지구적 수준에서 볼 때 외국인 노동력의 공급이 풍부할 것이기 때문이다. 이러한 상황은 다자 협력의 등장을 저해하는 요인이 된다. 왜냐하면 외국인 노동력을 필요로 하는 국가들은 개별적으로 이민 송출국가와 양국 간 협약으로 이를 확보할 수도 있고 심지어 불법 입국을 묵인할 수도 있기 때문이다. 그렇지만 이러한 상황은 앞으로 세계 인구가 안정화되고 또한 감소할 것으로 예상되기 때문에 결국 변하게 될 것이다.

둘째, 사회경제적으로 좀 더 발전한 나라의 노동자와 그렇지 못한 나라의 노동자 사이에는 본질적으로 호혜적 이해관계가 존재하지 않는다는 것이다. 즉, 부유한 나라들은 줄 것만 있지 얻을 것은 거의 없다고 생각한다. 부유한 나라의 노동자들은 저개발국가로의 입국이 용이해지더라도 대부분은 아무런 이득을 얻을 수 없을 것이다. 노동력은 대개 저개발 지역에서 보다 발전된 지역으로 이동한다. 즉, 노동력의 이동은 거의 일방통행에 가깝다. 그러니 무엇 때문에 가장 발전한 국가들이 주권적 특권을 양도하면서까지 국제이주를 규제하는 국제 체제를 설립하려 하겠는가?

셋째, 코슬로스키가 주장했듯이, 체제의 형성에서 핵심적인 것은 지도력이다(Koslowski, 2008). 1945년 이후 미국의 지도력은 많은 지역에서 자유로운 국제 무역 체제가 형성되는 데 기여했다. 하지만 국제이주에 관한 전 지구적 체제를 형성하기 위해 미국이나 다른 그 어떤 열강도 지도력을 발휘했다는 증거가 없다. 오히려 상황은 이와 정반대라 할 수 있다. 미국이 국제이주에 관한 국제적 공론의 장에 무척 회의적이었다는 사실은 1986년 제2차 세계대전 이후 OECD가 국제이주에 대한 최초의 중요한 다자간 회의를 개최했을 당시 이미 명백히 드러났다(Miller and Gabriel, 2008). 부시 정권의 행적 또한 세계의 다른 많은 국가들이 소위 미국의 리더십에 대해 회의적인 견해를 갖게 하는 데 일조했다.

넷째, 일반적으로, 이민 수용국의 정치 지도자들과 여론의 담론은 이주를 여전히 근본적으로 비정상적이고 문제가 있는 것으로 취급하는 경향이 있다. 마치 이주는 본질적으로 나쁜 것이기 때문에 중단시키거나 축소시키는 것이 주된 관심사인 것처럼 보인다. 이는 이주와 발전에 대한 논의에서 명확히 드러나고 있다(제3장 참조). 심지어 빈곤화와 폭력에 대한 '영속적인 해결책durable solutions'을 마련하기 위해 가난한 국가들이 이민을 송출하는 '근본 원인root causes'을 다루어야 한다는 시도는, 그 의도는 매우 좋다고 할 수 있으나, 기본적으로 이주란 축소되어야만 한다는 사고가 바탕에 깔려 있다. 정치 지도자들은 여전히 발전이 이루어지기만 하면 가난한 나라의 이민 송출을 막을 수 있다고 믿고 있는 것 같다.

그렇지만, 이 책을 통해서도 살펴봤듯이, 이주는 인류 역사상 계속 발생해온 현상으로서 경제적 변동과 성장에 의해 촉발되고 있다. 선진 경제 간에 고숙련 노동자들의 이동이 증가하고 있다는 사실이 그 증거이다. 또 다른 증거는 미국, 영국, 호주와 같은 부유한 국가들이 엄청난 규모의 디아스포라를 경험하면서 이민 송출국과 이민 수용국 모두에 크게 기여하고 있다는 사실이다. 우리는 이주를 축소하기보다는 빈국과 부국 간의 경제적·사회적 형평성을 더욱 증진하기 위해 노력해야 하며, 그리하여 보다 나은 조건에서 이주하는 것은 물론, 이주 당사자와 이주민 공동체의 경험과 능력도 신장되어야 한다. 그러므로 '바람직하지 않은 이주'의 감소란 오로지 이를 통해 이동성이 더욱 증가할 때, 그것도 상이하고 보다 긍정적인 종류의 이동성이 증가할 때에만 타당한 정책 목적이 될 수 있는 것이다. 이러한 정책은 흔히 말하는 이민 관련 정책들의 일반적인 범위를 훨씬 넘어서는 조치들을 필요로 한다.

예를 들어, 무역정책의 개혁은 저개발 국가의 경제성장을 촉진할 수 있다. 여기에서 핵심적인 쟁점은 공산품과 1차 상품primary commodities 간의 가격 수준 문제이다. 이는 관세와 보조금 문제 등 국제무역의 제약 요인과도 관련되어 있다. 개혁은 저개발 국가들에 큰 이득을 줄 가능성이 있다. 그러나 일반적으로 무역정책은 빡빡한 정치적 제약 속에서 작동하게 된다. 특히 경기가 후퇴하는 시기에는 어떤 정치가도 자국의 농민이나 노동자나 기업인과 맞서려고 하지 않을 것이다. 저개발 국가의 경제에 유리한 개혁이라는 것이 가능하다면 이는 오로지 점진적으로만 이루어질 수 있을 것이다(Castles and Delgado Wise, 2008).

개발원조는 '원치 않는' 이주를 장기적으로 줄일 수 있는 두 번째 전략이다. 여기에서 일부 국가들은 좋은 성적을 거두고 있으나, 국제 원조가 일반적으로 저발전 문제 해결에 큰 영향을 미칠 수 있는 수준으로 이루어진 적은 없었다. 실제로 거의 60년 동안 진행된 개발정책에 의한 균형은 긍정적이라고 평가할 수 없다. 일부 국가들은 상당한 경제성장을 달성하는 데 성공했으나, 일반적으로 볼 때 부국과 빈국 간의 격차는 더 커졌다. 빈국과 부국의 소득 분배는 더욱 불균등해졌으며 이에 따라 부유한 엘리트와 빈곤한 대중 간의 격차도 더 벌어졌다. 급속한 인구 증가, 경기 침체, 생태계 파괴, 약한 국가weak state, 인권 침해 등의 문제는 여전히 아프리카, 아시아, 라틴아메리카의 여러 국가에 영향을 미치고 있다. 더구나 국제통화기금이나 세계은행 등 국제 금융 기구들에 의한 세계 금융의 통제와 신용정책은 남반구의 많은 국가들의 종속성과 불안정성을 증가시켰다.

지역적 통합—자유무역지대, 지역적 정치 공동체의 창설—은 종종 노동력의 국제 이동을 합법적인 것으로 만드는 것은 물론, 무역 장벽을 철폐하고 경제성장을 촉진함으로써 '원치 않는' 이주를 감소시키는 방법으로 간주되고 있다. 그렇지만 성공적 지역 통합이란 정치적·문화적 가치를 공유하며 경제적으로도 어느 정도 서로 유사한 국가들 사이에서나 가능하다. 따라서 제5장과 제8장에서 살펴보았듯이, 세계에서 가장 성공한 지역 통합체인 유럽연합의 경우 회원국 간의 노동력 이동은 상대적으로 적었다. 유럽연합은 2004년과 2007년에 확대되었는데, 일찍이 유럽연합에 가입한 국가들과 새로이 유럽연합에 가입한 국가들 간의 격차가 북미자유무역협정NAFTA 체약국인 미국과 멕시코 간의 사회경제적 차이와 상당히 유사한 정도라는 사실 때문에 북미자유무역협정 당사국들은 깊은 고민에 빠지게 되었다(Bruecker, 2007). 어쨌든, 재분배 조치를 통해 체약국들 간의 사회경제적 불평등의 차이를 줄이겠다는 의지가 지금까지는 존재하지 않는다는 사실이야말로 북미자유무역공동체가 유럽연합과 확실히 다른 점이라 할 수 있다.

그리하여 우리가 제3장에서 '이민과 발전의 주문mantra' 이라고 불렀던 조치들은 국제이주를 크게 감소시키지 못할 것이다. 저개발국의 발전과 세계시장으로의 통합은 초기에는 저개발국의 이주민 송출을 증가시킬 것이다. 발전의 초기 단계에는 농촌에서 도시로의 이주가 증가할 것이며, 사람들은 국제이주에 필요한 재정적·문화적 자원을 갖게 될 것이기 때문이다. 이주민 유출이 감소하고, 이후 점진적으로 유출 인구와 유입 인구 간의 균형이 이루어지는 상황으로 바뀌어 가는 소위 '이주변천migration transition' 이 실현되려면 특정한 인구학적 조건과 경제적 조건이 필요한데, 이러한 조건들이 성숙하는 데는 몇 세대가 걸릴 수도 있다. 억제 조치와 발전 전략 중 어느 것도 국제이주를 중단시킬 수는 없다. 왜냐하면 인구이동을 촉진하는 강력한 힘들이 작용하고 있기 때문이다. 세계 곳곳에 더 깊이 침투하고 있는 전 지구적 문화, 이념, 자본, 상품의 국경을 넘어선 이동의 증가 등이 그러한 힘이다. 대량 인구 이동은 향후 상당한 기간 동안 계속될 것이기 때문에 세계공동체는 이러한 현상과 더불어 살아가는 방법을 배워야만 한다.

비합법 이민에 대한 대응

1980년대 이래의 주된 경향은 비합법 이주를 대체하거나 더 나은 관리 방안으로 일컬어졌던 새로운 단기취업 외국인 노동자 정책의 등장이다. 글로벌국제이주위원회의 주요 권고는 '순환이주circular migration'라는 보다 긍정적인 명칭을 사용하면서 이러한 경향을 지지하는 것으로 보인다. 그렇지만 제3장, 제5장, 제8장에서 살펴보았듯이, 그러한 정책이 성공을 거두기는 어려울 것이라고 보는 몇 가지 이유가 있다.

독일과 같은 유럽 국가들에서는 낮은 출산율과 인구 고령화 문제를 해소하기 위해서 이민의 증가가 필요하다는 제안이 나온 바 있다. 외국인 노동자들이 건설업, 노인 돌봄 및 기타 서비스 분야에 필요한 노동력을 제공할 것이라는 기대에서였다. 그렇지만 서구 사회에서 인구 고령화 현상에 효과적으로 대응하려면 이민자 수를 획기적으로 늘려야만 한다. 그러나 정치적 제약 요인 때문에 이를 허용하기는 어려울 것이다. 대중의 여론은 고숙련 노동자, 가족 재결합, 난민을 위한 입국 프로그램은 받아들이겠지만, 저숙련 일자리를 채우기 위해 외국인 노동력을 대규모로 다시금 도입하는 데에는 반대할 것이다. 대부분의 공업화된 민주주의 국가들은 저숙련 자국민과 체류 외국인 노동자 등 이미 자국에 거주하고 있는 사람들에게 충분한 취업 기회를 제공하기 위해 노력해야 하는 상황이다.

그러므로 오늘날 많은 국가들이 직면하고 있는 가장 시급한 도전 중 하나는 비합법 또는 '원치 않는' 이주의 흐름에 대처하는 방법을 찾는 것이다. '원치 않는 이민'이란 상당히 모호하고 포괄적인 표현으로서 다음과 같은 경우를 말한다.

- 불법으로 국경을 넘은 사람
- 합법적으로 입국했지만 입국사증의 체류기간을 넘어 체류하거나 허가를 받지 않고 취업해 있는 사람
- 외국인 노동자의 가족 구성원으로 가족 재결합을 제한하는 규정 때문에 합법적 입국이 허가되지 않은 사람
- 진성眞性 난민genuine refugees으로 간주되지 않는 비호신청자

이러한 이주민들의 대부분은 가난한 국가 출신이고, 일자리를 필요로 한다. 그렇지만 일반적으로 이들은 취업에 필요한 자격요건을 갖추고 있지 못하다. 이들은 국내의 저숙련 노동자들과 저숙련 노동시장에서 경쟁하며, 주거 및 생활편익을 획득하기 위해서도 경쟁할 수 있다. 지난 30여 년간 전 세계 많은 지역에서 이러한 이민자의 수는 엄청나게 증가했다. 물론 따지고 보면 모든 이주민이 항상 '원치 않는' 이주민이라고 할 수는 없다. 많은 사용자들이 자신들의 권리를 주장할 수 없는 값싼 노동자들을 통해서 이득을 얻어 왔고, 어떤 국가들(특히 미국과 남서유럽 국가들)은 암묵적으로 이러한 노동력의 이동을 허용해 왔다. 정부가 공식적으로 표방하고 있는 정책 내용과 실제 현장에서 일어나는 정책 집행 간에는 중요한 모순이 존재한다. 그렇지만 이민자의 대량 유입에 대한 대중의 두려움의 근저에는 '원치 않는 이민자'가 존재하는 듯하다. 그리하여 이들은 인종주의를 불러일으키는 촉매제가 되거나 극우파 선동의 표적이 된다.

'원치 않는 이민자'를 강력하게 단속하는 모습을 보이는 것이야말로 사회적 평화를 지키는 데 반드시 필요하다는 인식이 각국 정부로 점점 더 확산되고 있다. 그 결과, 서구 유럽에서 불법 입국을 방지하기 위한 국제 협력을 확보하고 비호 신청 요구를 신속하게 처리하도록 절차를 개선하기 위한 일련의 협정들이 체결되었다(제5장, 제8장, 제9장 참조). 미국, 캐나다, 호주에서도 국경 통제를 개선하고 난민 인정 절차를 신속하게 진행하기 위한 조치들이 마련되었다. 많은 아프리카와 아시아 국가들이 상당히 엄격한 조치들을 도입했다. 예를 들면 외국인 노동자를 대량 추방하거나(나이지리아, 리비아, 말레이시아 등), 국경에 울타리와 담장을 건설하거나(남아프리카 공화국), 불법 입국자를 엄중하게 처벌하거나(싱가포르는 체형體刑을 가함), 사용자를 제재(남아프리카공화국, 일본, 기타 여러 국가들)하는 조치 등이 도입되었다. 이 외에도 경찰에 의한 폭행 같은 비공식적 처벌이 일부 국가들에서는 일상적으로 자행되고 있다. 이와 같은 조치들의 효과를 가늠하기는 어렵지만, 비합법 이주가 세계 거의 모든 곳에서 문제가 되고 있다는 사실은 분명하다.

　효과적으로 통제하기가 어렵다는 점은 쉽게 이해할 수 있다. 이동을 막으려는 장벽이란 보다 큰 경제적·문화적 교환을 지향하는 전 지구화라는 거대한 힘에 모순되기 때문이다. 경제의 국제화가 진전되면 정보, 상품, 자본의 이동에 대해서는 국경을 개방하면서 사람의 이동에 대해서만 국경을 폐쇄하기가 어려워진다. 투자와 노하우의 전 지구적 순환은 항상 사람의 이동도 의미한다. 더구나 고숙련 인력의 흐름은 저숙련 노동자의 이동을 촉진하는 경향이 있다. 필요한 사람들은 모두 통과시키고, 그렇지 않은 사람들은 모두 저지할 수 있을 만큼 국경 감시의 도구를 충분히 미세조정한다는 것은 불가능하다. 그러나 서류미비 외국인 노동자에 대한 불법 고용을 처벌하고자 하는 정치적 의지가 존재할 경우 사용자 제재 단행과 같은 조치가 불법이민을 억제하는 효과를 발휘

한다는 사실을 망각해서는 안 된다.

문제는 다음과 같은 여러 요인들로 인해 불법체류자 통제가 더욱 복잡해진다는 점이다. 즉, 자국의 국민들이 하려고 하지 않는 육체노동에 외국인 노동자(불법이든, 합법이든)를 활용하려는 사용자들의 열의, 비호신청자 자격 판결의 어려움과 더불어 난민 지위를 인정받을 자격이 있는 사람과 경제적인 동기로 이주하는 사람을 구분하기가 현실적으로 어렵다는 점, 현 상황에 충분히 대처하기에 부족한 이민법 등의 문제가 있다. 많은 서구 민주주의 국가들에서 노동조합의 약화 및 노동조합 구성원의 감소 또한 서류미비 외국인의 취업을 증가시키는 경향이 있었다. 마찬가지로 노동시장의 경직성을 감소시키고 경쟁력을 향상하기 위한 정부의 조치들도 사용자들이 불법 외국인 노동자의 고용을 확대하는 결과를 가져오기도 한다(제10장 참조). 사회복지 정책도 외국인의 불법적 고용에서 얻는 이익을 더 크게 만드는 등 의도하지 않은 결과들을 야기할 수 있다.

그리하여 정부가 불법이민을 단절하겠다는 의도를 표방하고 있음에도 불구하고 불법이민을 발생시키는 요인들을 이민 수용국의 정치적·사회적 구조, 그리고 이민 수용국과 저개발 지역들 간의 관계에서 찾아볼 수 있다. 그렇지만 현재의 정치적 환경에서 이민 수용국이 향후에도 이민을 계속 규제하고 불법이민을 제한하려는 시도를 계속할 것이라는 점에는 의심의 여지가 없다. 단지 불법이민의 지속이 초래할 정치적 결과나 안보의 함의에 대한 우려 때문에라도 이민법의 집행은 시간이 갈수록 우선순위가 높아질 것이다(그러자면 지금보다 더 많은 인원과 자원을 투자해야 한다). 이러한 조치들이 과연 얼마나 성공할 수 있을 것인지 앞으로 주시해 보아야 할 것이다.

합법적 이민과 통합

실질적으로 대부분의 민주주의 국가들과 그렇게까지는 민주적이지 않은 국가들 가운데 상당수가 외국인 인구의 수적 증가를 경험하고 있다. 제5장, 제6장, 제7장에서 살펴봤듯이, 이러한 국가들에 이민자가 존재하게 된 것은 일반적으로 노동력을 의도적으로 도입했거나 이민정책을 추진했기 때문이거나, 또는 이민 송출국과 이민 유입국 간에 다양한 연계가 존재하기 때문이다. 아직까지 대규모 이민을 위한 정책들이 일부 존재하고 있다. 이런 정책들은 예외 없이 모두 선택적이다. 즉, 경제적 이민, 가족 구성원, 난민 등 정치적으로 결정된 일정한 허용치에 따라 입국이 허용된다.

입국을 계획하고 통제하는 조치가 이민자들에게 어느 정도 수용 가능한 사회적 조건들을 제공함은 물론, 이민자와 현지 지역의 주민 간의 상대적인 사회적 평화도 가능하게 해준다는 상당한 증거들이 있다. 이민 할당immigration quota 체계가 있는 국가에서는 대체로 공공의 논의를 허용하는 정치 과정과 상이한 사회집단들의 이해관계를 조정하여 이를 결정하게 된다. 의사 결정 과정의 참여도가 높아지면 이민 프로그램의 수용도도 높아진다. 동시에 이민자 차별과 착취를 방지하고 성공적인 정착을 지원하는 사회적 서비스를 제공하는 조치가 도입될 환경이 조성된다. 이는 향후 계속 이민을 받아들이려는 국가라면 계획된 이민정책을 갖추도록 노력해야 한다는 주장의 강력한 근거이다.

제8장과 제12장에서 보았듯이, 신규 이민자에 대한 정부의 의무는 새로운 이민자의 입국 형태는 물론 이민 수용 사회의 정치 체계의 성격에 따라서도 형성된다. 모든 국가의 정부는 외국인의 입국을 통제할 수 있는 권리를 가지고 있으며 이는 국제적으로도 인정되고 있다. 다만 국가는 양국 정부 간에 또는 다자간에 협약을 체결하여 자발적으로 이러

한 권리를 제한할 수 있다(예를 들어 난민의 사례). 외국인이 적법한 입국 수단을 통해 영토 내에 들어왔는지 그렇지 않은지에 따라 확실히 커다란 차이가 있다. 원칙적으로, 민주주의 국가에서 적법하게 입국한 외국인 주민을 어떻게 대할 것인가는 비교적 단순 명확하다. 이들에게는 지체 없이 평등한 사회경제적 권리와 함께 상당 수준의 정치적 자유가 허용되어야 한다. 그러지 않을 경우 이들의 지위 때문에 해당 사회의 민주적 삶의 질이 저하될 것이다. 하지만 현실에서는 이러한 원칙이 종종 무시된다. 제8장과 제10장에서 분석했듯이, 서류미비 이민과 취업은 이민자들을 특히 착취에 취약하게 만든다. 이들의 존재가 불법적이라는 사실에 대한 인식은 갈등과 반이민적 폭력사태를 유발할 수도 있다.

적법하게 입국한 외국인에 대하여 '초청노동자' 방식으로 취업과 거주 이동에 제한을 가하는 것은 민주주의의 규범 문제는 차치하더라도 일단 현대의 시장 원리에도 배치되어 보인다. 정치적 권리에 대한 제한도 마찬가지이다. 언론의 자유, 결사의 자유, 집회의 자유 등도 의문의 여지가 없다. 적법하게 입국한 외국인의 권리에 대한 제한 가운데 민주주의의 원칙과 양립할 수 있는 유일한 것은 투표권 및 공무 담임권을 시민권자만 갖도록 하는 것이라 할 수 있다. 이러한 제한도 거주 외국인들이 벅찬 절차나 높은 비용 등의 장벽 없이 귀화할 수 있는 기회가 주어졌을 때에만 정당화될 수 있다. 심지어 그러한 경우에도 일부 외국인 주민은 여러 가지 이유로 시민권을 획득하지 않겠다고 결정할 수 있다. 민주주의 체계는 이러한 사람들의 정치적 참여를 확보해 주어야 한다. 그 방법으로, 시민권을 갖지 않은 거주 외국인들을 대변하는 특별한 대의 기구를 설립하거나 (스웨덴, 네덜란드, 그리고 19세기 미국의 많은 주에서 그랬듯이) 일정한 체류 기간의 기준을 충족한 외국인에게 투표권을 부여하는 조치 등이 있다.

국제이주의 전 지구적 특성은 다양한 물리적·문화적 배경을 가진 사람들이 서로 섞이고 같이 살게 되는 결과를 초래했다. 구 이민국은 장기적으로 신규 이민자들을 자국의 시민으로 만든다는 것을 염두에 두고 새로운 이민자들을 자국 사회에 통합하기 위한 접근법들을 발전시켜 왔다. 최근에 중동(제7장 참조)과 동아시아 그리고 동남아시아(제6장 참조)에서 등장한 일부 이민 국가들은 영구 정착의 개념을 부인하면서 이주민들이 아무리 오래 거주했다 하더라도 이들을 단기 체류자로 취급하고 있다.

제11장에서는 유럽, 북아메리카, 오세아니아의 통합모델들을 분석하면서 이들 사이에도 여러 다양한 방식이 존재한다는 것을 보여 주었다. 즉, 이주자를 자국민과 분리된 (그리고 대개 불리한 조건에 놓인) 집단으로 간주하는 '배제적 exclusive' 접근, 완전한 성원권을 제공하지만 그 대신에 이주민이 원래 가지고 있던 언어와 문화를 버릴 것을 요구하는 '동화주의 assimilationist' 접근, 완전한 성원권을 제공하는 동시에 문화적 차이 또한 인정하는 '다문화적 multicultural' 접근까지 상당히 다양하다. 우리는 1970년대부터 1990년대에 걸쳐서 배제 모델과 동화 모델에서 다문화적 접근으로 변해 가는 추세를 포착할 수 있었다. 이주민의 귀화를 보다 쉽게 해주는 동시에 그 자녀들에게는 출생과 동시에 시민권을 인정해주는 시민권 법률의 변화는 중요한 변동의 징조이다.

그러나 이러한 경향에 대해 최근에 여러 의문이 제기되었다. 다문화주의를 비판하는 사람들은 이러한 경향이 경제적 통합과 소수자들의 성공을 저해하며, 영구적인 문화적·정치적 분절을 초래할 수 있다고 주장했다. 9·11 테러 이후 안보에 대한 관심이 커지면서 '국민적 가치 national values'와 충성이 새롭게 강조되었다. 그 결과로 다문화 정책 대신에 '사회융합 social cohesion'을 강화하는 조치를 도입해야 한다는 요구가 등장했다. 이러한 경향의 징후는 귀화 관련 규정의 강화, 일부 지역의 이중 시민권 dual citizenship 제한, 호주와 몇몇 유럽 국가에 도입된 시민권 시험 등의 형태로 나타났다. 그렇지만 동시에 여전히 많은 국가들이 다문화 사회에서 전형적으로 나타나는 다중언어 서비스와 차별금지 법률 등을 유지하고 있다. 일부 지역에서는 다문화주의에 대한 수사修辭 수준에서는 상당한 변화가 있었으나 실제 현실 수준에서는 그렇지 않은 것 같다. 이 책을 집필하고 있는 지금, 공공 영역에서 꾸준히 투쟁이 진행되고 있다는 점을 반영이라도 하듯이, 전체적인 그림은 혼란스러운 상황이다.

종족 다양성, 사회적 변화, 그리고 국민국가

이주의 시대는 이미 세계와 많은 사회들을 변화시켰다. 고도로 발전한 국가들과 많은 저개발 국가들은 한 세대 이전에 비해 훨씬 더 다양하게 분화되었다. 사실, 현대 국가들 가운데 한때나마 종족적으로 동질적 ethnically homogeneous〔이 책에서는 ethnic을 nation과 구분하기 위하여 '종족적'이라고 번역했으나, 한국에서 관행적으로 사용하는 민족 개념으로 이해해도 무방하다.—옮긴이〕이었던 국가는 거의 존재하지 않는다. 그러나 지난 2세기 동안 민족주의nationalism는 동질성의 신화를 창조하기 위해 분투해 왔다. 민족주의는 극단적인 경우 소수자의 추방, 종족청소ethnic cleansing와 대량 학살을 통해서 동질성을 만들어 내고자 했다. 그렇지만 오늘날 대부분의 국가의 현실은 모두 새로운 유형의 다원주의와 씨름해야 한다는 것이며 —심지어 당장 내일부터 이민이 중단된다 하더라도— 이 새로운 형태의 다원주의는 몇 세대를 걸쳐서 그 사회에 영향을 미칠 것이다.

이민과 새로운 종족집단의 등장은 왜 그러한 영향력을 갖는가? 그 이유는 이러한 경향이 근대성의 위기 및 탈공업사회로의 이행과 우연히도 일치하기 때문이다. 1973년 이전의 노동이주는 당시에는 오래된 공업국가들의 경제적 우세를 강화하는 것처럼 보였다. 오늘날 우리는 이를 세계 경제가 겪을 중대한 변화에 선행하는 자본 축적 과정의 일부라고 해석할 수 있다. 자본의 국제 이동의 증가, 전자 혁명, 구 공업 지역의 몰락, 새로운 지역의 성장 등은 모두 선진국의 경제에 급격한 변화를 초래한 요인들이다. 구 블루칼라 계급의 붕괴와 노동력 양극화의 진전으로 사회적 위기가 발생했는데 이주자들은 이러한 위기 속에서 자신들이 이중적 위험에 직면해 있다고 느끼게 되었다. 즉, 이들 중 많은 수는 실업과 사회적 주변화로 인해 고통받고 있으면서도 동시에 문제를 야기한 요인이라고도 묘사되었기 때문이다. 이것이야말로 상층은 부유하고, 바닥의 3분의 1은 빈곤한 '2/3 사회two-thirds society'의 출현과 더불어 흔히 불리한 처지에 놓인 사람들의 게토화가 진전되고 인종주의가 등장하는 이유이기도 하다.

이는 오늘날의 글로벌 도시global cities를 보면 대단히 명확하게 드러난다. 로스앤젤레스, 토론토, 파리, 런던, 도쿄, 방콕, 시드니 등은 사회적 변화, 정치적 갈등과 문화적 혁신의 도가니라고 할 수 있다. 이 도시들은 모두 엄청난 격차라는 특징을 가지고 있다. 예를 들면, 기업 엘리트와 이들에게 서비스를 제공하는 비공식 부문 노동자 간의 격차, 안전하게 잘 지켜지고 있는 교외와 퇴락하면서 범죄의 온상이 된 도심 지역 간의 격차, 민주주의 국가의 시민과 시민권이 없는 불법체류자 간의 격차, 지배 문화와 소수자 문화 간의 격차 등이다. 이러한 것들은 포함과 배제 간의 격차라고 요약할 수 있다. 포함된 사람들은 부유하고 기술적으로 혁신적인 민주주의 사회라는 자기 이미지에 적합한 사람들이다. 한편 배제된 자들은 어두운 그늘에 있다. 이들은 공업과 서비스업에서 하찮은 일을 하는 데 필요하지만, 글로벌 도시 모델의 이데올로기에는 맞지 않는 사람들이다.

이 두 집단은 각각 자국민과 이주민을 포함하고 있지만 이주민은 대개 배제 집단에 속한다. 그런데 이 집단들은 흔히 생각하는 것 이상으로 더욱 가깝게 서로 얽혀 있다. 기업 엘리트는 불법 이민자를 필요로 하며, 풍요로운 삶을 누리는 교외 거주자 또한 그들이 그렇게도 위협적으로 느끼는 슬럼 거주자를 필요로 한다. 글로벌 도시의 막대한 에너지와 문화적 활력, 그리고 혁신적 능력은 바로 이러한 모순적이며 다층적인 multilayered 성격을 원천으로 하고 있다. 그렇지만 이들은 사회적 붕괴와 갈등, 억압과 폭력의 가능성과도 공존한다.

새로운 종족 다양성은 사회에 여러 가지 방식으로 영향을 미친다. 그 가운데에서도 가장 중요한 것은 정치적 참여, 문화적 다원주의, 국민 정체성national identity 등의 쟁점이다. 제12장에서 보았듯이, 이주와 종족집단의 형성은 이미 대부분의 선진국에서 정치에 중요한 영향을 미치고 있다. 이러한 효과들은 잠재적으로 불안정 요인이 되고 있다. 이에 대한 유일한 해결책은 이민자 집단을 포용하기 위해 정치적 참여를 확대하는 것으로서, 이는 시민권의 형태와 그 내용의 재검토를 의미하는 것이며, 시민권을 종족적 동질성 또는 문화적 동화라는 개념으로부터 분리하는 것이다.

이것은 문화적 다원주의라는 쟁점으로 연결된다. 종족집단의 주변화 및 고립화의 과정은 이미 많은 국가들에서 크게 진전되어, 이제 문화는 다수를 차지한 주민들 중 일부에게 배제의 표지가 되었고 소수자들에게는 저항의 메커니즘이 되어 버렸다. 비록 모든 형태의 차별과 인종주의를 종식하려는 진지한 시도들이 있었음에도 불구하고, 문화적·언어적 차이는 여러 세대에 걸쳐 지속될 것이며, 특히 새로운 이민이 유입된다면 더욱 그러할 것이다. 이는 다수를 차지하는 주민들이 문화적 다원주의와 함께 살아가는 방법을 배워야 함을 의미하며, 더 나아가 수용 가능한 행동과 사회적 순응의 기준에 대한 자신들의 기대를 수정해야 함을 의미한다.

만약 하나의 국민에 속한다는 관념이 종족적 순수성의 신화나 문화적 우월성에 기반을 두어 왔다면 종족 다양성의 성장은 이를 위협할 것이다. 국민이라는 공동체가 하나의 종족집단(독일의 경우처럼)에 기초하든 또는 단일한 문화(프랑스의 경우처럼)에 기초하든 종족 다양성은 불가피하게 주요한 정치적·심리적 수정을 요구할 수밖에 없다. 자국을 이민자의 나라로 보아 왔던 국가들의 경우에는 이러한 변화의 규모가 그리 크지 않을 것이다. 왜냐하면 이러한 국가들의 정치적 구조와 시민권의 모델은 새로운 이민자들을 받아 통합하도록 잘 조정되어 있기 때문이다. 그러나 이러한 국가들에서도 인종적 배제와 문화적 동질화가 역사적 전통으로 존재하고 있으며 아직도 문제가 되고 있다.

이민 국가는 자신들의 사회에 속한다는 것이 의미하는 바를 스스로 어떻게 이해하고 있는지를 재검토해야 할 것이다. 국민 정체성에 관한 단일문화·동화 모델은 더 이상 새로운 상황에 적용되지 않는다. 이민자들은 새로운 형태의 정체성이 발전하는 데 독특한 방향으로 공헌할 수 있다. 다중 정체성을 발전시키는 것은 이주자들이 처한 상황 중 하나로서, 이민 수용국과 이민 송출국 모두의 문화와 연계된다. 이러한 개인의 정체성은 복잡하고 새로운 초문화적transcultural 요소들을 가지고 있으며, 이는 증대되고 있는 초국가주의와 전 세계적으로 확산되어 있는 이산민diasporic population들을 통해 명확히 드러나고 있다.

이러한 면에서 이주민은 독특한 존재가 아니다. 다중 정체성은 오늘날 현대사회의 보편적인 특징이 되어 가고 있다. 그렇지만 결국 이주민들이야말로 무엇보다도 자신들이 처한 상황에 의해 다층적인 사회문화적 정체성을 갖도록 강요받고 있으며, 이러한 다층적 정체성은 항상 이행과 재협상의 상태에 있다. 이에 더하여 이주민들은 종종 자신들의 초문화적 지위에 대한 인식을 발전시키며, 이러한 인식은 이들의 예술적, 문화적 작품에만 반영되는 것이 아니라 사회적·정치적 행동에도 반영된다. 종족 다양성이 국민문화와 국민 정체성에 미치는 영향에 대해 갈등이 일어나고 있음에도 불구하고, 이민은 변화를 바라보는 시각을 제공한다. 배제적이지도 않고 차별적이지도 않은 정체성에 관한 새로운 원칙들이 등장하고 있으며, 그 원칙은 보다 나은 집단 간 협력의 기초가 될 수 있다.

초문화적 정체성은 불가피하게 근본적인 정치 구조들에 영향을 미칠 것이다. 민주주의 국민국가는 미국과 프랑스 혁명에서 시작되었으며, 19세기에 이르러서야 국제적으로 지배적인 체제가 된 상당히 연륜이 짧은 정치 형태라 할 수 있다. 민주주의 국민국가의 특징은 시민권이라는 제도를 통해서 중재되는 인민과 정부 간의 관계를 정의하는 원칙이라 할 수 있다. 국민국가는 탄생 당시에는 혁신적이고 진보적인 힘이었다. 왜냐하면 국민국가는 포용적이었으며 시민을 민주주의적 구조 내에서 상호 연계된 자유로운 정치적 주체로 규정했기 때문이었다. 그렇지만 19세기와 20세기의 민족주의는 시민권을 거꾸로 뒤집어 버렸다. 즉, 시민권을 생물학적, 종교적, 문화적으로 정의된 지배적 종족집단의 성원권과 동일시해 버렸다. 많은 경우 국민국가는 배제와 억압의 도구가 되어 버렸다.

좋든 나쁘든 국민국가는 지속될 것으로 보인다. 그렇지만 전 지구적인 경제와 문화의 통합, 경제적·정치적 협력에 관한 지역 협정 체결은 국민적 충성이 가졌던 독점적 성격을 잠식하고 있다. 이주의 시대는 민족주의가 쇠퇴하고 사람들 사이의 구분이 약화된다는 것이 특징이다. 물론 일부 지역에서 인종주의 또는 민족주의가 재등장하거나 이에 반대되는 경향이 존재하는 것도 사실이다. 향후 일어날 변화들은 균등하지 않을 것이며, 특히 경제적·정치적 위기 등이 발생한다면 좌절도 있을 수 있다. 그렇지만 대부분의 국가에서 종족적·문화적 다양성이 증가하고, 이민 수용 사회와 이민 송출 사회를 연계하는 초국가적 네트워크가 등장하며, 문화적 교류가 증가하는 현상은 피할 수 없는 대세이다. 이주

의 시대는 우리의 작은 행성을 괴롭히는 긴급한 문제들에 대처하려는
노력이 보다 통합적으로 이루어지는 시기일 수도 있다.

옮긴이의 말

이 책은 국제 인구이동 연구의 권위자 스티븐 카슬과 마크 J. 밀러가 함께 저술한 『이주의 시대The Age of Migration: International Population Movements in the Modern World』의 제4판(2009)을 완역한 것이다. 이 책은 국제 인구이동 연구 분야의 가장 권위 있는 저자들이 집필을 담당했으며 1993년 초판이 출간된 이래 이 분야에서 가장 균형 있게, 또한 간결하면서도 깊이 있게 여러 중요한 주제들을 다루고 있는 표준적 입문서로서도 호평을 받아 왔기 때문에 한국어판의 출간은 한국에서 국제 인구이동에 대한 이해에 크게 기여할 것으로 기대된다.

우리가 살고 있는 현대의 가장 큰 특징들이 무엇인가에 대해서는 사람마다 조금씩 견해가 다르겠지만 이민 또는 국제 인구이동이 그 가운데 하나라는 사실에 대해서는 아무도 이의를 제기하지 않을 것이다. 이주는 전 지구화의 급속한 진행과 더불어 비상한 관심의 대상이 되기 시작했지만 사실은 국민국가 형성 과정에서 이루 말할 수 없이 중요한 역할을 하였다. 근대 민족주의 이데올로기와 근대화 이론이 담론을 주도

하는 가운데 종족적 소수자와 이주자들은 주류 사회에 점차 동화되거나 국민으로 통합될 것이 기대되었으나 종족관계는 가장 심각하고도 중요한 사회문제가 되고 있는 것이 현실이다.

한국은 아시아 대륙의 일부로서 중국, 중앙아시아, 만주, 시베리아 등과 육지로 연결되어 있고 바다를 건너 중국, 동남아, 일본과 연결된다. 아득한 고대 이래 한반도는 상당한 규모의 인구이동을 여러 차례 경험했고, 삼국시대와 통일신라 그리고 고려시대에는 바다를 통해 사람과 물자와 정보와 지식의 활발한 교류가 있었다. 조선은 바다를 통한 교류를 억제하는 정책을 취했으나 인구의 이동은 제한적으로 계속되었고 조선에 귀의한 외국인, 즉 향화인向化人에 대한 정책도 가지고 있었다. 즉, 나름대로의 이민정책이 있었던 것이다.

그러나 근대국가를 건설하는 과정에서 식민지로 전락하면서 급기야말과 글, 이름과 역사까지 빼앗기는 등 민족 정체성 자체가 위협받는 참담함을 맛보는 가운데, 우리 사회에는 엄청난 오해가 등장하게 되었다. 즉, 최초의 정치 지도자로 간주되던 단군이 어느 틈엔가 민족 전체의 생물학적 조상이라는 믿음이 확산된 것이다. 유엔 인종차별철폐위원회가 2007년 한국의 '단일민족' 강조에 대해 우려를 표명했던 사건은 단군신화의 내용과도 모순되는 황당한 오해를 근거로 이주노동자에 대한 한국사회의 차별을 설명하거나 변명하려던 소박한 시도가 빚은 어처구니없는 결과였다.

이러한 사건에서도 드러났듯이 이주민과 그 자손에 대한 차별은 심각한데, 이는 출신국의 문화적 우열 평가에 따라 차이가 많다. 한편에서는 한국사회를 다문화사회로 규정하면서 결혼 이민자들과 그 가족에 대한 다문화 교육이 활발히 이루어지고 있으나 정작 차별과 배제와 편견을 주도하고 있는 한국인 일반에 대한 교육은 요원한 실정이다.

정말 심각한 문제는 한국사회가 현실적으로 급속히 이민국가로 이행하고 있으나, 다문화 담론만 풍성할 뿐, 구체적 현실에 대한 정확한 이해와 분석, 그리고 정책 수단에 대한 검토와 제도적 정비가 부족하다는 점이다. 미래의 한국사회의 모습에 대한 전망과 사회적 합의도 존재하지 않는다.

이러한 상황에서 절실하게 필요한 것 가운데 하나는 국제 인구이동의 역사와 현실에 대한 폭넓은 이해와 관심의 증진이다. 한국이민학회가 이 책의 번역에 착수하게 된 것도 바로 이 때문이다. 이 책은 대학에 재학 중인 학생들에 대한 교육은 물론, 정책 담당자, 시민운동가, 그리고 연구자에게도 참고가 될 수 있을 것이라 판단하였다. 번역 계획을 세운 것은 2011년이었으며 신속하게 작업을 진행하기 위해 일단 한국이민학회의 주요 회원들이 각기 한 장씩을 맡아서 번역하고 이를 모아서 철저한 수정 작업을 거쳐 원고를 완성하기로 하였다. 저자인 스티븐 카슬 교수는 한국어 번역판 출간 계획을 크게 기뻐하며 한국어판 서문을 보내주었고, 수차례 한국을 방문해 한국이민학회 회원들과 워크숍을 가지면서 번역 작업의 진행 상황에 깊은 관심을 보이며 협조를 아끼지 않았다.

그러나 여러 사정 때문에 번역 작업은 계속 늦어졌다. 결국 강원대 문화인류학과의 한건수 교수가 책임을 맡아 전북대 사회학과의 설동훈 교수, 서울대 인류학과 대학원 석사과정의 김용욱 님과 김슬기 님, 연세대 언더우드 국제대학의 한제인 님 등의 도움을 받아 번역 원고를 완성하였다. 최종 작업은 모든 번역 원고를 일일이 원문과 대조·확인하면서 수정하는 방식으로 진행되었다. 또한 원문에서 발견된 오타나 통계자료의 오류를 원출처의 자료를 파악하여 수정하였으며, 본문에는 언급되었으나 참고문헌에는 누락된 서지사항들을 일일이 확인하여 추가하였다. 웹페이지 주소도 일일이 확인하여 변경된 주소를 반영하였다. 최종 작업을 담당한 한건수 교수 등께 옮긴이들을 대표하여 깊은 감사를 드린다.

번역 용어의 선택은 이 책이 이민 관련 연구와 교육에서 갖는 중요성을 고려하여 여러 차례 한국이민학회 회원들의 의견을 수렴하여 결정하였다. 의견을 주신 모든 분께 감사드린다. 아울러 번역 작업의 진행이 늦어진 점에 대해 번역 작업에 깊은 관심을 갖고 성원해 주었던 한국이민학회 회원들, 이 책의 한국어판 출간을 학수고대해 온 독자들, 그리고 도서출판 일조각 관계자 여러분들께 미안한 마음을 전한다.

한국이민학회 제3대 회장
한경구

참고문헌

Abadan-Unat, N. (1988) 'The socio-economic aspects of return migration to Turkey', *Revue Européenne des Migrations Internationales*, 3:29-59.

Abella, M. (1994) 'Introduction to special issue on turning points in international labour migration', *Asian and Pacific Migration Journal*, 3:1, 1-6.

Abella, M.I. (1995) 'Asian migrant and contract workers in the Middle East', in Cohen, R. (ed.) *The Cambridge Survey of World Migration* (Cambridge: Cambridge University Press).

Abella, M.I. (2002) *Complexity and Diversity of Asian Migration* (Geneva: unpublished manuscript).

ABS (2007a) *2006 Census Quickstats: Australia* (Canberra: Australian Bureau of Statistics). http://www.censusdata.abs.gov.au/, accessed 7 August 2007.

ABS (2007b) *Year Book Australia 2006* (Canberra: Australian Bureau of Statistics). http://www.abs.gov.au/, accessed 7 August 2007.

Adams, R. (2006) *Migration, Remittances and Development: the Critical Nexus in the Middle East and North Africa.* United Nations Expert Group Meeting on International Migration and Development in the Arab Region (Beirut: 15-17 May 2006, Population Division, Department of Economic and Social Affairs, United Nations Secretariat). http://www.un.org/esa/

population/meetings/EGM_Ittmig_Arab/P01_Adams.pdf

Adamson, F.B. (2004) 'Displacement, Diaspora Mobilization and Trans-national Cycles of Political Violence', in Tirman, J. (ed.) *The Maze of Fear* (New York/ London: The New Press).

Adamson, F.B. (2006) 'Crossing borders: International Migration and National Security', *International Security*, 31:1, 165–199.

Adepoju, A. (2001) 'Regional integration, continuity and changing patterns of intra–regional migration in Sub–Saharan Africa', in Siddique, M.A.B. (ed.) *International Migration into the 21st Century* (Cheltenham/Northampton, MA: Edward Elgar).

Adepoju, A. (2006) 'Leading issues in international migration in sub–Saharan Africa', in Cross, C., Gelderblom, D., Roux, N. and Mafukidze, J. (eds.) *Views on Migration in Sub–Saharan Africa* (Cape Town: HSRC Press) 25–47.

'African Immigrants in the United States are the Nation's Most Highly Educated Group' (1999–2000), *The Journal of Blacks in Higher Education*, 26:60–61.

Aggoun, L. and Rivoire, J.–B. (2004) *Francalgerie, Crimes et Mensonges d'Etats* (Paris: La Decouverte).

Agunias, D. (2007) *Linking temporary worker schemes with development.* (Washington, DC: Migration Information Source). http://www. migrationinformation.org/Feature/display.cfm?id=576, accessed 6 February 2007.

Akokpari, J.K. (2000) 'Globalisation and migration in Africa', *African Sociological Review*, 4:2, 72–92.

Alba, R. and Nee, V. (1997) 'Rethinking assimilation theory for a new era of immigration', *International Migration Review*, 31:4, 826–874.

Aleinikoff, T.A. and Klusmeyer, D. (eds.) (2000) *From Migrant to Citizens: Membership in a Changing World* (Washington, DC: Carnegie Endowment for International Peace).

Aleinikoff, T.A. and Klusmeyer, D. (eds.) (2001) *Citizenship Today: Global Perspectives and Practices* (Washington, DC: Carnegie Endowment for International Peace).

Alexseev, M. (2005) *Immigration Phobia and the Security Dilemma* (Cambridge: Cambridge University Press).

Alkire, S. and Chen, L. (2006) "Medical exceptionalism' in international migration: should doctors and nurses be treated differently?', in Tamas, K.

and Palme, J. (eds.) *Globalizing Migration Regimes* (Aldershot: Ashgate) 100–117.

Amin, S. (1974) *Accumulation on a World Scale* (New York: Monthly Review Press).

Andall, J. (2003) *Gender and Ethnicity in Contemporary Europe* (Oxford: Berg).

Anderson, B. (1983) *Imagined Communities* (London: Verso).

Anderson, B. (2000) *Doing the Dirty Work: The Global Politics of Domestic Labour* (London: Zed Books).

Andreas, P. (2001) 'The transformation of migrant smuggling across the US–Mexico border', in Kyle, D. and Koslowski, R. (eds.) *Global Human Smuggling* (Baltimore, MD: The Johns Hopkins Press).

Andrès, H. (2007) 'Le droit de vote des étrangers: Une utopie déjà réalisée sur cinq continents', *Migrations Société*, 19:114, 65–81.

Anthias, F. and Yuval-Davis, N. (1989) 'Introduction', in Yuval-Davis, N. and Anthias, F. (eds.) *Woman–Nation–State* (London: Macmillan) 1–15.

Appenzeller, G. et al. (2001) 'Kardinal Sterzinsky in Gespraech: Die Union fragt nur, was tut uns Deutschen gut' (*Tagesspiegel*, 19 May 2001).

Appleyard, R. T. (1991) *International Migration: Challenge for the Nineties* (Geneva: International Organization for Migration).

Appleyard, R. T. (ed.) (1998) *Emigration Dynamics in Developing Countries*, Vol. II: South Asia (Aldershot: Ashgate).

Archdeacon, T. (1983) *Becoming American: An Ethnic History* (New York: The Free Press).

Argun, B.E. (2003) *Turkey in Germany* (London: Routledge).

Arnold, F., Minocha, U. and Fawcett, J.T. (1987) 'The changing face of Asian immigration to the United States', in Fawcett, J.T. and Cariño, B.V. (eds.) *Pacific Bridges: The New Immigration from Asia and the Pacific Islands* (New York: Center for Migration Studies).

Aronson, G. (1990) *Israel, Palestinians and the Intifada: Creating Facts on the West Bank* (Washington, DC: Institute for Palestine Studies).

Asis, M.M.B. (2005) 'Recent Trends in International Migration in Asia and the Pacific', *Asia-Pacific Population Journal*, 20:3, 15–38.

Asis, M.M.B. (2008) 'How international migration can support development: a challenge for the Philippines', in Castles, S. and Delgado Wise, R. (eds.) *Migration and Development: Perspectives from the South* (Geneva: International Organization for Migration) 175–201.

Avci, G. and Kirişci, K. (2008) 'Turkey's immigration and emigration dilemmas at the gates of the European Union', in Castles, S. and Delgado Wise, R. (eds.) *Migration and Development: Perspectives from the South* (Geneva: International Organization for Migration) 203–252.

Ayres, R. and Barber, T. (2006) *Statistical Analysis of Female Migration and Labour Market Integration in the EU* Integration of Female Immigrants in Labour Market and Society Working Paper 3. (Oxford: Oxford Brookes University).

Bade, K. (2003) *Migration in European History* (Oxford: Blackwells).

Baeck, L. (1993) *Post–War Development Theories and Practice* (Paris: UNESCO and the International Social Science Council).

Baganha, M. (ed.) (1997) *Immigration in Southern Europe* (Oeiras: Celta Editora).

Bakewell, O. (2007) *Keeping them in their place: the ambivalent relationship between development and migration in Africa.* IMI Working Paper 8 (Oxford: International Migration Institute).

Bakewell, O. and de Haas, H. (2007) 'African migrations: continuities, discontinuities and recent transformations', in Chabal, P., Engel, U. and de Haan, L. (eds.) *African Alternatives* (Leiden: Brill) 95–117.

Baici, B. (2003) 'La communauté ouzbéke d'Arabie Saoudite: entre assimilation et renouveau identitaire', *Revue Européenne des Migrations Internationales*, 19:3, 205–226.

Baldwin–Edwards, M. (2005) 'Migration in the Middle East and Mediterranean', *A Regional Study prepared for the Global Commission on International Migration* (Geneva: Global Commission on International Migration). http://mmo.gr/pdf/news/Migration_in_the_Middle_East_and_Mediterranean. cpdf, accessed 7 July 2007.

Baldwin–Edwards, M. and Schain, M.A. (eds.) (1994) *The Politics of Immigration in Western Europe* (Portland: Frank Cass).

Baldwin–Edwards, M. and Schain, M.A. (1994) 'The politics of immigration: introduction', in Baldwin–Edwards, M. and Schain, M.A. (eds.) *The Politics of Immigration in Western Europe* (Ilford, Essex: Frank Cass) 1–16.

Balibar, E. (1991) 'Racism and nationalism', in E. Balibar and I. Wallerstein (eds.) *Race, Nation, Class: Ambiguous Identities* (London: Verso) 37–67.

Balibar, E. and Wallerstein, I. (eds.) (1991) *Race, Nation, Class: Ambiguous Identities* (London: Verso).

BAMF (2006a) *Ausländerzahlen* (Nurenberg: Bundesanstalt für Migration und Flüchtlinge). http://www.bamf.de/, accessed 23 March 2008.

BAMF (2006b) *Integration* (Nurenberg: Bundesanstalt für Migration und Flüchtlinge).

Barlán, J. (1988) *A System Approach for Understanding International Population Movement: The Role of Policies and Migrant Community in the Southern Cone* (IUSSP Seminar, Genting Highlands, Malaysia) September 1988.

Barnett, T.P. (2004) *The Pentagon's New Map: War and Peace in the Twenty-first Century* (New York: G.P. Putnam's Sons).

Bartram, D. (1999) *Foreign Labor and Political Economy in Israel and Japan* (Madison: Dissertation, Department of Sociology, University of Wisconsin).

Bartram, D. (2005) *International labor migration: foreign workers and public policy* (New York: Palgrave Macmillan).

Bartram, D. (2008) 'Immigrants and natives in Tel Aviv: What's the difference?', in M. Price and L. Benton-Short (eds.) *Migrants to the Metropolis* (Syracuse: Syracuse University Press).

Basch, L., Glick-Schiller, N. and Blanc, C.S. (1994) *Nations Unbound: Transnational Projects, Post-Colonial Predicaments and Deterritorialized Nation-States* (New York: Gordon and Breach).

Batalova, J. (2005) *College-Educated Foreign Born in the US Labor Force* (Washington, DC: Migration Information Source). http://www.migrationinformation.org/USfocus/print.cfm?ID=285, accessed 23 July 2007.

Batata, A.S. (2005) 'International nurse recruitment and NHS vacancies: a cross-sectional analysis', *Global Health*, 1:7.

Bauböck, R. (1991) 'Migration and citizenship', *New Community*, 18:1.

Bauböck, R. (1994a) *Transnational Citizenship: Membership and Rights in International Migration* (Aldershot: Edward Elgar).

Bauböck, R. (ed.) (1994b) *From Aliens to Citizens: Redefining the Status of Immigrants in Europe* (Aldershot: Avebury).

Bauböck, R. (1996) 'Social and cultural integration in a civil society', in Bauböck, R., Heller, A. and Zolberg, A.R. (eds.) *The Challenge of Diversity: Integration and Pluralism in Societies of Immigration* (Aldershot: Avebury) 67-131.

Bauböck, R. and Rundell, J. (eds.) (1998) *Blurred Boundaries: Migration,*

Ethnicity, Citizenship (Aldershot: Ashgate).

Bauböck, R., Ershøll, E., Groenendijk, K. and Waldrauch, H. (eds.) (2006a) *Acquisition and Loss of Nationality: Policies and Trends in 15 European States, Volume I: Comparative Analyses*, IMISCOE Research (Amsterdam: Amsterdam University Press).

Bauböck, R., Ershøll, E., Groenendijk, K. and Waldrauch, H. (eds.) (2006b) *Acquisition and Loss of Nationality: Policies and Trends in 15 European States, Volume II: Country Analyses*, IMISCOE Research (Amsterdam: Amsterdam University Press).

Bauman, Z. (1998) *Globalization: the Human Consequences* (Cambridge: Polity).

Bawer, B. (2006) *While Europe Slept: How Radical Islam is Destroying the West from Within* (New York: Doubleday).

BBC Mundo.com (17 April 2006) *Argentina legaliza immigrantes* (London: BBC). http://news.bbc.co.uk/hi/spanish/latin_america/newsid_4917000/4917232.stm, accessed 17 April 2006.

BBC News (2003) *Asylum Claims will be Halved–Blair* (London: BBC). http://news.bbc.co.uk/1/low/uk_politics/2736101.stm, accessed 3 May 2007.

BBC News (2004) *Ireland votes to end birth right* (London: BBC). http://news.bbc.co.uk/1/hi/world/europe/3801839.stm, accessed 28 February 2007.

BBC News (24 May 2007) *Profile: Mercosur–Common Market of the South* (London: BBC). http://news.bbc.co.uk/1/hi/worid/americas/5195834.stm, accessed 15 July 2007.

Bedzir, B. (2001) 'Migration from Ukraine to Central and Eastern Europe', in Wallace, C. and Stoia, D. (eds.) *Patterns of Migration in Central Europe* (Basingstoke: Palgrave).

Beggs, J. and Pollock, J. (2006) *Non–National Workers in the Irish Economy* (Dublin: AIB Global Treasury Economic Research). http://www.aibeconomicresearch.com, accessed 15 June 2007.

Bell, D. (1975) 'Ethnicity and social change', in Glazer, N. and Moynihan, D.P. (eds.) *Ethnicity–Theory and Experience* (Cambridge, MA: Harvard University Press).

Bello, W. (2006) 'The capitalist conjuncture: over–accumulation, financial crises, and the retreat from globalisation', *Third World Quarterly*, 27:8, 1345–1367.

Bello, W. and Malig, M. (2004) 'The crisis of the globalist project and the new economics of George W. Bush', in Freeman, A. and Kagarlitsky, B. (eds.) *The Politics of Empire: Globalisation in Crisis* (London, Ann Arbor, MI: Pluto Press) 84–96.

Benjamin, D. and Simon, S. (2005) *The Next Attack* (New York: Times Books/H. Holt).

Benyon, J. (1986) 'Spiral of decline: race and policing', in Layton-Henry Z. and Rich, P.B. (eds.) *Race, Government and Politics in Britain* (London: Macmillan).

Berlinski, C. (2007) *Menace in Europe: Why the Continent's Crisis is America's Too* (New York: Crown Forum Books).

Bertossi, C. (2007) *French and British models of integration: public philosophies, policies and state institutions.* Working Paper 46 (Oxford: Centre on Migration, Policy and Society). http://www.compas.ox.ac.uk/, accessed 25 November 2007.

Betz, H.-G. (1994) *Radical right-wing populism in Europe* (New York: St. Martin's).

Binur, Y. (1990) *My Enemy, Myself* (New York: Penguin).

Björgo, T. and Witte, R. (eds.) (1993) *Racist Violence in Europe* (London: Macmillan).

Black, R. (1998) *Refugees, Environment and Development* (London: Longman).

Blackburn, R. (1988) *The Overthrow of Colonial Slavery 1776–1848* (London and New York: Verso).

Böhning, W.R. (1984) *Studies in International Labour Migration* (London: Macmillan; New York: St Martin's Press).

Body-Gendrot, S. and Wihtol de Wenden, C. (2007) *Sortir des banlieues: pour en finir avec la tyrannie des territories* (Paris: Autrement).

Borjas, G.J. (1989) 'Economic theory and international migration', *International Migration Review*, Special Silver Anniversary Issue, 23:3, 457–485.

Borjas, G.J. (1990) *Friends or Strangers: The Impact of Immigration on the US Economy* (New York: Basic Books).

Borjas, G.J. (2001) *Heaven's door: immigration policy and the American economy* (Princeton, N.J. and Oxford: Princeton University Press).

Bouamama, S. (1994) *Dix ans de marche des Bears* (Paris: Desclée de Brouwer).

Boudahrain, A. (1985) *Nouvel Ordre Social International et Migrations* (Paris: L' Harmattan/CIEMI).

Boulanger, P. (2000) 'Un regard français sur l'immigration Kurde en Europe', *Migrations Société*, 12:72, 19–29.

Bourdieu, P. and Wacquant, L. (1992) *An Invitation to Reflexive Sociology* (Chicago: University of Chicago Press).

Boyd, M. (1989) 'Family and personal networks in migration', *International Migration Review*, Special Silver Anniversary Issue, 23:3, 638–670.

Boyle, P., Halfacree, K. and Robinson, V. (1998) *Exploring Contemporary Migration* (Harlow, Essex: Longman).

Brand, C. (2007) *EU agrees on weakened anti–racism rules* (New York: ABC News). http://abcnews.go.com/International/wireStory?id=3056841, accessed 14 August 2007.

Branigan, T. (2007) 'Crackdown pledged on sex with trafficked women' (*The Guardian* (London), 18 July 2007).

Breton, R., Isajiw, W.W., Kalbach, W.E. and Reitz, J.G. (1990) *Ethnic Identity and Equality* (Toronto: University of Toronto Press).

Brettell, C.B. and Hollifield, J.F. (eds.) (2007) *Migration Theory: Talking Across Disciplines*, 2nd edn (New York and London: Routledge).

Briggs, V.M., Jr (1984) *Immigration Policy and the American Labor Force* (Baltimore, MD, and London: Johns Hopkins University Press).

Brochman, G. and Hammar, T. (eds.) (1999) *Mechanisms of Immigration Control: A Comparative Analysis of European Regulation Policies* (Oxford: Berg).

Browne, I. and Misra, J. (2003) 'The intersection of gender and race in the labor market', *Annual Review of Sociology*, 29:487–513.

Brownell, P. (2005) 'The Declining Enforcement of Employer Sanctions', *Migration Information Source* (Washington, DC: Migration Policy Institute).

Brubaker, R. (1992) *Citizenship and Nationhood in France and Germany* (Cambridge, Mass.: Harvard University Press).

Brubaker, R. (2003) 'The return of assimilation? Changing perspectives on immigration and its sequels in France, Germany and the United States', in Joppke, C. and Morawaska, E. (eds.) *Towards Assimilation and Citizenship: Immigration in Liberal Nation–States* (Basingstoke: Palgrave–Macmillan).

Bruecker, H. (2007) 'Labor Mobility After the European Union's Eastern Enlargement: Who wins, Who loses?', Paper presented at the Joint Seminar on Labour Mobility in a Transnational Perspective, Dublin European Foundation for the Improvement of Living and Working Conditions and the German Marshall Fund of the United States, 30–31 October.

Buzan, B., Waever, O. and de Wilde, J. (1998) *Security: A New Framework for Analysis* (Boulder: Lynne Rienner).

Cahill, D. (1990) *Intermarriages in International Contexts* (Quezon City: Scalabrini Migration Center).

Cain, B. and B. Doherty (2006) 'The Impact of Dual Nationality on Political Participation', in Lee, T., Ramakrishnan, S.K. and Ramirez, R. (eds.) *Transforming Politics, Transforming America: The Political and Civic Incorporation of Immigrants in the United States* (Charlottesville: University of Virginia Press).

Calavita, K. (2004) 'Italy: immigration, economic flexibility, and policy responses', in Cornelius, W., Martin, P.L. and Hollifield, J.F. (eds.) *Controlling Immigration: A Global Perspective* (Stanford, CA: Stanford University Press).

Cantle, T. (2001) *Community Cohesion: A Report of the Independent Review Team* (London: Home Office).

Card, D. (2005) 'Is the new immigration really so bad?', *The Economic Journal*, 115:507, 300–323.

Castells, M. (1996) *The Rise of the Network Society* (Oxford: Blackwells).

Castells, M. (1997) *The Power of Identity* (Oxford: Blackwells).

Castells, M. (1998) *End of Millennium* (Oxford: Blackwells).

Castles, S. (1995) 'How nation-states respond to immigration and ethnic diversity', *New Community*, 21:3, 298–308.

Castles, S. (2002) *Environmental Change and Forced Migration: Making Sense of the Debate*. New Issues in Refugee Research, Working Paper No. 70 (Geneva: UNHCR).

Castles, S. (2004a) 'The factors that make and unmake migration policy', *International Migration Review*, 38:3, 852–884.

Castles, S. (2004b) 'The myth of the controllability of difference: labour migration, transnational communities and state strategies in the Asia–Pacific region', in Yeoh, B.S.A. and Willis, K. (eds.) *State/Nation/Transnation: Perspectives on Transnationalism in the Asia–Pacific* (London and New York: Routledge) 3–26.

Castles, S. (2005) 'Nation and empire: hierarchies of citizenship in the new global order', *International Politics*, 42:2, 203–224.

Castles, S. (2006a) *Back to the Future? Can Europe meet its Labour Needs through Temporary Migration?* International Migration Institute IMI Working Papers 1 (Oxford: IMI Oxford University).

Castles, S. (2006b) 'Guestworkers in Europe: A Resurrection?', *International Migration Review*, 40:4, 741–766.

Castles, S. and Davidson, A. (2000) *Citizenship and Migration: Globalisation and the Politics of Belonging* (London: Macmillan).

Castles, S. and Delgado Wise, R. (eds.) (2008) *Migration and Development: Perspectives from the South* (Geneva: International Organization for Migration).

Castles, S. and Kosack, G. (1973) *Immigrant Workers and Class Structure in Western Europe* (Oxford: Oxford University Press).

Castles, S. and Van Hear, N. (2005) *Developing DFID's Policy Approach to Refugees and Internally Displaced Persons*. Report to the Conflict and Humanitarian Affairs Department (Oxford: Refuge Studies Centre).

Castles, S. and Vasta, E. (2004) 'Australia: new conflicts around old dilemmas', in Cornelius, W., Tsuda, T., Martin, P.L. and Hollifield, J.F. (eds.) *Controlling Immigration: A Global Perspective*. 2nd edn (Stanford CA: Stanford University Press) 141–173.

Castles, S., Foster, W., Iredale, R. and Withers, G. (1998) *Immigration and Australia: Myths and Realities* (Sydney: Allen & Unwin).

Castles, S., Loughna, S. and Crawley, H. (2003) *States of Conflict: Causes and Patterns of Forced Migration to the EU and Policy Responses* (London: Institute of Public Policy Research).

Castles, S., Rando, G. and Vasta, E. (1992) 'Italo–Australians and politics', in Castles, S., Alcorso, C., Rando, G. and Vasta, E. (eds.) *Australia's Italians–Culture and Community in a Changing society* (Sydney: Allen & Unwin) 125–139.

Castles, S., with Booth, H. and Wallace, T. (1984) *Here for Good: Western Europe's New Ethnic Minorities* (London: Pluto Press).

CCCS (Centre for Contemporary Cultural Studies) (1982) *The Empire Strikes Back* (London: Hutchinson).

CEC (2005a) *Communication from the Commission: Policy Plan on Legal Migration* COM(2005)669 final (Brussels: Commission of the European Communities).

CEC (2005b) *Green Paper on an EU Approach to Managing Economic Migration* COM(2004)811 final (Brussels: Commission of the European

Communities).

CEC (2005c) *The Hague Programme—Ten Priorities for the Next Five Years* (Brussels: Commission of the European Communities: Justice and Home Affairs). http://ec.europa.eu/justice_home/news/information_dossiers/the_hague_priorities/, accessed 27 April 2007.

CEC (2007a) *For diversity, against discrimination: an initiative of the European Union* (Brussels: Commission of the European Union) http://www.stop-discrimination.info/index.php?id=43, accessed 15 August 2007.

CEC (2007b) 'Proposal for a Directive of the European Parliament and of the Council providing for sanctions against employers of illegally staying third country nationals' (Brussels: Commission of the European Union) 21.

Cernea, M.M. and McDowell, C. (eds.) (2000) *Risks and Reconstruction: Experiences of Resettlers and Refugees* (Washington, DC: World Bank).

Cesari, J. (2004) *When Islam and Democracy Meet* (New York: Palgrave Macmillan).

Chamie, J. (2007) *Populations Trends: Humanity in Transition* (New York: International Peace Academy).

Chiffoleau, S. (2003) 'Un champ à explorer: le rôle des pèlerinages dans les mobilités nationales, régionales et internationales du Moyen-Orient', *Revue Européenne des Migrations Internationales*, 19:3, 285–289.

Chimni, B.S. (1998) 'The geo-politics of refugee studies: a view from the South', *Journal of Refugee Studies*, 11:4, 350–374.

Chin, K. (1999) *Smuggled Chinese: Clandestine Immigration to the United States* (Philadelphia: Temple University Press).

Chishti, M. (2007) *The Rise in Remittances to India: a-Closer Look* (Washington, DC: Migration Information Source). http://www. migrationinformation. org/Feature/display.cfm?ID=577, accessed 6 February 2007.

Chiswick, B.R. (2000) 'Are immigrants favorably self-selected? An economic analysis', in Brettell, C.B. and Hollifield, J.F. (eds.) *Migration Theory: Talking Across Disciplines* (New York and London: Routledge) 61–76.

Chou, M.-H. and Baygert, N. (2007) *The 2006 French Immigration and Integration Law*. Working Paper 45 (Oxford: Centre on Migration, Policy and Society) http://www.compas.ox.ac.uk/, accessed 12 March 2008.

CIA (2007) 'Malawi-People', *The World Factbook*, 17 April 2007.

CIC (2006) *Facts and Figures: Immigration Overview—Permanent and Temporary Residents* (Ottawa: Citizenship and Immigration Canada) http://www.cic.gc.ca/english/pdf/pub/facts2006.pdf, accessed 15 June 2007.

Cinanni, P. (1968) *Emigrazione e Imperialismo* (Rome: Riuniti).

Çinar, D. (1994) 'From aliens to citizens: a comparative analysis of rules of transition', in Bauböck, R. (ed.) *From Aliens to Citizens* (Aldershot: Avebury) 49–72.

Clarke, R.A. (2004) *Against all enemies* (New York: Free Press).

Clearfield, E. and Batalova, J. (2007) *Foreign-born health-care workers in the United States* (Washington, DC: Migration Information Source). www.migrationinformation.org/USFocus/, accessed 6 February 2007.

Cohen, P. and Bains, H.S. (eds.) (1988) *Multi-Racist Britain* (London: Macmillan).

Cohen, R. (1987) *The New Helots: Migrants in the International Division of Labour* (Aldershot: Avebury).

Cohen, R. (1991) 'East–West and European migration in a global context', *New Community*, 18:1.

Cohen, R. (1995) 'Asian indentured and colonial migration', in Cohen, R. (ed.) *The Cambridge Survey of World Migration* (Cambridge: Cambridge University Press).

Cohen, R. (1997) *Global Diasporas: An Introduction* (London: UCL Press).

Cohen, R. and Deng, F.M. (1998) *Masses in Flight: The Global Crisis of Internal Displacement* (Washington, DC: Brookings Institution Press).

Cohen, R. and Kennedy, P. (2000) *Global Sociology* (Basingstoke: Palgrave).

Cohen, R. and Layton-Henry, Z. (eds.) (1997) *The Politics of Migration* (Cheltenham/ Northampton, MA: Edward Elgar).

Collins, J. (2006) 'The changing political economy of Australian immigration', *Tijdschrift voor Economische en Sociale Geografie*, 97:1, 7–16.

Collins, J. (1991) *Migrant Hands in a Distant Land: Australia's Post-War Immigration*, 2nd edn (Sydney: Pluto Press).

Collins, J., Gibson, K., Alcorso, C., Castles, S. and Tait, D. (1995) *A Shop Full of Dreams: Ethnic Small Business in Australia* (Sydney: Pluto Press).

Collins, J., Noble, G., Poynting, S. and Tabar, P. (2001) *Kebabs, Kids, Cops and Crime: Youth, Ethnicity and Crime* (Sydney: Pluto Press Australia).

Comunidad Andina (2006) *Quienes Somos*. http://www.comunidadandina.org/quienes.htm, accessed 20 July 2007.

Cooper, R. (2003) *The Breaking of Nations* (New York: Grove Press).

Cordeiro, A. (2006) 'Portugal and the Immigration Challenge', in Majtczak, O.

(ed.) *The Fifth International Migration Conference* (Warsaw: Independent University of Business and Government).

Cornelius, W.A. (2001) 'Death at the border: efficacy and unintended consequences of US immigration control policy', *Population and Development Review*, 27:4, 661–685.

Cornelius, W., Tsuda, T., Martin, P. and Hollifield, J. (eds.) (2004) *Controlling Immigration: A Global Perspective*, 2nd edn (Stanford: Stanford University Press).

Cox, R. (2000) 'Exploring the growth of paid domestic labour: A case study of London', *Geography*, 85:241–251.

Crock, M. and Saul, B. (2002) *Future Seekers: Refugees and the Law in Australia* (Sydney: Federation Press).

Cross, C., Gelderblom, D., Roux, N. and Mafukidze, J. (eds.) (2006) *Views on Migration in Sub-Saharan Africa* (Cape Town: HSRC Press).

Cross, G.S. (1983) *Immigrant Workers in Industrial France: The Making of a New Laboring Class* (Philadelphia: Temple University Press).

Crossette, B. (2000) 'UN warns that trafficking in human beings is growing' (*New York Times*, 25 June 2000).

Crush, J. (2003) *South Africa: New Nation, New Migration Policy?* (Washington, DC: Migration Information Source). http://www. migrationinformation. org/, accessed 25 January 2008.

CSIS (2006) *Currents and Crosscurrents of Radical Islam* (Washington, DC: CSIS).

CSIS (2007) *Commission on Smart Power* (Washington, DC: CSIS).

Curtin, P.D. (1997) 'Africa and Global Patterns of Migration', in Gungwu, W. (ed.) *Global History and Migrations* (Boulder, CO: Westview) 63–94.

Daniels, R. (2004) *Guarding the Golden Door* (New York: Hill and Wang).

Danis, D.A. and Pérouse, J.-F. (2005) 'La Politique Migratoire Turque: vers une Normalisation?', *Migrations et Société*, 17:98, 93–106.

Dávila, R. (1998) *The Case of Venezuela* (The Hague: UN Technical Symposium on International Migration and Development paper).

Davis, M. (1990) *City of Quartz: Excavating the Future in Los Angeles* (London: Verso).

De Bel-Air, F. (2003) 'Migrations internationales et politique en Jordanie', *Revue Européenne des Migrations Internationales*, 19:3, 9–39.

De Bruycker, P. (ed.) (2000) *Regularisations of Illegal Immigrants in the European Union* (Belgium: Bruylant).

de Haas, H. (2006a) 'Migration, remittance and regional development in Southern Morocco', *Geoforum*, 37:565–580.

de Haas, H. (2006b) *Engaging Diasporas* (Oxford: International Migration Institute for Oxfam Novib).

de Haas, H. (2006c) *Turning the Tide? Why 'Development Instead of Migration' Policies are Bound to Fail*. IMI Working Paper 2. (Oxford: International Migration Institute).

de Haas, H. (2006d) *Trans–Saharan migration to North Africa and the EU: historical roots and current trends* (Washington, DC: Migration Information Source). www.migrationinformation.org/, accessed 3 November 2006.

de Lattes, A. and de Lattes, Z. (1991) 'International migration in Latin America: Patterns, implications and policies', Informal Expert Group Meeting on International Migration (Geneva: UN Economic Commission for Europe/ UNPF paper).

de Lepervanche, M. (1975) 'Australian immigrants 1788–1940', in Wheelwright, E.L. and Buckley, K. (eds.) *Essays in the Political Economy of Australian Capitalism*, Vol. 1 (Sydney: ANZ Books).

Decloîtres, R. (1967) *The Foreign Worker* (Paris: OECD).

Delgado Wise, R. and Guarnizo, L.E. (2007) *Migration and Development: Lessons from the Mexican Experience* (Washington, DC: Migration Information Source). http://www.migrationinformation.org/Feature/display.cfm?id=581, accessed 6 February 2007.

Delrue, T. (2006) 'Burundi: Sliding off the Humanitarian Radar Screen?', *Forced Migration Review*, 26:62–63.

DeParle, J. (2007) 'Fearful of Restive Foreign Labor, Dubai Eyes Reforms' (*New York Times*, 6 August 2007).

Derderian, R.L. (2004) *North Africans in Contemporary France* (Houndsmills: Palgrave).

Derisbourg, J.P. (2002) 'L'Amérique latine entre Etats–Unis et Union européenne', *Politique Etrangère*, 67:2, 415–434.

Dervin, F. and Wiberg, M. (2007) 'Présence absente des électeurs étrangers en Finlande', *Migrations Société*, 19:114, 99–113.

DeSipio, L. (2001) 'Building America, one person at a time: Naturalization and political behavior of the naturalized in contemporary American politics', in Gerstle, G. and Mollenkopf, J. (eds.) *E Pluribus Unum?* (New York: Russell Sage Foundation).

DeWind, J., Hirschman, C. and Kasinitz, P. (eds.) (1997) *Immigrant Adapta-*

tion and Native-born Responses in the *Making of Americans, International Migration Review* (Special Issue) Vol. 31 (New York: Center for Migration Studies).

DFID (1997) *Eliminating World Poverty: A Challenge for the 21st Century* (London: Department for International Development). http://www.dfid.gov.uk/pubs/files/whitepaper1997.pdf, accessed 9 July 2007.

DFID (2007) *Moving Out of Poverty–Making Migration Work Better for Poor People* (London: Department for International Development).

DHS (2006a) *2004 Yearbook of Immigration Statistics* (Washington, DC: US Department of Homeland Security, Office of Immigration Statistics) http://www.dhs.gov/ximgtn/statistics/publications/yearbook.shtm, accessed 29 June 2007.

DHS (2006b) *2005 Yearbook of Immigration Statistics* (Washington, DC: US Department of Homeland Security, Office of Immigration Statistics) http://www.dhs.gov/ximgtn/statistics/publications/yearbook.shtm, accessed 29 June 2007.

DIAC (2007a) *Fact Sheet 2: Key Facts in Immigration* (Canberra: Department of Immigration and Citizenship) http://www.immi.gov.au/media/fact-sheets/, accessed 30 April 2007.

DIAC (2007b) *Fact Sheet 60: Australia's Refugee and Humanitarian Programme* (Canberra: Department of Immigration and Citizenship) http://www.immi.gov.au/media/fact-sheets, accessed 30 April 2007.

DIAC (2007c) *Migration Program Statistics* (Canberra: Department of Immigration and Citizenship) http://www.immi.gov.au/media/statistics/, accessed 30 April 2007.

DiSipio, L. (2006) 'Transnational Politics and Civic Engagement: Do Home-Country Political Ties Limit Immigrant Pursuit of U.S. Civic Engagement and Citizenship?', in Lee, T., Ramakrishnan, S.K. and Ramirez, R. (eds.) Transforming Politics, *Transforming America: The Political and Civic Incorporation of Immigrants in the United States* (Charlottesville: University of Virginia Press).

Dohse, K. (1981) *Ausländische Arbeiter and bürgerliche Staat* (Konistein/Taunus: Hain).

DRC Sussex (2005) *GATS Mode 4: How Trade in Services Can Help Developing Countries* Briefing (Brighton: Development Research Centre on Migration Globalisation and Poverty) http://www.migrationdrc.org/publications/briefing_papers/BP4.pdf, accessed 19 Feburary 2008.

Dubajic, N. (2007) 'Le vote des étrangers au Luxembourg: Evolution de 1999 à 2005', *Migrations Société*, 19:114, 129–140.

Dubet, F. and Lapeyronnie, D. (1992) *Les Quartiers d'Exil* (Paris: Seuil).

Duffield, M. (2001) *Global Governance and the New Wars: The Merging of Development and Security* (London and New York: Zed Books).

Dustmann, C. and Fabbri, F. (2005) 'Immigrants in the British labour market', *Fiscal Studies*, 26:4, 423–470.

Dustmann, C. and Glitz, A.C.E. (2005) *Immigration, Jobs and Wages: Evidence and Opinion* (London: Centre for Economic Policy Research, Centre for Research and Analysis of Migration).

Düvell, F. (ed.) (2005) *Illegal Immigration in Europe: Beyond Control* (Basingstoke: Palgrave/Macmillan).

ECLAC (Economic Commission for Latin America and the Caribbean) (2006) *Social Panorama of Latin America 2006* (Santiago, Chile: United Nations Publications) http://www.eclac.cl/id.asp?id=27484, accessed 23 July 2007.

Economist Intelligence Unit (2006) 'Latin American Economy: Reaping the benefits of remittances'. http://www.viewswire.com/article1770253762. html?pubtypeId=930000293&text=latin%20america%20economy%20remittances, accessed 20 July 2007.

ECOSOC (2006) 'UN Commission on Population and Development to meet at Headquarters, 3–7 April, with Focus on International Migration, Development', *Economic and Social Council* (New York: United Nations Economic and Social Council).

Einaudi, L. (2007) *Le Politiche dell'Immigrazione in Italia dall'Unità a oggi* (Rome: Editori Laterza).

Ellerman, D. (2003) *Policy Research on Migration and Development* Policy Research Working Paper 3117 (Washington, DC: World Bank).

Emmott, R. (2007) 'More migrants die as U.S. tightens border security' (*Reuters News Service*, 12 July).

Engels, F. (1962) 'The condition of the working class in England', in *Marx, Engels on Britain* (Moscow: Foreign Languages Publishing House). (First published in German in 1845.)

Entzinger, H. (2003) 'The rise and fall of multiculturalism: the case of the Netherlands', in Joppke, C. and Morawaska, E. (eds.) *Towards Assimilation and Citizenship: Immigration in Liberal Nation–States* (Basingstoke: Palgrave Macmillan).

Esposito, J. and Mogahed, D. (2007) *Who Speaks for Islam? What a Billion*

Muslims Really Think (New York: Gallup Press).

Essed, P. (1991) *Understanding Everyday Racism* (London and Newbury Park, New Delhi: Sage).

EUMAP (2007) *The Netherlands: Executive Summary* (Vienna: EU Monitoring and Advocacy Program). http://www.eumap.org/, accessed 11 November 2007.

EUMC (2006) *The Annual Report on the Situation regarding Racism and Xenophobia in the Member States of the EU* (Vienna: European Monitoring Centre on Racism and Xenophobia). http://eumc.europa.eu/eumc/material/pub/ar06/AR06-P2-EN.pdf, accessed 11 November 2007.

European Parliament (1985) *Committee of Inquiry into the Rise of Fascism and Racism in Europe: Report on the Findings of the Inquiry* (Strasbourg: European Parliament).

Faist, T. (2000) *The Volume and Dynamics of International Migration and Transnational Social Spaces* (Oxford: Oxford University Press).

Faist, T. (ed.) (2007) *Dual Citizenship in Europe* (Aldershot: Ashgate).

Faist, T. and Ette, A. (eds.) (2007) *The Europeanization of National Policies and Politics of Immigration: Between Autonomy and the European Union* (New York: Palgrave Macmillan).

Faist, T., Gerdes, J. and Rieple, B. (2004) 'Dual citizenship as a path-dependent process', *International Migration Review*, 38:3, 913–944.

Fakiolas, R. (2002) 'Greek migration and foreign immigration in Greece', in Rotte, R. and Stein, P. (eds.) *Migration Policy and the Economy: International Experiences* (Munich: Hans Seidel Stiftung).

Fargues, P. (2006) 'Afrique du Nord et Moyen–Orient: des migrations en quête d'une politique', *Politique Etrangère*, 4:1017–1029.

Fargues, P. (ed.) (2007) *Mediterranean Migration: 2006–2007 report* (San Domenico di Fiesole (FI), Italy: European University Institute, RSCAS).

Farrag, M. (1999) 'Emigration dynamics in Egypt', in Appleyard, R. (ed.) *Emigration Dynamics in Developing Countries*, Vol. IV: *The Arab Region* (Aldershot: Ashgate).

Favell, A. (1998) *Philosophies of Integration: Immigration and the Idea of Citizenship in France and Britain* (London: Macmillan).

Fawcett, J.T. and Arnold, F. (1987) 'Explaining diversity: Asian and Pacific immigration systems', in Fawcett, J.T. and Cariño, B.V. (eds.) *Pacific Bridges: The New Immigration from Asia and the Pacific islands* (New York: Center for Migration Studies).

Fawcett, J.T. and Cariño, B.V. (eds.) (1987) *Pacific Bridges: The New Immigration from Asia and the Pacific Islands* (New York: Center for Migration Studies).

Feagin, J.R. (1989) *Racial and Ethnic Relations* (Englewood Cliffs, NJ: Prentice Hall).

Feldblum, M. (1999) *Reconstructing Citizenship* (Albany, NY: State University of New York Press).

Findlay, A.M. (2002) *From brain exchange to brain gain: policy implications for the UK of recent trends in skilled migration from developing countries* (Geneva: International Labour Office).

Fishman, J.A. (1985) *The Rise and Fall of the Ethnic Revival: Perspectives on Language and Ethnicity* (Berlin, New York and Amsterdam: Mouton).

Fix, M. and Passel, J.S. (1994) *Immigration and Immigrants: Setting the Record Straight* (Washington, DC: The Urban Institute).

Fleming, L. (2006) 'Gambia—new front in migrant trade' (*BBC News Online*, 10 October).

Foot, P. (1965) *Immigration and Race in British Politics* (Harmondsworth: Penguin).

Foster, W. (1996) *Immigration and the Australian Economy* (Canberra: DIMA).

Fox–Genovese, E. and Genovese, E.D. (1983) *Fruits of Merchant Capital: Slavery and Bourgeois Property in the Rise and Expansion of Capitalism* (New York and Oxford: Oxford University Press).

Frank, A.G. (1969) *Capitalism and Underdevelopment in Latin America* (New York: Monthly Review Press).

Freedman, J. (2004) *Immigration and Insecurity in France* (Aldershot: Ashgate).

Freeman, A. (2004) 'The inequality of nations', in Freeman, A. and Kagarlitsky, B. (eds.) *The Politics of Empire: Globalisation in Crisis* (London and Ann Arbor MI: Pluto Press) 46–83.

Freeman, A. and Kagarlitsky, B. (eds.) (2004) *The Politics of Empire: Globalisation in Crisis* (London and Ann Arbor MI: Pluto Press).

Freeman, G. (1979) *Immigrant Labor and Racial Conflict in Industrial Societies: the French and British Experience, 1945–1975* (Princeton: Princeton University Press).

Freeman, G.P. (1998) 'Reform and retreat in United States immigration policy', *People and place*, 6:4, 1–11.

Freeman, G. (2002) 'Winners and Losers: Politics and the Costs and Benefits of Migration', in Messina, A. (ed.) *West European Immigration and Immigration Policy in the New Century* (Westport, CT: Praeger).

Freeman, G.P. (1986) 'Migration and the political economy of the welfare state', *Annals AAPSS*, 485:51–63.

Freeman, G.P. (1995) 'Modes of Immigration Politics in Liberal Democratic States', *International Migration Review*, 29:4, 881–902.

Fregosi, R. (2002) 'Au-delà de la crise financière et institutionnelle, l'Argentine en quête d'un véritable projet', *Politique Etrangere*, 67:2, 435–454.

Froebel, F., Heinrichs, J. and Kreye, O. (1980) *The New International Division of Labour* (Cambridge: Cambridge University Press).

Gallagher, A. (2002) 'Trafficking, smuggling and human rights: tricks and treaties', *Forced Migration Review*, 12:25–28.

Gallagher, D. and Diller, J.M. (1990) *At the Crossroads between Uprooted People and Development in Central America.* Working Paper No. 27 (Washington, DC: Commission for the Study of International Migration and Cooperative Economic Development).

Gamburd, M.R. (2005) '"Lentils there, lentils here!' Sri Lankan domestic workers in the Middle East', in Huang, S., Yeoh, B.S.A. and Abdul Rahman, N. (eds.) *Asian Women as Transnational Domestic Workers* (Singapore: Marshall Cavendish Academic) 92–114.

GAO (2000) *Alien Smuggling* (Washington, DC: US General Accounting Office).

GAO (2006) *Foreign Workers–Information on Selected Countries Experiences* (Washington, DC: US Governmental Accountability Office).

Garrard, J.A. (1971) *The English and Immigration: A Comparative Study of the Jewish Influx 1880–1910* (Oxford: Oxford University Press).

GCIM (2005) *Migration in an Interconnected World: New Directions for Action: Report of the Global Commission on International Migration* (Geneva: Global Commission on International Migration). http://www.gcim.org/en/finalreport.html, accessed 11 July 2007.

Geddes, A. (2000) *Immigration and European Integration: Towards Fortress Europe?* (Manchester and NY: Manchester University Press).

Geddes, A. (2003) *The Politics of Migration and Immigration in Europe* (London: Sage).

Geertz, C. (1963) *Old Societies and New States–The Quest for Modernity in*

Asia and Africa (Glencoe, IL: Free Press).

Gellner, E. (1983) *Nations and Nationalism* (Oxford: Blackwell).

Gerges, F. (2005) *The Far Enemy: Why Jihad went global* (New York: Cambridge University Press).

Ghosh, B. (2006) *Migrants' Remittances and Development: Myths, Rhetoric and Realities* (Geneva: International Organization for Migration).

Gibney, M J. (2000) *Outside the Protection of the Law: The Situation of Irregular Migrants in Europe* (Oxford: Refugee Studies Centre).

Giddens, A. (2002) *Runaway World: how Globalisation is Reshaping our Lives*, 2nd edn (London: Profile).

Givens, T. (2005) *Voting Radical Right in Western Europe* (New York: Cambridge University Press).

Glazer, N. and Moynihan, D.P. (1975) 'Introduction', in Glazer, N. and Moynihan, D.P. (eds.) *Ethnicity: Theory and Experience* (Cambridge, MA: Harvard University Press).

Glick–Schiller, N. (1999) 'Citizens in transnational nation–states: the Asian experience', in Olds, K., Dicken, P., Kelly, P. F., Kong, L., and Yeung, H.W.–C. (eds.) *Globalisation and the Asia–Pacific: Contested Territories* (London: Routledge) 202–218.

Glover, S., Gott, C., Loizillon, A., Portes, J., Price, R., Spencer, S., Srinivasan, V. and Willis, C. (2001) *Migration: an Economic and Social Analysis*. RDS Occasional Paper 67 (London: Home Office).

Go, S.P. (2002) 'Detailed case study of the Philippines', in Iredale, R., Hawksley, C. and Lyon, K. (eds.) *Migration Research and Policy Landscape: Case Studies of Australia, the Philippines and Thailand* (Wollongong: Asia–Pacific Migration Research Network) 61–89.

Goldberg, D. (1993) *Racist Culture: Philosophy and the Politics of Meaning* (Oxford: Blackwell).

Goldberg, D.T. and Solomos, J. (eds.) (2002) *A Companion to Racial and Ethnic Studies* (Malden, MA and Oxford: Blackwell).

Goldberg, D.T. (2005) 'Racial Americanization', in Murji, K. and Solomos, J. (eds.) *Racialization: Studies in Theory and Practice* (Oxford: Oxford University Press) 87–102.

Goldirova, R. (2008) 'EU Ministers Flesh Out Foreign Worker "Blue Card" Plan.' EUobserver.com (25 September 2008). http://euobserver.com /justice/26809.

Graham, D. and Poku, N. (eds.) (2000) *Migration, Globalization and*

Human Security (London: Routledge).

Green, N. and Weil, P. (2007) *Citizenship and Those Who Leave* (Urbana: University of Illinois Press).

Green, S. (2004) *The Politics of Exclusion: Institutions and Immigration Policy in Contemporary Germany* (Manchester: Manchester University Press).

Guarnizo, L.E., Portes, A. and Haller, W. (2003) 'Assimilation and transnationalism: determinants of transnational political action among contemporary migrants', *American Journal of Sociology*, 108:6, 1211–1248.

Guild, E. and van Selm, J. (2005) *International Migration and Security: Opportunities and Challenges* (New York: Routledge).

Guimezanes, N. (1995) 'Acquisition of nationality in OECD countries', in Trends in International Migration: Annual Report (Paris: OECD) 157–179.

Guiraudon, V. and Joppke, C. (2001) *Controlling a New Migration World* (London: Routledge).

Gutmann, A. (ed.) (1994) *Multiculturalism: Examining the Politics of Recognition* (Princeton, NJ: Princeton University Press).

Habermas, J. and Pensky, M. (2001) *The Postnational Constellation: Political Essays* (Cambridge: Polity in association with Blackwell Publishers).

Haddad, Y. (ed.) (2002) *Muslims in the West* (Oxford: Oxford University Press).

Hage, G. (1998) *White Nation: Fantasies of White Supremacy in a Multicultural Society* (Sydney and New York: Pluto Press and Routledge).

Halliday, F. (1985) 'Migrations de main d'oeuvre dans le monde arabe: l'envers du nouvel ordre économique', *Revue Tiers Monde*, 26:103, 665–679.

Hamilton, K. and Yau, J. (2004) 'The global tug–of–war for health care workers', *Migration Information Source* (Washington, DC: Migration Policy Institute). http://www.migrationinformation.org/Feature/display.cfm?ID=271, accessed 9 July 2007.

Hammar, T (ed.) (1985) *European Immigration Policy: A Comparative Study* (Cambridge: Cambridge University Press).

Hammar, T (1990) *Democracy and the Nation–State: Aliens, Denizens and Citizens in a World of international Migration* (Aldershot: Avebury).

Hanafi, S. (2003) 'L'impact du capital social sur le processus de rapatriement des réfugiés palestiniens', *Revue Européenne des Migrations Internationales*, 19:3, 43–70.

Hardt, M. and Negri, A. (2000) *Empire* (Cambridge, MA: Harvard University Press).

Hargreaves, A.C. (2007) *Multi-Ethnic France: Immigration, Politics, Culture and Society* (New York and London: Routledge).

Harris, N. (1996) *The New Untouchables: Immigration and the New World Worker* (Harmondsworth: Penguin).

Hatton, T.J. and Williamson, J.G. (1998) *The Age of Mass Migration: Causes and Economic Effects* (Oxford and New York: Oxford University Press).

Hatton, T.J. and Williamson, J.G. (2005) *Global Migration and the World Economy* (Boston: MIT Press).

Heckmann, F. and Wunderlich, T. (eds.) (2005) *Amnesty for All Migrants?* (Bamberg, Germany: European Forum for Migration Studies).

Held, D. and Kaya, A. (eds.) (2007) *Global Inequality: Patterns and Explanations* (Cambridge and Malden, MA.: Polity).

Held, D., McGrew, A., Goldblatt, D. and Perraton, J. (1999) *Global Transformations: Politics, Economics and Culture* (Cambridge, MA: Polity).

Hiemenz, U. and Schatz, K.W. (1979) *Trade in Place of Migration* (Geneva: International Labour Organization).

Hirst, P. and Thompson, G. (1996) *Globalization in Question* (Cambridge, MA: Polity).

HKCSD (2007) *2006 Population By-Census-Summary Results* (Hong Kong: Hong Kong Census and Statistics Department).

HKG (2006) *Entry of Foreign Domestic Helpers* (Hong Kong: Hong Kong Government).

Hollifield, J. (1992) *Immigrants, Markets and States: The Political Economy of Postwar Europe* (Cambridge, MA: Harvard University Press).

Hollifield, J. F. (2000) 'The politics of international migration: how can we "bring the state back in"?', in Brettell, C.B. and Hollifield, J.F. (eds.) *Migration Theory: Talking Across Disciplines* (New York and London: Routledge) 137–185.

Hollifield, J. (2004a) 'The emerging migration state', *International Migration Review*, 38:3, 885–912.

Hollifield, J.F. (2004b) 'France: Republicanism and the limits of immigration control', in Cornelius, W., Martin, P.L. and Hollifield, J.F. (eds.) *Controlling Immigration: A Global Perspective*, 2nd edn (Stanford, CA: Stanford University Press) 183–214.

Holzmann, R. and Münz, R. (2006) 'Challenges and opportunties of international migration for Europe and its neighbourhood', in Tamas, K. and Palme, J. (eds.) *Globalizing Migration Regimes* (Aldershot: Ashgate) 233–257.

Home Office (2006) *Accession Monitoring Report May 2004–June 2006* (London: Home Office, Department for Work and Pensions, HM Revenue and Customs, and Office of the Deputy Prime Minister).

Homze, E.L. (1967) *Foreign Labor in Nazi Germany* (Englewood Cliffs, NJ: Princeton University Press).

Hönekopp, E. (1999) *Central and East Europeans in the Member Countries of the European Union since 1990: Development and Structure of Migration, Population and Employment* (Munich: Institute for Employment Research).

Horowitz, D. and Noiriel, G. (1992) *Immigrants in Two Democracies: French and American Experience* (New York: New York University Press).

Huang, S., Yeoh, B. and Rahman, N.A. (2005) *Asian Women as Transnational Domestic Workers* (Singapore: Marshall Cavendish Academic).

Hufbauer, G., Clyde, G. and Chott, J. (2005) *NAFTA Revisited–Achievements and Challenges* (Washington, DC: Institute for International Economics).

Hugo, G. (2005) *Migration in the Asia–Pacific Region* (Geneva: Global Commission on International Migration). http://www.gcim.org/en/ir_experts.html, accessed 5 September 2007.

Hunger, U. and Thränhardt, D. (2001) 'Die Berliner Integrationspolitik im Vergleich der Bundesländer', in Gesemann, F. (ed.) *Migration und Integration in Berlin* (Opladen: Leske und Budrich) 109–125.

Huntington, S.P. (2004) *Who Are We?* (New York: Simon and Schuster).

Içduygu, A. (2000) 'The Politics of International Migratory Regimes', *International Social Science Journal*, 165:357–366.

Içduygu, A. (2004) 'Transborder crime between Turkey and Greece: Human Smuggling and its Regional Consequences', *Southeast European and Black Seas Studies*, 4:2, 294–311.

IDC (2004) *Migration and Development: How to Make Migration work for Poverty Reduction* HC 79-II. (London: House of Commons International Development Committee).

IDMC (2006) *Internally displaced persons (IDPs) in Somalia* (Geneva: Internal Displacement Monitoring Centre).

IDMC (2007) *Internal Displacement: Global Overview of Trends and Developments in 2006* (Geneva: Internal Displacement Monitoring Centre and

Norwegian Refugee Council). http://www.internal-displacement.org/, accessed 23 January 2007.

Ignatieff, M. (1994) *Blood and Belonging: Journeys into the New Nationalism* (New York: Vintage).

ILO (2006) *Realizing Decent Work in Asia: Fourteenth Asian Regional Meeting: Report of the Director–General* (Geneva: International Labour Office).

ILO (2007) *Labour and Social Trends in ASEAN 2007* (Bangkok: International Labour Office Regional Office for Asia and the Pacific).

INS (2002) *Statistical Yearbook of the Immigration and Naturalization Service, 1999* (Washington, DC: US Government Printing Office) http://www.dhs.gov/xlibrary/assets/statistics/yearbook/1999/FY99Yearbook.pdf, accessed 27 July 2007.

Institute for Employment Studies (Dench, S., Hurstfield, J., Hill, D. and Akroyd, K.) (2006) *Employers' Use of Migrant Labour: Summary Report.* Online Report (London: Home Office) http://www.employment–studies.co.uk/pubs/summary.php?id=rdsolr0406, accessed 23 June 2007.

International Migration Review (1989) Special Silver Anniversary Issue, 23:3.

IOM (1999) *Trafficking in Migrants* (Geneva: IOM Policy and Responses).

IOM (2000a) *Migrant Trafficking and Human Smuggling in Europe* (Geneva: International Organization for Migration).

IOM (2000b) *World Migration Report 2000* (Geneva: International Organization for Migration).

IOM (2003) *World Migration 2003: Managing Migration–Challenges and Responses for People on the Move* (Geneva: International Organization for Migration).

IOM (2005) *World Migration 2005: Costs and Benefits of International Migration* (Geneva: International Organization for Migration).

Ireland, P. (1994) *The Policy Challenge of Ethnic Diversity* (Cambridge, MA: Harvard University Press).

ISTAT (2007) *Demografia in cifre* (Rome: Istituto Nazionale di Statistica). http://demo.istat.it/, accessed 16 August 2007.

Jaber, H. (2005) 'Introduction: Migrants et migrations au Moyen–Orient, entre contraintes et opportunites', in Jaber, H. and France, M. (eds.) *Mondes en mouvements: Migrants et migrations au Moyen–Orient au tournant du XXIe siècle* (Beyrouth: Institut Français du Proche-Orient).

Jachomiowicz, M. (2006) *Argentina: A new era of Migration and Migration Policy* (Washington, DC: Migration Information Source). http://www. migrationinformation.org/Profiles/display.cfm?ID=374, accessed 23 July 2007.

Jackson, J.A. (1963) *The Irish in Britain* (London: Routledge and Kegan Paul).

Jazouli, A. (1986) *L'action collective des jeunes maghrébins en France* (Paris: Editions Harmattan).

Johnson, I. and Gugath, B. (2002) 'Turkish voters are transforming political landscape in Germany' (*The Wall Street Journal*, 29 September 2002).

Joppke, C. (1998) *The Challenge to the Nation–State: Immigration in Western Europe and the United States* (New York: Oxford University Press).

Joppke, C. (1999) *Immigration and the Nation–State: The United States, Germany and Great Britain* (Oxford: Oxford University Press).

Joppke, C. (2004) 'The retreat of multiculturalism in the liberal state: theory and policy', *British Journal of Sociology*, 55:2, 237–257.

Jordan, B. and Düvell, F. (2002) *Irregular Migration: The Dilemmas of Transnational Mobility* (Cheltenham and Northampton, MA: Edward Elgar).

Jupp, J. (ed.) (2001) *The Australian People: An Encyclopedia of the Nation, its People and their Origins*, 2nd edn (Cambridge: Cambridge University Press).

Jupp, J. (2002) *From White Australia to Woomera: The History of Australian Immigration* (Melbourne: Cambridge University Press).

Jupp, J., York, B. and McRobbie, A. (1989) *The Political Participation of Ethnic Minorities in Australia* (Canberra: Australian Government Publishing Service).

Jureidini, R. (2003) 'L'échec de la protection de I'État: les domestiques étrangers au Liban', *Revue Européenne des Migrations Internationales*, 19:3, 95–125.

Kaba, A.J. (2006) 'Kenya–U.S. Relations: The Urgent Need to Manage Kenya's Migrant and HIV–AIDS Brain Drain', *Journal of Pan-African Studies*, 1:6, 79–86.

Kaldor, M. (1999) *New and Old Wars: Organized Violence in a Global Era* (Cambridge: Polity).

Kapur, D. (2004) *Remittances: the New Development Mantra?* Discussion

Paper (Washington, DC: World Bank).

Kay, D. and Miles, R. (1992) *Refugees or Migrant Workers? European Volunteer Workers in Britain 1946-1951* (London: Routledge).

Keely, C.B. (2001) 'The international refugee regime(s): the end of the Cold War matters', *International Migration Review*, 35:1, 303-314.

Keohane, R. and Nye, J. (1977) *Power and Interdependence* (Boston: Little, Brown).

Kepel, G. (2002) *Jihad: the trail of political Islam* (Cambridge, MA: Belknap Press of Harvard University).

Kepel, G. (2004) *The war for Muslim minds: Islam and the West* (Cambridge, MA: Belknap Press of Harvard University).

Kepel, G. (2005) *Europe's answer to Londonistan* (London: Open Democracy). http://www.opendemocracy.net/conflict-terrorism/ londonistan _2775.jsp, accessed 5 September 2007 and 25 February 2008.

Khadria, B. (2008) 'India; skilled migration to developed countries, labour migration to the Gulf', in Castles, S. and Delgado Wise, R. (eds.) *Migration and Development: Perspectives from the South* (Geneva: International Organization for Migration) 79-112.

Kindleberger, C.P. (1967) *Europe's Postwar Growth: The Role of Labor Supply* (Cambridge, MA: Harvard University Press).

King, R. (2000) 'Southern Europe in the changing global map of migration', in R. King, G. Lazaridis and C. Tsardanidis (eds.) *Eldorado or Fortress? Migration in Southern Europe* (London: Macmillan) 3-26.

King, R. (ed.) (2001) *The Mediterranean Passage: Migration and New Cultural Encounters in Southern Europe* (Liverpool: Liverpool University Press).

King, R. (2002) 'Towards a new map of European migration', *International Journal of Population Geography* 8:2, 89-106.

King, R., Lazaridis, G. and Tsardanidis, C. (eds.) (2000) *Eldorado or Fortress? Migration in Southern Europe* (London: Macmillan).

King, R., Thomson, M., Fielding, T. and Warnes, T. (2006) 'Time, generations and gender in migration and settlement', in Penninx, R., Berger, M. and Kraal, K. (eds.) *The Dynamics of International Migration and Settlement in Europe* (Amsterdam: Amsterdam University Press) 233-267.

Kirişci, K. (2006) 'National identity, asylum and immigration: the EU as a vehicle of post-national transformation in Turkey', in Kieser, H.-L. (ed.) *Turkey Beyond Nationalism: Toward Post-Nationalist Identities* (London:

IE Tauris).

Kiser, G. and Kiser, M. (eds.) (1979) *Mexican Workers in the United States* (Albuquerque: University of New Mexico Press).

Klausen, J. (2005) *The Islamic Challenge* (Oxford: Oxford University Press).

Kleinschmidt, H. (ed.) (2006) *Migration, Regional Integration and Human Security* (Aldershot: Ashgate).

Klekowski Von Koppenfels, A. (2001) *The Role of Regional Consultative Processes in Managing International Migration* (Geneva: International Organization for Migration).

Kloosterman, R. and Rath, J. (2003) *Immigrant Entrepreneurs: Venturing Abroad in the Age of Globalization* (Oxford: Berg).

Klug, F. (1989) '"Oh to be in England": the British case study', in Yuval-Davis, N. and Anthias, F. (eds.) *Woman-Nation-State* (London: Macmillan).

Komai, H. (1995) *Migrant Workers in Japan* (London: Kegan Paul International).

Koopmans, R. and Statham, P. (eds.) (2000) *Challenging Immigration and Ethnic Relations Politics* (Oxford: Oxford University Press).

Kop, Y. and Litan, R.E. (2002) *Sticking Together: The Israeli Experiment in Pluralism* (Washington, DC: The Brookings Institute).

Koslowski, R. (2000) *Migrants and Citizens* (Ithaca, NY: Cornell University Press).

Koslowski, R. (2008) 'Global Mobility and the Quest for an International Migration Regime' Paper presented at the Conference on International Migration and Development: Continuing the Dialogue-Legal and Policy Perspectives CMS and IOM: New York. New York, 17-18 January.

Kramer, R. (1999) *Developments in International Migration to the United States* (Washington, DC: Department of Labor).

Kratochwil, H.K. (1995) 'Cross-border population movements and regional economic integration in Latin America', *IOM Latin America Migration Journal*, 13:2, 3-11.

Kreienbrink, A. (2006) 'Refugees Labour Force-Illegal Migrant Challenges for Migration Policy in Europe', in Majtczak, O. (ed.) *The Fifth International Migration Conference* (Warsaw: Independent University of Business and Government).

Kress, B. (2006) 'Burkina Faso: Testing the Tradition of Circular Migration', *Migration Information Source* (Washington, DC: Migration Policy Institute).

Kritz, M.M., Lin, L.L. and Zlotnik, H. (eds.) (1992) *International Migration Systems: A Global Approach* (Oxford: Clarendon Press).

Kubat, D. (1987) 'Asian immigrants to Canada', in Fawcett, J.T. and Cariño, B.V. (eds.) *Pacific Bridges: The New Immigration from Asia and the Pacific Islands* (New York: Center for Migration Studies).

Kupchan, C.A. (1998) *Atlantic Survey: Contending Visions* (New York: Council on Foreign Relations).

Kyle, D. and Koslowski, R. (2001) *Global Human Smuggling* (Baltimore and London: Johns Hopkins University Press).

Kyle, D. and Liang, Z. (2001) *Migration Merchants: Human Smuggling from Ecuador and China*. Working Paper 43 (San Diego: The Center for Comparative Immigration Studies).

Kymlicka, W. (1995) *Multicultural Citizenship* (Oxford: Clarendon Press).

Laacher, S. (2002) 'Comment les "papiers" peuvent changer la vie', in *Le Monde Diplomatique, Histoires d'Immigration*, 64–66.

Laczko, F. and Gozdziak, E. (eds.) (2005) *Data and Research on Human Trafficking: A Global Survey* (Geneva: International Organization for Migration).

Lahav, G. (2004) *Immigration and Politics in the New Europe: Reinventing Borders* (New York: Cambridge University Press).

Lapper, R. (30 October 2006) *Call for caution over migrants' cash* (London: Financial Times). http://www.ft.com/home/uk, accessed 3 November 2006.

Laqueur, W. (2003) *No End to War* (London/New York: Continuum).

Laurence, J. and Vaisse, J. (2006) *Integrating Islam: Political and Religious Challenges in Contemporary France* (Washington, DC: Brookings Institution Press).

Laurens, H. (2005) 'Les migrations au Proche–Orient de l'Empire ottoman aux Etats–nations. Une perspective historique', in Jaber, H. and France, M. (eds.) *Mondes en mouvements: Migrants et migrations au Moyen–Orient au tournant du XXIe siècle* (Beyrouth: Institut Français du Proche–Orient).

Lavenex, S. and Uçarer, E. (eds.) (2002) *Migration and Externalities of European Integration* (Lanham, MD: Lexington Books).

Lavergne, M. (2003) 'Golfe arabo–persique: un système migratoire de plus en plus tourné vers l'Asie', *Revue Européenne des Migrations Internationales*,

19:3, 229–241.

Layton-Henry, Z. (1981) *A Report on British Immigration Policy since 1945* (Coventry: University of Warwick).

Layton-Henry, Z. (2004) 'Britain: from immigration control to migration management', in Cornelius, W., Martin, P.L. and Hollifield, J.F. (eds.), *Controlling Immigration: A Global Perspective*, 2nd edn (Stanford, CA: Stanford University Press) 294–333.

Layton-Henry, Z. (ed.) (1990) *The Political Rights of Migrant Workers in Western Europe* (London: Sage).

Layton-Henry, Z. and Rich, P.B. (eds.) (1986) *Race, Government and Politics in Britain* (London: Macmillan).

Lee, J.S. and Wang, S.-W. (1996) 'Recruiting and managing of foreign workers in Taiwan', *Asian and Pacific Migration Journal*, 5:2–3.

Lee, T., Ramakrishnan, S.K. and Ramirez, R. (eds.) (2006) *Transforming Politics, Transforming America: The Political and Civic Iincorporation of Immigrants in the United States* (Charlottesville: University of Virginia Press).

Leiken, R. (2005) 'Europe's Angry Muslims', *Foreign Affairs*, July/August.

Lever-Tracy, C. and Quinlan, M. (1988) *A Divided Working Class* (London: Routledge).

Levinson, A. (2005) *The Regularisation of Unauthorized Migrants: Literature Survey and Case Studies* (Oxford: Centre on Migration, Policy and Society).

Levitt, P. (1998) 'Social remittances: migration driven local-level forms of cultural diffusion', *International Migration Review*, 32:4, 926–948.

Levitt, P. and Glick Schiller, N. (2004) 'Conceptualising simultaneity: a transnational social field perspective on society', *International Migration Review*, 38:3, 1002–1039.

Levy, D. (1999) 'Coming home? Ethnic Germans and the transformation of national identity in the Federal Republic of Germany', in Geddes, A. and Favell, A. (eds.) *The Politics of Belonging: Migrants and Minorities in Contemporary Europe* (Aldershot: Ashgate).

Lidgard, J.M. (1996) 'East Asian migration to Aotearoa/New Zealand: Perspectives of some new arrivals', *Population Studies Centre Discussion Papers: 12* (Hamilton: University of Waikato).

Light, I. and Bonacich, E. (1988) *Immigrant Entrepreneurs* (Berkeley, CA: University of California Press).

Light, I.H. and Gold, S.J. (1999) *Ethnic Economies* (San Diego, CA; London: Academic).

Lindberg, T. (2005) *Beyond Paradise and Power* (New York: Routledge).

Lindley, A. (2007) *The early morning phonecall: remittances from a refugee diaspora perspective* Working Paper 07–47. (Oxford: COMPAS).

Lluch, V. (2002) 'Apartheid sous plastique à El Ejido', *Le Monde Diplomatique, Histoires d'Immigration*, 85–89.

Loescher, G. (2001) *The UNHCR and World Politics: A Perilous Path* (Oxford: Oxford University Press).

Lohrmann, R. (1987) 'Irregular migration: A rising issue in developing countries', *International Migration*, 25:3.

Lomonoco, C. (2006) 'U.S.–Mexico Border: The Season of Death', *Frontline World Dispatches* (PBS), 27 June.

Lopez–Garcia, B. (2001) 'La régularisation des Maghrébins sans papiers en Maroc', in Leveau, R., Wihtol de Wenden, C. and Mohsen–Finan, K. (eds.) *Nouvelles cityoyennetés: Réfugiés et sans–papiers dans l'espace européen* (Paris: IFRI).

Lowell, B.L., Findlay, A.M. and International Labour Office. International Migration Branch. (2002) *Migration of Highly Skilled Persons from Developing Countries: Impact and Policy Responses: Synthesis Report International Migration Papers, 44* (Geneva: ILO).

Lucassen, J. (1995) 'Emigration to the Dutch colonies and the USA', in Cohen, R. (ed.) *The Cambridge Survey of World Migration* (Cambridge: Cambridge University Press).

Lucassen, L. (2005) *The Immigrant Threat: the Integration of Old and New Migrants in Western Europe since 1890* (Urbana and Chicago: University of Illinois Press).

Lucassen, L., Feldman, D. and Oltmer, J. (2006) 'Immigrant integration in Western Europe, then and now', in Lucassen, L., Feldman, D. and Oltmer, J. (eds.) *Paths of Integration: Migrants in Western Europe (1880–2004)* (Amsterdam: Amsterdam University Press) 7–23.

Luso–American Development Foundation (1999) *Metropolis International Workshop Proceedings* (Lisbon: Luso–America Development Foundation).

Lutz, H., Phoenix, A. and Yuval–Davis, N. (eds.) (1995) *Crossfires: Nationalism, Racism and Gender in Europe* (London: Pluto Press).

Lyman, R. (2006) 'Census shows growth of immigrants' (*New York Times*, New York). http://www.nytimes.com/2006/08/15/us/15census.html, accessed 23 March 2007.

Lyon, A. and Ucarer, E. (2001) 'Mobilizing ethnic conflict: Kurdish separatism in Germany and the PKK', *Ethnic and Racial Studies*, 26:6, 925–948.

McAllister, I. (1988) 'Political attitudes and electoral behaviour', in Jupp, J. (ed.) *The Australian People: An Encyclopedia of the Nation, its People and their Origins* (Sydney: Angus & Robertson).

McCarthy, J. (1995) *Death and Exile: The Ethnic Cleansing of Ottoman Muslims 1821–1922* (Princeton: Darwin Press).

McKinnon, M. (1996) *Immigrants and Citizens: New Zealanders and Asian Immigration in Historical Context* (Wellington: Institute of Policy Studies).

MacMaster, N. (1991) 'The "seuil de tolérance": the uses of a "scientific" racist concept', in Silverman, M. (ed.) *Race, Discourse and Power in France* (Aldershot: Avebury).

Mafukidze, J. (2006) 'A discussion of migration and migration patterns and flows in Africa', in Cross, C., Gelderblom, D., Roux, N. and Mafukidze, J. (eds.) *Views on Migration in Sub-Saharan Africa* (Cape Town: HSRC Press) 103–129.

Maguid, A. (1993) 'The importance of systematizing migration information for making policy: recent initiatives and possibilities for Latin America and the Caribbean.' *Revista de la OIM sobre migraciones en América Latina*, 11:3, 5–67.

Manuh, T. (ed.) (2005) *At Home in the World? International Migration and Development in Contemporary Ghana and West Africa* (Accra: Sub-Saharan Publishers).

Marcus, J. (1995) *The National Front and French Politics: The Resistible Rise of Jean-Marie Le Pen* (New York: New York University Press).

Marosi, R. (2005) 'Border Crossing Deaths Set a 12-Month Record' (*Los Angeles Times*, 1 October).

Marshall, T.H. (1964) 'Citizenship and social class', in *Class, Citizenship and Social Development: Essays by T.H. Marshall* (New York: Anchor Books).

Martin, D. (2005a) *The US Refugee Program in Transition.* (Washington, DC: Migration Information Source). http://www.migrationinfonnation.org/Feature/display.cfm?id=305, accessed 1 August 2007.

Martin, H.-P. and Schumann, H. (1997) *The Global Trap: Globalization and the Assault on Prosperity and Democracy* (London and New York, and Sydney: Zed Books and Pluto Press Australia).

Martin, P.L. (1991) *The Unfinished Story. Turkish Labour Migration to Western Europe* (Geneva: International Labour Office).

Martin, P.L. (1993) *Trade and Migration: NAFTA and Agriculture* (Washington, DC: Institute for International Economics).

Martin, P.L. (1996) 'Labor contractors: a conceptual overview', *Asian and Pacific Migration Journal*, 5:2–3.

Martin, P.L. (2004) 'Gennany: managing migration in the twenty–first century', in Cornelius, W., Tsuda, T., Martin, P.L. and Hollifield, J.F. (eds.) *Controlling Migration: a Global Perspective*, 2nd edn (Stanford, California: Stanford University Press) 221–253.

Martin, P.L. (2005) *Migrants in the global labour market* in GCIM (ed.) (Geneva: GCIM). http://www.gcim.org/attachements/TP1.pdf, accessed 1 February 2006.

Martin, P.L. and Miller, M.J. (2000a) 'Smuggling and trafficking: A conference report'. *International Migration Review*, 34:3, 969–975.

Martin, P.L. and Miller, M.J. (2000b) *Employer Sanctions: French, German and US Experiences* (Geneva: ILO).

Martin, P.L. and Taylor, J.E. (2001) 'Managing migration: the role of economic policies', in Zolberg, A.R. and Benda, P.M. (eds.) *Global Migrants, Global Refugees: Problems and Solution* (New York and Oxford: Berghahn) 95–120.

Martin, P.L., Abello, M. and Kuptsch, C. (2006) *Managing Labor Migration in the Twenty–First Century* (New Haven: Yale University Press).

Martin, P.L., Mason, A. and Nagayama, T. (1996) 'Introduction to special issue on the dynamics of labor migration in Asia', *Asian and Pacific Migration Journal*, 5:2–3, 163–173.

Martin, P.L. and Widgren, J. (1996) 'International migration: a global challenge', *Population Bulletin*, 51:1, 2–48.

Martiniello, M. (1994) 'Citizenship of the European Union: a critical view', in Bauböck, R. (ed.) *From Aliens to Citizens* (Aldershot: Avebury) 29–48.

Marx, K. (1976) *Capital* I (Hannondsworth: Penguin). (First published in German in 1867.)

Massey, D.S., Alarcón, R., Durand, J. and Gonzalez, H. (1987) *Return to Aztlan–The Social Process of International Migration from Western Mexico* (Berkeley, CA: University of California Press).

Massey, D.S., Arango, J., Hugo, G. and Taylor, J.E. (1993) 'Theories of international migration: a review and appraisal', *Population and Development*

Review, 19:431–466.

Massey, D.S., Arango, J., Hugo, G. and Taylor, J.E. (1994) 'An evaluation of international migration theory: the North American case', *Population and Development Review*, 20:699–751.

Massey, D.S., Arango, J, Hugo, G., Kouaouci, A., Pellegrino, A. and Taylor, J.E. (1998) *Worlds in Motion: Understanding International Migration at the End of the Millennium* (Oxford: Clarendon Press).

Meissner, D., Papademetriou, D. and North, D. (1987) *Legalization of Undocumented Aliens: Lessons from Other Countries* (Washington, DC: Carnegie Endowment for International Peace).

Messina, A.M. (ed.) (2002) *West European Immigration and Immigrant Policy in the New Century* (Westport, CT, and London: Praeger).

Messina, A.M. (2007) *The Logics and Politics of Post-World War II Migration to Western Europe* (Cambridge: Cambridge University Press).

Migration Information Source (2007a) *Australia* (Washington, DC: Migration Information Source). http://www.migrationinformation.org/Resources/australia.cfm, accessed 16 July 2007.

Migration Information Source (2007b) *Canada* (Washington, DC: Migration Information Source). http://www.migrationinformation.org/Resources/canada.cfm, accessed 16 July 2007.

Migration News (2006) *Latin America* (Davis, C.A.: Migration News). http://www.migration.ucdavis.edu/mn, accessed 24 July 2007.

Milanovic, B. (2007) 'Globalization and inequality', in Held, D. and Kaya, A. (eds.) *Global Inequality: Patterns and Explanations* (Cambridge and Malden, MA.: Polity).

Miles, R. (1989) *Racism* (London: Routledge).

Miller, M.J. (1978) *The Problem of Foreign Worker Participation and Representation in France, Switzerland and the Federal Republic of Germany* (Madison, WI: University of Wisconsin).

Miller, M.J. (1981) *Foreign Workers in Western Europe: An Emerging Political Force* (New York: Praeger).

Miller, M.J. (1984) 'Industrial policy and the rights of labor: the case of foreign workers in the French automobile assembly industry', *Michigan Yearbook of International Legal Studies*, vi.

Miller, M.J. (1986) 'Policy ad-hocracy: the paucity of coordinated perspectives and policies', *The Annals*, 485, 65–75.

Miller, M.J. (1989) 'Continuities and Discontinuities in Immigration Reform in

Industrial Democracies', in H. Entzinger and J. Carter (eds.), *International Review of Comparative Public Policy*, Vol. 1 (Greenwich, CT and London: JAI Press).

Miller, M.J. (1999) 'Prevention of unauthorized migration', in A. Bernstein and M. Weiner (eds.) *Migration and Refugee Policies: An Overview* (London and New York: Pinter).

Miller, M.J. (2000) 'A durable international migration and security nexus: the problem of the Islamic periphery in transatlantic ties', in Graham, D. and Poku, N. (eds.) *Migration, Globalization and Human Security* (London: Routledge).

Miller, M.J. (2002) 'Continuity and change in postwar French legalization policy', in A. Messina (ed.) *West European Immigration and Immigrant Policy in the New Century* (Westport, CT and London: Praeger).

Miller, M.J. (2007) 'Disquiet on the Western Front: Sleeper Cells, Transatlantic Rift and the War in Iraq', in Miller, M.J. and Stefanova, B. (eds.) *The War on Terror in Comparative Perspective* (Houndmills: Palgrave Macmillan).

Miller, M.J. and Gabriel, C. (2008) 'The US–Mexico Honeymoon of 2001: A Retrospective', in Gabriel, C. and Pellerin, H. (eds.) *Governing International Labour Migration: Current issues, challenges and dilemmas* (New York: Routledge) 147–162.

Miller, M.J. and Stefanova, B. (2006) 'NAFTA and the European Referent: Labor Mobility in European and North American Regional Integration', in Messina, A. and Lahav, G. (eds.) *The Migration Reader: Exploring Politics and Policies* (Boulder: Lynne Reinner).

Ministry of Social Development (2006) *Social Report* (Wellington: New Zealand Government). http://www.socialreport.msd.govt.nz/people/ethnic–compositionpopulation.html, accessed 16 July 2007.

Mitchell, C. (1989) 'International migration, international relations and foreign policy', *International Migration Review*, Special Silver Anniversary Issue, 23:3, 681–708.

Mitchell, C. (1992) *Western Hemisphere Immigration and United States Foreign Policy* (University Park, PA: The Penn State University Press).

Mitter, S. (1986) 'Industrial Restructuring and Manufacturing Homework: Immigrant Women in the UK Clothing Industry', *Capital and Class*, 27: winter, 37–80.

Moch, L.P. (1992) *Moving Europeans: Migration in Western Europe since 1650* (Bloomington: Indiana University Press).

Moch, L.P. (1995) 'Moving Europeans: historical migration practices in Western Europe', in Cohen, R. (ed.) *The Cambridge Survey of World Migration* (Cambridge: Cambridge University Press).

MOJ (2006) *Basic Plan for Immigration Control (3rd edn): Salient Points* (Tokyo: Ministry of Justice) http://www.moj.go.jp/ENGLISH/information/bpic3rd-02.html, accessed 4 May 2007.

Money, J. (1994) *Fences and Neighbors: the Political Geography of Immigration Control* (Ithaca, NY: Cornell University Press).

MONUC (2007) *United Nations Organization Mission in the Democratic Republic of the Congo: Facts and Figures.* United Nations Organization Mission in the Democratic Republic of the Congo (New York: United Nations).

Mori, H. (1997) *Immigration Policy and Foreign Workers in Japan* (London: Macmillan).

Morokvasic, M. (1984) 'Birds of passage are also women', *International Migration Review*, 18:4, 886–907.

Morrison, J. (1998) *The Cost of Survival: The Trafficking of Refugees to the UK* (London: British Refugee Council).

Mosse, G. L. (1985) *Towards the Final Solution* (Madison: University of Wisconsin Press).

Motomura, H. (2006) *Americans in Waiting* (Oxford: Oxford University Press).

Münz, R. (1996) 'A continent of migration: European mass migration in the twentieth century', *New Community*, 22:2, 201–226.

Münz, R., Straubhaar, T., Vadean, F. and Vadean, N. (2007) *What are the Migrants' Contributions to Employment and Growth? A European Approach* HWWI Policy Papers 3–3 (Hamburg: Hamburg Institute of International Economics).

Murji, K. and Solomos, J. (eds.) (2005) *Racialization: Studies in Theory and Practice* (Oxford: Oxford University Press).

Mutluer, M. (2003) 'Les migrations irrégulières en Turquie', *Revue Européenne des Migrations Internationales*, 19:3, 151–172.

Mwakugu, N. (2007) *Money transfer service wows Kenya.* BBC News Online, April 3 2007.

Myers, N. (1997) 'Environmental refugees', *Population and Environment*, 19:2, 167–182.

Myers, N. and Kent, J. (1995) *Environmental Exodus: an Emergent Crisis in the Global Arena* (Washington, DC: Climate Institute).

National Commission on Terrorist Attacks Upon the United States (2004) *The 9/11 Commission Report* (New York: W.W. Norton).

Nayar, D. (1994) 'International labour movements, trade flows and migration transitions: a theoretical perspective', *Asian and Pacific Migration Journal,* 3:1, 31–47.

Ness, I. (2005) Immigrants, *Unions and the New U.S. Labor Market* (Philadelphia, PA: Temple University Press).

New Internationalist (2006) 'Urban explosion–the facts', *New Internationalist,* 386:18–19.

Newland, K. (2003) *Migration as a factor in development and poverty reduction* (Washington, DC: Migration Information Source). http://www.migrationinformation.org/Feature/display.cfm?ID=136, accessed 2 February 2007.

Newland, K. (2007) *A new surge of interest inmigration and development* (Washington, DC: Migration Information Source). http://www.migrationinformation.org, accessed 6 February 2007.

Noiriel, G. (1988) *Le creuset français: Histoire de l'immigration XIXe–XXe siècles* (Paris: Seuil).

Noiriel, G. (2007) *Immigration, antisémitisme et racisme en France (XIXe–XXe siècle)* (Paris: Fayard).

Norris, P. (2005) *Radical Right* (Cambridge: Cambridge University Press).

Nyberg–Sørensen, N., Van Hear, N. and Engberg–Pedersen, P. (2002) *The Migration–Development Nexus: Evidence and Policy Options* (Copenhagen: Centre for Development Research).

Nye, J.P. (2004) *Soft Power: the means to success in world politics* (New York: Public Affairs).

O'Neil, K., Hamilton, K. and Papademetriou, D. (2005) 'Migration in the Americas', *Global Commission on International Migration.* http://http://www.gcim.org/attachements/RS1.pdf, accessed 27 September 2007.

OECD (1987) *The Future of Migration* (Paris: Organisation for Economic Cooperation and Development).

OECD (1992) *Trends in International Migration: Annual Report 1991* (Paris: Organisation for Economic Cooperation and Development).

OECD (1994) *Trends in International Migration: Annual Report 1993* (Paris: Organisation for Economic Cooperation and Development).

OECD (1995) *Trends in international Migration: Annual Report 1994*

(Paris: Organisation for Economic Cooperation and Development).

OECD (1997) *Trends in International Migration: Annual Report 1996* (Paris: Organisation for Economic Cooperation and Development).

OECD (1998) *Migration, Free Trade and Regional Integration in North America* (Paris: Organisation for Economic Cooperation and Development).

OECD (2000) *Combating the Illegal Employment of Foreign Workers* (Paris: Organisation for Economic Cooperation and Development).

OECD (2001) *Trends in International Migration: Annual Report 2000* (Paris: Organisation for Economic Cooperation and Development).

OECD (2004) *Trends in International Migration: Annual Report 2003* (Paris: Organisation for Economic Cooperation and Development).

OECD (2005) *Trends in International Migration: Annual Report 2004* (Paris: Organisation for Economic Cooperation and Development).

OECD (2006) *International Migration Outlook: Annual Report 2006* (Paris: Organisation for Economic Cooperation and Development).

OECD (2007) *International Migration Outlook: Annual Report 2007* (Paris: Organisation for Economic Cooperation and Development).

Ögelman, N. (2003) 'Documenting and Explaining the Persistence of Homeland Politics among Germany's Turks', *International Migration Review*, 37:1, 163–193.

Ohmae, K. (1995) *The End of the Nation-State: The Rise of Regional Economies* (New York: Harper Collins).

Okólski, M. (2001) 'Incomplete migration: a new form of mobility in Central and Eastern Europe. The Case of Polish and Ukrainian Migrants', in Wallace, C. and Stola, D. (eds.) *Patterns of Migration in Central Europe* (Basingstoke: Palgrave).

ONS (2002) *Social Focus in Brief Ethnicity 2002* (London: Office for National Statistics).

ONS (2003) *Religion in Britain* (London: Office for National Statistics). http://www.statistics.gov.uk, accessed 15 August 2007.

ONS (2004a) *Ethnicity and Identity: Population Size: 7.9% from a non-White Ethnic Group* (London: Office for National Statistics). http://www.statistics.gov.uk/cci/nugget.asp?id=455, accessed 15 August 2007.

ONS (2004b) *Religion: 7 in 10 identify as White Christian* (London: Office for National Statistics). http://www.statistics.gov.uk/CCI/nugget.asp?ID=1086&Pos=2&ColRank=1&Rank=326, accessed 6 August 2007.

Oriol, P. (2001) 'Des commissions consultatives au droit de vote', *Migrations Société*, 13:73, 19–22.

Oriol, P. (2007) 'Le droit de vote des résidents étrangers dans l'Union européenne', *Migrations Société*, 19:114, 83–97.

Oriol, P. and Vianna, P. (2007) 'Résidents étrangers et droit de vote', *Migrations Société*, 19:114, 37–46.

Orozco, M. and Rouse, R. (2007) *Migrant Hometown Associations and Opportunities for Development: a Global Perspective* (Washington, DC: Migration Information Source) http://www.migrationinformation.org/Feature/display.cfm?ID=579, accessed 6 February 2007.

Ostegaard–Nielsen, E. (2003) *Transnational Politics: Turks and Kurds in Germany* (London: Routledge).

Oucho, J.O. (2006) 'Migration and refugees in Eastern Africa: a challenge for the East Africa Community', in Cross, C., Gelderblom, D., Roux, N. and Mafukidze, J. (eds.) *Views on Migration in Sub–Saharan Africa* (Cape Town: HSRC Press) 130–147.

Oxfam (2002) *Rigged Rules and Double Standards: Trade, Globalisation, and the Fight against Poverty* (Oxford: Oxfam).

Padilla, B. and Peixoto, J. (2007) *Latin American Immigration to Southern Europe* (Washington, DC: Migration Information Source). http://www.migrationinformation.org/feature/display.cfm?id=609, accessed 28 June 2007.

Paice, E. (2006) *Tip & Run: the Untold Tragedy of the Great War in Africa* (London: Weidenfeld and Nicolson).

Paine, S. (1974) *Exporting Workers: The Turkish Case* (Cambridge: Cambridge University Press).

Pankevych, I. (2006) 'Migrant Integration in Ukraine: Legislation, Political and Social Aspects', in Majtczak, O. (ed.) *The Fifth International Migration Conference* (Warsaw: Independent University of Business and Government).

Parisot, T. (1998) 'Quand l'immigration tourne à l'esclavage' (*Le Monde Diplomatique*, 20–21 June 1998).

Passel, J.S. (2006) *Size and Characteristics of the Unauthorized Migrant Population in the U.S. Pew Hispanic Center Report* (Washington, DC: Pew Hispanic Center). http://pewhispanic.org/reports, accessed 20 March 2006.

Pastore, F. (2006) 'Italian modes of migration regulation' (Istanbul: 10–12

March 2006, IMISCOE Cluster A 1 Workshop).

Pastore, F. (2007) *La politica migratoria italiana a una svolta* (Rome: Centro Studi di Politica Internazionale). http://www.cespi.it/, accessed 17 June 2007.

Pellegrino, A. (2004) 'Migration from Latin America to Europe: Trends and Policy Challenges', IOM Migration Research Series, 16 (Geneva: International Organization for Migration). http://www.oas.org/atip/Migration/IOM%20Report%20Migration%20LAC%20to%20EU.pdf, accessed 27 January 2008.

Penninx, R. (2006) 'Dutch Immigrant Policies Before and After the Van Gogh Murder', *Journal of International Migration*, 7:2, 242–254.

Pe-Pua, R., Mitchell, C., Iredale, R. and Castles, S. (1996) *Astronaut Families and Parachute Children: The Cycle of Migration from Hong Kong* (Canberra: AGPS).

Perry, J. and Power, S. (2007) 'Shortage of Skilled Labor Pinches Eastern Europe' (*Wall Street Journal*, New York, 10 July 2007).

Pessar, P. and Mahler, S. (2003) 'Transnational migration: bringing gender in', *International Migration Review*, 37:3, 812–846.

Petras, J. and Veltmayer, H. (2000) 'Globalisation or imperialism?' *Cambridge Review of International Affairs*, 14:1, 1–15.

Pfahlmann, H. (1968) *Fremdarbeiter and Kriegsgefangene in der deutschen Kriegswirtschaft 1939–45* (Darmstadt: Wehr and Wissen).

Philips, M. (2006) *Londonistan* (New York: Encounter Books).

Phizacklea, A. (ed.) (1983) *One Way Ticket? Migration and Female Labour* (London: Routledge and Kegan Paul).

Phizacklea, A. (1990) *Unpacking the Fashion Industry: Gender, Racism and Class in Production* (London: Routledge).

Phizacklea, A. (1998) 'Migration and globalisation: a feminist perspective', in Koser, K. and Lutz, H. (eds.) *The New Migration in Europe* (London: Macmillan) 21–38.

Picquet, M., Pellegrino, A. and Papil, J. (1986) 'L'immigration au Venezuela', *Revue Européenne des Migrations Internationales*, 2:2, 25–47.

Piore, M. J. (1979) *Birds of Passage: Migrant Labor and Industrial Societies* (Cambridge: Cambridge University Press).

Plewa, P. (2006) 'How Have Regularization Programs Affected Spanish Governmental Efforts to Integrate Migrant Populations', in Majtczak, O. (ed.) *The Fifth International Migration Conference* (Warsaw: Independent

University of Business and Government).

Plewa, P. (2007) 'The Rise and Fall of Temporary Foreign Worker Policies: Lessons from Poland', *International Migration*, 45:2, 3–36.

Plewa, P. and Miller, M.J. (2005) 'Postwar and post–Cold War generations of European temporary foreign worker policies: implications from Spain', *Migraciones Internacionales*, 3:2, 58–83.

Poku, N. and Graham, D. (eds.) (1998) *Redefining Security* (Westport, CT: Praeger).

Polanyi, K. (1944) *The Great Transformation: The Political and Economic Origins of Our Time* (New York: Farrar and Rinehart).

Portes, A. (1997) 'Neoliberalism and sociology of development: emerging trends and unanticipated facts', *Population and Development Review*, 23:2, 229–259.

Portes, A. (1999) 'Conclusion: towards a new world: the origins and effects of transnational activities', *Ethnic and Racial Studies*, 22:2, 463–477.

Portes, A. and Bach, R.L. (1985) *Latin Journey: Cuban and Mexican Immigrants in the United States* (Berkeley, CA: University of California Press).

Portes, A. and Böröcz, J. (1989) 'Contemporary immigration: theoretical perspectives on its determinants and modes of incorporation', *International Migration Review*, 23:3, 606–630.

Portes, A. and DeWind, J. (eds.) (2004) Conceptual and Methodological Developments in the Study of International Migration. *International Migration Review* Special Issue 38:3 (New York: Center for Migration Studies) 828–1255.

Portes, A. and Rumbaut, R.G. (2006) *Immigrant America: a Portrait*, 3rd edn (Berkeley, CA: University of California Press).

Portes, A., Escobar, C. and Radford, A.W. (2007) 'Immigrant transnational organizations and development: a comparative study', *International Migration Review*, 41:1, 242–282.

Portes, A., Guarnizo, L.E. and Landolt, P. (1999) 'The study of transnationalism: pitfalls and promise of an emergent research field', *Ethnic and Racial Studies*, 22:2, 217–237.

Potts, L. (1990) *The World Labour Market: A History of Migration* (London: Zed Books).

Preston, J. (2007) 'U.S. set for a crackdown on illegal hiring' (*New York Times*, 8 August 2007).

Price, C. (1963) *Southern Europeans in Australia* (Melbourne: Oxford

University Press).

Prost, A. (1966) 'L'immigration en France depuis cent ans', *Esprit*, 34:348.

Rath, J. (1988) 'La participation des immigrés aux élections locales aux Pays-Bas', *Revue Européenne des Migrations Internationales*, 4:3, 23–36.

Rath, J. (2002) *Unravelling the Rag Trade: Immigrant Entrepreneurship in Seven World Cities* (Oxford: Berg).

Ratha, D. and Shaw, W. (2007) *South–South Migration and Remittances* (Washington, DC: Development Prospects Group, World Bank). http://siteresources.worldbank.org/INTPROSPECTS/Resources/South-SouthmigrationJan192006.pdf, accessed 7 March 2008.

Ratha, D. and Zhimei, X. (2008) *Migration and Remittances Factbook* (Washington, DC: World Bank Development Prospect Group). www.worldbank.org/prospects/migrationandremittances, accessed 19 June 2008.

Ravenstein, E.G. (1885) 'The laws of migration', *Journal of the Statistical Society*, 48:167–235.

Ravenstein, E.G. (1889) 'The laws of migration', *Journal of the Statistical Society*, 52:241–305.

Rawls, J. (1985) 'Justice as fairness: political not metaphysical', *Philosophy and Public Affairs*, 14:3, 223–251.

Reitz, J.G. (1998) *Warmth of the Welcome: The Social Causes of Economic Success for Immigrants in Different Nations and Cities* (Boulder, CO: Westview Press).

Reitz, J.G. (2007a) 'Immigrant Employment Success in Canada, Part I: Individual and Contextual Causes', *Journal of International Migration and Integration*, 8:1, 11–36.

Reitz, J.G. (2007b) 'Employment Success in Canada, Part II: Understanding the Decline', *Journal of International Migration and Integration*, 8:1, 37–62.

Rex, J. and Mason, D. (eds.) (1986) *Theories of Race and Ethnic Relations* (Cambridge: Cambridge University Press).

Rex, J. (1986) *Race and Ethnicity* (Milton Keynes: Open University Press).

Reyneri, E. (2001) *Migrants' Involvement in Irregular Employment in the Mediterranean Countries of the European Union* (Geneva: International Labour Organization).

Reyneri, E. (2003) 'Immigration and the underground economy in new receiving South European countries: manifold negative effects, manifold deep-rooted causes', *International Review of Sociology*, 13:1, 117–143.

Ricca, S. (1990) *Migrations internationales en Afrique* (Paris: L'Harmattan).

Richards, A.O. (1999) *International Trafficking in Women to the United States: A Contemporary Manifestation of Slavery and Organized Crime* (Washington, DC: Center for the Study of Intelligence).

Ricks, T.E. (2007) *Fiasco* (New York: Penguin Books).

Romero, F. (1993) 'Migration as an issue in European interdependence and integration: the case of Italy', in Milward, A., Lynch, F., Ranieri, R., Romero, F. and Sorensen V. (eds.) *The Frontier of National Sovereignty* (London: Routledge).

Rosenau, J.N. (1997) *Along the Domestic Foreign Frontier* (Cambridge: Cambridge University Press).

Rosenberg, C.D. (2006) *Policing Paris: the Origins of Modern Immigration Control Between the Wars* (Ithaca, NY; London: Cornell University Press).

Rostow, W.W. (1960) *The Stages of Economic Growth: a Non-Communist Manifesto* (Cambridge: Cambridge University Press).

Roussel, C. (2003) 'Désenclavement et mondialisation: les réseaux migratoires familiaux des druzes du sud syrien', *Revue Européenne des Migrations Internationales*, 19:3, 263–283.

Rowthom, R. (2004) *The Economic Impact of Immigration: Evidence to the House of Lords Select Committee on Economic Affairs Civitas On-line Report* (London: Civitas). http://www.parliament.uk/documents/upload/EA246%20RowthomFINAL10102007.doc, accessed 21 May 2008.

Roy, O. (1994) *The Failure of Political Islam* (Cambridge: Harvard University Press).

Roy, O. (2003) 'Euroislam: The Jihad Within?' *The National Interest*, Spring, 63–73.

Roy, O. (2004) *Globalized Islam: the search for a new Ummah* (New York: Columbia University Press).

Rubio-Marin, R. (2000) *Immigration as a Democratic Challenge* (Cambridge: Cambridge University Press).

Rudolph, H. (1996) 'The new Gastarbeiter system in Germany', *New Community*, 22:2, 287–300.

Ruhs, M. (2005) *The potential of temporary migration programmes in future international migration policy*, in Global Commission on International Migration (GCIM) (ed.) *GCIM Working Papers* (Geneva: GCIM). http://www.gcim.org/attachements/TP3.pdf, accessed 1 February 2006.

Rycs, J.F. (2005) 'Le "Sponsorship"peut–il encore canaliser les flux migratoires dan les pays du Golfe? Le cas des Emirats arabes unis', in Jaber, H. and France, M. (eds.) *Mondes en mouvements: Migrants et migrations au Moyen-Orient au tournant du XXIe siècle* (Beyrouth: Institut Français du Proche-Orient).

Safir, N. (1999) 'Emigration Dynamics in the Maghreb', in R. Appleyard (ed.) *Emigration Dynamics in Developing Countries*, Vol. IV: The Arab Region (Aldershot: Ashgate).

SAMP (2005) 'South Africa' *News* (Cape Town: Southern African Migration Project), July 2005.

Sassen, S. (1988) *The Mobility of Labour and Capital* (Cambridge: Cambridge University Press).

Sassen, S. (1991) *The Global City: New York, London, Tokyo* (Princeton, NJ: Princeton University Press).

Saul, J.R. (2006) *The Collapse of Globalism and the Reinvention of the World* (London: Atlantic Books).

Schain, M., Zolberg, A. and Hossay, P. (2002) *Shadows over Europe* (New York: Palgrave).

Schama, S. (2006) *Rough Crossings: Britain, the Slaves and the American Revolution* (London: BBC Books).

Scheuer, M. (2004) *Imperial Hubris* (Washington, DC: Brassey's).

Scheuer, M. (2008) *Marching Toward Hell* (New York: Free Press).

Schierup, C.-U. and Alund, A. (1987) *Will they still be Dancing? Integration and Ethnic Transformation among Yugoslav Immigrants in Scandinavia* (Stockholm: Almquist & Wiksell International).

Schierup, C.-U., Hansen, P. and Castles, S. (2006) *Migration, Citizenship and the European Welfare State: A European Dilemma* (Oxford: Oxford University Press).

Schnapper, D. (1991) 'A host country of immigrants that does not know itself', *Diaspora*, 1:3, 353–364.

Schnapper, D. (1994) *La Communauté des Citoyens* (Paris: Gallimard).

Schrank, P. (2007) 'The European Union needs to hold a proper debate on migration' (*The Economist*, 31 May).

Schrover, M., Van der Leun, J. and Quispel, C. (2007) 'Niches, Labour Market Segregation, Ethnicity and Gender', *Journal of Ethnic and Migration Studies*, 33:4, 529–540.

Scoliano, E., Burnett, V. and Schmitt, E. (2008) 'In Spanish Case, Officials See Terror Threat Rising from Pakistan' (*The New York Times*, New York,

10 February 2008).

Seccombe, I.J. (1986) 'Immigrant workers in an emigrant economy', *International Migration* 24:2, 377–396.

SCIRP (1981) *Staff Report* (Washington, DC: Select Commission on Immigration and Refugee Policy).

Semyonov, M. and Lewin-Epstein, N. (1987) *Hewers of Wood and Drawers of Water* (Ithaca, NY: ILR Press).

Seton-Watson, H. (1977) *Nations and States* (London: Methuen).

Shanker, T. and Kulish, N. (2008) 'U.S. Ties Europe's Safety to Afghanistan' (*The New York Times*, New York, 11 February 2008).

Shaw, M. (2000) *Theory of the Global State: Globality as Unfinished Revolution* (Cambridge: Cambridge University Press).

Shenon, P. (2008) *The Commission* (New York: Hachette Book Group USA).

Shimpo, M. (1995) 'Indentured migrants from Japan', in Cohen, R. (ed.), *The Cambridge Survey of World Migration* (Cambridge: Cambridge University Press).

Silverstein, P. (2004) *Algeria in France* (Bloomington: Indiana University Press).

Sinn, E. (ed.) (1998) *The Last Half Century of Chinese Overseas* (Hong Kong: Hong Kong University Press).

Skeldon, R. (1992) 'International migration within and from the East and South-east Asian region: a review essay', *Asian and Pacific Migration Journal*, 1:1.

Skeldon, R. (1997) *Migration and Development: A Global Perspective* (Harlow, Essex: Addison Wesley Longman).

Skeldon, R. (ed.) (1994) *Reluctant Exiles? Migration from Hong Kong and the New Overseas Chinese* (Hong Kong: Hong Kong University Press).

Skeldon, R. (2002) 'Migration and Poverty', *Asia-Pacific Population Journal*, 17:4, 67–82.

Skeldon, R. (2006a) 'Interlinkages between internal and international migration and development in the Asian region', *Population, Space and Place*, 12:15–30.

Skeldon, R. (2006b) 'Recent trends in migration in East and Southeast Asia', *Asian and Pacific Migration Journal*, 15:2, 277–293.

Skerry, P. and Rockwell, S.J. (1998) 'The Cost of a Tighter Border: People-Smuggling Networks' (*Los Angeles Times* 3 May).

Smith, A.D. (1986) *The Ethnic Origins of Nations* (Oxford: Blackwell).

Smith, A.D. (1991) *National Identity* (Harmondsworth: Penguin).

Smith, J.P. and Edmonston, B. (eds.) (1997) *The New Americans: Economic, Demographic and Fiscal Effects of Immigration* (Washington, DC: National Academy Press).

Smith, R. (2003) 'Migrant Membership as an Instituted Process: Transnationalization, the State and Extra-Territorial Conduct of Mexican Politics', *International Migration Review*, 37:2, 297–343.

Solomos, J. (2003) *Race and Racism in Britain*, 3rd edn (Basingstoke: Palgrave-Macmillan).

Soysal, Y.N. (1994) *Limits of Citizenship: Migrants and Postnational Membership in Europe* (Chicago and London: University of Chicago Press).

Stahl, C. (1993) 'Explaining international migration', in Stahl, C., Ball, R., Inglis, C. and Gutman, P. (eds.), *Global Population Movements and their Implications for Australia* (Canberra: Australian Government Publishing Service).

Stalker, P. (2000) *Workers without Frontiers: The Impact of Globalization on International Migration* (Geneva, London and Boulder, Co: International Labour Office and Lynne Rienner Publishers).

Stark, O. (1991) *The Migration of Labour* (Oxford: Blackwell).

Stasiulis, D.K. and Yuval-Davis, N. (eds.) (1995) *Unsettling Settler Societies* (London: Sage).

Statistics Canada (2007) *Immigration and Citizenship: Highlight Tables, 2001 Census* (Ottawa: Statistics Canada). http://www.census2006.ca/english/census01/, accessed 3 August 2007.

Stefanova, B. (2007) 'Voting a la carte: Electoral Support for the Radical Right in the 2005 Bulgarian Elections', *Politics in Central Europe*, 2:2, 38–70.

Steinberg, S. (1981) *The Ethnic Myth: Race, Ethnicity and Class in America* (Boston, MA: Beacon Press).

Stiglitz, J.E. (2002) *Globalization and its Discontents* (London: Penguin).

Stirn, H. (1964) *Ausländische Arbeiter im Betrieb* (Frechen/Cologne: Bartmann).

Stola, D. (2001) 'Poland', in C. Wallace and D. Stola (eds.) *Patterns of Migration in Central Europe* (Basingstoke: Palgrave).

Straubhaar, T. (2006) 'Labor market relevant migration policy', *Zeitschrift für Arbeitsmarktforschung*, 39:1, 149–157.

Straubhaar, T. and Zimmermann, K. (1992) *Towards a European Migration Policy* (London: Centre for Economic Policy Research).

Strozza, S. and Venturini, A. (2002) 'Italy is no longer a country of emigration. Foreigners in Italy: how many, where they come from', in R. Rotte and P. Stein (eds.) *Migration Policy and the Economy: International Experiences* (Munich: Hans Seidel Stiftung).

Studlar, D T. and Layton–Henry, Z. (1990) 'Non–white minority access to the political agenda in Britain', *Policy Studies Review*, 9:2 (Winter).

Suhrke, A. and Klink, F. (1987) 'Contrasting patterns of Asian refugee movements: the Vietnamese and Afghan syndromes', in Fawcett, J. T. and Cariño, B. V. (eds.), *Pacific Bridges: The New Immigration from Asia and the Pacific Islands* (New York: Center for Migration Studies).

Surk, B. and Abbot, S. (2008) 'India wants oil–rich Emirates to pay workers better wages', *Sunday News Journal* (Wilmington, DE).

Süssmuth, R. (2001) *Zuwanderung gestalten, Integration fördern: Bericht der unabhängigen Kommission 'Zuwanderung'* German Government Report (Berlin: Bundesminister des Innern).

Swift, R. (2007) 'Death by cotton', *New Internationalist*, 399:7–9.

Sze, L.-S. (2007) *New Immigrant Labour from Mainland China in Hong Kong* (Hong Kong: Asian Labour Update). http://www.amrc.org.hk/ alu_article/discrimination_at_work/new_immigrant_labour_from_mainlan d_china_in_ hong_kong, accessed 23 March 2007.

Tapinos, G. (1975) *L'Immigration Etrangère en France* (Paris: Presses Universitaires de France).

Tapinos, G. (1984) 'Seasonal workers in French agriculture', in Martin, P. (ed.) *Migrant Labor in Agriculture* (Davis: Gianni Foundation of Agricultural Economics).

Tapinos, G.P. (1990) *Development Assistance Strategies and Emigration Pressure in Europe and Africa* (Washington, DC: Commission for the Study of International Migration and Co–operative Economic Development).

Taylor, J.E. (1987) 'Undocumented Mexico–US migration and the returns to households in rural Mexico', *American Journal of Agricultural Economics*, 69:626–638.

Taylor, J.E. (1999) 'The new economics of labour migration and the role of remittances in the migration process', *International Migration*, 37:1, 63–88.

Tekeli, I. (1994) 'Involuntary displacement and the problem of resettlement in Turkey from the Ottoman Empire to the present', in Shami, S. (ed.) *Population Displacement and Resettlement: Development and Conflict in the Middle East* (New York: Center for Migration Studies).

Thränhardt, D. (1996) 'European migration from East to West: present patterns and future directions', *New Community*, 22:2, 227–242.

Tichenor, D.J. (2002) *Dividing Lines* (Princeton: Princeton University Press).

Tirman, J. (2004) *The maze of fear: Security and Migration after 9/11* (New York/ London: The New Press).

Tirtosudarmo, R. (2001) 'Demography and security: transmigration policy in Indonesia', in Weiner, M. and Russell, S.S. (eds.) *Demography and National Security* (New York and Oxford: Berghahn Books) 199–227.

Togman, J. (2002) *The Ramparts of Nations* (Westport and London: Praeger).

Tomas, K. and Münz, R. (2006) *Labour Migrants Unbound? EU Enlargement, Transitional Measures and Labour Market Effects* (Stockholm: Institute for Futures Study).

Tribalat, M. (1995) *Faire France: Une Enquête sur les Immigrés et leurs Enfants* (Paris: La Découverte).

Trlin, A.D. (1987) 'New Zealand's admission of Asians and Pacific Islanders', in Fawcett, J.T. and Cariño, B.V. (eds.) *Pacific Bridges: The New Immigration from Asia and the Pacific Islands* (New York: Center for Migration Studies).

TUC (2007) *The Economics of Migration: Managing the Impacts* (London: Trades Union Congress). http://www.tuc.org.uk, accessed 11 May 2008.

Turton, D. (2006) *Ethnic Federalism: the Ethiopian Experience in Comparative Perspective* (Oxford: James Currey).

UN (2000) *Replacement Migration: is it a Solution to Declining and Ageing Populations?* (New York: United Nations Population Division).

UN (2004) 'Rwandans returning home as UN prepares to observe 10th anniversary of genocide', *United Nations News Centre* (5 April 2004).

UNDESA (2004) *World Economic and Social Survey 2004: International Migration* (New York: United Nations Department of Economic and Social Affairs).

UNDESA (2005) *Trends in Total Migrant Stock: the 2005 Revision* (New York: United Nations Department of Economic and Social Affairs).

UNDESA (2006a) *International Migration 2006* (New York: United Nations

Department of Economic and Social Affairs).

UNDESA (2006b) *International Migration and Development: Analysis Prepared by UN Department of Economic and Social Affairs* (New York: UN Department of Public Information).

UNDP (2006) *Human Development Report 2006–Beyond Scarcity: Power, Poverty, and the Global Water Crisis* (New York: United Nations Development Programme).

UNFPA (2006) *State of World Population 2006* (New York: United Nations Population Fund).

UN–HABITAT (2007) 'Urbanization: A Turning Point in History', *United Nations Human Settlements Programme.*

UNHCR (1995) *The State of the World's Refugees: In Search of Solutions* (Oxford: Oxford University Press).

UNHCR (2000a) *Global Report 2000: Achievements and Impact* (Geneva: United Nations High Commissioner for Refugees).

UNHCR (2000b) *The State of the World's Refugees: Fifty Years of Humanitarian Action* (Oxford: Oxford University Press).

UNHCR (2002) *Afghan Humanitarian Update*, 63 (Geneva: United Nations High Commissioner for Refugees).

UNHCR (2004) *Protracted Refugee Situations* (Geneva: UNHCR Executive Committee of the High Commissioner's Programme).

UNHCR (2oo6a) *Global Report 2006* (Geneva: United Nations High Commissioner for Refugees). http://www.unhcr.org/publ.html, accessed 23 August 2007.

UNHCR (2006b) *Refugees by Numbers 2006 Edition* (Geneva: United Nations High Commissioner for Refugees). http://www.unhcr.org/basics/BASICS/3b028097c.html#Numbers, accessed 31 July 2007.

UNHCR (2006c) *UNHCR Statistical Yearbook 2006* (Geneva: United Nations High Commissioner for Refugees). http://www.unhcr.org/statistics/STATISTICS/478cda572.html, accessed 23 August 2007.

UNHCR (2007a) *2006 Global Trends: Refugees, Asylum–Seekers, Internally Displaced and Stateless Persons* (Geneva: United Nations High Commission for Refugees: Division of Operational Services). http://www.unhcr.org/statistics/STATISTICS/4676a71d4.pdf, accessed 23 August 2007.

UNHCR (2007b) *Asylum Levels and Trends in Industrialized Countries, 2006* (Geneva: UNHCR).

UNHCR (2007c) *Statistics on Displaced Iraqis around the World* (Geneva:

United Nations High Commissioner for Refugees) URL http://www.unhcr. org/statistics.html, accessed 23 August 2007.

UNODC (2006) *Trafficking in Persons: Global Patterns* (Vienna: United Nations Office on Drugs and Crime).

US Census Bureau (2005) *2005 American Community Survey.* (Washington, DC: US Census Bureau). http://factfinder.census.gov/home/saff/main. html?_lang=en, accessed 3 August 2007.

US Department of Labor (1989) *The Effects of Immigration on the US Economy and Labor Market* US Government Document (Washington, DC: US Department of Labor).

USCR (US Committee for Refugees) (1996) *World Refugee Survey 1996* (Washington, DC: Immigration and Refugee Services of America).

USCR (US Committee for Refugees) (2001) *World Refugee Survey 2001* (Washington, DC: USCR, Immigration and Refugee Services of America).

USCR (US Committee for Refugees) (2004) *World Refugee Survey 2004* (Washington, DC: US Committee for Refugees).

USCRI (2006) *World Refugee Survey 2006* Country Reports (Washington, DC: US Committee for Refugees and Immigrants).

USCRI (2007a) *Country Report: Australia* (Washington, DC: US Committee on Refugees). http://www.refugees.org/countryreports.aspx?id=1569, accessed 1 August 2007.

USCRI (2007b) *Country Report: Canada* (Washington, DC: US Committee on Refugees and Immigrants). http://www.refugees.org/countryreports. aspx?_VIEWSTATE=dDwtOTMxNDcwOTk702w8Q291bnRyeUREOkdvQn V0dG9uOz4%2BUwqzZxIYLI0SfZCZue2XtA0UFEQ%3D&cid=1986&subm =&ssm=&map=&searchtext=&CountryDD%3ALocationList=, accessed 1 August 2007.

USCRI (2007c) *Country Report: USA* (Washington, DC: US Committee for Refugees and Migrants). http://www.refugees.org/countryreports. aspx?subm=&ssm=&cid=1607, accessed 27 April 2007.

USDS (2006) *Sierra Leone: Country Reports on Human Rights Practices–2006* (Washington, DC: US Department of State).

USDS (2007) '2007 Trafficking in Persons Report' (Washington, DC: US Department of State).

Van Hear, N. (1998) *New Diasporas: the Mass Exodus, Dispersal and Regrouping of Migrant Communities* (London: UCL Press).

Van Hear, N., Pieke, F. and Vertovec, S. (2004) *The Contribution of UK–*

Based Diasporas to Development and Policy Reduction (Oxford: Centre for Migration, Policy and Society (COMPAS) for the Department for International Development (DFID)).

Vasta, E. (1990) 'Gender, class and ethnic relations: the domestic and work experiences of Italian migrant women in Australia', *Migration*, 7.

Vasta, E. (1992) 'The second generation', in Castles, S., Alcorso, C., Rando, G. and Vasta, E. (eds.) *Australia's Italians: Culture and Community in a Changing Society* (Sydney: Allen & Unwin) 155–168.

Vasta, E. (1993) 'Immigrant women and the politics of resistance', *Australian Feminist Studies*, 18:5–23.

Vasta, E. (2007) 'From ethnic minorities to ethnic majority policy: multiculturalism and the shift to assimilationism in the Netherlands', *Ethnic and Racial Studies*, 30:5, 713–740.

Vasta, E. and Castles, S. (eds.) (1996) *The Teeth are Smiling: The Persistence of Racism in Multicultural Australia* (Sydney: Allen & Unwin).

Veiga, U.M. (1999) 'Immigrants in the Spanish labour market', in Baldwin–Edwards and Arango, J. (eds.) *Immigrants and the Informal Economy in Southern Europe* (London and Portland: Frank Cass) 105–129.

Verbunt, G. (1985) 'France', in Hammar, T. (ed.) *European Immigration Policy: A Comparative Study* (Cambridge: Cambridge University Press).

Vertovec, S. (1999) 'Conceiving and researching transnationalism', *Ethnic and Racial Studies*, 22:2, 445–462.

Vertovec, S. (2004) 'Migrant transnationalism and modes of transformation', *International Migration Review*, 38:3, 970–1001.

Waever, O., Buzan, B., Kelstrup, M. and Lemaitre, P. (1993) *Identity, Migration and the New Security Agenda in Europe* (New York: St. Martin's Press).

Waldinger, R., Aldrich, H. and Ward, R. (1990) *Ethnic Entrepreneurs: Immigrant Business in Industrial Societies* (Newbury Park, CA, London, New Delhi: Sage Publications).

Waldinger, R.D. (1996) *Still the Promised City?: African–Americans and New Immigrants in Postindustrial New York* (Cambridge, MA: Harvard University Press).

Waldinger, R.D. and Lichter, M.I. (2003) *How the Other Half Works: Immigration and the Social Organization of Labor* (Berkeley, CA; London: University of California Press).

Wallace, C. and Stola, D. (eds.) (2001) *Patterns of Migration in Central*

Europe (Basingstoke/New York: Palgrave).

Wallerstein, I. (1984) *The Politics of the World Economy: The States, the Movements, and the Civilisations* (Cambridge: Cambridge University Press).

Wallman, S. (1986) 'Ethnicity and boundary processes', in Rex, J. and Mason, D. (eds.) *Theories of Race and Ethnic Relations* (Cambridge: Cambridge University Press).

Wasem, R.E. (2007) *Immigration Reform: Brief Synthesis of Issue* (Washington, DC: Congressional Research Service).

Weber, M. (1968) *Economy and Society: An Outline of Interpretive Sociology*, Roth, G. and Wittich, C. (eds.) (New York: Bedminster Press).

Weil, P. (1991a) 'Immigration and the rise of racism in France: the contradictions of Mitterrand's policies', *French Society and Politics*, 9:3–4.

Weil, P. (1991b) *La France et ses Erangers* (Paris: Calmann–Levy).

Weiner, M. (ed.) (1993) *International Migration and Security* (Boulder, CO: Westview Press).

Weiner, M. and Hanami, T. (eds.) (1998) *Temporary Workers or Future Citizens? Japanese and US Migration Policies* (New York: New York University Press).

Weiner, M. and Russell, S. (2001) *Demography and National Security* (New York and Oxford: Berghahn Books).

Weiss, L. (1997) 'Globalization and the myth of the powerless state', *New Left Review*, 225:3–27.

Werner, H. (1973) *Freizügigkeit der Arbeitskräfte und die Wanderungsbewegungen in den Ländern der Europäischen Gemeinschaft* (Nuremburg: Institut für Arbeitsmarkt–und Berufsforschung).

Wieviorka, M. (1991) *L'Espace du Racisme* (Paris: Seuil).

Wieviorka, M. (1992) *La France Raciste* (Paris: Seuil).

Wieviorka, M. (1995) *The Arena of Racism* (London: Sage).

Wihtol de Wenden, C. (1988) *Les Immigrés et la Politique: cent–cinquante ans d'évolution* (Paris: Presses de la Fondation Nationale des Sciences Politiques).

Wihtol de Wenden, C. (1995) 'Generational change and political participation in French suburbs', *New Community*, 21:1, 69–78.

Wihtol de Wenden, C. and Leveau, R. (2001) *La Beurgeoisie: les trois ages de la vie associative issue de l'immigration* (Paris: CNRS Editions).

Wilpert, C. and Laacher, S. (1999) 'New forms of migration and the informal labour market in old receiving countries: France and Germany', in Reyneri, E. (ed.) *Migrant Insertion in the Informal Economy, Deviant Behaviour and the Impact on Receiving Societies* (Brussels: European Commission) 39–56.

Wong, D. (1996) 'Foreign domestic workers in Singapore', *Asian and Pacific Migration Journal*, 5:1, 117–138.

Wooden, M. (1994) 'The economic impact of immigration', in Wooden, M., Holton, R., Hugo, G. and Sloan, J. (eds.) *Australian Immigration: A Survey of the Issues*. 2nd edn (Canberra: AGPS).

World Bank (2006) *Global Economic Prospects 2006: Economic Implications of Remittances and Migration* (Washington, DC: World Bank).

World Bank (2007) *Remittance Trends 2006* (Washington, DC: Migration and Remittances Team, Development Prospects Group, World Bank).

Wüst, A. (2000) 'New Citizens–New Voters? Political Preferences and Voting Intentions of Naturalized Germans: A Case Study in Progress', *International Migration Review*, 34:2, 560–567.

Wüst, A. (2002) *Wie Wählen Neubürger?* (Opladen: Leske & Budrich).

Yeoh, B.S.A. (2007) *Singapore: Hungry for Foreign Workers at All Skill Levels* (Washington, DC: Migration Information Source). http://www. migrationinformation.org/Profiles/display.cfm?id=570, accessed 19 July 2007.

Ye'or, B. (2005) *Eurabia: The Euro–Arab Crisis* (Madison, NJ: Dickenson University Press).

Zaiotti, R. (2005) 'From Engagement to Deadlock: A Regional Analysis of Refugee Policies in the Middle East Between the Two 'Gulf Crises' (1990–2003)', in Jaber, H. and France, M. (eds.) *Mondes en mouvements: Migrants et migrations au Moyen–Orient au tournant du XXIe siècle* (Beyrouth: Institut Français du Proche–Orient).

Zelinsky, W. (1971) 'The hypothesis of the mobility transition', *Geographical Review*, 61:2, 219–249.

Zhao, G. (2007) 'The rise of Chindia and its impact on world system', *Emerging Powers in Global Governance* (Paris: 6–7 July, Institut du développement durable et des relations internationales (IDDRI)).

Zhou, M. (1997) 'Segmented assimilation: issues, controversies, and recent research on the new second generation', *International Migration Review*, 31:4, 975–1008.

Zibouh, F. (2007) 'Le droit de vote des étrangers aux elections municipales de 2006 en Belgique', *Migrations Société*, 19:4, 141–168.

Zlotnik, H. (1999) 'Trends of international migration since 1965: what existing data reveal', *International Migration*, 37:1, 21–62.

Zlotnik, H. (2004) *International Migration in Africa: an Analysis based on Estimates of the Migrant Stock* (Washington, DC: Migration Information source), accessed 29 August 2006.

Zolberg, A. (1981) 'International Migration in Political Perspective', in Kritz, M., Keely, C. and Tomasi, S. (eds.) *Global Trends in Migration: Theory and Research on International Population Movements* (New York: Center for Migration Studies).

Zolberg, A. (2006) *A Nation by Design* (Cambridge, MA and New York: Harvard University Press and Russell Sage Foundation).

Zolberg, A.R. and Benda, P.M. (eds.) (2001) *Global Migrants, Global Refugees: Problems and Solutions* (New York and Oxford: Berghahn Books).

Zolberg, A.R., Suhrke, A. and Aguao, S. (1989) *Escape from Violence* (New York: Oxford University Press).

이 책의 번역에 참여한 사람들(가나다순)

김이선 한국여성정책연구원 연구위원. 서울대학교에서 인류학 박사학위를 받았다. 동남아시아 지역연구와 경제인류학 및 문화변동을 전공했으며, 현재 한국의 이주여성과 국제결혼 현상, 동남아시아 출신 이주자의 초국가적 연계망, 이주(자)를 둘러싼 한국사회의 역동성, 관련 정부 정책 등에 관한 연구를 수행하고 있다.

김철효 호주 시드니 대학교 사회학 박사과정 수료. 서울대학교 사회학과 졸업, 영국 에식스 대학교 인권연구소 석사. 현재 한국의 국제이주와 사회운동에 관한 연구로 박사학위 논문을 작성 중이며, 주요 관심 분야는 비시민의 인권, 인종주의, 소수자 인권운동 등이다.

서정민 연세대학교 정치외교학과 교수. 미국 시카고 대학교에서 정치학 박사학위를 받았으며 하와이 대학교 정치학과 교수를 역임했다. 주 연구영역은 중국 민족주의, 동아시아 기억의 정치, 국제이주의 정치이다.

설동훈 전북대학교 사회학과 교수. 서울대학교에서 사회학 박사학위를 받았다. 이민, 경제적 전 지구화, 노동시장의 사회학, 계량분석을 전공했으며, 이주노동자, 결혼이민자, 외국인 유학생, 인신매매 피해자, 재외동포, 북한 이탈 주민 등에 대한 이론적·경험적·정책적 연구를 수행하고 있다.

신지원 전남대학교 사회학과 교수. 영국 워릭 대학교에서 사회학 박사학위를 받았다. 아시아 여성의 노동이주와 초국가적 성별분업을 전공했으며, 현재 동아시아 내 국제이주와 개발, 이주공동체와 초국적 공간, 이주자 통합 및 반차별정책에 관한 연구를 수행하고 있다.

이병하 서울시립대학교 국제관계학과 교수. 미국 럿거스 대학교에서 정치학 박사학위를 받았다. 비교정치를 전공했으며, 현재 이민정책 비교연구, 국제이주와 발전, 국제이주와 도시 등의 연구를 수행하고 있다.

이진영 인하대학교 정치외교학과 교수. 영국 런던정경대학교에서 정치학 박사학위를 받았다. 중국 민족정책 및 대외관계를 전공했으며, 현재 한국의 이민정책·재외동포정책, 중국 조선족, 민족문제와 대외관계 연구를 수행하고 있다.

이철우 연세대학교 법학전문대학원 교수. 영국 런던정경대학교에서 법학 박사학위를 받았다. 법과 사회이론, 법사회사, 국적이민법을 강의·연구하고 있으며, 특히 국적과 시민권의 지구적 변용을 천착해 왔다. 현재 한국이민학회 회장으로 일하고 있다.

이혜경 배재대학교 공공정책학과 교수. 한국이민학회 전 회장. 미국 UCLA 대학교에서 사회학 박사학위를 받았다. 이민과 (여성)노동시장 분야를 전공했으며, 현재 세계화와 한국의 이민현상, 이민(사회통합)정책, 이주의 여성화, 돌봄이민과 젠더, 조선족의 귀환이민 등 이민과 디아스포라 연구를 수행하고 있다.

정기선 IOM이민정책연구원 선임연구위원. 미국 메릴랜드 대학교에서 사회학 박사학위를 받았다. 사회심리학과 가족을 전공했으며, 현재 국제이주 및 정책 동향, 이민관리 및 사회통합정책 등에 관심을 두고, 외국인 근로자, 영주권자, 귀화자 등 다양한 이주민의 국내 체류 실태조사 연구를 수행하고 있다.

한건수 강원대학교 문화인류학과 교수. 미국 버클리 대학교에서 인류학 박사학위를 받았다. 아프리카 지역연구와 민족정체성을 전공했으며, 현재 한국사회의 다민족화와 사회변동, 아프리카인의 국제이주와 초국적 네트워크, 한국의 이주민 연구를 수행하고 있다.

한경구 서울대학교 자유전공학부 교수. 학부장. 미국 하버드 대학교에서 인류학 박사학위를 받고, 강원대학교 인류학과와 국민대학교 국제학부에서 가르쳤다. 일본에서 장기간 현지조사를 했으며 재외한인학회장, 한국국제이해교육학회장, 한국이민학회장을 역임하고, 현재 유네스코한국위원회 문화분과위원으로 활동하고 있다.

이주의 시대
THE AGE OF MIGRATION

1판 1쇄 펴낸날 2013년 8월 30일
1판 7쇄 펴낸날 2023년 9월 25일

지은이 | 스티븐 카슬 · 마크 J. 밀러
옮긴이 | 한국이민학회
펴낸이 | 김시연

펴낸곳 | (주)일조각
등록 | 1953년 9월 3일 제300-1953-1호(구 : 제1-298호)
주소 | 03176 서울시 종로구 경희궁길 39
전화 | 02-734-3545 / 02-733-8811(편집부)
          02-733-5430 / 02-733-5431(영업부)
팩스 | 02-735-9994(편집부) / 02-738-5857(영업부)
이메일 | ilchokak@hanmail.net
홈페이지 | www.ilchokak.co.kr

ISBN 978-89-337-0660-2   03330
값 25,000원

* 옮긴이와 협의하여 인지를 생략합니다.